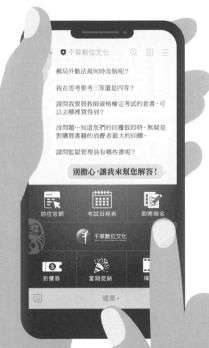

公務人員
「高等考試三級」應試類科及科目表

高普考專業輔考小組◎整理

完整考試資訊

http://goo.gl/LaOCq4

✪普通科目

1. 國文◎（作文80%、測驗20%）
2. 法學知識與英文※（中華民國憲法30%、法學緒論30%、英文40%）

✪專業科目

一般行政	一、行政法◎　　　　二、行政學◎　　　　三、政治學 四、公共政策		
一般民政	一、行政法◎　　　　二、行政學◎　　　　三、政治學 四、地方政府與政治		
社會行政	一、行政法◎　　　　二、社會福利服務　　　三、社會學 四、社會政策與社會立法　　五、社會研究法　　六、社會工作		
人事行政	一、行政法◎　　　　二、行政學◎　　　　三、現行考銓制度 四、公共人力資源管理		
勞工行政	一、行政法◎　　　　二、勞資關係　　　　三、就業安全制度 四、勞工行政與勞工立法		
戶　　政	一、行政法◎ 二、國籍與戶政法規（包括國籍法、戶籍法、姓名條例及涉外民事法律適用法） 三、民法總則、親屬與繼承編 四、人口政策與人口統計		
教育行政	一、行政法◎　　　　二、教育行政學　　　　三、教育心理學 四、教育哲學　　　　五、比較教育　　　　六、教育測驗與統計		
財稅行政	一、財政學◎　　　　二、會計學◎　　　　三、稅務法規◎ 四、民法◎		
金融保險	一、會計學◎　　　　二、經濟學◎　　　　三、貨幣銀行學 四、保險學　　　　五、財務管理與投資學		
統　　計	一、統計學　　　二、經濟學◎　　　　三、資料處理 四、抽樣方法與迴歸分析		
會　　計	一、財政學◎　　二、會計審計法規◎　　　三、中級會計學◎ 四、政府會計◎		

法　制	一、民法◎　　　二、立法程序與技術　　　　三、行政法◎ 四、刑法　　　五、民事訴訟法與刑事訴訟法
法律廉政	一、行政法◎　　二、行政學◎ 三、公務員法（包括任用、服務、保障、考績、懲戒、交代、行政中立、利益衝突 　　迴避與財產申報） 四、刑法與刑事訴訟法
財經廉政	一、行政法◎　　二、經濟學與財政學概論◎ 三、公務員法（包括任用、服務、保障、考績、懲戒、交代、行政中立、利益衝突 　　迴避與財產申報） 四、心理學
交通行政	一、運輸規劃學　二、運輸學　　　　　三、運輸經濟學 四、交通政策與交通行政
土木工程	一、材料力學　　二、土壤力學　　　　三、測量學 四、結構學　　五、鋼筋混凝土學與設計 六、營建管理與工程材料
水利工程	一、流體力學　　二、水文學　　　　　三、渠道水力學 四、水利工程　　五、土壤力學
水土保持 工程	一、坡地保育規劃與設計（包括沖蝕原理） 二、集水區經營與水文學 三、水土保持工程（包括植生工法） 四、坡地穩定與崩塌地治理工程
文化行政	一、文化行政與文化法規　　　　　　二、本國文學概論 三、藝術概論 四、文化人類學
機械工程	一、熱力學　　　二、流體力學與工程力學　　三、機械設計 四、機械製造學

註：應試科目後加註◎者採申論式與測驗式之混合式試題(占分比重各占50%)，應試
科目後加註※者採測驗式試題，其餘採申論式試題。

各項考試資訊，以考選部正式公告為準。

千華數位文化股份有限公司

新北市中和區中山路三段136巷10弄17號

TEL: 02-22289070　　FAX: 02-22289076

公務人員
「普通考試」應試類科及科目表

高普考專業輔考小組◎整理

完整考試資訊

http://goo.gl/7X4ebR

✪普通科目
1.國文◎（作文80%、測驗20%）
2.法學知識與英文※（中華民國憲法30%、法學緒論30%、英文40%）

✪專業科目

類科	科目	
一般行政	一、行政法概要※ 三、政治學概要◎	二、行政學概要※
一般民政	一、行政法概要※ 三、地方自治概要◎	二、行政學概要※
教育行政	一、行政法概要※ 三、教育行政學概要	二、教育概要
社會行政	一、行政法概要※ 三、社會政策與社會立法概要◎	二、社會工作概要◎
人事行政	一、行政法概要※ 三、公共人力資源管理	二、行政學概要※
戶　　政	一、行政法概要※ 二、國籍與戶政法規概要◎（包括國籍法、戶籍法、姓名條例及涉外民事法律適用法） 三、民法總則、親屬與繼承編概要	
財稅行政	一、財政學概要◎ 三、民法概要◎	二、稅務法規概要◎
會　　計	一、會計學概要◎ 三、政府會計概要◎	二、會計法規概要◎
交通行政	一、運輸經濟學概要 三、交通政策與行政概要	二、運輸學概要
土木工程	一、材料力學概要 三、土木施工學概要 四、結構學概要與鋼筋混凝土學概要	二、測量學概要

水利工程	一、水文學概要　　　　　　　二、流體力學概要 三、水利工程概要
水土保持 工程	一、水土保持（包括植生工法）概要 二、集水區經營與水文學概要 三、坡地保育（包括沖蝕原理）概要
文化行政	一、本國文學概要　　　　　　　二、文化行政概要 三、藝術概要
機械工程	一、機械力學概要　　　　　　　二、機械設計概要 三、機械製造學概要
法律廉政	一、行政法概要※ 二、公務員法概要（包括任用、服務、保障、考績、懲戒、交代、行政中立、利益衝突迴避與財產申報） 三、刑法與刑事訴訟法概要
財經廉政	一、行政法概要※ 二、公務員法概要（包括任用、服務、保障、考績、懲戒、交代、行政中立、利益衝突迴避與財產申報） 三、財政學與經濟學概要

註：應試科目後加註◎者採申論式與測驗式之混合式試題(占分比重各占50%)，應試科目後加註※者採測驗式試題，其餘採申論式試題。

各項考試資訊，以考選部正式公告為準。

千華數位文化股份有限公司
新北市中和區中山路三段136巷10弄17號
TEL: 02-22289070　FAX: 02-22289076

目次

Chapter 1　勞動市場概念與政策

Chapter 2　人口與勞動力結構變遷

Chapter 3　全球化經濟發展與影響

Chapter 4　就業安全制度

Chapter 5　就業服務政策與法令

Chapter 11　重要法規

Chapter 12 近年試題及解析

輕躍榜單的捷徑

踏入公職之門的要領在於：

一、首先，自我心理建設

「有志者事竟成」，是每一位參加任何考試者必備的座右銘。每一位參試者皆必須抱著「有考必上」的決心，衝刺到底，這也是維持漫長的準備過程、艱辛的痛苦日子中，最佳的充電劑。常發現很多朋友三心二意、裹足不前，抱著汲取經驗、姑且一試、明年再來的心態，一再放任自己、姑息自己，為自己找藉口、尋臺階，臨到考期尚厚道的安慰自己，今年沒多大希望，只有當啦啦隊的份。試想，秉持如此寬大的心理，焉能嚐到歡欣勝利的甜果。既已決定參戰，就必須抱持必勝的決心，勉勵自己，督促自己，盡全力做準備，短期的緊張與辛苦，換來甜蜜的代價，何樂不為呢？考前的心理建設得當，無疑已踏出勝利的第一步。

二、其次，瞭解考試內容、命題趨勢，進而收集資料

未曾參加同類科考試的朋友，不是相關科系畢業的人士，對於本類科的考試科目及命題內容，應是相當的陌生。當務之急在於，請具有本類科經驗的朋友指點迷津、提供資料或者可到圖書館的參考室，抑或上網到考選部皆可找到考畢的各科試題詳加瞭解，本項工作關係著準備方向的正確性，更攸關能否事半功倍。常見很多人非常用功的準備，所花費的心血之大，令人咋舌，結果卻仍是敬陪末座；但有少數人，雖是輕鬆準備、愉快應考，成績卻很理想。兩者的差異在於：方向的正確性及資料收集的周全性。

三、接著，研擬讀書計畫，消化資料暨整理重點

凡事擬訂計畫，不慌不忙，按部就班的如期實施，即使不能擬訂相當詳細的計畫，最起碼對於研讀科目的進度及時間，應有概略的腹案。至於準備時間應該多長，才為足夠，是因人而異的。若個人的讀書速度快，摘取重點的功夫也到家，當不需耗費太多的時間，應可駕輕就熟的完成。反之，若離開書本已有一段時間，且以往讀書的效果及經驗也不是很好，則可能要耗費較多的時間作準備。其次，個人有無工作、全心準備的時間有多少，亦是要列入考慮的因素。一般在考前三至六個月再開始準備即足夠，主要理由是，時間

太長容易疲勞，無法維持衝勁到考前，往往半途而廢；而太短，又覺得時間不夠，容易急就章，匆忙上陣，均不適宜。待時間及讀書計畫大略底定，則應隨即進行消化工作。而應如何安排科目順序，是少數朋友的困擾之一，主要技巧在於，將個人感認為最困難、最不熟悉、分數最低或最沒有把握的科目，排在前面，先行準備，必要時可選取本科目較為淺顯的書籍或文章，以克服不易瞭解的瓶頸；接著，再以較深入或較充實的書籍作為探析的對象，至於時間上的安排，對於較難的科目可搭配較容易或有興趣的科目準備，可先以簡單易讀的科目為先，待自覺進度接近，且讀書情緒已建立時，再將難讀的科目拿出來，當可克服無法投入心情及延緩進度之苦。而重要資料，必須將其摘要在一本筆記簿或書卡上，以便可隨時作補充，同時可確實掌握應考內容，並可作為考前兩星期、記憶或複習的一個基本工具，對於應考者而言，應是一必備的工具。尤在每一科目考前三十分鐘的休息時間，本項筆記更可發揮短時間、全部瀏覽與背誦的功用。常在考場看到很多朋友手握一本教科書，左翻右翻，但見汗淚俱下，真是急煞人也！倒不如一本筆記在手，悠閒地翻閱，來得輕鬆愉快。很多人也許會說，整理筆記，那多浪費時間，一字字的抄，多累人，但您要瞭解，筆記是大綱式的提要，內容並不會太多，且抄寫有助記憶、思考，另外字體也不必太工整，只要自己看得懂即可，一般不會花上太多的功夫，但對考試的助益卻非常的大，您以為如何？

四、最終，臨場應考的周全準備，也是致勝的關鍵

在考前一天，可將第一天所要考的科目由後向前複習。

萬一時間分配利用不當，第一節的科目可在該天早上再複習即可，印象最為深刻。考前一天切記要按時休息，養足精神，準備隔天的大考，熬夜準備已來不及，於事無補，反而容易誤了大事，影響第一天考試的精神。

另外，除了準備收集到的資料以外，報紙、雜誌、期刊上的相關文章也不容忽視。「秀才不出門，能知天下事」在此得到印證，尤其是本類科考試，舉凡有關的社會問題或立法上爭議紛紛的主題，各專家學者的高見，都可能是考試的範圍，皆可利用準備功課閒暇之餘，加以瀏覽及整理於筆記上，可幫助您提高各科得分。即使是國文科的考試，也可參閱各報的社論及考前國家重大施政方針的政策或實施，助益也相當宏大。

五、別忘了，答題技巧也很重要

建議參考以下事項謹慎填答：

(一)首要，看清題目並靜下心思考擬答方向。

(二)先在題目紙上簡單預擬項目標題（簡單少數幾個字即可）。

(三)倘遇無把握題目，先在題目紙上寫出腦海中閃過的方向與標題。

(四)依序（建議不改變題目順序）在既定時間安排下寫出可以回答的內容。

(五)有把握題目多寫些內容，以彌補其它題目內容較為稀少或單薄者。

(六)倘時間不夠，切記以重點內容為主，不再細述。

(七)倘時間尚有剩餘，不急著繳卷，請再仔細檢查答案卷，有無嚴重錯字或漏字
　　（字可加或不加均不影響內容者，不須多增加文字，以免破壞畫面）。

(八)認清題意的可行作法：

　1.有細項配分比例者，請注意長度比重；無細項配分比例者，可自行按題
　　意內容分配並調整長度。

　2.明白要舉例者，務必舉例並將內容帶入。

　3.關聯性與異同的回答方法，關聯性由其相互關係依序下標題回答；異同
　　則由相同與相異點分別下標題詳細說明。

　4.時勢題的意見或看法，請綜合所知道的學者專家意見為主，最後再簡單
　　補充個人的意見（不須太多），最好能正反俱呈。

　5.若題目是指：

　　(1)應如何推動，宜由步驟著手。

　　(2)應如何改善，宜由鉅視制度面與微視人員面著手。

　　(3)應如何規劃辦理，宜由需求估量、設計依序著手。

看了以上的意見，也許您會覺得好緊張、好逼人的考試，但事實上就是如此，在考前的準備階段，一切的應酬和休閒應盡量避免，只允許疲憊之餘的些許鬆弛，才能使您一鼓作氣，直衝到底，您是否也引以為然！以上意見與心得，提供各位參考，也互相勉勵，祝您在來年也能帶著笑容，昂首闊步的邁出考場，迎接勝利的甜果，朋友們！加油！

最後要提醒您的是，近兩年來的命題上有加強概念理解的趨勢，建議您在準備上，除了必要的記憶之外，確實瞭解其內容是非常重要的。

歷年試題落點分析

種類	年度	落點
高考	90	工時影響就業安全制度、失業給付、外勞政策、民營化就業安全影響
	92	就業安全制度、就業保險、外勞政策、就業行政
	93	就業安全制度、外勞政策、就業市場資訊、企業訓練
	94	積極勞動市場政策、就業保險、擴大公共就業方案、婦女就業促進
	95	就業保險、就業安全制度、就業行政、中高齡就業促進
	96	就業行政、就業安定基金、中高齡就業促進、身障者就業促進
	97	青年就業促進、勞動力運用、公共就業、婦女就業
	98	就業保險、身障就業促進、工作福利、就業促進
	99	身障就業促進、外勞政策、黎明就業專案、失業給付
	100	青年就業、就業保險、婦女就業、就業安全
	101	職業訓練、就業保險（2題）、身障就業
	102	失業、青年就業、公務人力、庇護性就業
	103	職業訓練、身障就業、外勞政策、青年就業
	104	緒論、婦女就業、身障就業、青年就業
	105	緒論、職業訓練、中高齡就業、就業保險
	106	身障就業、就業保險、部份工時、中高齡就業
	107	彈性安全、大量解僱勞工、青年就業、就業保險
	108	失業、就業保險、勞動市場、職業心理測驗
	109	員工協助方案、職業訓練、就業促進、就業服務
	110	高齡就業促進、無薪假就業保障、移工管理、職業訓練
	111	中高齡就業促進、就業保險、移工管理、就服法
	112	緒論、移工管理、就業服務、就業歧視
	113	就業服務、移工管理、就業歧視、建教生權益

種類	年度	落點
普考	97	勞動市場、新移民就業促進、就業保險、特定對象就業促進
	98	私立就服機構、就業促進措施、就業保險、產業人才投資方案
	100	勞動需求、就業保險、所得安全、名詞解釋（循環性、結構性、摩擦性、季節性、非自願性失業）
	101	勞動市場、就業促進、就業保險（2題）
	102	失業、非典型工作、就業歧視、新住民就業
	103	促進就業（2題）、就業服務、身障就業
	104	身障就業、就業保險、就業服務、青年就業
	105	就業安全制度、失業就業促進津貼、外勞管理
	106	身障就業、外勞政策、低收入戶就業、就業保險
	107	勞動市場、性別工作平等、工作與生活平衡、身障就業
	108	中高齡就業、身障就業、就業保險、外勞管理
	109	職業訓練、身障就業、新住民就業、非典型勞動
	110	婦女就業保障、就業安全制度、移工管理、名詞解釋（5題）
	111	青年就業、就業保險（2題）、中高齡就業
	112	就業服務、就業促進（2題）、原住民就業
地方特考三等	96	就業服務、職業訓練、就業保險、外勞政策
	97	外勞政策、立即上工計畫、職業訓練、失業給付
	98	就業服務、失業給付、外勞政策、就業保險
	102	原住民就業、青年失業、中高齡就業、婦女就業
	103	失業（2題）、就業保險、青年失業
	104	緒論、青年就業職業訓練、特定對象訓練
	105	中高齡就業、外勞管理、就業保險、身障就業
	106	高齡就業、青年就業、外籍勞工管理、老年就業保障
	107	結論（2題）、外勞管理、中高齡就業
	111	非典型就業、就業保險、中高齡就業、青年就業
	112	移工管理、就業保險、身障就業、中高齡就業

(14) 歷年試題落點分析

種類	年度	落點
地方特考四等	96	就業服務、就業保險失業給付、身障定額僱用、職業訓練
	97	就業保險、失業、特定對象就業促進、三合一就業服務
	102	就業保險、身障就業、失業、脫貧就業
	103	就業服務、就業保險、外勞聘僱、婦女就業
	104	就業服務、技能檢定、外勞管理、職涯規劃
	105	就業促進、職能基準、就業服務、外勞管理
	106	就業保險、中高齡就業、多元就業、婦女就業
	107	就業保險、性別工作平等、身障就業、青年就業
	112	就業保險、育嬰留停、就業服務（資遣通報）、移工管理
身障特考	92	就業安全制度、就業保險、求職防騙、解僱通報、身障定額進用
	96	外勞政策、勞工保險、就業安全制度、資遣費
	107	就業保險、身障保護、失業給付、外籍勞工
升等考試	96	失業、職業訓練、就業保險、就業安全制度
	98	就業促進措施、資遣通報、立即上工計畫、私立就業服務

勞動市場概念與政策

 **本章焦點**

一、勞動市場定義與基本分類
二、勞動市場現況與國際比較
三、臺灣最近的勞動市場變化趨勢與因應對策

重點綱要

一、就業（勞動）市場概念

(一)**定義**：就業（勞動）市場指某一地區某一時間，勞動需求者願意在某一價格水準下購買多少勞動量，以及勞動供給者願意在不同價格水準下，提供不同數量的市場狀態。

(二)**構成要素**

1. **勞動量**：個人可以提供的勞動時間，以時、日、月計算。

2. **勞動需求**：假定其他條件不變，在一定單位時間內，雇主對於某職類特定勞動在不同的價格水準下，願意購買的數量。

   分為：(1)當前需求、(2)產業變遷需求、(3)替代需求等三種。

3. **勞動供給**：假定其他條件不變，在一定單位時間內，某特定職類技能之勞動者，在不同的工資率水準下，願意提供的勞動數量。

   分為：(1)當前勞動供給者、(2)進入與再進入、(3)退出者等三種。

4. **工資率**：勞動供給與勞動需求雙方所交易的價格。

(三)**影響勞動供給重要因素**

1. 所得效果。　　　　　　　　　　2. 替代效果。

3. 後彎勞動供給曲線。

(四)**勞動市場狀態**：理想狀態是勞動供需均衡，勞動供給與勞動需求雙方在共同滿意價格水準下，達到均衡的就業量。

◎ 勞動供需不均衡將呈現：
1. 勞動需求大於勞動供給的勞動短缺現象。
2. 勞動供給大於勞動需求的勞動過剩現象。
◎ 因應勞動短缺的對策是：
1. 增加勞動供給。　　　　　　　　　2. 減少勞動需求。
3. 上述兩種方式同步進行。

(五) 勞動市場分類
1. 內部與外部勞動市場。　　　　　　2. 正式與非正式勞動市場。
3. 初級與次級勞動市場。

(六) 勞動市場區域的劃分原則

(七) 就業（勞動）市場資訊
1. 定義：指就業市場動態勞動力特質、影響因素及人力供需媒合等各種不同的訊息。
2. 功能：
   (1) 有助於判斷整體勞動市場的實際運作及消除摩擦性失業問題。
   (2) 促進勞動供需媒合進行。
   (3) 節省勞動需求與供給雙方的時間與相關成本。
   (4) 落實國民就業政策及保障國民的工作權。
3. 主要參閱對象：
   (1) 求職者。　(2) 求才者。　(3) 在校生。　(4) 人力規劃行政人員。
4. 發布方式與內容：

就業市場快報	至少每週一次，事求人、人求事、代招代考、技能檢定、技能競賽訊息為主。
就業市場月報	區域內勞動市場變動狀況，求才求職利用狀況、已就業者基本背景、勞動條件、各職類空缺、法令變更及工商活動。
就業市場季報	三個月發布一次，經濟狀況、景氣動向、生產貿易、物價資訊、勞動市場變遷、就業率、失業率及勞動參與率、求才求職綜合分析、安置就業利用率、一般勞動條件、受僱員工薪資、工時及進退變動分析等資訊。
就業市場特報	視需要發布的臨時資訊，不定期的專題研究報告。

5. 就業市場資訊收集方式：
(1) 普查（又稱全體調查）：很少作，重要國情調查才進行。
(2) 抽查（又稱抽樣調查）：大多採用此方式，成本低。

(八)**臺灣的積極勞動市場政策**
1. 起源
2. 功能：
(1) 緩和經濟不景氣的負面衝擊。　(2) 解決勞動供需失衡問題。
(3) 改善勞動市場功能。　(4) 提升勞工的工作技能與生產力。
(5) 支持弱勢勞工就業。
3. 主要作法：
(1) 公共部門就業。　(2) 職業訓練與就業機會推介。
(3) 透過社會基金促進區域發展。　(4) 工作福利。
4. 效果

(九)**勞動市場彈性化**
1. 定義：與傳統固定勞動市場的內涵完全不同，緣自全球化衝擊。
2. 分類：
(1) 僱用數量上的彈性。　(2) 職能或功能彈性。
(3) 工時上的彈性。　(4) 工資的彈性化。
3. 對就業市場的影響：
(1) 勞工方面。　(2) 企業方面。　(3) 社會方面。

二、就業（勞動）市場政策

(一) 簽訂ECFF的影響
(二) 兩岸服務貿易協議
(三) 疫後產業變遷與就業政策新走向
(四) 數位經濟浪潮動未來人才培育新思維

內容精論

一、就業（勞動）市場概念

(一) 定義

就業市場（employment market），一般常與勞動市場（labor market）相提並論，事實上，兩者涵義完全相同，只因「勞動」（labor）一詞在英文的意義，容易與「體力勞動者」（laborer）混淆，因此，多改稱為就業市場。勞動市場是指某一地區某一時間，勞動需求者願在某一價格水準下購買多少勞動，以及勞動供給者願在不同價格水準下，提供不同數量勞動的市場。簡言之，是指一種分析觀念，非指實質的市場，是指具有工作能力而願意就業的求職者與求才雇主媒合的場所，在雙方同意之條件下，建立僱傭關係，否則可能形成失業與職位空缺無法填補的眾多問題。

在就業市場上交換的商品，是勞動者所提供的勞動時間，而非指勞動者本身；勞動在交換中是否能成功，端賴價格是否為供需雙方所接受，與購買一般物品，成交與否和價格有關的意義相近。又，勞動交換亦受空間限制，也必須考慮地區因素。因此，勞動供需雙方及工資構成就業市場活動的重要因素。就業市場在形式上雖與一般商品市場相異，如商品市場具有實質的場所和地點，但就業市場則否；但也有相同之處，如交易雙方競爭激烈，雙方條件的好壞也是決定交易成功的因素。此外，受時空的限制，雇主所從事經濟活動類別的不同，以及勞動者具有技術專長的相異，導致就業市場在不同地區、行業和職業別有不同的劃分。

(二) 構成要素

工資率、地區分析、就業市場機能及就業市場資訊等，是構成就業市場的重要因素。

1. **勞動量**：指個人可以提供的勞動時間，常以時、日、月或件等不同單位計算。

2. **勞動需求**：勞動需求（demand for labor）是指假定其他條件不變，在一定單位時間內，雇主對於某職類特定勞動在不同的價格水準下，願意購買的數量。亦即勞動需求是一種引申需求，人們對勞動需求並非直接產生，而是人們對最終產品的需求，為生產最終產品，需要勞動投

入,因此稱為引申需求。在完全競爭市場下,假定其他生產因素的數量與價格固定不變,廠商對勞動的需求,決定於對產品的需求與勞動生產力;即勞動的邊際生產價值等於最終產品價格乘以勞動邊際生產實物量($VmPL=P\times mPPL$)。因此,最終產品價格、生產技術、其他生產因素相對於勞動的僱用量、受僱者本身生產力的變動,都會影響勞動的需求。廠商為追求最大利潤,僱用勞工數將增加至多僱用一單位工人的收益,等於僱用此單位勞工的成本,即勞動邊際生產價值等於勞動邊際成本($VmPL=mFCL$);當$VmPL>mFCL$時,廠商願意僱用此勞工,因其利潤會增加;反之,當$VMPL<mFCL$時,廠商不願僱用此勞工,因其利潤將會減少。

又勞動需求可細分為以下三類:

(1) **當前需求**:表示目前在勞動市場已就業者以及尚未填補的空缺。

(2) **產業變遷需求**:意指來自產業的成長或衰退,導致對於勞動力需求的變遷,又部分因素來自事業單位在勞動力的配置上改變所導致的。

(3) **替代需求**:指來自勞動力的流動,例如:退休、死亡、移民或轉業等因素,退出勞動市場急待填補空缺。

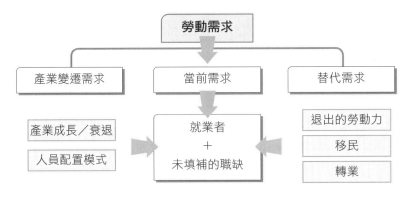

勞動需求內涵

3. **勞動供給**:勞動供給(supply of labor)是指假定其他條件不變,在一定單位時間內,某特定職類技能之勞動者,在不同的工資率水準下,願意提供的勞動數量。在既定的人口數量下,勞動供給決定於工資率、勞動力參與率、人們對於工作和休閒的偏好及所接受的教育訓練與所擁有的技能。一般說來,勞動供給曲線為正斜率,即工資率愈高,勞動供給量愈多;

惟假設工資率持續上升；一方面因休閒的機會成本提高，休閒需求將會減少（代替效果）；另方面因所得提高，休閒需求將會增加（所得效果）。一旦所得效果大於代替效果，即會產生後彎（backward bending）的勞動供給曲線。亦即，隨工資率上升，勞動供給量反而會減少。即使個人勞動供給曲線均呈後彎型，產業或廠商仍可面對正斜率的勞動供給曲線，因每個人的勞動供給曲線後彎點並不相同，工資提高的訊息將可吸引原先不在此產業或廠商的工作者，以及增加欲投入勞動市場者的意願。

勞動供給亦可細分為以下三類：

(1)**當前勞動供給者**：表示目前正在就業或剛好失業急於尋職者。

(2)**進入與再進入**：意指新進入（剛畢業）或轉業移民回流之勞動供給者。

(3)**退出者**：指轉業或移民轉出者。

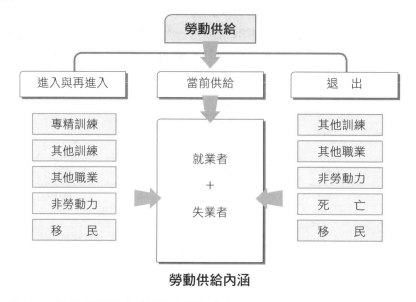

勞動供給內涵

4. **工資率**：指勞動供給與勞動需求雙方所交易的勞務價格，以雙方合意或政府規定的價格為準。

(三)影響勞動供給重要因素

1. **所得效果（income effect）**：是指勞動供需關係中，勞動供給若因所得提高反而減少勞動供給，這種由所得因素影響勞動供給就稱為所得效果。勞動供給者若在某一工資水準以下，隨著工資水準的提高，勞工願意犧牲

休息時間以換取更多工資，因此，增加勞動供給就是指勞動供給的替代效
果。一旦超過此工資水準，勞工因工資所得增加，反而較願意休假或以其
他休閒活動替代，以致降低勞動供給的意願。使得勞動供給曲線呈後彎曲
線。易言之，在某一工資水準下，勞動供給與工資高低呈替代效果，但超
過此一水準，勞動供給受所得效果影響，反而降低勞動供給意願或數量。

2. **替代效果**（substitution effect）：勞動供給者在所得與休閒娛樂選擇過程
   中，所產生的替代作用，一般情況下，勞工選擇工作時間長短，一方面
   受到工資水準影響，如果工資愈高，個人願意工作的時間愈長，反之，
   工資愈低，個人願意增加工作時間意願下降。在工資與休閒的相互關係
   中，當一個勞工隨著工資提高而感覺到休閒一小時所損失的工資太過昂
   貴，所以，休閒意願降低，反之，隨著工資下降，勞工感覺到休閒損失
   的工資並不在乎，結果是休閒意願較高。替代效果和所得效果相互構成
   一個勞工勞動的兩軸，在此兩軸內所包含的範圍，就是一位勞工的休閒
   和工作的總組合。

3. **後彎勞動供給曲線**（backward labor supply curve）：勞動後的工資多寡
   是影響勞動供給的因素之一，在一般的情況之下；勞動供給是隨工資升高
   而增加，但工資達到一定水準之後，勞工對休閒的偏好增加、且有能力享
   受更多的休閒活動，則工資上升反而使勞動供給下降。在下圖中可清楚看
   出，C點以下的部分，勞動供給隨著工資率提高而增加，兩者之間呈正比
   關係，但超過C點以後，勞動供給反而因為工資率提高而相對減少，兩者
   之間呈反比關係，這種後彎的勞動供給線稱之為「後彎勞動供給曲線」。

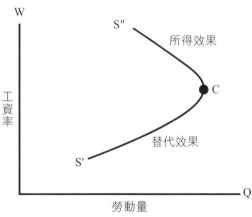

後彎勞動供給曲線

(四) 勞動市場狀態

最理想的狀態是勞動供需均衡,亦即勞動供給者與勞動需求者在共同的價格水準下,達到均衡的就業量。惟勞動市場也會呈現供需不均衡的現象。一般經常出現的是以下兩種不均衡的勞動市場現象:

1. **勞動需求大於勞動供給的勞動短缺現象**:來自勞動供給線、勞動需求線與工資率等三種變數的交互變動所形成的勞動市場,將出現工資率高、勞動條件及福利佳、失業率低。

   就勞動需求者而言,勞動成本增加,勢必影響其生產計畫,可能調整產品的市場價格,也可能出現轉嫁現象,將工資率提高的成本增加,轉由消費者吸收的現象。

2. **勞動供給大於勞動需求的勞動過剩現象**:勞動市場將出現高失業率、低工資率、勞動條件及福利差、相關社會問題依序顯現,若政府不採取補貼失業勞工之經濟收入,將造成總消費能力下降,產品市場需求減少,經濟景氣不佳及失業率更高的現象。

◎ 因應勞動短缺的對策分別是:

1. **增加勞動供給**:人口增加不太可能且緩不濟急,可鼓勵非勞動力人口,例如婦女走入市場及促進中高齡再就業以提升參與率,或引進移工短期加以補充。

2. **減少勞動需求**:勞動需求增速減緩方面,對外投資和採取高資本與高技術密集的所謂「技術升級」生產方式最為理想。

3. 上述兩種方式同時進行。

(五) 勞動市場分類

勞動市場常見的分類有以下三大項:

1. **內部與外部勞動市場**

   (1) **內部勞動市場(internal labor market)**:是指產業內部的勞動供給,是由產業內部原有勞力提供,尤其在升遷方面,由企業所屬員工甄補,這種人力供給市場就稱為內部勞動市場。內部勞動市場通常存在於產業規模較大、歷史悠久或技術水準較高的企業組織,受僱勞工一旦通過進入該組織的初步甄選,就可納入其內部勞動市場的升遷甄補管道,亦即相對獲得工作安全的相當保障。

存在於內部勞動市場的勞工並非與外部勞動市場完全隔離，實際上，雙方仍維持著動態關係，可隨時因應外部勞動市場勞力供需變化而自行調整。當勞力供給減少，內部勞動市場可放寬勞工進入其就業市場的標準和條件，同時，當勞力流動的機會增加，內部勞動市場甚至取消其他勞工進入其內部勞動市場的限制，藉以補充其內部逐漸流失的勞動力。

(2) **外部勞動市場**（external labor market）：新古典或古典經濟理論強調的勞動市場模式，與內部勞動市場模式有所區分，新古典或古典經濟理論強調完全競爭（perfect competition）原則，以此解釋影響勞動市場的因素，認為外部勞動市場的供給面有以下四項特徵：

特徵1	勞工對市場有充分認知。
特徵2	勞工有理性的思考與判斷。
特徵3	勞工能自由流動。
特徵4	勞工未形成工會以便對市場造成壓力。

同樣的，在需求面亦有四項特徵：

特徵1	雇主對勞動市場具有充分且完整的認知。
特徵2	雇主能經由理性判斷爭取最大利益。
特徵3	無任何雇主能控制或影響勞動力的需要。
特徵4	雇主是個別行動的，並未形成集體壟斷。

由於此一「完全競爭」原則，使新古典或古典經濟理論得以分析勞動市場並形成衡量勞動力與工資配合程度的普遍性模式，同時，也強調個人決策應強於團體或階級利益。因此，制度式或集體式的協商機制必須加以限制，才能活絡自然的市場運作，使得外部勞動市場得以趨於均衡。

2. **正式與非正式勞動市場**：雙元勞動市場（dual labor market）又稱為區隔或分化的勞動市場（segmented labor market），是指在勞動供給面，同時存在著正式勞動市場（formal labor market）與非正式勞動市場（informal labor market）兩種。正式勞動市場是指以男性勞力為主的勞動供給，而非正式勞動市場，是指女性勞工或技術水準偏低有色人種（或少數民族）的勞工，這群勞工又稱為邊際勞動市場（marginal labor market）。在雙元勞動市場中，雇主提供就業機會時，偏好正式勞動市場，而歧視非正式勞動市場，並以較低工資或較差工作環境提供給非正式勞動市場。因此，為確保勞工的勞動條件和勞動基準，政府常訂定對非正式勞動市場供給的保障法規和措施，以減少在雙元就業市場中，非正式勞動部門受到不平等的歧視待遇。

3. **初級與次級勞動市場**：在雙元勞動市場中，存在著初級勞動市場（primary labor market）和次級勞動市場（secondary labor market）。初級勞動市場不同於次級勞動市場之處在於，初級勞動市場的就業機會條件優於次級勞動市場（與前述正式勞動市場意涵相近），雇主在選擇勞力時，偏好於初級就業市場的勞工，包括男性勞工、技術水準較高的勞動力，或是以本國人為主的勞力供給。換言之，在雙元就業市場中，勞動力的性別、教育程度、技術水準和經驗等因素是區分的關鍵性因素。從失業率的角度來看，初級勞動市場勞動力的失業率遠低於次級勞動市場，也較不會面臨雇主的歧視行為。對於女性勞工來說，尤其是已婚女性勞工、有色人種勞工、移工或技術水準偏低的勞工，常帶有歧視的態度，或所提供的勞動條件和薪資給付水準，低於初級勞動市場。

(六)**勞動市場區域的劃分原則**

勞動市場劃分可分別從地理、行政、經濟、社會與政治等因素加以考量。若以人力資源發展的觀點分析，是指勞動者在不改變其住所的情況下，可以改變的工作區域。亦即勞動市場區域的劃分常因劃分依據標準不同而有差異。劃分區域依據的標準，有的從地理因素考量，有的從行政因素考量，或者從經濟、社會、政治等因素考量。就人力資源發展的觀點而言，可以接受的劃分，應該是勞動者在不改變住所的情況下，可以改變工作的區域。

上述看似簡單的區域定義，在規模上是可以改變的，其範圍可從住處的鄰近區域到全臺灣地區，甚至大陸地區或者全世界。此外，勞動市場區域的劃分，也常伴隨勞動者具備的專業技能水準而有不同。對於具有專門技術的勞動市場來說，就業區域可大到全國；但對普通勞工或基層文書助理人員，其就業市場將侷限在其能夠容易轉換工作的小區域而已。對雇主而言，只要在工廠或公司附近無法找到定量的適當人力，就會逐漸將其勞動市場區域擴大，甚至擴及到全國各地或海外。

由此可知，勞動市場區域是指一個有經濟活動或勞動需求集中的中心地區，以及勞動者可在不遷移住所而能轉換工作的周遭範圍。

(七) 就業（勞動）市場資訊

1. **定義**：就業市場資訊（employment market information）是指就業市場動態及影響因素、勞動力特質以及人力供需媒合過程紀錄等各種資訊。這些資料的收集，有助於應用者判斷整體就業市場實際運作狀況，或消除因缺乏就業機會與勞動供給資訊所造成的摩擦性人力供需不均衡現象。因此，就業市場資訊內容，應依需要資訊的對象不同而作不同的選擇。對求職人來說，最關心就業機會、工作條件及職涯發展等相關資訊；對求才雇主而言，最想了解當地勞動市場的工資率、各職類人力的供給是否充裕，以及各企業或各行業間勞力競爭情況等相關資訊；對就業有關的行政主管與規劃人員而言，人力供需或其盈缺、失調原因分析等資訊是最想獲得的資訊。

針對各界不同的需要，以及各地區不同的特性，就業市場資訊的彙編，應以滿足求職人、求才雇主或其他應用者的多重需要為導向。綜合言之，一般就業市場資訊應包括：人口結構資料、全國經濟變動情勢、地區性工商活動報導、教育統計資料、人力資源資料、職業訓練消息、求職求才消息、勞動條件資料、職涯輔導資料報導、技能檢定消息、新職類特徵報導、有關法令增修訂報導等資訊。

2. **功能**：就業市場資訊可發揮以下功能：

(1) 有助於判斷整體勞動市場的實際運作及消除摩擦性失業問題。

(2) 可促進勞動供需媒合的進行。

(3) 節省勞動需求與供給雙方的時間與相關成本。

(4) 可落實國民就業政策及保障國民的工作權。

3. 主要參閱對象及原則

求職者	內容以就業機會、工作條件、職訓消息為主，兼顧簡單、時效、廣泛及教育性等原則。
求才者	工資率、各職類人力供應及該地區對本業勞工的需求，兼顧詳盡、比較、保密及宣導性等原則。
在校生	就業機會、求職技巧、職訓消息、就業市場展望、職業指導資料等，兼顧專業、多樣及定期性等原則。
人力規劃行政人員	人力供需現況與原因分析，兼顧數量、合理、持續及特殊性等原則。

4. 發布方式與內容

就業市場快報	至少每週發布一次，內容以事求人、人求事消息、代招代考、技能檢定、技能競賽等訊息為主。
就業市場月報	內容以就業服務機構業務地區內之勞動市場變動狀況之深入分析，求才求職安置率之利用狀況、已就業者之年齡教育程度、薪資等勞動條件、各職類空缺、相關法令變更、職業輔導及不同地區性的工商活動（就業博覽會或大型徵才活動）。
就業市場季報	每三個月發布一次，內容以一般經濟狀況、景氣動向、生產貿易、物價資訊、勞動市場變遷情勢、勞動力就業率、失業率及勞動參與率、求才求職綜合分析、安置就業利用率、一般勞動條件、受僱員工薪資、工時及進退之變動分析等資訊。
就業市場特報	指視需要發布的臨時性資訊，是不定期的，多屬公立就服機構針對勞動市場所作的專題研究報告。

5. 就業市場資訊收集方式：大多分為以下兩種方式

普查（又稱全體調查）	是指針對所有的對象，逐一進行資料收集的方式，由於調查的時間及經費成本過高，一般很少作，多在重要國情調查（如人口普查、工商普查）時才會進行。
抽查（又稱抽樣調查）	是指針對調查對象以隨機或非隨機的方式抽取一定樣本，加以調查之後，再以樣本調查結果推論母體的方式。大多採用此種方式，成本低，但代表性是一令人質疑之處，可在隨機抽樣的技巧上，加以提升，即可提高其準確性。

(八)臺灣的積極勞動市場政策

消極勞動市場政策可歸類為失業給付和提早退休制度；積極勞動市場政策則包含公共就業服務、職業訓練、青年方案、就業補助及身障者就業方案五大面向。

臺灣在88年制訂的「勞工保險失業給付實施辦法」，僅具備消極失業給付功能，未提供非自願性失業者積極的就業促進協助。易言之，89年以前的就業服務體制係屬「中央統籌」體制，中央政府不僅統籌主導就業服務政策的制定，且負責維持就業服務輸送通路體系，提供直接服務的任務，同時兼具「政策制定者」與「服務提供者」的雙重角色，形成典型的「中央集權式公共就業服務體制」。職業訓練與就業服務非強制性公共服務，以就業媒合功能為主，職業訓練諮詢服務機制尚未建立，因此職業訓練與就業服務以被動功能居多。

90年，臺灣面臨網路經濟泡沫化帶來的失業潮，修正「勞工保險失業給付辦法」並在91至92年立法通過「就業保險法」，將職業訓練和就業服務進行整合，成為「三合一服務」模式，並在新法中增列「提早就業獎助津貼」和「職業訓練生活津貼」等項目，以激發失業者的求職行為，提升其就業技能。因此，89年後，臺灣在就業服務和職業訓練體系的改革上，逐步將失業給付、就業服務與職業訓練制度整合為「三合一」就業服務模式，以「單一窗口」提供求職者獲得積極的服務，並強調請領者不能只消極領取失業給付，亦應接受就業推介與職業訓練諮詢。在就業服務的福利輸送上，91年起中央政府所屬各區之職業訓練中心和就業服務中心轉型為區域性的運籌管理中心，負責協調整合所轄區域內各種民間組織與地方政府資源。就業服務透過聯合性的單一服務窗口，使不同的機構與計畫，可以維持在一套整合性的架構中。職訓中心僅保留核心職類，餘則擴大補助地方政府、民間團體委外辦理訓練。再者，在地方性分權化方面，落實「就業服務法」中縣市政府具有主導地方就業服務事項的權責，形成「中心—站—據點」的「三階層式」公共就業服務體系。

89年之後臺灣實施薪資補貼的方式，可分為兩類：第一類依照「就業服務法」訂立「就業促進津貼實施辦法」，適用對象為非自願性失業、長期失業者與特定對象失業者等；第二類依照「就業保險法」訂立的「雇主僱用失業勞工獎助辦法」，自92年1月起實施，適用對象為非自願性離職者和特定對象者。97年修正「雇主僱用失業勞工獎助辦法」之薪資補貼制度，但該法於99年5月3日廢止，並同時發布「就業保險促進就業實施辦法」。新法增訂「僱用安定措施」章節，此新制並非常態性之補貼政策，目的為避免雇主因經濟不景氣致虧損或業務緊縮而裁減員工，並於縮短工時期間給予薪資補貼。

李建鴻指出，臺灣在積極勞動市場的社會投資策略上，實務面執行狀況可從以下幾點分析：

1. **就供給面而言**：觀察歐洲國家的積極勞動市場政策發展，可發現在執行層次上，歐洲國家仍著重在「就業諮詢」面向，對於提升人力資本的層次較難有所作為。臺灣經驗亦同，就業諮詢、媒合和職業訓練政府亦投入了大量資源，每年新增加求職人次服務量，介於70-74萬人次，更遑論公立就業服務機構尚有辦理推介就業、求才登記等服務，林林總總的就業服務量次加總是非常龐大的。

2. **在職業訓練方面**：從各類職業訓練統計，中央政府開訓能量多維持在30-98萬人之間。職業訓練不是投入很多就有效益，如果職訓等社會投資的投入無法因應產業的需求，投入再多都是枉然。其次，目前臺灣人力資本的投入存在一個根本問題，目前缺工產業問題不在技術層次艱難，而在於工作機會的勞動條件普遍低劣，部分職缺根本無須投入訓練成本，必須優先改善勞動條件。因此，投入人力資本的訓練，若無法投入在優質職缺上，可能造成更大資源的浪費。然而，創造優質的工作機會是最難的，國外經驗亦同。要改善勞動條件不佳的問題，如何協助整體國家產業轉型和配置，是另一個需要思考的議題。

3. **福利服務輸送面向上**：現行職業訓練以大量補助私部門或委託民間單位辦訓，政府主要功能為契約管理和審查執行狀況等行政業務。委由民間單位做為主要提供者的因素之一，在於開辦職業訓練需要龐大空間、設備、軟硬體設施和師資，且因應多元職訓類別有不同的素材。然而，公部門有限的資源和空間，無法大量滿足多元的需求。因而，福利多元主義、公私協

力等模式成為政府在推動職業訓練的主要方式之一。但實務面而言，私部門在辦訓能力上，同樣面臨場地與設備限制，私部門更須考量成本效益，須使用高機具設備、大型空間場域等高成本職訓類型，較少私部門有能力承擔。能開辦的類別多以容易入門的技能居多。此外，私部門有能力辦理職訓的單位有集中化的趨勢，並不如想像中的多元。導致開辦的職業訓練類別無法確實因應產業發展趨勢，使得政府選擇委託單位的能力受限。且委託單位的辦訓能力參差不齊，影響服務提供的品質。當然，公私協力的服務提供模式，在政府人力、物力等有限資源能力下，公私協力、福利多元主義仍是福利服務的主要提供方式之一，未來更應要思考政府角色在提供社會投資策略上的定位，勢必要有更積極的介入和統籌功能，例如思考如何培力續優單位做為長期提供訓練的合作單位、協助有潛力的單位，提供新式的技能等。

4. **人力資本投資需求面**：臺灣訓練以提升技能，若以技術的可攜性（portability）和專殊性（specificity）程度兩個標準，將技術類型分為高一般技術（high-general）、低一般技術（low-general）、專殊技術（specific）等3種類型。發現接受訓練者，以高一般技術者居多。學歷方面以高中職（50.75%）和大學以上者（43%）居大宗。顯示，使用訓練資源者，多以高技術、高學歷、自評為中產階級者為主，反而低技術、低學歷、自評為中下階級者等真正需要提升技能者，無法進到資源體系中。使得訓練資源的分配，無法均等分配給真正需要提升技能和弱勢者。

(九) **勞動市場彈性化**

1. **定義**：勞動市場彈性化是因應全球化形成的政策議題，全球化藉由不斷增加的國際貿易、跨國投資與勞動力跨國移動等經濟活動，使全球經濟逐漸融為一體，對就業市場的衝擊有兩大層面：

(1) 勞動就業結構快速變化。

(2) 政府對勞動市場的主導性降低。

在全球化過程中，發展中國家或第三世界國家藉由外人直接投資取得豐厚資金及先進技術，加上低廉勞動力的競爭優勢，大幅削弱已發展國家或發展中國家勞力密集產業的利基，促使已發展國家與發展中國家技術密集產業占產業結構的比例相對提高。由於技術密集產業對高技術勞動需求相對較高，因此，已發展國家或成長較快速發展中國家的勞動市場

上，高技術勞動需求逐漸上升，低技術勞動需求相對下降，勞動就業結構改變很大。

李碧涵指出，近年來，全球大部分發展中國家與已發展國家的國內產業，不論是勞力密集或技術密集產業，為擴大產品利基，紛紛選擇生產較高品質、功能精密產品，以與低勞動成本國家的低技術層次產品進行市場區隔，生產技術明顯呈現人力運用偏向高技術層次，造成低技術勞動力的就業機會相對減少。

強調國家解除管制（去管制化）和經濟自由化，政府對市場主控權降低，以及市場的不確定性提高。面對全球化的高度競爭壓力與市場高風險，企業紛紛放棄傳統福特主義－－大規模生產與機械化管理方式，改採彈性生產模式（例如：及時生產（just-in time）和外包制（outsourcing）），以降低生產成本，影響所及是企業對人力資源管理因而改變，包括：減少核心勞工的僱用、增加僱用彈性工時、部分工時或派遣勞工，導致整個勞動市場呈現分割現象（見圖1-1）。

全球化使得資本得以自由移動且跨越國界，政府原本扮演社會公平正義與財富累積間的平衡角色遭受侵蝕，因此，政府不得不在勞工政策上傾向傾聽資本擁有者的聲音，對於勞動市場的主導權大幅下降。

2. **分類**：全球化帶來的勞動市場就業結構改變、勞動市場二元化與政府主導力量式微，勞動市場彈性化成為各國相繼採行的因應措施，其樣態可分為下列四種形式：

   (1) **僱用數量上的彈性**：因應技術變革帶來的大量就業變化，以及資遣員工產生的大量失業問題，針對技術性失業者，採用非典型的僱用、臨時及不定期契約方式，亦即使用臨時工、人力派遣、外包等等，讓企業主有更多僱用上的彈性，藉以調整僱用數量，提高人力配置的靈活性。

   (2) **職能或功能的彈性**：雇主重組工作場所以適應新技術，重新利用公司人力資源，搭配多元技術的職業訓練、流動機會、調動員工的工作內容和職位。也就是說，增加既有職場的相互流動，鼓勵同一公司中的工作流動。

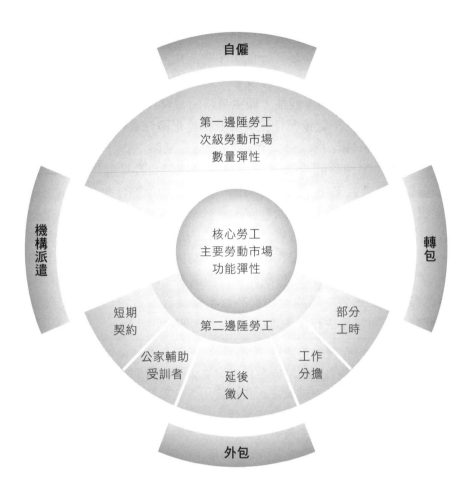

圖1-1　彈性積累情況下的勞動市場結構

資料來源：李碧涵（2002）

(3) **工時上的彈性**：因應季節性或循環性的工作性質，讓工作時間有多樣
化的變化趨勢，可能在一天、一季、一年間有所變化，如彈性工時、
每週或每年工作時間安排。近幾年來，彈性工時在西方國家發展迅
速，隨著科技發展及產業快速調整，有別於傳統彈性與部分工時的就
業形態出現，就是勞動市場彈性化所造成的現象。尤其許多傳統工作
方式逐漸被淘汰，現代化設備與科技工具被廣泛地使用，彈性工時勞
工的僱用讓企業有更經濟實惠的好處。

(4) **工資的彈性化**：提高工資協商體系的自由度，以因應變遷中的勞動市場，或競爭的經濟情勢。亦即，工資的協商，不全然是集體協商或法令規範，而是增加工作者接受新工作的動機，將工資體系彈性化，含提高或降低薪資的可能性，雇主可藉由薪資設計達到成本控制。

Van Kooten更將數量彈性化與功能彈性化區分為內部性及外部性。內部的數量彈性化指的是工作時間、部分工時工作、隨時預備好的契約、彈性工作時間、彈性退休政策；外部的數量彈性化指的是固定契約、暫時性工作、外面的來源；內部的功能彈性化指的是工作的循環、工作的擴大、工作的豐富、多行業；而外部的功能彈性化指的是外調、外來的顧問。透過這些彈性化的措施，企業可以快速調整員工的數量、工作內容、工作薪資及工作時間，來因應全球市場上的產品週期的縮短、消費市場日漸多元化與個人化的需求。

3. **對就業市場的影響**：理論上，提高就業保護程度對勞工、雇主與整體經濟社會都有可能產生正反兩面的效果。分別說明如下：

對勞工而言	就業保護的好處除了可以降低已就業者被資遣的機率，減少經濟波動對其經濟安全的威脅之外，也有助於人力資本累積，培養更具市場價值之工作技能；其缺點是，一方面降低勞工離職意願，另一方面使企業在人員僱用上變得較為保守，兩相作用之下，將使失業者因工作機會減少而延長失業期間，以及迫使雇主降低工資，以減少勞動成本的增加。
對企業而言	好處在於降低員工的流動，提高企業人力資本投資意願與報酬，減少人員招募成本；缺點是減少人力運用的彈性，使企業無法因應產品市場變化適度調整人力。
對整體社會而言	好處是維持經濟穩定，提高勞動品質，促進經濟發展；其缺點是由於工作機會長期集中在部分勞工手中，造成所得分配惡化，以及導致人力資源無法依經濟效率原則進行配置與規劃，形成人力資源浪費。

二、就業（勞動）市場政策

(一) 簽訂ECFA的影響

兩岸經濟合作架構協議ECFA（Economic Cooperation Framework Agreement），是規範兩岸之間經濟合作活動之基本協議，「架構協議」是指簽署正式協議之前所擬訂的綱要，僅先定架構及目標，具體內容日後再協商，因為要協商簽署正式協議曠日持久，緩不濟急，為了考量實際需要，故先簽署綱要式的「架構協議」，並針對攸關生存關鍵之產業，可先進行互免關稅或優惠市場開放條件之協商，協商完成者先執行，這部分稱為「早期收穫（Early Harvest）」，可立即回應我國面臨國際經營困境產業亟需排除關稅障礙之需求。國際上，亦有其他國家簽署架構協議之案例，例如，東協分別與中國大陸、韓國、日本、印度等國都簽有架構協議。

協議的內容將由兩岸雙方協商決定，參考東協與中國大陸全面經濟合作架構協定及我方的需求，其內容可能包括商品貿易（排除關稅和非關稅障礙）、早期收穫、服務貿易、投資保障、防衛措施、經濟合作，以及爭端解決機制等。

1. **推動目的**：政府推動和中國大陸簽署ECFA主要有三個目的：
   (1) 要推動兩岸經貿關係「正常化」。目前雖然兩岸都是WTO的成員，但是彼此之間的經貿往來仍有許多限制。
   (2) 要避免我國在區域經濟整合體系中被「邊緣化」。區域經濟整合是全球的重要趨勢，目前全世界有將近247個自由貿易協定，簽約成員彼此互免關稅，如果不能和主要貿易對手簽訂自由貿易協定，我國將面臨被邊緣化的威脅，在重要市場失去競爭力。而中國大陸是目前我國最主要的出口地區，與中國大陸簽署協議並有助我國與他國洽簽雙邊自由貿易協定，可避免我被邊緣化。
   (3) 要促進我國經貿投資「國際化」。陸續與中國大陸及其他國家簽署協議或協定，可助臺灣融入全球經貿體系，並吸引跨國企業利用我國作為進入東亞的經貿投資平臺。

2. **兩岸簽署ECFA對臺灣的經濟效益**：根據經濟部委託中華經濟研究院進行「兩岸經濟合作架構協議之影響評估」結果顯示，經濟成長率將提高1.65%～1.72%，臺灣未來7年可能增加的FDI流入規模將達89億美元。雖

然總體影響為正，但對各產業有得有失。對此經濟部已擬妥完整的配套措施，弱化ECFA洽簽對若干受衝擊產業的不利影響。

整體而言，ECFA對我國產業所帶來的效益如下：

(1) **取得領先競爭對手國進入中國大陸市場之優勢**：由於自臺灣銷往中國大部分工業產品之關稅降為零，臺灣將較日韓等競爭對手國更早取得進入中國大陸市場之優勢，進而取代日韓之地位。尤其在於我與韓國、東協及日本競爭激烈之主要石化原料、機械等產業。

(2) **成為外商進入中國大陸市場之優先合作夥伴及門戶**：由於相同產品自臺灣銷往中國大陸之關稅較自歐美日等國直接出口更優惠，同時因為臺灣對智慧財產權保護較為周全，加上兩岸開放大三通，以及政府補助企業在臺設立研發中心之優惠措施，將有助於歐、美、日企業選擇將臺灣作為進入中國大陸市場之門戶，優先與臺商合作研發及生產，將區域研發、生產或營運總部設在臺灣，讓臺灣成為跨國企業「全球創新中心」及「亞太經貿樞紐」的第一選擇。

(3) **有助於產業供應鏈根留臺灣**：過去由於多數零組件出口至中國大陸必須課徵關稅，致使終端產品製造商要求零組件供應商必須一同至大陸投資。一旦中國大陸大部分工業產品關稅降為零後，將有助於整體供應鏈根留臺灣，並藉由大三通採國際貿易方式供應客戶，除可維持在臺經濟生產規模及高品質外，更能創造就業機會。

(4) **有助於大陸臺商增加對臺採購及產業競爭力**：在大陸臺商以往為降低生產成本，部分機器設備及原物料改在當地採購。在中國大陸進口關稅降為零後，自臺灣進口相對成本降低，臺商自可增加自臺灣採購之數量，同時因品質較佳及成本降低，將有助於臺商在大陸競爭力之提升。

(5) **加速臺灣發展成為產業運籌中心**：由於大三通貨物及人員流通之便利性，配合雙邊貨品關稅降低及非關稅障礙消除等貿易自由化效果，將可重新塑造臺灣成為兼具轉口、物流配銷、終端產品加工等全功能運籌中心之機會。同時搭配政府放寬臺商赴大陸投資之限制、鼓勵臺商回臺上市等激勵措施，將可促成臺灣成為臺商運籌帷幄之「營運總部」。

3. **兩岸簽署ECFA後，政府對弱勢產業的協助**：對於內需型、國內較為弱勢等容易受到大陸進口產品衝擊之產業，政府未來將在與中國大陸協商時，爭取該等產業不列入早期收穫清單，並爭取保留、不開放、較長期程開放或調適期等開放之配套措施，為產業爭取調適空間並減緩衝擊。

(1) 規劃辦理「因應貿易自由化加強產業輔導計畫」，依個別產業特性及遭遇問題，分別擬訂輔導措施，其內容包括：一、進行產業調查及策略規劃；二、協助市場擴展及推廣行銷；三、提供技術與管理輔導；四、加強產業人才培育等。

(2) 持續運用產品開發補助計畫、技術及創新營運模式研發補助、服務業研發輔導、貸款及資金協助輔導等相關產業輔導措施，持續促進產業升級與轉型，提升產業技術水準與競爭力。

(3) 建立風險管理機制：強化大陸商品進口監測機制、透過談判建立兩岸貿易救濟制度等。

4. **政府對受衝擊產業的輔導措施**：經濟部輔導「傳統產業之升級與轉型」，長期以來均為施政重點之一，例如報載之毛巾、寢具、襪子等產業，已納入「艱困傳統產業輔導機制」，提供「紡織聚落產業產值成長計畫」輔導，磁磚產業則透過「綠色與創意建材產業技術輔導與推廣計畫」、「協助傳統產業技術開發計畫」協助提升其競爭力，相關計畫均已獲得相當良好之成效，未來經濟部亦將持續辦理相關傳統產業升級之工作。

政府對於「內需型、國內較為弱勢等容易受到大陸進口產品衝擊之產業」，未來將在與中國大陸協商時，爭取該等產業不列入早期收穫清單，並爭取保留、不開放、較長期程開放或調適期等開放之配套措施，為產業爭取調適空間，使產業免於面臨立即降稅之情境。同時經濟部亦將持續針對進口貨品進行監測，運用相關輔導資源，適時提供預防性輔導，避免產業受損。

經濟部目前已啟動「因應貿易自由化加強產業輔導計畫」，針對內需型、競爭力較弱、易受貿易自由化衝擊之產業加強輔導，依個別產業特性及遭遇問題，分別擬訂輔導措施，整體之計畫內容包括：

(1) 協助業者推動MIT驗證標章與拓展內、外銷市場；建立策略聯盟與產銷網路。

(2) 提供產業技術升級、經營轉型之輔導與資金融通協助。

(3) 辦理敏感性產業特殊專業人才培訓與建置產業所需之公共及公用設施或設備等。

(4) 針對磁磚產業方面，運用陶瓷產業整合輔導推動計畫，以提升產業行銷與設計能力。

(5)在毛巾、寢具、襪子產業方面，將協助業者由目前國外品牌商之代工廠轉型為自有品牌廠商，連結我國紡織產業完整上、中、下游產業鏈，強化國際競爭力。

(6)經濟部為減緩大陸進口產品對中小企業產生可能之衝擊，正研議完善之輔導配套措施，將協助中小企業突破現有經營模式，厚植競爭實力，並持續配合整體產業輔導策略與談判開放程度，適時修正調整，其規劃如次：

強化現有中小企業輔導措施	賡續運用中小企業11項輔導體系，推動在地關懷主動服務中小企業、協助中小企業取得資金、鼓勵中小企業創業創新等專案計畫。
啟動地方產業發展基金支援	借鏡日本「道之驛」模式，透過補助與輔導機制推動「一鄉一品」特色，縮減城鄉差距。
特定產業輔導及人才培訓	每年針對全臺產值低、內需型、偏遠地區、支撐當地就業人口，且本部其他單位未輔導之弱勢產業進行選定，配合其產業特性，擬定輔導措施及人才訓練計畫。
跨領域、跨功能之產業輔導	1. 協助運用既有國際網路平臺資源，將優質產品推向國際市場。 2. 推動供應鏈中小企業輔導，強化其體系聯結。 3. 協助設計服務業者精進品質，提升設計研發之價值。

5. **因應貿易自由化協助勞工穩定就業措施**

(1)**建立就業服務單一窗口**：為提供受貿易自由化影響勞工整體化的主動服務，除了設置專線電話（0800-777-888）方式，加強就業資訊流通，遍及全國各地的公立就業服務機構亦設置單一服務窗口，於勞工尚未失業前，事先針對可能受影響產業事業單位及勞工主動提供諮詢、職訓訊息等服務，倘勞工因此失業，則責由專人提供連續性、個別化的服務，以整合各項資源，協助勞工儘早就業。

(2)**辦理勞工技能提升**：為因應貿易自由化，本部運用「充電起飛計畫」加強輔導各產業從業人員參訓，提升工作知識技能及就業能力，並協助事業單位發展人力資本，持續提升勞工職場能力，穩定就業及促進再就業。

A. 補助「勞工個人及自營作業者」參訓，增加職場競爭力：

參訓勞工資格	在職勞工年滿15歲以上，且所加保之就業保險、勞工保險或農民保險投保單位為行政院「因應貿易自由化產業調整支援方案」之適用對象。
補助標準	以訓練單位辦理訓練收費標準，補助每一學員全額訓練費用，每名勞工3年內最高補助金額為7萬元。

B. 補助「事業單位」辦理在職訓練，提升員工工作技能：
   (A) 事業單位資格：
      a. 參加就業保險之受僱勞工人數達51人以上，領有設立登記證明之就業保險民營投保單位，且為行政院「因應貿易自由化產業調整支援方案」之適用對象者。
      b. 參加就業保險之受僱勞工人數未滿51人之民營投保單位，為行政院「因應貿易自由化產業調整支援方案」之適用對象，且非屬勞動力發展署所定小型企業人力提升計畫適用對象之民間投保單位者。
   (B) 參訓員工資格：受僱於事業單位屬行政院「因應貿易自由化產業調整支援方案」之適用對象者，且年滿15歲以上具就業保險被保險人身分者。
   (C) 補助標準：申請個別型訓練計畫之事業單位，補助金額以200萬元為上限；聯合型訓練計畫以300萬元為上限。
      屬行政院「因應貿易自由化產業調整支援方案」之加強輔導型產業、受衝擊產業或受損產業者，最高以350萬元為限。

C. 協助「待業勞工」個人參訓，提升工作技能：運用勞動力發展署所屬各分署自行辦理，或委託民間訓練單位辦理之訓練課程，協助已離職待業勞工強化工作知識及技能，促進再就業。
   (A) 參訓勞工資格：最近一次所任職事業單位屬行政院「因應貿易自由化產業調整支援方案」適用對象，且係於該適用對象被認定後之離職者或被認定前183日內之離職者。
   (B) 補助標準：全額補助訓練費用。另參訓本計畫全日制訓練之學員，如符合就業促進實施辦法所列之特定對象失業者，得依相關規定申請職業訓練生活津貼。

(3) **協助取得技術士證**：最近一次所任職事業單位屬行政院「因應貿易自由化產業調整支援方案」適用對象之勞工，於接受本部勞動力發展署所屬各分署自辦、補助或委託辦理勞工相關訓練後，持有受訓證明資料報名技術士技能檢定時，得申請給予一次學科測試費、術科測試費、報名資格審查費及證照費全額補助。

(4) **提供在職勞工職務再設計補助**：為協助行政院「因應貿易自由化產業調整支援方案」適用產業之事業單位減緩在職勞工工作障礙，並提升工作效能，該事業單位得檢具職務再設計申請書及個案資料表等文件，向在職勞工工作所在地之公立就業服務機構申請職務再設計補助。

另從事行政院「因應貿易自由化產業調整支援方案」適用產業之無一定雇主、自營作業者或微型企業主，為排除工作障礙，亦得檢具職務再設計申請書等相關資料，向在職勞工工作所在地之公立就業服務機構申請職務再設計補助。

A. 補助金額：每一職務再設計計畫（以每一個案為計算單位）補助金額，最高以新臺幣10萬元為限。但有特殊需求，經公立就業服務機構專案評估核准者，不在此限。

B. 補助項目：改善職場工作環境、改善工作設備或機具、提供就業輔具、改善工作條件、調整工作方法。

(二) **兩岸服務貿易協議**（轉引自http://www.ecfa.org.tw）

1. **定義**：經濟部（2014）指出，服務貿易係指「服務業的貿易」，由於服務通常不具實體，和貨品性質有異，為便於世界貿易組織（WTO）會員協商彼此間的市場開放，WTO依照服務提供的方式區分四種服務貿易模式：

模式一	指服務的直接跨境提供，例如臺灣的設計業者透過網路、電話等方式提供在大陸的消費者設計服務。
模式二	指消費者到服務提供者所在地消費服務，例如陸客來臺觀光。
模式三	指服務提供者至消費者所在地設立商業據點提供服務，例如臺灣的銀行在大陸設立分行，此種模式即服務業的投資。
模式四	指服務提供者以自然人移動方式至消費者所在地提供服務，例如臺灣的銀行派遣臺灣員工至其大陸分行擔任經理，提供銀行服務（註：因本協議規定不涉及雙方勞動市場，該員工倘不擔任分行經理即需返臺，並非可留在當地找其他工作）。本協議即依據前述WTO之定義及相關規定進行協商。

2. **海峽兩岸服務貿易協議主要內容**：協議內容包括文本（即條文）、特定承諾表（市場開放清單）及關於服務提供者的具體規定等3部分。文本部分規範任一方政府所採可影響服務貿易之措施應遵守之義務，包括：透明化、客觀公正、避免不公平競爭、允許相關的資金移轉及原則上遵守最惠國待遇及國民待遇等。特定承諾表則載明雙方相互開放服務業市場之內容，雙方約定採取正面表列，未列出之服務部門除雙方於WTO作出承諾且現已開放者外，則屬尚未開放。

   本協議涉及眾多服務部門，依據WTO之分類方式包括商業服務；電信服務；營造服務；配銷服務；環境服務；健康與社會服務；觀光及旅遊；娛樂、文化及運動服務；運輸服務及金融服務等。此外，考量兩岸經貿互動發展及業者關切，我方並未就律師、醫師、會計師、建築師等專業服務業作出開放承諾。

3. **簽署海峽兩岸服務貿易協議對我之意義**
   (1) **協助業者進軍大陸市場**：大陸已從「世界工廠」逐漸轉化為「世界市場」，成為各國廠商兵家必爭之地，繼ECFA早收清單為我國廠商搶得灘頭堡後，「海峽兩岸服務貿易協議」之簽署更進一步協助我服務業者利用本協議之各項優惠，以更好的條件進入大陸市場。
   (2) **促進融入區域經濟之整合**：服貿協議之簽署將向外界放送兩岸經貿繁榮發展之強力訊息，加上臺星協議已完成實質協商、臺紐已近完成協商，可望激勵更多國家與我洽簽經貿合作協議。
   (3) **有助推動貨品貿易協議完成協商**：在兩岸服務貿易協議簽署後，雙方將可集中心力，加速貨品貿易協議之協商。

4. **政府協助業者因應市場開放之作法**：我方市場開放承諾內容均經過各服務業主管機關依據「衝擊極小化，利益極大化」之原則審慎評估後列入，預期可鼓勵更多陸商來臺投資，促進就業及刺激市場良性競爭。若國內業者仍因市場開放受到損害，我方除可依協議之相關機制積極與陸方磋商尋求解決方案外，政府亦將根據業者實際需要，採取適當措施協助業者妥善因應貿易自由化帶來之影響。

5. **國會監督與後續實施程序**：在協議簽署前，行政部門已依據立法委員之需要個別進行報告，並在協議內容較為具體後向立法院進行專案報告，讓立法院掌握協商的進度。

本協議將俟兩岸各自完成內部程序,自換文之隔日起生效。至於市場開放內容之實施時間,原則上將自生效日起實施,部分部門或將因相關配套措施需要較多時間處理而延後,惟均將依照本協議之規定盡速實施。

6. **未開放部門之處理**:考量服務業發展特性、兩岸管理體制差異及兩岸業者之需求,雙方同意參採WTO服務貿易漸進式自由化之精神,於本協議納入「逐步減少服務貿易限制」條文,規定雙方未來可在互惠互利之基礎上,經雙方同意,就服務貿易的進一步市場開放展開磋商。故本協議生效後,倘雙方對於彼此尚未開放之服務業或仍維持之限制性措施,均認為有必要進一步開放時,可依據本條文之規定再次進行磋商,磋商結果將構成本協議的一部分,使兩岸服務業往來更加開放與便利。

(三)疫後產業變遷與就業政策新走向

由於人工智慧、物聯網、大數據等數位新興科技正在重塑產業面貌,近年來各種嶄新的商業模式與營運型態正方興未艾,也在翻轉現行的工作型態,對勞動市場帶來新的變化。國內外對於數位科技對勞動市場衝擊的探討頗多,包括工作技能需求內容及工作型態的轉變。根據牛津大學學者Frey and Osborne(2013)的研究,未來20年,美國將有高達47%的工作會實現自動化,「機器取代人力」、人機比降低所帶來的失業問題日益浮現。2017年聯合國貿易及發展會議(United Nations Conference on Trade and Development, UNCTAD)發布的資訊經濟報告指出,受自動化影響較大的為製造業,對教育、健康和社會工作影響較小,但自動化對服務性質工作的影響可能日益加大,這些影響包含數位化的工作變化、數位化對整體工作的衝擊及新技能的需求程度。也就是說,數位科技的躍進影響工作場域的轉變、帶來職缺的消長,產業不但要因應不同類型的創新商業或經營模式所帶來的工作變化、培育相關所需人才,還需要積極因應因傳統工作模式改變而產生的「科技性失業」(technological unemployment)。

我國也不例外,當前臺灣經濟結構正面臨產業數位升級轉型的階段,根據2019年國家發展委員會《數位經濟及AI對社會影響與因應策略》報告指出,直到2030年,我國數位轉型人力需求缺口將達8.3萬人,而在未來10到15年,我國恐將有46%的工作機會因科技發展的影響,出現科技性失業問題。

綜觀未來產業發展趨勢，不難理解新科技應用已逐漸普及，逐漸帶動物聯網、人工智慧、大數據分析／雲端運算、AR／VR呈現突破性成長，促使產業數位轉型、新生活型態發展、創新服務應用建構等重大變化。這些變化最主要的特色便在於跨域產業發展之工作技能需求不斷提高，也將促使就業市場產生以下變化。

1. **對整體工作環境之重要影響**：數位科技趨勢對總體經濟與勞動市場的影響已經引起頗為廣泛的討論，尤其是針對未來就業移轉程度與新興型態的工作環境的條件、勞動市場的法規環境等，進而引發就業需求的改變、就業契約產生變化、所得分配更加不均等可能的轉變，可說明如下：

   (1) **職業型態多元化**：由於網際網路蓬勃發展，使勞動力與工作任務在供需之間更具有彈性，而未來專業分工也將日益複雜，因此職業型態會相對多元。為了能因應工作環境的變化，如專職及兼任工作型態的組合、轉職流動性增加（在不同職業、行業間的轉換勞動保障條件及身分、工作轉換頻率、員工流動日益頻繁）、學校與職場的界線模糊化（學習與工作並存），也會出現勞力外包的群眾模式工作。

   (2) **薪資結構改變**：隨著AI與智慧機器人的發展，在工作時間及工作地點均可能變得更有彈性的情況下，員工將不僅僅從事單純的一份工作，更有可能會朝向兼職或承接多元型態的工作發展。即員工可能會有受僱於多個雇主的情況，因此員工和雇主都需要有更靈活的薪酬結構。此外，隨著數位化科技的發展，企業對低階與高階職位的需求增加，反而對中階職位的工作需求將會減少，而中階職位員工的工作技能又不足以取代高階職位員工，卻有可能被低階職位員工所取代，這可能促使未來的薪資結構更加M型化。

   (3) **工作場所改變**：物聯網、雲端計算平臺與科技產品的蓬勃發展，使就業者可在任何時間／地點登入雲端平臺進行資料存取，也可利用雲端計算平臺來分析數據，這將使得未來工作地點選擇也變得更彈性化，辦公室或固定的辦公地點已經不是唯一的選擇。因此，新興科技發展不僅會改變組織的工作場所，而且連個人的工作場所也將會有所變化。這有助於員工節省大量時間，可將時間用在更有工作效益的地方，更有助於工作的安排，達到更有效率的結果。

(4)**工作時間調整**：針對工作時間調整的可能性，包含工作時間縮短、無固定工時工作、工作與生活分界模糊、無保障工作時數等。隨著AI與機器人發展，現有工作時間的制度將產生重大變革，取而代之的是彈性化的工作時間。資訊技術的便利性可讓就業者不必拘泥於上班時間工作，未來就業者需要更彈性的工作模式／時間來因應未來新型態工作變化。

(5)**技能驗證基準發展**：為了因應工作環境及條件的變化，技能證照職能基準的完善發展更為重要，這包含職業訓練內涵調整方向、教育制度的改革、高等教育供給調整、新型態數位人力媒合保障及個人技能認證基準等。在工作技能培養方面，終生學習、具備工作高度彈性調整能力都是重要課題，且對於跨領域人才及資源整合人才的需求會大量增加。

2. **數位技能養成與培育的重要性**

(1)**跨域產業發展之工作類型需求**：全球供應鏈面臨少量多樣化生產、客製化消費變化的大趨勢，但我國產業長期對最終消費市場向來陌生，掌握度不高。未來出口區域或消費市場皆需要資料數據分析、數位行銷策略規劃人才，藉以進一步連結並縮短生產與消費的距離，才能有效滿足最終端不同消費型態需求。

由於產業針對連網物件或生產銷售網絡快速擴張，針對資訊科技安全相關工作類型需求必將有所增加。以我國擁有資通訊產業發展基礎優勢而言，應該加速提升相關人才培育，並針對AI語意分析、資料探索等進行技能提升輔導。為了因應數位軟硬整合產業發展趨勢，亦須透過跨域整合的加值，才能真正有效發揮數位創新趨勢下的新產業價值，因此科技跨域及資源整合的工作需求會相對提高。

(2)**跨域產業發展之數位技能需求**：面臨數位創新趨勢，就業者的數位技能的養成日漸重要，更強調跨領域、軟硬整合之重要性，如溝通能力、創造力、問題解決能力、國際移動及國際語言能力、產業技術能力、資訊使用技能等層面。數位技能養成需求並非針對特定層級或類型的就業者，而是未來每一位就業者都須因應不同產業及工作職務內容而有不同程度的需求養成。其中，產業技術能力和資訊使用能力可透過實務經驗累積、經驗傳承和做中學（learning by doing）方式

來加以養成。如數位科技趨勢快速變化對就業者資訊使用能力需求會顯著提升，尤其針對第一線現場工作人員所需的人機協同技能最為重要；再者，機器人發展將取代部分人力，各業技術能力會隨產業發展的類別或生產階段需求而有所不同，並更加強調各產業的核心知識（domain knowledge）技術能力的重要。

未來創新的產業跨域整合經營模式，除了對第一線現場員工造成影響外，對中高階主管的專業能力需求更高，除了專業能力之外，對於跨域溝通能力、創造力與問題解決能力需求也會因而增加。在面臨國際化、全球化趨勢下，我國就業者具備國際移動能力的條件，將相對擁有更多的工作選擇權，對於瞭解不同文化的意涵，培養跨組織、個人的協調能力，擁有跨國團隊成員溝通方式及了解需求，也是就業者必須具備的能力。

肺炎疫情對長期的經濟與產業結構正逐漸產生結構性的衝擊，更加速促進了在5G時代數位經濟潮流趨勢下的產業轉型發展。臺灣自不例外，未來跨領域或是軟硬整合型態產業發展，將帶動臺灣勞動環境、勞動體制條件、工作型態或相關技能需求面向出現質化轉變。政府過去的5+2產業創新計畫與現今的六大核心戰略產業計畫，透過連結未來、連結在地、連結國際的方式，是帶動臺灣未來產業升級轉型的重要關鍵。因此，透過這些計畫帶動的產業發展，也將會帶動新一波工作類型與相關技能需求變化，未來各業在跨域整合加值人才及數位技能養成更是臺灣無可迴避的重要發展關鍵。

(四)**數位經濟浪潮驅動未來人才培育新思維**（工業技術研究院產業科技國際策略發展所研究員黃筱雯）

1. **數位科技創新服務下一波浪潮**：英國《經濟學人》於專書指出，自1950年代開始，全球陸續展開八波科技浪潮，從早期的第一波科技浪潮－－大型主機開始，再進展到個人電腦、網路商機、雲端計算、巨量資料（Big Data）、物聯網，直至現今，我們正經歷第七波－－人工智慧（AI）、第八波－－量子技術。

   每一波科技浪潮都為人類帶來破壞式創新，推動一次又一次的產業結構轉型、商業模式創新、產品服務升級，未來，隨著資料量持續累積、運算能力增強、預測模型漸趨成熟、行動通訊（5G）持續演進，「萬物聯網（IoE, Internet of Everything）」的使用情境將應運而生，更多的資料

（data）可循環利用、更多的裝置（devices）能相互溝通，同時達成即時回覆的效果，意即，由下一波數位科技浪潮所引領的服務創新，可驅動更多的聯網裝置、更快的連線速度，同時亦可透過資料分析結果與預測模型，來有效改善消費者使用經驗，因此，未來對於產業發展與企業營運而言，產品的開發思維與銷售策略將會轉向著重以人為核心的數位體驗。

(1) **萬物聯網（IoE）情境下之高價值服務創新應用型態**：「萬物聯網（IoE）」象徵著人機通訊與互動邁入新境界，尤其是受到AIoT與5G的合力推動之下，可針對不同產業需求發揮各式服務創新應用型態，例如，中短距離的智慧居家、智慧醫療；低功耗廣域網路的智慧城市、智慧電網、智慧農業……等。根據美國5G America研究報告之評選，未來具有高價值、高潛力之服務創新應用型態，將發生於五個產業當中，分別列示如下：

A. **製造業**：智慧工廠、自動化產線、庫存管理、供應鏈管理、遠端操控人機物聯網。

B. **汽車業**：輔助駕駛、自動駕駛。

C. **能源業**：智慧能源管理、電網監控、高度能源配送效率。

D. **娛樂業**：高品質影音娛樂、3D、4K／8K、零縫隙行動影音串流、沉浸式體驗、AR／VR。

E. **醫療業**：遠距手術、遠端健康照護。

其中，人工智慧（AI）如同各式服務創新應用型態的大腦，主導與指揮著機器的各種行為表現，以製造業為例，藉由蒐集產線機臺資料（售前）、物流配送資訊（售中）、客戶滿意程度（售後），將蒐集而得的資料傳回後臺，交由AI進行運算分析與預測，其所得結果將可協助製造商改善產線流程、降低產品錯誤率、縮短產品交期、規劃最適化的貨運航班路線、改善產品設計概念與效率、預測售服務需提供至什麼程度。AI對於其他產業於產品開發、生產製造、廣告行銷、服務改善所發揮的創新效益，整理如表所示。

AI智慧應用於各產業價值鏈所發揮的創新效益

	零售	製造	健康照護
產品開發	·掌握市場需求趨勢 ·預測供應商議價過程與出價模式	·改善產品設計概念與效率 ·供應商表現評估自動化	·預測疾病發生 ·辨認高風險病患群體 ·提供預防療法
生產製造	·倉儲管理自動化 ·進貨採購最適化 ·產品分類細緻化	·改善流程、產線運作自動化 ·降低錯誤率 ·縮短產品交期	·醫院營運自動化 ·診斷測試自動化（更快、更精準）
廣告行銷	·最適化定價 ·客製化行銷 ·即時精準廣告	·預測售後服務需提供至什麼程度	·成本分析精準化 ·降低病患承受風險
服務改善	·以虛擬代理人提供即時、客製化、隨待在側的個人服務	·貨運航班路線最適化規劃	·以虛擬代理人協助病患完成就醫程序

資料來源：麥肯錫全球研究院（MGI），工業技術研究院產業科技國際策略發展所
整理（2019）

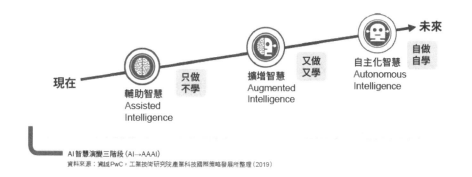

AI智慧演變三階段（AI→AAAI）
資料來源：資誠PwC，工業技術研究院產業科技國際策略發展所整理（2019）

(2) **人工智慧演變三階段（AAAI）加速人機協同之誕生**：人工智慧於智
慧表現的演變上，與人類大腦的學習機制雷同，先藉由外界教導、
資訊吸收、自我學習、能力增長，再達到自主創造。根據資誠PwC
研究（2017）指出，人工智慧於未來將有三階段（AAAI）演變趨
勢，將由現行的輔助智慧（Assisted Intelligence），走向擴增智慧
（Augmented Intelligence），以及終極的自主化智慧（Autonomous
Intelligence）。

　　A.**輔助智慧**（Assisted Intelligence）：係指純粹接收指令、完成任
　　　務之只做不學的機器，可更快、更好、自動完成重複性高、具有
　　　標準作業流程（SOP）、耗時的工作，是人類好幫手（機器輔助人
　　　類），例如，汽車GPS導航系統所提供的圖資。

　　B.**擴增智慧**（Augmented Intelligence）：係指透過高速認知運算、
　　　大規模機器學習，以分析結果協助人類決策，猶如人類與機器相互
　　　合作，將開始改變人類工作本質（人機協同），例如，汽車共乘商
　　　業模式。

　　C.**自主化智慧**（Autonomous Intelligence）：係指可自主感知、理解
　　　環境資訊，不需人類的指令，便可自主行動與決策，工作由機器自
　　　主完成即可，無需人類介入（機器自主），例如，自駕車。

　　過去，透過輔助型AI的從旁運作，可以為人類節省許多心力，快速完
　　成勞力密集型且具有標準化流程的制式化工作，未來，隨著AI學習能
　　力愈來愈強，人機關係將有高度可能會由現行的機器輔助，逐漸走向
　　未來的機器自主時代，除了可以預見AI自主化智慧將有可能為產業發
　　展帶來全無人、全機器自動的極致表現之外，屆時，人類與機器之間
　　的互動模式與角色關係亦會連同出現變動，此舉之意涵在於，由AI驅
　　動之自主感知、分析、評估與決策的自主化機器，將大幅促使我們重
　　新評估人類與機器之間的新相處模式。

　　企業轉向提供以人為核心的數位體驗服務，將對就業帶來短、長期影
　　響。

2.**全球企業數位轉型新價值**：數位科技驅動的智慧服務將對各行各業帶來
　全面破壞式創新，推升企業積極投入以數位科技大規模改變價值創造與
　交易之方式，然而，成功的企業數位轉型並非一蹴可幾，必須分階段進
　行，以達企業內外部皆能展現數位轉型實質之效。整體而言，企業數位
　轉型可分三階段：第一階段為企業內部營運效能優化，係指企業運用數
　位科技、導入數位工具，改善營運流程以提升企業內部營運效能；第二
　階段為企業於前述數位能力基礎之上，改造企業與客戶之連結管道、強
　化客戶體驗；第三階段為基於企業本身的數位能力或數位資產，進而延
　伸企業的產品服務價值鏈，創造新產品服務、開發新利潤來源，全面改
　造企業價值定位（Value Proposition, VP）。

根據國際機構的研究指出，世界經濟論壇（WEF）認為至2025年時，數位轉型將為全球帶動100兆美元以上的經濟價值，對於產業所創造的貢獻主要在於提升生產效率、維持營運彈性、創造多元價值，對於社會所創造的貢獻則是在於提高人類的生活品質、打造友善的永續環境；美國市調公司IDC認為於2022年時，全球企業的數位轉型投資金額將高達2兆美元，大多數企業將會藉由資料平臺進行企業內外部整合、打造智慧創新服務。人工智慧是決定企業數位轉型及其創新服務智慧化程度的重要因素，然而，AI科技所展現的智慧化程度有其發展歷程，AI從早期的邏輯推理（1950～1970）、知識表達（1980～1990），直至近期的機器學習（2010～），於實質的智慧創新服務表現則可從早期的搜尋引擎、推薦系統，進展至近期的聊天機器人、虛擬助理、工業機器手臂，以及更為先進的照護機器人、人臉辨識……等。

AI的智慧創新服務表現將會隨著資料量指數型增長、運算能力持續增強、聯網裝置各處普及……等因素而讓創新服務能有更為躍進的表現。根據國際智庫Gartner向全球企業資訊長（CIO）所進行的調查結果（2019）指出，聊天機器人是各行各業最常導入客戶服務流程的數位工具，此舉顯示，掌握客戶需求、強化客戶體驗仍是亙古不變的企業經營法則。全球各大企業皆已陸續投入數位轉型，不論運用AI所展現的智慧創新服務進展到何種程度，是處於早期研發、或是已至智慧服務商業化時期，皆有其實質成果展露於世，例如，日本達美樂披薩、日本東京奧運、美國Google Deepmind公司皆已開發完成以AI驅動的智慧創新服務。

(1) **日本達美樂披薩**：日本達美樂披薩公司抓準數位科技智慧創新服務浪潮，充分運用現今人手一機、一人一LINE的趨勢脈動，且LINE提供愈來愈多以使用者為中心的數位功能服務，除了基本的群組聊天、通話、視訊、傳送檔案，亦開始增加各種生活娛樂性質的數位功能服務，像是與好友一起投票、安排活動、新聞瀏覽、電子支付LINEPay……等，如同為LINE使用者建構一個掌上型的生活消費數位環境。

　　日本達美樂披薩公司因而設置達美樂披薩官方LINE商業帳號，鼓勵消費者加入該帳號為好友，以互動式聊天機器人推薦餐點、引導訂餐流程，並開放LINEPay支付款項，消費者只需持有智慧型手機即能隨時隨地於線上完成整張訂單，在家等候披薩送達。

(2) **日本東京奧運之智慧創新服務**：日本政府於取得奧運主辦權之後，即
設定該項全球盛事由人工智慧來驅動多元智慧創新服務，預計發展九
種主題式應用，分別為智慧迎賓、智慧醫療、智慧輔助、智慧運輸、
智慧能源、智慧防救災、智慧維安、智慧影音、智慧農業。

以智慧迎賓而言，日本汽車業龍頭－－豐田（Toyota）推出不同角色
的機器人，從可愛型的迎賓機器人，到實用型的搬運機器人。迎賓機
器人係以奧運吉祥物為外貌的主要造型，於機器人頭部裝設小型攝影
機，透過攝影機所接收的影像來辨識賓客的喜怒哀樂表情，並做出相
對的回應，例如，機器人眼睛冒出愛心或星星符號來向賓客傳達愉悅
的感受，藉此來歡迎賓客與運動員，以活絡雙方的情感交流與互動體
驗；另外，奧運賽場也會有搬運機器人隨侍站崗待命，協助搬運奧運
賽事所需的各項重物，例如，投擲標槍……等，或是協助推送坐輪椅
的觀眾到指定地點。

以智慧維安而言，日本政府為了確保奧運賽事順利進行、避免防恐維
安出現漏洞，決定以人工智慧驅動的機器人來加強奧運賽事現場的警
備人力。日本大型保全公司ALSOK運用本身於機器人開發的多年資
深經驗，研發出警衛機器人Reborg-X，期望能藉由此款機器人於賽事
現場達成以下任務：自主行走與巡迴檢視、察覺異常人事物，並能立
即通知警備單位，以期能夠時時巡邏、確保奧運賽場的安全。

以智慧運輸而言，以人工智慧機器學習演算法驅動自駕車的新創公司
ZMP研發「自駕計程車（self-driving taxi）」，而自駕計程車的運轉
則交由日之丸計程車公司（Hinomaru Kotsu Co.）負責營運。ZMP自
駕計程車透過一次又一次高度擬真的載客上路實戰經驗，一一克服與
排除商業載客所可能遇到的各種問題，以維持自駕計程車與乘客雙方
的道路駕駛安全，例如，於行駛途中，若遇周遭車輛改變車道、駛入
自駕計程車前方時，自駕計程車應能運用過往駕駛經驗來進行即時偵
測、減速應變。根據日本時報（The Japan Times）2018年8月的新聞
報導，此項自駕計程車的道路實駕為世界創舉。

由前述諸多日本公司致力於智慧創新服務之開發可以知道，日本政府
欲透過數位科技創新發展的雄心壯略，且期望能於奧運這般全球性賽
事舞臺，向世界各國一舉展示日本雄厚的科技國力。

(3) **美國Google旗下Deepmind公司**：美國人工智慧公司Deepmind與英國倫敦知名眼科醫院合作，於世界權威科學期刊Nature發表研究成果，說明Deepmind公司以神經網絡演算法，不斷從眼科醫院提供的視網膜光學斷層掃描檔案進行資料學習、判斷病灶位置與何謂眼疾，經由不斷演練的學習結果，該公司的AI演算法可以正確辨識青光眼、黃斑部退化、糖尿病引起的視網膜病變……等眼科疾病，並且，可以依據辨識結果為患者提供建議，以協助患者與醫生能夠進行接續的治療。Deepmind公司聲稱該公司的AI演算法對於眼疾判斷錯誤機率為5.5%，低於眼科醫生的判斷錯誤率（6.7～24.1%），且機器學習能夠根據資料事實理性判斷，避免人為主觀因素的判斷與誤差，Deepmind公司有信心地認為AI智慧創新服務於醫療領域之應用，未來勢必可有效幫助醫生節省翻找病歷、察看病灶的時間與心力，多出來的時間將能夠用於為病患提供更適切的治療方案、進行深度醫療研究……等。

3. **數位科技對於人類工作機會之衝擊評估**：數位科技可以帶來多元、先進的智慧創新服務，但另一種層面，當自動化、智慧化機器的功能愈來愈多、愈來愈強的時候，人類的就業機會也隱約帶來威脅。

整體而言，數位科技智慧創新服務為產業、企業與就業所帶來的影響，可以分別從短期、長期效應來加以觀察。短期而言，數位科技智慧創新服務會直接取代人類既有的工作機會，例如，速食店的自助點餐機、送餐機器人減少店面前臺的人力作業，點餐跟送餐的工作機會雖然依舊存在，但已從勞動型人力轉為自動化機器來為消費者提供服務；長期而言，數位科技會為工作機會創造外溢效果，並且，所創造的新工作機會數量會高過於所取代的舊工作機會數量，原因在於數位科技能夠催生原產業的新型態工作機會，長期而言，也會促進其他產業轉型升級、創造新的工作機會，此即為工作機會的外溢效果，例如，資料量的持續累積、AI演算法的成熟將有可能促進產企業需要更多的資料工程師來清理資料、更多的軟體工程師來撰寫程式碼，而當傳統產業也開始跟進數位轉型，導入數位科技成為必須之時，對於數位科技領域人才需求便會相對提升。

觀察過往產業發展歷史足跡，根據麥肯錫全球研究院（MGI）的調查指出，個人電腦（PC）於1980年代問世，至今為止，在美國當地所創造

的淨增加工作總數為1,575萬，其中，在PC產業當中所催生的全新工作機會數量其占為18.4%；在其他產業所催生的全新工作機會數量其占為77.3%，兩者合計高達95.7%。例如，PC誕生能為電腦設備製造業者與軟體服務業者直接創造的工作機會為軟體開發者、電腦科學家……等；PC誕生能為電腦供應商間接創造的工作機會為產品管理者、半導體製造相關工作、印刷電路組裝相關工作……等；麥肯錫全球研究院亦指出，因PC誕生而產生外溢效果的工作機會係指於傳統產業當中，因使用PC而受益的相關行業，例如，顧客服務代表、倉儲管理者……等。

未來，當數位科技愈加普遍擴散至各個產業時，或當各行各業皆積極採納數位科技智慧創新服務時，根據麥肯錫全球研究院之個人電腦對於產業與就業之調查結果，或可樂觀看待人類未來工作機會的消長態勢。短期而言，人工智慧也許會為人類帶來又快又急的失業議題，但長期而言，人工智慧於各產業的充分運用將有可能提高產業生產力、企業經營效率與營收，進而提升員工所得（個人或家戶）、促進消費能力，以及對於生活品質的要求（包含教育、健康……等）。麥肯錫全球研究院認為，於未來產業與社會情境發展之下，人工智慧對於下列各行業將會擴增最多人力需求：（消費力增加）零售業之銷售業務代表、（高齡化社會）健康照護業之護士、（企業投資或個人投資增加）房地產業之建築師、（企業科技投資）軟體業之軟體／Apps開發者、（重視教育品質）教育業之老師、助理。

4. **臺灣未來人才發展新思維**

(1) **重新審視人類與機器之間的互動模式與關係**：未來將有愈來愈多以人工智慧、資料分析來驅動的自動化機器設備、智慧化機器人，出現於產業與生活的各種應用場域，當機器能夠展現擬真的人工智慧、表現擬人的智慧行為時，此舉將會改變人類與機器之間的關係，其影響層面不限於工作場合，甚至是生活、家庭……等各種場合處處皆會發生，對於各年齡層的工作者也會產生對應的影響。

以高齡族群而言，高齡工作者珍貴之處在於其長年累積的資深經驗與腦力智慧，對於職場發展而言，可視之為珍貴人力資產，又近年來，臺灣面臨少子化的國家人力發展議題，未來極有可能連帶產生勞動力缺乏之困境。因此，若能善加運用數位科技智慧創新服務，將能有效

協助高齡工作者退而不休、達到高齡智慧再活用之效。例如，以手機的語音助理協助提醒高齡者接續的交通行程、代辦事項，高齡工作者可搭乘自駕車外出，避免暴露於自行開車的交通安全風險，如此，高齡者則可將日常規律的繁瑣事務交由數位科技來代為操作，其精神心力則可專注於所需完成的工作任務當中。

以青壯年族群而言，更多的資訊、更多需決策的事務是未來於職場環境需面臨的重要課題，如何能在有限的時間與資源之前提條件下，以高效率、高產出的方式完成工作任務，將會是青壯年族群的重要工作挑戰。由於青壯年族群對於數位科技接受度高、易上手操作，能夠彈性運用的數位科技智慧創新服務項目眾多，例如：

A. 只要備有電腦、網路、手機，透過遠端連線即成一間智慧辦公室，隨時隨地都是行動辦公室，可以不受限於固定式、封閉式的傳統工作空間。

B. 運用AI演算法，透過關鍵字、大量資料來訓練機器的學習能力，讓機器能夠以有結構化的方法重複進行，因此，青壯工作者可以根據機器學習成果、資料分析結果，自動地、快速地做出決策。

C. 亦可戴著AR／VR眼鏡，透過虛擬圖像，在眼前的虛擬景象當中，用手勢比劃，就可將複雜的處理流程加以簡化。對於青壯年族群而言，數位科技如同工作最佳夥伴，善加使用將可顯著提升工作效率與競爭優勢。

(2) **培養跨領域學習能力**：職場所需的工作任務與人才類型（能力與條件）常會隨著產業趨勢與科技演進而不斷滾動式調整，臺灣產業發展歷程與人才需求變化亦是如此，臺灣從農業、工業，進展到服務業，從強調專業分工、一技之長，著重於單一專業與技能的熟稔、精緻、專精（講求深度）；當臺灣產業發展逐漸開始從重視剛性需求轉向軟性需求時，意即從製造業思維之以供給創造需求，轉向服務業思維之重視客戶聲音、導入數位科技提升商業價值，職場人才的能力與條件開始從第一專長逐漸需擴展培養第二專長，著重於強調一位人才同時具備雙專長之交互運用，跨領域、雙專長之學習能力則成為現在到未來的職場人才發展的熱門焦點。

　　然而，何謂「跨領域」學習？由於數位科技智慧應用影響層面廣泛，涉及產業轉型、商業模式、工作本質……等，未來職場所需的人才除了能夠專注於本業的領域型專業知識（Domain-Knowledge）之外，亦需具備操作數位科技之專業能力，例如，資料分析工具、解讀大數據分析圖表……等，若能達成兩方之跨領域整合與學習能力，將能夠具備探索更多創新的能力，例如，從大數據分析圖表之各種資訊當中，發掘尚未實現的潛在創新。

　　然而，除了工作所需的專業技術與跨領域學習能力之外，為了能夠良好因應數位科技智慧創新服務所帶來的影響，人類亦需於未來的學習過程當中，具備一定程度的基礎能力。意即，雖然未來的工作類型與輪廓尚無法清楚掌握，但隨著數位科技創新所帶動的企業營運與員工作業效率改善、商業模式與服務應用創新，世界經濟論壇認為，未來人才需著重於以下能力（需求上升）：科技應用與設計規劃能力、系統化分析與評估能力、思維邏輯與分析能力、複雜問題解決能力、主動學習策略與能力、創意與創新能力、情緒商數、理解能力、領導與社會影響力；未來需求下降的能力則為：手工熟練度／耐力／精準力、財務資源整合能力、科技安裝與維護能力、閱讀／手寫／計算能力、記憶能力／聽說能力／空間感、人事管理能力、品質管控能力、整合與時間管理能力。

　　因此，隨著數位科技浪潮的持續進展，對於未來企業營運與人才發展均會產生一定程度的衝擊與影響。對企業營運而言，導入數位科技、啟動企業數位轉型被視為未來的大趨勢，而在實際投入之前，應先評估企業現行體質與未來產品策略之間的落差，審慎檢視企業外部的機會與威脅、企業內部的優勢與劣勢，進而列出未來數位轉型的每一步發展目標與落實項目；對職場人才而言，培養永續的跨領域學習能力成為未來必備的技能，同時，亦需學習重新建立人機關係之間的互動模式與機制。

Chapter 02 人口與勞動力結構變遷

本章焦點

一、勞動人口的變動與因應對策
二、後ECFA時期的勞動力變遷與因應對策
三、人口少子化的勞動人口影響與因應對策

重點綱要

一、臺灣人力資源現況

(一)勞動力狀況　　　　　　　　　(二) 就業狀況
(三)失業狀況　　　　　　　　　　(四) 非勞動力狀況

二、2019～2030勞動力推估分析

三、我國進入高齡化社會可能面臨的問題及因應對策

(一)嬰兒潮邁入高齡期將影響國家經社發展
(二)家庭結構窄化縮減高齡者生活機會及空間
(三)友善高齡者的環境未能普及
(四)年齡歧視造成高齡者為社會負擔的刻板印象

四、勞動的分類

以總人口為基礎，可依序分為勞動及非勞動力。

五、勞動力相關名詞界定

六、非典型勞動與勞動派遣

(一)定義　　　　　　　　　　　　(二)種類
(三)非典型工作者就業狀況　　　　(四)勞動派遣

七、家事勞動

(一)發展階段

1. 早期萌芽階段（1919-1949）　　　2. 逐漸受重視階段（1950-1989）

3. 近期發展（1990年迄今）

(二)家事勞工條約

(三)關於家事勞工的擬議建議書

內容精論

一、臺灣人力資源現況

(一)勞動力狀況

112年國人投入勞動市場者較上年增加0.76%；勞動力參與率上升 0.04個百分點。

1. **勞動力**：112年勞動力平均為1,194萬3千人，較上（111）年增加9萬人或0.76%，其中就業者增加11萬人或0.96%，失業者則減少1萬9千人或4.38%；自102年以來，隨少子女化及人口高齡化，15歲以上民間人口成長趨緩，109年起復受新型冠狀病毒（COVID-19）疫情實施邊境管制（出境2年未返國戶籍被遷出）影響，110年及111年15歲以上民間人口均呈負成長，後隨國內疫情趨緩及邊境管制措施放寬，加以疫後消費動能回升，112年15歲以上民間人口及勞動力分別年增0.70%及0.76%。

人力資源調查結果主要指標

單位：千人；%

	15歲以上民間人口			勞動力					非勞動力
		增減值	增減率	總計	增減值	增減率	就業者	失業者	
102年	19587	151	0.78	11445	104	0.92	10967	478	8142
103年	19705	118	0.60	11535	90	0.79	11079	457	8170
104年	19842	137	0.70	11638	103	0.89	11198	440	8204
105年	19962	120	0.60	11727	89	0.76	11267	460	8235
106年	20049	87	0.44	11795	68	0.58	11352	443	8254

	15歲以上民間人口			勞動力					非勞動力
		增減值	增減率	總計	增減值	增減率	就業者	失業者	
107年	20129	80	0.40	11874	79	0.67	11434	440	8254
108年	20189	60	0.30	11946	72	0.60	11500	446	8243
109年	20231	42	0.21	11964	18	0.15	11504	460	8267
110年	20193	-38	-0.19	11919	-45	-0.38	11447	471	8274
111年	20028	-165	-0.82	11853	-66	-0.55	11418	434	8175
112年	20168	140	0.70	11943	90	0.76	11528	415	8225

2. **勞動力參與率**：以102年以來的資料觀察，108年勞動力參與率升至59.17%
之高點，後隨疫情影響略降，111年下半年相關管制措施陸續鬆綁，112年
勞動力參與率升至59.22%，較上年上升0.04個百分點。按年齡別觀察，
25~44歲者勞動力參與率為90.26%，較102年上升3.62個百分點；45~64歲
者為66.35%，上升5.62個百分點；15~24歲者為36.39%，亦升6.81個百分
點。按教育程度別觀察，大專及以上程度者勞動力參與率為67.26%，較
102年下降0.51個百分點，其中大學及以上程度者為65.75%，則升1.31個
百分點；高級中等（高中、高職）程度者為61.66%，下降0.16個百分點；
國中及以下程度者為36.37%，亦降5.13個百分點。

勞動力參與率按年齡及教育程度分

單位：%

	總計	15～24歲	25～44歲	45～64歲	65歲以上	國中及以下	高級中等（高中、高職）	大專及以上	大學及以上
102年	58.43	29.58	86.64	60.73	8.34	41.50	61.82	67.77	64.44
103年	58.54	29.36	86.85	61.65	8.68	40.57	61.80	68.03	65.14
104年	58.65	30.24	87.40	61.89	8.78	40.17	62.04	67.79	65.13
105年	58.75	31.37	87.82	62.42	8.61	40.37	62.06	67.29	64.53
106年	58.83	32.68	88.26	62.82	8.58	40.57	62.24	66.67	63.76
107年	58.99	34.34	88.85	63.21	8.43	40.93	62.56	66.10	63.00
108年	59.17	36.09	89.50	63.49	8.32	40.87	62.88	65.83	62.68

	總計	15～24歲	25～44歲	45～64歲	65歲以上	國中及以下	高級中等（高中、高職）	大專及以上	大學及以上
109年	59.14	36.53	89.52	64.00	8.78	39.70	62.77	66.00	63.17
110年	59.02	36.81	89.35	64.65	9.18	38.24	62.45	66.22	63.92
111年	59.18	36.73	89.98	65.49	9.62	37.56	62.22	66.60	64.63
112年	59.22	36.39	90.26	66.35	9.91	36.37	61.66	67.26	65.75

註：各級教育程度含畢業者及在學或肄業者。

(二) 就業狀況

112年平均就業人數較上年增加11萬人或0.96%，以 45~64歲者、大專及以上程度者與服務業部門增加為主。

1. **就業人數**：112年就業人數平均為1,152萬8千人，較上年增加11萬人或0.96%。按年齡層觀察，45歲以上者占比持續提升，其中45~64歲者10年來上升3.76個百分點，65歲以上者亦升1.56個百分點；25~44歲就業者則降4.56個百分點，15~24歲者占比已低於7%。按教育程度別觀察，國中及以下、高級中等（高中、高職）程度者占比逐年下降，10年來分別下降7.40個及3.00個百分點，大專及以上程度者占比則於106年首次突破50%，112年續升至56.72%，10年來上升10.40個百分點，就業人力教育程度持續提升。

就業者按年齡及教育程度分

單位：%

	總計		15~24歲	25~44歲	45~64歲	65歲以上	國中及以下	高級中等(高中、高職)	大專及以上	大學及以上
	千人	%								
102年	10967	100.00	7.13	54.82	36.05	2.00	20.30	33.38	46.32	29.84
103年	11079	100.00	6.98	54.02	36.85	2.14	19.17	33.17	47.66	31.36
104年	11198	100.00	7.10	53.49	37.17	2.24	18.40	32.97	48.63	32.51
105年	11267	100.00	7.22	52.97	37.52	2.29	17.83	32.73	49.44	33.46
106年	11352	100.00	7.32	52.59	37.70	2.39	17.26	32.55	50.20	34.29
107年	11434	100.00	7.52	52.24	37.78	2.45	16.73	32.42	50.85	34.98

	總計		15~24歲	25~44歲	45~64歲	65歲以上	國中及以下	高級中等(高中、高職)	大專及以上	
	千人	%								大學及以上
108年	11500	100.00	7.58	52.05	37.84	2.52	16.10	32.29	51.61	35.82
109年	11504	100.00	7.39	51.83	37.99	2.79	15.20	31.96	52.84	37.27
110年	11447	100.00	7.10	51.38	38.47	3.06	14.21	31.58	54.21	38.93
111年	11418	100.00	6.75	50.80	39.12	3.32	13.56	31.08	55.37	40.43
112年	11528	100.00	6.38	50.26	39.81	3.56	12.90	30.38	56.72	42.14

2. **行業別**：112年服務業部門就業人數平均為697萬4千人，占總就業之60.50%，較上年增加12萬8千人或1.87%，其中住宿及餐飲業增加3萬4千人。工業部門就業人數平均為404萬4千人或占35.08%，較上年增加2千人或0.06%，惟製造業減1萬1千人。農業部門就業人數平均為50萬9千人或占4.42%，較上年減少2萬1千人或3.92%。觀察自102年以來就業者之行業結構，服務業部門緩步上升，農業及工業部門多呈下降。

就業者之行業

	總計		農、林、漁、牧業		工業		製造業		服務業		批發及零售業		住宿及餐飲業	
	千人	%	千人	%	千人	%	千人	%	千人	%	千人	%	千人	%
102年	10967	100.00	544	4.96	3965	36.16	2988	27.24	6458	58.89	1817	16.57	775	7.07
103年	11079	100.00	548	4.95	4004	36.14	3007	27.14	6526	58.91	1825	16.47	792	7.15
104年	11198	100.00	555	4.95	4035	36.03	3024	27.00	6609	59.02	1842	16.45	813	7.26
105年	11267	100.00	557	4.95	4043	35.88	3028	26.87	6667	59.17	1853	16.45	826	7.33
106年	11352	100.00	557	4.90	4063	35.79	3045	26.83	6732	59.31	1875	16.52	832	7.33
107年	11434	100.00	561	4.90	4083	35.71	3064	26.80	6790	59.38	1901	16.62	838	7.33
108年	11500	100.00	559	4.86	4092	35.58	3066	26.66	6849	59.55	1915	16.65	848	7.37
109年	11504	100.00	548	4.76	4076	35.43	3041	26.43	6879	59.80	1899	16.51	854	7.42
110年	11447	100.00	542	4.73	4059	35.45	3020	26.38	6847	59.81	1878	16.41	839	7.33
111年	11418	100.00	530	4.64	4042	35.40	3012	26.37	6846	59.96	1850	16.20	843	7.38
112年	11528	100.00	509	4.42	4044	35.08	3001	26.04	6974	60.50	1831	15.88	877	7.61

註：本表內數字，102年至105年及106年至110年分別按中華民國第9次及第10次修訂之行業標準分類統計，111年起按中華民國第11次修正之行業統計分類。

3. **職業別**：112年各職類就業人口中，專業人員較上年增加6萬2千人，生產操作及勞力工則減2萬5千人。自102年來就業者之職業結構顯示，生產操作及勞力工於112年首次跌破3成，服務及銷售工作人員則突破2成，專業人員雖僅占1成3，惟10年來占比持續提升。

就業者之職業

		102年	103年	104年	105年	106年	107年	108年	109年	110年	111年	112年
民代及主管人員	千人	404	394	387	381	383	384	383	374	367	364	354
	%	3.69	3.56	3.46	3.38	3.38	3.36	3.33	3.25	3.21	3.19	3.07
專業人員	千人	1286	1333	1370	1389	1409	1430	1445	1455	1463	1490	1552
	%	11.73	12.03	12.23	12.32	12.41	12.50	12.56	12.65	12.78	13.05	13.46
技術人員	千人	1962	1990	2019	2029	2043	2051	2054	2063	2050	2046	2078
	%	17.89	17.96	18.03	18.01	18.00	17.94	17.86	17.94	17.91	17.92	18.03
事務支援人員	千人	1232	1244	1248	1257	1271	1288	1301	1306	1310	1325	1363
	%	11.23	11.23	11.15	11.16	11.20	11.27	11.31	11.35	11.45	11.60	11.82
服務及銷售工作人員	千人	2156	2166	2181	2206	2231	2259	2282	2287	2279	2274	2307
	%	19.66	19.55	19.48	19.58	19.65	19.75	19.85	19.88	19.91	19.91	20.02
農事生產人員	千人	492	492	496	500	500	505	506	496	490	473	451
	%	4.49	4.45	4.43	4.43	4.40	4.42	4.40	4.31	4.28	4.14	3.92
生產操作及勞力工	千人	3435	3459	3496	3506	3515	3517	3529	3523	3487	3447	3422
	%	31.32	31.22	31.22	31.11	30.96	30.76	30.69	30.62	30.46	30.19	29.68
總計	千人	10967	11079	11198	11267	11352	11434	11500	11504	11447	11418	11528
	%	100.00	100.00	100.00	100.00	100.00	100.00	100.00	100.00	100.00	100.00	100.00

註：本表內數字，係按第6次修訂之職業標準分類統計。

4. **從業身分**：112年各類從業身分之就業者中，受僱者較上年增加11萬8千人，其中受私人僱用者增加11萬1千人，受政府僱用者亦增7千人，自營作業者與上年持平，無酬家屬工作者則減少2萬3千人。觀察近10年就業者之從業身分結構，自營作業者及無酬家屬工作者占比逐年下降；受僱者占比於110年突破8成，10年來上升2.18個百分點，其中受私人僱用者上升2.56個百分點，受政府僱用者占比近年維持在9%左右。

就業者之從業身分

	總計		僱主		自營作業者		無酬家屬工作者		受僱者					
									合計		受私人僱用者		受政府僱用者	
	千人	%	千人	%	千人	%	千人	%	千人	%	千人	%	千人	%
102年	10967	100.00	468	4.27	1317	12.01	567	5.17	8615	78.55	7595	69.25	1020	9.30
103年	11079	100.00	458	4.14	1310	11.83	573	5.17	8737	78.86	7714	69.63	1023	9.23
104年	11198	100.00	451	4.03	1313	11.72	574	5.13	8860	79.12	7836	69.98	1024	9.14
105年	11267	100.00	445	3.95	1319	11.71	576	5.11	8926	79.22	7901	70.12	1025	9.10
106年	11352	100.00	445	3.92	1322	11.65	578	5.09	9006	79.34	7984	70.33	1023	9.01
107年	11434	100.00	446	3.90	1326	11.60	579	5.07	9083	79.44	8064	70.52	1019	8.91
108年	11500	100.00	448	3.90	1326	11.53	580	5.04	9147	79.54	8129	70.68	1018	8.85
109年	11504	100.00	447	3.88	1320	11.47	559	4.86	9178	79.78	8153	70.88	1024	8.91
110年	11447	100.00	442	3.86	1306	11.41	531	4.63	9169	80.10	8143	71.14	1026	8.96
111年	11418	100.00	437	3.83	1295	11.35	498	4.36	9188	80.47	8167	71.52	1021	8.94
112年	11528	100.00	451	3.92	1295	11.23	475	4.12	9306	80.73	8278	71.81	1028	8.92

(三)失業狀況

112年平均失業人數較上年減少1萬9千人；失業率下降0.19個百分點，以15~24歲者與大專及以上程度者降幅較大。

1. **失業人數**：112年失業人數平均為41萬5千人，因疫後復甦，較上年減少1萬9千人或4.38%。按年齡層觀察，25~44歲者占52.26%，15~24歲者及45~64歲者分別占22.74%及24.46%。按教育程度別觀察，受高等教育普及影響，大專及以上失業者占比逐年增加，至112年為63.45%，10年來上升13.33個百分點；國中及以下者占8.64%，10年來則降8.40個百分點；高級中等（高中、高職）程度者占27.91%，亦降4.93個百分點。

失業者按年齡及教育程度分

單位：%

	總計		15~24歲	25~44歲	45~64歲	65歲以上	國中及以下	高級中等(高中、高職)	大專及以上	
	千人	%								大學及以上
102年	478	100.00	24.81	56.08	19.05	0.07	17.04	32.84	50.12	37.98
103年	457	100.00	24.50	56.41	19.04	0.05	15.36	32.06	52.58	39.97
104年	440	100.00	24.76	55.99	19.17	0.08	13.32	33.43	53.25	41.65
105年	460	100.00	24.42	55.23	20.24	0.10	13.93	32.60	53.47	41.73
106年	443	100.00	25.36	55.01	19.56	0.07	13.19	32.36	54.45	42.84
107年	440	100.00	25.48	54.41	20.02	0.09	13.24	31.40	55.36	43.94
108年	446	100.00	26.39	54.05	19.34	0.22	12.26	30.30	57.43	46.17
109年	460	100.00	24.27	53.13	22.33	0.28	11.14	29.52	59.34	48.23
110年	471	100.00	23.75	51.47	24.17	0.62	10.56	30.03	59.42	48.61
111年	434	100.00	24.12	51.53	23.82	0.54	9.37	28.20	62.43	51.92
112年	415	100.00	22.74	52.26	24.46	0.54	8.64	27.91	63.45	52.81

2. **失業原因**：112年失業人數中，初次尋職失業者9萬1千人，較上年減少4千人，非初次尋職失業者32萬4千人，亦減1萬6千人。觀察近10年失業原因，多因對原有工作不滿意而失業；隨疫情影響弱化，因工作場所業務緊縮或歇業而失業者已由110年高點35.16%降至112年27.48%。

失業者按失業原因分

單位：%

	總計		初次尋職者		非初次尋職者			
	千人	%			工作場所業務緊縮或歇業	對原有工作不滿意	季節性或臨時性工作結束	其他
102年	478	100.00	23.40	76.60	29.04	33.59	9.17	4.80
103年	457	100.00	22.98	77.02	28.00	35.32	9.25	4.44
104年	440	100.00	22.89	77.11	26.28	36.53	9.92	4.38
105年	460	100.00	23.72	76.28	26.30	35.21	10.15	4.63
106年	443	100.00	23.55	76.45	25.63	36.84	10.29	3.69

	總計		初次尋職者	非初次尋職者			
	千人	%		工作場所業務緊縮或歇業	對原有工作不滿意	季節性或臨時性工作結束	其他
107年	440	100.00	23.70	76.30	23.40	38.12	11.05	3.73
108年	446	100.00	23.94	76.06	23.54	39.01	9.68	3.83
109年	460	100.00	22.13	77.87	28.69	37.18	8.18	3.81
110年	471	100.00	20.12	79.88	35.16	33.38	7.26	4.07
111年	434	100.00	21.77	78.23	32.13	34.52	7.29	4.29
112年	415	100.00	21.92	78.08	27.48	39.82	7.30	3.49

3. **失業率**：112年失業率平均為3.48%，較上年下降0.19個百分點。按年齡層觀察，15~24歲者11.39%，較上年下降0.58個百分點；25~44歲者3.61%，年降0.11個百分點；45~64歲者2.17%，亦降0.09個百分點。青少年失業率較高，主因其多處工作初期或調適階段，工作異動較頻繁所致，隨年齡增長，工作情況漸趨穩定，失業率亦隨之下降。就教育程度別觀察，大專及以上程度者3.88%，較上年下降0.23個百分點，其中大學及以上程度者4.32%，高於其他教育程度，惟其多屬初次尋職者或自願性失業者；高級中等（高中、高職）程度者3.20%，年降0.14個百分點；國中及以下程度者2.36%，亦降0.20個百分點。

失業率按年齡及教育程度分

單位：%

	總計	15~24歲		25~44歲	45~64歲	65歲以上	國中及以下	高級中等（高中、高職）	大專及以上	
		15~19歲	20~24歲							大學及以上
102年	4.18	13.17	9.65	13.75	4.27	2.25	0.14	3.53	4.11	4.50	5.26
103年	3.96	12.63	8.78	13.25	4.13	2.09	0.10	3.20	3.83	4.35	4.99
104年	3.78	12.05	8.63	12.59	3.95	1.99	0.14	2.77	3.83	4.13	4.79
105年	3.92	12.12	8.94	12.62	4.08	2.15	0.17	3.09	3.90	4.23	4.84
106年	3.76	11.92	8.77	12.38	3.93	1.99	0.12	2.90	3.74	4.06	4.65
107年	3.71	11.54	8.46	11.98	3.86	2.00	0.14	2.96	3.60	4.02	4.61
108年	3.73	11.88	9.22	12.27	3.87	1.94	0.34	2.87	3.51	4.13	4.76

	總計	15~24歲		25~44歲	45~64歲	65歲以上	國中及以下	高級中等（高中、高職）	大專及以上	
		15~19歲	20~24歲							大學及以上
109年	3.85	11.61	8.18	12.06	3.94	2.30	0.39	2.85	3.56	4.30	4.92
110年	3.95	12.11	8.73	12.52	3.96	2.52	0.82	2.97	3.77	4.32	4.89
111年	3.67	11.97	8.72	12.36	3.72	2.26	0.61	2.56	3.34	4.11	4.66
112年	3.48	11.39	8.39	11.76	3.61	2.17	0.54	2.36	3.20	3.88	4.32

(四)非勞動力狀況

112年平均非勞動力較上年增加5萬人，高齡、身心障礙者續增，因求學及準備升學而未與勞動者占比則續減少。

112年非勞動力平均為822萬5千人，較上年增加5萬人，未參與勞動原因以高齡、身心障礙者增加12萬7千人最多，求學及準備升學者則減少7萬1千人。就未參與勞動之原因結構觀察，112年高齡、身心障礙者占35.82%，料理家務者占31.02%，求學及準備升學者占19.70%。受人口高齡化及少子女化影響，高齡、身心障礙者10年來上升5.83個百分點，求學及準備升學者則降6.41個百分點。

非勞動力按未參與勞動之原因分

	總計		想工作而未找工作且隨時可以開始工作		求學及準備升學		料理家務		高齡、身心障礙		其他	
	千人	%	千人	%	千人	%	千人	%	千人	%	千人	%
102年	8142	100.00	152	1.87	2125	26.11	2428	29.82	2442	29.99	995	12.22
103年	8170	100.00	144	1.76	2089	25.57	2490	30.48	2434	29.80	1013	12.40
104年	8204	100.00	147	1.79	2063	25.15	2516	30.67	2462	30.01	1016	12.38
105年	8235	100.00	149	1.81	2044	24.82	2548	30.94	2480	30.11	1015	12.32
106年	8254	100.00	151	1.83	2027	24.56	2574	31.19	2488	30.14	1013	12.28
107年	8254	100.00	151	1.83	2011	24.36	2588	31.36	2496	30.24	1008	12.21
108年	8243	100.00	150	1.82	1968	23.87	2594	31.46	2524	30.62	1008	12.23
109年	8267	100.00	158	1.91	1860	22.50	2593	31.36	2637	31.90	1019	12.32
110年	8274	100.00	159	1.92	1778	21.49	2588	31.27	2741	33.13	1009	12.19
111年	8175	100.00	147	1.80	1692	20.70	2551	31.20	2819	34.48	966	11.82
112年	8225	100.00	144	1.75	1621	19.70	2551	31.02	2946	35.82	963	11.71

二、2019～2030勞動力推估分析

(一)我國人口老化現象的持續加劇，促使核心勞動人口年齡持續向後遞延，2008年勞動力人口集中在25-34歲，2018年則提升至35-44歲，預估2030年將延至45-54歲。

(二)在國人受教育時間普遍延長以及近年生育率未有顯著提升之影響下，15-24歲勞動力人數將持續下滑，其占總勞動力之比率預估由2018年之8.2%持續降為2030年之5.7%。

(三)受到25-54歲人口數下滑之影響，在該年齡層勞動力參與率提升幅度，未足以抵銷人口減少程度之預期下，未來該年齡層勞動力成長動能有限，預估其占總勞動力之比率將由2018年之76.1%降為2030年之70.8%。

(四)由於55歲及以上年齡組之人口數未來將持續攀升，加上壽命的延長，以及人口減少帶來的勞動短缺壓力，預期將促使中高齡人口參與勞動機會增加，驅使該年齡層勞動力的增長，預估其占總勞動力之比率將由2018年之15.7%成長至2030年之23.5%。

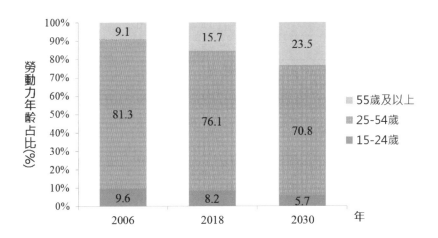

各年齡組勞動力推估結果

年齡別	勞動力年齡結構（%）			變動百分點	
	2006	2018	2030^f	2007～18	2019^f～30^f
兩性合計					
總計	100.0	100.0	100.0	0.0	0.0
15-24歲	9.6	8.2	5.7	-1.4	-2.5
15-19歲	1.5	1.0	0.9	-0.4	-0.1
20-24歲	8.1	7.1	4.7	-0.9	-2.4
25-54歲	81.3	76.1	70.8	-5.2	-5.3
25-34歲	29.6	24.5	20.5	-5.1	-4.0
35-44歲	28.9	27.8	23.6	-1.1	-4.2
45-54歲	22.8	23.8	26.7	1.0	2.9
55歲及以上	9.1	15.7	23.5	6.5	7.8
55-64歲	7.5	13.3	16.2	5.8	2.9
65歲及以上	1.6	2.4	7.3	0.8	4.9
男性					
總計	100.0	100.0	100.0	0.0	0.0
15-24歲	7.3	7.6	5.7	0.3	-1.9
15-19歲	1.3	1.2	1.1	-0.2	0.0
20-24歲	6.0	6.4	4.5	0.4	-1.9
25-54歲	81.4	74.2	70.4	-7.3	-3.8
25-34歲	27.7	22.9	19.9	-4.8	-2.9
35-44歲	29.1	27.1	23.8	-2.0	-3.4
45-54歲	24.6	24.1	26.7	-0.5	2.5
55歲及以上	11.2	18.2	23.9	7.0	5.7
55-64歲	9.2	15.2	17.1	6.0	1.9
65歲及以上	2.0	3.0	6.8	1.0	3.8

年齡別	勞動力年齡結構（%）			變動百分點	
	2006	2018	2030^f	2007～18	2019^f～30^f
女性					
總計	100.0	100.0	100.0	0.0	0.0
15-24歲	12.6	8.9	5.7	-3.6	-3.2
15-19歲	1.6	0.9	0.8	-0.7	-0.1
20-24歲	10.9	8.0	4.9	-2.9	-3.1
25-54歲	81.2	78.7	71.3	-2.5	-7.4
25-34歲	32.2	26.6	21.0	-5.6	-5.5
35-44歲	28.6	28.7	23.5	0.0	-5.2
45-54歲	20.4	23.4	26.8	3.1	3.3
55歲及以上	6.2	12.4	23.0	6.2	10.6
55-64歲	5.2	10.9	15.2	5.7	4.3
65歲及以上	1.0	1.5	7.8	0.5	6.2

註：f表示為推估值。

資料來源：實際值為行政院主計總處，人力資源調查；推估值為國發會。

三、我國進入高齡社會可能面臨的問題及因應對策

(一)嬰兒潮邁入高齡期將影響國家經社發展

1. 未來嬰兒潮高齡人口大量增加，對國家政治、經濟及社會的發展將有一定的影響力。

2. 未來高齡者將成為國家人口的主力，成為重要的消費人口，將使國人的商業及消費行為改變，且國家在養老金、健康照護及社會福利等財政支出將增加。

3. 高齡人口就業意願相對較低，未來面臨年輕勞動力縮減時，將影響國家整體生產力。

(二)家庭結構窄化縮減高齡者生活機會及空間

1. 少子化現象間接造成家庭結構窄化，多數家庭結構為單身家庭、無子女家庭及只有獨生子女家庭。

2. 減少了傳統家庭功能中祖父母輩與子姪輩互動，間接壓縮了高齡者參與社會的機會及空間。

(三)友善高齡者的環境未能普及

1. 高齡者雖會因老化現象或慢性疾病影響行動，但從事輕度活動時尚能應付自如，但未經適當規劃的環境，將限縮高齡者的活動空間。
2. 大部分國人認為最理想高齡後生活為「在宅老化」，且多數高齡者仍喜歡居住於熟悉的社區，惟「在宅老化」及「社區化」必須有完善的配套措施，目前國內居家設施及社區無障礙環境普遍不足。

(四)年齡歧視造成高齡者為社會負擔的刻板印象

1. 人民平均餘命的延長原是進步國家的重要指標之一，但目前高齡化卻被視為一種嚴重社會問題的徵兆。
2. 由於失能、衰竭、貧窮、疾病、孤獨、喪亡易發在高齡者身上，使社會普遍對高齡者產生負面印象，認為高齡者是社會的負擔，使高齡者易受到年齡歧視，而忽略高齡者的心理感受。

為因應高齡化，行政院相關部會已推動「國民年金制度」及規劃「長期照護保險」，並實施「友善關懷老人服務方案」；此外，「人口政策白皮書」亦針對高齡化規劃完善因應對策。

各部會依據高齡者需求所規劃推動之其他相關計畫或方案

需求項目	推動部會	方案或計畫
整合性生活照護體系	衛生福利部	1.遠距照護試辦計畫 2.健康照護升值白金方案
	經濟部	科技化健康照護創新服務計畫
照顧服務	衛生福利部	1.我國長期照顧十年計畫（2.0版） 2.推動長期照護保險立法
	勞動部	外籍看護工審核機制與國內照顧服務體系接軌方案
移工管理	勞動部	1.雇主聘僱外國人許可及管理辦法 2.私立就業服務機構許可及管理辦法
營建住宅及無障礙環境	衛生福利部	1.舊有住宅無障礙改善技術 2.無障礙生活環境業務督導

需求項目	推動部會	方案或計畫
輔具器材	衛生福利部	身心障礙者輔具資源與服務整合方案
	經濟部	輔具產品開發輔導
	科技部	補助輔具相關專題研究計畫
無障礙設施交通運輸工具	衛生福利部	身障者交通接送服務
	交通部	交通場站與運輸工具無障礙設施改善計畫
送餐服務	衛生福利部	社區關懷據點、獨居老人送餐服務
	原民會	原住民部落老人日間關懷站
老人醫療	衛生福利部	1.全民健康保險 2.社區醫療群 3.獎勵醫療院所執行老人整合性醫療照護計畫 4.M-Taiwan行動健康照護計畫
醫療設備及器材	經濟部	照護用醫療器材產業
藥品	經濟部 衛生福利部	建全生技醫藥產業 （健康照護升值白金計畫）
健康養生預防保健	衛生福利部	養生保健產業發展方案 （健康照護升值白金計畫）
	經濟部	保健食品產業
教育進修	教育部	樂齡大學
	衛生福利部	長青學苑
休閒旅遊及文康活動	交通部	保健旅遊、鐵道旅遊
	衛生福利部	老人文康活動
金融理財及保險信託	金管會	推動保障型及年金保險商品 （金融市場套案計畫）
	金管會 衛生福利部	規劃「以房養老」

至於老年人力運用策略應朝建立高齡者「人力資源中心」，活絡人力再運用方向努力：

1. 應善用未來高齡者多屬具專業有經驗的高教育程度者之特質，建立「高齡者人力資源中心」，作為專業傳承智庫，並可依勞動市場狀況，鼓勵國家所需技術人才重返職場。中高齡暨高齡者就業促進法已公布施行（詳第八章）。

2. 參考美國退休人員協會成立全國「志工人才庫」，整合各類志工服務組織，善用志工服務人力，除可充實高齡者的生活目標外，高齡者亦能獲得更多社會參與機會。

四、勞動的分類

以總人口為基礎，可依序分為勞動力及非勞動力。（如下圖）

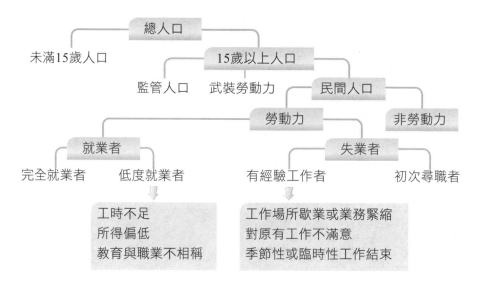

五、勞動力相關名詞界定

勞動力統計的相關名詞界定主要是以行政院主計總處所公布的為主，重要的有以下數項：

(一) **就業者（就業人口）**：現行人力資源調查所用之定義，係指在資料標準週內，年滿15歲以上從事有酬工作者，或工作在15小時以上之無酬家屬工作者。另根據中華民國行職業標準分類，則將其補充為凡在資料期間內，年滿15歲以上，合於下列規定條件者稱為就業：

　1. 從事有酬工作者，或每週工作15小時以上或每天工作3小時以上之無酬家屬工作者。

　2. 有職業但在資料標準期因傷病、休假、天氣惡劣、災害、勞資爭議、工作場所整修等原因，暫時未工作者。

　3. 值季節性休閒，而仍有報酬或收益者。

　4. 已受僱用並獲報酬，而因故未開始工作者。

　5. 於課餘兼任有酬工作，或每週工作15小時以上或每天工作3小時以上之無酬家屬工作之學生。

(二) **有職業未在工作之就業者**：指在資料標準週內，年滿15歲以上，原有工作者，因傷病、休假、罷工或停工、受訓、婚假或產假、業務不振、暫時解散或其他原因而暫時不在工作，而與其原有工作仍保持連繫者。

(三) **農業（一級產業）**：指從事農林漁牧狩獵業之人口。

(四) **工業（二級產業）**：包括從事礦業、製造業、水電燃氣業及營造業之人口。

(五) **服務業（三級產業）**：包括從事商業、運輸倉儲及通信業、金融保險不動產業、工商服務業與公共行政、社會服務及個人服務業之人口。

(六) **白領工作人員**：指民意代表、企業主管及經理人員、專業人員、技術員及助理專業人員、事務工作人員等。

(七) **藍領工作人員**：指農、林、漁、牧業工作人員，以及生產及有關工人、機械設備操作工及體力工等。

(八) **自僱者**：指在資料標準週內，年滿15歲以上，合於下列規定者，均稱為自僱者。

在工作	凡在標準週內，從事獲取個人利益或家庭利益的有酬工作。
擁有企業 但不在工作	在標準週內，擁有企業者因傷病、業務不振或其他原因而暫時不在工作者。雇主、自營作業者及無酬家屬工作者均視為自僱者。

(九)**雇主**：指自己經營或合夥經營經濟事業，而僱用他人幫助工作之就業者。

(十)**自營作業者**：指自己經營或合夥經營經濟事業，或獨立從事一項專門職業或技藝工作，除無酬家屬工作者及無酬學徒外，未僱用他人之就業者。

(十一)**無酬家屬工作者**：指幫同戶長或其他家屬從事營利工作，每週在15小時以上，或每天工作3小時以上，而不支領薪資之就業者。

(十二)**受僱者**：指為薪資或其他經濟報酬而受僱者，並分為受私人僱用及受政府僱用二類。

(十三)**受政府僱用者**：凡受僱於本國各政府機關、公立學校、公營事業、公立醫院等，包括由選舉產生之公職人員及現役軍人等均謂受政府僱用者，上項定義係採國際勞工局之定義，惟目前行政院主計總處發布之人力資源統計有關受政府僱用者，並不包括現役軍人。

(十四)**受私人僱用者**：凡受僱於民間經濟事業、外國機關團體或私人家庭之個人，均謂受私人僱用者。

(十五)**全日工作者**：指在資料標準週內，每週應工作時數已達場所規定正常工作時數之就業者。

(十六)**部分時間工作者**：指在資料標準週內，每週應工作時數未達場所規定正常工作時數之就業者。

(十七)**有工作者**：指擔任有酬工作或已經從事每週15小時以上無酬家屬工作者。

(十八)**有酬工作者**：可獲得現金（如薪資、利潤、小費等）或實物（如配給品、膳宿等項之供給）等項報酬之工作者。

(十九)**童工**：指15歲以上但未滿16歲之就業者。

(二十)**充分就業**：指可供利用的經濟資源均達最高效率的使用狀態；如針對人力資源而言，則是指沒有因有效需求不足而導致失業的情形；也指凡是有工作意願及工作能力之人，均可在現行之薪資水準下工作。多數經濟學家認為94%至95%之總勞動就業率，也就是失業率在6%或

5%時，就認為是充分就業。至於我國失業率究應在那一水準時，方算是充分就業，迄今尚無共同看法。

(二一) **未適當運用人力**：指未適當運用之勞動力，包括失業者及低度就業者。低度就業者包括因工作時數不足之「顯性低度就業者」及所得偏低、教育與職業不相稱之「隱性低度就業者」。

(二二) **工時不足者**：指工作時數低於正常情況（每週工作時數未滿40小時），而希望增加者。

(二三) **所得偏低者**：指與同類職業或同等教育之就業者比較，其所得呈顯著偏低之就業者。我國人力運用調查所用的測度方法，係將就業者按性別、教育程度及受僱與否等分組，以各組所得中位數之半數為截略點，低於截略點者，即屬所得偏低之低度運用者。

(二四) **教育與職業不相稱者**：係指具有較高的技術教育水準，而擔任較低職位者。

(二五) **勞工人數**：依勞動基準法定義，所謂勞工係指受雇主僱用從事工作獲致工資者。廣義之勞工人數，係指受僱者人數（含受政府僱用及受私人僱用）。另尚有兩種較狹義的勞工人數，其為參加勞保之勞工人數與適用勞動基準法之勞工人數，以上三種統計資料均有其分析用途，惟為免資料分歧，政府發布之勞工人數資料均應註明其所指。

(二六) **失業者（失業人口）**：指在資料標準週內，年滿15歲以上，同時具有下列條件者：1.無工作、2.隨時可以工作、3.正在尋找工作。

此外，尚包括等待恢復工作者，以及已找到職業而未開始工作亦無報酬者。另根據中華民國職業標準分類，則將其補充為凡在資料標準期內，年滿15歲以上同時具有：1.無工作、2.隨時可以工作、3.正在尋找工作三項條件者稱為失業者。

下列之勞動力亦屬之：

1. 尋找有酬工作而尚未獲工作者，包括過去從事有酬工作，現已離開其工作崗位，正在尋找有酬工作者；過去尚未從事有酬工作，初次尋找工作者；過去係雇主、無酬家屬工作者，或已退休之工作者，而正在尋找有酬工作者。
2. 現未工作，正在等待恢復原有工作而未獲得報酬之暫時解僱者。
3. 現未工作，但已覓妥新工作，或自己籌建經營事業，將在30日內開始工作或營業，而現無報酬者。

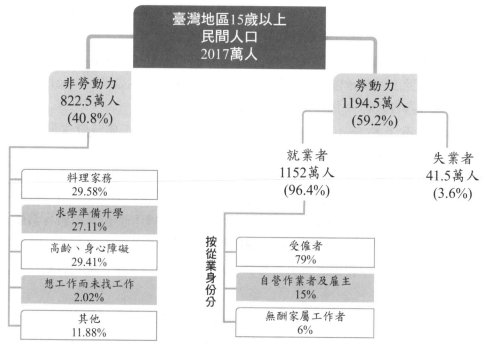

臺灣地區總體人力資源現況（112年12月）

(二七) **失業率**：指失業者占勞動力之比率。

　　失業率之計算方法如下：

　　月失業率＝資料標準週之失業人數／資料標準週之勞動力×100

　　（式中資料標準週係以每月含有15日的一週資料為準）

　　年失業率＝全年平均失業人口／全年平均勞動力 × 100

　　（並非以12個月之失業率除以12計算）

(二八) **初次尋職失業者**：指甫自學校畢業，未曾工作不具工作經驗之尋職者。

(二九) **非初次尋職失業者**：指曾經就業具有工作經驗之尋職者。

(三十) **失業期間**：指失業者自開始尋找工作至資料標準週之最後一天止之時間。

(三一) **非勞動力**：指在資料標準週內，年滿15歲，不屬於勞動力之民間人口，包括因就學、料理家務、衰老殘障、想工作而未找工作及其他原因等，而未找工作者。

(三二) **非經濟活動人口**：即指所有未從事經濟活動之人口，包括非勞動力與未滿工作年齡（我國為15歲）之人口，亦即在標準期內，既非就業亦非失業之所有人口，包括：

1. 學生。
2. 料理家務者。
3. 依賴私有財產所獲租金利息或退休金生活之所得收入者。
4. 其他，如受公私機構補助者及未就學兒童等。

(三三) **勞動儲備（潛在勞動力）**：指在資料標準週內，年滿15歲以上，具有工作能力，由於在學或家務太忙或其他原因而未工作者，若在某一特定期間內，影響其未就業之原因消失，即將參與經濟活動。

(三四) **受僱員工人數**：依支領薪資原則，計算月底現有受僱員工人數，包含所有職員或工人、專任或兼任、全勤或部分時間參加作業之常僱員工、臨時員工、契約員工、建教工讀生（全月不參加工作者除外）、學徒及養成工等；其因公（出國考察、受訓、外調及後備軍人應教育召集等）、病、事、例、休、婚、娩假，而有若干時日未參加工作者，仍予計算在內。但不包括：

1. 參加作業而不支領薪資之業主、自營作業者及無酬家屬工作者。
2. 僅支車馬費未實際參加作業之董監事、顧問。
3. 應徵服常備兵役保留底缺支領部分薪資（如實物、房租津貼、水電費）與留職停薪、全月未參加工作者。
4. 不在廠地工作之計件工作者。

　　受僱員工人數，包括經常員工及臨時員工：

經常員工 ➡	指受僱用期間已經或預期3個月以上之員工，包含勞動契約屬不定期契約之員工，或雖屬定期契約，但僱用期間超過3個月之員工等。
臨時員工 ➡	指與雇主訂定定期契約（口頭或書面）而僱用期間不滿3個月之員工，如短期僱用之季節性員工，暑期工讀生等。

(三五) **受僱員工進退人數**：受僱員工進退人數包括各月內實際進入及退出作業之受僱員工人數。

1. 進入

新進	指正式或臨時薪工名冊上所列以前不曾受僱於本單位之新進員工而言，但從同一企業單位所屬之不同分支單位移轉進入之員工，應列為其他進入。
召回	指在正式或臨時薪工名冊上所列過去曾被雇主連續停薪一個月以上之員工，而又被召回企業單位所屬同一場所單位之員工而言。但受僱員工停薪後又被召回從事同一企業單位不同場所單位者視為移轉，屬於其他進入。
其他進入	除薪工名冊新進及召回員工外，凡從同一企業單位所屬之不同場所單位轉入者，及以前曾受僱之員工因應召服兵役保留底缺者均屬之。

2. 退出

辭職	指受僱員工主動提出聲請終止僱傭關係者屬之，其中包括曠職至月底止已連續超過一個月者。
解僱	指雇主因業務不佳、更換設備、季節工或臨時工停僱、盤點存貨、裝置節省人工設備、工廠倒塌或原料不足等原因提出停薪（連續或預期連續停薪一個月以上），而非故意損害員工權益者。
其他退職	包括徵召服常備兵役、留職停薪、升學、出國、女性分娩不能繼續工作、革職、退休、死亡、永久性喪失工作能力、不符工作所需體力標準，以及不願調往同一企業單位所屬不同場所單位者，但後備軍人為期一個月之教育召集，仍支領薪資者不包括在內。

(三六) **員工進退率**：指員工進入率及員工退出率，惟此二項比率均應分別單獨表示。

(三七) **員工進入率**：指各月內實際進入作業之受僱員工人數占上月底受僱員工總人數之比率。

員工進入率＝（各月內進入受僱員工人數／上月底受僱員工總人數）×100

(三八) **員工退出率**：指各月內實際退出作業之受僱員工人數占上月底受僱員工總人數之比率。

員工退出率＝（各月內退出之受僱員工人數／上月底受僱員工總人數）×100

(三九) **員工流動率**：員工流動率＝（員工進入率＋員工退出率）÷2

(四十) **缺工人數**：缺工人數指事業單位認為為維持在正常營運所不足之員工人數。

(四一) **有效缺工人數**：從總缺工人數中扣除事業單位因勞動條件較低無法獲得勞工，以及管理運用不當，需過量勞工來維持一般正常營運，但無法獲得因而缺工之缺工人數，以及可由停歇業單位釋放出來可遞補缺工之人數，即為有效缺工人數。

(四二) **缺工率**：

$$缺工率 = \frac{缺工人數}{缺工人數 + 受僱員工人數} \times 100$$

(四三) **有效缺工率**：

$$有效缺工率 = \frac{有效缺工人數}{有效缺工人數 + 受僱員工人數} \times 100$$

(四四) **職業介紹**：指以就業服務機構為橋樑，促使人與事相互媒合之工作，如就業服務機構在接受專案以外之求職、求才登記後，從求才登記資料中，發掘就業機會，再從求職登記資料中物色適當之人才，辦理媒合工作，使求才和求職兩方面，均能滿足所需，以達到「適才適所，才能相稱」之目標。

(四五) **代招代考**：指就業服務機構接受公民營企業、機關、團體之委託代為甄選所需員工，解決雇主用人困擾之一種甄選用人方式。

(四六) **求職人數**：指具有工作能力於就業服務機構登記求職人數。

(四七) **有效求職人數**：就業服務機構一般職業介紹之求職登記有效期限定為二個月，故有效求職人數係指除本月新登記者外，尚包括上月份已辦理登記而尚未介紹就業之求職者，其至本月仍需予以介紹者。

(四八) **求才人數**：指雇主於就業服務機構登記之求才人數。

(四九) **有效求才人數**：指就業服務機構一般職業介紹之求才登記有效期限定為二個月，故有效求才人數係指本月新登記者外，尚包括上月份已辦理登記而尚未填補之求才空缺，其至本月仍需予以介紹者。

(五十) **求供倍數**：指求才人數對求職人數之倍數。

(五一) **推介就業人數**：指求職人數經就業服務機構介紹成功而就業者。

(五二) **求職就業率**：指推介就業人數占求職人數之百分比。

(五三) **有效求職就業率**：指在本月內推介就業人數占當月內有效求職人數之百分比。

(五四) **求才利用率**：指就業服務機構推介就業人數占求才人數之百分比。

(五五) **有效求才利用率**：指就業服務機構在本月內推介就業人數占當月內有效求才人數之百分比。

(五六) **求職者就業意願不合**：指求職者未能推介就業之原因，為與其意願不合者，包括待遇及福利措施、工作地區及時間、工作環境或其他意願等不合。

(五七) **求職者本身條件不合**：指求職者未能推介就業之原因，為求職者本身條件與求才者所要求具備之條件不合者，包括求職者之技術、教育程度、性別、年齡、體能及其他條件等不合。

(五八) **就業者之從業身份分為**

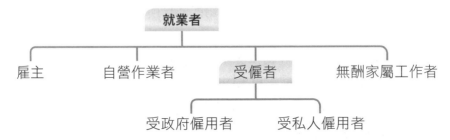

1. **雇主**：指自己經營或合夥經營事業而僱有他人幫助工作之就業者。
2. **自營作業者**：指自己經營或合夥經營事業而未僱有他人之就業者。
3. **受僱者**：指為薪資或其他經濟報酬而受僱者，並分為受私人僱用者及受政府僱用者二類。
4. **無酬家屬工作者**：指幫同戶長或其他家屬從事營利工作而不支領薪資之就業者。

六、非典型勞動與勞動派遣

(一)定義

多數學者認為非典型聘僱（non-standard employment or contingent employment），不論在形式上或工作安排上都有很大的不同。典型勞動是指全時工作、工作延續性確立、在雇主所屬公司內完成工作內容並接受雇主的指揮監督。簡言之，勞資雙方皆不期待僱傭關係的持續，工作時數也不固定，且工作時間與地點也不可預測性。

(二)種類

綜言之，非典型勞動包含：部分工時工作者（part-time）、租賃工（leased）、契約工（contracted）、外包工（受僱於顧問公司、人力仲介公司或企業服務公司）、自我僱用工作者，或同時擁有多樣工作之工作者（multiple job holders）及按日計酬的零工（day laborers）。

美國勞工統計局將非典型勞動區分為四大種類：獨立契約工（independent contractors）、隨傳臨時工（on-call workers）、臨時支援工作者（workers paid by temporary help firms）及外包工（workers whose services are provided through contract firms）。國內學者成之約（1998）則認為，非典型聘僱關係所指涉的是一種非全時、非長期受僱於一位雇主或一家企業的關係。大致上包括部分工時勞動、定期契約勞動、家內勞動及許多不同類型的工作，如：網路勞動、派遣勞動、電傳勞動等。抑或應包含：部分工時勞動、定期聘僱契約工作、電傳勞動、派遣勞動與外包。綜合上述分類，共同的分類如下所述：

1. **部分工時工（part-time workers）**：依據經濟合作暨發展組織（OECD）的定義，每週工作時數少於30小時者即稱為部分工時工；美國勞工統計局則是以每週工時介於1-34小時者稱之，至於我國行政院主計總處的定義，則是以每週工作時數少於40小時，作為部分工時工的認定標準。定義上的工作時數有明顯差異，但部分工時工的每週工作時數是明顯低於正職員工，且不包括定期或不定期契約工，且都由企業直接僱用。

2. **定期契約工**（fixed-term or short-term hires）：定期契約工是指由企業組織直接聘僱從事短期或特定期間工作的勞工，在此期間內，每週工作時數可能少於正職員工也可能和部分工時工相同。我國勞基法有關勞動契約的規定，則是將臨時性、短期性、季節性及特定性工作視為定期契約，並在施行細則中明訂這四種定期契約的認定標準。惟整體來說，定期契約勞工都是由雇主直接僱用，聘僱關係不具持續性。

3. **派遣工作者**（dispatched workers or temporary help agency workers）：派遣工作者是指使用企業透過人力（勞動）派遣或從事派遣業務之公司找到非典型人力。使用企業需支付約定費用予派遣公司，工作期間使用企業對派遣員工具指揮命令權，但派遣員工之薪資福利是由派遣公司負責。等到派遣任務完成後，派遣員工才回歸接受派遣公司的指揮命令。由此可見，派遣勞工與派遣業者之間具備聘僱關係，卻必須在派遣期間聽從使用企業的指揮命令，是派遣勞動的一大特色。

4. **外包工**（subcontractors）：外包（subcontract）是指企業為減少企業成本、將有限資源充分投注在核心事務上，將原本應由正職員工擔任的工作與責任，委由第三者承擔，此第三者可能是個人或廠商。外包工是承攬者本人或由承攬廠商指派的工作者。與派遣工不同的是，工作期間，外包工仍聽命於承攬廠商或自行管理，並不直接面對企業的指揮命令。

(三)非典型工作者就業狀況

1. **我國非典型工作就業者**

   (1) **男性從事非典型工作較女性為多**：111年5月我國從事部分時間、臨時性或人力派遣等非典型工作者計79.8萬人，占全體就業者7%，其中男性44.9萬人，高於女性之34.9萬人，男性就業者中從事非典型工作占比7.1%，亦略高於女性之6.9%；就從事部分時間工作者觀察，男性17.2萬人（約占4成1），低於女性之24.3萬人，占就業者之比率男性為2.7%，亦低於女性之4.8%；從事臨時性或人力派遣工作者中，男性38萬人（約占6成2），則多於女性之23.3萬人，占其就業者比率各為6%及4.6%。

非典型工作就業者

單位：千人；%

	全體就業者	非典型工作就業者	占全體就業者比率 (%)	部分時間就業者	占全體就業者比率 (%)	臨時性或人力派遣就業者	占全體就業者比率 (%)
101年	10,834	736	6.79	391	3.61	574	5.29
男性	6,089	376	6.18	156	2.55	316	5.19
女性	4,745	359	7.58	236	4.97	257	5.43
102年	10,939	759	6.94	400	3.66	590	5.39
103年	11,052	766	6.93	397	3.60	598	5.41
104年	11,179	781	6.98	405	3.62	612	5.47
105年	11,247	792	7.04	411	3.65	621	5.52
106年	11,331	805	7.11	417	3.68	629	5.55
107年	11,411	814	7.13	423	3.70	637	5.58
108年	11,484	819	7.13	425	3.70	644	5.61
109年	11,462	799	6.97	421	3.68	634	5.53
110年	11,445	797	6.97	412	3.60	618	5.40
111年	11,371	798	7.02	415	3.65	613	5.39
男性	6,287	449	7.14	172	2.74	380	6.04
女性	5,084	349	6.86	243	4.78	233	4.58

資料來源：行政院主計總處「人力運用調查」，調查資料時間為各年5月，110年因疫情影響延後辦理，調查資料時間為10月。

說明：1.由於部分時間工作者可能亦是臨時性或人力派遣工作者，故二者合計人數大於非典型工作者人數。

2.部分時間工作者係指受僱者每週應工作時數低於場所單位規定之正常上班時數，若場所單位未規定正常上班時數，原則上為非旺季或淡季期間之平均每週工作時數低於35小時者；自僱身分者則由其自行認定。

兩性部分時間就業者中受僱者均占約9成；部分時間受僱者占各該性別受僱者比率，女性為5%，仍高於男性之3.1%。

部分時間就業者及受僱者人數
中華民國111年5月　　　　　　　　　　　　　單位：千人

	全體就業者	部分時間就業者	占全體就業者比率(%)	結構比(%)	全體受僱者	部分時間受僱者	占全體受僱者比率(%)	結構比(%)
總計	11,371	415	3.65	100.00	9,146	364	3.98	100.00
男性	6,287	172	2.74	41.47	4,814	148	3.08	40.74
女性	5,084	243	4.78	58.53	4,332	216	4.98	59.26

資料來源：行政院主計總處「人力運用調查」。
說明：同前表之說明2。

(2) **兩性部分時間就業者均以15~24歲、大專及以上最多**：按年齡結構觀察，111年5月兩性部分時間就業者之各年齡層占比均以15~24歲最高，其中男性35.8%、女性24.9%，其次男性為55~64歲占18.1%，女性為45~54歲占21.9%、35~44歲占21.8%；部分時間就業以15~24歲居多，與教育普及、就學年限延長與青少年為累積工作經驗，利用課餘或假期工作，致男、女性該年齡層就業者中，部分時間工作者占比各達15.7%及16%有關。

按教育程度結構觀察，兩性部分時間就業者均以大專及以上最多，男、女性分別占47.6%及54.1%，主要亦與前述因素有關；另高級中等（高中、高職）占26.7%及25.6%，國中及以下占25.7%及20.4%。

按從事之職業結構觀察，男、女性部分時間就業者均以技藝有關工作人員、機械設備操作及勞力工，與服務及銷售工作人員占比較高，其中男性分別占46.5%及34.6%，女性分別占31%及34.6%。

部分時間就業者之年齡、教育程度及職業
中華民國111年5月　　　　　　　　　　　　單位：千人

	男性				女性			
	全體就業者	部分時間就業者	占全體就業者比率(%)	結構比(%)	全體就業者	部分時間就業者	占全體就業者比率(%)	結構比(%)
總計	6,287	172	2.74	100.00	5,084	243	4.78	100.00
年齡								
15~24歲	394	62	15.65	35.79	378	61	16.03	24.94
25~34歲	1,413	18	1.30	10.63	1,243	22	1.78	9.12
35~44歲	1,676	22	1.29	12.58	1,454	53	3.65	21.82
45~54歲	1,517	26	1.74	15.34	1,253	53	4.25	21.93
55~64歲	1,031	31	3.02	18.05	638	46	7.27	19.08
65歲以上	256	13	5.11	7.61	118	8	6.40	3.10
教育程度								
國中及以下	988	44	4.48	25.72	595	49	8.31	20.35
高級中等(高中、高職)	2,120	46	2.17	26.66	1,429	62	4.35	25.55
大專及以上	3,179	82	2.58	47.62	3,060	132	4.30	54.10
職業								
民意代表、主管及經理人員	261	-	-	-	104	-	-	-
專業人員	707	14	1.95	7.99	776	37	4.83	15.41
技術員及助理專業人員	1,096	10	0.88	5.61	940	15	1.62	6.26
事務支援人員	296	6	2.07	3.57	1,017	27	2.65	11.08
服務及銷售工作人員	1,046	60	5.70	34.59	1,207	84	6.97	34.62
農林漁牧業生產人員	354	3	0.85	1.75	121	4	3.34	1.65
技藝有關工作人員、機械設備操作及勞力工	2,527	80	3.17	46.50	919	75	8.19	30.97

資料來源：行政院主計總處「人力運用調查」。

說明：同前表之說明2。

(3) **兩性臨時性或人力派遣工作者均以45~54歲最多**：按年齡結構觀察，
111年5月男、女性從事臨時性或人力派遣工作均以45~54歲年齡層
最多，分別占24.4%及26.4%，占該年齡層全體就業者之比率分別為
6.1%及4.9%。

按教育程度結構觀察，男性從事臨時性或人力派遣工作以高級中等
（高中、高職）占39.9%較多，女性則以大專及以上占44.6%較多。

按職業結構觀察，男、女性均以技藝有關工作人員、機械設備操作及
勞力工較多，分別占82%、53%。

臨時性或人力派遣就業者之年齡、教育程度及職業

中華民國111年5月　　　　　　　　　　　　單位：千人

	男性				女性			
	全體就業者	臨時性或人力派遣工作者	占全體就業者比率(%)	結構比(%)	全體就業者	臨時性或人力派遣工作者	占全體就業者比率(%)	結構比(%)
總計	6,287	380	6.04	100.00	5,084	233	4.58	100.00
年齡								
15~24歲	394	68	17.38	18.01	378	54	14.40	23.39
25~34歲	1,413	67	4.77	17.75	1,243	27	2.20	11.72
35~44歲	1,676	67	3.98	17.55	1,454	39	2.66	16.60
45~54歲	1,517	93	6.11	24.38	1,253	61	4.91	26.40
55~64歲	1,031	75	7.27	19.71	638	41	6.42	17.60
65歲以上	256	10	3.87	2.61	118	10	8.48	4.30
教育程度								
國中及以下	988	136	13.72	35.67	595	68	11.51	29.41
高級中等(高中、高職)	2,120	152	7.16	39.92	1,429	60	4.23	25.95
大專及以上	3,179	93	2.92	24.41	3,060	104	3.40	44.64

	男性				女性			
	全體就業者	臨時性或人力派遣工作者	占全體就業者比率(%)	結構比(%)	全體就業者	臨時性或人力派遣工作者	占全體就業者比率(%)	結構比(%)
職業								
民意代表、主管及經理人員	261	-	-	-	104	-	-	-
專業人員	707	12	1.65	3.08	776	31	3.95	13.17
技術員及助理專業人員	1,096	7	0.66	1.90	940	6	0.66	2.68
事務支援人員	296	8	2.61	2.04	1,017	18	1.75	7.67
服務及銷售工作人員	1,046	41	3.92	10.78	1,207	53	4.39	22.78
農林漁牧業生產人員	354	1	0.19	0.18	121	2	1.44	0.74
技藝有關工作人員、機械設備操作及勞力工	2,527	312	12.34	82.03	919	123	13.41	52.96

資料來源：行政院主計總處「人力運用調查」。

2. **主要國家部分時間就業者**

(1) **我國部分時間工作占就業者比率低於主要國家**：依據經濟合作暨發展組織（OECD）資料，111年主要工作每週工時未滿30小時之部分時間就業者占全體就業者比率，以歐洲國家及日本較高，且各國均為女性高於男性。

各主要國家之該項比率均為兩位數，其中荷蘭3成5，日本及澳洲（108年）均約2成5，南韓則為16.4%，我國3.3%明顯較低；若就女性就業者中部分時間工作之占比觀察，荷蘭5成2，日本、澳洲（108年）及德國均近4成，南韓為23.3%，我國僅4.6%。

111年主要國家部分時間工作就業者占全體就業者之比率

(採主要工作週工時未滿30小時為標準)

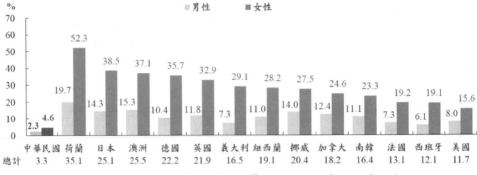

總計	中華民國 3.3	荷蘭 35.1	日本 25.1	澳洲 25.5	德國 22.2	英國 21.9	義大利 16.5	紐西蘭 19.1	挪威 20.4	加拿大 18.2	南韓 16.4	法國 13.1	西班牙 12.1	美國 11.7

資料來源：我國為行政院主計總處111年5月「人力運用調查」，其餘為OECD.Stat。

說明：1.部分時間者定義為經常性週工時未滿30小時。

　　　2.南韓及日本按所有工作之實際工時計；美國、澳洲及紐西蘭按所有工作之經常性工時計；其餘按主要工作之經常性工時計。

　　　3.美國為受僱者資料。

　　　4.澳洲為108年資料。

(2) **主要國家部分時間就業者多為女性**：111年主要國家部分時間就業者均以女性占比較高，以德國75.1%最高，其次為義大利74.6%，其餘超過7成的國家有西班牙、英國、法國及荷蘭，我國和南韓較低，分別為62.1%、61.3%。

111年主要國家部分時間就業者兩性結構

(採主要工作週工時未滿 30 小時為標準)

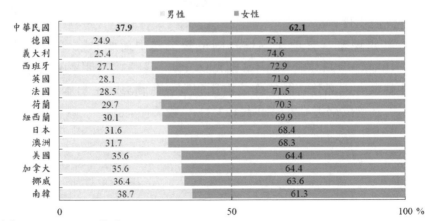

資料來源及說明：同前圖。

(四) **勞動派遣**

1. **定義與特質**：勞動派遣是指派遣機構與派遣勞工訂定派遣契約，於得到派遣
   勞工同意後，使其在要派機構指揮監督下提供勞務之勞動型態。勞動派遣最
   主要的特徵是「僱用」與「使用」的分離，派遣機構僱用派遣勞工，雙方簽
   訂派遣契約，使派遣勞工前往與派遣勞工無契約關係的要派機構提供勞務；
   派遣機構與要派機構之間則訂定要派契約，派遣勞工給付勞務之利益直接歸
   於要派機構，要派機構則將使用派遣勞工之對價交付予派遣機構。
   此三者之間的關係圖示如下：

（有償、無名之雙務契約）

要派機構是勞動力使用機構的一種，派遣機構是暫時性勞務提供機構的
一種，派遣勞工是從事暫時性勞務提供勞工的一種。在暫時性勞務提供
勞動型態中，從事暫時性勞務提供之勞工由暫時性勞務提供機構僱用之
後，指派至勞動力使用機構提供勞務，並由勞動力使用機構監督管理從
事暫時性勞務提供之勞工；暫時性勞務提供機構以從事暫時性勞務提供
之勞工所提供的勞務向勞動力使用機構收取費用；暫時性勞務提供機構
再將其所收取之費用的一部作為從事暫時性勞務提供之勞工的薪資。雖
然從事暫時性勞務提供之勞工提供勞務的地點在勞動力使用機構，但暫
時性勞務提供機構仍須負擔僱用與解僱、給付薪資、代扣所得稅、提撥
失業保險費用以及其他社會安全費用等責任。

2. **勞動派遣之成因**：勞動派遣的形成與時代的變遷以及企業對技術與經濟條
   件改變的反應有密不可分的關係。總體而言，勞動派遣形成的原因可從資
   方與勞方的角度來探討，茲歸納為下列幾點：

資方角度	A.降低勞動成本。 B.在經營與人力調派上有更多的彈性，並可有效地節約人事成本與規避勞動法令課予雇主的義務。 C.減少勞工福利的支出。 D.以派遣勞工取代請假或請長假的經常性僱用勞工。 E.使用派遣勞工在事業單位旺季時補充短缺的勞動力。 F.為節省徵才與試用的成本，事業主可先使用派遣勞工，若該派遣勞工的表現符合要求，事業主可在派遣契約終止後再自行僱用該派遣勞工。
勞方角度	A.以從事派遣工作做為一時之間無法獲得經常性僱用工作時的跳板。 B.選擇工作的自由度高。 C.可配合特殊生活規劃的需要。 D.工作環境的轉換性高。 E.工作時間較有彈性。 F.獲取更多的工作經驗。

3. **態樣**：勞動派遣的態樣可為「經常僱用型」與「登錄型」兩種，「經常僱用型」的勞動派遣係指派遣機構將其經常性僱用的勞工派至要派機構提供勞務，此種類型的派遣勞工與派遣機構之間的勞動契約係屬不定期勞動契約。因此，派遣契約期滿與否不會影響派遣勞工與派遣機構間的勞動關係，只要派遣機構與派遣勞工間的勞動關係繼續存在，不論派遣勞工是否從事派遣工作，派遣機構皆有義務繼續給付工資予派遣勞工。此種勞動關係與傳統勞動關係極為相似，兩者之間最大的差別在於勞工給付勞務對象的不同。

「登錄型」的勞動派遣則是指派遣機構與派遣勞工之間並無不定期勞動關係，派遣勞工僅是在派遣機構處登記，直到有要派機構向派遣機構提出人力需求，而該需求又符合派遣勞工的條件時，派遣機構方與派遣勞工簽訂派遣契約，該派遣契約的期間一般是與要派契約的期間相同，故當要派契約期間屆滿時，派遣機構與派遣勞工間的派遣契約也隨之終止，派遣勞工又回到登錄的狀態。

4. **發展沿革**：自1970年代末期開始，美國的僱用型態即有了轉變，愈來愈多的勞動者從事所謂的「不定性勞動」（contingent employment），「暫時性勞務提供」（Temporary Help Supply, 簡稱THS）是「不定性勞動」型態的一種，勞動派遣又是從「暫時性勞務提供」勞動型態發展出來。在美國從事暫時性勞務提供之勞動者，往往必須忍受較差的勞動條件以及較少的福利與在職訓練機會，因而危及從事該種工作之勞動者的經濟安全（economic security）。

在美國並無所謂「勞動派遣」（dispatched employment）這個專有名詞，勞動派遣的概念是包含於「暫時性勞務提供」勞動型態的概念之下。在「暫時性勞務提供」勞動型態中有三方當事人：

(1) 勞動力使用機構（user firms）。

(2) 暫時性勞務提供機構（the THS agency）。

(3) 從事暫時性勞務提供的勞工（the THS worker）。

美國「暫時性勞務提供」型態自1980年代起開始蓬勃發展，在1982年至1992年之間，受「暫時性勞務提供」機構僱用的勞工由41萬7千人增至140萬人。過去，汽車製造業一直被認為是美國「最大的雇主」（largest employer），但由於暫時性勞動的蓬勃發展，美國最大的私人雇主已是從事暫時性勞務提供的「萬寶華公司」（Manpower,Inc.）。

5. **勞動派遣權益指導原則（民國111年4月7日修正發布）**

(1) 勞動部為使派遣事業單位與要派單位確實符合勞動法令，保障派遣勞工權益，特訂定本指導原則。

(2) 本指導原則用詞，定義如下：

勞動派遣	指派遣事業單位指派所僱用之勞工至要派單位，接受該要派單位指揮監督管理，提供勞務之行為。
派遣事業單位	指從事勞動派遣業務之事業單位。
要派單位	指依據要派契約，實際指揮監督管理派遣勞工從事工作者。
派遣勞工	指受派遣事業單位僱用，並向要派單位提供勞務者。
要派契約	指要派單位與派遣事業單位就勞動派遣事項所訂立之契約。

(3)派遣事業單位僱用派遣勞工，應注意下列事項：

　　A. 人力供應業於中華民國87年4月1日起納入勞動基準法適用範圍，派遣事業單位僱用派遣勞工從事工作，應遵循勞動基準法及相關勞動法令之規定。

　　B. 派遣事業單位與派遣勞工訂定之勞動契約，應為不定期契約。派遣事業單位不得配合要派單位之需求，與派遣勞工簽訂定期契約。

　　C. 有關勞動基準法施行細則第七條規定之事項，派遣事業單位與派遣勞工應本誠信原則協商，且不得低於法律規定，並宜以書面載明，由勞雇雙方各執一份為憑。

　　D. 派遣事業單位應依法令規定為派遣勞工辦理勞工保險、勞工職業災害保險、就業保險及全民健康保險，並依規定覈實申報投保薪資（金額）。

　　E. 派遣事業單位應依勞動基準法及勞工退休金條例辦理勞工退休事項。

　　F. 派遣事業單位招募或僱用派遣勞工應遵守就業服務法規定，不得有就業歧視，亦不得對派遣勞工扣留證件、財物或收取保證金。

　　G. 派遣事業單位招募或僱用派遣勞工應遵守性別平等工作法規定。

　　H. 派遣勞工依勞動基準法第17-1條規定與要派單位訂定勞動契約者，其與派遣事業單位之勞動契約視為終止，派遣勞工不負違反最低服務年限約定或返還訓練費用之責任。派遣事業單位應依同法或勞工退休金條例規定之給付標準及期限，發給派遣勞工退休金或資遣費。

　　I. 派遣事業單位不得因派遣勞工依前款規定向要派單位提出要求訂約之意思表示，而予以解僱、降調、減薪、損害其依法令、契約或習慣上所應享有之權益，或其他不利之處分。派遣事業單位為前開行為之一者，無效。

　　J. 要派單位與派遣事業單位終止要派契約，不影響派遣勞工為派遣事業單位工作之受僱者權益。派遣事業單位無適當工作可供安置者，有關勞動契約之終止，應依勞動基準法等相關規定辦理。

　　K. 派遣事業單位僱用勞工人數在30人以上者，應依其事業性質，訂立工作規則，報請主管機關核備後公開揭示。

　　L. 派遣事業單位未符合勞動基準法第15-1條第1項規定者，不得約定勞工於派遣期間，轉任為要派單位之正職人員須給付違約金或返還訓練費用。

　　M.派遣事業單位未符合勞動基準法第9-1條第1項規定者，不得約定勞工於勞動契約終止後，一定期間內禁止至要派單位任職。

(4)要派單位使用派遣勞工，應注意下列事項：

　A.要派單位不得為規避勞動法令上雇主義務，強迫正職勞工離職，改用派遣勞工。

　B.要派單位不得於派遣事業單位與派遣勞工簽訂勞動契約前，有面試該派遣勞工或其他指定特定派遣勞工之行為。

　C.要派單位違反前款規定，且已受領派遣勞工勞務者，派遣勞工得於要派單位提供勞務之日起90日內，以書面向要派單位提出訂定勞動契約之意思表示。

　D.要派單位應自前款派遣勞工意思表示到達之日起10日內，與其協商訂定勞動契約。逾期未協商或協商不成立者，視為雙方自期滿翌日成立勞動契約，並以派遣勞工於要派單位工作期間之勞動條件為勞動契約內容。

　E.要派單位不得因派遣勞工依前2款規定向其提出要求訂約之意思表示，而予以解僱、降調、減薪、損害其依法令、契約或習慣上所應享有之權益，或其他不利之處分。要派單位為前開行為之一者，無效。

　F.勞動派遣關係有其特殊性，有關派遣勞工提供勞務時之就業歧視禁止、性騷擾防治、性別平等及職業安全衛生等事項，要派單位亦應積極辦理。

　G.要派單位為派遣勞工辦理教育、訓練或其他類似活動，不得因性別或性傾向而有差別待遇。

　H.要派單位應設置處理性騷擾申訴之專線電話、傳真、專用信箱或電子信箱，並將相關資訊於工作場所顯著之處公開揭示。

　I.要派單位知悉派遣勞工遭性騷擾之情形時，應採取立即有效之糾正及補救措施。派遣勞工遭受要派單位所屬人員性騷擾時，要派單位應受理申訴並與派遣事業單位共同調查；調查屬實者，要派單位應對所屬人員進行懲處，並將結果通知派遣事業單位及當事人。

　J.派遣勞工於要派單位工作期間之福利事項，除法律另有規定外，應本公平原則，避免差別待遇。

　K.要派單位應依法給予派遣勞工哺（集）乳時間，哺（集）乳時間視為工作時間。派遣勞工子女未滿2歲須親自哺（集）乳者，除規定

之休息時間外，要派單位應每日另給哺（集）乳時間60分鐘；派遣勞工於每日正常工作時間以外之延長工作時間達1小時以上者，要派單位應給予哺（集）乳時間30分鐘。僱用30人以上受僱者之要派單位，派遣勞工育有未滿3歲子女者，得要求每日減少工作時間1小時或調整工作時間，要派單位不得拒絕。

L. 要派單位不得因派遣勞工提出性別平等工作法之申訴或協助他人申訴，而予以解僱、調職或其他不利之處分。

M. 派遣事業單位積欠派遣勞工工資，經主管機關處罰或限期令其給付而屆期未給付者，派遣勞工得請求要派單位給付。要派單位應自派遣勞工請求之日起30日內給付之。

N. 要派單位使用派遣勞工發生職業災害時，要派單位應與派遣事業單位連帶負擔勞動基準法所定雇主職業災害補償之責任；其職業災害依勞工職業災害保險及保護法或其他法令規定，已由要派單位或派遣事業單位支付費用補償者，得主張抵充。

O. 要派單位及派遣事業單位因違反勞動基準法或有關安全衛生規定，致派遣勞工發生職業災害時，應連帶負損害賠償之責任。要派單位或派遣事業單位依勞動基準法給付之補償金額，得抵充就同一事故所生損害之賠償金額。

(5) 派遣事業單位與要派單位訂立要派契約應注意下列事項：

A. 派遣事業單位依法應全額定期給付工資，不得以任何理由遲延或拒絕給付工資。其與要派單位因履約所生爭議，派遣事業單位應另循司法程序救濟，不得以要派單位拖欠費用為由積欠派遣勞工工資或其他給與。

B. 要派單位支付派遣事業單位任何費用前，應確認派遣事業單位已依約按期支付派遣勞工工資，以確保無積欠派遣勞工工資或其他給與情事。

C. 派遣事業單位積欠派遣勞工工資，經主管機關處罰或限期令其給付而屆期未給付者，要派單位因派遣勞工請求而給付工資者，得向派遣事業單位求償或扣抵要派契約之應付費用。

D. 派遣事業單位應與要派單位於要派契約中明定派遣勞工延長工時或變更工作事項，並應先經派遣勞工所組織工會同意；無工會者，經勞資會議同意後，始可為之。

E. 要派單位因經營因素，有要求派遣勞工配合延長工時、休息日出勤或變更工作時間需要者，有關延長工時、休息日出勤之時數以及延長工時、休息日出勤工資計給方式、如何給付、正常工作時間分配調整等，應與派遣事業單位先行確認有無徵得勞工同意，並於要派契約中約定。

F. 要派單位認為派遣勞工有無法勝任工作情事者，應要求派遣事業單位依要派契約改派適任勞工，不得決定派遣勞工之任用。

G. 派遣勞工因遭遇職業災害而致死亡、失能、傷害或疾病時，派遣事業單位應給予職業災害補償。派遣事業單位與要派單位應於要派契約明確約定要派單位應盡設置安全衛生設施、實施安全衛生管理與教育訓練之義務及其他雙方權利義務有關事項，並得於派遣勞工工作前，事先透過保險規劃雇主之補償及賠償責任。

H. 派遣事業單位與要派單位訂定之要派契約，宜明定提前終止契約之預告期間。

(6) 勞工從事派遣工作應注意下列事項：

A. 充分瞭解勞動派遣特性，並評估自身能力、意願及職涯規劃後，再決定是否從事勞動派遣工作。

B. 慎選派遣事業單位，考量其規模、成立時間、服務客戶素質、派遣勞工人數、員工訓練制度及有無重大勞資爭議歷史等。

C. 與派遣事業單位簽訂勞動契約，宜以書面為之，其內容除勞動基準法施行細則第七條列舉事項外，仍宜針對勞動派遣關係中較特殊事項，例如安全衛生、職業災害補償、就業歧視禁止、性騷擾防治、擔任職務或工作內容、獎勵懲戒、應遵守之紀律有關事項或獎金紅利等詳細約定，避免日後爭議。該勞動契約應至少一式二份，一份由派遣勞工收執。

D. 接受勞動派遣時，應要求派遣事業單位以書面載明要派單位名稱、工作地點、擔任職務、工作內容、工作時間（含休息、休假、請假）等事項。

E. 請求派遣事業單位除辦理一般教育訓練外，派遣之前應針對職務特性辦理職前訓練。

F. 應確認派遣事業單位是否於到職當日為派遣勞工加保勞工保險、勞工職業災害保險、就業保險及全民健康保險，及是否覈實申報投保薪資（金額）。

G. 派遣期間內，應確認派遣事業單位是否已按勞工退休金條例提繳退休金。

H. 派遣勞工於勞動契約終止時，得請求派遣事業單位開立服務證明書。

I. 派遣事業單位僱用勞工人數在30人以上者，受僱勞工可依法組織工會，團結勞工力量，維護勞工權益。

J. 派遣勞工權益受有損害者，可提供具體事實及訴求向當地勞工行政主管機關（勞工局、處）申訴處理。

6. **派遣勞動契約應約定及不得約定事項**（111年4月7日修正公布）

(1) 依勞動基準法等有關規定應約定下列事項：

A. 工作場所及應從事之工作。

B. 工作開始與終止之時間、休息時間、休假、例假、休息日、請假及輪班制之換班。

C. 工資之議定、調整、計算、結算與給付之日期及方法。

D. 勞動契約之訂定、終止及退休。

E. 資遣費、退休金、其他津貼及獎金。

F. 勞工應負擔之膳宿費及工作用具費。

G. 安全衛生。

H. 勞工教育及訓練。

I. 福利。

J. 災害補償及一般傷病補助。

K. 應遵守之紀律。

L. 獎懲。

M. 其他勞資權利義務有關事項。

(2) 不得約定事項：

A. 與派遣勞工簽訂定期契約。

B. 要求勞工離職預告期間超過勞動基準法第16條規定期間。

C. 雇主有權單方決定調降或不利變更薪資。

D. 限制勞工請（休）假權益、請（休）假不依法給薪或懲罰性扣薪。

E. 延長工作時間及休息日出勤不依法定標準加給工資。

F. 預扣薪資作為違約金或賠償費用。

G. 女性勞工於懷孕期間仍須輪值夜班。

H. 雇主得不依規定提繳勞工退休金或將雇主應提繳百分之六之退休金金額內含於工資。

I. 雇主得不依規定記載勞工出勤情形。

J. 勞工保險、勞工職業災害保險、全民健康保險、就業保險不依相關規定辦理。

K. 雇主得扣留勞工身分證明等文件、證書或收取保證金，於離職時方能領回。

L. 勞工有結婚、懷孕、分娩或育兒情事，應離職、留職停薪或同意終止勞動契約。

M. 不符合勞動基準法第15-1條第1項規定，約定勞工於派遣期間，轉任為要派單位之正職人員須給付違約金或返還訓練費用。

N. 不符合勞動基準法第9-1條第1項規定，約定勞工於勞動契約終止後，一定期間內不得至要派單位任職。

O. 禁止勞工依勞動基準法第17-1條第2項規定，向要派單位提出訂定勞動契約之意思表示。

P. 要求勞工依勞動基準法第17-1條第2項或第3項規定與要派單位成立勞動契約時，應負違反最低服務年限約定或返還訓練費用之責任。

七、家事勞動

家事勞動（domestic work）包括看護工（nursing workers）及家庭幫傭（home-maids），人數有逐年遞增現象。由於此類勞工所從事的工作，在我國被視為女性無酬家務操持，因此，即使賦予勞動市場價格，所能獲得的法律保障有限，易淪為被剝削迫害之勞工，是弱勢中的弱勢者，甚至成為國際上被批判之對象，影響國家形象至鉅。

(一) 發展階段

焦興鎧（2004）指出，有關規範外籍家事工作者權益之國際勞動基準，大多散見於各個保護移民勞工（migrant workers）或移工（foreign workers）之相關國際公約中，其中以國際勞工組織著力最深，早在1919年該組織創立初始即已注意，並陸續以公約（conventions）或建議書（recommendations）之方式加以保障。有關國際勞動基準演進情形如下所述：

1. **早期萌芽階段**（1919-1949）：根據凡爾賽和約（Versailles Treaty）第13部分有關勞工條款之相關規定，特別成立一國際勞動立法委員會（Commission on International Labour Legislation），以考慮透過國際手段，

藉以對影響就業條件之事項採取共同行動，其中也包括對移民勞工之保障。之後，在新成立國際勞工組織之憲章（Constitution）中，特別針對這類勞工之生活及工作條件表達關懷之意，並責成該組織應將對這類勞工權利之保障視為重要職責之一。1919年10月，國際勞工組織在美國召開第一屆大會，通過第二號失業公約（Unemployment Convention），第3條中規定簽署國應透過雙邊協議之方式，以規定在失業救濟互相給付給予公平之待遇，賦予移民勞工國民待遇（national treatment）之先河。又，同屆大會還通過第一號失業建議書（Unemployment Recommendation），明確規定只有透過相關國家之相互同意，並在與相關雇主及勞工團體諮商後，始得招募移民勞工。同時通過第二號互惠待遇建議書（Reciprocity of Treatment Recommendation）中，也規定在互惠之條件下，應對本國及移工在社會保障及結社自由方面，給予平等待遇。已宣示該組織未來對勞動力跨國移動及移工保護之基本方向。1922年，國際勞工組織又通過第19號移民統計資料建議書（Migration Statistics Recommendation），規定各會員國應對該組織提供有關移民之移入、移出、遣返及轉運之相關統計資料及其他資訊等。1925年，該組織又通過兩項有關職業災害補償之公約及建議書，分別是第19號平等待遇（意外補償）公約（Equality of Treatment（Accident Compensation）Convention）及第25號平等待遇（意外補償）建議書（Equality of Treatment（Accident Compensation）Recommendations），主張在職災補償方面，本國勞工與移工應受平等待遇。1926年，又先後通過兩項與登船檢查移民有關之公約及建議書，分別是第21號簡化登船檢查移民公約（Inspection of Emigrants Convention）及第26號在海上保護女性移民建議書（Migration（Protection of Females at Sea）Recommendation）。1934年美國正式加入國際勞工組織，對為國際勞動力移動設定基準一事極為重視，促成該組織對此類事件關注，1939年6月通過一系列與移民勞工有關之公約及建議書，分別是第66號為就業而移民公約（Migration for Employment Convention）、第61號為就業而移民建議書（Migration for Employment Recommendation），以及第62號為就業而移民（國家間合作）建議書（Migration for Employment（Co-operation between States）Recommendation），都設法對國際勞動移民事項做出範圍廣泛之規範，與前述公約及建議書僅做局部回應之情形大為不同。

二次世界大戰結束後，國際移民情況更加熱絡，該組織又開始投入為移民勞工爭取權利及設定勞動基準之工作，1949年採納第97號為就業而移民（修正）公約（Migration for Employment Convention），及第86號為就業而移民（修正）建議書（Migration for Employment Recommendation）。

2. **逐漸受重視階段（1950-1989）**：自1950年代開始，非西方而未開發國家之移民問題逐漸受到重視，而國際勞工組織也開始嘗試採用較具彈性之方式來加以處理。例如，1955年，通過第100號保護移民勞工（低度開發國家）建議書（Protection of Migrant Workers（Underdeveloped Countries）Recommendation），除加強對移民在途及僱用期間之保障措施外，並設法掃除對遷徒移動之各種不利障礙。1958年，國際勞工組織又通過一項有關就業歧視重要公約及建議書，分別是第111號歧視（就業與僱用）公約（Discrimination（Employment and Occupation）Convention），及第111號歧視（就業與僱用）建議書（Discrimination（Employment and Occupation）Recommendation），雖與移民勞工並無直接關聯，但由於其中提及種族、膚色及民族血統等與移工個人特質息息相關之因素，因此，仍可能視對其提供不受差別待遇之保護。1962年，又通過第118號平等待遇（社會安全）公約（Equality of Treatment（Social Security）Convention），明定移工在社會安全事項上，應與本國勞工享有平等待遇，足見對移工之保障範圍已有逐漸擴大之趨勢。自1970年代開始，西歐國家感受國際勞務移動之壓力日增，而移民政策亦隨之加以修正，接受移工在短暫期間停留工作但嚴禁永久移民之措施逐漸形成主流，而伴隨之非法移民、歧視及排外問題即廣受重視，國際勞工組織亦不得不面對此一新形勢，而為移工另行制定新的國際勞動基準，在1975年通過第143號移民勞工（補充條款）公約（Migrant Workers（Supplementary Provisions）Convention），即是在此背景下產生，它一方面希望能剷除非法移工所衍生之問題，另一方面則是要對合法移工給予平等機會及侍遇。至於同年通過之第151號移民勞工建議書（Migrant Workers Recommendation），更擴大保護領域，甚至連移民勞工家屬之保障亦列入，可說整套規範移工之國際勞動基準已儼然成形。1980年後，國際勞工組織又陸續通過多項與移工有關之公約及建議書，使得這方面國際勞動基準之內容更趨完備。

3. **近期發展（1990年迄今）**：一般而言，國際勞工組織在此一階段已較少
直接涉及保障移工權益之課題，但仍有相當程度之影響力。舉例而言，自
1994年起，開始推廣將八項所謂「核心公約」（core conventions）保障之
國際勞動基準，納入全球貿易活動之規範中，並在1998年特別通過「工作
基本原則與權利宣言」（Declaration on Fundamental Principles and Rights
at Work），將八項核心公約中所揭櫫之四項基本權利列為全球勞工所應共
同享有者，包括：
(1) 結社之自由及有效承認集體談判交涉之權利。
(2) 剷除所有形式之強迫性或強制性勞動。
(3) 有效廢除童工。
(4) 消除就業與職業上歧視等在內。
　　由於在這些基本權利中，就有兩項與移民勞工或移工之保障有相當關聯
者，即強迫性或強制性勞動之禁止及就業與職業上歧視之禁止，因此，
對於相關國際勞動基準將來在這方面之發展趨勢，仍應密切加以注意。

(二) 家事勞工條約

國際勞工組織大會，經國際勞工局理事會召集，於2011年6月1日在日內
瓦舉行其第100屆會議，並考慮到國際勞工組織承諾通過實現《國際勞
工組織有關工作中的基本原則和權利宣言》和《國際勞工組織有關實現
公平全球化的社會正義宣言》的目標而促進所有人的家事勞動，並承認
家事勞工對於全球經濟做出的重大貢獻，這包括增加了有家庭責任的男
女工人的有酬就業機會，並考慮到家事工作仍處在人們的視線之外，其
價值仍被低估，家事工作主要是由婦女和女孩來承擔，她們當中的大多
數都是移民或者是在歷史上處於劣勢地位社區的成員，因而她們在就業
和工作條件方面特別易受歧視，基本人權遭到侵犯；並還考慮到在正規
就業機會歷來較少的發展中國家，家事勞工在國家勞動力中佔有重大比
例，並一直屬於最邊緣化的工人之列，並憶及除另有規定外，國際勞工
公約和建議書適用於所有工人，包括家事勞工，並注意到下列文書對於
家事勞工的特殊相關性：1949年移民就業公約（修訂本）（第97號），
1975年移民工人（補充規定）公約（第143號），1981年有家庭責任工
人公約（第156號），1997年私人職業介紹所公約（第181號），及2006
年僱傭關係建議書（第198號）以及國際勞工組織有關勞務移民的多邊

框架文書：採取依據權利的方法處理勞務移民的非約束性原則和指導方針，並承認從事家事工作所依據的特殊條件，在考慮到每一家事勞工和每一雇主家庭成員享有隱私權的情況下，希望能用專門適用於家事勞工的標準來補充一般性的標準，以使家事勞工能充分享有其權利，並憶及其他相關的國際文書，例如世界人權宣言、消除一切形式種族歧視國際公約、消除對婦女一切形式歧視公約、聯合國反跨國有組織犯罪公約和特別是其有關預防、鎮壓及懲處人口販運，尤其是婦女和兒童議定書、關於兒童權利公約和保護所有遷徙工人及其家庭成員權利公約，並決定就家事勞工的體力勞動——本屆會議議程的第4項——通過若干建議，並決定這些建議須採用國際公約的形態；於2011年6月1日通過以下公約，引用時可稱之為「2011年家事勞工公約」。

第1條 1. 就本公約而言：
    1.1. 「家事工作」一詞係指在一個家庭或為一個家庭或為幾個家庭從事的工作。
    1.2. 「家事勞工」一詞係指在一種僱傭關係範圍內從事家事工作的任何人。
    1.3. 僅偶爾或零星地，而並非作為謀生手段從事家事工作的人員不算家事勞工。

第2條 1. 本公約適用於所有家事勞工。
    2. 已批准本公約的成員國，經與有代表性的雇主組織和工會組織磋商，特別是經與（如果存在）代表家事勞工的組織和家事勞工雇主的組織磋商之後，可將下列人員全部或部分地排除在公約的適用範圍之外：
    2.1. 已另外為其規定至少同等水準的保護的工人類別。
    2.2. 可能會產生實質性特殊問題的有限工人類別。
    3. 利用前段所規定的可能性的各成員國，須在其根據《國際勞工組織章程》第22條的規定提交的第一份公約實施報告中，指出被如此排除在外的任何特殊工人類別以及做出如此排除的理由，並在隨後的報告中說明準備將本公約的實施範圍擴大到有關工人可能要採取的措施。

第3條 1. 各成員國須採取措施，確保有效地保護所有家事勞工的基本人權。

    2. 各成員國須針對家事勞工採取措施，以便真誠地並根據《國際勞工組織章程》尊重、促進並實現工作中的基本原則和權利，即：

        2.1. 結社自由和有效承認集體談判的權利。

        2.2. 消除一切形式的強迫和強制性勞動。

        2.3. 有效地廢除童工勞動。

        2.4. 消除就業和職業歧視。

第 4 條　1. 各成員國須為家事勞工確定與1973年最低年齡公約（第138號），和1999年最惡劣形式的童工勞動公約（第182號）的規定相一致的最低年齡，並不得低於國家法律法規為一般工人規定的最低年齡。

      2. 各成員國須採取措施以確保由18歲以下和高於最低就業年齡的家事勞工所從事的家事工作不會剝奪或妨礙他們接受學校義務教育、進修或職業培訓。

第 5 條　各成員國須採取措施，確保家事勞工如同其他一般工人一樣，享有公平的就業待遇和家務勞動的工作條件，如果在雇主家居住，則享有尊重其隱私的生活條件。

第 6 條　各成員國須採取措施以確保家事勞工能以適宜、可核實和易於理解的方式，並最好在凡可行時通過按照國家法律和法規起草的書面契約獲得有關其就業待遇和條件的資訊，特別是：

        1.1. 雇主和工人的姓名和住址。

        1.2. 將要從事工作的種類。

        1.3. 報酬、計算方法和支付期限。

        1.4. 正常工時。

        1.5. 起始日，並在當契約涉及一段具體時間的情況下，其限期。

        1.6. 如果可行，提供膳宿。

        1.7. 如果可行，考察期或試用期。

        1.8. 如果可行，遣返的條件。

        1.9. 有關終止就業的待遇和條件。

第 7 條　1. 國家法律和法規須要求在一個國家受聘到另一個國家從事家事工作的移民家事勞工在跨出國界以開始從事相關

契約所適用的家事工作之前，收到一份第6條中所提及的論及就業待遇和條件的書面工作或就業契約。

2. 前段不適用於根據地區、雙邊或多邊協定，或在地區經濟整合區域框架內而享有的出於就業目的的自由流動。

3. 成員國須相互合作，以確保對移民家事勞工有效實施本公約的條款。

第 8 條　各成員國須採取措施，以確保家事勞工享有免遭所有形式的虐待、騷擾和暴力的有效保護。

第 9 條　1. 各成員國須採取措施以確保家事勞工：

1.1. 可就是否在雇主家居住自行與其雇主進行談判。

1.2. 在每日和每週休息或者休年假期間，並非一定要留在雇主家中或與雇主家庭成員待在一起。

1.3. 有權保留他們自己的旅行和身份證件。

2. 在採取以上措施時，須充分尊重家事勞工和雇主家庭成員的隱私權。

第 10 條　1. 各成員國須確保家事勞工的正常工作時間、加班補貼、每日和每週休息時間以及帶薪年休假不會低於根據國家法律和法規為一般工人規定的待遇。

2. 每7天時段內的週休時間須至少連續24小時。

3. 凡家事勞工不能隨意自由支配他們的時間並需在雇主家庭隨時聽候可能的工作安排的這一時間段應被認為是工作時間，具體程度應由國家法律和法規、集體協議或符合國家慣例的任何其他途徑來確定。

第 11 條　各成員國須採取措施，確保家事勞工享有最低工資待遇，而且報酬的制定不存在基於性別的歧視。

第 12 條　1. 家事勞工的工資須以現金形式定期直接付給本人，而且不能少於每月一次。凡適宜時根據國家法律和實踐並徵得有關工人的同意，可通過銀行轉帳、銀行支票、郵政支票或匯款單的形式支付報酬。

2. 國家法律或法規、集體協議或仲裁判決書或許可以就將家事勞工報酬的有限比例以實物補貼的形式予以支付作出規定，其條件不會低於普遍適用於其他工人類別的條件，但要確保此類補貼得到工人的同意並與個人用途相適宜且有益於工人，以及賦予實物補貼的現金價值既公平又合理。

第 13 條 1. 各成員國須在適當考慮家事工作的具體特點的情況下採取適宜措施，確保家事勞工在職業安全與衛生方面享有不低於那些適用於一般工人的條件。

　　　　2. 前段中提到的措施可以逐步加以實施。

第 14 條 1. 各成員國須在適當考慮家事工作的具體特點的情況下採取適宜措施，確保家事勞工在包括生育保護在內的社會保障保護方面享有不低於那些適用於一般工人的條件。

　　　　2. 前段中提到的措施可以逐步加以實施。

第 15 條 各成員國須採取措施，確保所有家事勞工或是由他們本人或是通過一名代表，按照不低於其他工人可普遍利用的條件，方便地利用法院、法庭或其他爭端解決程序。

第 16 條 各成員國須制定有效手段，確保遵守用以保護家事勞工的國家法律和法規。

第 17 條 1. 各成員國須採取措施，確保由就業機構招聘或安置的家事勞工，包括移民家事勞工，得到有效保護以避免遭遇虐待性作法，包括規定雇主家庭與機構各自的法律責任。

　　　　2. 各成員國須採取措施以便：

　　　　2.1. 建立就業機構的註冊和資質標準，包括就任何相關的過去違規情況披露資訊。

　　　　2.2. 對就業機構進行定期檢查，以確保遵守相關的法律和法規，並對違規情況規定嚴肅懲處。

　　　　2.3. 為家事勞工提供可資利用的控訴機制，以向當局報告虐待性作法。

　　　　2.4. 確保由就業機構收取的費用不從家事勞工的報酬中扣除。

第 18 條 各成員國須經與具有代表性的雇主組織和工會組織進行磋商，通過法律、法規和集體協議，以及通過符合本國實踐的補充措施，通過拓寬或是結合已有的措施，或視情況通過制定針對這些工人的具體措施來覆蓋家事勞工，落實本公約的條款。

第 19 條 本公約不影響根據其他國際勞工公約而對家事勞工適用的更為有利的條款。

第 20 條 本公約的正式批准書須送交國際勞工局局長進行登記。

第 21 條 1. 本公約須僅對其批准書已經國際勞工局局長登記的國際勞工組織會員國具有約束力。

2. 本公約須在其中2個會員國的批准書已經局長登記之日起12個月後生效。

3. 此後，對於任何會員國，本公約須在其批准書已經登記之日起的12個月後生效。

第 22 條 1. 凡批准本公約的會員國，自本公約初次生效之日起滿10年後可向國際勞工局局長通知解約，並請其登記。此項解約書須自登記之日起一年後生效。

2. 凡批准本公約的會員國，在前款所述10年期滿後的1年內未行使本條所規定的解約權利者，即須再遵守10年，此後每當10年期滿，可依本條的規定退出本公約。

第 23 條 1. 國際勞工局局長須將各會員國所交送的所有批准書、聲明和解約書的登記情況通報本組織的全體會員國。

2. 在將使公約生效所需的最後一份批准書的登記情況通報本組織的全體會員國時，局長須提請各會員國注意本公約開始生效的日期。

第 24 條 國際勞工局局長須將其按照以上各條規定所登記的所有批准書、聲明和解約書的詳細情況，按照《聯合國憲章》第102條的規定，送請聯合國秘書長進行登記。

第 25 條 國際勞工局理事會在其認為可能必要時，須將本公約的實施情況向大會提出報告，並審查將公約的全部或部分修訂問題列入大會議程。

第 26 條 1. 如大會通過一項新公約對本公約作全部或部分修訂，除新公約另有規定外，則：

1.1. 如果新修訂公約生效並在其生效之時，會員國對於新修訂公約的批准，依法應構成對本公約的立即解約，而無需遵行上述第22條的規定。

1.2. 自新修訂公約生效之日起，本公約須即停止開放接受會員國的批准。

2. 在任何情況下，對於已批准本公約而未批准修訂公約的會員國，本公約以其現在形式和內容仍對其有效。

第 27 條 本公約的英文本和法文本同等有效。

(三)關於家事勞工的擬議建議書

國際勞工組織大會經國際勞工局理事會召集，於2011年6月1日在日內瓦舉行其第100屆會議，並通過了2011年家事勞工公約，並決定就家事勞工公約——本屆會議議程的第4項——通過若干建議，並決定這些建議須採用一項建議書的形態，以補充2011年家事勞工公約；於2011年6月1日通過以下建議書，引用時可稱之為「2011年家事勞工建議書」。

1. 本建議書的條款補充2011年家事勞工公約（「公約」）的條款，並應與公約的條款一併進行審議。

2. 在採取措施以確保家事勞工享有結社自由和有效承認集體談判權利時，成員國應：

　2.1. 找出並且消除任何就家事勞工建立他們自己的組織或參加自己選擇的工會組織，以及就家事勞工參加工會組織、聯盟或聯合會的組織權利而言的立法或行政管理方面的限制以及其他障礙。

　2.2. 保護家事勞工的雇主建立和加入其自己選擇的雇主組織、聯盟和聯合會的權利。

　2.3. 採取或支援旨在加強家事勞工組織有效保護其成員權益的能力的措施。

3. 在採取措施消除就業和職業方面的歧視時，成員國應與國際勞工標準保持一致，除其他措施外，做到：

　3.1. 確保為與工作有關的健康檢測作出的安排尊重家事勞工個人資料的保密性以及隱私權的原則。

　3.2. 防止與此類檢查相關的歧視。

　3.3. 確保家事勞工不被要求進行愛滋病毒或懷孕測試，或者披露其愛滋病毒或懷孕狀態。

4.

　4.1. 成員國，考慮到1999年最惡劣形式的童工勞動公約（第182號）和建議書（第190號），應確定這種類型的家事工作，即就其性質和在其中從事這些工作的情境而言，它們有可能傷害到兒童的健康、安全或精神，並亦應禁止和消除這種童工勞動。

　4.2. 在規範管理家事勞工的工作和生活條件時，成員國應特別關注在國家法律和法規中作了明確規定的18歲以下和高於最低就業年齡的家事勞工的需求，並採取措施保護他們，包括通過以下做法：

4.2.1. 嚴格限制其工作時數以確保充足的休息、教育和培訓，閒暇活動及家庭聯絡。

4.2.2. 禁止夜間工作。

4.2.3. 對在身體或心理方面要求過分的任務加以限制。

4.2.4. 建立或加強機制以監測其工作和生活條件。

5.

5.1. 在將就業待遇和條件通報給家事勞工時，必要時應提供適當的協助以確保有關家事勞工理解這些就業條件和待遇。

5.2. 除在公約第6條中列出的細節外，就業待遇和條件應包括以下內容：

5.2.1. 工作職責的詳細介紹。

5.2.2. 帶薪年休假。

5.2.3. 每日和每週休息時間。

5.2.4. 病假和任何其他事假。

5.2.5. 加班工作的報酬率。

5.2.6. 家事勞工有權享有的任何其他現金報酬。

5.2.7. 任何實物補貼及其現金價值。

5.2.8. 所提供的任何住宿條件細節。

5.2.9. 允許從工人工資中作出的任何扣除部分。

5.2.10. 由家事勞工或雇主提出終止契約所需的通知期。

5.3. 成員國應考慮在與有代表性的雇主組織和工會組織，特別是在與代表家事勞工的組織和家事勞工的雇主組織（如果存在有這樣的組織）磋商之後，制訂一個家事工作的定型化契約。

6.

6.1. 應對包括加班時間在內的工時加以精確計算和記錄，家事勞工應能免費查閱這些資訊。

6.2. 成員國應考慮在與有代表性的雇主組織和工會組織，特別是在與代表家事勞工的組織和家事勞工的雇主組織（如果存在有這樣的組織）磋商之後，在這方面開發實用指南。

7. 關於家事勞工不能在其中隨意自由支配他們的時間並需在雇主家庭中等候接受可能的工作安排（通常被稱為等候或應召階段）的這一時間段，國家法律和法規或集體協定應做出管理規範：

7.1. 可要求家事勞工每週、每月或每年處於等待工作狀態下的最多小時數，以及可以對之加以衡量的方法。

7.2. 如果家事勞工的正常休息時間由於等候工作而被中斷，則有權享受的一段補休期。

7.3. 應為等候工作的小時數支付報酬所使用的比率。

8. 對在夜間履行其正常職責的那些家事勞工，考慮到其夜間工作的制約和後果，成員國應考慮對他們實施包括適當財務補償在內的專門措施。

9. 成員國應採取措施，確保家事勞工在工作日期間有權享有適當的休息時段，從而使他們能夠就餐和休息。

10. 考慮到工作要求以及家事勞工的文化、宗教和社會要求，週休日應為每7天時段中的固定一天，並由各方協議確定。

11. 國家法律和法規或集體協議應就可要求家事勞工在日休或週休期間從事工作的理由作出規定，並為他們提供充足的補休，而不論是否有任何財物補償。

12. 家事勞工用於陪伴其雇主家庭成員休假的時間不應算作家事勞工年休假的一部分。

13. 當就以實物補貼的形式支付有限比例的報酬作出規定時，成員國應考慮：

13.1. 對報酬中可用實物形式支付的比例全面設限，以防止不適當地減少維持家事勞工及其家庭所需的現金報酬。

13.2. 通過參照客觀標準，例如市場價值、成本價或由公共主管當局視情況制定的價格，來計算實物補貼的現金價值。

13.3. 將實物補貼限制在那些明顯適合家事勞工的個人用途和對之有好處的項目，如食物和住宿。

13.4. 禁止那些直接與履行工作職責相關的實物補貼，諸如工作服、工具或防護性設備。

14.

14.1. 每次支付報酬時，應向家事勞工出具一份易於理解的應付報酬書面帳單，列明已付訖數額和可能作出的任何扣除專案的具體數目和目的。

14.2. 當僱傭終止時，應及時支付所有未付報酬。

15. 成員國應採取措施，確保家事勞工在他們的雇主發生破產或死亡的情況下，在保護工人的索賠方面享有不低於一般工人享有的那些條件。

16. 如果提供膳宿，它們應在考慮國情的情況下包括下列內容：
	16.1. 配置有適當的傢俱、通風良好並帶有房門鎖的一個單獨、私人房間，房門鑰匙應交給家事勞工掌管。
	16.2. 可使用共用或單獨的適當衛生設施。
	16.3. 充足的照明，凡適宜時，足夠的取暖和空調設施，條件應與雇主家庭其他房間的條件相同。
	16.4. 品質好且數量充足的餐食，如果家事勞工有任何文化和宗教要求，則適應此種要求。

17. 在並非由於嚴重的行為不端而由雇主提出終止就業的情況下，應給予居住在雇主家中的家事勞工一個合理的通知期，並准其在該階段期間休假，以使他們能夠尋找新的工作和住宿。

18. 成員國應採取措施以便：
	18.1. 識別、緩解和預防家事工作所特有的職業危害。
	18.2. 建立用以收集和公佈與家事工作有關的職業安全與衛生統計資料的程序。
	18.3. 就包括人機工程和防護性設施在內的職業安全與衛生提出諮詢意見。
	18.4. 開發培訓計畫並傳播有關家事工作所特有的職業安全與衛生要求的指導意見。

19. 成員國應考慮方式方法，以便方便雇主繳納社會保險金，包括在涉及為多個雇主工作的家事勞工的情況下為之繳納社會保險金，例如，通過一個簡化了的支付體系。

20.
	20.1. 成員國應考慮採取補充措施，確保有效地保護移民家事勞工的權利，例如：
		20.1.1. 規定對即將僱傭移民家事勞工的家庭進行訪問核實的制度。
		20.1.2. 開發一個緊急庇護所網路。
		20.1.3. 為需要幫助的家事勞工開通一條附有口譯服務的全國熱線。
		20.1.4. 提高雇主對其義務和在違規情況下的處罰的認識。
		20.1.5. 保證家事勞工，無論是在就業期間還是之後，也不論是否已離開相關國家，有機會利用控訴機制並有能力追索合法的民事和行事補償的能力。

20.1.6. 規定建立一個公共宣傳服務單位，以家事勞工能懂的語言使其瞭解他們的應享權利、相關的法律和法規、可利用的控訴機制和法律補救措施，以及其他相關的資訊。

20.2. 作為移民家事勞工原藉國的成員國，應通過在家事勞工出國前向其提供有關其權利的資訊、建立法律援助基金、社會服務以及專門的領事服務並通過任何其他的適當措施，來支持有效地保護這些工人的權利。

21. 成員國應考慮通過法律、法規或其他措施的手段，就移民家事勞工在受聘時的就業契約到期或終止時有權獲得免費遣返所依據的條件作出具體規定。

22.

22.1. 成員國在與有代表性的雇主組織和工會組織，特別是在與代表家事勞工的組織和家事勞工雇主的組織（如果存在）磋商之後，制定相關的政策和計畫，以便：

22.1.1. 鼓勵繼續開發家事勞工的能力和素質，包括視情況訓練讀寫能力，以提高他們的職業和就業機會。

22.1.2. 處理家事勞工兼顧工作和生活的需求。

22.1.3. 確保在更為普遍地開展工作以平衡工作與家庭責任的背景下對家事勞工的關注和權利予以考慮。

22.2. 成員國應制定適宜的指標和衡量體系，以便加強國家統計部門的能力和有效地收集有關家事勞工的全面資料。

23.

23.1. 成員國應在雙邊、地區和全球層面上進行合作，以便加強對家事勞工的保護，特別是涉及到以下方面：防止強迫勞動和人口販運、社會保障、監督私營職業介紹所、傳播有關家事工作的良好作法以及收集統計資料。

23.2. 成員國應採取適宜措施，通過加強國際合作或援助，或通過這兩者，包括支援社會和經濟發展、減貧計畫和普及教育，以便相互協助落實本公約的條款。

Chapter 03 全球化經濟發展與影響

本章焦點

一、全球化對臺灣勞動市場的影響
二、鄰近東南亞國家和臺灣的勞動人口移轉與變遷趨勢
三、因應全球化經濟變化的有效策略

重點綱要

一、因應全球化的新勞動市場政策

二、全球化的勞動市場政策

(一)強化就業安全體系，積極提升勞工職能。
(二)建立有效勞資協商機制。
(三)營造勞資溝通平臺，建立民主參與決策模式。
(四)研擬非典型人力運用及保障制度。
(五)健全移工政策與管理機制。

三、OECD國家全球化的勞動市場變動與對策

(一)**勞動市場變動特色**
　1. 部分部門工作機會減少，部分部門工作機會增加。
　2. 工作不穩定性提高。
　3. 失業與減薪的恐懼增加。

(二)**採取的策略**
　1. 促進就業與對抗失業政策。
　2. 建立配套措施需兼顧直接與間接措施。

(三)**政府應重視工作者面臨的三種社會性風險**

四、產業創新政策與計畫

五、疫後強化經濟與社會韌性及全民共享經濟成果

六、數位零售與數位技能供應鏈網絡加速成形

七、改善投資環境，精進全球招商

八、推動能源轉型

九、智慧機械產業推動方案

十、循環經濟推動方案

十一、疫後改善缺工擴大就業方案

內容精論

一、因應全球化的新勞動市場政策

全球化帶來的勞動市場改變，除了在經濟上的失業率變動之外，從福利觀點出發的失業意義與認定也產生變化。由「無業」取代「失業」。在勞動市場趨向高度彈性化下，契約勞動、兼職勞動以及派遣勞動等非典型勞動型態，取代傳統單一且固定的勞動樣貌，勞動者在就業期間，由於每週工作時數不足而可能被排除在社會安全方案之外，又因勞動契約屆滿導致「無業」，並非雇主解僱的「失業」，限制失業者在社會安全與勞動法保障的請求權利，甚至因為就業未能持續穩定一定期間，雖參加社會安全方案（例如就業保險），但並不足以累積足夠的繳費期間的基本義務，而喪失給付資格條件，成為新的勞動就業安全政策議題。

如此現象，一方面來自社會安全失業給付或所得維持給付總額大幅擴增，對於失業者，尤其是青年失業者與長期失業者，長期失業狀態中，減少社會互動、甚至處於不易接近社會服務的社會排除現象，由於處於不利的社會地位而成為低下階級（underclass），對社會運作產生不利的負面影響。

因此，在全球化現象的勞動供需質變所出現的新勞動議題：彈性勞動型態，以定期勞動契約、勞動派遣、兼職方式的勞動關係取代傳統的僱傭關係，是當前各國的主要勞動之就業安全議題。

Deacon（2003）指出，自1990年代以來，經濟全球化形成的新失業現象，多數國家都以積極性就業政策，亦即透過政府的政策方案，促使國民就業，英國是以「福利到工作」（welfare to work）稱之。包括：創造就業機會、提升青年與長期失業者的就業動機、改革社會安全給付以提高失業者就業誘因。亦即國際勞工組織（ILO）所指的，1990年代以來，勞動政策的重心從勞工保障轉變為平衡社會保障與提高經濟效率。

學者Vandenbroucke（2002）指出，各國在面對經濟全球化與勞動市場改變時，似乎必須在失去工作（失業）與減少所得（彈性／兼職就業）之間作選擇，成為兩難議題。又如Funck & Pizzati（2002）指出的：過去福利國家所建構的經濟安全網係針對保障家戶不受暫時性經濟事件威脅，因而無法用以面對現今持續性的貧窮與長期失業。

再則，經濟全球化擴大國內的社會差距，資本家與企業高階管理人員在全球化效應下所得更加提高，廣大受僱者在勞動市場變動擴大後，不但實質所得未增加，反而處於更大的失業與貧窮風險中，社會差距擴大，分別成為全球化的贏家輸家。甚至由於福利國家多數的保障與給付係透過職業體系輸送，長期失業者甚至超過職業體系的負擔，被拒絕在社會保障與社會參與之外，產生社會排除（social exclusion）效果。

對於福利國家來說，失業問題的惡化使得人們不易在其工作期間累積足夠資源，貧窮問題因而突顯，而且不限於印象中的弱勢團體（如身心障礙者或低收入戶），甚至一般有工作能力的人口群、乃至白領勞動力均可能面臨高失業的風險。在一個具備正常工作能力都不易找到工作的社會裡，低生產力或不具備完全工作能力的弱勢團體必然更加困難，進而影響到其經濟與社會參與的機會。也因此，自1980年代以來，社會政策更強調使用社會保障（Social Protection）這個字詞，而這個字詞也更具有勞動就業取向的意義。

二、全球化的勞動市場政策

因應全球化的發展,勞動市場政策的主要重點為:

(一)**強化就業安全體系,積極提升勞工職能**:面對全球勞動市場開放及產業結構轉變,如何讓我國勞工不被廉價勞工輕易取代,並能順利轉入新興產業,實為重要課題。基此,應強化就業安全體系,積極充實勞工專業知能、提升其工作倫理與敬業精神,設置就業市場監測機制,充分掌握勞動市場情勢,提供就業媒合資訊,進行前瞻性的職業訓練規劃。對於中高齡等現實條件處於弱勢而無法順利就業或轉業的勞工,應著重其工作權保障與生活扶助。

(二)**建立有效勞資協商機制**:基於全球化之資本及勞動力流通特性,弱化勞動者協商能力,在集體協商制度上,宜建立有效勞資協商機制。此外,隨產業變遷,實務上對勞動彈性化的需求日益殷切,惟現行法令已無法因應,故應加速勞動基準法修法工作,使定期勞動契約與工時工資規範更為合理、明確。

(三)**營造勞資溝通平臺,建立民主參與決策模式**:在全球化影響下,經社環境快速變遷,為使政策、制度更符合實際需要,應廣納勞資各方意見,營造一個傾聽、溝通、理性討論的平臺,讓勞、資各界透過公民參與會議或審議式民主的參與模式共同參與政策的形成,塑造勞、資、政三方新的合作夥伴關係。

(四)**研擬非典型人力運用及保障制度**:非典型僱用型態,為面臨全球化競爭的企業提供彈性化運用勞動力的優勢,惟對於受僱勞工而言,卻隱藏就業上的不安定性。正視非典型僱用關係日益增加的事實,加速研擬非典型人力運用及保障制度,提供勞動者更有保障的工作環境,及更安全的聘僱條件,是目前應積極規劃的議題。

(五)**健全移工政策與管理機制**:在全球勞動市場開放下,需有長期且整體的移工政策規劃,以維護本國與移工之權益。對於移工引進,應在「保障國人就業權益」、「防範移工成為變相移民」以及「避免移工造成社會問題」等基本原則下,採取補充性、限業限量方式開放引進,對於已僱用之移工,應加強後續管理及保障其應有之權益。

三、OECD國家全球化的勞動市場變動與對策

(一)勞動市場變動特色

1. 勞動市場中部分部門工作機會的減少，與其他部門新工作機會的增加，是全球化過程中無法避免的現象。
2. OECD國家的就業水準雖呈逐步上升，但是外人直接投資的流出與移民遷入的增加，均使得工作不穩定性提高。
3. 中國與印度挾其大量低薪勞工，迅速整合於世界貿易系體，亦激起「失業與減薪」的恐懼。

(二)採取的策略

1. 為避免全球化開放市場的衝擊，有效促進就業及對抗失業的政策是必要的，同時政府投入的積極就業措施愈多，勞動市場的就業安全感愈高。
2. 建立適合的配套措施需兼顧：

直接措施	1. 企業於解僱時能給予事前預告，提供及時性的尋職協助，以幫助失業勞工再就業。 2. 具有減少失業誘因的前提下，透過工作分享津貼以保障在職勞工所得。 3. 提供失職者積極的協助管道措施，以媒合勞動力與新增職缺。
間接措施	積極創造工作、提升勞動技能、引導勞工從事最能發揮個人生產力的工作。

(三)政府應重視工作者面臨的三種社會性風險

Schmid（2006）進一步強調在勞動市場全球化與彈性化發展下，政府應該特別重視工作者面臨的三種社會性風險：

1. 長期失業者與特定對象失業者被排除於勞動市場外的風險。
2. 非典型工作者或低度就業者移轉為典型工作者或完全就業者困難的風險。
3. 在職工作者因教育訓練不足導致就業能力薄弱的風險。

四、產業創新政策與計畫

政府的產業政策願景，致力五+二產業創新，推動智慧機械、亞洲‧矽谷、生技醫藥、綠能科技、國防及循環經濟等，強化產業關鍵技術自主與多元應用能力，培育我國經濟發展新動能。加強扶植中小企業，善用數位、循環及體驗經濟，活化在地發展。為解決產業缺工方面，以「開發勞動力」、「創造友善職場」及「縮短學用落差」三大策略，針對本國勞動人力的開發與媒合，從多個面向協助產業升級、改善工作環境與提升薪資，鼓勵產學合作、建教合作、調整科系招生等縮短學用落差作為，期多元管道解決缺工。

至於解決人才不足，從「留才、攬才、育才」三面向著手，並透過稅制優化、新增企業獎酬管道、打造新創友善創業環境，給青年更多發展機會；同時，建立新南向人才雙向交流機制、鬆綁「五加二」產業聘僱外國專業人才的相關限制、強化產學連結及企業協力培育等方式，滿足產業人才需求。

行政院推動的「產業創新計畫」目的在於加速臺灣產業轉型升級，打造以「創新、就業、分配」為核心價值，追求永續發展的經濟新模式，並透過「連結未來、連結全球、連結在地」三大策略，激發產業創新風氣與能量。政府提出「智慧機械」、「亞洲‧矽谷」、「綠能科技」、「生醫產業」、「國防產業」、「新農業」及「循環經濟」等5+2產業創新計畫，作為驅動臺灣下世代產業成長的核心，為經濟成長注入新動能。具體內容為：

(一)**物聯網（也稱為亞洲‧矽谷計畫）**
1. 健全創新創業生態系。　　　　2. 連結國際研發能量。
3. 建構物聯網價值鏈。　　　　　4. 智慧化示範場域。

(二)**生物醫學**：打造臺灣成為亞太生物醫學研發產業重鎮。

(三)**綠能科技**：以綠色需求為基礎，引進國內外大型投資帶動我國綠能科技產業發展。減少對石化能源的依賴及溫室氣體排放。

(四)**智慧機械**：以智慧技術發展智慧製造，提供創新的產品與服務，推動臺灣產業轉型升級。

(五)**國防產業**：以衛星技術為基礎，推動相關產業發展。

(六)**新農業**：以「創新、就業、分配及永續」為原則期建立農業新典範，並建構農業安全體系及提升農業行銷能力。

(七)**循環經濟**：透過重新設計產品和商業模式，促進更好的資源使用效率、消除廢棄物及避免污染自然環境。

五、疫後強化經濟與社會韌性及全民共享經濟成果

為因應嚴重特殊傳染性肺炎疫情後全球經濟挑戰，減輕人民負擔、穩定民生物價、調整產業體質及維持經濟動能，以強化經濟與社會韌性及由全民共享經濟成果，特於112年2月21日頒定「疫後強化經濟與社會韌性及全民共享經濟成果條例」，至114年12月31日止，主管機關為國家發展委員會。

強化經濟與社會韌性及全民共享經濟成果之項目如下：

(一)挹注全民健康保險基金、勞工保險基金及台灣電力股份有限公司。

(二)減輕居住負擔及提高居住品質。

(三)擴大公共運輸補貼，減輕通勤族群交通負擔。

(四)加強照顧弱勢族群及提供關懷服務。

(五)推動產業及中小企業升級轉型。

(六)加速擴大吸引國際觀光客。

(七)強化農業基礎設施，照顧農漁民權益。

(八)減輕就學貸款人之負擔。

(九)擴大藝文消費及振興藝文產業。

(十)普發現金。

六、數位零售與數位技能供應鏈網絡加速成形

依據勤業眾信會計師聯合事務所（109/07）發表「2020零售力量與趨勢展望——數位零售的供應鏈網絡」一文指出，新冠病毒催化下，零售走向「全通路」的趨勢已定，而「數位供應鏈網絡（DSN）」的模式得以協助企業發展電子商務，並建構必須的核心能力。惟，零售企業是否投入電子商務或全通路業務已成為零售業者必須審慎思考的重要課題。因為，全通路業務是複雜的營運結構改革工程，對零售業者的供應鏈網絡帶來顯著影響，必須事先做好全面妥善規劃。

針前全球250大零售業業綜合分析發現，除了面對總體經濟環境挑戰外，新冠疫情逼迫零售業者紛紛投入數位轉型進程中，加速線下與線上零售間版圖移轉，走向「線上化」或「全通路化」趨勢，且此趨勢似乎將一去不復返。業務數位化及現代化在無形中增加業者成本負擔，業者無不審慎看待自身的數位轉型進程，避免潛在風險，積極建構核心能力，對事業經營帶來更大的商機。

國立中央大學經濟學系邱俊榮教授在「疫情對產業及就業市場影響之挑戰與因應」（109/09）一文強調，疫情對經濟的重大影響之一是人們的內需消費型態轉變。在疫情下，一來人民防災意識提高，各種行為決策會考量疾病風險，二來所得減少影響消費支出與型態。因此，消費品質與內容開始明顯影響內需，好的內容變得重要；網路使用人口增加，改由線上消費，線上數位型態多元化等，都將刺激新技術和新商業模式發展。也因此，包含人工智慧（AI）、物聯網（IoT）、智慧聯網（AIoT）在5G時代下的資訊及數位產業的發展即變得更為重要。因此，數位技能養成與培育更加重要。尤其針對第一線現場工作人員所需的人機協同技能最為重要；再者，機器人發展將取代部分人力，各業技術能力會隨產業發展的類別或生產階段需求而有所不同，並更加強調各產業的核心知識（domain knowledge）技術能力的重要。

臺灣金融研訓院（109/12）在「嚴重特殊傳染性肺炎疫情後全球產業版圖變化對臺灣產業及銀行業之影響」研究也指出，臺灣應強化數位基礎建設，疫情不只造成人類生活面臨轉型，科技產業的構成也出現重大變化。數位轉型需求、數位經濟模式的實現，需要奠基於完整的基礎建設，包括人工智慧（AI）、雲端（Cloud）、電商（E-commerce），ACE概念翻轉科技產業的構成。隨著數位支付更加便利，各種電商模式轉趨熱絡，一鍵付款、團購寄杯、購餐外送等，民眾的消費行為有利電子商務及數位支付平臺業擴大發展前景。另，文化大學勞工關係學系辛炳隆副教授在「後疫情時代之職能需求與職業訓練」（109/12）一文建議將基礎的數位觀念與簡單的ICT操作課程納入共同核心職能課程，一般人誤以為未來只有專業的工作才需要數位能力，但根據OECD研究，未來工作技術層級愈低者愈常使用ICT，也愈需要培養ICT的操作能力。此外，從「數位賦能」的角度來看，應培養每一位勞動者具有基本的數位觀念與能力。

七、改善投資環境，精進全球招商

持續精進全球招商作法，吸引國際關鍵技術擁有者來臺投資，推動經濟成長，主要做法為：

(一)**吸引關鍵技術外商來臺投資**：針對5+2創新進階型產業、前瞻基礎建設計畫、國家重點產業等，盤點商機及產業鏈缺口，積極招商。

(二)**結合外館共同招商**：鎖定重點招商國家及外館（17國24外館），由各外館館長統籌政治組、經濟組、科技組及外貿協會等單位集中火力招商。

(三)**辦理招商活動**：透過全球招商論壇、海外招商團等，廣宣我投資環境優勢及商機，吸引外商來臺投資。

(四)**強化招商中心功能**：打造「投資臺灣事務所」，結合招商中心、投審會及投資處，提供投資臺灣單一窗口服務。主動洽訪投資案源、提供投資人客製化全程服務；另透過跨部會及三級協處機制，迅速解決各項投資問題與障礙。

八、推動能源轉型：「展綠、增氣、減煤、非核」

我國能源轉型以減煤、增氣、展綠、非核之潔淨能源發展方向為規劃原則，確保電力供應穩定，兼顧降低空污及減碳。

(一)**展綠**：為擴大再生能源推廣，經濟部訂定114年再生能源發電占比20%政策目標。現正積極推動太陽光電及風力發電，預計114年太陽光電裝置容量達20GW，離岸風力裝置容量則達5.7GW以上。

(二)**增氣**：我國為達成能源轉型目標，天然氣發電占比將達50%，並考量工業鍋爐改供天然氣，國內天然氣用量將大幅成長。為確保天然氣供應穩定，已實施以下因應措施：

　1. 臺灣中油公司正積極進行臺中及永安接收站擴建計畫及第三接收站興建計畫，而臺灣電力公司亦規劃新建協和接收站與臺中港接收站，以滿足國內天然氣增加需求。

　2. 臺灣107年增訂天然氣安全存量，逐步提高自備儲槽容積及安全存量。現行儲槽容積天數至少為15天，安全存量天數至少為7天，116年儲槽容積天數至少為24天，安全存量天數至少為14天。

3. 為提供穩定貨源及分散風險，臺灣108年自16國進口液化天然氣，而美國 Cameron LNG氣源亦自109年9月開始供應。

(三)**減煤**：114年前未規劃新擴建任何燃煤機組，燃煤機組除役後，改建為燃氣機組。

(四)**非核**：政府歸零思考，無預設立場，務實檢視核能延役或核四重啟，但客觀事實不可行，地方也不支持，延役或重啟困難重重。

九、智慧機械產業推動方案

順應全球少量多樣的生產趨勢，及大數據即時分析的智慧製造發展趨勢，政府自105年7月起推動「智慧機械產業推動方案」，運用雲端、大數據、物聯網、智慧機器人等工業4.0技術，以「連結在地」、「連結未來」、「連結國際」三大策略，希望將臺灣從精密機械升級為智慧機械、創造就業並擴大整線整廠輸出，打造臺灣成為全球智慧機械及高階設備關鍵零組件的研發製造中心，並促使所有產業智慧化，進而促進國家整體產業升級轉型。在業者與政府的努力之下，106年我國機械業產值突破兆元大關，109年達新臺幣1.2兆元，續創歷史新高。

以精密機械之推動成果及我國資通訊科技能量為基礎，導入智慧化相關技術，建構智慧機械產業新生態體系，使我國成為全球智慧機械研發製造基地及終端應用領域整體解決方案提供者。

(一)**「智慧機械」產業化**：以精密機械導入機器人、物聯網、大數據、網宇實體系統（CPS）、精實管理、3D列印及感測器等智慧技術，發展智慧機械解決方案，建立智慧機械產業生態體系。

(二)**產業「智慧機械化」**：應用智慧機械解決方案，協助重點產業導入智慧製造，以提高生產力，同時提供創新、客製化或智慧化的產品與服務。
隨著物聯網、3D列印、人工智慧、機器人、生物科技等的快速發展，第4次工業革命已悄然到來，因應巨大變革時代的來臨，推動智慧機械是臺灣產業轉型升級的關鍵策略，也是目前政府「5+2」產業創新計畫中進步最快且執行效率與成果最具體的產業，期在政府與業界共同打拚下，加速提升我國智慧機械產業國際競爭力，同時讓民眾享受更人性化與舒適的生活。

十、循環經濟推動方案

經濟部主責推動「循環經濟推動方案」並報奉行政院核定，目的在於以跨域整合方式解決產業永續發展的困境，提供發展所需之研發、人才、生產技術、出海口等能量，打造新材料產業發展環境，促進產業循環共生及轉型，持續強化國際競爭力。方案內容簡要說明如下：

(一)循環經濟推動方案以「循環產業化」、「產業循環化」為主要推動主軸，藉由協助關鍵產業（如金屬、石化等材料產業）研發創新材料技術及推動再生資源高值化，同時運用產官學研能量，建構並落實新循環示範園區，並將其整合及規劃之經驗推廣至企業、產業、既有產業園區、地區及國際輸出。

(二)**方案推動策略**：採取「推動循環技術暨材料創新研發及專區」、「建構新循環示範園區」、「推動綠色消費與交易」、「促進能資源整合與產業共生」四大策略。

(三)**預期效益**

　1. **循環經濟重新形塑整個生產與消費體系**

　　(1)透過「五加二產業創新」循環經濟規劃、建構從動脈產業（製造與消費）到靜脈產業（資源回收再利用）的循環發展模式。

　　(2)以跨領域方式，同步解決我國產業永續發展之人才、技術、出海口等高值化障礙。

　2. **四大策略與兩大主軸密切配合，啟動我國邁向循環經濟**

　　(1)新循環示範園區將是我國能夠推動「產業循環化」兼顧經濟與環境之指標場域。

　　(2)研發專區以材料產業作為起點，厚植「產業循環化」所需整合技術與高階人才。

　　(3)綠色交易與產業共生加速「循環產業化」推廣全國，實現資源永續效益。

十一、疫後改善缺工擴大就業方案

勞動部勞動力發展署為協助受疫情衝擊造成疫後缺工產業補實人力，自112年5月1日起推動「疫後改善缺工擴大就業方案」，實施至113年6月30日，配合訂定「專案缺工就業獎勵試辦實施要點」提供經推介就業勞工就業獎勵，及「專案缺工職業訓練試辦計畫」提供參訓勞工參訓獎勵金，且追溯自112年5月1日生效，並建立跨部會合作會商機制，對焦缺工問題及評估影響程度，會商設定專案職缺範圍及薪資標準等具體條件。詳細內容如下：

(一)三大缺工業別的薪資補助

1. **旅宿業**：勞動部與交通部觀光局會商獲得共識，將旅宿業之房務（含清潔）人員，且職缺經常性北部地區（北北基桃竹）達新臺幣3萬元以上、其他地區達2.8萬元以上等薪資基準者，列入專案職缺範圍。

2. **餐飲業**：勞動部與經濟部商業司會商獲得共識，將餐飲業之內場服務人員、外場服務人員及廚務人員，且職缺經常性薪資達新臺幣3.2萬元以上薪資基準者，列入專案職缺範圍。

3. **航空站地勤業**：勞動部與交通部民用航空局會商獲得共識，將航空地勤業之勤務員及清艙人員列入專案職缺範圍。勤務員經常性薪資臺北桃園地區達新臺幣3.4萬元以上、其他地區（除臺北、桃園）達新臺幣3.3萬元以上、離島地區達新臺幣3.5萬元以上；清艙人員經常性薪資達新臺幣3.2萬元以上（不分地區別）者，列入專案職缺範圍。

(二)勞動部辦理專案擴大就業獎勵

1. **為鼓勵就業服務法第24條所列之特定對象**（如：獨力負擔家計者、中高齡、身心障礙者、原住民、低收及中低收入戶、二度就業婦女、長期失業者、家暴被害人、更生受保護人及15歲以上未滿18歲未升學未就業少年等）及年逾65歲以上之高齡者等11類對象之勞工，投入缺工專案職缺從事全時工作，每人每月核發就業獎勵金1萬元，最長12個月。

2. 考量特定對象及高齡者等勞工，有從事部分工時工作之需求，規劃具該等身份之人員從事部分工時工作，且薪資符合規定不低於專案職缺薪資基準1/2者，每人每月核發就業獎勵津貼5,000元，最長12個月。

3. 第1及2項勞工若是受僱於經公告之偏遠（特定）地區，全時工作者每人每月發給1萬3,000元，部分工時工作者則每人每月發給6,500元，最長12個月。

核發標準一覽表

身分別	工作類型	一般地區(每人/每月)	偏遠(特定)地區再加(每人/每月)
特定對象	全時工作	10,000元	3,000元
	部分工時工作	5,000元	1,500元
一般對象	全時工作	6,000元	3,000元

4. **適用對象**
   (1) **勞工端**：具備失業期間連續達14日以上之高齡者或就業服務法第24條所定特定對象、失業期間連續達30日以上之一般失業勞工、非自願離職或經公立就業服務機構評估等4類資格之一者，向公立就業服務機構辦理求職登記，經諮詢評估確有就業需求。
   (2) **雇主端**：依法登記，且為就業保險投保單位之民營事業單位、依人民團體或其他法令設立之團體；向公立就業服務機構辦理求才登記，且提供之職缺屬經勞動部與中央目的事業主管機關會商公告之專案職缺範圍，且達一定薪資基準。

(三) **勞動部辦理缺工工作先僱後訓**
   為鼓勵雇主辦訓增加僱用失業勞工，企業以「先僱後訓」方式辦理工作崗位訓練，補助企業每人每月新臺幣1.2萬元之自訓指導費，最長補助3個月；訓練地點位於偏遠（特定）地區，補助額度提高為1新臺幣.5萬元。

(四) **勞動部辦理缺工工作參訓獎勵**
   為鼓勵失業者學習專案職缺所需技能，參加專案職缺相關職類專班之結訓學員發給一次性獎勵新臺幣5,000元，偏遠（特定）地區則發給新臺幣8,000元。

(五) **提供產業輔導服務**
   由中央目的事業主管機關輔導業者推動自動化、改善工作方法及改善工作環境等措施，並引導業者提高員工薪資，以減少人力需求及提高人員留任意願。

就業安全制度

本章焦點

一、就業安全制度基本內涵與不同見解
二、就業安全制度的國際比較
三、臺灣當前的就業安全制度推動現況與檢討

重點綱要

一、定義

就業安全讓國民在就業上獲得安全保障，無失業恐懼與經濟不安全之虞。

二、包含項目

(一)傳統上包括就業服務、職業訓練及失業保險等三項支柱。
(二)常見分類包含就業服務、職業訓練、失業保險及就業促進等四項支柱。
(三)最完整的分類，包含總體經濟就業安全、個體經濟就業安全、工作職務安全、所得安全、工作安全、技能再生安全和代表性安全等七項支柱。

三、理論

(一)社會主義國家的就業安全制度：強調工作並非個人自由選擇權，是國家強制個人必須遵守的義務。
(二)資本主義國家的就業安全制度：工作權是國家應維持一個充分就業政策，保護每位勞工都能擁有一份維持生計的工作。

四、我國就業安全政策目標

(一)促進國民就業。
(二) 保障國民工作安全。
(三)維護國民所得及健康。
(四) 增進國民社會福祉及安全。

五、我國當前的就業安全問題

(一)勞動參與率維持在低水準。

(二)低度就業情形嚴重。

(三)就業服務工作不夠落實。

(四)失業問題。

(五)閒置人力資源再度運用問題。

(六)國民就業型態改變問題。

(七)基層勞動力短缺,移工引進與管理問題。

六、勞動部113年度施政計畫

(一)持續完善勞動基準保障,支持新經濟、新科技模式工作者權益保護。

(二)加強營造友善工作環境,落實職場平權及就業平等。

(三)確保勞工保險及退休金制度穩定。

(四)精進就業服務效能,積極協助國人就業。

(五)提供多元職訓管道,提升技能檢定服務量能。

(六)優化跨國勞動力聘僱管理制度,妥善運用跨國勞動力。

(七)推動公平穩定勞資關係。

(八)完善職場減災策略,落實職業災害保險制度。

七、黃金十年、國家願景計畫中的促進就業政策

(一)**總目標**:建立繁榮、和諧、永續的幸福臺灣。

(二)**新的規劃思維**

　1. 從「效率導向」邁向「開放創新」的成長驅動模式。

　2. 從「GDP」邁向「GNH」的政策關照模式。

　3. 從「硬實力」擴及「軟實力」與「巧實力」的國力擴張模式。

　4. 從「自力發展」到「策略聯盟」的經實拓展模式。

(三)**關鍵驅動力**

　1. 創新　　　　　2. 開放　　　　　3. 調整結構

內容精論

一、定義

就業安全（employment security）目的在於使國民就業獲得安全保障，無失業恐懼與危險。傳統上，就業安全的內涵包括就業服務、職業訓練及失業保險等三項。惟國際就業安全協會（IAPES）於1986年年會中認定就業服務（包括就業能力發展——職業訓練）、失業保險及勞動市場資訊為就業安全的三大支柱。另依據臺灣地區推動就業安全制度的經驗來看，可涵蓋四大支柱：就業服務、職業訓練、失（就）業保險及就業促進。亦即，勞工的就業安全保障，應再加上雇主責任，預防失業、穩定僱用等措施。

總之，完整的就業安全體制宜整合的包括：就業市場資訊、預防失業、穩定僱用、就業服務、職業訓練、失業補償、獎助僱用及促進就業等。

二、包含項目

相關文獻對於其內涵所指有所差異，分別有：

(一)傳統上，就業安全內涵包括就業服務、職業訓練及失業保險等三項，簡稱三大支柱。

(二)國際就業安全協會（IAPES）於1986年之年會中認定就業服務（包括就業能力發展——職業訓練）、失業保險及勞動市場資訊為就業安全的三大支柱。

(三)完整的就業安全體制宜整合的包括：就業市場資訊、預防失業、穩定僱用、就業服務、職業訓練、失業補償及獎助僱用等。

(四)就業安全涵蓋七個項目：包括總體經濟就業安全、個體經濟就業安全、工作職務安全、所得安全、工作安全、技能再生安全和代表性安全等。

綜上，狹義的就業安全僅限於工作權的獲得及補償，廣義的就業安全除工作權的獲得及補償之外，有關影響其就業的積極性作為，如：就業市場資訊、工作職務安全、工作安全、技能再生安全、代表性安全與整體的經濟發展穩定與良好，都是應涵蓋的重要內容。

三、理論

僅由常見的社會主義與資本主義兩大理論簡述之：

(一)**社會主義國家的「就業安全」制度**：社會主義（socialism）國家，非常強調「工作權」，以1977年蘇聯（現今俄羅斯）的憲法第40條指出，「工作權」是指「個人的能力、訓練以及教育與社會需求之間的協調」，亦即，工作是為了確保社會主義經濟體系持續生產與成長的一個政治性目標。另同法第60條亦指出：「逃避社會上有用的工作，有違社會主義社會原則。」由此可見，在社會主義國家，工作已非是個人所能自由選擇的權利，是國家強制個人必須遵守的義務。

準此，在社會主義國家，工作的義務與責任重於權利。工作權是一個明確的法律責任，國家嚴格監視一切工作的勞動紀律，因此，每個有工作能力的人都必須工作。

國家否定勞動市場存在的價值，國家直接干預並調節勞動市場供需，分配工作職位給每個有工作能力的人。

(二)**資本主義國家的「就業安全」制度**：在實施資本主義（capitalism）市場經濟的工業化國家中，咸認「工作權」是「國家應維持一個充分就業的政策，保護每位勞工都能擁有一份維持其生計的職業，建立免費的就業服務機制以及職業訓練」，歐洲社會憲章第1條、義大利憲法第4條以及日本憲法第27條第1項，均是顯現此精神。

易言之，資本主義國家認為「工作權」是：「一種享有社會安全的權利，也就是失業者在非自願性失業，且有就業意願的狀態之下，可享有不同的社會給付，以及免費的就業服務與公共職業訓練。」僅在戰爭或其他緊急情況發生時，國家才得以強勢控制與調節勞動市場。目前世界上大多數國家面對失業問題所採取的相關政策，均是依此基本理念而來。說明了資本主義社會當中的就業安全制度，國家並不干預勞動市場的運作，只有在勞動者被排除（exclusion）在勞動市場之外，國家才「被動」地提供就業服務與職業訓練，協助其再進入就業市場。

四、我國就業安全政策的目標

我國擬訂就業安全政策，除以促進國民就業、保障國民工作安全、維護國民所得及健康暨增進國民社會福祉與安全外，亦兼顧當前經濟建設、社會福利及教育制度等相關政策之現況，以求能使我國的就業目標能達一全方位的多元目標。

茲分別就我國當前就業政策之目標，分述如下：

(一)**促進國民就業**：我國推動就業安全制度的主要目標在於促進國民充分就業為宗旨，目的在求國民勞動力得以充分參與，對國家經濟建設及社會發展有其實質助益。尤其對於我國低度就業（即不充分就業）狀況，應透過就業政策之規畫及施行，有一實質改善的作用，總括說來，就業政策在促進國民就業及保障國民生活，應具有以下的功效：

　1. 穩定長期的經濟成長。

　2. 針對產業結構變化，調解國內勞動力市場供需。

　3. 整合教育與職業訓練功能。

　4. 增進就業者技術能力以提高生產力。

　5. 維持低失業率及克服人力低度應用。

(二)**保障國民工作安全**：民主社會最主要的特性為國民生存權及工作權由國家予以全面保障，以維持其生計，照顧國民生活。就業安全政策的主要目標之一即在透過就業服務及職業訓練，以保障國民有一工作技能，並進而得享有就業的機會，萬一發生失業時，也能經由失業給付，而有一最低生活的津貼，以使生活尚能進行。是故，就業安全政策在保障國民工作安全上，有其時代意義及使命。

(三)**維護國民所得及健康**：就業安全政策之意即在保障每一符合工作年齡的國民，只要有意願，即可透過政府的各項就業服務措施的提供，能擁有一工作，而能維持一基本收入，以滿足其生活上的各項必要消費。而在國民缺乏工作能力或技術性不足時，政府亦能辦理各項職業訓練，以提高其技能，順利在就業市場上謀得一工作，是為就業安全政策的基本目標。

(四)**增進國民社會福祉及安全**：每一國民能有一理想工作，擁有一基本收入，生活得以進行；在不幸發生失業時，亦能領取國家所發給足以維持其基本生活的失業津貼；在其想轉業或深覺工作技術性不足，想接受更

進一步的訓練或教育時，亦能輕鬆獲得；在找尋工作時，亦不須煞費周章，自有就業服務的專業人員為其辦理，如此的一個境界，可說是一個高度福利化的社會，所以說，就業安全政策亦在實現福利國家的理想，促進社會安全制度的落實執行。

五、我國當前的就業安全問題

我國自中央政府於民國38年播遷來臺迄今，勞動力對於經濟成長一直扮演著極為重要的地位與功能，但不可諱言的是，長久以來，國民勞動力的運用及國民就業與職業訓練等問題，仍未能有妥善的解決與因應，茲分別就當前的就業安全問題，簡述如下：

(一)**勞動參與率維持在低水準**：勞動參與率是指年滿15歲以上具有勞動力的國民，實際參與勞動的比率，長久以來，我國勞動參與率均維持在60%以下的水準，遠較鄰近的日本及歐美國家要低的很多，當然，有一部分勞動力人口是由於學業因素無法就業。但據調查結果顯示，有大多數的勞動力人口是沒有工作意願，而不願意就業；或甚至有部分是靠家庭長期提供生活費用，寄生於家庭，而不願工作；或有部分的婦女，由於子女無人照顧而無法外出工作，諸如此類，對於我國經濟生產而言，無疑是一大損失。

(二)**低度就業情形嚴重**：低度就業（under employment）又稱為不充分就業，一般說來不外為三種情形：

1	所學非所用	即個人目前所擔任的工作與教育所學不相吻合，對於社會人力投資而言，可說一重大損失，也是臺灣地區最為普遍存在的低度就業現象。
2	工資不足	即個人工作所獲取之薪資所得，不足以維持其生活所需開支，而有相當大的慾望，想賺取更高工資，臺灣地區亦有為數不少的國民是有如此的心態。
3	工時不足	此種情形較為少見，由於工資普遍提高，所得增加所直接影響的是休閒偏好，即對休閒的需求較為迫切，是故不願再延長工時，以賺取更多工資，此為勞動經濟學所稱之勞動者需求與工資水準兩者間之關係。惟仍有少數的國民，對於當前工作所須付出的時間，覺得並不滿意，而有兼職情形發生，雖然少見，但也不容忽視。

(三)**就業服務工作不夠落實**：當國民具有工作能力亦有工作意願，而欲尋找一份工作時，政府理應協助其找尋工作，以減少其找尋工作的困難，並迅速提供生產者人力之需要。惟當前臺灣地區，一般國民在尋找工作時，仍習慣透過非正式管道，即由親屬或朋友介紹，甚至自行看報紙求才廣告或張貼的徵才紅紙條，不但無法找到適合自己的工作，且耗時耗力，對求才若渴的企業主而言，亦是一大損失。反觀，政府所辦理的各項就業服務工作，一方面囿於雇主不常利用，提供其求才機會；而求職民眾也不予重視，使得公立就業服務機構功能不彰，無法適切發揮其應有功能，實為當前就業服務急於改善的問題之一。

(四)**失業問題**：我國自民國60年迄今，失業率一直維持在2%的低水準，遠較其他先進國家要低的多，惟近年來由於全球性景氣低迷，失業率在民國84年起超過2%以來，節節上升，近年來一直居於4%左右，不可否認的是，部分國民失去工作，喪失收入，生活面臨問題。事實上，失業情形一般說來，可分為兩大類，一稱之為自願性失業，即國民即使有工作能力且有工作機會，但卻無工作意願，不願意就業；另一種稱之為非自願性失業，較值得重視，是指一個國民具有工作能力，亦有高度工作意願，卻苦無工作機會，其主要責任在國家，無法為其提供一適當的工作機會，使其無工作可作，亦將產生生活無以為繼的問題。我國在民國39年6月所公布的勞工保險條例，雖有失業給付一項，惟迄至民國88年1月始開辦，俾照顧失業國民的生活，並自民國92年1月1日起改為更為積極的「就業保險」。

臺灣地區在民國112年7月的失業率達3.56%，在失業的42.6萬人口中，以青少年、中高齡（45～65歲）、低教育程度、傳統產業的勞工失業情形最為嚴重。之所以造成的原因在於景氣不佳，關廠歇業的事業單位多，加以部分產業外移，致國內的勞動需求低，突顯失業問題的嚴重性。中高齡者就業困難，即將面臨退休年齡，雇主為避免發給退休金，增加人事成本，多不願僱用，因此政府以獎勵僱用的方式來提高其僱率。至於針對技術性低的問題，惟有透過第二專長訓練及完善的就業服務才能真正有效解決。其次，失業保險的給付是保障失業勞工家計的主要財源，也是就業安全制度重要的一環。

(五)**閒置人力資源再度運用問題**：對於具有工作能力，由於家庭、個人或相關法令規定而無法就業，對社會而言，無疑是一大損失。例如：提早退休的國民、中高齡者、家庭主婦、身心障礙者、原住民等均是低就業率的族群，如何發掘、進而運用，實為當前面臨的就業安全課題。

(六)**國民就業型態改變問題**：由於臺灣地區國民所得逐年增加，已突破14,000美元，國民生活水準相對提高，職業的觀念亦有所轉變，現行工作較為辛苦，必須忍受淋雨晒太陽的工作，已引不起年輕朋友的興趣，致基層勞力嚴重缺乏，使我國仰賴密集勞力的產業，面臨勞力短缺的困境。

(七)**基層勞動力短缺，移工引進與管理問題**：由於基層勞力的欠缺，加上勞力密集產業又無法在短期內轉型，致對於以勞力為主的產業產生嚴重短缺，而只能依賴其他國家勞動者來臺工作，以迅速解決生產遲緩的問題。惟移工來臺工作，雖直接可供應企業主勞力需求，但值得重視的是，也對我國的社會、文化、衛生及治安等問題，造成衝擊。故當前有關移工的引進及管理問題，亦顯得突出。

六、勞動部113年度施政計畫

為持續積極保障及維護工作者勞動權益，本部秉持「安穩」、「安心」及「安全」的施政理念，推動公平穩定勞資關係，賡續完善勞動基準保障，支持新經濟、新科技模式工作者權益保護，加強營造友善工作環境，落實職場平權及就業平等，確保勞工保險及退休金制度穩定，精進就業服務效能，促進青年、婦女、中高齡及高齡者等國人就業，並協助改善疫後缺工、擴大就業，提供多元職訓管道，提升技能檢定服務量能，優化跨國勞動力聘僱管理制度，妥善運用跨國勞動力，完善職場減災策略，落實職業災害保險制度等重要施政目標。

本部依據行政院113年度施政方針，配合核定預算額度，並針對經社情勢變化及本部未來發展需要，編定113年度施政計畫。

年度施政目標及策略：

(一)**持續完善勞動基準保障，支持新經濟、新科技模式工作者權益保護**

　1. 建構最低工資審議機制，擬定最低工資，確保勞工合理之最低工資。

　2. 持續檢討現行工時規範，以完善工時制度。

3. 強化新經濟、新科技模式工作者就業機會、勞動權益、職業安全及勞動保險等面向之保障。

(二)**加強營造友善工作環境，落實職場平權及就業平等**

1. 健全就業平等法制，加強職場性騷擾防治，精進職場平權宣導。
2. 推動雇主提供哺（集）乳室及托兒設施措施，營造友善職場之育兒環境。
3. 推廣工作生活平衡理念，支持企業辦理友善員工措施。

(三)**確保勞工保險及退休金制度穩定**

1. 賡續檢討勞工保險相關制度及財務，維持勞工保險制度穩定運作；加強法規制度說明，提升勞工及投保單位對相關規範之瞭解。
2. 積極查核舊制勞工退休準備金之提撥，持續宣導並鼓勵新制勞工自願提繳退休金。
3. 落實勞動基金監理機制，增進勞動基金資產安全。
4. 深化多元投資策略，強化投資研究及風險管控機制，穩健提升基金收益。

(四)**精進就業服務效能，積極協助國人就業**

1. 賡續推動投資青年就業方案第二期，透過部會資源合作，協助青年職涯發展，培育並引導青年投入重點產業累積專業技能，穩定就業。
2. 整合部會協助措施，推動中高齡者及高齡者就業促進計畫，協助中高齡及高齡失業者就業、在職者續留職場及支持退休者再就業。
3. 辦理婦女再就業計畫，協助婦女自主訓練及再就業勵措施，並獎勵雇主提供工時調整職缺，促進婦女重新進入職場。
4. 落實疫後改善缺工擴大就業方案，積極運用就業獎勵措施，鼓勵雇主提供合理勞動薪資，促進國人投入疫後缺工產業，創造勞雇雙贏。
5. 協助受淨零轉型影響勞工，提供推介就業、職業訓練等資源。
6. 檢討就業保險相關規定，提升促進就業功能，增進勞工納保及給付權益。

(五)**提供多元職訓管道，提升技能檢定服務量能**

1. 配合重點產業政策及勞工職涯發展需求，辦理多元就業導向職業訓練，充裕產業所需人才。
2. 因應產業發展趨勢，串聯公私跨域合作、推展職能基準多元應用，強化技能檢定同步產業人才發展需求，落實教訓檢用合一目標。

(六)**優化跨國勞動力聘僱管理制度，妥善運用跨國勞動力**

1. 因應經濟社會環境變化，強化留用外國專業及中階技術人才，研商推動重大跨國勞動力政策。
2. 健全跨國勞動力法制，保障外國人在臺工作權益，衡平國人就業權益及事業單位用人需求。
3. 加強國內外仲介公司許可管理，強化聘僱外國人法令宣導及諮詢申訴管道，提升外國人引進及業務管理。
4. 強化新聘外國人入境一站式接機及講習服務，便捷雇主申請聘僱作業，提升外國人工作權益。
5. 優化聘僱外國人線上申辦服務，簡化工作許可申辦規定，提供外國人數位工作許可，持續推動並擴大直接聘僱服務範疇。

(七)**推動公平穩定勞資關係**

1. 推動勞工籌組工會及工會運作有利措施，持續推動團體協約簽訂之獎勵及協助措施。
2. 賡續精進訴訟外紛爭解決、裁決及大量解僱勞工保護相關機制，強化法律扶助措施。
3. 強化勞動教育扎根深植，提升國民勞動意識。

(八)**完善職場減災策略，落實職業災害保險制度**

1. 健全職業傷病診治及職災勞工重建制度，結合區域醫療機構資源網絡；強化職業傷病通報，適時提供職災勞工必要服務，協助重返職場。
2. 持續推動職業安全衛生自主管理制度，推廣職場防災教育訓練，提升產業風險管控能力。
3. 精進職場減災策略，強化事業單位危害性化學品辨識評估、提升源頭管理及機械設備器具源頭管制，並加強營造業等高風險作業之安全衛生監督檢查，督促事業單位落實自主管理。
4. 優化勞工健康服務量能與執行品質，協助事業單位落實勞工身心健康保護措施。

年度重要計畫

工作計畫名稱	重要計畫項目	計畫類別	實施內容
勞動關係業務	營造勞工有利結社環境	社會發展	一、推動研修工會法制,強化有利籌組工會相關規劃。 二、推動有利勞工結社措施,鼓勵勞工成立工會。
	強化勞資誠信協商	社會發展	一、提升勞資雙方協商知能,培育集體協商人才。 二、獎勵及協助勞資雙方簽訂團體協約,提升勞工福祉。
	建立迅速有效勞資爭議處理機制	社會發展	一、精進勞資爭議調解及仲裁效能,提升處理勞資爭議調解及仲裁相關人員專業知能。 二、補助地方政府辦理勞資爭議仲裁與委託民間團體調解業務。 三、強化大量解僱勞工保護措施,推動法律扶助,保障勞工權益。
	健全不當勞動行為裁決機制	社會發展	一、精進不當勞動行為裁決案件審理及行政救濟相關事務。 二、完備裁決相關制度,提升裁決審理效能。
	提升國民勞動觀念,推動勞資會議制度	社會發展	一、提升國民勞動意識,以多元管道推行勞動教育。 二、維運更新全民勞教e網,編製勞動教育e化補充教材。 三、深植校園勞動權益概念。 四、落實勞資會議制度。
勞動條件及就業平等業務	落實勞動基準法,保障勞工法定權益	社會發展	一、督導地方政府落實勞動基準法業務。 二、辦理勞動基準法令研習,督促雇主遵守法令。 三、檢討研修勞動基準法規,健全勞動基準法制。
	推動合理工資制度,落實特別保護規定	社會發展	一、建構最低工資審議相關機制,擬定最低工資。 二、辦理積欠工資墊償基金管理作業;完備積欠工資墊償制度。 三、落實特別保護相關規範。

工作計畫名稱	重要計畫項目	計畫類別	實施內容
勞動條件及就業平等業務	建構彈性安全的工時規範	社會發展	一、蒐集其他國家工時相關規範，以審視我國法制。 二、檢討現行法定工時制度。 三、辦理勞動基準法工時制度研習，編印有關勞動基準法令、工時制度等資料。
	促進職場平權，落實就業平等	社會發展	一、研修就業平等相關法制。 二、強化職場性騷擾防治，提升被害人之保障。 三、召開性別平等工作會及性別平等工作申請審議業務。 四、辦理促進就業平等相關措施、政策宣導及教育訓練等業務。
勞動福祉退休業務	推動雇主提供哺（集）乳室與托兒設施措施	社會發展	一、為促進員工子女托育服務，偕同地方政府輔導雇主提供哺（集）乳室與托兒設施措施。 二、辦理事業單位提供哺（集）乳室與托兒設施措施觀摩座談、專家諮詢輔導，以促進事業單位提供多元化育兒設施措施。
	輔導企業推動工作與生活平衡措施，打造友善職場環境	社會發展	一、推廣友善職場作法，輔導與補助企業辦理工作生活平衡措施。 二、辦理教育訓練及專家入場輔導服務，培力企業規劃工作生活平衡措施知能。
	落實新、舊勞工退休金制度，強化勞工退休金權益保障	社會發展	一、積極查核舊制勞工退休準備金，督促雇主落實按月及足額提撥義務。 二、編印勞工退休制度說明資料，辦理相關法令說明活動，加強宣導鼓勵新制勞工自願提繳退休金。
	落實勞動基金監理機制，增進勞動基金資產安全	社會發展	一、每月召開「勞動基金監理會」會議，審議勞動基金運用計畫、資產配置、運用績效、預算及決算重要議案，強化外部監理機制。 二、審視勞動基金投資績效及勞工退休基金收支等相關報表，監督基金運用作業執行及法規遵循，提升日常監理效能。 三、辦理勞動基金收支、保管及運用業務實地查核，適時提出精進業務建議，維護基金資產安全。

工作計畫名稱	重要計畫項目	計畫類別	實施內容
勞動保險政策業務	提升就業保險促進就業功能	社會發展	一、檢討就業保險法相關法規及解釋函令。 二、辦理就業保險法令及制度說明事宜，提升勞工及投保單位等人員對相關規範之瞭解。
	健全勞工保險制度及財務	社會發展	一、檢討修正勞工保險條例相關法規及解釋函令。 二、配合整體年金政策期程，研謀勞工保險財務改善因應對策，維持制度穩定運作。 三、辦理勞工保險法令及制度說明事宜。
	完備勞工職業災害保險制度	社會發展	一、檢討勞工職業災害保險相關法制。 二、辦理職業災害保險法令宣導說明事宜。
	強化保險業務監理功能	社會發展	一、定期召開勞工保險監理會議，審議勞工保險、就業保險及勞工職業災害保險年度工作計畫、預決算及其他業務監理事項。 二、辦理勞工保險、就業保險及勞工職業災害保險業務檢查、財務帳務檢查及外部訪查等業務。
勞動保險執行業務	落實執行勞工保險、勞工職業災害保險及其他受任業務，提升服務品質及效能	社會發展	一、落實勞工保險、勞工職業災害保險及就業保險納保業務，積極輔導及查核雇主依法加保及覈實申報投保薪資，維護勞工權益。 二、加強保險費收繳，掌握催收時效，鞏固勞工保險、勞工職業災害保險及就業保險之財務健全；積極辦理勞工退休金之提繳、查核及個人專戶管理，以維護勞工之退休金權益。 三、正確、迅速、安全核發勞工保險、勞工職業災害保險及就業保險各項給付、津貼、補助、勞工退休金及墊償工資等，保障勞工及其家屬經濟生活。 四、積極維運全球資訊網及Facebook粉絲團，持續宣導勞工保險、就業保險及勞工職業災害保險等業務，並提供民眾所需便捷服務與資訊。強化各地辦事處單一窗口服務及業務說明活動，增進為民服務效能。

工作計畫名稱	重要計畫項目	計畫類別	實施內容
勞動保險執行業務	勞動保障暨年金服務躍升計畫	社會發展	一、持續強化營運環境維運管理與完善應用系統服務及效能，完成資料代碼及經營決策分析模型主題。 二、擴大免書證介接範圍，導入移民署之書證系統，降低人工查驗時間，提高案件處理效率與降低時間成本。 三、落實資訊安全管理，強化核心業務隱私保護與使用，通過ISO/IEC 27001轉版續審評鑑，完成資通安全責任等級A級機關應辦事項。 四、持續進行數位服務櫃檯與客戶服務應用系統－個人及單位功能整併程式設計開發及測試作業，以及資料策展儀表、年金暨給付整合試算服務、特定對象異常行為預警服務、數位服務櫃檯及智慧查調輔助平臺等5項主題應用系統精進及維護作業。 五、辦理審查回復跨域調查、案件編審註記作業及資料彙整試算作業等資料加值及智慧創新之主題應用系統開發及測試驗證。
勞動力發展業務	提升就業服務效能	社會發展	一、蒐集研析國內外經濟環境趨勢對產業發展狀況及就業市場變動情形。 二、辦理地區性就業市場分析並定期發布勞動供需調查。 三、運用僱用獎助及就業獎勵等措施，促進國人就業並協助改善疫後產業缺工。 四、提升就業服務人員專業知能。 五、運用網實整合多元通路提供求職求才推介與媒合服務。 六、因應新經濟模式與新科技發展對勞動市場之影響，滾動修正就業服務措施。 七、協助受淨零轉型影響之勞工，提供推介就業或參加職業訓練等措施，使其重回就業市場。 八、協助身心障礙者、特定對象及就業弱勢者就業。 九、推動多元培力就業計畫、提供創業諮詢輔導服務。

工作計畫名稱	重要計畫項目	計畫類別	實施內容
勞動力發展業務	協助青年職涯發展與適性就業	社會發展	一、結合各級學校辦理企業參訪、就業講座、校園徵才活動。 二、運用青年職涯發展中心協助青年釐清職涯方向及就業準備。 三、辦理青年就業領航計畫及提供穩定就業津貼。 四、提供青年多元化的職涯諮詢服務。 五、協調各部會推動「投資青年就業方案第二期」。
	促進婦女再就業	社會發展	一、提供就業獎勵，鼓勵重返職場。 二、開發友善職場，協助婦女再就業。
	促進中高齡者及高齡者就業	社會發展	一、提供失業與退休中高齡者及高齡者就業媒合服務。 二、推動在職中高齡者及高齡者職務再設計服務。
	推動多元培訓、職能基準及強化技能檢定	社會發展	一、依青年各階段發展推動職業訓練。 二、運用公私協力實施多元職業訓練。 三、提供多元化職務導向在職勞工職業訓練。 四、因應新經濟、新科技模式與淨零碳排政策對產業發展及就業市場之影響，推動相關職業訓練。 五、推動職能基準多元應用及強化技能檢定內涵。
	有效運用跨國勞動力及強化聘僱管理制	社會發展	一、延攬留用外國專業及中階技術人才、調整跨國勞動力運用政策。 二、提升外國人聘僱管理及諮詢申訴管道、強化跨國人力仲介管理及跨國勞動力法制。
職業安全衛生業務	健全職業安全衛生及防災管理措施	社會發展	一、研修職業安全衛生法規及相關制度。 二、推動職業安全衛生管理制度及績效審查業務。 三、推廣職業安全衛生教育訓練、表揚職業安全衛生績效優良單位及人員。 四、維運勞動檢查相關資訊系統、編訂勞動檢查方針及統計年報。 五、強化石化業、營造業、機械設備製造業等高風險事業單位防災及管理效能。 六、與相關團體合作推廣安全衛生防災活動。 七、辦理機械設備器具安全資訊登錄驗證及危險性機械設備檢查。

工作計畫名稱	重要計畫項目	計畫類別	實施內容
職業安全衛生業務	改善職場工作環境及促進友善勞動環境	社會發展	一、提升綠能產業作業安全，降低職業災害發生。 二、輔導高風險、高職業災害、高違規之事業單位改善安全衛生工作環境。 三、補助地方政府招募在地安全衛生專責人力，辦理中小企業臨場輔導，協助改善工作環境。 四、提供臨場輔導與諮詢服務，精進事業單位輔導改善機制，營造職場健康工作環境。 五、透過跨部會減災合作、結合地方政府共同督促事業單位遵守勞動法令。 六、推動營造業及外國人職業安全衛生教育訓練，提升事業單位自主管理能力。 七、辦理體感實境場域教育訓練，提升工作場所危害辨識知能。
	優化勞動監督檢查效能	社會發展	一、執行各行業勞動條件及安全衛生監督檢查。 二、透過與各地方政府、相關目的事業主管機關、工業區伙伴合作推動災害預防業務。 三、辦理職業災害高風險作業專案檢查及監督輔導。 四、辦理事業單位高階主管座談、安全衛生研討會及觀摩會。
	加強職業衛生與勞工健康服務量能	社會發展	一、推動化學品危害辨識、管理及暴露評估業務、精進作業環境監測品質、查核、監督管理及職業衛生技術研討會。 二、推行勞工健康服務制度，辦理勞工健康服務人員之實務訓練與勞工健康顧問服務機構認可業務。 三、辦理勞工體格及健康檢查機構、特定檢查項目檢驗機構之認可、品質訪查及醫護人員教育訓練。 四、推廣工作相關疾病預防與辦理職業衛生及勞工身心健康相關資料之編製。

工作計畫名稱	重要計畫項目	計畫類別	實施內容
職業安全衛生業務	加強職業災害預防與重建	社會發展	一、完善勞工職業災害保險及保護法相關配套措施，確保職業災害勞工相關勞動權益。 二、推動職業災害勞工個案主動服務及勞工重建整合服務。 三、精進職業病鑑定評估及預防機制，強化職業傷病防治網絡及鑑定協助。 四、補助財團法人職業災害預防及重建中心辦理職業災害預防及重建等相關事務。
	提升臺灣職場健康勞動力及安全衛生永續發展	社會發展	一、研訂職場健康安全揭露指南及發展評量工具，引領企業推動永續職場健康與安全發展目標。 二、提升企業職業性癌症預防及化學品危害風險管理知能。 三、借鏡國際經驗，強化新能源產業防災機制，促進產業永續發展。
勞動基金運用業務	深化全球多元投資策略，提升配置計畫規劃效能，強化資產配置執行效益，確保基金長期穩健報酬	社會發展	一、衡酌全球經濟情勢及各基金屬性，賡續多元布局金融資產。 二、密切關注投資環境發展，妥適規劃資產配置並控管基金投資風險，以維護基金經營長期投資效能。 三、機動因應市場變化，動態調整投資組合，以落實資產配置計畫，達致基金長期穩健收益。
	優化國內股票投資布局，精進委託經營投資策略，強化風險管控機制，創造基金長期穩健收益	社會發展	一、持續增加臺股投資廣度及深度，精選高殖利率之績優個股長期持有，並逢低承接長線營運展望佳及評價合理個股，提高基金長期收益。 二、因應基金規模持續成長，研議規劃不同型態之委託經營類型，以分散投資風格及整體投資組合風險，並提升基金長期穩健績效。

工作計畫名稱	重要計畫項目	計畫類別	實施內容
勞動及職業安全衛生研究業務	精進勞動力發展趨勢與就業安定研究，強化區域貿易協定於勞動關係領域之研究，建構完善且彈性之勞動基準保障，促進職場平權	科技發展	一、前瞻掌握勞動市場機會與衝擊因素，研析淨零轉型等對勞動市場之影響，提供政策規劃參考。 二、強化青年與中高齡人力資本研究，提出就業服務與職業訓練政策規劃參考。 三、持續辦理特定族群就業安全研究，研議促進就業與職涯發展策略。 四、接軌區域經濟勞動環境發展趨勢，強化本土實證研究，提出優化健全勞動三權法制規範研析，營造有利結社環境，促進勞資自治。 五、面對新型態勞動關係，落實就業平等法令、非典型就業勞動型態之趨勢進行研究，促進勞工雙方共同創造雙贏的職場工作環境。
	開發職場安全防災與智慧監控技術，應用智慧科技提升職業安全衛生改善與職業傷病預防技術，強化職場危害因子暴露評估與職業傷病之預防，落實研發成果推廣與應用	科技發展	一、調查評估職場安全危害，開發災害預防、智慧監控及安全管理技術，研擬安全減災對策。 二、應用科技掌握職業衛生風險並提升控制技術，協助落實危害預防措施。 三、建立職場危害因子暴露評估與監測技術，透過流行病學方法掌握職業傷病及健康管理。 四、推動勞動及職業安全衛生研究成果加值應用及展示，提升國人勞動與工安知能。 五、舉辦勞動及職業安全衛生跨國會議，促進國際交流合作。

七、黃金十年、國家願景計畫中的促進就業政策

含8大願景、31項施政主軸係民國101年6月7日第3301次院會報告本項計畫，內容略以：

(一)**「黃金十年、國家願景」計畫總目標**：建立繁榮、和諧、永續的幸福臺灣。

(二)為達成「黃金十年、國家願景」總目標，需有新的規劃思維

1. 從「效率導向」邁向「開放創新」的成長驅動模式：透過「創新」、「開放」與「調整結構」，提升經濟成長潛能，並透過稅收改善所得分配，以及發展綠色科技兼顧環境永續，打造「黃金十年成長途徑」。

2. 從「GDP」邁向「GNH」的政策關照模式：強調主觀感受的國民幸福總量，包括環境品質、生活素質、社會公義等人本關照，提升國民整體幸福感。因此，政府參酌OECD公布「美好生活指數」內涵，研擬建構貼近國人幸福感受、契合在地觀點且與國際接軌的「國民幸福指數」，於民國102年公布。

3. 從「硬實力」擴及「軟實力」與「巧實力」的國力擴展模式：強化設計創新、品牌體驗、舒適生活、典章制度、互助關懷、人文素養、樂活環境等「軟實力」與「巧實力」，使臺灣的比較利益不僅來自硬體發展等「硬實力」。

4. 從「自力發展」到「策略聯盟」的經貿拓展模式：採取「一手拉技術，一手拉市場」策略聯盟方式，結合國外資源與自身優勢，並透過區域結盟，借力使力，掌握全球新商機。

(三)為達到總目標之關鍵驅動力包括

1	創新	1. 創新能量：發展科技創新、品牌創新、產業創新，發展數位匯流等具優勢產業；推動金融發展與樂活農業。 2. 創新人才：加速教育革新，推動世界一流大學及頂尖研究中心計畫，並發展臺灣成為東亞高等教育重鎮與華語文輸出大國；均衡人才供需，加強人才培育，提升勞動生產力。 3. 創新建設：建置新世代知識公共建設，加速跨域加值財務規劃，健全財政。
2	開放	1. 讓世界走進臺灣：規劃自由經濟示範區、鬆綁企業經營投資相關法規；促進觀光產業升級，讓國際觀光客體驗臺灣魅力。 2. 讓臺灣邁向世界：加速經貿結盟，推動經濟合作協議（ECA）、加入跨太平洋夥伴全面進步協定（CPTPP）、積極進行ECFA後續協商；加強兩岸產業價值鏈合作；開拓新興市場商機；深化友善國際，擴大國際參與、人道援助及文化交流。
3	調整結構	1. 調整產業結構：促進產業結構朝多元、高值、低碳發展，邁向製造業服務化與綠色化、服務業科技化與國際化、傳統產業特色化與傳產維新。

3	調整 結構	2. 均衡區域發展：開展全面建設，促進區域均衡，在愛臺12建設的基礎上，進一步推動新世代策略性公共建設，創造公平均等的基本公共服務品質及發展機會。 3. 改善所得分配：啟動消費、投資、出口三引擎，帶動民間薪資與經濟成長同步；推動量能課稅，促進稅制公平；強化社會福利，增加低所得家庭就業機會。 4. 打造樂活家園：營造永續環境，推動綠能減碳、建設生態家園、強化災害防救；推動平安健康、扶幼護老、族群和諧、性別平等、居住正義、國防安全等施政主軸，確保安心生活。（詳見下圖）

以創新、開放、調整結構驅動「黃金十年、國家願景」計畫

總目標	驅動力	八大願景	31項施政主軸
繁榮、和諧、永續的幸福臺灣	創新開放 調整結構	活力經濟	·開放布局　·樂活農業　·促進就業 ·科技創新　·結構調整　·穩定物價
		公義社會	·均富共享　·扶幼護老　·居住正義 ·平安健康　·族群和諧　·性別平等
		廉能政府	·廉政革新　·效能躍升
		優質文教	·文化創意　·教育革新
		永續環境	·綠能減碳　·生態家園　·災害防救
		全面建設	·基礎建設　·便捷生活　·健全財政 ·海空樞紐　·區域均衡　·金融發展
		和平兩岸	·兩岸關係　·國防安全
		友善國際	·擴大參與　·人道援助　·文化交流 ·觀光升級

其中，八大願景中的第一願景「活力經濟」包含促進就業施政主軸，基本政策理念在於－－經濟繁榮，成果共享。

以壯大臺灣、連結亞太、布局全球為大戰略，積極開放鬆綁，讓臺灣企業縱橫全球；加速科技創新，優化產業結構，發展樂活農業，提升產業競爭力，邁入創新經濟型體制；並全力促進就業與維持物價穩定，使人民生活富足繁榮，讓經濟成長的果實為全民所共享。

「活力經濟」施政主軸分別是：

主軸	內容
開放布局	自由開放，接軌國際
科技創新	推廣科技應用，全面提升創新力
樂活農業	建構年輕化、有活力、高競爭力且所得穩定之農業
結構調整	調整經濟及產業結構，促進區域平衡發展
促進就業	增加就業機會的質與量，提高勞工所得
穩定物價	確保重要物資供應，維持物價穩定

其中，「促進就業」之施政策略如下：

(一) **目標**

1. 勞動力參與率自58%提高至60%，婦女勞動力參與率自50%提高至54%。
2. 定期檢討基本工資，提高勞工薪資。
3. 縮短法定工時，配套推動週休二日制。

(二) **策略**

1. **促進民間投資，開發在地就業機會**
   (1) 加速推動全球招商，積極促成民間投資，使內、外需為經濟成長雙引擎，進一步帶動就業、提高薪資。
   (2)「產業有家，家有產業」計畫，帶動民間投資，繁榮地方經濟，均衡區域發展，促進在地就業增加及薪資提升。

2. **定期檢討基本工資，落實合理薪資**
   (1) 每年依據基本工資審議辦法定期召開基本工資審議委員會議，適時、適度檢討、調整基本工資額度。

(2)落實經濟成長的成果為全民所共享，鼓勵企業為員工加薪。

(3)落實勞動三權，強化集體協商機制，培養工會幹部協商能力，透過協商程序，提高勞工實質所得。

3. **縮短法定工時，檢討勞工休假制度，推動週休二日制**

(1)縮減法定正常週工時至40小時。

(2)調整國定紀念假日全國一致。

(3)配合工時縮短，彈性調整工作時間。

(4)修訂勞基法第84-1條，防止責任制之濫用。

4. **營造兼顧家庭與工作之友善職場，促進婦女就業**

(1)落實工作平權，建構友善的就業與創業環境。

(2)結合民間資源，健全家庭支持系統。

(3)強化女性專業培力，提升女性勞動力附加價值。

(4)鼓勵女性創業，提供必要的協助與支持。

5. **加強人力資本投資，提升就業力與就業率**

(1)加強關鍵專業人才培訓，培育符合產業需求人才。

(2)提供多元職業訓練，強化失業者就業競爭能力。

(3)提升身心障礙者及特定對象勞工就業技能，協助就業。

6. **培育知識經濟人才與創新教育產業**

(1)知識經濟需求導向人才培育方案。

(2)落實知識加值與產學合作方案。

就業服務政策與法令

本章焦點

一、就業服務定義與功能分類
二、勞動服務法令重點內容與現況比較
三、新近促進特定對象就業的計畫內涵

重點綱要

一、定義與目的

(一)**定義**：為求才與求職從事安置，透過資訊提供、諮詢服務與輔導方法達到充分就業目標，是協助國民就業及雇主徵求員工所提供之服務。

(二)**目的**

1. 調適就業市場人力需求之積極措施。
2. 協助求職者與雇主做最佳選擇，為勞力供需雙方進行適當媒合。
3. 促進勞動力供需平衡，達到充分就業與勞動者就業安全目標。
4. 透過就業資訊提供與諮商，解決求職者尋職困難，達到順利就業目標。
5. 協助勞工合理流動，以達到人力資源合理調配目的。
6. 協助特定對象勞工順利就業，以達自立自足目的。

二、任務與功能

(一)**任務**

1. **新進**：順利從學校轉換到工作，順利就業。
2. **移動**：確保勞動力適量移動，從低就業區移到高就業區。
3. **改善**：協助解決勞動市場困境等。

(二)功能

1. **就業服務體系功能**
   (1) **經濟性功能**：增加人力資本、減少人力浪費。
   (2) **社會性功能**：幫助失業者脫離貧困。
   (3) **個人功能**：增加個人所得、減少失業、降低依賴、提高滿足感。
   (4) **雇主功能**：解決技術人力瓶頸、滿足雇主人力需求。
   (5) **政府功能**：平衡所得分配、增加國民總生產、穩定物價、減少失業，促進社會安定。
2. **就業服務機構功能**
   (1) 經濟功能。　　　　　　　　(2) 社會功能。
   (3) 教育功能。　　　　　　　　(4) 政治功能。
   (5) 國防功能。

三、就業服務體制類型

(一)傳統的科層模式。　　　　　(二) 目標管理模式。
(三)準市場本位模式。　　　　　(四) 偏好供應者模式。

四、發展趨勢

(一)專門化。　　　　　　　　　(二) 複合化。
(三)資訊化。　　　　　　　　　(四) 國際化。

五、公立就業服務機構歷史沿革

(一)公立就業服務機構的成立。　(二) 公立就業服務機構業務成長。
(三)組織架構。

六、公立就業服務機構功能

(一)通順求職路。　　　　　　　(二) 失業的燈塔。
(三)失業有保障。　　　　　　　(四) 弱勢者優先。
(五)服務的要求。

七、公立就業服務機構的三合一就業服務

結合就業服務、失業給付、職業訓練建立單一窗口，簡化服務流程設置四區並提供不同的服務項目：

(一)**就業資訊區**：可免費上網、提供就業情報、求職及失業給付表格填寫。

(二)**綜合服務區**：含簡易諮詢及受理失業給付申請及再認定。

(三)**雇主服務區**：快速有效求才服務、徵才活動、各項補助申請及移工相關業務。

(四)**諮詢服務區**：就業促進研習活動、職業訓練諮詢及相關諮詢服務。

(五)**一案到底服務**

八、私立就業服務機構起源與功能

(一)**起源背景**
　1. 貿易全球化與勞動市場變遷。
　2. 勞動市場彈性與非典型勞動型態。
　3. 勞工流動與勞動市場效率。

(二)**服務功能**
　1. 職業介紹或人力仲介業務。
　2. 接受委任招募員工。
　3. 協助國民釐定生涯發展計畫之就業諮詢或職業心理測驗。
　4. 其他經中央主管機關指定之就業服務事項。

(三)**型態**
　1. 人力仲介公司。　　　　　　　　2. 企管顧問公司。
　3. 人才仲介網站。

九、私立就業服務與公立就業服務之關係

(一)**管理**：鼓勵民營機構自我約束或訂定相關法規避免該等機構之濫用與影響勞工權益。

(二)**競爭**：公民營就業服務機構居於開放就業市場進行公平良性競爭，有利於就業市場機制的運作。

(三)**合作**：民營機構樂意提供相關的統計分析資料，以促進公立機構能全盤瞭解勞動市場實際情況，公、私立就業服務機構可以建立合作關係。

十、就業服務法重點

(一)中央主管機關掌理事項

1. 全國性國民就業政策、法令、計畫及方案之訂定。
2. 全國性就業市場資訊之提供。
3. 就業服務作業基準之訂定。
4. 全國就業服務業務之督導、協調及考核。
5. 雇主申請聘僱外國人之許可及管理。
6. 辦理下列仲介業務之私立就業服務機構之許可、停業及廢止許可：
   (1) 仲介外國人至中華民國境內工作。
   (2) 仲介香港或澳門居民、大陸地區人民至臺灣地區工作。
   (3) 仲介本國人至臺灣地區以外之地區工作。
7. 其他有關全國性之國民就業服務及促進就業事項。

(二)直轄市、縣（市）主管機關掌理事項如下

1. 就業歧視之認定。
2. 外國人在中華民國境內工作之管理及檢查。
3. 仲介本國人在國內工作之私立就業服務機構之許可、停業及廢止許可。
4. 前項第6款及前款以外私立就業服務機構之管理。
5. 其他有關國民就業服務之配合項目。

(三)促進就業的對象：主管機關對下列自願就業人員，應訂定計畫，致力促進其就業；必要時，得發給相關津貼或補助金：

1. 獨力負擔家計者。　　　　　2. 中高齡者。
3. 身心障礙者。　　　　　　　4. 原住民。
5. 低收入戶或中低收入戶中有工作能力者。
6. 長期失業者。　　　　　　　7. 二度就業婦女。
8. 家庭暴力被害人。　　　　　9. 更生受保護人。
10. 其他經中央主管機關認為有必要者。

(四)得聘僱外國人在臺工作之對象：雇主聘僱外國人在中華民國境內從事之工作，除本法另有規定外，以下列各款為限：

1. 專門性或技術性之工作。
2. 華僑或外國人經政府核准投資或設立事業之主管。

3. 下列學校教師：

(1) 公立或經立案之私立大專以上校院或外國僑民學校之教師。

(2) 公立或已立案之私立高級中等以下學校之合格外國語文課程教師。

(3) 公立或已立案私立實驗高級中等學校雙語部或雙語學校之學科教師。

4. 依補習教育法立案之短期補習班之專任外國語文教師。

5. 運動教練及運動員。

6. 宗教、藝術及演藝工作。

7. 商船、工作船及其他經交通部特許船舶之船員。

8. 海洋漁撈工作。

9. 家庭幫傭及看護工作。

10. 為因應國家重要建設工程或經濟社會發展需要，經中央主管機關指定之工作。

11. 其他因工作性質特殊，國內缺乏該項人才，在業務上確有聘僱外國人從事工作之必要，經中央主管機關專案核定者。

(五) **就業安定費繳納**：就業安定費作為：1.加強辦理有關促進國民就業、2.提升勞工福祉、3.處理有關外國人聘僱管理事務之用。

十一、就業歧視

(一) **定義**：求職人條件如「年齡」、「性別」、「容貌」、「身心障礙者」等，以上共同特點皆為與生俱來，無法改變的先天特質，在職場中因上開因素受到不公平待遇。

(二) **內容**

1. 差別待遇歧視與差別影響歧視。

2. 表面歧視與負面影響。

(三) **理論**

1. 偏好歧視理論。　　　　　2. 利潤極大論。

3. 雙元勞動市場理論。　　　4. 人力資本理論。

(四) **相關法令規定**

1. 憲法。　　　　　　　　　2. 性別平等工作法。

3. 就業服務法。　　　　　　4. 就業服務法施行細則。

5. 勞動基準法。　　　　　　6. 其他法令：國際公約等。

(五)**就業歧視的合法抗辯**

　1. 真實職業資格。　　　　　　　　　2. 營運需要。

　3. 積極行動。

十二、就業諮詢

(一)**定義**：指就業諮詢人員與其服務對象一起努力的一個過程，經由此過程，接受諮詢者有較清晰的自我了解、獲得職業世界的知識，能更加理性而實際的選擇、改變或調整職業。

(二)**服務內容**：含簡易諮詢、深度就業諮詢及就業促進研習等三項。

內容精論

一、定義與目的

(一)**定義**

　　就業服務（employment service）的定義，多數學者均認為是在求才與求職之間從事安置，透過資訊提供、諮詢服務與輔導等方法達到國民充分就業之目的，是現代工業國家推行社會安全與就業安全制度的一項重要與積極性措施。我國就業服務法第2條明確指出，就業服務是指協助國民就業及雇主徵求員工所提供之服務。由政府機關設置者是屬於公立就業服務機構；由政府以外私人或團體設置者稱為私立就業服務機構。

　　另，依據勞委會職訓局編印《就業安全辭典》（1998）所指，就業服務係指「薦舉人力填補職缺及提供適當就業機會推介尋找工作者就業，以平衡勞動供需，因應經濟發展人力需求，並藉以促進社會安定等服務措施。」

　　就業服務的概念最早由英國開始使用，初始稱為「勞動交換」（labor exchange），後改稱為「就業交換」（employment exchange），在第二次世界大戰之後，明定為「國民就業服務」（national employment service），沿用至今。

　　大英百科全書將就業服務定義為：「其現代意義等於人力政策之執行，凡確保勞動力之充分就業，而執行的各種計畫，例如：就業安置、職業訓練、失業年金保險、增加勞動及行業移動的種種措施、職訓與教育方案、

創業貸款、就業市場研究與預測、低品質勞動力的專案輔導都屬之。」

綜合以上，就業服務是指幫助求才雇主獲得需要人才、幫助求職者可以如願的適得其所，以平衡就業市場供需；內容包括：職業介紹、職業指導、就業諮詢、職業分析與就業市場資訊收集、分析與發布等。

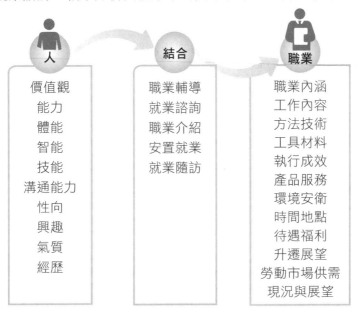

人	結合	職業
價值觀 能力 體能 智能 技能 溝通能力 性向 興趣 氣質 經歷	職業輔導 就業諮詢 職業介紹 安置就業 就業隨訪	職業內涵 工作內容 方法技術 工具材料 執行成效 產品服務 環境安衛 時間地點 待遇福利 升遷展望 勞動市場供需 現況與展望

就業服務意義

(二)目的

簡言之，就業服務在於獲致以下六項目的：

1. 調適就業市場人力需求的積極意義。
2. 協助求職者與雇主進行最佳選擇，為勞動供需雙方進行適當媒合。
3. 促進勞動力供需平衡，達到「充分就業」與勞動者就業安全的雙重目標。
4. 透過就業資訊提供與就業諮詢，以解決求職者資訊取得與尋職障礙，達到順利就業目標。
5. 協助勞工合理流動，以達到人力資源合理調配目的。
6. 協助就業能力薄弱的特定對象順利就業，以達成自立自足目標。

二、任務與功能

大體上來說，每個國家的就業服務制度試圖達成以下三個任務：

(一)**新進（entry）**：協助新勞工進入勞動市場，使青年勞動力能順利從學校到工作轉換（the "school to work transition"），並順利就業。

(二)**移動（mobility）**：主要確保求才廠商、行業及地區勞動力的適當移動，在部分先進國家，曾運用提供各種不同財政誘因，鼓勵勞動人口從低就業地區移動到高就業地區。

(三)**改善（amelioration）**：協助經歷嚴重勞動市場困境者得以順利再進入職場，獲得適切工作。

一般說來，就業服務體系具備五項功能：

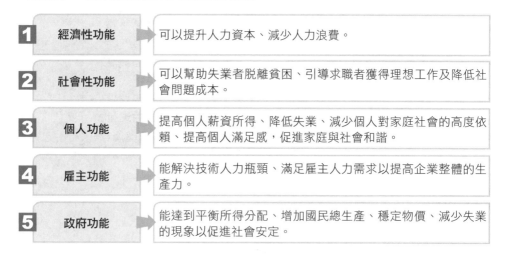

1	經濟性功能	可以提升人力資本、減少人力浪費。
2	社會性功能	可以幫助失業者脫離貧困、引導求職者獲得理想工作及降低社會問題成本。
3	個人功能	提高個人薪資所得、降低失業、減少個人對家庭社會的高度依賴、提高個人滿足感，促進家庭與社會和諧。
4	雇主功能	能解決技術人力瓶頸、滿足雇主人力需求以提高企業整體的生產力。
5	政府功能	能達到平衡所得分配、增加國民總生產、穩定物價、減少失業的現象以促進社會安定。

至於提供求職者與求才者人事媒合的就業服務機構則具備以下五項功能，分別是：

(一)**經濟功能**：就業服務工作中的求才、求職服務、職業介紹等，是提供就業市場中勞動者與求才者媒合的場所，迅速有效的促進人與事的結合，使人力資源在數量上，得以充分運用，提高勞動參與率，增加經濟利潤。此外，就業服務機構可以正確真實反應雇主需求，並安置適合求職者工作，可以減少摩擦性失業，降低僱用成本與訓練費用。確保個人能力與工作機會有效結合，經濟性服務顯然超越社會福利服務。

(二)**社會功能**：失業問題明顯已成為主要的社會問題，使得個人及家庭所得因此受到負面影響甚至中斷收入，讓其生活陷入困境，同時，失業亦打擊個人信心，造成失業者自卑心理與社會道德墮落，犯罪增加，治安惡化的怠志工作者或偏差者的不良社會現象。藉由就業服務機構根據失業者情況提供個案服務與就業安置，輔以職業訓練以培養或提升工作能力，皆可促使失業者早日回到就業市場，解決失業問題，進而改善失業引發的社會問題。就業服務機構在現今專業分工中，提供足夠就業機會訊息，改善失業或低度就業現象，可以充分運用社會資源，與社會行政、勞工行政及公私立企業辦理的聯合徵才活動，就是一項極具積極性、建設性的社會服務工作。

公立就業服務機構除針對一般國民提供就業服務工作之外，更針對低收入戶、原住民、身心障礙者、中高齡者或獨力負擔家計者等就業能力薄弱者提供專案的促進就業服務，如此一來，可以提高國民所得，安定社會生活，增進社會福利，都是一大幫助。

(三)**教育功能**：就業服務機構的工作除了人事媒介之外，不論公立或私立就業服務機構，皆提供求職者進修機會或資訊，亦提供求才企業相關員工教育機會。以國內人力網站104、1111或yes123人力銀行為例，網頁上所規劃的服務，涵蓋求才、求職、進修、創業，進修項目中提供的服務有：證照認定、進修課程、留學資訊、公職考試等相關訊息。

就業服務機構經常與區域內國中、高中職或大專院校，共同辦理在校生或應屆畢業生就業服務工作，舉辦各種職業性向、興趣等測驗，提供就業市場資訊，透過職業分析、就業座談、建教合作及企業參訪等方式，建立正確職業觀念、增進就業市場認識。

(四)**政治功能**：公立就業服務機構經常需配合政府人力發展政策，推動各項人力運用措施，促進各地勞動力之調配，以減少失業所引起之各項社會問題，具有社會和諧、政治安定之效果。辦理就業諮詢、職業輔導與就業訓練，可以提升技術水準及就業品質，又辦理技能檢定、技能競賽等工作，可建立技能認定標準，提高技術人員之地位，適應國家建設及發展需要。

(五)**國防功能**：就業服務機構在平時擔負社會安定、經濟服務等功能，一旦發生戰事，就業服務機構可以適當運用就業市場資訊等專技人員調查資料，平時分類建檔，戰時可作為人力徵調依據，發揮高度人力動員功能。

三、就業服務體制類型

依照Mosley & Sol（2006）提出的就業服務體制類型化架構，將各國就業服務體制區分為四種類型，分別是：傳統的科層模式、目標管理模式、準市場本位模式及偏好供應者模式。每種體制類型無論在公共就業服務角色、就業服務提供方式、服務輸送策略、運用契約方式等均呈現不同的特色，簡述如下：

(一)**傳統的科層模式**（Bureaucratic model）：此模式由政府依靠科層組織制定的規則與管理架構，自行單獨進行服務輸送與管控。

(二)**目標管理模式**（Management by object model）：在此模式中，服務輸送策略仍然以政府為主導角色，但公部門的政府同時導入外包契約主義至就業服務部門中，使得就業服務的部分項目提供可以藉由契約外包方式提供，特別是涉及專門化服務項目（specialized service）也可採用契約外包方式，例如將就業訓練或就業諮詢外包予私營訓練供應機構辦理。

(三)**準市場本位模式**（Quasi market-based model）：此模式採取高度市場競爭取向，政府將多數就業服務項目外包給民間營利或非營利組織執行，政府僅負責服務架構規劃與績效評估，以決定契約期滿後續約的民間機構。

(四)**偏好供應者模式**（Preferred-supplier model）：此模式採取低度的市場競爭取向，也就是政府將多數就業服務項目外包給特定民間營利或非營利組織負責執行，政府僅負責就業服務分類架構規劃與績效評估。

四、發展趨勢

就業服務已從過往簡單的職業介紹，演變為多元化的就業服務，相關學者提出，預期就業服務未來會有以下發展趨勢：

(一)**專門化**：經濟高度成長結果，產業大規模經營，除傳統技術人員領域外，越來越需要具備高度專門職業技術、知識與經驗人才，尤其在資訊化愈形普及，此類工程人員或資訊人員成為非常迫切需求對象，其他如：翻譯人才、議會主持人或展場人員等，均成為炙手可熱專門人才。就業服務機構為滿足企業對於專業人才需求，開始著手經營專業人才派遣、高階經理人搜尋、提供專門諮詢服務，均可看出其專門化發展趨勢。

(二)**複合化**：就業服務機構隨著勞動市場變遷，必然朝向複合型態發展，職業介紹的週邊服務均已成為就業服務主流內容。不但成為今日就業服務常態現象，且內容有越來越複雜的趨勢。以人力仲介網站經營為例，最

初只是提供求職求才者網路登錄履歷和職缺，轉向企業或其他廠商收取廣告費用的模式，現今，除了職缺媒合與搜尋外，更針對特定對象提供人才資料庫、教育訓練以及職業性向人格測評等專業服務，可看出就業服務機構日漸朝向複合化發展趨勢。

(三)**資訊化**：就業服務發展愈趨成熟後，可預見的是人才資料庫的豐富化以及經營範圍的擴展。對就業服務機構而言，工作機會與人才來源將不再是經營瓶頸，如何在龐大資料庫中進行有效篩選、過濾，達到媒合實效，協助廠商找到最適當人才，將是最大的成功關鍵。

在網路人力銀行中，已有業者提供一套有系統的人才評量軟體，協助企業主以及求職國民雙方，在最短時間內為客戶需求量身定做所需人才，發展出讓求職者瞭解職業性向與人格的測驗系統，不僅協助個人瞭解適合自己的工作類型，並給予具體職業生涯規劃的良好建議。

(四)**國際化**：在全球化過程中，資本高度移動性形成生產模式不同於以往，因此，跨國企業發展日益擴大，隨著各大企業向海外市場拓展，或者海外人才至本國求職，跨國人才招募愈加重要。面對臺商紛紛西進至大陸發展，以及有意前往中國大陸發展之本國人才，部分人力仲介網站另闢「大陸求職專區」，因此，可預見未來，就業服務機構將因應全球經貿發展日趨國際化。

五、公立就業服務機構歷史沿革

臺灣公立就業服務機構最早設立於光復之初，前東南長官公署核准設立「臺北市職業介紹所」；其後1946年新竹縣政府成立「職業介紹所」；1960年7月，臺北市試辦設置「臺灣省國民就業輔導中心」；1963年在臺北市、臺中市、高雄市分設北、中、南三區「國民就業輔導中心」；1966年7月，於臺南市增設「臺灣省臺南區國民就業輔導中心」、基隆市增設「臺灣省基隆區國民就業輔導中心」，並在未設輔導中心的縣市或鄉鎮設置22個就業服務站；之後在1967年、1979年，臺北市與高雄市升格為院轄市，分別設置國民就業輔導機構，相繼成立17個就業服務站；1992年5月8日「就業服務法」通過施行，成為推動就業服務業務的基本法規。同年，相繼公布施行六種子法，包括：就業服務法施行細則、省市公立就業服務機構設置準則、就業安定基金收支保管及運用辦法、外國人聘僱許可及管理辦法、就業安定費繳納辦法、私立就業服務機構許可及管理辦法等，建立我國就業服務法制體系。

(一)**公立就業服務機構的成立**：政府為安置解甲返鄉的國民就業，於1946年在新竹縣政府設「職業介紹所」，為擴大組織，臺灣省政府於1947年訂頒「臺灣省各縣市（局）職業介紹所組織規程」，要求各縣市（局）設置「職業介紹所」，復於1964年通令將原有的「職業介紹所」更名為「國民就業輔導所」。旋因省政府在各縣市設置國民就業輔導中心或就業服務站後，為節省經費，於1972年8月經行政院核定，裁撤各縣市設置的國民就業輔導所。

初期的「臺灣省國民就業輔導中心」由於試辦績效良好，該中心於1963年7月改編為臺灣省北區國民就業輔導中心（原在臺北市，改制後遷至桃園），另在臺北市、臺中市及高雄市分設北、中、南三區國民就業輔導中心。1966年7月再增設基隆區和臺南區兩所國民就業輔導中心，並將原北、中、南區中心改為臺灣省臺北區、臺中區、高雄區國民就業輔導中心，並在各區中心之下，選擇人口集中及工業發達地區，先後設立小型就業服務站。

臺北市、高雄市於1967年及1979年分別改制為院轄市後，亦各設國民就業輔導機構，另相繼成立就業服務站，至1997年底止，分設4個就業服務站。臺灣地區公立就業服務網絡焉然形成。「就業服務法」於1992年5月8日公布施行後，各國民就業輔導中心的名稱均改為就業服務中心；又高雄市政府勞工局就業服務中心，於1997年與該局所設職業訓練中心合併為高雄市政府勞工局訓練就業中心。從光復初期至現今，公立就業服務機構組織變革整理見下表：

公立就業服務機構組織變革

年	組織名稱	地點
1945的光復初期	臺北市職業介紹所	臺北市
1946	職業介紹所	新竹縣
1947	臺灣省各縣市（局）職業介紹所組織規程	
1960	臺灣省國民就業輔導中心	臺北市
1963	臺灣省國民就業輔導中心改編為臺灣省北區國民就業輔導中心（原在臺北市，改制後遷至桃園）	
1963	國民就業輔導中心	臺北市、臺中市、高雄市
1964	通令將原有的「職業介紹所」更名為「國民就業輔導所」	

年	組織名稱	地點
1966	臺灣省臺南區國民就業輔導中心	臺南市
1966	臺灣省基隆區國民就業輔導中心	基隆市
1966	將原北、中、南區中心改為臺灣省臺北區、臺中區、高雄區國民就業輔導中心，並在各區中心之下，擇人口集中及工業發達的地區，先後設立小型就業服務站	
1967	國民就業輔導機構	臺北市
1972	為節省經費，於1972年8月經行政院核定，裁撤各縣市所設的國民就業輔導所	
1979	國民就業輔導機構	高雄市
1992	頒布「就業服務法」，另各國民就業輔導中心名稱均改為就業服務中心	
1997	高雄市政府勞工局就業服務中心與該局所設職業訓練中心，合併為高雄市政府勞工局訓練就業中心	
2014	行政院勞工委員會職業訓練局更名為勞動部勞動力發展署	

資料來源：勞動力發展署

　　行政院勞工委員會配合行政院組織法調整，自2014年2月17日始改為勞動部，原行政院勞工委員會職業訓練局亦配合更名為勞動力發展署，並將職業訓練與就業服務機關合併為各轄區分署，負責該地就業安全業務，例如原中區職業訓練中心與中彰投區就業服務中心合併為中彰投分署，相關業務亦重新規劃調整。

(二)**公立就業服務機構業務成長**：2003年1月1日「就業保險法」正式實施，參加勞工保險且投保就業保險之勞工（與一般投保職業工會，無一定雇主者不同），因投保單位關廠、遷廠、休業、解散、破產宣告，或因勞基法第11條、第13條但書、第14條及第20條規定各款情事之一而非自願離職的失業勞工，必須親自前往公立就業服務機構辦理失業給付申請，公立就業服務站針對失業者提供失業給付、提早就業獎助津貼、職業訓練生活津貼、留職停薪育嬰津貼與全民健康保險費補助等五種給付；為促進失業勞工再就業，提供就業諮詢、推介就業或參加職業訓練等，配合一系列的服務措施，針對民眾的條件（如興趣、專長、學歷、經歷、年齡、待遇薪資、工作區域），由專人提供就業晤談、個別或團體諮

詢、促進就業研習、推介參加職業訓練或創業諮詢等，幫助失業者信心滿滿地重新再出發。

自2003年4月起，公立就業服務機構在所屬轄區內鄉（鎮、市）公所，陸續設置就業服務據點，發掘失業者發揮資源整合的角色，提供就業訊息協助就業媒合，以深耕社區就近服務、求職求才全程協助，讓各項就業服務政策更加落實，民眾廠商求職求才暢行無阻，尤其偏遠地區民眾更可就近利用，不僅縮短尋找工作時間，還可獲得相關就業和職業訓練訊息。

公立就業服務機構的服務措施，去除以往公部門的舊習，全面更新服務設施與服務流程如下：

1. 辦理就業服務、職業訓練、失業認定三合一服務。
2. 開拓就業機會，協助民眾推介就業。
3. 加強建立雇主關係，提供客製化服務，協助企業徵選人才。
4. 辦理就業市場資訊分析與調查，以瞭解產業就業市場概況。
5. 協助非營利組織學習行銷、經營社區，提高在地就業及發展在地產業。
6. 強化就業諮詢服務及就業促進研習活動。
7. 結合大專校院辦理就業服務輔導工作，協助屆退官兵及青年就業。
8. 整合轄區資源，採策略聯盟方式，協助弱勢族群就業。
9. 建構區域性就業服務網絡。
10. 辦理申請移工求才相關業務。

就業服務核心工作價值為「笑容、效率、有效」，目的在於促進勞雇供需平衡，為充分運用人力資源，經衡量就業市場及檢討現行就業服務業務之優勢與缺失，發展以下五大策略，以協助國民充分就業：

1. 即時掌握就業市場資訊及產業發展趨勢，統合就業服務通路，提供客製化的求才求職服務。
2. 靈活運用就業服務工具，提供特定對象個別化就業服務措施，提升其就業競爭力。
3. 強化就業服務政策研究，修訂就業服務相關法規，讓實務與政策與時俱進。
4. 強化就業服務專業人員專業知能，加強辦理相關教育訓練及鼓勵取得就業服務專業證照。
5. 運用媒體強化就業服務形象，鼓勵民眾運用公立就業服務資源。

(三)**組織架構**：自2014年2月17日始，勞動部勞動力發展署下設各轄區分署，分別是：北基宜花金馬分署、桃竹苗分署、中彰投分署、雲嘉南分署、高屏澎東分署，如下表：

北基宜花金馬分署	位於新北市新莊區，服務轄區包括臺北市、新北市、基隆市、宜蘭縣、花蓮縣、金門縣及連江縣，共設置板橋、新店、三重、基隆、羅東、花蓮、玉里、金門及連江9個就業中心。
桃竹苗分署	位於桃園市楊梅區，服務轄區範圍包括桃園市、新竹縣市及苗栗縣，共設置桃園、中壢、新竹、竹北、苗栗5個就業中心。
中彰投分署	位於臺中工業區，服務轄區包括臺中市、彰化縣及南投縣，共設置臺中、豐原、沙鹿、彰化、員林、南投6個就業中心。（其中，豐原及沙鹿中心委由臺中市政府辦理）
雲嘉南分署	位於臺南市官田區，服務轄區包括雲林縣、嘉義縣市及臺南市，共設置斗六、虎尾、朴子、嘉義、新營、永康、臺南7個就業中心。
高屏澎東分署	位於高雄市前鎮區，服務轄區包括高雄市、屏東縣、臺東縣及澎湖縣，共設置鳳山、岡山、屏東、潮州、臺東、澎湖6個就業中心。

六、公立就業服務機構功能

(一)**通順求職路**：協助雇主找到理想好員工，為求職者找到適性的工作，擔任雇主求才與求職者之間的橋樑，達到「零失業率」目標，積極開拓就業機會、協助民眾穩定就業。

(二)**失業的燈塔**：執行就業保險法，提供領取失業給付或待業尋職的求職者，依個別的就業需求提供多元的就業資源，如個案管理服務、就業研習活動、創業諮詢、職業興趣探索等服務。

(三)**失業有保障**：就業保險法實施，公立就業服務機構受理非自願性失業勞工及特定對象申請各項補助津貼，除照顧失業勞工基本經濟生活外，進一步協助參加職業訓練及深度就業諮詢等專業服務，激勵失業者重拾自信做好求職準備，迅速重返職場，促進社會安定。

(四)**弱勢者優先**：整合就業資源，為特定對象提供更多元服務：包括推介就業、失業給付、就業諮詢、職業訓練、補助津貼、臨時工作機會等各項就業促進措施，以協助弱勢者在競爭的就業市場及早順利尋得工作。

(五)**服務的要求**：隨到隨辦的便捷服務、三合一整體服務、專業服務，如深度就業諮詢、就業促進研習、創業服務、就業促進津貼……等各項專業化服務。

另就業服務的通路可分為以下三種方式：

(一)**實體通路的增加**：擁有實體通路是公立就業服務機構與私立就業服務機構的最大差異性之一，目前政府設置就業服務據點實體通路提供求職求才登記及推介媒合、失業給付申請及認定、就業諮詢及職訓推介等就業服務；若再加計補助縣市政府的就業服務據點，全臺灣目前計有355就業服務據點；若再包括就業服務外展人員提供走動式的就業服務，公立就業服務機構在全臺灣以各種不同型式與管道提供一對一、面對面的實體就業服務網絡。未來更可以規劃持續增加實體就業服務據點，以增加就業服務的可近性。

(二)**虛擬通路的運用**：臺灣就業通網（http://www.taiwanjob.gov.tw）與就業服務客服中心客服專線0800-777888等虛擬通路提供24小時就業諮詢與推介服務，勞動力發展署另於各就業中心設置就業e點靈工作查詢機，提供民眾即時列印工作機會自行與雇主聯繫面試；民國99年5月起更與7-ELEVEN合作，透過全國約有4,000多個服務據點（含金門及澎湖）之ibon隨時查詢各縣市最新的工作機會、職訓課程及徵才活動等訊息；未來可考慮與民間就業服務合作，因此不論是有電腦、沒電腦的使用者，均可透過虛擬網絡輕鬆取得相關就業訊息。

(三)**虛實整合**：透過實體公立就業服務據點，虛擬的就業服務網絡，虛實整合的設計，不論是求才者、一般求職者、特定對象，均可輕易直接透過網路或是實體的就業服務據點辦理求才、求職登記與就業媒合；另一方面，職業訓練虛擬服務平臺（臺灣就業通網）和職業訓練實體服務平臺亦已整合；未來的虛實整合主要係以就業服務與職業訓練整合的面向為主，將虛實整合進一步擴大化，以加速就業資訊的流通。

七、公立就業服務機構的三合一就業服務

為達到整合資源，為企業與勞工搭建溝通橋樑，服務企業及求職大眾，達成適才適所，政府於就業服務上，訂定三合一就業服務流程，是因應就業保險法實施，結合就業服務、失業給付、職業訓練所建立的單一窗口，簡化服務流程，提供需要服務的失業勞工朋友即時且適切的服務，提升就業媒合率。

三合一就業服務

提升勞工就業技能，促進就業，保障勞工職業訓練及失業一定期間之基本生活。主要功能如下：

(一)就業資訊區

1. **架設電腦及網路，免費上網**：只要會使用電腦就可上勞動力發展署的「臺灣就業通網」（http://www.taiwanjob.gov.tw）快速搜尋、列印最新就業機會及登錄個人履歷；並提供傳真機、印表機、投幣式影印機及公共電話等硬體設備。

2. **就業情報快、易、通**：對於電腦網路使用尚不熟悉者，提供各種職業分類的就業訊息，可透過書面資料的翻閱，詳細且清楚找出即將求職面試的公司基本資料與用人需求，以便充分了解就業訊息，確實做好面試前的準備。此外，更提供相關職業訓練資訊、就業服務宣導品，以及就業報刊與雜誌。

3. **求職、失業給付相關表格填寫**：為便利填寫求職登記表、失業給付申請表等資料，就業資訊區設置相關表格填寫範例，並由專人服務，引導填寫資料，抽取號碼牌至綜合服務區辦理相關事宜。

(二)**綜合服務區**

1. **簡易諮詢**：只要到櫃檯求職者，依其工作能力及就業意願，提供簡易諮詢服務，幫助其早適性就業。

2. **受理失業給付申請及再認定**：針對求職者填寫的失業給付相關書表文件審核、登錄，以及進行失業給付認定。

(三)**雇主服務區**

1. **快速有效的求才服務**：提供雇主免費辦理求才登記及推介人才服務，只要電話或傳真告知求才條件，就有專人提供貼心、免費服務。

2. **徵才活動**：如果廠商求才人數超過5人以上，為其量身舉辦單一或聯合徵才活動，免費提供場地並協助撰寫、發布新聞稿及聯絡適合的求職者參加。

3. **申請僱用津貼補助**：求才廠商若僱用公立就服機構推介、持有加蓋僱用津貼戳記介紹卡之中高齡者、獨力負擔家計者、非自願性失業勞工等特定對象，連續僱用30日以上，得依相關規定，檢附證明文件送審，每名每月1.3萬至9千元不等，最長可領12個月為限。

4. **移工相關業務**：協助雇主申請聘僱移工前之國內人才招募，並開立求才證明書與雇主辦理移工轉換新雇主作業。

5. **就業機會開發與聯繫**：建立求才資料庫，提供求職民眾及求才企業網路就業媒合登錄服務，以暢通就業管道，掌握最新就業資訊。

(四)**諮詢服務區**

1. **個別化、專業化就業服務**：針對不易就業者，由個案管理員研訂個別就業計畫，並安排職業訓練諮詢評估、就業促進研習活動及就業推介等服務，幫助失業勞工儘快進入職場。

2. **就業促進研習活動**：透過就業促進研習課程，提供失業者做好職前心理準備、了解就業市場概況，並提高求職面試技巧。

3. **職業訓練諮詢**：經由職業訓練諮詢人員評估適合參加的職業訓練課程，轉介參加勞動力發展署各分署自辦或委辦之相關職業訓練課程，經甄選錄訓，以取得一技之長，為進入職場做好準備。

4. **提供相關服務**：若還是無法提供就業機會，會聯繫社會福利等相關機構，協助尋求更完善服務。

公立就業服務機構辦理三合一就業服務項目

服務區	服務項目	
接待臺	主動了解民眾需求並引導至各服務區	
就業資訊區	一、就業及職訓資訊的查詢 三、填寫失業給付申請表 五、提供宣導品	二、填寫求職登記表 四、設置服務作業流程圖 六、自行尋職
綜合服務區	一、求職登記表建檔 三、推介就業	二、簡易諮詢分類服務 四、失業給付書表審核及建檔
雇主服務區	一、求才登記 三、僱用獎助津貼	二、建立求才資料庫 四、移工相關業務
諮詢服務區	一、個案管理 三、職訓諮詢 五、轉介社會福利機構	二、就業促進研習活動 四、深度就業諮詢

(五)一案到底服務

　　就業服務一案到底作業模式以單一窗口、固定專人、預約制之客製化服務，提供就業服務、職業訓練、失業認定、技能檢定及創業資訊等相關服務。民眾至就業中心經接待臺分流，欲自行尋職者，可至就業資訊區運用電腦設備查詢及瀏覽公告職缺；需就業服務人員協助者，經派案後，由固定之專責人員提供求職求才服務。

　　就業服務人員受理派案後，提供求職民眾就業諮詢，依其就業能力及需求，推介就業或適時提供職業訓練諮詢，並運用各項就業促進工具協助就業。若因個人因素無法就業須協助排除就業障礙或經評估須轉介其他單位時，則後送諮詢服務人員提供協助，待排除就業障礙後，再由原專責之就業服務人員提供推介就業服務。

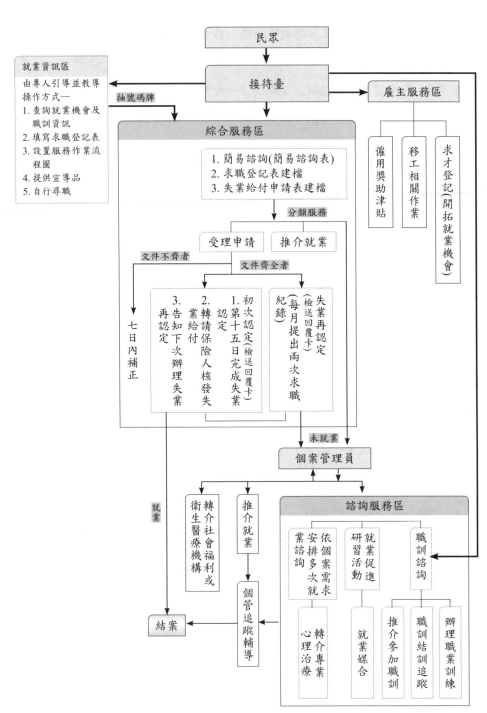

三合一流程圖

八、私立就業服務機構起源與功能

(一)起源背景

就業服務組織是工業社會的產物，早年臺灣社會經濟社會結構單純，就業容易，凡有工作意願及工作能力者，多數能順利就業，少有就業問題發生。經濟起飛，原有生產結構改變，產生新的經濟組織，生產結構繁複、分工精密、人口集中、生產快速、資本與勞動分離，僱傭關係形成，「僱工介紹所」、「工人市」、「人市」及「薦頭行」等組織應運而生，不過業務僅限於僱工介紹；此外，各地幫會或同鄉會對其會員也辦理失業救濟及職業介紹工作。但以營利為目的之私人職業介紹所，經常鼓勵勞動者離職以賺取更多介紹費，且因缺乏管理，弊端叢生，造成社會問題，政府為解決失業及相關問題，乃介入就業服務市場，開始推動公立就業服務機構與服務。

政府真正對民營職業介紹的管理始於行政命令，1931年頒布「施行職業介紹所暫行辦法」，規定職業介紹業類別，一種是公營，由公會、同業公會及其他公益團體所設立；另一種為私營，由商人設立以營利為目的，服務對象為年滿14歲國民，具有某種職業知識或相當體力及經驗者，得向職業介紹所尋求職業介紹。早期的僱工介紹所（或稱職業介紹所）是典型的民營職業介紹事業，以介紹僱工為主要業務，1985年1月依「特定營業管理改進措施」將其劃出特定營業範圍，改依一般管理，僅須向經濟部申請登記為公司、商業的經營事業即可。

隨著經濟與社會變遷，僱工介紹所日趨式微，改以公司或管理顧問公司型態經營，除從事企劃、教育訓練外，也辦理職業介紹業務，收費標準不一。為促使民營就業服務的營運正當化及提升服務層次，於1992年5月8日制定通過並公布施行「就業服務法」，將其納入就業服務體系並加以管理。

就業服務機構成立初期，並未受到政府重視，僅以社會救濟工作觀點視之，為社會福利部門或其他部門分設一小單位負責之，然第一次世界大戰後，就業服務機構在戰時人力動員及戰後協助經濟復甦，發揮極大功能，自始就業服務機構設置受到政府肯定。惟當時的歐美各國，私立就業服務機構仍處於發展初期，第二次世界大戰後，學者專家逐漸體認就業服務機構不應定位於消極的社會救濟工作，應更積極推動社會福利工

作及國家人力政策執行，所以，就業服務機構的目標不僅僅為求職者媒合就業，應該幫助求職者發揮潛能與技術。

相關研究指出，探討私立就服機構興起背景主要從以下三點切入：

1. **貿易全球化與勞動市場變遷**：今日經濟環境變遷已超越人類在制度上的改革，經濟全球化對人類生活各個面向產生深遠影響，勞資關係及就業市場亦無法置身事外，全球化經濟體系形成及資訊科技快速發展，改變企業經營方式，企業間競爭加劇，企業須在短時間內招募符合公司發展所需人才，以因應彈性生產方式。由於經貿全球化，帶來新興市場，許多投資機會並不在本國之內，造成跨國人力流動漸漸增加，勞動力在不同地區間流動率上升，另一方面，勞動力在不同行、職業間流動也比以前快速。貿易全球化與勞動市場變遷的變遷，促使勞工流動上升，就業市場中的資訊交換重要性與日俱增，故勞動市場中就業服務機構的需求隨之上升，因而帶動私立就業服務機構的興起。

2. **勞動市場彈性與非典型勞動型態**：全球化過程中，長期發展結果，資本在各地區自由移動，短期來說，資本流動速度並非那麼迅速，企業為因應全球化發展，往往會先改善生產結構，表現在人力資源管理中，以「勞動彈性化」為主要手段。根據其他先進國家經驗，勞動力運用彈性化，不僅為企業提升自身淨利，亦為各國政府解決失業問題的方式之一。此外，勞動者本身價值觀之改變，年輕的一代，對於休閒的偏好高於工資，新一代的勞動者，不喜歡束縛過多的工作，寧願在擁有更多彈性及自主性下工作。在國際競爭的壓力下、服務經濟主導及職業觀念的改變下，勞動市場彈性化已不可阻擋，當僱傭關係不再穩定時，更加突顯就業服務體系的重要性，一個有效率的就業服務體系，使得勞工在轉換職業的過程更加順利，亦有助於人力資源之有效運用，因此，勞動市場中就業服務機構的需求隨之上揚，因而帶動私立就業服務機構的興起。

3. **勞工流動與勞動市場效率**：影響勞工流動因素，大致可歸為個人性因素及結構因素，個人因素強調個人理性選擇職業過程，結構因素則認為勞動移動來自社會、經濟及政治環境影響。不論是個人因素或結構因素，蘊含著勞動者追求更高報酬的誘因，另一方面，雇主也希望在此過程中提高人力資源效率，兩者間都與市場效率息息相關。然勞雇流動過程中，勞雇雙方資訊不對稱，就業市場訊息並非完全流通，尋求更佳的職業或尋找更好的

員工，引起資訊收集的「搜尋成本」，故提供就業資訊重要性上升，就業服務機構因應產生，勞動市場中就業服務機構的需求隨之上升，帶動私立就業服務機構的興起。

由上可知，私立就業服務機構興起背景因素分別來自服務經濟化發展趨勢，職業開始專門化、企業僱用觀念的改變，企業經營為達效率，開始使用派遣、外包或承攬方式，以增加勞動之彈性以及勞動者工作價值改變，透過派遣方式，可減少尋找工作的成本，並可成為下一個工作的跳板，帶動派遣市場的發展。亦即，勞動力及勞動市場發展趨勢，全球化及彈性化的興起，就業市場不穩定性提升，與整體大環境變動，使雇主不願且較無力負擔全時受薪工作、產業結構的改變及青年人價值觀的改變，使傳統僱用轉變到彈性僱用關係。另因應全球化之競爭，雇主基於勞動成本的考量，有逐漸增加採行非典型工作型態的趨勢，靈活運用各種工作型態，可達到人力的較佳配置，由於外在環境充滿不確定性，追求高效率、高彈性的人力資源運用，已是無法抵擋的壓力。相較於德國、日本或義大利等國，皆以立法規範「派遣勞動」，我國目前對此問題並未有明確的法律規範，適當的運用非典型勞動，對勞資雙方皆有相當的助益，雇主可因而減少勞動成本及管理彈性，勞工的就業機會也會增加。基於促進就業的立場，部分工時工作亦有發展必要，但如何不損及勞工的權益，是必須關切的重點。

(二)服務功能

《就業安全辭典》（2009）所下的定義，私立就業服務事業（Private Employment Service Agencies）係指除公立就業服務機構、各級學校或職業訓練機構外，不論以收費或免費、專營或兼營、營利或非營利，抑或獨資、合夥、公司或團體等所設置從事職業介紹及其他就業服務的事業者均屬之。此類服務事業是勞動供給系統的一部分，有助於分擔公立就業服務機構的部分功能。

私立就業服務工作包括：民營職業介紹事業、勞工招募及勞工供應事業。職業介紹事業是指求職者、求才者向職業介紹機構申請求職、求才登記，由職業介紹機構為其媒合介紹，使求職者與求才者之間成立僱傭關係。勞工招募則指為自己或他人募集勞工受僱的行為；勞工供應事業是基於勞工供給契約，使勞工為他人使用，亦即指工會依工會法或團體協約法的規定，所從事免費的勞工供給事業。

依據就業服務法第35條規定，私立就業服務機構得經營下列就業服務業務：
1. 職業介紹或人力仲介業務。
2. 接受委任招募員工。
3. 協助國民釐定生涯發展計畫之就業諮詢或職業心理測驗。
4. 其他經中央主管機關指定之就業服務事項。

　　早期，各國政府對於私立就業服務機構多採禁止態度，而今，先進國家多數以鼓勵態度看待私立就業服務機構，私立就業服務機構由禁止到開放的過程，在歷史上，有其政策之進程及轉折。

1935年8月7日政府正式公布職業介紹法，對以營利為目的的職業介紹所定有專章管理之，對其申請設立、費用標準、限制條件業務報告及違規之罰則均有規範，然該法雖公布但未曾施行，致使民營職業介紹所管理缺乏法律依據。政府遷臺後，由於戰時農工設施受到嚴重破壞，被徵調致海外服役之人口陸續返鄉，加上大量人口隨國民政府來臺，造成相當嚴重的就業問題，政府雖於各縣市設置公立職業介紹所，但因其人員不足、經費短缺，以致效果不彰，致使民營職業介紹所蓬勃發展，多達三、四百家，對就業市場人力之運用及失業問題之解決，頗有貢獻。

1961年之後，職業介紹所係以介紹勞力密集產業之勞工為主，但就業市場逐漸縮小，再者，國民義務教育延至9年，國人生活水準漸漸提高，國小畢業即尋職者漸漸減少，而職業介紹所也開始式微，加以缺乏專業人才及設備，服務品質無法提升，業者良莠不齊，時有販賣人口、仲介色情或詐騙錢財之情況，侵害求職者利益並妨害治安時有所聞，民營介紹所更趨沒落。

1971年後，由於經濟發展迅速，就業機會相對較多，各地設有公立免費之就業服務機構，因而私立營利就業服務機構，幾乎失去存在價值，故當時勞工事務之主管機關內政部曾於1971年8月函覆經濟部：「職業介紹為現代工業社會就業安全體系之重要工作，非營利事業，自不得以營利登記之」，又在1973年12月函覆經濟部：「人力調查儲備登記，開發人力資源、人力需求、輔導就業等為政府職責，且有專設機構負責辦理，如臺灣省勞動調查研究所，各地就業輔導中心及就業服務站，不宜由私人辦理」等情形觀之，當時政府已限制民營收費職業介紹所設立。1961年，私立就服機構雖然沒落，但從未消失，1971年時，民營就業服務機構雖不受政府鼓勵，但卻開始復甦興起。由於臺灣漸邁入工業化社會，失業問題愈趨嚴重，私立就服機構因應此經濟社會背景興起。

1981年3月時，內政部職業訓練局成立，積極研擬「加強就業服務方案」，1985年4月行政院核定內政部核報「加強就業服務方案」，其工作項目第十二項為：「加強民營職業介紹所之管理」，規定就業服務機構應協助警察單位在適當時期，將民營職業介紹所納入就業服務體系。

1992年就業服務法公布，第四章為「民間就業服務」，對於私立就服機構之設立、工作人員資格、收費標準、文獻資料之儲存、不當服務行為之禁止等加以規範，有助於將私立就服機構納入正軌，進而與公立就服機構分擔不同功能，共同負起就業市場人力調節作用。

私立就業服務機構營運業務規範，依據「私立就業服務機構許可及管理辦法」第2條規定，凡由政府以外的私人或團體所設置的私立就業服務機構，根據設立目的分為營利與非營利，其中營利就業服務機構主要是依公司法或商業登記法所設立商業組織，從事就業服務業務者；非營利就業服務機構則指依法設立之財團、以公益為目的之社團或其他非以營利為目的之組織，從事就業服務業務者。

我國私立就業服務機構係採登記制，依據私立就業服務機構許可及管理辦法第5條、第6條，就業服務專業人員應具備經教育部立案或認可之國內外高中職以上學校畢業或同等學力資格，具備並取得就業服務專業人員認證，並達到一定數額：

1. 從業人員人數在5人以下者，應置就業服務專業人員至少1人。
2. 從業人員人數在6人以上10人以下者，應置就業服務專業人員至少2人。
3. 從業人員人數逾10人者，應置就業服務專業人員至少3人，並自第11人起，每逾10人應另增置就業服務專業人員1人。

(三) 型態

黃越欽（2002）將私立就業服務機構分為：人才介紹型、職業介紹型、派遣型、業務承攬型等基本類型。人才介紹型以經營管理與科學技術性人才為主；派遣型以看護人員、家事管理人員居多；業務承攬型，例如廚師、餐飲服務等。人才介紹型與職業介紹型的差別在於人才介紹型所仲介人才多為整合協調能力強，而職業介紹型之獨立性高；至於派遣業與業務承攬型之差別則在於契約期限之長短，前者僱用期較長，而後者則以短期為主。另孫美容（1999）將我國私立就業服務機構分成人力仲介公司、企管顧問公司、人才仲介網站等三種：

1. **人力仲介公司**
   (1) **以仲介移工為主之人力仲介公司**：我國於1989年准許移工投入國內就業市場，便有許多以仲介移工為主之仲介公司成立，其主要業務性質包括仲介國內營造業所需之移工、仲介家庭幫傭、監護工及漁船業之船員為主。
   (2) **以仲介國內人才之專業人才仲介公司**：主要業務為協助國內企業招募專業人才服務。服務項目包括：正式員工之招募、長短期人才派遣、高級主管甄選等，說明如下：

專業人才仲介 ➤	接受企業委託，徵募中高階經理人才及專業技術人才，並由專業顧問經面談篩選後，提供企業體適合人選之詳細資料報告，並安排企業體與合適人選面談，節省企業人事廣告與縮短招募時程。
人力派遣、人事外包作業 ➤	為解決企業短期及兼職人員需求而生之就業服務工作，供企業在旺季或人力高需求時期，推介短期人力。

2. **企管顧問公司**：以企管顧問為名的仲介公司，其業務範圍較為廣泛，例如：提供企業專業人力仲介、人力派遣、人事外包作業、人力資源顧問諮詢、輔導企業規劃人力、工商服務（會議、展覽）、教育訓練、其他商業活動策劃及推動。另外，目前尚有一些有專業會計事務所所成立之企管顧問公司，其業務範圍亦與上述大同小異。

3. **人才仲介網站**：即求才、求職者在人力銀行所提供之網路平臺，登錄求才、求職資訊，雙方可透過就業網站上所登錄之聯絡方式，互寄履歷或面試通知。

   1992年就業服務法公布後，同時開放准許私立就服機構之設立，訂有「私立就業服務機構許可及管理辦法」，對於私立就服機構成立及管理詳加規範，依其設立可分為營利及非營利之私立就服機構，其中，依公司法或商業登記設立之公司或商號組織，從事就業服務者為營利私立就服機構；而依法設立之財團或公益社團，從事就業服務者為非營利私立就服機構。前者如傭工介紹所、人力仲介所及企管顧問公司，而非營利之私立就服機構，如公益團體中附設之就業服務機構，屬兼辦性質，業務量較小，而因傭工介紹所現已漸式微，因此國內私立就服機構之組織型態以人力仲介公司及企管顧問公司為主要態樣。

九、私立就業服務與公立就業服務之關係

我國對於就業服務機構運作，皆以公立就服機構為主，對於私立就業服務機構雖不打壓亦不鼓勵，但加以監督與管理。傳統就業市場中，職業介紹以就業服務機構為主。而就業市場有其一定機制，雇主求才機會刊登招募方式及管道相當多元化，除報章雜誌、親友介紹或網路外，公私立就服機構亦為其中一種，然就公立就服機構而言，私立就業服務機構未來愈形重要，惟並不表示公立就業服務機構會被邊際化，也不表示公立就業服務機構的數量因而減少。統計數字顯示，大多數的勞工求職時所使用的求職技巧不只一種，多種求職求才者，可能會使得公、私立就業服務機構產生競爭關係，然這種競爭關係是良性的，公、私立就業服務機構在人事媒合的人員或組織上都有很大的差異，一般私立就業服務機構處理的通常為勞動市場中較高階勞動階層，而公立就業服務機構通常處理較低階或基層勞動力的部分。以公立就服機構為例，其求職者以非技術或低技術為主。由此可見，公、私立就業服務機構存在一種「互補」的關係。可預見的是，未來的就業市場中，私立就服機構的功能與角色將日益重要。

依據國際勞工組織（ILO）研究員Sergio Rica（2000）的看法，就業服務必須同時具備管理、競爭與合作的不同關係：

(一)**管理**：鼓勵私立就業服務機構自我約束或訂定相關法規，避免該等機構濫用與影響求職勞工權益。

(二)**競爭**：公私立就業服務機構居於開放就業市場中的公平競爭空間，雖然大部分就業服務工作重疊，例如：求職、求才登記；職業介紹；就業市場資訊收集、分析與發布；提供就業諮詢與雇主服務；協助區域內學校辦理畢業生等專案就業服務；推介有需求之求職者參加職業訓練，協助推介結訓者就業等等，這些工作公、私立就服機構皆有提供，在從事上述工作時，公、私立就服機構之間不可避免的存在著競爭關係。相對於公立就業服務機構的免費服務的原則，營利之私立就業服務機構為維持相對於公立就業服務機構的競爭力，在市場壓力下，必然會提供更具效益的就業服務，公、私立就業服務機構之間的競爭，應維持良性互動及活絡就業市場的合作關係，讓「良性競爭」關係，更有利於就業市場機制運作。

(三)**合作**：私立就業服務機構樂意提供相關統計分析資料，以促進公立就業
服務機構全盤瞭解勞動市場的實際情況。公、私立就業服務機構也會產
生「合作」的關係。在就業市場中，公、私立就業服務機構皆扮演就業
促進的角色，可成為政府就業政策的共同推行者，二者之間存在著一定
的合作關係，例如：公、私立就業服務機構之間的資訊交換也是一種重
要的合作關係。目前公立就服機構經常視情況需要，將部分業務內容委
託專家學者或民間團體辦理，以行政人力為例，經常運用勞動派遣方式，
與民間派遣業者簽訂派遣契約，由其派遣人力至公立就業服務機構工作。

十、就業服務法重點

(一)**公布日期**：81年5月8日公布施行，最近一次修正為112年5月10日。

(二)**就業服務主管機關之職掌**

1. **中央主管機關掌理事項如下**

   (1) 全國性國民就業政策、法令、計畫及方案之訂定。

   (2) 全國性就業市場資訊之提供。

   (3) 就業服務作業基準之訂定。

   (4) 全國就業服務業務之督導、協調及考核。

   (5) 雇主申請聘僱外國人之許可及管理。

   (6) 辦理下列仲介業務之私立就業服務機構之許可、停業及廢止許可：

   　　A. 仲介外國人至中華民國境內工作。

   　　B. 仲介香港或澳門居民、大陸地區人民至臺灣地區工作。

   　　C. 仲介本國人至臺灣地區以外之地區工作。

   (7) 其他有關全國性之國民就業服務及促進就業事項。

2. **直轄市、縣（市）主管機關掌理事項如下**

   (1) 就業歧視之認定。

   (2) 外國人在中華民國境內工作之管理及檢查。

   (3) 仲介本國人在國內工作之私立就業服務機構之許可、停業及廢止許可。

   (4) 前項第6款及前款以外私立就業服務機構之管理。

   (5) 其他有關國民就業服務之配合事項。

(三)公立就業服務機構之服務項目

1. 為求職人及雇主申請求職、求才登記。

2. 推介之求職人為生活扶助戶者，其為應徵所需旅費，得酌予補助。

3. 蒐集、整理、分析其義務區域內之薪資變動、人力供需及未來展望等資料，提供就業市場資訊。

4. 為協助國民選擇職業或職業適應，應提供就業諮詢。

5. 協助學校辦理學生職業輔導工作，並協同推介畢業學生就業或參加職業訓練及就業後輔導工作。

6. 輔導缺乏工作知能之求職人就業，得推介其參加職業訓練；對職業訓練結訓者，應協助推介其就業。

7. 對申請失業給付者，應推介其就業或參加職業訓練。

(四)促進就業的對象：主管機關對下列自願就業人員，應訂定計畫，致力促進其就業：

1. 獨力負擔家計者。　　　　　　　　2. 中高齡者。

3. 身心障礙者。　　　　　　　　　　4. 原住民。

5. 低收入戶或中低收入戶中有工作能力者。　6. 長期失業者。

7. 二度就業婦女。　　　　　　　　　8. 家庭暴力被害人。

9. 更生受保護人。

10. 其他經中央主管機關認為有必要者。

(五)輔導身心障礙者就業的措施：為輔導身心障礙者就業，給予必要的協助措施如：

1. 實施適應訓練，以協助其適應工作環境。

2. 協助工作適應，在推介就業後，辦理追蹤訪問工作。

3. 被雇主資遣時，應由事業單位迅即通報，並依其能力與意願，協助其再就業。

(六)私立就業服務機構之服務項目：私立就業服務機構得經營下列就業服務業務：

1. 職業介紹或人才仲介業務。

2. 接受委託招募員工。

3. 協助國民釐定生涯發展計畫之就業諮詢或職業心理測驗。

4. 其他經中央主管機關指定之就業服務事項。

(七)私立就業服務機構或從業人員不得之行為

1. 辦理仲介業務，未依規定與雇主或求職人簽訂書面契約。
2. 為不實之廣告或揭示。
3. 違反求職人意思，留置其國民身分證、工作憑證或其他證明文件。
4. 扣留求職人財物或收取推介就業保證金。
5. 要求、期約或收受規定標準以外之費用，或其他不正利益。
6. 行求、期約或交付不正利益。
7. 仲介求職人從事違背公共秩序或善良風俗工作。
8. 接受委任辦理聘僱外國人之申請許可、招募、引進或管理事項，提供不實資料或健康檢查檢體。
9. 辦理就業服務業務有恐嚇、詐欺、侵占或背信情事。
10. 違反雇主之意思，留置許可文件或其他相關文件。
11. 對主管機關規定之報表，未依規定填寫或填寫不實。
12. 未依規定辦理變更登記、停業申報或換發、補發證照。
13. 未依規定揭示私立就業服務機構許可證、收費項目及金額明細表、就業服務專業人員證書。
14. 經主管機關處分停止營業，其期限尚未屆滿即自行繼續營業。
15. 辦理就業服務業務，未善盡受任事務，致雇主違反本法或依本法所發布之命令。
16. 租借或轉租私立就業服務機構許可證或就業服務專業人員證書。
17. 接受委任引進之外國人入國3個月內發生行蹤不明之情事，並於1年內達一定之人數及比率者。
18. 對求職人或受聘僱外國人有性侵害、人口販運、妨害自由、重傷害或殺人行為。
19. 知悉受聘僱外國人疑似遭受雇主、被看護者或其他共同生活之家屬、雇主之代表人、負責人或代表雇主處理有關勞工事務之人為性侵害、人口販運、妨害自由、重傷害或殺人行為，而未於24小時內向主管機關、入出國管理機關、警察機關或其他司法機關通報。

(八)**得聘僱外國人在臺工作之對象**：雇主聘僱外國人在中華民國境內從事之工作，除本法另有規定外，以下列各款為限：

1. 專門性或技術性之工作。
2. 華僑或外國人經政府核准投資或設立事業之主管。
3. 下列學校教師：
   (1) 公立或經立案之私立大專以上校院或外國僑民學校之教師。
   (2) 公立或已立案之私立高級中等以下學校之合格外國語文課程教師。
   (3) 公立或已立案私立實驗高級中等學校雙語部或雙語學校之學科教師。
4. 依補習及教育進修法立案之短期補習班之專任外國語文教師。
5. 運動教練及運動員。
6. 宗教、藝術及演藝工作。
7. 商船、工作船及其他經交通部特許船舶之船員。
8. 海洋漁撈工作。
9. 家庭幫傭及看護工作。
10. 為因應國家重要建設工程或經濟社會發展需要，經中央主管機關指定之工作。
11. 其他因工作性質特殊，國內缺乏該項人才，在業務上確有聘僱外國人從事工作之必要，經中央主管機關專案核定者。（目前有外籍廚師及雙語翻譯兩種人員）

(九)**外國人在臺工作的期限**：藍領外國人在臺工作許可之期間，累計不超過12年（家庭看護工可延長至14年）。

(十)**就業安定費之繳納規定**：雇主聘僱外國人從事第43條第1項第8款至第10款規定之工作應向中央主管機關設置之特種基金專戶繳納就業安定費，作為加強辦理促進國民就業、提升勞工福祉及處理有關外國人聘僱管理事務之用。
安定費之數額及該基金收支、保管及運用辦法，由中央主管機關會同相關機關定之。

雇主聘僱外國人從事就業服務法第46條第1項第8款
至第10款規定之工作應繳納就業安定費數額表（112.6.17修正）

工作類別及分類		雇主聘僱外國人每人每月（日）繳納數額
海洋漁撈工作	屬漁船船員工作	1,900元（每日63元）
	屬海洋箱網養殖漁撈工作	2,500元（每日83元）
家庭幫傭工作	由本國人申請	5,000元（每日167元）
	由外國人申請	10,000元（每日333元）
製造工作	屬一般製造業、製造業重大投資傳統產業（非高科技）、特定製程及特殊時程產業	2,000元（每日67元）
	屬製造業特定製程產業（其他產業） 提高外國人核配比率5%以下	5,000元（每日167元）
	提高外國人核配比率超過5%至10%以下	7,000元（每日233元）
	提高聘僱外國人之比率符合下列規定之一者： 一、外國人核配比率超過10%至15%以下。 二、屬審查標準第28條或第30條規定，且外國人核配比率超過15%。	9,000元（每日300元）
	提高外國人核配比率超過15%	11,000元（每日367元）
	屬製造業重大投資非傳統產業（高科技）	2,400元（每日80元）
	屬製造業特定製程產業及新增投資案（高科技） 提高外國人核配比率5%以下	5,400元（每日180元）
	提高外國人核配比率超過5%至10%以下	7,400元（每日247元）
	提高外國人核配比率超過10%	9,400元（每日313元）
屬審查標準第25條之1接續聘僱外國人之雇主	提高外國人核配比率5%以下	2,000元（每日67元）

工作類別及分類			雇主聘僱外國人每人每月（日）繳納數額
外展製造工作	雇主尚未指派外國人至服務契約履行地		2,000元（每日67元）
	外展製造服務契約履行地屬製造業特定製程或特殊時程產業	服務契約履行地使用外國人名額，未提高外國人核配比率	2,000元（每日67元）
		服務契約履行地使用外國人名額，屬提高外國人核配比率5%以下	5,000元（每日167元）
		服務契約履行地使用外國人名額，屬提高外國人核配比率超過5%至10%下	7,000元（每日233元）
		服務契約履行地使用外國人名額，屬提高外國人核配比率超過10%至15%以下	9,000元（每日300元）
		服務契約履行地使用外國人名額，屬提高外國人核配比率超過15%	11,000元（每日367元）
屠宰工作	領有屠宰場登記證書之屠宰場		2,000元（每日67元）
	領有屠宰場登記證書之屠宰場	提高外國人核配比率5%以下	5,000元（每日167元）
		提高外國人核配比率超過5%至10%以下	7,000元（每日233元）
		提高外國人核配比率超過10%	9,000元（每日300元）

工作類別及分類			雇主聘僱外國人每人每月（日）繳納數額
營造工作	屬一般營造工作		1,900元（每日63元）
	屬公共工程或民間重大經建工程工作		3,000元（每日100元）
	屬符合營造業法規定，經中央目的事業主管機關認定已承攬在建工程，且符合審查標準第47條之1附表9之1規定之雇主		3,500元（每日117元）
	屬符合營造業法規定，經中央目的事業主管機關認定已承攬在建工程，且符合審查標準第47條之1附表9之規定之雇主	提高外國人核配比率5%以下	6,500元（每日217元）
		提高外國人核配比率超過5%至10%以下	8,500元（每日283元）
機構看護工作	長期照顧機構、養護機構、安養機構、財團法人社會福利機構、護理之家機構、慢性醫院或設有慢性病床、呼吸照護病床之綜合醫院、醫院、專科醫院		2,000元（每日67元）
家庭看護工作	被看護者或雇主為依社會救助法所核定之低收入戶或中低收入戶		免繳
	被看護者或雇主為依老人福利法授權訂定之中低收入老人生活津貼發給辦法，領有老人生活津貼者		免繳
	被看護者或雇主為依身心障礙者權益保障法授權訂定之身心障礙者生活補助費發給辦法，屬低收入戶、中低收入戶或符合家庭總收入及財產標準領有生活補助者		免繳
	被看護者或雇主非具以上身分		2,000元（每日67元）
外展看護工作	屬依法設立或登記之財團法人、非營利社團法人或其他以公益為目的之團體，且最近一年內曾受地方主管機關委託辦理居家照顧服務者		2,000元（每日67元）

工作類別及分類		雇主聘僱外國人每人每月（日）繳納數額
農糧工作、林業工作、養殖漁業工作、畜牧工作、禽畜糞堆肥工作及其他經中央主管機關會商中央目的事業主管機關指定之農、林、牧或養殖漁業產業工作	農糧工作、林業工作、養殖漁業工作、畜牧工作、禽畜糞堆肥工作	2,000元（每日67元）
	一、農糧工作：雇主為具備農民身分之自然人或農民團體或具備經營事實之事業單位 二、林業工作：雇主為具備農民身分之自然人或農民團體或具備經營事實之事業單位 三、養殖漁業工作：雇主為法人者 四、畜牧工作：雇主為法人者 五、禽畜糞堆肥工作：雇主為法人者	提高外國人核配比率5%以下 — 5,000元（每日167元）
外展農務工作	屬農會、漁會、農林漁牧有關之合作社或非營利組織	2,000元（每日67元）
適用於所有工作類別	一、本表依就業服務法第55條第2項規定訂定之 二、繳納數額以新臺幣元為單位；繳納數額有小數點者，以小數點後第一位四捨五入計算。 三、雇主所聘僱外國人於聘僱許可期間，至我國大專校院在職進修製造、營造、農業、長期照顧等副學士以上相關課程，或就讀相關課程推廣教育學分班，每學期達9學分以上，且雇主未依審查標準第33條之1規定，申請核准再提高聘僱外國人比率5%者，其於外國人進修期間之就業安定費，按本表每人每月繳納數額減半計收。 四、依前點減半計收期間，外國人因休（退）學、轉換雇主或工作等事由而廢止聘僱許可，致外國人進修期間或聘僱許可有效期間未滿1個月者，該月就業安定費繳納數額，依外國人進修日數，按本表每日繳納數額減半計收。	

(十一) 雇主聘僱外國人應有的限制及作為

1. 書面通報

(1)受聘僱之外國人有連續曠職3日失去聯繫或聘僱關係終止之情事，雇主應於3日內以書面載明相關事項通知當地主管機關、入出國管理機關及警察機關。但受聘僱之外國人有曠職失去聯繫之情事，雇主得以書面通知入出國管理機關及警察機關執行查察。

(2)受聘僱外國人有遭受雇主不實之連續曠職3日失去聯繫通知情事者，得向當地主管機關申訴。經查證確有不實者，中央主管機關應撤銷原廢止聘僱許可及限令出國之行政處分。

2. 雇主不得有下列行為

(1)聘僱未經許可、許可失效或他人所申請聘僱之外國人。

(2)以本人名義聘僱外國人為他人工作。

(3)指派所聘僱之外國人從事許可以外之工作。

(4)未經許可，指派所聘僱從事第46條第1項第8款至第10款規定工作之外國人變更工作場所。

(5)未依規定安排所聘僱之外國人接受健康檢查或未依規定將健康檢查結果函報衛生主管機關。

(6)因聘僱外國人致生解僱或資遣本國勞工之結果。

(7)對所聘僱之外國人以強暴脅迫或其他非法之方法，強制其從事勞動。

(8)非法扣留或侵占所聘僱外國人之護照、居留證件或財物。

(9)其他違反本法或依本法所發之命令。

3. 核發之許可：雇主聘僱之外國人，有下列情事之一，中央主管機關應不予核發聘僱許可、招募許可：

(1)於外國人預定工作之場所有第10條規定之罷工或勞資爭議情事。

(2)於國內招募時，無正當理由拒絕聘僱公立就業服務機構所推介人員或自行前往求職者。

(3)聘僱之外國人行蹤不明或藏匿外國人達一定人數或比例。

(4)曾非法僱用外國人工作。

(5)曾非法解僱本國勞工。

(6)因聘僱外國人而降低本國勞工勞動條件，經當地主管機關查證屬實。

(7)聘僱之外國人妨害社區安寧秩序，經依社會秩序維護法裁處。

(8)曾非法扣留或侵占所聘僱外國人之護照、居留證件或財物。

(9)所聘僱外國人遣送出國所需旅費及收容期間之必要費用，經限期繳納屆期不繳納。

(10)於委任招募外國人時，向私立就業服務機構要求、期約或收受不正利益。

(11)於辦理聘僱外國人之申請許可、招募、引進或管理事項，提供不實資料。

(12)刊登不實之求才廣告。

(13)不符申請規定經限期補正，屆期未補正。

(14)違反本法或依第48條第2項、第3項、第49條所發布之命令。

(15)違反職業安全衛生法規定，致所聘僱外國人發生死亡、喪失部分或全部工作能力，且未依法補償或賠償。

(十二) **移工可轉換雇主之情事**：外國人受聘僱從事第46條第1項第8款至第11款規定之工作，有下列情事之一者，經中央主管機關核准，得轉換雇主或工作：

1. 雇主或被看護者死亡或移民者。

2. 船舶被扣押、沉沒或修繕而無法繼續作業者。

3. 雇主關廠、歇業或不依勞動契約給付工作報酬經終止勞動契約者。

4. 其他不可歸責於受聘僱外國人之事由者。

(十三) **私立就業服務機構的種類**：私立就業服務機構，依其設立目的分為營利就業服務機構及非營利就業服務機構，其定義如下：

1. **營利就業服務機構**：謂依公司法所設立之公司或依商業登記法所設立之商業組織，從事就業服務業者。

2. **非營利就業服務機構**：謂依法設立之財團或公益社團，從事就業服務業務者。

(十四) **私立就業服務機構收取介紹費之規定**：私立就業服務機構向求職、求才者收取介紹費，應於聘僱契約生效後始得為之。

1. 聘僱契約生效後40日內，因可歸責於求職人之事由，致聘僱契約終止者，雇主得請求私立就業服務機構免費重行推介一次，或退還百分之五十之介紹費。

2. 聘僱契約生效後40日內，因可歸責於雇主之事由，致聘僱契約終止者，求職人得請求私立就業服務機構免費重行推介一次，或退還百分之五十之介紹費。

3. 求職人或雇主已繳付登記費者，得請求原私立就業服務機構於六個月內推介3次，但經推介於聘僱契約生效或求才期限屆滿者，不在此限。

(十五)私立就業服務機構專業人員設置規定：私立就業服務機構就業服務專業人員之數額如下：

1. 從業人員人數在5人以上者，應置就業服務專業人員至少1人。
2. 從業人員人數在6人以上10人以下者，應置就業服務專業人員至少2人。
3. 從業人員人數逾10人者，應置就業服務專業人員至少3人，並自第11人起，每逾10人應另增置就業服務專業人員1人。

(十六)私立就業服務機構推介就業不得之行為：私立就業服務機構，受理求職登記或推介就業，不得有下列情形：

1. 推介15歲以上未滿16歲之童工，及16歲以上未滿18歲之人，從事危險性及有害性之工作。
2. 受理未滿15歲者之求職登記或為其推介就業。
   但國民中學畢業或經主管機關認定其工作性質及環境無礙其身心健康者，不在此限。
3. 推介未滿18歲且未具備法定代理人同意書及其年齡證明文件者就業。

(十七)營利就業服務機構不得有的行為：依「私立就業服務機構許可及管理辦法」規定，營利就業服務機構不得有下列行為：

1. 申請設立許可所載事項或所繳文件有虛偽情事者。
2. 接受委託辦理就業服務業務，違反本法或依本法所發布之命令，或有提供不實資料或健康檢查檢體者。
3. 辦理就業服務業務，違反求才者之意願，扣留許可文件或其他相關文件者。
4. 辦理就業服務業務，有恐嚇、詐欺、侵占或背信情事者。
5. 辦理就業服務業，有要求期約或收取不正利益之情事者。
6. 辦理就業服務業，有行求期約或交付不正利益之情事者。
7. 經主管機關停止其營業，期限尚未屆滿即自行繼續營業者。
8. 委託未經中央主管機關認可之外國人力仲介公司，辦理仲介外國人至中華民國工作、或依規定仲介大陸地區人民至臺灣地區工作者。
9. 仲介未經許可之外國人至中華民國境內工作、或仲介未經許可之大陸地區人民至臺灣地區工作者。

(十八) **私立就業服務機構就業服務專業人員不得有之行為**：就業服務專業人員不得有下列行為：

1. 就業服務專業人員證書租借他人使用，或同時為二家以上私立就業服務機構之專業人員。
2. 從事就業服務工作，有違反本法或依本法所發布之命令情事。
3. 從事就業服務，有恐嚇、詐欺、背信、侵占等違法情事。
4. 參加測驗所繳文件有虛偽不實情事。

十一、就業歧視

(一)定義

就業歧視（employment discrimination）在職場上仍是一個經常可看到的問題，從職場上各式各樣的招募人才廣告中不難發現，許多企業在招募人才時仍會就求職人的條件做種種的限制，如「年齡」、「性別」、「容貌」、「身心障礙者」、「血型」等，以上共同特點皆為與生俱來，無法改變的先天特質，在職場中因上開因素受到不公平待遇是不合理的。當然，就業歧視之發生並不止於在雇主招募廣告階段，也可能發生在甄試、進用、考績、升遷、調職或培訓、僱用條款、組織裁員資遣、退休政策及申訴程序等給予差別待遇。

臺灣早於1992年公布的就業服務法即明定有禁止就業歧視條文，依據文獻顯示國際勞工組織於1998年提出四項「核心勞動基準」，而防制「就業歧視」則屬其一重要核心項目。為進一步達到促進「工作平等」人權保護，並符合國際潮流趨勢，2007年7月11日修正公布就業服務法，將第5條第1項就業歧視禁止項目部分由原定13項禁止項目再增列「年齡」、「出生地」、「性傾向」三項，讓在職勞工「就業機會平等」權益上更趨公平。（出生地是指求職者或受僱者之醯成地，屬與生俱來，無法改變的特質）。2018年11月28日修正增列「星座」、「血型」兩項。

(二)內容

以進入與退出勞動市場之「流程」區分之歧視態樣，包括進入勞動市場前就業歧視、僱用歧視與後勞動市場後就業歧視三種：

1. **進入勞動市場前就業歧視（pre-market discrimination）**：雇主僱用求職者前，對於該職位的工作條件有所限制，符合該職業所需技能與特質的求職

者，雇主對於求職者必須提供面試機會，除非該工作必須具備特定工作技能與技術或涉及職業資格問題，對於求職者的工作能力指標而非以其他與工作不相關的因素（如年齡）作為僱用標準。

2. **僱用歧視**（employment discrimination）：勞動者進入勞動市場工作所遭遇到的歧視，通常包括升遷歧視、解僱歧視等。雇主對於受僱者的個人人格特質與工作態度存有偏見，進而使其在升遷、薪資等方面受到歧視，甚至出現同工不同酬情形或非以公正客觀角度進行績效考核。

3. **後勞動市場就業歧視**（post-market discrimination）：當受僱者退出勞動市場後，因個人特質、技能與體能等因素在社會安全保障、稅賦上，所遭受之不平等待遇。

再以歧視結構面區分，則包括差別影響歧視、差別待遇歧視與混合動機歧視三種，分述如下：

1. **差別影響歧視**（disparate impact discrimination）：雇主某些僱用措施，雖然表面上看似合理正當，但實際上卻會對中高齡、少數族裔、婦女或其他受特別保護團體的成員，產生不利影響的效果。

2. **差別待遇歧視**（disparate treatment discrimination）：雇主以直接而故意歧視的方式，因求職者或受僱者的年齡、種族、宗教、膚色、性別、原始國籍等因素，而給予差別待遇。

3. **混合動機歧視**（mixed-motive discrimination）：雇主在做成某些僱用決策時，同時有合法與不合法動機存在，如某一位中高齡受僱者因工作表現不佳遭到解僱，若能提出充分證據證明其不當解僱並非來自不符指標的工作表現（合法之解僱理由），而是由於年齡緣故（不合法之解僱理由），則屬於混合性動機的差別待遇歧視。

另，鄭津津指出，就業歧視責任認定理論基礎主要有兩種：表面歧視與負面影響，分別是：

1. **表面歧視**（facial or overt discrimination）：表面歧視是表面或形式上最明顯的一種就業歧視，亦即雇主以法律明文禁止的就業歧視行為作為其僱用措施的一部分。例如，雇主在徵才廣告中明白拒絕僱用女性或是雇主拒絕給予中高齡者升遷的機會。當雇主對受就業歧視相關法律保護之特別群體，如少數族裔、女性或身心障礙者，與其他求職人或受僱人在僱用措施

上採取雙重標準時也會構成所謂的「表面歧視」，例如，雇主拒絕僱用育有學齡前子女的女性，但卻願意僱用育有學齡前子女的男性；或雇主解僱已婚女性，卻繼續僱用已婚男性。

2. **負面影響**：當雇主的僱用措施表面和形式上係中性且公平，但實施結果卻對就業歧視相關法律所保護的特定群體造成負面影響時，雇主該項僱用措施即可能構成就業歧視行為。例如，雇主在徵才時限制求職人必須高中畢業，並通過特定的職能測驗，雖然雇主此項僱用措施表面上係中性客觀的，但實施的結果若會對非裔的求職人造成負面影響，如80%白種求職人可滿足此項僱用標準，但只有5%非裔求職人可滿足此項標準，且雇主無法藉由證明該項僱用措施「與工作執行有關」（related to job performance）或「可衡量工作能力」（measuring job capability）來正當化該項措施，則該項僱用措施構成種族歧視。

(三) **理論**

就業歧視的相關理論眾多，計有社會學者的社會風俗及慣例理論、經濟學者的統計歧視理論、利潤極大論、偏好歧視理論、人力資本理論及區隔勞動市場理論以及勞動學者提出的進入勞動市場前歧視、僱用歧視、薪資歧視、退出勞動市場後歧視、差別待遇歧視、差別影響歧視、混合動機歧視等，僅就較常被採用或重要的理論簡述如下：

1. **偏好歧視理論**：從新古典經濟學觀點分析，歧視來自「非金錢性動機」，亦即「偏好」。勞動市場歧視取決於雇主的偏好或偏見，雇主對於某種特定團體（如懷孕女性）之僱用或不僱用並非決定於個人「邊際生產力」而是偏好歧視，除了發生在雇主而造成勞動市場不公平的情形外，也可能發生在同一雇主所聘僱的其他員工身上，造成「員工歧視」。偏好使得雇主為滿足服務對象或維持工作場所的和諧，不願意僱用特定團體成員（如女性）為員工，而形成「職業隔離」（occupational segregation）現象，因為歧視行為的產生並非基於經濟誘因。

2. **利潤極大論**：雇主為追求利益極大化所產生的性別歧視現象。主要論點有三：

(1) 女性勞動力供給彈性低於男性。

(2) 女性的「要價空間」不如男性。

(3)歧視產生可能因雇主依個別勞動者所屬群體（如女性勞動者）的一些統計資訊作為個別勞動者潛在生產力的判斷依據，於是有錯誤或是不足的資訊給予女性刻板化印象的對待，造成了歧視行為的出現。亦即，歧視產生可能是因為雇主依照女性勞工在其所屬的團體中的某些統計資訊，作為僱用的判斷依據。然而，個體本身未必是典型的群體成員，於是因為錯誤或不足的資訊造成對女性刻板化印象的對待就造成了歧視行為。

3. **雙元勞動市場理論**（Dual Labor Market Theory）：最早由Doeringer & Piore（1971）提出，其主要論點為勞動市場係由兩個或更多個很少相互流動的部門所組成，因而產生勞動市場間區隔化的現象，並將勞動市場區分為主要勞動市場（primary labor market）及次要勞動市場（secondary labor market），其間差異主要是工作特徵的不同，如主要勞動市場中的工作者通常擁有受訓機會及工作流動管道，其就業穩定、工資較高、有良好的工作環境及條件、工作規則制度化且具申訴機制、有較多晉升機會，同時經常有強大的工會力量保障他們。在雙元勞動市場中大部分女性勞動者皆是屬於次要部門，長期延續下來對於女性是一種歧視，然而女性為何會成為被歧視的對象，主要是因為女性工作不穩定（受到家庭責任、照護義務、傳統文化之約束、缺少完善之社會支持體系），使得女性無法進入主要勞動市場。

4. **人力資本理論**：此一理論立基於經濟學投資與報酬觀念，用以解釋兩性勞動力使用差異的結果。雇主基於個人資訊推斷，進用男性可以獲致的報酬遠大於女性，甚或在安排員工進修或接受短期教育訓練時，男性的投資報酬率也遠高於女性。是以，薪資發放或分配員工參加訓練，甚至在安排升遷時，均以男性為考量，可說是雇主基於效率因素的理性選擇。這個理論認為女性之所以常成為勞動市場的歧視對象，主要歸咎於女性個人「資產」上的不足，包括教育、技術訓練及工作經驗不如男性個人的投資，尤其是工作經驗的累積常受制於女性採取「職業中斷型」的生涯路徑，亦即因結婚生子而退出勞動市場，故影響到工作經驗的累積效用。

(四)相關法令規定

1. 憲法

第7條　中華民國人民，無分男女、宗教、種族、階級、黨派，在法律一律平等。

第15條　人民之生存權，工作權及財產權，應予保障。

第153條　國家為改良勞工及農民之生活，增進其生產技能，應制定保護勞工及農民之法律，實施保護勞工及農民之政策。婦女、兒童從事勞動者，應按其年齡及身體狀態，予以特別保護。

第156條　國家為奠定民族生存發展之基礎，應保護母性，並實施婦女兒童福利政策。

增修條文第10條第6項（中華民國94年06月10日修正）
國家應維護婦女之人格尊嚴，保障婦女之人身安全，消除性別歧視，促進兩性地位之實質平等。

增修條文第10條第7項（中華民國94年06月10日修正）
國家對於身心障礙者之保險與就醫、無障礙環境之建構、教育訓練與就業輔導及生活維護與救助，應予保障，並扶助其自立與發展。

增修條文第10條第12項（中華民國94年06月10日修正）
國家應依民族意願，保障原住民族之地位及政治參與，並對其教育文化、交通水利、衛生醫療、經濟土地及社會福利事業予以保障扶助並促其發展，其辦法另以法律定之。

法規一點靈

憲法

法規一點靈

憲法增修條文

2. 性別平等工作法

第5條　（性別平等工作會之設置）
各級主管機關應設性別平等工作會，處理審議、諮詢及促進性別平等工作事項。
前項性別平等工作會應置委員五人至十一人，任期二年，由具備勞工事務、性別問題之相關學識經驗或法律專業人士擔任之；其中經勞工團體、性別團體推薦之委員各二人；女性委員人數應占全體

法規一點靈

性別平等工作法

委員人數二分之一以上；政府機關代表不得逾全體委員人
數三分之一。

前二項性別平等工作會組織、會議及其他相關事項，由各
級主管機關另定之。

地方主管機關設有就業歧視評議委員會者，第一項性別平
等工作會得與該委員會合併設置，其組成仍應符合第二項
規定。

第7條　（招募、甄試、進用、分發、配置、考績、陞遷）

雇主對求職者或受僱者之招募、甄試、進用、分發、配
置、考績或陞遷等，不得因性別而有差別待遇。但工作性
質僅適合特定性別者，不在此限。

第8條　（教育訓練）

雇主為受僱者舉辦或提供教育、訓練或其他類似活動，不
得因性別而有差別待遇。

第9條　（福利措施）

雇主為受僱者舉辦或提供各項福利措施，不得因性別而有
差別待遇。

第10條　（薪資給付）

雇主對受僱者薪資之給付，不得因性別而有差別待遇；其
工作或價值相同者，應給付同等薪資。但基於年資、獎
懲、績效或其他非因性別因素之正當理由者，不在此限。
雇主不得以降低其他受僱者薪資之方式，規避前項之規定。

第11條　（退休、資遣、離職、解僱）

雇主對受僱者之退休、資遣、離職及解僱，不得因性別而
有差別待遇。工作規則、勞動契約或團體協約，不得規定
或事先約定受僱者有結婚、懷孕、分娩或育兒之情事時，
應行離職或留職停薪；亦不得以其為解僱之理由。

違反前二項規定者，其規定或約定無效；勞動契約之終止
不生效力。

第12條　（性騷擾之定義）

本法所稱性騷擾，指下列情形之一：

一、受僱者於執行職務時，任何人以性要求、具有性意味
或性別歧視之言詞或行為，對其造成敵意性、脅迫性
或冒犯性之工作環境，致侵犯或干擾其人格尊嚴、人
身自由或影響其工作表現。

二、雇主對受僱者或求職者為明示或暗示之性要求、具有
性意味或性別歧視之言詞或行為，作為勞務契約成
立、存續、變更或分發、配置、報酬、考績、陞遷、
降調、獎懲等之交換條件。

本法所稱權勢性騷擾，指對於因僱用、求職或執行職務關
係受自己指揮、監督之人，利用權勢或機會為性騷擾。

有下列情形之一者，適用本法之規定：

一、受僱者於非工作時間，遭受所屬事業單位之同一人，
為持續性性騷擾。

二、受僱者於非工作時間，遭受不同事業單位，具共同作
業或業務往來關係之同一人，為持續性性騷擾。

三、受僱者於非工作時間，遭受最高負責人或僱用人為性
騷擾。

前三項性騷擾之認定，應就個案審酌事件發生之背景、工
作環境、當事人之關係、行為人之言詞、行為及相對人之
認知等具體事實為之。

中央主管機關應建立性別平等人才資料庫、彙整性騷擾防
治事件各項資料，並作統計及管理。

第13條、第13條之1、第27條至第30條及第36條至第38條
之1之規定，於性侵害犯罪，亦適用之。

第1項第1款所定情形，係由不特定人於公共場所或公眾得
出入場所為之者，就性騷擾事件之調查、調解及處罰等事
項，適用性騷擾防治法之規定。

本法所稱最高負責人，指下列之人：

一、機關（構）首長、學校校長、各級軍事機關（構）及
部隊上校編階以上之主官、行政法人董（理）事長、
公營事業機構董事長、理事主席或與該等職務相當之
人。

二、法人、合夥、設有代表人或管理人之非法人團體及其
　　他組織之對外代表人或與該等職務相當之人。

第13條　（性騷擾防治措施、申訴及懲戒）

雇主應防治性騷擾行為之發生。其僱用受僱者30人以上
者，應訂定性騷擾防治措施、申訴及懲戒辦法，並在工作
場所公開揭示。

雇主於知悉前條性騷擾之情形時，應採取立即有效之糾正
及補救措施。

第1項性騷擾防治措施、申訴及懲戒辦法之相關準則，由
中央主管機關定之。

3. 就業服務法

第5條　為保障國民就業機會平等，雇主對求職人或
所僱用員工，不得以種族、階級、語言、思
想、宗教、黨派、籍貫、出生地、性別、性
傾向、年齡、婚姻、容貌、五官、身心障礙、
星座、血型或以往工會會員身分為由，予以歧視；其他法
律有明文規定者，從其規定。

法規一點靈

就業服務法

第6條　直轄市、縣（市）主管機關掌理事項如下：

一、就業歧視之認定。

二、外國人在中華民國境內工作之管理及檢查。

三、仲介本國人在國內工作之私立就業服務機構之許可、
　　停業及廢止許可。

四、前項第6款及前款以外私立就業服務機構之管理。

五、其他有關國民就業服務之配合事項。

第65條　違反第5條第1項、第2項第1款、第4款、第5款、第34條第
2項、第40條第2款、第7款至第9款規定者，處新臺幣30萬
元以上150萬元以下罰鍰。

4. 就業服務法施行細則

第2條　直轄市、縣（市）主管機關依本法第6條第4
項第1款規定辦理就業歧視認定時，得邀請
相關政府機關、單位、勞工團體、雇主團體
代表及學者專家組成就業歧視評議委員會。

法規一點靈

就業服務法
施行細則

5. 勞動基準法

　　第25條　雇主對勞工不得因性別而有差別之待遇。工
　　　　　　作相同、效率相同者，給付同等之工資。

6. 其他法令

　(1) 國際公約

　　◎ **男女勞工同工同酬公約（第100號公約）**（1951年國際勞工組織
　　　第34屆大會通過、中華民國47年3月1日總統批准）

　　第1條　本公約內：

　　　　　一、「報酬」一詞包括普通，基本或最低工資或薪給以
　　　　　　　及任何其雇主以現金或實物直接或間接付與勞工之
　　　　　　　代價。

　　　　　二、「男女勞工同工同酬」一詞係指報酬率之訂定，應不
　　　　　　　因性別而有軒輊。

　　第2條　一、各會員國應以符合現行決定報酬率辦法之適當手段，
　　　　　　　保證將男女勞工同工同酬原則實施於一切工人。

　　　　　二、此項原則得籍下列方式予以實施：(一)國家之法律規
　　　　　　　章；(二)合法設立或公認之工資決定機構；(三)勞資
　　　　　　　雙方團體協約；或(四)上述各種方式之綜合方式。

　　第3條　一、倘此項行動對本公約規定之實施誠有裨助，則應以實
　　　　　　　際工作為基礎，採取步驟以促進對各種職位作客觀評
　　　　　　　定。

　　　　　二、職位評定之方法得由決定報酬率之機關決定之。倘此
　　　　　　　等報酬率係團體協約訂定者。則由有關各方決定之。

　　　　　三、工人工資率差異係就實際工作予以客觀評定而不涉及性
　　　　　　　別者，則不應視為與男女勞工同工同酬原則相抵觸。

　　第4條　各會員國應酌情與有關之勞資團體合作以實施本公約。

　　◎ **歧視（就業與職業）公約（第111號公約）**（1958年國際勞工組
　　　織第42屆大會通過、中華民國58年8月31日總統批准）

　　國際勞工組織大會經國際勞工局理事會之召集，於1958年6月4日在
日內瓦舉行第42屆會議，經議決採納本屆會議議事日程第4項關於
僱傭與職業方面之歧視之各項建議，並議決此等建議應採取國際公
約方式。鑒於費城宣言確認全體人類無分種族、信仰或性別，均有

權在自由、尊嚴、經濟安全與機會均等之條件下謀求其物質幸福與精神發展，並鑒於歧視構成侵犯世界人權宣言所列舉之權利，爰於1958年6月25日通過左列公約。本公約得稱為「1958年僱傭與職業歧視公約」。

第1條　一、本公約所稱「歧視」一詞包括：

　　　　（一）基於種族、膚色、性別、宗教、政治主張、血統或社會門閥所作足以損害或取消僱傭與職業方面之機會均等或待遇平等之區別、排斥或優先。

　　　　（二）經有關會員國於諮商具有代表性之雇主團體、工人團體及其他適當團體所能決定之其他足以損害或取消僱傭或職業方面之機會均等或待遇平等之區別、排斥或優先。

　　　　二、凡基於工作之固有必要條件所作關於某一特定工作之區別、排斥或優先不得視為歧視。

　　　　三、本公約所稱「僱傭」及「職業」包括參加職業訓練、就業及僱傭條件。

第2條　凡受本公約效力約束之會員國應宣示並遵循一旨在依適合國情及習慣之方法以促進僱傭與職業方面機會均等及待遇平等之國家政策，俾消除在此方面之歧視。

第3條　凡受本公約效力約束之會員國應依適合國情及習慣之方法以：(一)謀求雇主團體、工人團體及其他適當團體之合作，以促成對此項政策之接受及遵守；(二)制定並促進可冀獲致接受並遵守此項政策之立法及教育計畫；(三)廢除或修正違背此政策之法令規定及習慣；(四)在一全國性機關之直接管理下，推行有關僱傭方面之政策；(五)務使職業指導、職業訓練及安置就業等活動在一全國性機關之指揮下遵守此項政策；(六)在實施本公約之年報中述明為遵循此項政策所採之行動及其所獲之效果。

第4條　對於證明涉嫌從事或已從事危害國家安全之活動之個人有影響之任何措施，不得視為歧視，但以該有關之個人有權向依國家慣例而設置之主管機關申訴者為限。

第5條 一、國際勞工大會通過之其他公約及建議書所規定之特別
　　　　保護或協助辦法不得視為歧視。
　　　二、任何會員國於諮商具有代表性之雇主團體及工人團體
　　　　後得決定為適應基於性別、年齡、殘廢、家庭責任、
　　　　社會地位、知識程度等原因而公認需要特別保護或協
　　　　助者之特殊需要所制訂之特別辦法不得視為歧視。

(2) 原住民族工作權保障法

第1條 為促進原住民就業，保障原住民工作權及經
　　　濟生活，特制定本法。本法未規定者，適用
　　　其他法律之規定。

法規一點靈

原住民族工
作權保障法

第4條 各級政府機關、公立學校及公營事業機構，
　　　除位於澎湖、金門、連江縣外，其僱用下列
　　　人員之總額，每滿100人應有原住民1人：
　　　一、約僱人員。
　　　二、駐衛警察。
　　　三、技工、駕駛、工友、清潔工。
　　　四、收費管理員。
　　　五、其他不須具公務人員任用資格之非技術性工級職務。
　　　前項各款人員之總額，每滿50人未滿100人之各級政府機
　　　關、公立學校及公營事業機構，應有原住民一人。
　　　第1項各款人員，經各級政府機關、公立學校及公營事業機
　　　構列為出缺不補者，各該人員不予列入前項總額計算之。

第5條 原住民地區之各級政府機關、公立學校及公營事業機構，
　　　其僱用下列人員之總額，應有三分之一以上為原住民：
　　　一、約僱人員。
　　　二、駐衛警察。
　　　三、技工、駕駛、工友、清潔工。
　　　四、收費管理員。
　　　五、其他不須具公務人員任用資格之非技術性工級職務。
　　　前項各款人員，經各級政府機關、公立學校及公營事業機
　　　構列為出缺不補者，各該人員不予列入前項總額計算之。

原住民地區之各級政府機關、公立學校及公營事業機構，進用須具公務人員任用資格者，其進用原住民人數應不得低於現有員額之2%，並應於本法施行後3年內完成。但現有員額未達比例者，俟非原住民公務人員出缺後，再行進用。

本法所稱原住民地區，指原住民族傳統居住，具有原住民族歷史淵源及文化特色，經中央主管機關報請行政院核定之地區。

第6條　各級主管機關、公共職業訓練機構、公立就業服務機構及本法涉及之目的事業主管機關，應指派人員辦理原住民工作權益相關事宜。

前項人員，應優先進用原住民。

(3)大量解僱勞工保護法

第13條　事業單位大量解僱勞工時，不得以種族、語言、階級、思想、宗教、黨派、籍貫、性別、容貌、身心障礙、年齡及擔任工會職務為由解僱勞工。

違反前項規定或勞動基準法第11條規定者，其勞動契約之終止不生效力。

主管機關發現事業單位違反第1項規定時，應即限期令事業單位回復被解僱勞工之職務，逾期仍不回復者，主管機關應協助被解僱勞工進行訴訟。

法規一點靈

大量解僱勞工保護法

(4)老人福利法

第29條　雇主對於老人員工不得予以就業歧視。

(5)傳染病防治法

第12條　政府機關（構）、民間團體、事業或個人不得拒絕傳染病病人就學、工作、安養、居住或予其他不公平之待遇。但經主管機關基於傳染病防治需要限制者，不在此限。

法規一點靈

老人福利法

法規一點靈

傳染病防治法

(6) **人類免疫缺乏病毒傳染防治及感染者權益保障條例**

第4條　感染者之人格與合法權益應受尊重及保障，不得予以歧視，拒絕其就學、就醫、就業、安養、居住或予其他不公平之待遇，相關權益保障辦法，由中央主管機關會商中央各目的事業主管機關訂定之。

第26條　提供感染者服務工作或執行本條例相關工作著有績效者，中央主管機關應予獎勵。

提供感染者服務工作或執行本條例相關工作而感染人類免疫缺乏病毒者，其服務機關（構）應給予合理補償；其補償之方式、額度及其他應遵行事項之辦法，由中央主管機關定之。

法規一點靈

人類免疫缺乏病毒傳染防治及感染者權益保障條例

(7) **身心障礙者權益保障法**

第16條　身心障礙者之人格及合法權益，應受尊重與保障，對其接受教育、應考、進用、就業、居住、遷徙、醫療等權益，不得有歧視之對待。

第86條　違反第16條第1項規定，處新臺幣10萬元以上50萬元以下罰鍰。

法規一點靈

身心障礙者權益保障法

(五) **就業歧視的合法抗辯**

　　鄭津津指出，在求職人或受雇人提出就業歧視的主張之後，雇主可藉由提出合法抗辯來正當化其具有就業歧視效果的僱用措施，雇主得主張的合法抗辯主要有真實職業資格、營運需要與積極行動，分述如下：

1. **真實職業資格**：當求職人或受雇人的宗教信仰、性別或原國籍等是一種「真實職業資格」（bona fide occupational qualification，簡稱 BFOQ），對事業單位的正常營運是合理需要時，雇主以求職人或受雇人的宗教信仰、性別或原國籍等作為僱用之條件，並不會構成違法的就業歧視行為。真實職業資格必須具備下列要件：

(1) **工作實質要件**：為滿足真實職業資格，雇主必須證明其拒絕僱用的求職人或受到差別待遇之受雇人無法安全且有效率地執行該項工作。舉例而言，空服員工作的主要功能為安全且有效率地將乘客運送至目的地，雖然大部分的顧客比較喜歡女性空服員提供的機上服務，在乘客心理上可能較男性空服員為佳，但顧客此種偏好與空服員工作的主要功

能並無關係，因此，雇主不得以顧客的偏好作為一種真實職業資格而拒絕僱用男性空服員。然而，此原則亦有例外情形，當顧客偏好會根本地影響受雇人執行工作的主要功能時，顧客偏好即可構成真實職業資格，例如，當醫院要對受過性侵害的女性病人提供心理治療時，此種病人對與男性互動已有障礙，此時醫院以性別作為僱用心理治療師之標準即可構成真實職業資格。

雇主基於對特定群體的「保護」目的所採用之具有就業歧視效果的僱用措施亦不能作為一種真實職業資格，因為雇主欲保護某特定群體（如女性）的目的與女性能否安全且有效率地執行該項工作無關。例如，從事礦業、營造業或貨運業之雇主因其所提供的工作係骯髒、危險或艱辛的，為了保護女性之安全而拒絕僱用女性並不能構成所謂的真實職業資格。

(2) **全部或幾乎全部要件**：主張真實職業資格時，雇主必須證明「全部或幾乎全部」被排除僱用之特定群體的求職人或受到差別待遇之受雇人無法執行該工作的主要功能。因此，當執行某特定工作需要許多體力時，雇主不得因大部分女性的體力較男性差，而拒絕僱用女性或解僱女性，但如果被排除僱用之特定群體的求職人或受雇人雖有能力執行該項工作的主要功能，但會帶給雇主或其他第三人其他實質的風險，且去除該項風險是不切實際或成本過高的，則在此種情形下，雇主仍可主張真實職業資格。例如，雖然女性警衛有能力管理男性監獄，但由於女性警衛較易引起男性受刑人的攻擊，且一旦此種事件發生，對雇主（監獄）的管理與安全會造成相當大的損害，因此雇主在此種情形下可主張真實職業資格以拒絕僱用女性擔任警衛。

(3) **合理需要要素**：真實職業資格對雇主事業的正常營運必須是合理需要的，因此，若雇主可以找到一個合理的替代方案來取代拒絕僱用某特定群體的求職人或給予特定群體受雇人差別待遇之僱用措施時，雇主即不能主張真實職業資格。然而，雇主尋找合理替代方案的責任並非絕對的，如果尋找合理替代方案會造成雇主對工作的重新分配，或是對其他受雇人帶來顯著的負擔，則雇主仍可主張真實職業資格。例如，雇主雖不能因受雇人懷孕無法勝任原來之工作而將之解僱，但雇主亦沒有責任為了繼續僱用無法勝任工作的懷孕受雇人而為其安排一個與受雇人專業或技能無關的工作。

2. **營運需要**：營運需要是另一種雇主可以主張免責的抗辯。當雇主誠信地採用「中性的選擇措施」，而此種方式會對就業歧視法律所保護之特定群體的求職人的就業機會造成負面影響時，雇主必須證明該「中性的選擇措施」對其事業的營運係「合理需要」的，否則不論雇主採用此種僱用措施的動機為何，皆會構成就業歧視。

   由於營運需要抗辯亦涉及「合理需要」的要件，因此很容易與「真實職業資格」抗辯混淆，以下為兩者之重要差異：

   (1) 當雇主的僱用措施明白地拒絕僱用就業歧視法律所保護特定群體之求職人或給予此種受僱人差別待遇時，其得以「真實職業資格」作為抗辯以合法化該項僱用措施；「營運需要」抗辯則適用在雇主採用形式上中性公平的僱用措施，但卻會對就業歧視法律保護特定群體之求職人或受僱人造成負面影響的情況。

   (2) 雇主主張「真實職業資格」抗辯時所負擔的舉證責任較主張「營運需要」抗辯時為重。當雇主主張「真實職業資格」抗辯時，受到雇主差別待遇的求職人或受僱人是該特定群體的「所有」求職人或受僱人，如所有的女性求職人，因此雇主必須證明其所採用的僱用措施與該工作的有效執行有「絕對的必要性」（absolute necessity）。然而，雇主在主張「營運需要」抗辯時，其所採用的僱用措施並未將就業歧視法律所保護特定群體之求職人或受僱人「全部」排除，而只是對該特定群體的求職人或受僱人產生負面影響，因此，雇主只須證明其所採用的僱用措施與該工作的有效執行有「顯著的關係」（manifest relationship）即可。

   (3) 當雇主主張「營運需要」抗辯時，求職人或受僱人可以進一步地舉證說明雇主採用該項僱用措施真正的動機在於妨礙特定群體的受僱人或求職人的就業機會。只要原告舉證成功，雇主雖已證明其僱用措施與該工作的有效執行有「顯著的關係」，該僱用措施仍構成就業歧視措施。然而，當雇主主張「真實職業資格」抗辯時，雇主的動機並不重要，重點在於雇主採用該項僱用措施對有效安全地執行該項工作是否有「絕對的必要性」，只要雇主可以證明該僱用措施對有效安全地執行該項工作有「絕對的必要性」，即使雇主的動機不正當，該項僱用措施亦不會構成就業歧視。

3. **積極行動**：積極行動（affirmative action）之目的在於促使雇主積極僱用就業歧視法律所保障之特定群體，其適用對象為總統行政命令第11246號（Executive Order 11246）所規範之雇主。由於制定就業歧視法律之目的在於消弭職場中特定群體之求職人或受僱人間受僱不平衡的現象，並促進少數及弱勢群體的就業，故其目的與積極行動的目的是相同的。因此，當雇主採取積極行動方案（affirmative action programs）特別保障女性或少數族裔的就業機會，因此遭致男性與白種求職人主張「反向歧視」（reverse discrimination）時，雇主即得以「積極行動」作為抗辯來正當化該項僱用措施。

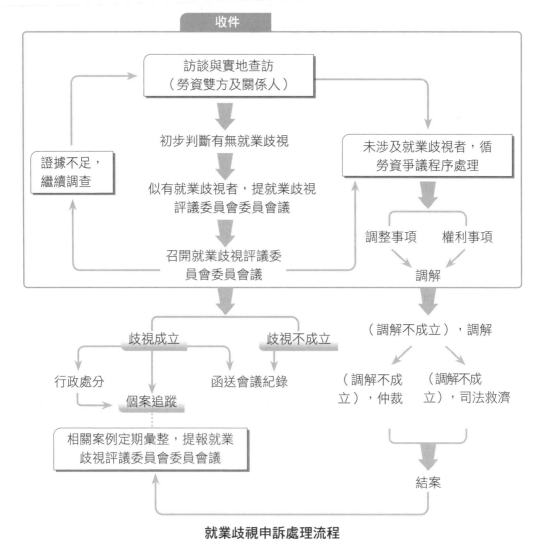

就業歧視申訴處理流程

十二、就業諮詢

(一)定義

就業諮詢（Employment Counseling）是指就業諮詢人員與其服務對象一起努力的一個過程，經由此過程，接受諮詢者有較清晰的自我了解、獲得職業世界的知識，能更加理性而實際的選擇、改變或調整職業。就業諮詢的主要目的，在於讓有意願工作者能藉由不同的支持性計畫或行動的執行，得到工作機會。支持性行動有些僅需時間與金錢成本都不高的服務，協助個人解決選擇職業、轉業及工作適應問題後，找到一份適性工作；或者需要透過一段時間之適合個人性向的職業訓練，或者學校教育的再進修後，重返原來的工作崗位。

(二)服務內容

張本聖針對臺灣就業諮詢體系的特性，分別以執行「簡易諮詢」、「深度就業諮商」及「就業促進研習」等三類就業諮詢工作人員分別說明所需的訓練如下：

1. **簡易諮詢人員及就業促進活動研習人員所需職前訓練**
   (1)與就業服務相關之業務訓練（含瞭解就業市場、就業服務相關業務、及方案評估）。
   (2)簡易諮詢理念及技巧訓練（含會談技巧、諮商技巧、就業媒合技巧、特殊族群相關知識及工作分析）。

2. **深度就業諮商人員所需職前訓練**
   (1)就業諮詢理論與技巧。
   (2)就業資訊與就業諮詢結合的訓練。
   (3)其他與就業諮詢、就業能力及就業媒合相關之訓練。

   依據目前公立就業服務機構就業諮詢服務對象的定義，並非所有的求職者皆需要經過就業諮詢的服務程序，依服務對象需要諮詢服務內容的深度，主要分為綜合服務區與諮詢服務區兩個階段：

   (1)**綜合服務區**：進入綜合服務區的求職人主要在接受簡易諮詢服務，其服務對象包含：
   A.申請失業給付初認定者。
   B.失業給付認定達三次以上者。
   C.一般求職者且為就業弱者及經基礎電腦能力測試有單元能力不合格者。
   上述對象進入簡易諮詢由綜合服務區人員依簡易諮詢紀錄表各項內容諮詢填表後登錄於就業服務資訊系統，諮詢內容包括：

A. 最近一次的工作年資。　　B. 失業前總年資。

C. 前三年換工作次數。　　　D. 工作能力。

E. 就業意願。　　　　　　　F. 自行尋職能力。

G. 表達能力。　　　　　　　H. 提升數位能力需要。

I. 參加創業諮詢的必要性。　J. 參加職業訓練必要性。

簡易諮詢由各就業服務站之就業服務員負責，依諮詢評估結果，或推介求職人就業，或轉介個案管理員做深度就業諮詢。

(2) **諮詢服務區**：個案管理服務轉介個案管理區之求職者一般為簡易諮詢評估後有就業意願但因工作目標不清、就業能力薄弱、參加職業訓練必要性高、失業認定達三次以上，或有藥癮、酒癮或家暴者。另外尚有經社政、衛政等其他單位轉介或綜合服務區發現應立即由個管業輔員協助之專案個案。個管業輔員依個案之狀況為求職者擬訂個別的處遇計畫，提供個案多次就業諮詢、職業訓練諮詢、安排參加就業促進研習活動、推介就業、或轉介醫療、社福機構等。求職個案處遇計畫的擬訂，係由個管業輔員依據「個案管理分類服務檢視表」，依表列項目檢視求職人個人狀況而決定處遇。

(3) **就業促進研習活動**

　A. **參加對象**：參加就業促進研習活動的目的在提升求職技巧，大致上有兩類對象可參加，第一類是由簡易諮詢轉介個管業輔員服務者，經檢視後認為需要提升尋職技巧者。其次是有就業需求但尋職技巧不足的求職者，不需經就業服務機構轉介而參加者。

　B. **服務內容**：就業促進研習主要講授有關求職動機，有關求職技巧之履歷表撰寫、面談技巧、口語表達、穿著禮儀等，進行的方式有約30人之一般班次，以及10人左右的團體工作坊。

　C. **職業訓練諮詢**：若求職人的就業能力不足，個管業輔員可依據「職業訓練諮詢紀錄表」評估求職人參加職業訓練的必要性，並協助其決定適性的參訓職類。而評估的項目包括參訓動機、目的、意願及期望、參加訓練的阻力和助力，以及參訓計畫等。評定結果符合推介參加職業訓練的求職人，個管業輔員應開立推介單，協助其聯繫在職類與訓練時程、地點適合的訓練班次，並協調訓練單位讓求職人前往受訓。另外，協助申請職業訓練生活津貼，並在求職人參訓後追蹤參訓的情形。

職業訓練政策與法令

重點綱要

一、定義

為準備就業的準勞工或已就業的新進員工與在職勞工所提供的工作上所需技能與相關知識的訓練。

二、我國職業訓練的發展沿革

(一)初步發展階段（民國34～54年）。
(二)職業訓練制度建構階段（民國55～64年）。
(三)職業訓練機構建制階段（民國65～76年）。
(四)職業訓練積極推展階段（民國76～99年）。
(五)職業訓練躍升階段（民國100年開始）。

三、職業訓練政策與方案

四、英國職業訓練制度

(一)建立人力資本投資驗證制度，讓企業願意致力投資員工以提升績效，誘發企業對員工訓練需求，歡迎已接受長期訓練學員進入企業服務。
(二)建立職能標準，掌握職務所需知識、技術及態度等資訊。
(三)鼓勵職能教材之研發並給予認證，以確保教材的有效性。
(四)辦理人員的能力鑑定及認證。
(五)技職教育與訓練均適用各該職能標準、教材及人員之認證，以確保教育及訓練之有效性。

五、美國職業訓練制度

通過人力投資法的作法如下：

(一)州政府以社區學院為中心，結合企業訓練及工作崗位，協助未進入大學的高中畢業生參與短期課程的職業訓練。

(二)建立單一窗口，提供整合性服務。

(三)建置績效評鑑系統，獎勵好機構，較差機構交由市場機制運作。

(四)通過國家技能標準法，建構出技能標準、評估認證系統，作為產業技能評鑑與認證基準。

六、德國職業訓練制度

主要措施：

(一)師資來源嚴格，專業地位受到社會肯定。

(二)成立研發機構，致力訓練結構、訓練規範、教學過程、訓練模式及教學媒體等研製。

(三)辦理養成訓練崗位（企業端）的調查。

(四)提供青少年職業諮商、職業探索活動及訓練崗位媒介。

七、職業訓練法重點

(一)職業訓練對象及內容

1. 未就業國民實施的職前訓練。
2. 已就業國民實施的在職訓練。

(二)職業訓練機構種類

1. 政府機關設立者。
2. 事業機構、學校或社團法人等團體附設者。
3. 財團法人設立者。

(三)實施方式及其對象

1. **養成訓練**：15歲以上或國民中學畢業國民，實施有系統職前訓練，由職業訓練機構辦理。
2. **技術生訓練**：事業機構培養基層技術人力，招收15歲以上或國民中學畢業者實施之訓練。

3. **進修訓練**：增進在職技術員工專業技能與知識，提高勞動生產力實施之訓練，由事業機構自行辦理、委託辦理或指派參加國內外專業訓練。
4. **轉業訓練**：為職業轉換者獲得轉業所需之工作技能與知識，所實施之訓練，由職業訓練機構辦理

八、訓練品質系統（TTQS）

(一)計畫緣起

(二)目標

1. 建置訓練品質管理體制。
2. 辦理訓練品質規範評核與輔導服務組織網絡及服務品質之管理。
3. 訓練品質管理訓練課程規劃與師資培訓。
4. TTQS專屬網站建置與經營。
5. 推廣行銷等各項基礎工作。
6. 訂定訓練品質系統未來發展之中程計畫。

(三)作法

執行策略：
1. 辦理評核委員及輔導顧問之遴選、回訓與管理。
2. 辦理教育訓練講師之遴選、管理與課程規劃。
3. 辦理評核、輔導及教育訓練服務之規劃與各分區服務中心之督導管理。
4. 訓練品質系統發展規劃。
5. 資訊整合與管理。
6. 行銷推廣。

(四)五大構面

1. 計畫。　　　　　2. 設計。　　　　　3. 執行。
4. 查核。　　　　　5. 成果評估。

九、職能基準

(一)緣起　　　　　(二)定義　　　　　(三)級別

(四)職能基準品質認證　　　(五)職能導向課程品質管理

內容精論

一、定義

職業訓練（Vocational training）是指為準備就業的準勞工或已就業的新進員工與在職勞工，為教導就業所需職業技能或提升其工作上所需的工作技能與相關知識，所實施的各種訓練。

依照我國「職業訓練法」規定，職業訓練係指為培養及增進工作技能所實施的訓練。實施方式分為養成訓練、技術生訓練、進修訓練及轉業訓練。

依照日本「職業訓練法」的規定，職業訓練係指為開發及提高求職者或受僱者職業上所必需的能力而實施之訓練。職業訓練亦可擴大解釋為，泛指一切培養或增進職業能力的各種訓練活動。

二、我國職業訓練的發展沿革

我國較具正式職業訓練的歷史發展，由初步萌芽到成長，由成長到發展，到最後職訓體制的建立，王典謨認為可分為五個發展階段，茲簡述如下：

(一)**初步發展階段（民國34年至54年）**：職業訓練的概念最早見於民國34年的四大社會政策綱領，其中「戰後社會安全初步設施綱領」中的第4條、第5條，均有職業訓練的概念和作法。這兩條的規定包括創造就業機會、辦理職業訓練，以及對身心殘廢者施以特殊訓練；雖然內容簡略，但目標正確，由於政府撤守臺灣，五大社會政策難以付諸施行，尤以職業訓練的政策和做法，更因此延宕。

政府遷臺後以至民國54年止，此時期的職業訓練均由政府與民間配合本身需要，各自辦理，缺乏整體規劃，亦未有明確的職業訓練政策，惟政府在此階段協助建立若干具代表性的職業訓練機構和項目，如中國生產力及貿易中心的「管理發展訓練」，政治大學公企教育中心的「主管經理人員在職訓練」，及金屬工業發展中心之「示範技術訓練」等。

民國53年執政黨中國國民黨曾通過「民生主義現階段社會政策」，將國民就業列為七大社會政策之一，其主要內容包括就業、轉業及在職訓練，建立工廠學徒制度，由於尚未建立整體職業訓練制度，故未有實際整體行動。

(二)**職業訓練制度建構階段（民國55年至64年）**：政府於民國52年11月嚴家淦先生接任行政院長時才提出培養「人力資源」的口號，人力訓練問題才開始受到重視。民國53年春，行政院國際經濟合作發展委員會成立人力資源發展委員會，委員會下設「人力發展小組」。此人力發展小組分八個工作小組，經過一年多邀集專家學者及各機關團體代表百餘人集會研究討論，獲致結論提出研究報告，人力發展小組根據各分組報告，綜合彙總成總報告，然後配合此總報告，配合當時及未來需要，擬具「人力資源發展計畫草案」，再經人力資源研討會的討論，改為「人力發展計畫草案」，同年送請行政院公布實施。

行政院遂於民國55年9月8日通過「人力發展計畫」，該計畫分為三部分，即長期計畫目標、中期計畫方案和短期實施方案，其中以中期計畫方案和短期實施方案對職業訓練事項規定最多，也最具體。例如：

1. **中期計畫方案訓練**

(1)設置中央職業訓練委員會。　(2)設立全國職業訓練中心。

(3)擴大辦理各類職業訓練。　(4)建立訓練標準。

(5)舉辦技藝競賽。　(6)實施技工考試及證書制度。

2. **短期實施方案訓練**

(1)成立職業訓練協會，以推動目前迫切需要的各類訓練。

(2)建立學徒制度。

(3)編訂訓練標準及訓練教材。

(4)辦理技藝競賽及技工考試發證制度。

(5)籌設中央訓練委員會及全國職業訓練示範中心。

(6)研究草擬法案，徵收職業訓練費。

尤其值得重視的是整個人力發展計畫中，在中期計畫方案中有「就業安全體制之組織及功能表」，規定在內政部勞工司下設就業安全局，辦理就業服務、失業保險、職業訓練等事項，同時還設中央職業訓練委員會，由內政部、國防部、教育部、經濟部、青輔會及經合會代表組成，作為規劃協調之機構。在整個人力發展計畫中也只有職業訓練列有實施進度表及經費預估表，由此可見當時對職業訓練這項工作的重視。

而民國55年行政院院會通過公布的「人力發展計畫」，到目前為止也是我國最具完整規劃規模的人力發展計畫。而此計畫所揭櫫的目標、計畫及實施方案也都成為其後職業訓練的工作，主要內容如下：

　　A.民國57年成立工業職業訓練協會，並開始推動全國技能競賽大會。

　　B.民國58年開始辦理技能競賽。

　　C.民國61年與62年完成職業訓練金條例並付諸實施。

　　D.民國57年經濟部分別成立南區及北區職業訓練中心。

　　E.民國59年青輔會成立第一青年職訓中心積極辦理職訓工作。

在第二階段的另一項重大職業訓練相關事項，就是政府於民國61年2月公布職業訓練金條例，並於民國62年3月開始實施。按照規定由製造、營造、礦業、水電、煤氣及交通運輸等業約3千家事業單位每月提繳職業訓練金，辦理職業訓練。由於條例規定，事業單位所提繳的職訓金，必須設立職訓機構，提出訓練計畫才可將職訓金動支回去辦理訓練，各事業單位為了退回其所繳職訓金以辦理本身所需技術員工之訓練，轉而向內政部申請設立職訓機構，前後登記設置之職訓機構共達730所，其中公民營事業附設職訓機構有536所，專業及學校附設者共194所，因此可以想見當時我國職業訓練乃呈現一片蓬勃的氣象。可惜民國63年底因受石油危機國際經濟不景氣的影響，職訓金停止提繳，各事業單位大部分不再訓練其員工，所附設的職訓機構亦名存實亡。

雖然職業訓練金條例實施不到2年，但無可否認的，該條例為我國職業訓練的首次立法，且初步開展了我國的職業訓練，在我國職業訓練發展歷史上，自有其重要的地位。

(三)**職業訓練機構建制階段（民國65年至76年）**：由於民國63年職業訓練金停收，各事業單位不再積極辦理訓練工作，有鑑於職業訓練培育技術人力的重要性，行政院乃於民國65年11月成立「專技及職業訓練小組」，其主要任務為：「負責專技及職業訓練政策及推行計畫之審議，對各部會執行訓練計畫之聯繫與協調，及其他有關人力資源發展及運用之建議及推動等項」。

該小組成立之後，針對當時就業市場技術人力之短期需要，於民國66年訂定67年度職業訓練推行方案，由政府編列專案經費8076萬元，列入內政部預算，發展職業訓練。此外，如將青輔會第一青年訓練中心的遷建，工業職業訓練協會的經費，經濟部北區訓練中心的建築設備費，省、市所屬職業訓練中心的擴展經費及技能檢定費用包括在內，當年經費共達2億餘元。這次政府第一次有計畫的正式編列預算來推動職業訓練，並將職業訓練帶入一個由政府主導的新階段，實具有重要的意義。

專技及職訓小組復於民國66年7月訂定「推行職業訓練五年計畫」，並規定每年度分別訂定年度方案據以實施。該小組自成立以來，積極全面展開工作，貢獻甚多，由於小組偏重於聯繫協調，且無專責人員執行業務，以致職業訓練之事權仍然不能有效集中。政府有鑑於此，決定在中央設置主管機構，俾做整體之規劃與推動。進行內政部組織法修改，在內政部增設職業訓練局，掌理全國職業訓練、技能檢定及就業輔導等事項。民國70年1月21日內政部職業訓練局組織條例完成立法，同年3月2日內政部職業訓練局正式成立。而職業訓練的法源依據——職業訓練法，亦於民國72年12月5日經總統公布，付諸施行，使我國的職業訓練體系，漸趨完備。

(四)**職業訓練積極推展階段（民國76年至99年）**：民國76年8月1日行政院勞工委員會成立，其主要業務除原屬內政部勞工司的主要業務職掌之外，並將職業訓練局納入，職訓局所轄北中南等三所職訓中心及泰山職業訓練中心亦一併納入勞委會行政體系之內，使我國的職業訓練體系整合為整體勞工行政體系的一環。

自民國76年勞委會成立以來，一方面政府在民國76年7月1日政治解嚴，直接間接帶動各種勞工運動風潮勃興，對勞工政策與行政帶來相當大的衝擊。而在職業訓練方面，民國70年代正適值我國產業結構快速調整，產業升級為經濟發展的重要政策，但在產業升級以及部分勞力密集產業紛往海外發展之餘，依賴勞力密集產業的就業人口，開始面臨工廠因關廠或業務減縮所帶來的失業問題。同時，民國81年5月8日就業服務法通過施行，開始引進移工和外傭，對本國的就業結構產生相當鉅大的影響。而在這些內在和外在因素的影響下，職業訓練局必須積極規劃其施政計畫和方案，以紓解從民國84年以來逐漸攀升的國內失業人口問題，以及提供各項職業訓練方案，協助事業機構員工或失業勞工接受各項職業訓練，進而達到充分就業的目標，此外，職業訓練機構也面臨訓練職種轉型的問題，因此我們可以說，在這個階段，職業訓練必須更加積極推展其方案與措施。

(五)**職業訓練躍升階段（民國100年開始）**：職業訓練法條文大幅修正，技能認證不僅由國家辦理考試，民間機關亦可辦理，合格者將核發證書，效力等同全國技術士技能檢定。另，為提高技能水準，建立證照制度，除

中央機關辦理技能檢定之外，亦可委託相關機關、團體辦理，並對合格者核發證書，方便民眾求職或敘薪。職業訓練除由原規範的職業訓練機構辦理，工會、學校等也可辦理。讓臺灣地區的技能檢定語職業訓練邁入更多元化時代。

三、職業訓練政策與方案

我國職業訓練所秉持的基本精神為憲法「人民工作權應予保障」、「人民具有工作能力者，應予適當之工作機會」，及「國家為改良勞工及農民之生活，應制定保護勞工及農民之法律，實施保護勞工及農民之政策」。其主要的職業訓練政策有：

(一)民國54年執政黨國民黨九屆二中全會通過「民生主義現階段社會政策」，將國民就業列為七大社會政策之一。

(二)民國58年執政黨國民黨十全大會通過「現階段社會建設綱領」，亦將職業訓練與就業輔導列為重要社會建設項目。

(三)民國58年執政黨國民黨二中全會通過「現階段加強國民就業輔導工作綱領」，均有關職業訓練之政策宣示。

(四)民國70年執政黨十二全大會通過「貫徹復興基地民生主義社會經濟建設案」，其中有關職業訓練相關政策者，計有：「擴大技能訓練，促進就業安全；加強人力規劃，提高職訓能量及水準，輔導各業聯合辦理訓練，大量培育技術人力，提高職業道德。擴大辦理技能檢定，建立職業證照制度，改進就業服務，健全就業市場組織，逐步建立就業安全體系」。

其次，在職業訓練相關的方案和立法，從民國70年代以來，依其年代先後，主要有下列重要職業訓練方案和立法：

(一)民國71年7月行政院核頒「加強推動職業訓練工作方案」，做為政府推動職業訓練的主要依據。方案內容為擴充職訓能量，提升職業訓練水準以及建立職業訓練制度等三大項。

(二)民國72年訂頒職業訓練法，為當前職業訓練的主要立法依據，民國75年依該法發布職業訓練法施行細則，為執行的參考依據。

(三)民國75年行政院核定「第二期加強推動職業訓練工作方案」賡續推動民國71年開始實施的「加強推動職業訓練工作方案」，方案執行期間為期四年，至民國79年止。第二期方案的重要內容為強化職業訓練功能、加

　強公共訓練機構之運作、推動企業辦理職業訓練，建立生涯訓練體制，促進國民充分就業，並提高職業訓練層次，擴大辦理技能檢定，健全職業訓練制度、研訂職業訓練標準，加強職訓機構管理，強化技術士證照功能等要項。

(四)民國77年行政院通過「現階段勞工政策綱要第一期執行方案」，執行期間從民國77年至80年。其中有關職業訓練部分，主要有：「辦理勞工教育，鼓勵勞工進修，加強職業訓練，增進勞工知能，實現勞工充分就業之目標」。

(五)民國80年行政院通過「現階段勞工政策綱要第二期執行方案」，執行期間從民國80年至84年。主要方案內容仍賡續第一期方案的主要項目。

(六)民國86年4月行政院勞委員發布「就業安全政策白皮書」。

　有關職業訓練政策之策略目標與內容詳見下圖。

(七)民國100年修正職業訓練法。

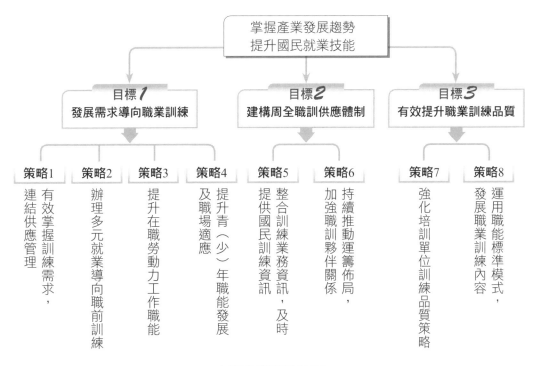

臺灣職業訓練地圖

四、英國職業訓練制度

英國在加入歐洲共同市場（歐盟）之前，面對著歐洲整個巨大的經濟體，及充沛的勞動力（與我國面臨中國大陸的崛起有相似的狀況），他們決定先從內部改變，提升英國的人力素質，提升國家及產業競爭力後，再加入歐盟，從近幾年來英國加入歐盟後的表現，顯現其作法是具有相當成效及值得借鏡的。

英國訂定「青年協定計畫」（the New Deal for Young People），在就業部門提供周密及專業的諮商與輔導，篩選適當且有意願的青少年給予長期（1年為主）的全時教育或訓練，或邊工作邊接受部分工時的職業訓練，其訓練時間比成年人訓練長，作用是盡可能讓青少年先接受完整的教育或訓練後，再進入職場。

英國為確保教育或訓練的有效性，且能在訓練後能順利進入職場發揮所學，另外推動五項重要措施：

(一)建立「人力資本投資驗證制度」，讓企業承諾願意致力投資員工以提升企業績效，並誘發出企業對員工訓練的需求，及歡迎已接受長期訓練的學員進入企業服務。

(二)建立職能標準，以掌握職場或職務上所需的知識、技術及態度等資訊，作為教育、訓練課程設計及設定僱用條件之用。

(三)鼓勵職能教材之研發並給予認證，以確保教材的有效性。

(四)辦理人員的能力鑑定及認證。

(五)技職教育與訓練均適用各該職能標準、教材及人員之認證，以確保教育及訓練之有效性。

五、美國職業訓練制度

美國職業訓練主要係依附在職業教育體系內並以就業輔導為目的，國際上大都把美國的職業訓練劃屬為企業為基礎的市場導向模式；我國的大學教育、職業教育、社區大學等體制，過去有很大的部分曾借鏡美國的作法。

美國在1998年通過「人力投資法」（Workforce Investment Act），授權州與地方成立「人力投資委員會」，推動相關事宜，並將青年列為主要服務對象之一，相關作法如下：

(一)州政府以社區學院為中心，結合企業訓練及工作崗位，協助未進入大學的高中畢業生參予短期課程的職業訓練。

(二)建立單一窗口,提供整合性服務,大致內容有:
 1. 協助求職者自我發展,職業訓練及支持性協助的「核心服務」。
 2. 提供就業諮詢,個人規劃及短暫性職前研習的「密集服務」。
 3. 協助求職者適應工作,技能調整進級培訓的「培訓服務」。
(三)建置績效評鑑系統,獎勵好的機構,較差的機構交由市場機制運作。
(四)1994年通過「國家技能標準法」(National Skills Standards Act),
  以建構出技能標準、評估認證系統,作為各該產業的技能評鑑與認證基
  準,以確保訓練的有效性。

另美國非常著重年輕人獨立、自力的培養,從其15至19歲的勞動參與率高達
40%以上,可看出美國年輕人積極進入職場學習工作技能及賺取學費、生活費
的趨勢,與我國青少年延遲進入職場的現象有相當顯著的差異。

綜上,美國視職業訓練為短期實用的「職業教育」或「推廣教育」、「成人
教育」的一部分,統稱「VET」(Vocational Education and Training)。職
業訓練中央主管機關為勞工部就業與訓練署(Employment & Training Ad-
ministration)。將公共職業訓練視為一項促進「就業」與「再就業」的工
具,必要時,委託推廣教育機構(如Community College)辦理。1973年的
「綜合就業及訓練法案」,1982年的「工作訓練夥伴法案」,1998年的「勞
動力投資法案」,其重點大致都在如何運用「職業訓練」的配合來促進就業。

六、德國職業訓練制度
德國的職業訓練以二元制養成訓練為主幹,亦享譽國際,我國技職教育、職
業訓練很多的作法亦受其影響。

德國二元制訓練以招收15至16歲的青少年為主,幾乎是技職教育訓練唯一
的管道;其實作技術養成訓練部分,係由事業單位負責,在企業內舉辦(可
稱最貼近職場實況的訓練),故事業單位乃成為參與職業訓練和負擔訓練經
費的主體,再由學校實施補習教育,讓受訓者同時能學到應有的專業知識道
德。為確保訓練成效,還有下列主要的措施:
(一)師資來源非常嚴格,實作老師需有相當的學經歷,並通過訓練師考試或
  相關的國家考試,同時需負起培養學生做人處事的能力之責,其專業地
  位受到社會的肯定。

(二)成立研發機構，致力訓練結構、訓練規範、教學過程、訓練模式及教學媒體等研製。

(三)辦理養成訓練崗位（企業端）的調查。

(四)提供青少年職業諮詢、職業探索活動及訓練崗位媒介。

綜上，德國人堅信，實用專精的技能只有在工作崗位上才學得到，在學校是學不到的。但是相關教育還是有賴於學校的師資與教學設施。所謂「二合一制」就是讓完成第一階段九年義務教育的青少年，先選擇一個企業簽訂「學徒契約」，然後以三至三年半的時間，一方面在企業中，在工作崗位上接受訓練；一方面依照規定以部分時間到附近的「職業學校」接受相關教育，為十二年國教的一部分。學徒制方面，勞動條件的監督由「勞動與社會部」負責，訓練課程規範及學校的配合教育方面由教育部主管，訓練的實際督導則由「工商總會」體系負責。

七、職業訓練法重點

(一)**職業訓練的界定及其目的**：「職業訓練」依「職業訓練法」第3條規定，是指對未就業國民所實施之職前訓練及對已就業國民所實施之在職訓練；實施方式分養成訓練、技術生訓練、進修訓練、轉業訓練及殘障者職業訓練。

目的在於培養國家建設技術人力，提高工作技能，促進國民就業。

(二)**職業訓練機構的種類**：職業訓練機構包括下列三類：

1. 政府機關設立者。
2. 事業機構、學校或社團法人等團體附設者。
3. 以財團法人設立者。

(三)**職業訓練的實施方式**：職業訓練的實施計分別採養成訓練、技術生訓練、進修訓練及轉業訓練等方式行之：

1. **養成訓練**：係對15歲以上或國民中學畢業之國民，所實施有系統之職業訓練，由職業訓練機構辦理。
2. **技術生訓練**：係事業機構為培養其基層技術人力，招收15歲以上或國民中學畢業之國民，所實施之訓練。
3. **進修訓練**：係為增進在職技術員工專業技能與知識，以提高勞動生產力所實施之訓練。由事業機構自行辦理，委託辦理或指派其參加國內外相關之專業訓練。

4. **轉業訓練**：係為職業轉換者獲得轉業所需之工作技能與知識，所實施之訓練，由職業訓練機構辦理。（見下表）

職業訓練之類型與目的

類型	對象	辦理機構	目的
養成訓練	15歲以上或國民中學畢業之國民	職訓機構	職前訓練
技術生訓練	15歲以上或國民中學畢業之國民	專業機構自行辦理	技術職前訓練
進修訓練	在職技術員工	事業機構自行辦理	專業訓練
轉業訓練	職業轉換者	職訓機構	轉業所需之技術能力

八、訓練品質系統（TTQS）

(一)計畫緣起

　　知識經濟時代中，人力資本是最重要的生產力要素之一，人才培訓成為各產業升級發展之基礎工作，在倡導事業機構投資所屬員工之人力資本之同時，更應致力於確保訓練品質與績效，以強化事業機構及訓練單位之辦訓意願與能力，進而協助勞工有效提升職場競爭力。有鑑於此，職訓局特別針對訓練規劃、設計、執行、查核、成果評估等階段擬訂訓練品質系統（Taiwan Training Quality System，TTQS），以確保訓練流程之可靠性與正確性，自民國103年8月1日起更名為「Talent Quality－Management System（人才發展品質管理系統）」。

　　訓練品質系統之建立，除可提升事業機構與訓練單位辦訓能力與績效外，亦廣泛運用於職前訓練及在職訓練計畫之訓練單位，做為辦訓體質之辨識工具。在擴大訓練品質系統運用範圍之前，可再精進「訓練品質系統」相關作業之服務品質，讓事業機構及訓練單位熟悉使用訓練品質系統。有關系統制度化發展，提升其應用價值與執行品質，讓TTQS成為

國內辦訓最客觀、最公正、最具代表性之檢測工具，朝與國際接軌目標邁進。

(二)**目標**

逐步建立完整且具公信力的訓練品質系統－－建置訓練品質管理體制，透過專案執行組織之專業能力，辦理訓練品質規範評核與輔導服務組織網絡及服務品質之管理、訓練品質管理訓練課程規劃與師資培訓、TTQS專屬網站建置與經營及推廣行銷等各項基礎工作，並訂出訓練品質系統未來發展之中程計畫。以提升訓練品質系統之相關作業服務品質，擴大企業訓練的廣度及深度強化事業機構與訓練單位辦訓能力與績效，做為辦訓體質之辨識工具。

具體目標策略如下：

1. 建置訓練品質管理體制。
2. 辦理訓練品質規範評核與輔導服務組織網絡及服務品質之管理。
3. 訓練品質管理訓練課程規劃與師資培訓。
4. TTQS專屬網站建置與經營。
5. 推廣行銷等各項基礎工作。
6. 訂定訓練品質系統未來發展之中程計畫。

(三)**作法**

達成目標的執行策略有：

1. 辦理評核委員及輔導顧問之遴選、回訓與管理。
2. 辦理教育訓練講師之遴選、管理與課程規劃。
3. 辦理評核、輔導及教育訓練服務之規劃與各分區服務中心之督導管理。
4. 訓練品質系統發展規劃。
5. 資訊整合與管理。
6. 行銷推廣。

(四)**五大構面**

參酌「ISO10015品質管理—訓練指南」及英國人才投資認可制度內容就訓練有關之計畫（Plan）、設計（Design）、執行（Do）、查核（Review）、成果評估（Outcome）等五大構面制定。

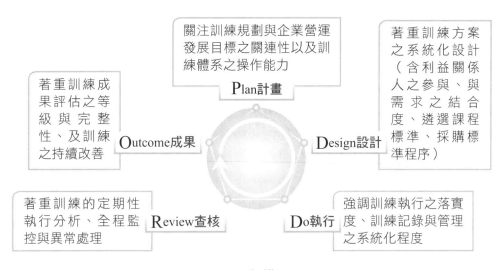

著重訓練成果評估之等級與完整性、及訓練之持續改善

關注訓練規劃與企業營運發展目標之關連性以及訓練體系之操作能力

Plan計畫

著重訓練方案之系統化設計（含利益關係人之參與、與需求之結合度、遴選課程標準、採購標準程序）

Outcome成果

Design設計

著重訓練的定期性執行分析、全程監控與異常處理

Review查核

Do執行

強調訓練執行之落實度、訓練記錄與管理之系統化程度

TTQS架構圖

九、職能基準

(一)緣起

隨著全球化與知識經濟時代的來臨，產業結構與技術快速變遷。為促進產業創新，改善產業環境，提升產業競爭力，民國99年5月立法通過的「產業創新條例」，其考量人才在產業發展過程中扮演重要角色，因此第18條特別明定各中央目的事業主管機關得依產業發展需要，訂定產業人才職能基準及核發能力鑑定證明，並促進國際相互承認，以協助提升產業所需人才素質。

另民國100年9月「職業訓練法」修正通過第4條之1：「中央主管機關（註：指勞動部）應協調整合中央目的事業主管機關所定之職能基準、訓練課程、能力鑑定規範與其辦理職業訓練相關服務資訊，以推動國民就業所需之職業訓練及技能檢定。」基上，為整合應用各中央目的事業主管機關因應產業需求開發之產業職能基準，以強化職業訓練之內涵與成效，並提升我國人才培訓體系之運作效能，勞動部目前已建置職能發展應用平臺（簡稱iCAP平臺，網址http://icap.wda.gov.tw），整合並公布各中央目的事業主管機關發展之職能基準，供各界參考及應用。

(二)定義

職能基準（Occupational Competency Standard, OCS）指產業創新條例第18條所述，為由中央目的事業主管機關或相關依法委託單位所發展，為完成特定職業（或職類）工作任務，所需具備的能力組合。此能力組合應包括該特定職業（或職種）之主要工作任務、行為指標、工作產出、對應之知識、技術等職能內涵的整體性呈現。在職能的分類上，是為專業職能，闡述專業職能是員工從事特定專業工作（依部門）所需具備的能力。產業職能基準的內涵中，職能的建置必須考量產業發展之前瞻性與未來性，並兼顧產業中不同企業對於該專業人才能力之要求的共通性，以及反應從事該職業（專業）能力之必要性。因此，職能基準不以特定工作任務為侷限，而是以數個職能基準單元，以一個職業或職類為範疇，框整出其工作範圍描述、發展出其工作任務，展現以產業為範疇所需要能力內涵的共通性與必要性。

(三)級別

職能基準為從業人員所需的職能組合。針對各職能進行分級之主要目的，在於透過級別標示，區分能力層次以做為培訓規劃的參考。

職能基準表之職能級別共分為6級，主要係參考新加坡、香港、澳洲、歐盟，以及學理上較成熟之美國教育心理學家布魯姆（Benjamin Samuel Bloom）教育目標理論等，經加以研析萃取後，研訂符合我國國情之職能級別。

職能級別	
級別	能力內涵說明
6	能夠在高度複雜變動的情況中，應用整合的專業知識與技術，獨立完成專業與創新的工作。需要具備策略思考、決策及原創能力。
5	能夠在複雜變動的情況中，在最少監督下，自主完成工作。需要具備應用、整合、系統化的專業知識與技術及策略思考與判斷能力。
4	能夠在經常變動的情況中，在少許監督下，獨立執行涉及規劃設計且需要熟練技巧的工作。需要具備相當的專業知識與技術，及作判斷與決定的能力。
3	能夠在部分變動及非常規性的情況中，在一般監督下，獨立完成工作。需要一定程度的專業知識與技術及少許的判斷能力。
2	能夠在大部分可預計及有規律的情況中，在經常性監督下，按指導進行需要某些判斷及理解性的工作。需具備基本知識、技術。
1	能夠在可預計及有規律的情況中，在密切監督及清楚指示下，執行常規性及重複性的工作。且通常不需要特殊訓練、教育及專業知識與技術。

(四) **職能基準品質認證**

職能基準品質管理機制就是以確保職能基準品質為首要目標，透過職能基準審核指標對相關單位所產出職能基準進行指引、檢驗與確保其發展與影響應用之系統化過程。

職能基準品質管理機制之推動，將針對符合品質要求的職能基準，給予認證標章，並透過平臺公告，以利培訓單位、學校、企業等機構，可運用於該領域相關之人才培育發展與人力資源規劃，透過明確的產業職場所需能力規格的明確化，更能加速人力發展，符合勞動市場及產業的需求，截至民國113年6月累計發展833項職能基準。

由於職能基準是連結職能缺口重要的推動工具，此系統化過程首要確認產業發展的需求程度、建置過程的嚴謹性與代表性、與產出成果的適當性與公信力。綜合國內發展職能基準，與其他國家如美國、澳洲、新加坡等發展國家職能之經驗歸納，依據產業職能基準特性，將諸多

指標依照系統分析理論中，以McGrath（1964）輸入（Input）-過程（Process）-產出（Output）模式（簡稱為I-P-O），作為指標構面，整理分成需求面（Input）-流程面（Process）-結果面（Output）三大面向，並依前項重點要求，爰就各品質構面發展審核指標、要求條件，以及其說明與檢附文件。

(五) **職能導向課程品質管理**

職能導向課程品質管理機制是以確保職能導向課程品質作為首要目標，透過職能導向課程審核指標對相關單位所產出之職能導向課程進行檢驗，以確保課程發展與訓練成果的過程，具有高品質的保證，且符合產業及勞工就業力的需求。目的即確認課程發展的需求程度、設計與發展的嚴謹性與適切性，實施與成果的有效性。

職能導向課程品質管理機制之推動，將針對符合品質要求的課程，給予認證標章，將可使這些課程與其他訓練課程有所辨識區隔，並促使目前的訓練課程與產品，更能符合勞動市場及產業發展的需求。

職能導向課程審核指標是掌握職能導向課程品質管理機制運作效能，對培訓產業的課程發展、建置、產出成果具有重要判準。經綜合國內外發展職能導向課程之經驗，結合職能導向課程特性，將諸多指標依照ADDIE教學設計模型，即所謂的分析（Analysis）、設計（Design）、發展（Development）、實施（Implementation）、評估（Evaluation）五大面向歸納，並依據各面向之重點要求，發展審核指標。

就業保險政策與法令

🎯 **本章焦點**

一、失業的定義及分類

二、就業保險定義與分類

三、就業保險法重點摘要及修法建議

重點綱要

一、失業定義與類型

(一)**定義**：無工作、隨時可以工作及正在尋找工作。

(二)**類型**

1. 循環（景氣）性失業。　　2. 技術性失業。

3. 結構性失業。　　4. 摩擦性失業。

5. 季節性失業。

二、失（就）業保險意義與功能

(一)**意義**

1. 是一種在職的社會保險制度。

2. 失業保險給付的申請者必須是非自願性失業。

3. 被保險人重獲新工作後即應停止給付。

(二)**功能**

1. 維護勞工生活。

2. 促進社會經濟結構活絡。

3. 維護經濟、社會、政治安定。

三、失（就）業保險的目的

(一)基本目的
1. 在非自願失業期間提供現金給付。　　2. 維持勞工原有的生活水準。
3. 提供安置或求職緩衝期。　　　　　　4. 幫助失業勞工再就業。

(二)次要目的
1. 發揮反循環效果。　　　　　　　　2. 改進社會成本的分配。
3. 人力利用的改進。　　　　　　　　4. 鼓勵雇主穩定僱用。
5. 維持熟練的勞動力。

四、失業保險制度設計考量

(一)財源與財務管理。　　　　　　(二) 等待期。
(三)給付資格。　　　　　　　　　(四) 給付水準與方式。
(五)給付期限。　　　　　　　　　(六) 與就業推介及職業訓練的關係。

五、就業保險法重點分析

(一)立法與修正。　　　　　　　　(二) 立法宗旨。
(三)主管機關。　　　　　　　　　(四) 監理單位。
(五)保險人。　　　　　　　　　　(六) 被保險人。
(七)保險費率與精算。

(八)保險給付
1. 失業給付。　　　　　　　　　　2. 提早就業獎助津貼。
3. 職業訓練生活津貼。　　　　　　4. 育嬰留職停薪津貼。
5. 失業之被保險人及隨同被保險人辦理加保之眷屬全民健康保險保險費補助。

(九)保險給付請領條件
1. **失業給付**：被保險人於非自願離職辦理退保當日前3年內，保險年資合計滿1年以上，具有工作能力及繼續工作意願，向公立就業服務機構辦理求職登記，自求職登記之日起14日內仍無法推介就業或安排職業訓練。
2. **提早就業獎助津貼**：符合失業給付請領條件，於失業給付請領期間屆滿前受僱工作，並參加本保險3個月以上。
3. **職業訓練生活津貼**：被保險人非自願離職，向公立就業服務機構辦理求職登記，經公立就業服務機構安排參加全日制職業訓練。

4. **育嬰留職停薪津貼**：被保險人之保險年資合計滿1年以上，子女滿3歲前，依性別平等工作法之規定，辦理育嬰留職停薪。

(十) **保險給付內容**

1. **失業給付**：按申請人離職辦理本保險退保之當月起前6個月平均月投保薪資60%按月發給，最長發給6個月。年滿45歲或領有社政主管機關核發之身心障礙證明者，最長發給9個月。

2. **提早就業獎助津貼**：符合失業給付請領條件，於失業給付請領期限屆滿前受僱工作，並依規定參加本保險為被保險人滿3個月以上者，得向保險人申請，按其尚未請領之失業給付金額之50%，一次發給提早就業獎助津貼。

3. **職業訓練生活津貼**：被保險人非自願離職，向公立就業服務機構辦理求職登記，經公立就業服務機構安排參加全日制職業訓練，於受訓期間，每月按申請人離職辦理本保險退保之當月起前6個月平均月投保薪資60%發給職業訓練生活津貼，最長發給6個月。

4. **育嬰留職停薪津貼**：以被保險人育嬰留職停薪之當月起前6個月平均月投保薪資60%計算，於被保險人育嬰留職停薪期間，按月發給津貼，每1子女合計最長發給6個月。同時撫育子女2人以上之情形，以發給1人為限。

(十一) **領取保險給付之請求權**：自得請領之日起，2年間不行使而消滅。

六、就業保險促進就業實施辦法重點分析

內容精論

一、失業定義與類型

(一) **定義**

依據行政院主計總處界定，失業者（失業人口）是指在資料標準週內，年滿15歲以上，同時具有下列條件者：

1. 無工作。　　　　2. 隨時可以工作。　　　　3. 正在尋找工作。

此外，尚包括等待恢復工作者，以及已找到職業而未開始工作亦無報酬者。另根據中華民國職業標準分類，則將其補充為凡在資料標準期內，年滿15歲以上同時具有：

1. 無工作。
2. 隨時可以工作。
3. 正在尋找工作三項條件者稱為失業者。

　　下列勞動力亦屬之：

1. 尋找有酬工作而尚未獲工作者，包括過去從事有酬工作，現已離開其工作崗位，正在尋找有酬工作者；過去尚未從事有酬工作，初次尋找工作者；過去係雇主、無酬家屬工作者，或已退休之工作者，而正在尋找有酬工作者。
2. 現未工作，正在等待恢復原有工作而未獲得報酬之暫時解僱（Lay-off）者。
3. 現未工作，但已覓妥新工作，或自己籌建經營事業，將在30日內開始工作或營業，而現無報酬者。

(二)類型

　　失業類型概可分為以下五大類：

1. **循環（景氣）性失業**（cyclical unemployment）：大多發生於經濟景氣循環的低谷時期，因在此時期企業生產減少，造成勞動總需求減少，而使失業增加。此種失業主要係有效需求不足所造成的失業，當勞動需求下降，在現行的工資率下，某些勞工會被解僱。最初，勞工並不知被解僱的真正原因是因為雇主不再需要他，還是因為勞動總需求減少的緣故。當他們不知勞動市場已經惡化，仍繼續以原有的工資率尋找工作時，失業率即為之提高。由於此種失業係由於勞動總需求減少所致，許多勞工欲以原有工資率找到新工作的機會將非常渺小，他們實際失業期間將比預期的要長。最後，失業者終將降低其預期而願意接受較低的工資，但此均需要時間，在等待失業者降低其所預期的期間內，勞動總需求可能更下降，高度的循環性失業可能會繼續甚至會更嚴重。此種失業又稱為「總需求不足失業」或「週期性失業」。

2. **技術性失業**（technological unemployment）：由於產業改變生產方法，以致不諳新方法者失業，或因採取自動化而大量裁員以致失業等。技術性失業為結構性失業之一種，結構性尚包括產品喪失市場所造成的失業，而技術性失業則在產品市場仍然存在，只是生產方式改變所造成的失業。由於技術的改變通常將增進勞動生產力，使生產既定數量的產出僅須僱用較少的勞力就能達成其生產目標，因此，若干經濟學家認為技術的改變是導致勞工失業的主要因素之一。來自個人技術不足或被機器或其他技術所取代的失業。

3. **結構性失業**（structural unemployment）：由於經濟結構改變使得某些類型的工作消失，而失業者對新創的工作機會又缺乏技能可以勝任，這種失業謂之結構性失業。

結構性失業的原因很多，例如：

(1) 需求面的改變，更換了某些行業對技術的要求。在轉變過程中，某些技能逐漸被淘汰，而另一些新的技能則大量短缺。

(2) 年輕而無經驗的勞工，無法達到工作職位的技術要求。

(3) 政府支出的鉅大改變，將使某一產業或地區減少就業機會。

(4) 制度性的因素，如新的勞工立法，可能減低雇主對員工實施在職訓練的興趣，而對公司在職員工訓練費用的免稅，則可以促進勞工與工作間的配合。

Anderson & Jensen（2002）歸納整理不同觀點對結構性失業的理論性解釋，指出結構性失業主要有二大面向：(1)低技術人員存在著薪資與生產力的落差；(2)無彈性與扭曲的保護掩飾市場功能。個別的解決之道，見下表。

結構性失業二大面向與解決之道

面向	解決之道
低技術人員存在著薪資與生產力的落差	1. 更大的薪資彈性：較低的強制性薪資結構或較低的薪資；同時社會保障也要降低以及藉由稅制的補償救濟不平等。 2. 更高的生產力：對失業者有較積極性的協助或藉由教育以提高人力素質。 3. 對低生產力提供補貼性服務。
無彈性與扭曲的保護掩飾市場功能	1. 對就業保障更多彈性。 2. 工時有更多彈性。 3. 避免扭曲及稅制上的反誘因之福利體系。 4. 福利給付的適用範圍，需要經過更嚴格的工作要求查驗。

資料來源：Andersen & Jensen（2002）

4. **摩擦性失業**（frictional unemployment）：由於勞動市場中某些機能不完全，使得適合空缺職位的失業者無法立即就業，而仍舊處於失業狀況，此類失業稱為摩擦性失業。造成摩擦性失業的原因，通常是因就業資訊缺乏

以及尋找工作不力所造成。職位空缺可能正足以配合求職者的需求，且這些求職者的資格也能符合雇主的要求；然而摩擦性失業仍然會發生，因為合格的求職者得花代價——需要時間——去瞭解廠商是否需要他們的勞動，反之亦然。

雇主很少會僱用第一個應徵的求職者，他們總想要僱用最合適的人；同樣地，求職者通常也不大願意立刻接受第一個應徵到的職位，他們會在各種可能的機會中選擇一個最適合的工作。所有這些求才與求職的行動都要花費時間，在這段時間中，求職者就成為經濟體系中的摩擦性失業。

5. **季節性失業**（seasonal unemployment）：有些商品的產銷，受到不同氣候或消費者購買習性的影響，以致有旺季和淡季之分，生產此類產品的勞工在淡季即可能出現失業現象，此種失業即屬於季節性失業。就氣候言，農產品與農產加工業在生產上有鮮明的季節性；而冷飲業則在銷售上亦有季節性色彩。就消費者購買習性言，其與節慶有關的消費品，無論是在生產上或銷售上，均有其季節性。不過，季節性失業有自我彌補的辦法，自亞當‧史密斯的「國富論」起，古典學派經濟學家都假設季節性失業可因較高的工資率而得以大部分補償；晚近資料亦顯示，季節性失業高的行業，其平均工資高於他業。

二、失（就）業保險的意義與功能

(一)意義

失業保險為對勞工失業期間所給與的現金給付，以替代其所喪失或減少的部分薪資之失業補償方式。從國際比較資料看，失業給付不是只有失業保險給付一種方式而已，尚有失業補助（以工代賑、以訓代賑）、資遣費等，故仍宜依不同失業勞工特質，廣泛地規劃不同類型而完整的失業補償。

失業保險係一種強制性的社會保險制度，其旨在保障在職勞工自遭遇非自願性失業至再就業時，過渡期間之最低生活要求的一種社會保險。由其中意義可知其特性有三：

1. 失業保險為一種在職的社會保險制度，即參與失業保險之勞工必須具有工作能力，且有工作者；若現無工作者或無工作能力者將無法參加保險。

2. 失業保險給付的申請者必須是非自願性失業。對於勞工無適當理由而擅自離職者；或因自身過失而遭解僱者；或直接參與勞動爭議而罷工或停工者，均不予給付。

3. 失業保險給付目的在對參加保險之被保險人，於短期失業期間喪失或中斷其所得時，給與維持其最低生活安全的保障，故被保險人重獲新工作後即應停止給付。

(二)功能

由於失業保險目的在保障在職勞工在具有工作能力及意願下而短期失業時，提供失業給付以維持其失業時最低生活的安全；至其最終則在於配合就業服務，迅速脫離失業狀態，以獲得再就業的機會。故失業保險具調節社會經濟的功能，如前述其不僅對勞工個人有利，且對整個社會、經濟、政治都有裨益。茲就此三方面說明失業保險的功能：

從維護勞工生活而言	失業保險使勞工獲得最低收入來維持正常生活，接受訓練，渡過求職期間達到重新就業。
從社會經濟結構而言	失業保險是促進工業社會求新求變的潤滑劑，對於新技術、新設備、新人才可靈活運用，而不致窒礙難行。
從維護經濟、社會、政治安定而言	失業保險在維持勞工最低收入，其社會購買力不致中斷亦使經濟得以安定。蓋失業保險的保費多由勞資雙方或政、勞、資三方面負擔，產生所得再分配的功能，以維護社會安定，而經濟及社會安定，也是政治安定的有力基礎。

三、失（就）業保險的目的

失業保險目的可依直接或間接功能分為基本目的與次要目的兩種。其中基本目的旨在協助勞工遭遇非自願性失業期間的所得維持，而次要目的在於促進經濟效率與穩定。

(一)**基本目的**：一般失業保險最重要的目的，係在幫助勞工解決其所得維持的問題，俾使勞工在失業期間的工資喪失，可藉失業給付來代替部分工資，減輕其經濟困難。至於其他均屬次要。大部分勞工失業期間通常屬短期，失業給付係按期發給，但勞工可能因接受職業訓練或其他原因而延長，而失業給付將有助於失業勞工在重整期間，提供經濟上幫助，而不影響其正常生活。

1. **在非自願失業期間提供現金給付**：失業保險的目的之一係在勞工非自願性
失業期間，以不傷害失業勞工自尊的方式下提供現金給付。對失業勞工而
言，接受這種給付是項權利，他們遭遇短期解僱是主要的失業危險。因
此，失業保險通常只提供短期失業給付，至於長期性失業，通常在失業保
險給付範圍之外。而衡量長期和短期的其他尺度須加以考慮的，包括人力
訓練計畫、資遣勞工再訓練、緊急協商及再安置等。

2. **維持勞工原有的生活水準**：失業保險提供的給付金額和給付期間，可使勞
工維持原有的生活水準。對暫時失業的勞工所提供的失業給付，及其原有
工資間維持著一種合理的關係，即盡量維持失業勞工原有的生活水準。

3. **提供安置或求職緩衝期**：由於失業保險的另一重要目的在提供適當給付，
使得暫時失業的勞工能夠有緩衝時間，來尋求符合其工作技術和經驗的職
業，而無須重新建立新的工作關係。失業給付使其能夠為等待重回原有工
作，而忍受短期的失業。此外，失業給付亦使有一技之長，卻永遠無法回
到原有工作的失業勞工，有時間尋找適合其工作技術與經驗的新工作。

4. **幫助失業勞工再就業**：失業保險的最後一個目的在於協助失業勞工獲得新
工作。失業保險透過職業訓練和就業服務之密切配合，促使勞工重獲職
業，若勞工遭受免職，則需要職業再訓練或克服其他就業障礙，就業中心
正可提供此一訊息並做一媒合。

(二)**次要目的**

1. **發揮反循環效果**：在經濟不景氣時失業給付支出增加，以支助失業勞工所
得和消費之用。這種效果不論在地區性失業或全國性的經濟蕭條上均會發
生。同時並可藉提高失業給付金額與給付期來增加其反循環效果。顯然，
失業保險具有自動安定的功能。

2. **改進社會成本的分配**：失業保險的另一目的乃依雇主的解僱經驗，將失業
的社會成本分配給雇主。如果廠商的失業經驗高，所負擔的失業成本也會
高，雇主會以提高產品價格的方法來分擔成本。因此，雇主有改進資源分
配的必要，由特定財貨和勞務的生產來負擔失業的社會成本。

3. **人力利用的改進**：通常失業保險會低於一般工資水準，以減少只領給付而
不願工作的情況，並求領受給付者，必須接受就業服務，以使失業者再度
回到就業市場，因之，失業保險可促人力充分利用。

4. **鼓勵雇主穩定僱用**：通常失業保險利用經驗率來鼓勵雇主穩定僱用，即解僱率高，則失業保險費率也會提高。據跡象顯示，在各種產業中，因失業經驗不同而有不同的保險費率，無疑地，有許多廠商能透過積極的努力，來穩定僱用，以減少其失業保險的費用。

5. **維持熟練的勞動力**：失業保險能使雇主暫停生產期間，仍保有其熟練或有經驗的勞工，而有助於勞動供應的穩定。因為失業給付能提供所得維持，維持此段失業期間的生活需要，使熟練或有經驗的勞工不致於被迫另尋新職，當雇主恢復生產需要他們時，又可以自由回到原崗位上。

四、失業保險制度設計考量

整體而言，失業保險制度的設計與運作，需考量面向計有：

1	財源與財務管理	雇主、被保障者的負擔比率；以及行政組織管理的組成。
2	等待期	失業事實發生至領取給付間是否必須過一定期間，以排除道德風險（moral hazard）。等待期通常是3至7天。
3	給付資格	參加失業保險的最低繳費期間的要求，以及失業期間的零星收入的處理。
4	給付水準與方式	給付方式計有二種：均等給付與所得相關。前者指請領者的給付額為定額的；後者則依投保薪資而異，或依家庭結構（依賴人口數）而不同。給付水準約在40%至75%。
5	給付期限	失業給付的最高領取期間，通常是8至36週，又該期間常與過去繳費紀錄有關。
6	與就業推介及職業訓練的關係	是否先進行就業機會推介或職業訓練，兩者間的關係度為何。

民國90年中期以前，消極性的勞動市場政策，即藉由失業給付、提早退休以及工作分享為主要的政策，尤其是失業給付的持續擴大。消極性勞動市場政策的持續，可能來自政策惰性或時間落差的效果，隨即開始推展積極性勞動市場政策。

五、就業保險法重點分析

(一)**立法與修正**：最近一次修正為民國111年1月12日。

(二)**立法宗旨**：提昇勞工就業技能，促進就業，保障勞工職業訓練及失業一定期間之基本生活。

(三)**主管機關**：中央為勞動部；在直轄市為直轄市政府；在縣（市）為縣（市）政府。

(四)**監理單位**：勞工保險監理委員會。

(五)**保險人**：勞工保險局。

(六)**被保險人**：年滿15歲以上，65歲以下之下列受僱勞工，應以其雇主或所屬機構為投保單位，參加本保險為被保險人：

　1. 具中華民國國籍者。

　2. 與在中華民國境內設有戶籍之國民結婚，且獲准居留依法在臺灣地區工作之外國人、大陸地區人民、香港居民或澳門居民。

　3. 前項所列人員有下列情形之一者，不得參加本保險：

　　(1)依法應參加公教人員保險或軍人保險。

　　(2)已領取勞工保險老年給付或公教人員保險養老給付。

　　(3)受僱於依法免辦登記且無核定課稅或依法免辦登記且無統一發票購票證之雇主或機構。

(七)**保險費率與精算**：費率1%至2%（現行費率1%），保險人每3年應至少精算一次，由中央主管機關聘請精算師、保險財務專家、相關學者及社會公正人士9至15人組成精算小組審查。

(八)**保險給付**：分下列五種：

　1. 失業給付。　　　　　　　　2. 提早就業獎助津貼。

　3. 職業訓練生活津貼。　　　　4. 育嬰留職停薪津貼。

　5. 失業之被保險人及隨同被保險人辦理加保之眷屬全民健康保險保險費補助。

(九)**保險給付請領資格及給付內容**

　1. **失業給付**

　　(1)**請領資格**：被保險人同時具備下列條件，得請領失業給付：

　　　A. 非自願離職。

　　　B. 離職退保當日前3年內，保險年資合計滿1年以上者。

　　　C. 具有工作能力及繼續工作意願。

D. 向公立就業服務機構辦理求職登記，14日內仍無法推介就業或安排
職業訓練。

(2) **給付標準**：失業給付每月按申請人離職辦理本保險退保之當月起前6
個月平均月投保薪資60%發給，自申請人向公立就業服務機構辦理求
職登記之第15日起算。

被保險人非自願離職退保後，於請領失業給付期間，有受其扶養之眷
屬者，每1人按申請人離職辦理本保險退保之當月起前6個月平均月投
保薪資10%加給給付，最多計至20%。前項所稱受扶養眷屬，指受被
保險人扶養之無工作收入之配偶、未成年子女或身心障礙子女。

(3) **給付期間**

A. 失業給付最長發給6個月。但申請人離職辦理本保險退保時已年滿45
歲或領有社政主管機關核發之身心障礙證明者，最長發給9個月。

B. 中央主管機關於經濟不景氣致大量失業或其他緊急情事時，於審酌
失業率及其他情形後，得延長前項之給付期間最長至9個月，必要
時得再延長之，但最長不得超過12個月。但延長給付期間不適用第
13條及第18條之規定。

C. 前項延長失業給付期間之認定標準、請領對象、請領條件、實施期
間、延長時間及其他相關事項之辦法，由中央主管機關擬訂，報請
行政院核定之。

D. 受領失業給付未滿前3項給付期間再參加本保險後非自願離職者，得
依規定申領失業給付。但合併原已領取之失業給付月數及依第18條
規定領取之提早就業獎助津貼，以發給前3項所定給付期間為限。

E. 依前4項規定領滿給付期間者，自領滿之日起2年內再次請領失業給
付，其失業給付以發給原給付期間之二分之一為限。

F. 依前項規定領滿失業給付之給付期間者，本保險年資應重行起算。

G. 本保險年資應重行起算，係指就業保險年資並不影響被保險人原有
之勞工保險年資。

勞工保險與就業保險是兩種不同的社會保險制度，保費計收與給付內
容均各不相同，都由勞工保險局承辦。失業給付係屬就業保險之給付
項目，依據就業保險法規定，本保險（就業保險）年資重行起算，指
被保險人於參加就業保險期間，依法繳納就業保險保險費之保險年資
而言，與勞工保險之保險年資無關。

(4) **給付金額之扣除**：申請人於受領失業給付期間另有工作者，其每月工作收入未超過基本工資者，其該月工作收入加上失業給付之總額，超過其平均月投保薪資80%部分，應自失業給付中扣除。但總額低於基本工資者，不予扣除。

2. **提早就業獎助津貼**

(1) **請領資格**：被保險人同時符合下列情形者，得申請提早就業獎助津貼：

A. 符合失業給付請領條件者。

B. 於失業給付請領期限屆滿前受僱工作，並依規定參加就業保險滿3個月以上者。

(2) **給付標準**：按被保險人尚未請領之失業給付金額（以最後一次失業給付金額為基礎）之50%，一次發給提早就業獎助津貼。

3. **職業訓練生活津貼**

(1) **請領資格**：被保險人同時符合下列情形者，得申請職業訓練生活津貼：

A. 非自願離職。

B. 向公立就業服務機構辦理求職登記。

C. 經安排參加全日制職業訓練者。

(2) **給付標準**

A. 職業訓練生活津貼自受訓之日起算，於申請人受訓期間，每月按其離職辦理本保險退保之當月起前6個月平均月投保薪資60%發給職業訓練生活津貼。

B. 職業訓練生活津貼係按月於期末發給，並按申請人實際參訓起迄時間，以30日為1個月核算發放；其訓練期間未滿30日者，依下列方式核算發放；中途離、退訓者，訓練單位應通知勞保局，停止發放。10日以上且訓練時數達30小時者，發放半個月。20日以上且訓練時數達60小時者，發放1個月。

C. 被保險人非自願離職退保後，於請領職業訓練生活津貼期間，有受其扶養之眷屬者，每1人按申請人離職辦理本保險退保之當月起前6個月平均月投保薪資10%加給津貼，最多計至20%。

前項所稱受扶養眷屬，指受被保險人扶養之無工作收入之配偶、未成年子女或身心障礙子女。

(3) **給付期間**：被保險人因同一非自願離職之保險事故，經公立就業服務機構安排參加一次或多次職業訓練，其請領職業訓練生活津貼之期間應合併計算，最長以發給6個月為限。

4. **育嬰留職停薪津貼**

(1) **請領資格**：被保險人同時具備下列條件，得請領育嬰留職停薪津貼：

　　A. 保險年資合計滿1年以上。

　　B. 子女滿3歲前。

　　C. 依性別平等工作法之規定，辦理育嬰留職停薪。

(2) **給付標準**：按被保險人育嬰留職停薪之當月起前6個月平均月投保薪資60%計算，於被保險人育嬰留職停薪期間，按月發給津貼，每一子女合計最長發給6個月。（110年7月1日起政府加發20%育嬰留職停薪薪資補助，與育嬰留職停薪津貼合併發給，無須另行申請，相關補助要點及常見問答詳見育嬰留職停薪薪資補助專區）

(3) **給付期間**

　　A. 自育嬰留職停薪之日起至期滿之日止，按月於期初發給。但被保險人提前復職者，計至復職之前1日止；中途離職者，計至離職當日止。未滿1個月者，以1個月計。

　　B. 所謂未滿1個月者，以1個月計，係針對最後一期之津貼，非以曆月為單位切割。茲舉兩例如下：育嬰留職停薪起日為每月1日者：A君自1月1日至4月10日申請育嬰留職停薪，如經勞保局審核符合請領條件，其領取津貼如下：第1期：1月1日至1月31日。第2期：2月1日至2月28日（如當年度為閏年則為29日）。第3期：3月1日至3月31日。第4期：4月1日至4月10日，因未滿1個月，仍會以1個月計算發給，故第4期津貼實際係領取至4月30日止，合計共領取4個月。

　　育嬰留職停薪起日非屬每月1日者：B君自7月29日至10月19日申請育嬰留職停薪，如經勞保局審核符合請領條件，其領取津貼如下：第1期：7月29日至8月28日。第2期：8月29日至9月28日。第3期：9月29日至10月19日，因未滿1個月，仍會以1個月計算發給，故第3期津貼實際係領取至10月28日止，合計共領取3個月。

5. **補助全民健康保險費**
   (1) **請領資格**
      A. 失業之被保險人。
      B. 被保險人離職退保當時，隨同被保險人參加全民健康保險之眷屬，且受補助期間為全民健康保險法第2條規定之眷屬或第6類規定之被保險人身分，但不包括被保險人離職退保後辦理追溯加保之眷屬。
   (2) **補助標準**：符合補助資格者，受補助期間按月全額補助參加全民健康保險自付部分之保險費。但依全民健康保險法所定補充保險費率計收之補充保險費，不予補助。
   (3) **補助期間**：以被保險人每次領取失業給付或職業訓練生活津貼期間末日之當月份，為全民健康保險補助月份，最長各為6個月，但離職退保時已年滿45歲或領有社政主管機關核發之身心障礙證明者，依請領失業給付期間最長可補助9個月。

就業保險各項給付資格及標準一覽表

分類	失業給付	提早就業獎助津貼	職業訓練生活津貼	育嬰留職停薪津貼	被保險人及其眷屬全民健康保險費補助
資格條件	被保險人同時具備下列條件，得請領失業給付： 1.非自願離職。 2.離職退保當日前3年內，保險年資合計滿1年以上者。 3.具有工作能力及繼續工作意願。 4.向公立就業服務機構辦理求職登記，14日內仍無法推介就業或安排職業訓練。	被保險人同時符合下列情形者,得申請提早就業獎助津貼： 1.符合失業給付請領條件者。 2.於失業給付請領期限屆滿前受僱工作，並依規定參加就業保險滿3個月以上（不同單位之保險年資可合併計算）者。	被保險人同時符合下列情形者，得申請職業訓練生活津貼： 1.非自願離職。 2.向公立就業服務機構辦理求職登記。 3.經安排參加全日制職業訓練者。	被保險人同時具備下列條件，得請領育嬰留職停薪津貼： 1.保險年資合計滿1年以上。 2.子女滿3歲前。 3.依性別平等工作法之規定，辦理育嬰留職停薪。	1.失業之被保險人。 2.被保險人離職退保當時，隨同被保險人參加全民健康保險之眷屬，且受補助期間為全民健康保險法第2條規定之眷屬或第6類規定之被保險人身分，但不包括被保險人離職退保後辦理追溯加保之眷屬。

分類	失業給付	提早就業獎助津貼	職業訓練生活津貼	育嬰留職停薪津貼	被保險人及其眷屬全民健康保險費補助
給付標準	每月按申請人離職辦理本保險退保之當月起前6個月平均月投保薪資60%發給，自申請人向公立就業服務機構辦理求職登記之第15日起算。	按被保險人尚未請領之失業給付金額（以最後一次失業給付金額為基礎）之50%，一次發給提早就業獎助津貼。	1.自受訓之日起算，於申請人受訓期間，每月按其離職辦理本保險退保之當月起前6個月平均月投保薪資60%發給職業訓練生活津貼。 2.按月於期末發給，並按申請人實際參訓起迄時間，以30日為1個月核算發放。	按被保險人育嬰留職停薪之當月起前6個月平均月投保薪資60%計算，於被保險人育嬰留職停薪期間，按月發給津貼，每一子女合計最長發給6個月。110年7月1日起政府加發20%育嬰留職停薪薪資補助，與育嬰留職停薪津貼合併發給。	受補助期間按月全額補助參加全民健康保險自付部分之保險費。但依全民健康保險法所定補充保險費率計收之補充保險費，不予補助。
給付期間	1.最長發給6個月。但申請人離職辦理本保險退保時已年滿45歲或領有社政主管機關核發之身心障礙證明者，最長發給9個月。 2.中央主管機關於經濟不景氣致大量失業或其他緊急情事時，於審酌失業率及其他情形後，得延長前項之給付期間最長至9個月，必要時得再延長之，但最長不得超過12個月。		被保險人因同一非自願離職之保險事故，經公立就業服務機構安排參加一次或多次職業訓練，其請領職業訓練生活津貼之期間應合併計算，最長以發給6個月為限。	自育嬰留職停薪之日起至期滿之日止，按月於期初發給。但請領期間子女滿3歲者，計至子女滿3歲之前1日止；被保險人提前復職者，計至復職之前1日止；中途離職者，計至離職當日止。未滿1個月者，以1個月計。	以被保險人每次領取失業給付或職業訓練生活津貼期間末日之當月份，為全民健康保險補助月份，最長各為6個月，但離職退保時已年滿45歲或領有社政主管機關核發之身心障礙證明者，依請領失業給付期間最長可補助9個月。

分類	失業給付	提早就業獎助津貼	職業訓練生活津貼	育嬰留職停薪津貼	被保險人及其眷屬全民健康保險費補助
給付金額扣除或加發	申請人於受領失業給付期間另有工作者，其每月工作收入未超過基本工資者，其該月工作收入加上失業給付之總額，超過其平均月投保薪資80%部分，應自失業給付中扣除。但總額低於基本工資者，不予扣除。		被保險人非自願離職退保後，於請領職業訓練生活津貼期間，有受其扶養之眷屬者，每1人按申請人離職辦理本保險退保之當月起前6個月平均月投保薪資10%加給津貼，最多計至20%。	1.被保險人同時撫育2名以上未滿3歲子女，育嬰留職停薪津貼以發給1人為限，故先申請較年長子女較有利。 2.領取勞工保險傷病給付期間，不得同時請領育嬰留職停薪津貼。	符合補助資格者，勞保局將主動傳送補助資料至衛生福利部中央健康保險署，由該署檢據向勞保局辦理請撥款項及核銷事宜，該項補助被保險人毋須另外向勞保局提出申請。

六、就業保險促進就業實施辦法重點分析

(一)**公布日期**：99年5月3日公布施行，最近修正於112年6月29日

(二)**法源**：就業保險法第12條第4項

(三)**促進就業措施**：範圍如下：

1. **僱用安定措施。**
2. **僱用獎助措施。**
3. **其他促進就業措施**

(1)補助求職交通、異地就業之交通、搬遷及租屋費用。

　　A. **求職交通補助金**

　　　　(A) **資格條件**：失業被保險人親自向公立就業服務機構辦理求職登記，經公立就業服務機構諮詢及開立介紹卡推介就業，有下列情形之一者，得發給求職交通補助金：

　　　　　　a.其推介地點與日常居住處所距離30公里以上。

　　　　　　b.為低收入戶或中低收入戶。

　　　　(B) **發給標準**：每人每次發給新臺幣500元。但情形特殊者，得於新臺幣1,250元內核實發給。每人每年度求職交通補助金以4次為限。

B. **異地就業交通補助金**

(A)**資格條件**：失業被保險人親自向公立就業服務機構辦理求職登記，經諮詢及開立介紹卡推介就業，並符合下列情形者，得向就業當地轄區之公立就業服務機構申請核發異地就業交通補助金：

　　a. 失業期間連續達3個月以上或非自願性離職。

　　b. 就業地點與原日常居住處所距離30公里以上。

　　c. 因就業有交通往返之事實。

　　d. 連續30日受僱於同一雇主。

(B) **發給標準**：異地就業交通補助金依下列規定核發：

　　a. 勞工就業地點與原日常居住處所距離30公里以上未滿50公里者，每月發給新臺幣1千元。

　　b. 勞工就業地點與原日常居住處所距離50公里以上未滿70公里者，每月發給新臺幣2千元。

　　c. 勞工就業地點與原日常居住處所距離70公里以上者，每月發給新臺幣3千元。

　　最長發給12個月。

C. **搬遷補助金**

(A)**資格條件**：失業被保險人親自向公立就業服務機構辦理求職登記，經諮詢及開立介紹卡推介就業，並符合下列情形者，得向就業當地轄區之公立就業服務機構申請核發搬遷補助金：

　　a. 失業期間連續達3個月以上或非自願性離職。

　　b. 就業地點與原日常居住處所距離30公里以上。

　　c. 因就業而需搬離原日常居住處所，搬遷後有居住事實。

　　d. 就業地點與搬遷後居住處所距離30公里以內。

　　e. 連續30日受僱於同一雇主。

(B) **發給標準**：搬遷補助金以搬遷費用收據所列總額核實發給，最高發給新臺幣3萬元。

D. **租屋補助金**

(A)**資格條件**：失業被保險人親自向公立就業服務機構辦理求職登記，經諮詢及開立介紹卡推介就業，並符合下列情形者，得向就業當地轄區之公立就業服務機構申請核發租屋補助金：

　　a. 失業期間連續達3個月以上或非自願性離職。

　　　　b. 就業地點與原日常居住處所距離30公里以上。

　　　　c. 因就業而需租屋，並有居住事實。

　　　　d. 就業地點與租屋處所距離30公里以內。

　　　　e. 連續30日受僱於同一雇主。

　　(B) **發給標準**：租屋補助金自就業且租賃契約所記載之租賃日起，以房屋租賃契約所列租金總額之60%核實發給，每月最高發給新臺幣5000元，最長12個月。

(2) **推介從事臨時工作**：推介從事臨時工作並領取臨時工作津貼：

　　A. **資格條件**：公立就業服務機構受理失業被保險人之求職登記，經就業諮詢及推介就業，有下列情形之一，公立就業服務機構得指派其至政府機關（構）或合法立案之非營利團體（以下合稱用人單位）從事臨時工作：

　　　　(A) 於求職登記日14日內未能推介就業。

　　　　(B) 有正當理由無法接受推介工作。

　　B. **發給標準**：按中央主管機關公告之每小時基本工資核給，且1個月合計不超過月基本工資，最長6個月。失業被保險人2年內合併領取前項津貼、依就業促進津貼實施辦法領取之臨時工作津貼或政府機關其他同性質津貼，最長6個月。

(3) **辦理適性就業輔導**：公立就業服務機構受理失業被保險人之求職登記，辦理下列適性就業輔導事項：

　　A. 職涯規劃。

　　B. 職業心理測驗。

　　C. 團體諮商。

　　D. 就業觀摩。

(4) **協助雇主改善工作環境及勞動條件**：中央主管機關為協助雇主改善工作環境，促進勞工就業，得辦理下列事項：

　　A. 工作環境、製程及設施之改善。

　　B. 人因工程之改善及工作適性安排。

　　C. 工作環境改善之專業人才培訓。

　　D. 強化勞動關係與提升勞動品質之研究及發展。

　　E. 其他工作環境改善事項。

(5) **職場勞工身心健康及生活平衡**：中央主管機關為促進職場勞工身心健康，得協助並促進雇主辦理下列事項：

　A.工作相關疾病預防。

　B.健康管理及促進。

　C.勞工健康服務專業人才培訓。

　D.其他促進職場勞工身心健康事項。

(6) **促進職業災害勞工穩定就業**：中央主管機關為促進職業災害勞工穩定就業，得辦理下列事項：

　A.職業災害勞工重返職場之補助。

　B.雇主僱用或協助職業災害勞工復工之獎助。

　C.其他促進職業災害勞工穩定就業措施。

(7) **提升工會保障勞工就業權益能力**：中央主管機關為提升工會保障勞工就業權益之能力，得辦理下列事項：

　A.工會簽訂團體協約及進行勞雇對話之獎補助。

　B.工會參與事業單位經營管理之補助。

　C.工會協助勞工組織結社之補助。

　D.工會辦理就業權益教育訓練之補助。

　E.其他提升工會保障勞工就業權益能力之措施。

(8) **促進中高齡者及高齡者就業**：中央主管機關為協助中高齡者及高齡者就業，得辦理下列事項：

　A.職務再設計。

　B.繼續僱用補助。

　C.其他有關就業協助事項。

(9) **協助受影響勞工就業**：中央主管機關對受天災、事變或其他重大情事影響之勞工，得辦理下列事項：

　A.穩定就業協助。

　B.重返職場協助。

　C.其他有關就業協助事項。

(四) **僱用安定措施**

啟動諮詢會議討論：

1. 中央主管機關因景氣因素影響，致勞雇雙方協商減少工時，經評估有必要時，得召開僱用安定措施諮詢會議，辦理僱用安定措施。

2. 諮詢會議置委員15人至21人，任期3年，任一性別比例，不得低於全體委員人數之三分之一。

3. 諮詢會議得參採下列資料，就僱用安定措施啟動時機、辦理期間、被保險人薪資補貼期間、適用對象及其他相關事項提出諮詢意見：

　　(1) 事業單位受景氣因素影響情形。

　　(2) 各行業發展情形及就業狀況。

　　(3) 實施減班休息事業單位家數及人數。

　　(4) 失業率。

　　(5) 資遣通報人數。

　　(6) 其他辦理僱用安定措施之資料。

4. 辦理期間，最長12個月。但中央主管機關於評估無辦理必要時，得於前項辦理期間屆滿前，公告終止。

5. **薪資補貼**

　　(1) 資格條件：被保險人領取薪資補貼，應符合下列規定：

　　　　A. 於辦理僱用安定措施期間內，經被保險人與雇主協商同意實施減班休息期間達30日以上，並依因應事業單位實施勞雇雙方協商減少工時相關規定辦理。

　　　　B. 實施減班休息前，以現職雇主為投保單位參加就業保險達3個月以上。

　　　　C. 屬全時勞工，或有固定工作日（時）數或時間之部分時間工作勞工。

　　　　D. 未具請領薪資補貼之事業單位代表人、負責人、合夥人、董事或監察人身分。

　　(2) 發給內容：公立就業服務機構應依下列規定，發給被保險人薪資補貼：

　　　　A. 按被保險人於實施減班休息日前1個月至前3個月之平均月投保薪資，與實施減班休息後實際協議薪資差額之50%發給。但被保險人於現職單位受僱未滿3個月者，依其於現職單位實際參加就業保險期間之平均月投保薪資計算。

　　　　B. 前款實施減班休息後實際協議薪資，最低以中央主管機關公告之每月基本工資數額核算。但庇護性就業之身心障礙者及部分工時勞工，不在此限。

　　　　C. 每月不得超過勞工保險投保薪資分級表所定最高月投保薪資，與中央主管機關公告每月基本工資差額之50%。

　　　　D. 薪資補貼金額採無條件進位方式計算至百位數。

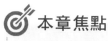
本章焦點
一、特定對象定義與不同對象特性
二、不同特定對象的失業或就業狀況與對策
三、臺灣最近促進特定對象就業相關計畫內涵

重點綱要

一、青年勞工就業現況

二、投資青年就業方案第二期
(一)產業趨勢分析及青年就業核心議題分析。
(二)方案第二期目標及策略。
(三)方案第二期具體措施。
(四)青年發展政策綱領。
(五)青年創業專案。
(六)未升學未就業青少年關懷扶助計畫。
(七)青年教育與就業儲蓄帳戶方案。
(八)初次尋職青年穩定就業計畫。

三、中高齡（45~64歲）及高齡者（65歲以上）勞動狀況

四、原住民就業促進

五、身心障礙者就業促進
(一)定義。　　　　　　　　　(二) 促進就業服務項目。
(三)身心障礙者就業與經濟狀況。　(四) 促進身心障礙者就業各項措施。
(五)促進就業中程計畫。　　　　(六) 身心障礙者職業重建計畫。
(七)支持性就業。　　　　　　(八) 庇護性就業。
(九)職務再設計。

六、新住民就業促進

(一)問題分析。　　　　　　　　　　(二) 就業問題。

(三)促進就業措施。

七、婦女就業促進

(一)婦女就業現況分析

　1. 性騷擾防治情形。　　　　　　2. 促進工作平等措施。

　3. 就業歧視情形。

(二)促進婦女就業相關服務

　1. 提供婦女就業機會。

　2. 提供就業諮詢。

　3. 提供創業諮詢服務。

　4. 提供中高齡者及特殊境遇婦女創業貸款利息補貼。

　5. 創業輔導措施。

(三)勞動市場性別歧視內涵及原因

　1. 性別歧視內涵。　　　　　　　2. 性別歧視原因。

(四)工作場所性騷擾

　1. 樣態。　　　　　　　　　　　2. 防治措施。

　3. 補正措施。　　　　　　　　　4. 調查期間之作為。

　5. 申訴、調查及處理。

(五)同酬日

內容精論

一、青年勞工就業現況

為了解青年勞工就業概況，勞動部於111年10至11月期間，以參加勞工保險且在職之本國籍受僱青年（15～29歲）勞工為調查對象，辦理「15-29歲青年勞工就業狀況調查」，計回收有效樣本4,029份，調查統計結果摘述如下：

(一)青年勞工就業現況

1. 青年勞工現職工作平均薪資為3.4萬元，計薪方式以月薪制占7成5最高

   74.9%青年勞工現職工作的計薪方式為月薪制，底薪加業績獎金占10.2%，時薪制占9.4%，其餘給薪方式比率皆不及5%。

   青年勞工現職工作平均每月薪資為34,019元，較109年增加1,732元，較101年增加6,594元。按教育程度觀察，薪資隨著教育程度的提高而增加，由國中及以下之26,327元增至研究所之50,805元。

青年勞工現職工作薪資與其計薪方式

單位：%

項目別	現職工作平均每人每月薪資（元）	總計	月薪制	日薪制	時薪制	按件計酬	底薪加業績獎金	無底薪績效制	其他
101年10月	27,425	100.0	78.7	3.6	10.4	0.6	6.8	-	-
103年10月	28,925	100.0	81.9	3.4	8.0	0.6	5.9	-	0.2
105年10月	29,427	100.0	80.9	2.7	11.3	0.2	4.9	-	-
107年10月	30,607	100.0	79.3	1.9	13.3	0.6	5.0	-	-
108年10月	31,603	100.0	78.9	3.8	11.4	0.4	5.1	0.4	-
109年10月	32,287	100.0	78.9	2.9	11.0	0.2	6.7	0.3	-
111年10月	**34,019**	**100.0**	**74.9**	**4.7**	**9.4**	**0.5**	**10.2**	**0.3**	**-**
教育程度									
國中及以下	26,327	100.0	48.8	8.8	33.3	5.1	4.0	-	-
高級中等（高中、高職）	28,357	100.0	58.8	7.2	22.7	0.6	10.4	0.2	-
專科	32,352	100.0	72.7	6.6	5.6	1.0	14.2	-	-
大學	34,391	100.0	80.0	3.8	5.1	0.3	10.4	0.4	-
研究所	50,805	100.0	90.0	1.9	0.7	0.4	7.1	-	-

2. 6成5青年勞工現職工作曾獲加薪，其獲加薪原因以「個人在原職務表現良好」占30.8%最高

65.3%青年勞工現職工作曾獲加薪，其獲加薪的理由以「個人在原職務表現良好」占30.8%最高，「公司全面調薪」占27%次之，「個人服務年資增加」占24.9%再次之，「個人職務晉升」、「配合基本工資調整」分占23.1%、21.6%。

按性別觀察，男性曾獲加薪比率67.6%，女性為63.4%，兩性獲得加薪的理由均以「個人在原職務表現良好」的比率最高，男性占30.9%、女性占30.7%。

青年勞工現職工作曾獲加薪情形

單位

項目別	總計	曾獲加薪－按被加薪理由分(可複選)											未加
			個人在原職務表現良好	公司全面調薪	個人服務年資增加	個人職務晉升	配合基本工資調整	試用期滿調薪①	業務增加①	公司獲利增加	個人完成新訓練課程或取得新證照	公司擔心我會離職	其他	
107年10月	100.0	61.1(100.0)	(31.9)	(29.5)	(27.5)	(25.4)	(21.8)	(-)	(-)	(6.4)	(5.9)	(2.9)	(2.8)	3
108年10月	100.0	63.0(100.0)	(34.9)	(29.0)	(29.7)	(27.1)	(24.3)	(23.3)	(7.3)	(8.7)	(7.3)	(2.7)	(0.2)	3
109年10月	100.0	63.5(100.0)	(32.9)	(26.8)	(29.0)	(24.1)	(23.8)	(20.8)	(6.6)	(6.9)	(7.1)	(3.0)	(0.5)	3
111年10月	**100.0**	**65.3(100.0)**	**(30.8)**	**(27.0)**	**(24.9)**	**(23.1)**	**(21.6)**	**(13.8)**	**(6.2)**	**(6.8)**	**(5.8)**	**(2.2)**	**(-)**	**3**
性別														
男	100.0	67.6(100.0)	(30.9)	(28.1)	(25.8)	(24.6)	(22.4)	(12.3)	(5.8)	(7.8)	(6.6)	(2.4)	(-)	3
女	100.0	63.4(100.0)	(30.7)	(25.9)	(24.0)	(21.8)	(21.0)	(15.1)	(6.6)	(6.0)	(5.1)	(2.0)	(-)	3

註：①108起增列「試用期滿調薪」及「業務增加」之選項。

3. 7成5青年勞工每週工時為「40時~未滿41小時」

青年勞工每週工時以「40小時~未滿41小時」為最高，占75.3%；「未滿40小時」占12.1%居次。

青年勞工現職工作的每週工作時數

單位：%

項目別	總計	未滿40小時	40小時~未滿41小時	41小時~未滿42小時	42小時~未滿44小時	44小時以上
101年10月	100.0	8.1	52.4	0.5	4.9	34.1
103年10月	100.0	5.9	58.1	0.4	4.4	31.3
105年10月	100.0	13.0	70.2	0.1	1.9	14.9
107年10月	100.0	18.3	67.6	-	1.2	12.9
108年10月	100.0	13.0	75.1	0.1	1.5	10.4
109年10月	100.0	10.6	82.1	0.2	1.3	5.7
111年10月	**100.0**	**12.1**	**75.3**	**0.1**	**1.4**	**11.1**

4. 3成9青年勞工有加班，其平均每週加班5.3小時

　　61.3%青年勞工無加班情形，38.7%之有加班者平均每週加班5.3小時，領取加班費或轉換補休時數4.5小時；男性中有加班者占40.4%，女性占37.4%，有加班之男性平均每週加班6小時，女性為4.7小時。

青年勞工現職工作的加班情形

單位：%

項目別	總計	沒有加班	有加班─按領取加班費或轉換補休情形分				
			計	平均每週時數(小時)	有領取或轉換	平均每週時數(小時)	沒有領取或轉換
101年10月	100.0	53.5	46.5	5.5	26.9	3.2	19.6
103年10月	100.0	57.1	42.9	5.4	27.4	3.5	15.6
105年10月	100.0	62.9	37.1	5.6	28.8	4.0	8.3
107年10月	100.0	63.2	36.8	4.8	30.2	3.7	6.6
108年10月	100.0	63.8	36.2	5.2	29.0	4.1	7.2
109年10月	100.0	63.1	36.9	5.2	28.6	4.0	8.4
111年10月	**100.0**	**61.3**	**38.7**	**5.3**	**33.1**	**4.5**	**5.6**
性別							
男	100.0	59.6	40.4	6.0	35.7	5.2	4.7
女	100.0	62.6	37.4	4.7	30.9	3.8	6.5

5. 8成9青年勞工過去一年曾領取獎金

88.7%青年勞工過去一年有領過獎金，未領取獎金者占11.3%。從領取獎金類型來看，以領取「三節獎金/禮券/禮盒」69.2%及「年終（中）獎金」59.7%比率最高，其次是「生日獎金/禮券/禮盒」及「工作、績效獎金」，分別占43.5%、40.3%。

按性別分析，男、女性有領取獎金的比率差異不大，各為88.8%、88.7%。按員工規模別觀察，有領取獎金的比率，大致隨規模提高而增加，由29人以下84.6%，增至500人及以上之93.7%。

青年勞工過去一年領取獎金情形

單位：%

項目別	總計	有領取－按獎金項目分(可複選)			工作績效獎金	生日獎金/禮券/禮盒②	全勤獎金	員工紅利	不休假獎金	其他	未領取
		年節獎金①									
		三節獎金/禮券/禮盒	年終（中）獎金								
101年10月	100.0	85.8	66.1		43.8	-	38.8	12.7	7.5	1.2	14.2
103年10月	100.0	89.0	69.1		49.2	-	43.1	18.9	6.7	0.8	11.0
105年10月	100.0	83.8	71.8	70.2	47.4	-	42.3	17.0	6.2	-	16.2
107年10月	100.0	84.4	70.1	70.0	42.5	-	30.9	10.0	6.3	1.6	15.6
108年10月	100.0	85.4	64.7	62.6	45.3	40.0	32.6	12.7	7.7	0.0	14.6
109年10月	100.0	88.5	72.6	60.6	45.5	44.9	29.4	13.7	6.0	0.2	11.5
111年10月	**100.0**	**88.7**	**69.2**	**59.7**	**40.3**	**43.5**	**28.3**	**18.6**	**6.8**	**0.3**	**11.3**
性別											
男	100.0	88.8	69.2	60.7	43.5	42.7	31.8	22.7	8.3	0.4	11.2
女	100.0	88.7	69.2	59.0	37.6	44.1	25.5	15.3	5.6	0.2	11.3
員工規模											
29人以下	100.0	84.6	60.4	52.9	33.8	26.2	30.5	12.0	6.1	0.2	15.4
30人~49人	100.0	89.3	68.6	57.5	38.9	37.1	32.0	13.2	6.2	0.1	10.7
50人~199人	100.0	89.2	70.6	59.1	36.1	48.7	26.9	15.4	5.1	0.1	10.8
200人~499人	100.0	89.3	74.4	63.8	41.4	53.5	34.1	17.5	6.7	-	10.7
500人及以上	100.0	93.7	78.8	68.5	50.4	62.6	23.4	30.9	8.9	0.7	6.3

註：①103年以前調查選項為「年節獎金」，105年起分為「年終獎金」及「三節獎金」，108年起「三節獎金」改為「三節獎金/禮券/禮盒」。

②108年起增列「生日禮金/禮券/禮盒」之選項。

6. 青年勞工每月薪資約4成用於生活費用

青年勞工每月薪資運用在生活費用占整體的39.6%，投資理財（含儲蓄、保險、基金）占24.2%，休閒娛樂占13.4%，給父母親占8.6%，房租占6.1%，貸款（含房貸、信貸等）占7.4%，教育訓練則占0.7%。

青年勞工每月薪資運用分配情形
中華民國 111 年 10 月

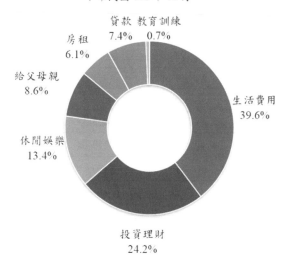

7. 41.3%青年勞工於應徵現職工作時有提出薪資期望，其提出之原因以「已知道一般薪資行情」、「已經設定理想的薪資水準」之比率較高

41.3%青年勞工於應徵現職工作時有提出薪資期望，且31%認為提出期望有助於獲得理想薪資（10.3%認為沒有幫助）；未提出者占58.7%。另有提出薪資期望的比率，隨教育程度提高而遞增，由國中及以下34%增至研究所60.7%。

就有提出薪資期望之青年勞工觀察，其提出原因以「已知道一般薪資行情」、「已經設定理想的薪資水準」之比率較高，分別占65.5%、50.7%。未提出者其原因以「雇主給的薪資福利已符合自己的期待」占44.4%最高，「自己經驗不足，不敢要求」占30.1%次之，「認為薪資不是重點，想先累積經驗」占27.8%再次之。

青年勞工現職工作應徵時提出薪資期望情形

單位：%

項目別	總計	有提出薪資期望－按對獲得理想薪資有無幫助分			未提出薪資期望
		計	有幫助	沒有幫助	
108年10月	100.0	41.7	30.5	11.2	58.3
109年10月	100.0	42.1	30.1	12.0	57.9
111年10月	**100.0**	**41.3**	**31.0**	**10.3**	**58.7**
教育程度					
國中及以下	100.0	34.0	26.3	7.7	66.0
高級中等（高中、高職）	100.0	33.5	23.1	10.4	66.5
專科	100.0	34.8	24.5	10.2	65.2
大學	100.0	42.4	31.9	10.5	57.6
研究所	100.0	60.7	51.3	9.4	39.3

青年勞工現職工作應徵時有提出薪資期望之原因（可複選）
中華民國 111 年 10 月

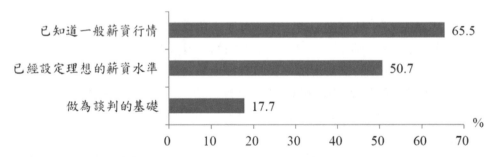

說明：有提出者為100%

青年勞工現職工作應徵時未提出薪資期望之原因（可複選）

中華民國 111 年 10 月

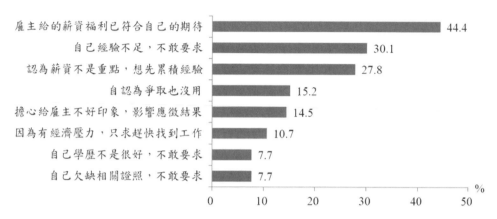

雇主給的薪資福利已符合自己的期待	44.4
自己經驗不足，不敢要求	30.1
認為薪資不是重點，想先累積經驗	27.8
自認為爭取也沒用	15.2
擔心給雇主不好印象，影響應徵結果	14.5
因為有經濟壓力，只求趕快找到工作	10.7
自己學歷不是很好，不敢要求	7.7
自己欠缺相關證照，不敢要求	7.7

說明：有提出者為100%

8. 71.1%青年勞工覺得學校所學與現職工作尚能學以致用

　71.1%青年勞工覺得學校所學與現職工作尚能學以致用（程度為普通以上）。整體而言，教育程度為專科以上者，感到學以致用程度較高。

青年勞工覺得學校所學與現職工作學以致用的程度

中華民國 111 年 10 月

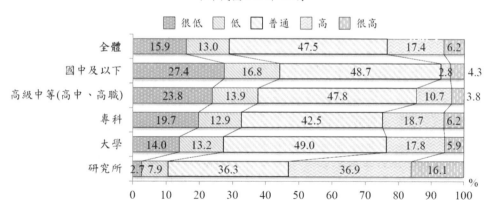

　　■ 很低　▨ 低　□ 普通　▨ 高　▨ 很高

	很低	低	普通	高	很高
全體	15.9	13.0	47.5	17.4	6.2
國中及以下	27.4	16.8	48.7	2.8	4.3
高級中等(高中、高職)	23.8	13.9	47.8	10.7	3.8
專科	19.7	12.9	42.5	18.7	6.2
大學	14.0	13.2	49.0	17.8	5.9
研究所	2.7	7.9	36.3	36.9	16.1

9. 青年勞工獲得現職的求職管道以「私立就業服務機構」占49.3%最高

　青年勞工獲得現職的方式以「從私立就業服務機構提供之求職管道」占49.3%最高，其次為「親友推薦」占30.9%，再其次是「從政府提供之求職管道」占18%。

　按教育程度觀察，高中（職）以下獲得現職之方式，主要以透過「親友推薦」為主，專科以上則以「從私立就業服務機構提供之求職管道」找工作的比率較高。

青年勞工獲得現職的方法（可複選）

單位：%

項目別	從私立就業服務機構提供之求職管道	透過網站（或APP）應徵	現場服務	親友推薦	公司機構網站	社群網站	從政府提供之求職管道	透過網站（或APP）應徵	現場服務	參加政府機關考試	自我推薦	報紙或平面媒體廣告	師長推薦
108年10月	43.2	40.9	3.2	29.0	11.8	9.8	8.8	5.0	3.1	1.3	6.5	6.4	4.9
109年10月	41.4	39.1	2.9	28.6	12.8	11.5	10.4	6.8	2.8	1.8	7.7	5.6	4.9
111年10月	**49.3**	**48.1**	**0.9**	**30.9**	**7.0**	**4.5**	**18.0**	**10.6**	**10.9**	**1.3**	**4.7**	**2.2**	**5.7**
教育程度													
國中及以下	24.3	24.3	-	56.1	0.8	3.3	12.7	8.5	4.5	-	7.4	4.8	5.1
高級中等（高中、高職）	38.5	36.1	1.5	39.5	4.0	5.8	19.4	11.3	12.1	0.6	5.9	3.3	6.4
專科	46.8	46.2	0.0	25.7	5.3	7.3	13.6	8.9	8.2	0.4	5.8	3.6	6.3
大學	53.6	52.6	0.8	28.4	7.3	3.9	17.9	11.0	10.5	1.8	4.2	1.7	5.1
研究所	56.0	55.5	0.9	21.0	16.8	4.1	19.1	8.0	14.0	0.9	3.7	0.9	8.6

說明：本表僅列出比率較高之項目。

(二)非僅有學生打工經驗之青年勞工初入職場尋職歷程及就業概況

1. 23.1%非僅有學生打工經驗之青年勞工畢業後未立即找工作，其至開始找工作前主要活動以「宅居在家」占47%居多

　45.9%非僅有學生打工經驗青年勞工（以下簡稱非學生青年勞工）畢業前即找到工作，畢業後找到第一份工作前一直在找工作者占31%，而未立即找工作者占23.1%，未立即找工作者平均於畢業後3.7個月才開始尋

職，其間主要從事之活動以「宅居在家」占47%最高，其次是「旅遊活動」占28.8%。

非學生青年勞工畢業後找到第一份工作前主要從事活動（可複選）

中華民國 111 年 10 月

2. 57.6%非學生青年勞工初次尋職前有做過準備；教育程度愈高，預做準備比率愈高

57.6%非學生青年勞工初次尋職前有做過準備，準備的方式以「增加打工或實習經驗」占33.4%最高，「考取專業證照」23.9%居次、「找師長、親友諮詢就業方向」20%、「做職業興趣分析」16.8%再次之。

按性別觀察，初次尋職前女性有做過準備的比率為61.2%，高於男性之53%。按教育程度觀察，初次尋職前有做過準備的比率隨著教育程度的提高而增加，由國中及以下21.3%增至研究所78.4%。

非學生青年勞工初次尋職前做過的準備

中華民國111年10月

單位：%

項目別	總計	有做準備－按準備項目分(可複選)						沒有做準備
		增加打工或實習經驗	找師長、親友諮詢就業方向	考取專業證照	做職業興趣分析	參加就業講座		沒有做準備
總計	100.0	57.6	33.4	20.0	23.9	16.8	6.2	42.4
性別								
男	100.0	53.0	28.9	18.7	21.9	18.2	5.6	47.0
女	100.0	61.2	37.1	21.0	25.5	15.6	6.7	38.8

項目別	總計	有做準備－按準備項目分(可複選)						沒有做準備
		增加打工或實習經驗	找師長、親友諮詢就業方向	考取專業證照	做職業興趣分析	參加就業講座		
教育程度								
國中及以下	100.0	21.3	15.8	8.5	8.6	3.6	1.6	78.7
高級中等（高中、高職）	100.0	42.5	26.2	12.7	13.7	11.9	2.4	57.5
專科	100.0	49.9	27.4	17.6	25.7	12.6	3.4	50.1
大學	100.0	61.1	36.8	19.6	26.7	17.7	6.4	38.9
研究所	100.0	78.4	31.7	44.7	28.5	26.7	16.1	21.6

說明：因111年本問項僅含非學生青年勞工，無法歷年比較。

3. 非學生青年勞工初次就業年齡平均為21.4歲，尋職時間平均為1.8個月

非學生青年勞工初次就業年齡平均為21.4歲，初次就業尋職時間「1個月以內」占62.5%為最高，其次「逾1個月~3個月」占22.4%，二者合計占84.9%，尋職時間超過半年者占6.5%。平均尋職時間為1.8個月。

按性別觀察，男性平均尋職時間2個月，較女性1.7個月略多；按年齡觀察，平均尋職時間隨年齡提高而增長，15~19歲0.5個月，20~24歲1.6個月，25~29歲1.9個月。

非學生青年勞工初次就業尋職時間及年齡

中華民國111年10月　　　　　　　　　　　　　　　　單位：%

項目別	總計	1個月以內	逾1個月~3個月	逾3個月~6個月	6個月以上	平均尋職時間(月)	平均年齡（歲）
總計	**100.0**	**62.5**	**22.4**	**8.6**	**6.5**	**1.8**	**21.4**
性別							
男	100.0	61.3	21.3	9.1	8.3	2.0	21.4
女	100.0	63.6	23.3	8.1	5.0	1.7	21.5
年齡							
15~19歲	100.0	82.7	15.7	1.7	0.0	0.5	16.7
20~24歲	100.0	65.9	20.7	6.9	6.5	1.6	20.3
25~29歲	100.0	60.7	23.2	9.4	6.7	1.9	22.0

說明：因111年本問項僅含非學生青年勞工，無法歷年比較。

4. 86%非學生青年勞工認為就業資訊有助於尋職，且認為「面試或求職技巧」資訊最有幫助

非學生青年勞工認為就業資訊有助於尋職之比率為86%，其認為有幫助之資訊以「面試或求職技巧」占71.7%最高，「就業市場與情勢分析」占59.6%次之，「職業訓練訊息」占44.6%居第三，「熱門行職業介紹」占40.1%、「創業資訊」占19.2%，而有14%認為都沒有幫助。

按性別觀察，女性認為就業資訊對尋職有幫助的比率占89.2%，高於男性的82.1%。按教育程度觀察，認為就業資訊對尋職有幫助的比率，隨著教育程度的提高而遞增，由國中及以下的70.4%增至研究所的90.4%。

非學生青年勞工認為對尋職有幫助之就業資訊

中華民國111年10月　　　　　　　　　　　單位：%

| 項目別 | 總計 | 有幫助－按就業資訊項目分(可複選) | | | | | | 都沒有幫助 |
		面試或求職技巧	就業市場與情勢分析	職業訓練訊息	熱門行職業介紹	創業資訊	其他	
總計	**100.0**	**86.0 (100.0)**	(71.7)	(59.6)	(44.6)	(40.1)	(19.2)	(0.2)	**14.0**
性別								
男	100.0	82.1 (100.0)	(65.8)	(61.9)	(45.2)	(40.1)	(19.2)	(0.2)	17.9
女	100.0	89.2 (100.0)	(76.0)	(58.0)	(44.2)	(40.0)	(19.2)	(0.1)	10.8
教育程度								
國中及以下	100.0	70.4 (100.0)	(62.0)	(42.5)	(37.6)	(49.1)	(13.8)	(-)	29.6
高級中等（高中、高職）	100.0	79.6 (100.0)	(57.9)	(51.5)	(45.1)	(43.9)	(20.5)	(0.4)	20.4
專科	100.0	83.0 (100.0)	(66.7)	(57.7)	(46.1)	(41.7)	(16.3)	(-)	17.0
大學	100.0	88.1 (100.0)	(74.1)	(59.9)	(45.9)	(39.1)	(19.8)	(-)	11.9
研究所	100.0	90.4 (100.0)	(86.4)	(79.2)	(34.4)	(36.9)	(14.4)	(0.5)	9.6

說明：因111年本問項僅含非學生青年勞工，無法歷年比較。

5. 非學生青年勞工初次尋職以「工作穩定性」及「薪資及福利」為就業主要考量

非學生青年勞工初次就業考慮因素以「工作穩定性」及「薪資及福利」為主，分別占64%及62.8%，其餘「通勤方便」、「能學習到知識技能」、「能學以致用」占比亦均在4成以上。

按性別分，兩性考慮因素之前2名者均為「工作穩定性」及「薪資及福利」，比重均超過6成，另女性考量「通勤方便」之因素者亦略高於半數。按教育程度觀察，大學以下者考慮因素均以「工作穩定性」最高，研究所以上者則以「薪資及福利」最高。

非學生青年勞工初次尋職時選擇工作的考慮因素(可複選)

中華民國111年10月　　　　　　　　　　　　　　單位：%

項目別	工作穩定性	薪資及福利	通勤方便	能學習到知識技能	能學以致用	符合自己興趣	有發展前景	有挑戰性	有升遷機會	工作負擔較輕	其他
總計	**64.0**	**62.8**	**47.2**	**45.8**	**43.4**	**38.6**	**36.1**	**20.6**	**18.6**	**10.8**	**0.7**
性別											
男	62.5	60.7	42.6	47.6	43.9	36.8	39.6	22.7	20.3	11.9	0.5
女	65.3	64.5	50.9	44.4	43.1	40.0	33.3	18.9	17.2	9.9	0.9
教育程度											
國中及以下	58.6	49.3	46.4	31.7	20.3	24.3	14.3	11.7	17.1	17.4	-
高級中等（高中、高職）	61.2	54.6	47.0	38.4	30.1	31.5	24.1	13.2	15.6	11.8	2.2
專科	63.2	58.8	53.7	40.0	43.7	37.6	21.7	14.1	14.7	10.7	0.7
大學	64.8	63.7	48.4	46.7	45.6	39.9	38.4	18.8	21.4	10.1	0.3
研究所	66.1	81.4	34.6	63.6	63.0	48.8	59.9	33.5	29.9	12.3	-

說明：因111年本問項僅含非學生青年勞工，無法歷年比較。

6. 非學生青年勞工初次尋職逾半數未遭遇困難

非學生青年勞工初次尋職未遭遇困難比率為51.1%，有遭遇困難為48.9%；後者所遭遇的困難以「經歷不足」占59.6%最高，其次是「不知道自己適合做哪方面工作」占55%，「技能不足」占40.8%，「求職面試技巧不足或不會寫履歷」占33.1%，「工作內容要求不了解」占23.8%。按初次就業年齡觀察，初次尋職曾遭遇困難的比率，隨年齡提高而增加，15~19歲占40.3%，20~24歲占51.3%，25~29歲占56.1%。

非學生青年勞工初次尋職遭遇的困難

中華民國111年10月　　　　　　　　　　　　單位：%

項目別	總計	有遇到困難－按遇到困難項目分(可複選)									沒有遇到困難
		經歷不足	不知道自己適合做哪方面工作	技能不足	求職面試技巧不足或不會寫履歷	工作內容要求不了解	適合的職缺少	學歷不足	求職管道不足		
總計	100.0	48.9(100.0)	(59.6)	(55.0)	(40.8)	(33.1)	(23.8)	(18.3)	(14.5)	(10.6)	51.1
初次就業年齡											
15~19歲	100.0	40.3(100.0)	(59.4)	(55.2)	(47.0)	(24.0)	(19.4)	(12.0)	(27.4)	(11.8)	59.7
20~24歲	100.0	51.3(100.0)	(59.4)	(56.0)	(39.1)	(35.5)	(24.4)	(19.9)	(11.2)	(10.5)	48.7
25~29歲	100.0	56.1(100.0)	(62.0)	(47.9)	(40.1)	(38.1)	(28.3)	(20.6)	(9.9)	(8.2)	43.9

說明：因111年本問項僅含非學生青年勞工，無法歷年比較。

7. 26.8%非學生青年勞工於應徵第一份工作時有提出薪資期望

26.8%非學生青年勞工於應徵第一份工作時有提出薪資期望，未提出者占73.2%。

非學生青年勞工於應徵第一份工作時提出薪資期望情形

中華民國 111 年 10 月

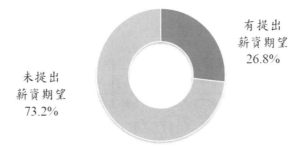

8. 非學生青年勞工現職工作年資平均為2.5年

非學生青年勞工現職工作年資分布以「1年~未滿3年」者占44.1%最多，「3年~未滿6年」者占26.8%次之，「未滿1年」者占21.9%，「6年以上」者占7.2%。

非學生青年勞工現職平均年資為2.5年。按教育程度觀察,專科學歷以下者,現職工作年資3年以上之比例高於大學以上者。

非學生青年勞工現職工作年資

中華民國111年10月　　　　　　　　　　　　　　單位:%

項目別	總計	未滿1年	1年~未滿3年	3年~未滿6年	6年以上	現職平均年資(年)
總計	**100.0**	**21.9**	**44.1**	**26.8**	**7.2**	**2.5**
教育程度						
國中及以下	100.0	14.3	44.3	37.9	3.6	2.5
高級中等(高中、高職)	100.0	20.5	41.2	23.8	14.5	2.9
專科	100.0	19.5	33.8	30.7	16.0	3.2
大學	100.0	22.6	44.9	27.3	5.3	2.4
研究所	100.0	22.4	51.2	25.2	1.1	2.1

説明:因111年本問項僅含非學生青年勞工,無法歷年比較。

9. 非學生青年勞工平均做過2.1個工作,工作總年資平均為4.3年

   42.6%非學生青年勞工「不曾換過工作」,57.4%曾換過工作,以換過「1個工作」占27.6%較多。非學生青年勞工踏入職場之平均工作總年資為4.3年,做過2.1個工作,現職工作年資為2.5年,比每一工作之平均時間(工作總年資/工作個數)多0.5年,顯示青年勞工踏入職場,歷經就業市場磨合期後,工作穩定度隨之提升。

非學生青年勞工工作經驗

中華民國111年10月　　　　　　　　　　　　　　單位:%

項目別	總計	不曾換過工作	曾換過工作－按轉換之工作個數分						平均做過幾個工作(個)	平均工作總年資(年)	現職平均年資(年)
			計	1個	2個	3個	4個	5個以上			
總計	**100.0**	**42.6**	**57.4**	**27.6**	**16.1**	**7.2**	**3.4**	**3.2**	**2.1**	**4.3**	**2.5**
教育程度											
國中及以下	100.0	34.5	65.6	18.8	26.4	9.4	7.0	3.9	2.5	5.0	2.5
高級中等(高中、高職)	100.0	36.7	63.3	27.0	16.1	7.9	5.3	7.0	2.4	5.3	2.9

項目別	總計	不曾換過工作	曾換過工作－按轉換之工作個數分						平均做過幾個工作（個）	平均工作總年資（年）	現職平均年資（年）
			計	1個	2個	3個	4個	5個以上			
專科	100.0	45.3	54.7	24.3	10.4	9.3	5.9	5.0	2.3	5.3	3.2
大學	100.0	41.8	58.2	28.4	17.2	7.4	2.9	2.3	2.1	4.1	2.4
研究所	100.0	63.3	36.7	26.7	8.2	1.4	0.4	-	1.5	2.8	2.1

說明：因111年本問項僅含非學生青年勞工，無法歷年比較。

10. 非學生青年勞工平均現職薪資為3.5萬元，較初次就業平均增加5,212元

非學生青年勞工現職工作平均薪資為34,918元，若與初次就業時相較，薪資有增加者占65.5%，不變者占26.7%，減少者占7.8%，平均增加5,212元。

非學生青年勞工現職工作與其初次就業薪資增減情形

中華民國111年10月　　　　　　　　　　　　　　單位：%

項目別	現職工作平均每人每月薪資（元）	較初次就業增減情形				
		總計	增加	不變	減少	平均增減金額（元）
總計	**34,918**	**100.0**	**65.5**	**26.7**	**7.8**	**5,212**
性別						
男	36,726	100.0	63.8	28.8	7.5	5,590
女	33,477	100.0	66.9	25.0	8.1	4,910

說明：因111年本問項僅含非學生青年勞工，無法歷年比較。

(三)青年勞工職業生涯發展規劃

1. 67.3%青年勞工想在現職繼續發展，32.7%打算轉換工作者主要考量為現職「薪資及福利不符期望」及「工作無發展前景」

67.3%青年勞工想在現職繼續發展，32.7%則有打算轉換工作，後者較109年上升0.6個百分點。打算換工作者其原因以現職「薪資及福利不符期望」占51.8%最高，其次為「工作無發展前景」占37.7%，「想更換工作地點」占33%再次之。按性別觀察，女性打算換工作的比率為34.6%，高於男性之30.3%。

青年勞工打算轉換工作情形

單位：%

項目別	總計	沒有打算	有打算－按原因分(可複選)						
			薪資及福利不符期望①	工作無發展前景	想更換工作地點②	工作太累、壓力大	興趣不合	個人技能無法有效發揮
101年10月	100.0	68.0	32.0(100.0)	(48.1)	(42.8)	(-)	(26.3)	(18.1)	(17.8)
103年10月	100.0	72.0	28.0(100.0)	(49.6)	(41.1)	(-)	(23.6)	(20.7)	(17.1)
105年10月	100.0	71.2	28.8(100.0)	(49.0)	(47.6)	(-)	(19.1)	(20.1)	(19.4)
107年10月	100.0	68.6	31.4(100.0)	(45.2)	(39.2)	(-)	(24.2)	(17.2)	(18.2)
108年10月	100.0	68.8	31.2(100.0)	(49.4)	(48.7)	(-)	(26.9)	(22.1)	(18.9)
109年10月	100.0	67.9	32.1(100.0)	(52.6)	(40.5)	(34.6)	(24.0)	(18.7)	(16.5)
111年10月	**100.0**	**67.3**	**32.7(100.0)**	**(51.8)**	**(37.7)**	**(33.0)**	**(24.9)**	**(17.6)**	**(16.8)**
性別									
男	100.0	69.7	30.3(100.0)	(56.9)	(42.1)	(32.7)	(21.3)	(17.0)	(15.9)
女	100.0	65.4	34.6(100.0)	(48.1)	(34.4)	(33.2)	(27.4)	(18.1)	(17.4)

說明：本表打算轉換工作的原因僅列出比率較高之項目。
註：①108年以前調查選項為「待遇太低」。
　　②109年增列「想更換工作地點」之選項。

2. 2成3青年勞工有打算到海外工作，以至「美國、加拿大」、「紐澳」較多
76.8%青年勞工沒有打算到海外工作，有打算者占23.2%；後者以打算到
「美國、加拿大」占46.7%最高、「紐澳」占44.5%次之，另「歐洲」、
「東北亞」占32.2%、30.7%。
按性別觀察，女性有打算到海外工作者占23.5%，略高於男性22.7%。按
教育程度分析，有打算到海外工作的比率，隨教育程度提高而增加，以
國中及以下17.4%最低，研究所27%最高。

青年勞工打算到海外工作情形

單位：%

項目別	總計	沒有打算	有打算－按地區分(可複選)								
				美國、加拿大	紐澳	歐洲	東北亞	東南亞	中國大陸、港澳	中南美洲	其他
107年10月	100.0	77.3	22.7(100.0)	(30.0)	(23.8)	(14.1)	(39.2)	(25.1)	(56.8)	(0.9)	(1.3)
108年10月	100.0	75.9	24.1(100.0)	(38.2)	(28.6)	(23.7)	(46.1)	(27.4)	(43.2)	(0.8)	(0.4)
109年10月	100.0	75.7	24.3(100.0)	(40.7)	(28.4)	(22.2)	(49.0)	(27.2)	(34.2)	(1.2)	(0.4)
111年10月	**100.0**	**76.8**	**23.2(100.0)**	**(46.7)**	**(44.5)**	**(32.2)**	**(30.7)**	**(21.1)**	**(18.9)**	**(1.0)**	**(0.3)**
性別											
男	100.0	77.3	22.7(100.0)	(47.8)	(38.2)	(32.4)	(31.6)	(23.7)	(20.8)	(0.8)	(0.3)
女	100.0	76.5	23.5(100.0)	(45.7)	(49.4)	(31.9)	(29.9)	(19.0)	(17.5)	(1.1)	(0.3)
教育程度											
國中及以下	100.0	82.6	17.4(100.0)	(35.6)	(65.0)	(43.1)	(23.5)	(34.2)	(-)	(-)	(-)
高級中等（高中、高職）	100.0	77.1	22.9(100.0)	(39.9)	(47.3)	(29.5)	(23.0)	(27.0)	(20.4)	(0.3)	(0.7)
專科	100.0	76.9	23.1(100.0)	(44.9)	(59.3)	(31.9)	(32.1)	(3.1)	(21.7)	(-)	(-)
大學	100.0	76.9	23.1(100.0)	(48.9)	(44.5)	(32.2)	(32.1)	(19.7)	(17.9)	(1.5)	(-)
研究所	100.0	73.0	27.0(100.0)	(50.6)	(25.9)	(36.0)	(40.6)	(22.8)	(25.3)	(-)	(1.2)

說明：109年、111年調查係不考慮疫情因素下，打算海外工作情形。

3. 60.7%青年勞工持有證照，有證照者平均持有3張證照

　　60.7%青年勞工持有證照，其以擁有「技術士證」者占57.2%最多，其次為「電腦證照」占30.8%；持有證照者，平均證照數為3張，與109年持平。按性別觀察，女性持有證照比率為64%，較男性56.6%高出7.4個百分點。按教育程度觀察，以大學及專科持有證照比率較高，分別為65.8%、65.5%，國中及以下28.7%最低。

青年勞工持有證照情形

單位：%

項目別	總計	有證照－按證照種類分(可複選)							沒有證照
			技術士證	專門職業及技術人員證書	金融證照	電腦證照	語文證照	其他	平均持有張數（張）	
101年10月	100.0	62.1(100.0)	(55.4)	(18.4)	(11.8)	(36.4)	(20.5)	(2.1)	2.5	37.9
103年10月	100.0	62.0(100.0)	(56.0)	(19.8)	(11.5)	(33.9)	(20.2)	(0.8)	2.6	38.0
105年10月	100.0	60.3(100.0)	(55.2)	(19.4)	(12.3)	(35.0)	(24.4)	(1.0)	2.9	39.7
107年10月	100.0	60.6(100.0)	(55.6)	(21.9)	(10.9)	(30.9)	(22.6)	(4.8)	2.9	39.4
108年10月	100.0	59.5(100.0)	(60.2)	(24.4)	(9.7)	(34.6)	(23.5)	(0.2)	3.0	40.5
109年10月	100.0	59.0(100.0)	(55.4)	(22.9)	(10.8)	(32.2)	(25.4)	(5.1)	3.0	41.0
111年10月	**100.0**	**60.7(100.0)**	**(57.2)**	**(23.2)**	**(10.8)**	**(30.8)**	**(22.8)**	**(4.8)**	**3.0**	**39.3**
性別										
男	100.0	56.6(100.0)	(66.6)	(20.1)	(9.0)	(28.2)	(15.0)	(5.2)	3.0	43.4
女	100.0	64.0(100.0)	(50.4)	(25.5)	(12.2)	(32.7)	(28.5)	(4.4)	3.0	36.0
教育程度										
國中及以下	100.0	28.7(100.0)	(83.3)	(4.3)	(-)	(8.5)	(8.6)	(5.2)	1.8	71.3
高級中等（高中、高職）	100.0	49.5(100.0)	(75.3)	(13.1)	(3.1)	(22.8)	(7.6)	(2.6)	2.6	50.5
專科	100.0	65.5(100.0)	(51.8)	(39.9)	(1.6)	(25.5)	(6.4)	(3.5)	2.3	34.5
大學	100.0	65.8(100.0)	(54.3)	(25.0)	(13.5)	(34.4)	(25.7)	(4.8)	3.2	34.2
研究所	100.0	59.9(100.0)	(39.2)	(24.0)	(13.0)	(25.5)	(46.5)	(10.0)	3.2	40.1

4. 55.1%青年勞工有參加教育訓練

青年勞工有參加教育訓練者占55.1%，以參加「專業技術訓練」占55.3%最高，其次是「職業安全訓練」占50.4%；未參加教育訓練者占44.9%，主要原因為「工作太忙，沒有時間參加」占34.3%，「不知道提供訓練課程的單位或機構」亦占26.7%。

青年勞工參加教育訓練情形

中華民國 111 年 10 月

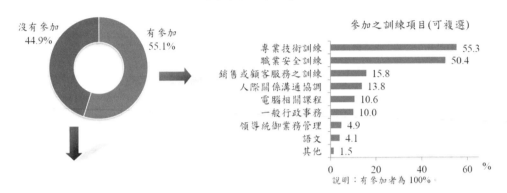

未參訓主因

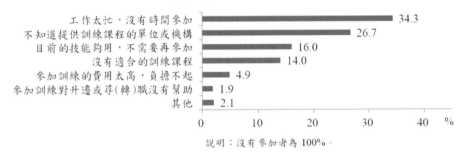

說明：沒有參加者為 100%。

(四) 青年勞工對政府施政措施之了解及意見

1. 青年勞工對各種就業服務管道的知悉度以「就業博覽會」占67.7%最高
   青年勞工知道勞動部勞動力發展署各種就業服務管道的比率以「就業博覽會」占67.7%最高，「公立就業服務機構」占57.1%次之；有使用就業服務管道求職的比率，以「台灣就業通」占9.9%最高。

青年勞工對勞動力發展署就業服務管道知悉度及使用情形

單位：%

項目別	就業博覽會		公立就業服務機構①		台灣就業通②		0800-777888 客服專線	
	知悉度	有使用	知悉度	有使用	知悉度	有使用	知悉度	有使用
101年10月	76.5	12.5	56.5	11.4	56.2	15.0	9.9	0.5
103年10月	76.0	12.8	51.3	9.1	50.3	10.8	10.4	0.7

項目別	就業博覽會		公立就業服務機構①		台灣就業通②		0800-777888 客服專線	
	知悉度	有使用	知悉度	有使用	知悉度	有使用	知悉度	有使用
105年10月	72.0	11.4	47.3	8.0	27.9	4.8	10.0	0.4
107年10月	68.5	9.5	50.6	8.5	32.2	8.7	10.6	0.4
108年10月	67.8	10.7	48.1	9.0	31.7	7.3	10.5	0.8
109年10月	67.0	10.8	48.7	9.1	33.9	10.7	11.2	1.9
111年10月	**67.7**	**5.9**	**57.1**	**7.9**	**43.8**	**9.9**	**12.7**	**0.1**

註：①101年以前調查選項為「公立就業服務站(台)」；103至109年調查選項為「就業中心/就業服務台」。

②103年以前調查選項為「全國就業e網」。

2. 5成左右青年勞工希望政府提供「就業服務及資訊」、「專業技能訓練」等服務

青年勞工希望政府提供促進青年就業服務項目，以「提供就業服務及資訊」占55.6%最高，其次依序為「辦理專業技能訓練」占6.8%，「辦理徵才活動」占 42.4%，「結合學校辦理在學青年職場見習」占39.3%，「提供面試技巧及產業趨勢等研習課程」占38.4%。按性別觀察，女性希望政府提供各項促進青年就業服務項目之比率，均高於男性。

青年勞工希望政府提供各項促進青年就業服務情形（可複選）

中華民國 111 年 10 月

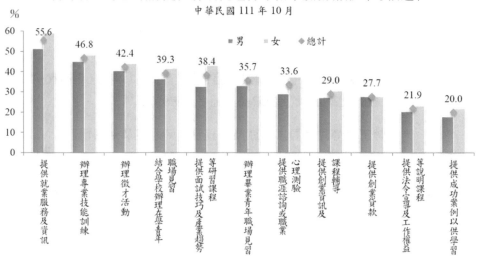

二、 投資青年就業方案第二期

為協助青年就業，經行政院108年5月31日核定，由本部統合教育部、經濟部、原住民族委員會、國家發展委員會、行政院農業委員會、衛生福利部、法務部等8個部會資源訂定「投資青年就業方案」（下稱本方案），自108年起至111年為期4年，針對「產業趨勢」、「職涯規劃」、「技能發展」及「就業服務」4大面向推動48項措施，投資加值青年未來，並特別針對「在校青年」、「初次尋職青年」、「失業6個月以上青年」、「在職青年」及「非典型就業青年」等族群，依不同就業需求提供差異化服務。

本方案推行期間，適逢嚴重特殊傳染性肺炎（COVID-19）疫情自109年起逐漸擴散，也衝擊了國內就業市場，截至目前，方案整體執行成果如下：

1. 產出指標（Output）：預期目標為「公立就業服務機構協助青年就業人數，由107年15萬4,000人增加至111年19萬人」。111年協助20萬677名青年就業，而自108年起至111年總計協助74萬4,866名，已達成預期目標。

2. 結果指標（Outcome）：預期目標為「青年失業率為整體國人失業率之倍數，由107年2.28倍降至111年2倍以下（含）」。本方案111年青年失業率（8.38%）與整體國人失業率（3.95%）之倍數為2.28倍，然為98年以來最低，顯示方案推動仍未克竟全功，尚有持續努力精進之空間。

本方案實施至111年底屆滿，鑑於青年就業情勢仍備受各界關注，尤以「職涯發展」、「產業人才供需落差」、「高失業」、「低薪資」及「非典型就業」等議題為最，仍宜滾動檢討，故本方案第二期提出「定方向」、「增人才」、「促就業」、「爭好薪」及「轉正職」等因應對策。

(一)產業趨勢分析及青年就業核心議題分析

1. 產業趨勢分析

(1)美中貿易戰引發國際貿易新局勢

自107年美中貿易戰展開後，關稅措施增加美國進口中國商品的成本，也創造了臺灣廠商在美國市場取代中國產品的空間，促使臺商調整全球產銷配置或回流投資擴廠，外國廠商也選擇來臺投資，我國出口貿易額屢創新高，臺灣產業發展有朝「再工業化」之趨勢。

(2)疫情衝擊加速產業數位轉型

近年COVID-19疫情爆發，連帶影響國內外營運、民眾消費，進而衝擊生產、營運、消費等經濟活動。實體商務會議減少，遠距會議、居家上班（work from home）與零接觸經濟模式崛起，使得個人及企業更加倚賴透過視訊軟體、雲端儲存系統、視訊所需的硬體設備等物聯網產業的相關產品應用，而我國生產半導體、伺服器與雲端資料中心等相關物聯網產業的廠商營收則獲得成長。疫情改變人們的消費模式與對多元數位平台的需求，加速數位化應用的腳步，包含遠距工作與教學、無人化工廠、宅經濟模式興起、電商經營模式加速成長等，促使數位化轉型成為必然趨勢，造就產業新契機。

(3)人工智慧物聯網有助於發展各類創新服務

近年人工智慧（Artificial Intelligence, AI）及5G行動通訊技術快速發展，進化成人工智慧物聯網（The Artificial Intelligence of Things, AIoT），在IoT技術中導入AI人工智慧系統（AI+IoT），隨著發展成熟的IoT與人工智慧技術匯流後，使物聯網應用範疇更加廣泛，為產業與日常生活帶來更多創新應用。因數位化、智慧化等科技導入目前的生產及營運活動，致使勞動市場將產生部分工作內容有受自動化取代、引發工作再設計及創造新工作機會等勞動力重新配置現象。

國發會針對18項重點產業進行111至113年產業人才供需調查及推估報告，顯示各產業均有新增人力需求，其中以保險業1.6萬人最多，但新增需求人數占比（%）以AI應用服務21.7%最高，因「人工智慧應用服務」產業在COVID-19疫情影響下，醫療生技產業大量導入AI技術，且預期AI應用發展在醫療照護領域將快速成長，同步帶動人才需求增長。

(4)2050淨零排放帶動綠色創意產業鏈發展

全球氣候危機來自大量溫室氣體造成全球暖化，各國陸續提出「2050淨零排放」的宣示與行動。我國於2022年3月發布「臺灣2050淨零排放路徑及策略」，選定「建築」、「運輸」、「工業」、「電力」及「負碳技術」項目提出五大路徑規劃，「產業轉型」、「能源轉型」、「生活轉型」及「社會轉型」四大轉型策略及兩大「科技研

發」、「氣候法制」治理基礎，輔以「十二項關鍵戰略」，就能源、產業、生活轉型政策預期增長的重要領域制定行動計畫，落實淨零轉型目標。未來企業尋求低碳營運模式的做法，重視循環經濟及綠能，勢必帶動綠色創新產業鏈及相關技術人才之需求與發展。

(5) **中階技術人力的需求增加**

我國整體產業及就業環境隨上開各國際情勢變化而引發的連鎖效應，製造業及科技業出口成長，造成有缺工、缺才之情事。依據勞動部111年第4次人力需求調查結果，顯示事業單位預計112年1月底較111年10月底人力需求淨增加5.1萬人；按行業別觀察，以製造業人力需求淨增加1.8萬人較多；各職類人力需求以技藝、機械設備操作及組裝人員淨增加1.6萬人較多，技術員及助理專業人員淨增加1.4萬人次之，服務及銷售工作人員淨增加1萬人再次之。

2. **青年就業核心議題分析**

(1) **青年失業**

A. 青年人口持續減少，青年失業率仍高於整體國人失業率，尤以初次尋職青年為最。

我國人口結構移動持續朝少子化變遷，15歲至29歲青年人口逐年下降，由106年的441.6萬人降至111年的390.5萬人，減少51.1萬人。青年失業率前因全球性金融海嘯影響，於98年升至10.76%，嗣後景氣逐年回溫，而於107年降至8.47%，近年又因疫情影響略有波動，111年為8.38%，而青年失業率較整體國人失業率之倍數，106年至110年雖有下降趨勢（分別為2.32倍、2.28倍、2.35倍、2.22倍及2.22倍），然111年為2.28倍，但國人失業率之降幅較青年失業率之降幅更多，爰兩者間失業率之倍數未達預期目標，仍有待努力。

106至111年我國青年(15-29歲)各項勞動統計

年別	青年人口(千人)	青年勞動力人口(千人)	青年就業人口(千人)	青年占整體勞動力比率(%)	青年勞參率(%)	青年就業率(%)	青年失業率(%)				青年較整體國人失業率倍數(倍)
							15-29歲	15-19歲	20-24歲	25-29歲	
106	4,416	2,356	2,151	19.97	53.35	48.70	8.72	8.77	**12.38**	6.58	**2.32**
107	4,353	2,394	2,191	20.16	54.98	50.32	8.47	8.46	**11.98**	6.37	**2.28**
108	4,262	2,418	2,206	20.24	56.73	51.77	8.75	9.22	**12.27**	6.57	**2.35**
109	4,167	2,382	2,178	19.91	57.17	52.27	8.56	8.18	**12.06**	6.50	**2.22**
110	4,043	2,327	2,123	19.52	57.55	52.49	8.78	8.73	**12.52**	6.59	**2.22**
111	3,905	2,269	2,078	19.12	58.10	53.23	8.38	8.72	**12.36**	6.13	**2.28**

資料來源：整理自勞動部統計查詢網。

B. 觀察青年失業率以教育程度分，由高到低分別為大學及以上失業率最高、其次是高中（職）、最低是專科，顯見學歷越高失業率越高，然「高學歷、高失業率」形成原因，外界常歸責於學用落差所致，而造成學用落差之原因，可探究高等教育畢業生人數與產業和人力結構失調問題，產業發展趨勢變化快速，而教育和人力資本需要時間累積，縮短兩者間差距，亦為政府近年來持續努力的方向。

106至111年青年失業率—依教育程度分

單位：%

年別	國中以下	高中、高職	專科	大學以上
106	7.2	8.12	6.28	9.46
107	8.61	7.53	5.42	9.31
108	7.61	7.37	7.25	9.68
109	4.49	7.06	5.17	9.97
110	5.94	7.00	4.90	10.26
111	5.83	6.56	5.04	9.77

資料來源：勞動部青年就業狀況調查。

C. 在青年各式失業類型中，觀察不同年齡層之失業情形，20歲至24歲青年失業率明顯高於其他年齡層青年，此階段多為大專校院畢業之初次尋職青年。106年至111年期間初次尋職失業青年占整體失業青年之比率略有波動，惟疫情期間有緩降，應持續關注未來情形。

至於25歲至29歲青年之失業率雖略有波動，惟近年長期失業青年占整體失業國人之比率已有逐年下降之趨勢。故本方案第二期針對青年失業議題宜側重針對初次尋職青年加強規劃因應對策。

106至111年我國失業青年類型統計

年別	整體失業國人人數(千人)	整體失業青年人數(千人)	初次尋職失業青年人數(千人)	初尋失業青年占整體失業青年比率(%)	初尋失業青年占整體失業國人比率(%)	長期失業青年人數(人)			長期失業青年占整體失業國人比率(%)
						15-19歲	20-24歲	25-29歲	
106	443	205	96	46.83	21.67	575	8,092	14,257	**5.17**
107	440	203	99	48.77	22.50	121	9,647	12,593	**5.08**
108	446	211	100	47.39	22.42	271	9,561	11,123	**4.70**
109	460	204	95	46.57	20.65	1,123	7,839	12,961	**4.76**
110	471	204	90	44.12	19.11	195	5,771	11,844	**3.78**
111	434	190	89	46.84	20.51	106	8,413	11,778	**4.67**

資料來源：整理自行政院主計總處人力資源調查統計。

(2) **產業人才供需落差（產業缺工與青年失業現象併存）**

檢視工業及服務業廠商職缺數概況，111年8月底工業及服務業之職缺數為23萬個（近10年變動情形如圖示），職缺率為2.73%，較110年同期（2.98%）略減0.25個百分點，顯示產業對勞動力之需求水準仍處高位。其中，各行業職缺數多寡與其僱用人數規模成正比，以製造業7.7萬個職缺數最多；其次為批發及零售業職缺數4萬個、住宿餐飲業職缺數2.1萬個及營建工程業職缺數1.9萬個。相較前述青年投入住宿及餐飲業之比重偏高，而投入製造業之比重偏低，顯示產業需求及青年人力供給之間顯有差異，有待縮短、弭平。

我國為加速產業升級與結構轉型積極推動發展六大核心產業（資訊及數位產業、資安卓越產業、臺灣精準健康產業、國防及戰略產業、綠電及再生能源產業、民生及戰備產業）、5+2創新產業（智慧機

械、亞洲‧矽谷、綠能科技、生醫產業、國防產業、新農業及循環經濟），當中衍生相當之就業機會與人才需求，亦為青年就業之立基點，可據以定錨引導青年投入之重點產業領域，以協助青年就業並介接提供產業所需人力。

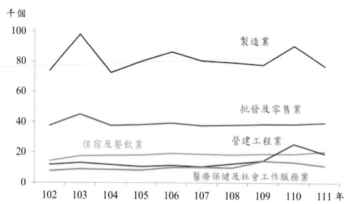

近10年8月底主要行業職缺變動情形

資料來源：行政院主計總處111年8月底事業人力僱用狀況調查統計結果綜合分析。
註：醫療保健及社會工作服務業涵蓋範圍108年以前不含「社會工作服務業」。

110及111年工業及服務業職位空缺數概況(按大行業分)

工業及服務業職位空缺數	110年8月底		111年8月底	
行業別	職缺數(個)	職缺率(%)	職缺數(個)	職缺率(%)
總計	248,314	2.98	230,255	2.73
工業部門	119,182	3.37	99,086	3.37
礦業及土石採取業	49	1.39	57	1.63
製造業	90,517	3.06	77,069	2.60
電力及燃氣供應業	1,572	4.50	1,510	4.30
用水供應及污染整治業	1,286	3.63	1,106	3.14
營建工程業	25,758	5.14	19,344	3.84
服務業部門	129,132	2.68	131,169	2.69
批發及零售業	38,804	2.23	39,748	2.28
運輸及倉儲業	6,904	2.29	7,420	2.47
住宿及餐飲業	19,221	3.93	20,655	4.10
出版、影音製作、傳播及資通訊服務業	7,147	2.93	7,444	2.98

工業及服務業職位空缺數	110年8月底		111年8月底	
行業別	職缺數(個)	職缺率(%)	職缺數(個)	職缺率(%)
金融及保險業	7,799	1.92	9,687	2.37
不動產業	5,409	4.12	4,436	3.33
專業、科學及技術服務業	8,751	2.78	8,846	2.79
支援服務業	11,946	2.91	11,784	2.82
教育業(註)	3,820	2.67	2,818	1.91
醫療保健及社會工作服務業	13,759	2.89	11,318	2.34
藝術、娛樂及休閒服務業	1,436	2.79	2,641	4.03
其他服務業	4,136	3.86	4,372	4.01

資料來源：行政院主計總處111年8月底事業人力僱用狀況調查統計結果綜合分析。

註：教育業不含小學以上各級學校等，僅涵蓋「學前教育、教育輔助及其他教育業」，如幼兒園、各類補習班、才藝班、汽車駕駛訓練班及代辦留（遊）學服務等。

(3) 職涯發展

歷年來青年初次尋職所遭遇困難之前三大原因均為「經歷不足」、「不知道自己適合做哪方面工作」及「技能不足」。而失業青年尋職期間沒有遇到工作機會，所遭遇之最主要困難，以「找不到想要做的職業類別」為最高，其次是「專長技能不合」，再其次是「待遇不符期待」，最後是「教育程度不合」及「勞動條件不理想」。

106至111年失業青年尋職期間沒有遇到工作機會遭遇之最主要困難

單位：%

年別	專長技能（含證照資格）不合	教育程度不合	年齡限制	性別限制	語言限制	婚姻狀況限制	找不到想要做的職業類別	待遇不符期望	勞動條件不理想	其他
106	31.20	4.80	0	0	0	0	33.60	22.40	7.20	0.80
107	29.63	1.85	0.93	0	0.93	0	26.85	34.26	5.56	0
108	12.50	0.78	0	0	0.78	0	43.75	32.81	7.81	1.56
109	28.67	3.50	0	0	0	0	27.97	33.57	4.90	1.40
110	28.13	0.78	0	0	0	0	32.81	28.13	6.25	3.91
111	27.36	10.38	0	0	0	0	31.13	23.58	2.83	4.72

資料來源：整理自行政院主計總處人力運用調查報告。

(4) **青年低薪**

依行政院主計總處人力運用調查統計數據，檢視各年齡層受僱就業青年於111年每月主要工作平均收入，15歲~19歲之收入較上年度增幅為2.31%，20歲~24歲之收入增幅為0.07%，25歲~29歲之收入增幅為0.83%，整體國人則為1.14%。綜整觀察106年至111年間每月主要工作平均收入較上年度之增幅，青年薪資水準提升狀況並無落後於整體國人之表現。

106至111年受僱就業者每月主要工作之平均收入比較

年別	每月基本工資（元）	受僱就業者每月主要工作之平均收入（元）				受僱就業者每月主要工作之收入較上年度增幅(%)			
		整體	15-19歲	20-24歲	25-29歲	整體	15-19歲	20-24歲	25-29歲
106	21,009	37,703	18,266	26,873	33,691	1.64	-3.02	2.92	3.42
107	22,000	38,500	19,361	27,635	34,217	2.11	5.99	2.84	1.56
108	23,100	39,191	20,511	28,702	35,029	1.79	5.94	3.86	2.37
109	23,800	39,504	21,074	28,621	35,037	0.8	2.74	-0.28	0.02
110	24,000	40,417	22,289	29,673	35,817	2.31	5.77	3.68	2.23
111	25,250	40,879	22,803	29,695	36,116	1.14	2.31	0.07	0.83

資料來源：整理自行政院主計總處人力運用調查報告。

青年除了因初入職場，工作經驗年資、技能不足或未充分就業（如部分工時），以致影響薪資水準之外，另觀察110年青年就業於服務業部門之比率為68.84%，較全體國人投入服務業部門就業之比率（59.81%）高出9個百分點，顯示青年更偏重於投入服務業部門。110年青年從事製造業47萬人，占22.14%最多，批發及零售業37.5萬人居次（占17.68%），住宿及餐飲業26.2萬人占12.34%居第三。相較於全體國人就業之行業分布，青年投入住宿及餐飲業之比重明顯高於國人投入之比重，青年投入製造業之比重明顯低於國人投入之比重。然對照觀察各行業初任人員之平均經常性薪資水準，以從事「製造業」3.7萬元為最高，「住宿及餐飲業」2.7萬元，明顯偏低，亦恐降低青年整體薪資分布水準。

110年青年及全體國人暨初任人員就業統計

行業別	青年就業			全體就業		初任人員	
	人數 (千人)	人數 結構比 (%)	青年占全 體就業者 比率(%)	人數 (千人)	人數 結構比 (%)	人數 結構比 (%)	經常性 薪資 (千元)
工業部門	628	**29.58**	15.47	4,059	**35.45**		
礦業及土石採取業	-	0.02	11.69	4	0.03	0	26
製造業	470	**22.14**	15.56	3,020	**26.38**	22.2	**37**
電力及燃氣供應業	5	0.22	14.50	33	0.29	0.10	30
用水供應及污染整治業	8	0.38	9.52	84	0.73	0.20	28
營建工程業	145	6.83	15.78	918	8.02	3.60	28
服務業部門	1,461	**68.84**	21.34	6,847	**59.81**		
批發及零售業	375	**17.68**	19.98	1,878	**16.41**	19.70	**28**
運輸及倉儲業	73	0.35	15.97	460	4.02	1.40	31
住宿及餐飲業	262	**12.34**	31.20	839	**7.33**	7.50	**27**
出版、影音製作、傳播及 資通訊服務業	71	3.33	26.53	266	2.33	5.30	35
金融及保險業	76	3.57	17.50	433	3.78	3.40	36
不動產業	21	1.01	20.25	106	0.92	1.30	28
專業、科學及技術服務業	96	4.53	24.83	388	3.39	9.40	33
支援服務業	35	1.63	11.74	295	2.58	3.70	28
公共行政及國防；強制性 社會安全	64	3.02	19.95	378	3.30	1.10	34
教育業	106	5.01	16.49	645	5.63	7.00	34
醫療保健及社會工作服務業	137	6.45	28.07	488	4.26	10.50	36
藝術、娛樂及休閒服務業	37	1.74	32.65	113	0.99	1.10	27
其他服務業	107	5.06	19.26	558	4.88	2.20	27

資料來源：整理自行政院主計總處110年12月暨全年工業及服務業薪資統計結果、勞動部110年青年就業狀況、勞動部110年初任人員薪資統計結果。

綜上，近年青年薪資水準提升幅度較全體國人雖無落後情形，然因青年偏重投入薪資較低之行業，以致形成外界對於青年薪資偏低之觀感。一方面須從整體產業高值化發展，提供更強就業市場誘因吸引國人投入就業之餘，另一方面亦須思考如何引導青年投入製造業、金融保險業或醫療保健服務業等薪資較高行業，提升青年薪情。

查109年應屆畢業生畢業1年後之投保率及薪資交叉分析可以發現，較低投保率以及較低投保薪資之學門，主要為餐旅及民生服務學門、藝術學門、語文學門、社會及行為科學學門、教育學門、生命科學學門、人文學門、林業學門、漁業學門、農業學門、安全服務學門、新聞學及圖書資訊學門、環境學門、獸醫學門等（參見圖中第三象限），允宜針對畢業生人數較多之學門（包括「餐旅及民生服務學門」、「藝術學門」、「語文學門」、「社會及行為科學學門」、「教育學門」等）作為優先引導、優化就業之重點族群。

109年應屆畢業生畢業1年後之投保率及薪資交叉分析

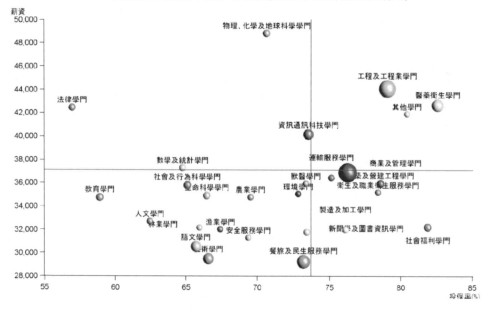

資料來源：勞動部，薪資行情及大專生就業導航網。

註：1.圖中投保率為已投保人數(公保、農保、勞保人數)除以可工作人口數之比率。

2.薪資為勞退全時工作平均薪資。

3.圖中兩條紅線，橫線為該年度平均投保率(73.72%)；縱線為該年度平均薪資(37,093元)。

(5)青年非典型就業

非典型就業青年人數由106年的25.1萬人下降至111年的21.3萬人占整體非典型就業國人之比率（106年為31.18%，111年為26.69%）呈現

下降趨勢，惟近年「非自願」（找不到全時、正式工作）從事非典型工作青年占非典型工作青年之比率（106年至111年間分別為15.94%、13.60%、12.70%、12.81%、17.76%及9.39%）在緩步下降的趨勢中，於109年及110年受疫情影響而有波動，待持續關注。

另從事非典型工作青年中，有近1成3的青年想改做全時、正式工作，亦有待政府積極提供轉換職場之協助措施。

106至111年我國非典型就業青年統計

年別	非典型就業青年人數(千人)	非自願從事非典型工作青年人數(找不到全時、正式工作)(千人)	非自願從事非典型工作占非典型工作青年比率(%)	非典型就業青年人數占青年就業人數比率(%)	非典型就業青年占非典型就業整體國人比率(%)	非典型就業青年想改做全時、正式工作				
						15-29歲(千人)	15-29歲(%)	15-29歲(%)	15-29歲(%)	15-29歲(%)
106	251	40	**15.94**	11.67	31.18	-	-	-	-	-
107	250	34	**13.60**	11.41	30.71	-	-	-	-	-
108	244	31	**12.70**	11.06	29.79	53	**21.72**	19.45	16.93	36.88
109	242	31	**12.81**	11.11	30.29	52	**21.49**	12.40	21.58	28.42
110	214	38	**17.76**	10.08	26.85	41	**19.16**	17.94	18.73	20.12
111	213	20	**9.39**	10.25	26.69	28	**13.15**	1.95	14.12	18.36

資料來源：整理自行政院主計處人力運用調查報告。

註：行政院主計處人力運用調查報告，有關是否想改做全時、正式工作題項係自108年起統計。

3. **重點對策**：針對青年就業核心議題，併考量青年特性與需求，本方案提出重點對策，持續協助青年就業。

   (1) **職涯發展**：為使青年朋友釐清職涯方向，協助青年運用職涯諮詢、職業適性測驗、履歷健檢、模擬面試、職涯講座、團體課程、職場參訪體驗、職業訓練等就業服務資源，積極協助青年規劃職涯、了解產業趨勢、提升面試技巧、強化職場適應及溝通能力等，錨定就業未來。

   (2) **產業人才供需落差**

   A. 產業人力需求端：產業職缺數增加，然青年人口又逐年減少，益發突顯應屆畢業青年人力資源之戰略價值，在無法全數滿足所有產業人力需求之前提下，有賴於各產業中央目的事業主管機關之產業政

策盤點、優先順序及配置，據以引導有限青年人力投入重點政策產業（包括六大核心產業、5+2創新產業）就業。

B. 產業人才供給端：針對在校青年，應增加企業參與培育青年之誘因以招募應屆畢業青年，或超前部署於青年在校階段與政府及學校進行產學合作，強化產學鏈結，縮短學用落差現象。為提升企業對既有員工之留任率，並因應新的職務需求變動，應加強在職訓練之投資，以提升人才實務技能及素質。

(3) **青年失業**：特別針對初次尋職青年所面臨的求職困難，因技能不足或專長技能不合部分，持續精進專業技能培訓；另因職涯迷惘，不知道自己適合做哪方面工作及找不到想做的職業類別等，則輔以職涯探索等就業諮詢，協助錨定職涯方向。

(4) **青年低薪**：青年起薪近年已逐步提升，然青年低薪議題仍備受關注，而各職類薪資高低除與技術層次相關（初入職場青年之薪資可隨著年資、工作表現或技能提升等因素而逐步獲得調升）外，如何促成整體產業高值化發展，讓產業能提供更強就業誘因吸引國人投入就業，並應建立青年對於高科技產業、製造業及金融業等產業之認識及協助青年跨越投入就業之技術門檻，並優先引導「餐旅及民生服務學門」、「藝術學門」、「語文學門」、「社會及行為科學學門」、「教育學門」領域之青年。

(5) **青年非典型就業**：由於青年勞動價值觀及就業偏好改變，非典型就業青年想改做全時、正式工作者或有降低之現象，但從事非典型工作青年中，仍有近1成3的青年想改做全時、正式工作，有待政府積極多元就業選擇資訊、轉換職場之機會。

(二)**方案第二期目標及策略**

行政院核定自108年推動「投資青年就業方案」，從產業趨勢變遷，連動就業情勢，佈局投資青年就業措施及資源，雖已獲初步成效，然青年就業仍存有努力空間，因應青年就業情勢，並調整部分措施，協助就業。

1. **對應青年就業五大議題及目標**

(1) 職涯發展（定方向）：釐清職涯方向，錨定就業未來。

(2) 產業人才供需落差（增人才）：盤點產業需求，精準對接職能。

(3) 青年失業（促就業）：整合服務資源，促進青年就業。

(4)青年低薪（爭好薪）：提升就業能力，導入重點產業。

(5)青年非典型就業（轉正職）：強化職場認識，深耕就業服務。

2. **策略**：本方案第二期對應青年就業五大議題，提出解決策略，如圖所示。

投資青年就業方案第二期目標策略圖

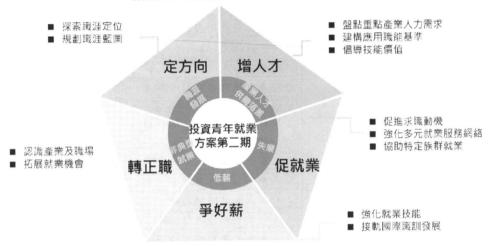

(三)**方案第二期具體措施**

　　針對青年就業五大核心議題，併考量青年特性與需求，本方案第二期提出12個策略，推動48項措施，方案策略措施架構圖如圖所示，另針對青年就業核心議題所開展之各對應措施如附錄，持續協助青年就業。

投資青年就業方案第二期策略措施架構圖

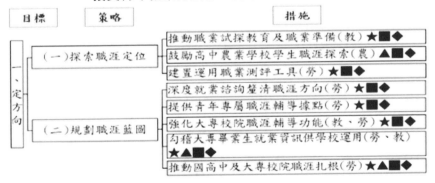

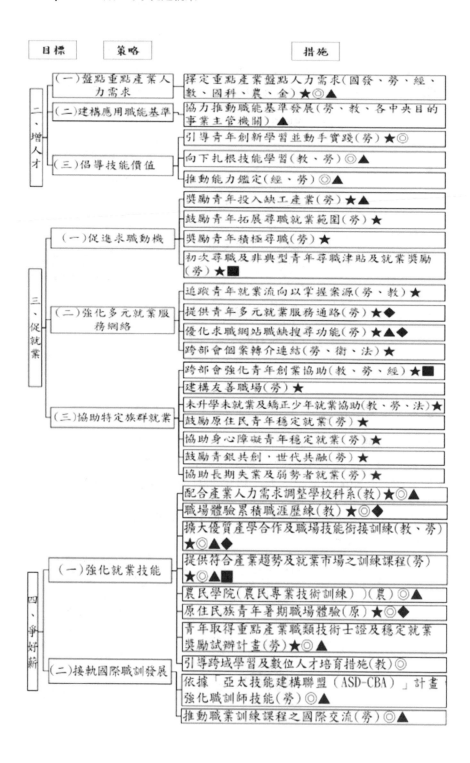

目標　　　策略　　　　　　　　　措施

二、增人才

（一）盤點重點產業人力需求 → 擇定重點產業盤點人力需求（國發、勞、經、數、國科、農、金）★◎▲

（二）建構應用職能基準 → 協力推動職能基準發展（勞、教、各中央目的事業主管機關）▲

（三）倡導技能價值
- 引導青年創新學習並動手實踐（勞）★◎
- 向下扎根技能學習（教、勞）◎▲
- 推動能力鑑定（經、勞）◎▲

三、促就業

（一）促進求職動機
- 獎勵青年投入缺工產業（勞）★▲
- 鼓勵青年拓展尋職就業範圍（勞）★
- 獎勵青年積極尋職（勞）★
- 初次尋職及非典型青年尋職津貼及就業獎勵（勞）★■

（二）強化多元就業服務網絡
- 追蹤青年就業流向以掌握案源（勞、教）★
- 提供青年多元就業服務通路（勞）★◆
- 優化求職網站職缺搜尋功能（勞）★▲◆
- 跨部會個案轉介連結（勞、衛、法）★

（三）協助特定族群就業
- 跨部會強化青年創業協助（教、勞、經）★■
- 建構友善職場（勞）★
- 未升學未就業及矯正少年就業協助（教、勞、法）★
- 鼓勵原住民青年穩定就業（勞）★
- 協助身心障礙青年穩定就業（勞）★
- 鼓勵青銀共創，世代共融（勞）★
- 協助長期失業及弱勢者就業（勞）★

四、爭好薪

（一）強化就業技能
- 配合產業人力需求調整學校科系（教）★◎▲
- 職場體驗累積職涯歷練（教）★◎◆
- 擴大優質產學合作及職場技能銜接訓練（教、勞）★◎▲◆
- 提供符合產業趨勢及就業市場之訓練課程（勞）★◎▲■
- 農民學院（農民專業技術訓練）（農）◎▲
- 原住民族青年暑期職場體驗（原）★◎◆
- 青年取得重點產業職類技術士證及穩定就業獎勵試辦計畫（勞）★◎▲

（二）接軌國際職訓發展
- 引導跨域學習及數位人才培育措施（教）◎
- 依據「亞太技能建構聯盟（ASD-CBA）」計畫強化職訓師技能（勞）◎▲
- 推動職業訓練課程之國際交流（勞）◎▲

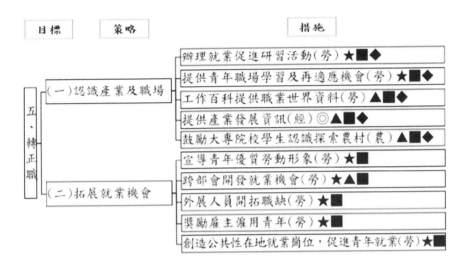

註：對應青年就業核心議題標示—★青年失業、◎青年低薪、▲產業人才供需落差、■非典型就業、職涯發展◆。

1. 定方向
   (1) 探索職涯定位
      A. **推動職業試探教育及職業準備**：積極推動高級中等學校辦理校外職場參觀活動，安排高一及高二學生至相關事業機構進行半日或一日之參訪活動，並補助職場參觀所需之相關費用；未來將建立更嚴謹之審查機制，篩選參訪地點與評估活動效益，以符合各群科課程規劃之需求。藉由加強學生職場之實際體驗，增進其實務知能，俾利學生瞭解就業環境，落實職業準備。（主辦：教育部）
      B. **鼓勵高中農業學校學生職涯探索**：鼓勵農業相關科系高中生於假日或寒暑假進行農業職涯探索，以瞭解農業經營實務現況，並針對符合資格之學生，給予職涯探索獎勵金與獎學金。將相關參與本措施之學生，銜接農業公費專班報考時予以加分，有效培育產業優秀人才，以利後續投入產業經營。（主辦：行政院農業委員會、協辦：教育部）
      C. **建置運用職業測評工具**：透過勞動部台灣就業通網站「職涯測評專區」，提供「我喜歡做的事」、「工作氣質測驗」、「個人與組織適配性評量工具」等職業心理測驗，另學校也可向各分署申請職業

心理測驗紙本，協助青年於線上或校內進行施測，以利幫助青年更進一步了解各行業之職務特性及找出自身的職業興趣。（主辦：勞動部）

(2) **規劃職涯藍圖**

A. **深度就業諮詢釐清職涯方向**（主辦：勞動部）

(A)運用「工作卡」完整記錄職涯履歷，協助求職青年瞭解自身條件及職涯方向，展現青年求職優勢。

(B)透過客製化「階段性職涯規劃」，協助青年擇定適合發展的職涯目標，並提供更精準的就業媒合服務。

B. **提供青年專屬職涯輔導據點**：運用5處青年職涯發展中心，提供青年職業心理測驗、職涯諮詢、團體課程、履歷健檢、模擬面試，並鏈結就業服務及職業訓練資源，協助青年職涯規劃。（主辦：勞動部）

C. **強化大專校院職涯輔導功能**：由大專校院建立職涯輔導專責窗口，推廣職涯觀念，並積極將教育部及勞動部職涯輔導及就業服務資源導入校園，加強青年對勞動部實體與虛擬就業服務通路及資源之認識，有助於運用相關政府資源，視就業需求轉介公立就業服務機構提供客製化就業服務。（主辦：教育部、勞動部）

D. **勾稽大專畢業生就業資訊供學校運用**：每年定期勾稽前年度大專畢業生之就業及薪資等資訊並進行多面向多維度之交叉分析，透過「薪資行情及大專生就業導航網站」發布最新大專畢業生就業資訊供青年線上查詢，提供大專畢業生之就業流向、轉職情形、跨行業跨縣市等薪資情形及變動趨勢等資訊予各大專校院職涯輔導單位運用，以輔導大專青年及早規劃未來職涯發展目標及方向，逐年提升各校就業率。（主辦：勞動部、教育部）

E. **推動國高中及大專校院職涯扎根**：由勞動部勞動力發展署所屬各分署連結國高中及大專校院學校，入校服務及補助學校進行職涯扎根教育，並辦理職涯諮詢、就業講座、企業參訪等提升就業先備知能活動及校園徵才，協助青年認識職業、體驗職場及瞭解產業發展趨勢，畢業後順利轉銜職場。（主辦：勞動部）

2. 增人才
(1) **盤點重點產業人力需求**
　擇定重點產業盤點人力需求
　A. 配合政府當前重要產業發展政策，每年協調各中央目的事業主管機關，辦理產業人才需求調查及推估，提出未來3年重點產業人才需求資訊。定期公布重點產業人才需求調查及推估成果，俾助各界參考運用，並據以協調跨部會協助事項，訂定產業人才資源發展策略。（主辦：國家發展委員會、協辦：經濟部、數位發展部、行政院農業委員會、國家科學及技術委員會、金融監督管理委員會等中央目的事業主管機關）
　B. 結合產業公協會協助青年至重點產業就業，整合運用勞動部勞動力發展署所屬各分署與雇主團體資源，依轄區擇定重點產業，輔導協助較難就業之在校青年投入就業。（主辦：勞動部）
(2) **建構應用職能基準**
　協力推動職能基準發展：配合產業政策發展所需，協調各中央目的事業主管機關逐年完備職能基準建構，提升人才培育效能，減少學訓用落差，並協助教育部比對「各中央目的事業主管機關核發、委託、認證或認可證照一覽表」與iCAP網站公告「職能基準」對應關聯性，供教育部轉知大專校院參考運用，藉以協助學校優化課程內容。（主辦：勞動部、協辦：教育部、各中央目的事業主管機關）
(3) **倡導技能價值**
　A. **引導青年創新學習並動手實踐**：運用創客基地之設備及師資，促進青年跨域學習及職涯進展：透過創客基地提供機具設備與空間，及專業師資與社群交流，引導青年運用創意、整合專業知識，促進跨域學習與合作，以期職能永續發展。（主辦：勞動部）
　B. **向下扎根技能學習**（主辦：教育部、勞動部）
　　(A) 積極推動辦理國高中技藝競賽、職場達人經驗交流與體驗，提升青年學習技能的興趣，使職業技能向下扎根。
　　(B) 於地方政府辦理之國中學生技藝競賽期間，主動前往校園舉辦職訓成果展示及推廣職業技能與體驗（DIY）。
　　(C) 安排國手深入校園進行經驗分享，推廣技能學習的重要性，鼓勵青年投入技能學習，建構職業技能發展觀念。

(D)為建立青年學子技能價值觀念，更期望其他民眾皆能了解技能重要性，將適時擴大技能競賽辦理量能，以推廣技能職類、內涵、發展及其未來趨勢。

C. **推動能力鑑定**：因應5加2產業創新既有基礎上，發展「六大核心戰略產業」所需人才，鏈結產業規劃與辦理能力鑑定，並推動企業優先面試／聘用／加薪通過考試之合格者，以促進產學接軌，改善學用落差，形塑專業人才職場價值與榮譽感，充裕產業專業人才。（主辦：經濟部、勞動部）

3. **促就業**

(1) **促進求職動機**

A. **獎勵青年投入缺工產業**：青年連續失業30日以上、非自願性離職或經公立就業服務機構評估者，運用就業獎勵，鼓勵及引導投入3K及照顧服務等缺工產業就業，最長獎勵18個月。（主辦：勞動部）

B. **鼓勵青年拓展尋職就業範圍**：運用跨域津貼等措施鼓勵青年拓展求職地域範圍，降低失業青年跨域就業障礙。（主辦：勞動部）

C. **獎勵青年積極尋職**：辦理青年就業協助措施「青年職得好評計畫」，針對本國籍連續失業6個月以上青年透過深度就業諮詢及運用工作卡（職涯履歷表），協助青年釐清職涯發展方向、提升求職技巧並展現個人就業優勢，於規定期限就業成功者，並核發尋職就業獎勵金，鼓勵青年儘速就業。（主辦：勞動部）

D. **初次尋職及非典型就業青年尋職津貼及就業獎勵**：推動初次尋職青年失業或非典型就業達一定期間者，提供尋職津貼及就業獎勵，以協助青年強化求職準備，並鼓勵青年積極尋職並促成就業，提供青年尋職期間之經濟支持及穩定就業。（主辦：勞動部）

(2) **強化多元就業服務網絡**

A. **追蹤青年就業流向以掌握案源**：透過大專畢業生就業追蹤系統，比對公保、軍保（替代役）、農保、勞保、勞退、在學及入出境等相關資料，取得畢業後未加保就業之青年名冊，針對有願意接受勞動部就業服務者，依據失業青年之需求，由勞動部台灣就業通客服中心及各地就業中心主動聯繫關懷，並提供就業情報、簡易諮詢及辦理求職登記等客製化專業協助。（主辦：勞動部、教育部）

　　B. **提供青年多元就業服務通路**：透過全國各地公立就業服務據點、台灣就業通網站（www.taiwanjobs.gov.tw）、免付費客服專線（0800-777888）及7-Eleven、OK、全家3大超商門市的觸控式服務系統，提供求職者相關就業機會資訊。（主辦：勞動部）

　　C. **優化求職網站職缺搜尋功能**：優化台灣就業通網站職缺搜尋功能，強化職缺搜尋精準度，便利求職青年搜尋理想職缺，並透由優化台灣就業通網站就業促進與各項服務資源搜尋及職缺推薦功能之操作模式，以吸引青年運用網站尋找合適職缺與服務資源，儘速就業。（主辦：勞動部）

　　D. **跨部會個案轉介連結**：與衛政、社政、司法矯正單位建立個案轉介及資源連結窗口，提供轉介未就學未就業少年、結束家外安置自立少年、施用毒品少年、家暴及兒虐創傷青年等弱勢青少年個別化就業協助。（主辦：勞動部、衛生福利部、法務部）

(3) **協助特定族群就業**

　A. **跨部會強化青年創業協助**

　　(A) U-start**創新創業計畫**（主辦：教育部）

　　　a. 為提升校園創新創業文化，鼓勵大專校院優化校園創業環境，結合學校育成輔導資源，提供青年創業實驗場域與資源，培育具創業家精神人才，協助青年學生創業實踐，實施U-start創新創業計畫。

　　　b. 每年分兩階段提供青年補獎助，通過第一階段審查的團隊，可獲得補助費用（創業基本開辦費及創業輔導費），另有機會再爭取第二階段創業獎金。

　　(B) **青年創業發展導航計畫**：為提供青年創業發展各階段所需之服務，辦理職涯定向輔導、創業諮詢輔導、創業知能課程、創業後協助等措施，以協助有意創業之青年做好準備，開拓經營事業，並連結相關貸款資源減輕其創業資金壓力。（主辦：勞動部）

　　(C) **提供青年創業協助**（主辦：經濟部）

　　　a. 提供青創資金：提供青年創業所需資金，辦理「青年創業及啟動金貸款」，透過信用保證機制，協助青年取得創業所需資金，穩健創業經營。

  b. 提供創業資訊：透過「新創圓夢網」創業資源整合平台協助具創業熱忱的青年快速瞭解政府及民間創業資源訊息，以獲取及運用創業資源，完成創業夢想。

B. **建構友善職場**：為使受僱者安心兼顧工作與親職照顧，並為鼓勵雇主提供受僱者托育服務，爰補助雇主辦理哺（集）乳室與托兒設施或措施，以營造友善育兒職場環境。（主辦：勞動部）

C. **未升學未就業及矯正少年就業協助**（主辦：教育部、勞動部、法務部）

 (A) 與各地方政府合作辦理，針對未就業未升學青少年提供關懷扶助措施，以輔導會談、探索課程及工作體驗等方式協助國中畢業後未就業未升學之青少年立定生涯方向，並輔導其轉銜就學或就業，向生涯下一階段邁進；納入有生涯探索需求之高中中途離校學生，成為其多元資源之一。（主辦：教育部）

 (B) 由各公立就業服務機構及青年職涯發展中心提供15歲以上未滿18歲之未就學未就業少年個別化就業服務，透過職業興趣探索及職涯諮詢輔導，協助少年瞭解職業興趣、確認職涯規劃，並依少年需求提供職業訓練，協助提升就業技能以順利就業。（主辦：勞動部）

 (C) 與勞動部勞動力發展署所屬各分署轄下就業中心合作，延聘專業師資於各矯正學校開辦就業促進小團體活動，輔導學生面對職涯探索、面試等相關問題，進行深度討論。（主辦：法務部）

D. **鼓勵原住民青年穩定就業**：由各公立就業服務機構提供一案到底、個別化的客製就業服務，諮詢評估後推介失業原住民青年適性參訓並輔導就業。（主辦：勞動部）

E. **協助身心障礙青年穩定就業**：除由各公立就業服務機構提供一案到底及個別化的客製就業服務外，並推動融合式、專班式及數位化之職業訓練，提升就業職能，對於經評估有特殊就業需求者，連結職業重建個案管理服務，以協助身心障礙青年穩定就業。（主辦：勞動部）

F. **鼓勵青銀共創，世代共融**：配合「中高齡者及高齡者就業促進法」訂定，推動促進世代合作相關措施，導入跨世代共事合作工作模

式，運用中高齡資深員工的高度知識、技術及實務經驗，引領不同世代員工做中學、學中做；運用不同世代特質、能力與經驗上的合作，相互補充，促進世代融合，強化知識與技術傳承，完成工作任務，並結合樂齡大學、長期照顧服務據點等跨單位共同宣導、倡議雇主推動世代合作。（主辦：勞動部）

G. **協助長期失業及弱勢者就業**：由各公立就業服務機構提供一案到底及個別化就業服務，針對符合就業服務法第24條各款之弱勢青年運用各項就業促進措施協助順利就業。（主辦：勞動部）

4. **爭好薪**

(1) **強化就業技能**

A. **配合產業人力需求調整學校科系**：調整技職學校及大專校院相關科系，對焦產業與就業市場，減少產業發展需求人力落差及青年學非所用。（主辦：教育部）

B. **職場體驗累積職涯歷練**：結合公部門、公、民營企業及非營利組織之力量，辦理各項多元職場體驗專案，讓在學青年累積職涯歷練經驗，為未來進入職場增加能量。（主辦：教育部）

C. **擴大優質產學合作及職場技能銜接訓練**

(A) 為積極縮短學用落差，使學生所學更符合業界所用，跨部會合作辦理擴大優質產學合作，產攜2.0整併雙軌訓練、產學訓合作，鏈結學校教育與實務經驗協助青年順利轉銜職場。又因應重點產業需求，辦理提升大專青年預聘計畫，鼓勵企業運用預聘制度及工作崗位訓練強化在校青年職場實務技能，協助青年畢業即就業，並紓緩學用落差。（主辦：勞動部、教育部）

(B) 建置區域產業人才及技術培育基地，以六大核心戰略產業為主軸，持續精進大專校院實作場域，並針對各級產業所需人力規劃培育方向，鼓勵各校與法人或產企業攜手共同建置基地。（主辦：教育部）

D. **提供符合產業趨勢及就業市場之訓練課程**（主辦：勞動部）

(A) 辦理多元、符合產業需求之職前訓練，強化青年技能並協助就業。

(B) 提供實務導向之工作崗位訓練，增加青年職場歷練，提升企業僱用青年意願。

　(C)鼓勵在職青年自主學習及企業派訓青年，強化職場競爭力。

　(D)因應產業及數位技能趨勢，為使青年職涯發展歷程學習不間斷，持續推動多元化之職業訓練，並辦理與時俱進之數位技能培訓，加值青年就業能力，引領青年進入未來產業。

E. **農民學院（農民專業技術訓練）**：結合研究、教育、推廣資源，運用行政院農業委員會各試驗改良場所之在地及專業優勢，建立完整的農業訓練制度，培育優質農業人才，提升農業競爭力。因農民專業技術訓練之實體課程易受疫情影響導致不能開課，爰調整部分課程為遠距教學，並錄製課程影片及製作數位教材提供學員學習，以降低疫情對訓練之影響。（主辦：行政院農業委員會）

F. **原住民族青年暑期職場體驗**（主辦：原住民族委員會）

　(A)為強化原住民族青年學生職能開發，透過提供暑期工讀體驗，使原住民族青年學生於在學期間了解職場生態，增加工作經歷，並給予暑假期間工讀薪資。

　(B)考量原住民族青年就業需求，及原鄉地區當前產業趨勢，計畫將文化健康站納入職缺，透過青年數位科技能力活化在地產業，同時傳承原住民族語言及文化，並擴增職缺數。

G. **青年取得重點產業職類技術士證及穩定就業獎勵試辦計畫**：針對青年取得重點產業職類技術士證提供證照獎勵金，並於其取證後從事重點產業對應行業之工作，再提供就業獎勵金，以鼓勵青年提升重點產業所需專業技能並投入相關領域產業工作，補實產業所需人力。（主辦：勞動部）

H. **引導跨域學習及數位人才培育措施**：為縮短學用落差，因應產業數位化發展趨勢，透過數位人文創新人才培育計畫、人文社會與產業實務創新鏈結計畫，引導在校青年跨域學習數位科技能力。「第二期數位人文創新人才培育計畫」及「人文社會與產業實務創新鏈結計畫」係為鼓勵大學校院發展具人文社科系院特色之數位人文跨領域課群，並融入人文關懷及批判思考，培養人文社科領域學生數位素養及專業知識技能；強化人文社科領域院系與產業合作鏈結，引導人文社科領域學生結合人文價值、知識專業，培育了解業界實務問題及解決能力之人社領域人才。（主辦：教育部）

(2) **接軌國際職訓發展**

A. **依據「亞太技能建構聯盟（ASD-CBA）」計畫，強化職訓師技能：**
透過亞太經濟合作組織（APEC）「亞太技能建構聯盟（ASD-CBA）」計畫推動國際合作，辦理各項國際論壇、工作坊、研討會等活動，每年邀請國內外職訓專家學者及職訓師參與成果分享與經驗交流，以發展職業訓練師技能，並提升青年就業力。（主辦：勞動部）

B. **推動職業訓練課程之國際交流：**透過已簽署之備忘錄、意向書促進職業訓練課程國際交流，及透過亞太經濟合作組織（APEC）共同推動符合產業需求及國際趨勢之能力建構課程，辦理國際討論及政策諮詢會議，探討就業促進、職業訓練及技能發展等議題，以提升青年就業力。（主辦：勞動部）

5. **轉正職**

(1) **認識產業及職場**

A. **辦理就業促進研習活動：**勞動部將持續辦理就業促進研習活動提供求職青年就業促進課程、就業觀摩及團體諮商等就業服務，協助求職青年強化就業準備，以利早日進入或重返職場再就業。（主辦：勞動部）

B. **提供青年職場學習及再適應機會：**運用職場學習及再適應計畫，結合事業單位或團體提供職場學習及再適應機會，提供參與青年及事業單位或團體費用補助，協助失業6個月以上青年及弱勢青少年職場適應及順利銜接就業；另15歲以上未滿18歲未升學未就業少年，得經執行單位評估同意後延長補助期間至6個月。（主辦：勞動部）

C. **工作百科提供職業世界資料：**維運台灣就業通網站Jobooks工作百科系統，以行、職類別彙整各部會職業介紹資料（如經濟部工業局-產業人才發展資訊網、教育部Ucan、技術士技能檢定、iCAP職能發展應用平台等）、職業內容資料及職缺起薪範圍查詢功能，讓青年學子瞭解職業世界概況，促進就業媒合。（主辦：勞動部）

D. **提供產業發展資訊：**提供民眾製造業相關資訊及未來產業發展方向，協助民眾了解未來產業動向。（主辦：經濟部）

E. **鼓勵大專院校學生認識探索農村**：鼓勵青年學子依所發掘之農村相關問題導入創意構想，由青年個人、青年組成團隊由一位青年代表提出行動計畫，發揮社會影響力，創造農村三生新價值，以達青年返回農村並留下來服務農村之目標。曾參與過大專院校農村實踐共創計畫之學生，經教師推薦後，取得青年回鄉行動獎勵計畫洄游行動組之參賽資格，以鼓勵更多青年學子參與農村事務。（主辦：行政院農業委員會）

(2) **拓展就業機會**

A. **宣導青年優質勞動形象**：廣為宣傳青年正向、創新及優良之勞動形象，協助雇主認識青年之發展潛能及優點，促進雇主僱用青年。（主辦：勞動部）

B. **跨部會開發就業機會**（主辦：勞動部）

(A) 請各部會加強向廠商宣導於台灣就業通網站登錄職缺。

(B) 與經濟部、教育部共同成立「重點產業及重大投資跨部會人力供需合作平台」，透過參與產業人才培育交流座談會，蒐集事業單位之人力需求，並續予提供媒合及訓練服務。

C. **外展人員開拓職缺**：透過外展人員走動式服務，開發青年所期待之職缺，積極協助媒合青年就業。（主辦：勞動部）

D. **獎勵雇主僱用青年**：為鼓勵雇主僱用就業能力較弱且符合連續失業30日以上之特定對象青年或連續失業3個月以上之青年，提供雇主最長12個月之僱用獎勵。（主辦：勞動部）

E. **創造公共性在地就業崗位，促進青年就業**：遴選民間團體研提促進地方發展與提升社會福祉之就業計畫，創造公共性在地就業崗位，持續協助暫時無法進入一般就業市場之弱勢失業者、弱勢失業青年等參與計畫並輔導其回歸一般職場。（主辦：勞動部）

(四) **青年發展政策綱領**

1. **前言**：青年是促進社會進步、經濟繁榮及科技創新的關鍵動力。行政院為展現「為年輕人找出路」之決心，針對我國青年世代面臨全球環境變遷所衍生之新興挑戰，以及生涯發展過程中面對之重要人生轉折，藉由傾聽

及瞭解青年朋友之具體需求，並參考聯合國「世界青年行動綱領」（The World Programme of Action for Youth）揭櫫之政策面向，以及先進國家之青年政策重點，特集結各部會之力量及資源，訂定「青年發展政策綱領」（以下簡稱本綱領）。

2. **政策架構及施政目標**：15歲至35歲正是青年發展之關鍵時期，在就學階段，青年不僅需要健全的身心，以利學習各種技能與專長，更需要發揮自己潛在的創造力、培養獨立思考能力，以期因應生命中的不同挑戰。在青年成長與發展的歷程中，更需要參與公共事務的機會與管道，以培植民主素養並成為理性的公民，進而帶動社會的發展與進步；同時，也需要透過國際交流與互動，強化自己的競爭力。此外，在開創事業及成家階段，青年則需盡情揮灑自己的才華、善用不同的資源，積極找尋適合自己的職涯發展方向與定位，共同打造安居適育的環境，以期找到幸福並樂於為人父母。

然而，伴隨青年人口逐漸減少、產業結構轉型、全球經濟市場競爭加劇、資訊科技發展日新月異等外部環境變遷，以及青年生命發展歷程中所需面對之重要課題，如就學時間延長、產學落差、不同場域及角色轉換的調適、特定行為或生活習慣衍生的健康問題等，使得當前青年所面臨的局勢更加複雜多變，必須及早裝備自己、培養多元能力，以有效處理生命中的各種挑戰。

鑑此，本綱領以「胸懷夢想創世代，在地全球皆舞臺」為青年願景，並就健康、教育、公共參與、國際競爭、工作、成家等重要領域，以開展青年六項關鍵能力（健康力、創學力、公民力、全球力、就業力及幸福力）為施政目標，期能透過政府政策引導及資源挹注，同時兼顧性別平權及考量不同族群之多元文化，建立青年能夠發揮創意與實踐理想之友善環境，提供青年參與公共政策機會及肯定自我的舞臺，從而協助青年在全球化的浪潮下開拓未來，引導青年立足在地、放眼國際，成為改變世界的全球公民。

本綱領勾勒出全方位的青年發展政策架構（如圖8-1），以作為實現青年發展願景之施政藍圖。其中有關本綱領之施政目標如下表：

1	**健康力** 身心求均衡， 活力又健康	青年能身心平衡，擁有健康生活及培養規律運動習慣。
2	**創學力** 學習有動力， 生涯有方向	青年能獨立思考、自主學習並善用資訊，發揮創新與創意。
3	**公民力** 參與零距離， 社會真善美	青年能積極參與公共事務、關懷社會、尊重及理解不同文化。
4	**全球力** 多元廣見聞， 全球任翱翔	青年能具備國際競爭力，勇於迎向全球化挑戰，創造不凡成就。
5	**就業力** 學用有專精， 快樂就創業	青年能發揮所學專長，獲得合宜薪酬，開創屬於自己的志業。
6	**幸福力** 居住能安定， 成家好安心	青年能擁有合宜的安身居所，取得工作與生活的平衡，成就幸福家庭。

願景 →	目標 →	推動策略

有律運動／活絡社群／身心健康

1.1 建立青年健康與安全資料庫
1.2 建構區域運動悠遊網絡
1.3 強化青年休閒教育
1.4 培養青年對於網路及3C產品優良使用習慣
1.5 建構青年心理健康服務網絡，推動反菸拒毒及成癮防治服務

1.健康力
身心求均衡
活力又健康

掌握青年基礎健康資訊，打造健康安全的運動休閒環境，活絡社群正向互動

獨立思考／善用資訊／合作解決問題

2.1 建構啟發創造性思考之學習環境
2.2 發展校園創新教學，推動搶救教學與偏鄉教育創新實驗
2.3 鼓勵校園發展主題研究學習課程
2.4 強化校園生涯輔導機制
2.5 打造多元教育基地，協助青年返鄉圓夢
2.6 提供青年多元學習管道
2.7 鼓勵終身學習，擴展學習領域

2.創學力
學習有動力
生涯有方向

提供多元學習管道，激發學習潛能，培養創意創新思維及獨立思考之能力

自律有節／社會關懷／政策參與

3.1 結合各種教育管道深化公民教育
3.2 系統性培育公共參與人才
3.3 廣設青年交流基地，整合連結網路資源
3.4 建構青年與政府溝通機制及政策建言實體暨網路整合平臺
3.5 強化青年志工服務網絡，結合資訊科技推展多元志工服務

3.公民力
參與零距離
社會真善美

提供青年公共政策參與機會，及理性表達意見管道，內化社會關懷意識

文化理解／國際體驗／全球移動

4.1 建構永續機制培育國際化青年人才
4.2 鼓勵新住民及其二代青年發展多國語言能力優勢
4.3 積極打造國際化校園環境
4.4 提供國際交流整合資訊和機會
4.5 發展青年事務合作網絡

4.全球力
多元廣見聞
全球任翱翔

拓展青年國際體驗學習及理解多元文化管道，提升國際競爭能力

創業有能／就業有門／事業永續

5.1 產學連結無縫接軌
5.2 推動符合產業需求之專業證照
5.3 促進企業共同參與育才
5.4 訂定產業人才職能基準
5.5 建置創業服務的單一窗口，支持多元產業之創新創業
5.6 打造青年創新創業聚落
5.7 落實創業法規鬆綁
5.8 促進青年獲得合宜薪酬

5.就業力
學用有專精
快樂就創業

加強人才專業培育，營造有利創新創業環境，建構青年事業永續發展條件

友善住宅／安心成家／和諧關係

6.1 提供青年購(租)屋優惠措施及友善住居條件
6.2 打造青年宜居的複合式生活城
6.3 建構友善育兒環境，鼓勵青年婚育
6.4 鼓勵企業提供友善家庭職場
6.5 強化家庭教育，打造幸福家庭

6.幸福力
居住能安定
成家好安心

打造青年安居且適育之環境，建立良好家庭觀念

願景：胸懷夢想創世代　在地全球皆舞臺

圖8-1 青年發展政策綱領架構圖

3. **推動策略**

(1) 掌握青年基礎健康資訊，打造健康安全的運動休閒環境，活絡社群正向互動：

　A. 建立青年健康與安全資料庫，加強青年健康宣導與安全監測。

　B. 建構區域運動悠遊網絡，提供優質運動休閒設施與空間及各項運動競賽的資訊，深化運動習慣。

　C. 強化青年休閒教育，建立健康社群關係。

　D. 培養青年對於網路及3C產品優良使用習慣。

　E. 建構青年心理健康服務網絡，推動反菸拒毒及成癮防治服務。

(2) 提供多元學習管道，激發學習潛能，培養創意創新思維及獨立思考之能力：

　A. 建構啟發創造性思考之學習環境，鼓勵青年開展多元智能並發揮創意。

　B. 發展校園創新教學，推動補救教學與偏鄉教育創新實驗，強化學生自主學習能力，提升教育品質。

　C. 鼓勵校園發展主題研究學習課程，提升學生獨立思考、蒐集資訊、問題解決、創新及團隊合作能力。

　D. 強化校園生涯輔導機制，落實適性輔導，達成青年自我實現的理想。

　E. 善用偏鄉學校空間，結合各界資源及青年創意，打造多元教育基地，協助青年返鄉圓夢。

　F. 提供青年多元學習管道，擴大學習認證範圍。

　G. 鼓勵終身學習，擴展學習領域，完備生命價值、美感素養、求新求知等各種能力。

(3) 提供青年公共政策參與機會，及理性表達意見管道，內化社會關懷意識：

　A. 結合各種教育管道深化公民教育，強化民主素養。

　B. 系統性培育公共參與人才，促進青年在地實踐之行動力與創造力。

　C. 廣設青年交流基地，整合資源，連結培訓、輔導與支援網絡，協助社區永續發展，並推動青年之社會創新與社會企業。

　D. 建構青年與政府溝通機制及政策建言實體暨網路整合平臺，擴大青年政策參與機會及管道。

　E. 強化青年志工服務網絡，結合資訊科技推展多元志工服務。

(4)拓展青年國際體驗學習及理解多元文化管道，提升國際競爭能力：

　　A.建構永續機制培育國際化青年人才，強化青年國際事務知能與行動力。

　　B.鼓勵新住民及其二代青年發展多國語言能力優勢，成為具跨文化知能及國際交流之重要人才。

　　C.積極打造國際化校園環境，吸引境外生來臺交流。

　　D.提供國際交流整合資訊和機會，擴展青年多元國際參與及學習管道。

　　E.發展青年事務合作網絡，加強各國政府青年部門交流。

(5)加強人才專業培育，營造有利創新創業環境，建構青年事業永續發展條件：

　　A.強化學校跨域課程，積極促成產學連結，提升青年多元就業及創業能力。

　　B.推動符合產業需求之專業證照，強化校園考證輔導，建立實務選才制度。

　　C.促進企業共同參與育才，培育優質人力。

　　D.訂定產業人才職能基準，提升切合產業需求就業能力。

　　E.建置創業服務的單一窗口，支持多元產業之創新創業，提供符合青年需求之就業及創業服務。

　　F.活化閒置空間，打造青年創新創業聚落。

　　G.因應電子商務與網路創業之新興產業型態發展，落實創業法規鬆綁。

　　H.促進青年獲得合宜薪酬，協助青年經濟獨立。

(6)打造青年安居且適育之環境，建立良好家庭觀念：

　　A.提供青年購（租）屋優惠措施及友善住居條件，減輕青年居住負擔。

　　B.運用青年創意，打造青年宜居的複合式生活城。

　　C.建構友善育兒環境，鼓勵青年婚育。

　　D.鼓勵企業提供友善家庭職場，協助青年達成工作與家庭平衡。

　　E.強化家庭教育，打造幸福家庭。

4.**附則**：本綱領係作為相關部會研擬各項具體推動措施之依據，並應結合民間力量共同推動。

青年發展政策綱領相關推動策略之部會分工表

關鍵能力	推動策略	主責部會
健康力	一、掌握青年基礎健康資訊，打造健康安全的運動休閒環境，活絡社群正向互動。	衛福部
	(一)建立青年健康與安全資料庫，加強青年健康宣導與安全監測。	教育部、衛福部
	(二)建構區域運動悠遊網絡，提供優質運動休閒設施與空間及各項運動競賽的資訊，深化運動習慣。	教育部、交通部
	(三)強化青年休閒教育，建立健康社群關係。	衛福部、原民會
	(四)培養青年對於網路及3C產品優良使用習慣。	衛福部、教育部
	(五)建構青年心理健康服務網絡，推動反菸拒毒及成癮防治服務。	衛福部、法務部、教育部
創學力	二、提供多元學習管道，激發學習潛能，培養創意創新思維及獨立思考之能力。	教育部
	(一)建構啟發創造性思考之學習環境，鼓勵青年開展多元智能並發揮創意。	教育部、科技部
	(二)發展校園創新教學，推動補救教學與偏鄉教育創新實驗，強化學生自主學習能力，提升教育品質。	教育部、原民會、客委會
	(三)鼓勵校園發展主題研究學習課程，提升學生獨立思考、蒐集資訊、問題解決、創新及團隊合作能力。	教育部
	(四)強化校園生涯輔導機制，落實適性輔導，達成青年自我實現的理想。	教育部
	(五)善用偏鄉學校空間，結合各界資源及青年創意，打造多元教育基地，協助青年返鄉圓夢。	教育部
	(六)提供青年多元學習管道，擴大學習認證範圍。	教育部
	(七)鼓勵終身學習，擴展學習領域，完備生命價值、美感素養、求新求知等各種能力。	教育部

關鍵能力	推動策略	主責部會
公民力	三、提供青年公共政策參與機會，及理性表達意見管道，內化社會關懷意識。	教育部
	(一)結合各種教育管道深化公民教育，強化民主素養。	教育部、文化部
	(二)系統性培育公共參與人才，促進青年在地實踐之行動力與創造力。	教育部、原民會、客委會
	(三)廣設青年交流基地，整合資源，連結培訓、輔導與支援網絡，協助社區永續發展，並推動青年之社會創新與社會企業。	教育部、經濟部、文化部、客委會
	(四)建構青年與政府溝通機制及政策建言實體暨網路整合平臺，擴大青年政策參與機會及管道。	教育部、經濟部、客委會
	(五)強化青年志工服務網絡，結合資訊科技推展多元志工服務。	教育部、衛福部、僑委會
全球力	四、拓展青年國際體驗學習及理解多元文化管道，提升國際競爭能力。	外交部
	(一)建構永續機制培育國際化青年人才，強化青年國際事務知能與行動力。	外交部、教育部、科技部、原民會、人事行政總處
	(二)鼓勵新住民及其二代青年發展多國語言能力優勢，成為具跨文化知能及國際交流之重要人才。	內政部
	(三)積極打造國際化校園環境，吸引境外生來臺交流。	教育部
	(四)提供國際交流整合資訊和機會，擴展青年多元國際參與及學習管道。	外交部、教育部、科技部、僑委會、原民會、客委會
	(五)發展青年事務合作網絡，加強各國政府青年部門交流。	外交部

關鍵能力	推動策略	主責部會
就業力	五、加強人才專業培育，營造有利創新創業環境，建構青年事業永續發展條件。	經濟部、勞動部
	(一)強化學校跨域課程，積極促成產學連結，提升青年多元就業及創業能力。	教育部、客委會
	(二)推動符合產業需求之專業證照，強化校園考證輔導，建立實務選才制度。	教育部
	(三)促進企業共同參與育才，培育優質人力。	教育部、經濟部、科技部
	(四)訂定產業人才職能基準，提升切合產業需求就業能力。	勞動部、經濟部、國發會
	(五)建置創業服務的單一窗口，支持多元產業之創新創業，提供符合青年需求之就業及創業服務。	教育部、經濟部、勞動部、文化部、農委會、科技部、金管會、原民會、客委會
	(六)活化閒置空間，打造青年創新創業聚落。	經濟部、財政部
	(七)因應電子商務與網路創業之新興產業型態發展，落實創業法規鬆綁。	國發會
	(八)促進青年獲得合宜薪酬，協助青年經濟獨立。	經濟部、僑委會
幸福力	六、打造青年安居且適育之環境，建立良好家庭觀念。	內政部
	(一)提供青年購（租）屋優惠措施及友善住居條件，減輕青年居住負擔。	內政部、財政部、教育部
	(二)運用青年創意，打造青年宜居的複合式生活城。	教育部
	(三)建構友善育兒環境，鼓勵青年婚育。	教育部、勞動部、衛福部、原民會
	(四)鼓勵企業提供友善家庭職場，協助青年達成工作與家庭平衡。	勞動部、衛福部
	(五)強化家庭教育，打造幸福家庭。	教育部、衛福部

(五) 青年創業專案

1. **計畫緣起**：我國由於低出生率及低死亡率，整體人口結構已發生變化，已邁入高齡化社會，勞動人口比重減少，年輕人的各項稅賦負擔將加重。另一方面，金融海嘯後，全球產業與經濟版圖快速重整，亞太世紀即將來臨，亞洲中產階級崛起潛存龐大商機，從職場的角度來看，由於跨國公司的成立，就業市場多元化，年輕人對職場的忠誠度降低，以及就業環境的快速變動，除造成就業人口居無定所外，企業為創造利潤、分散風險，鼓勵或強迫資優員工利用企業內或企業外體制創業。

近年來歐債問題的連動影響，造成全球景氣衰退，無薪假人口攀升，失業人口亦可能在無法順利就業的現況下轉而投入創業，將來創業就如同就業一般普及化，如何將臺灣社會導向知識型深度創業，唯有加強創業知能的培育與優質創業環境的建立，才能符合時代的需求。

近期的《經濟學人》指出，全球化下青年的勞動失業情況日益嚴重，整體青年失業人數之巨，逐漸衍生出「失業世代」（generation jobless）的論述與議題。從經濟合作發展組織（OECD，2012）的統計指出，不同發展模式的國家產生了差異性解決青年失業問題的方案，開發中國家的青年，除了眾多人數失業之外，更為嚴重的問題在於多數青年未受教育或未曾接受任何技能訓練，使其在競爭日益的就業職場中載浮載沉。國際間各個國家，皆試圖協助解決其青年失業問題，協助其在漸趨失衡的勞動市場中尋找工作機會。

為提升競爭力與協助青年發展，推動改善產業勞動環境與創業相關政策，讓企業有良善成長環境並注入青年創新創業新興活水，實為發展關鍵，因此，繼勞動部「促進青年就業方案」後，經濟部彙提「青年創業專案」（以下簡稱本專案），係以促進就業之基礎上，提供青年職涯規劃之另一選擇方向，本專案創業青年範圍為20歲至45歲之「廣義青年」，但非僅推廣青年畢業即投入創業行列，希望青年在自身累積職場工作經歷或有充分準備後，得運用政府豐富創業輔導資源，協助其創業圓夢，帶動經濟活水。

行政院為統籌及整合部會間的創新創業措施，掌握各部會辦理案件的來源及去向，建構無縫接軌施政作為，將成立跨部會「青年創業工作平臺」及建置「青年創業資訊平臺」，以強化資源橋接分享及串接機制，協助青年排除創業障礙，以發揮資源整合綜效。

2. **計畫目標**

(1) **目標說明**

A. 運用現有各部會創業資源，策勵及萌發青年創業之動能，讓青年之創意與創新，有效進入創業領域，使整體經濟發展朝正向發展，進而提供社會安定一股新的力道。

B. 堅實推動本專案，持續滾動檢討修正，除蓬勃國內創業風潮，同時鼓勵開創創業新型態，使新興農業企業、文化創意產業、社會企業等面向之創業均能逐一開展，並朝高知識技術涵量及與國際接軌發展，讓創業更具成長發展之能量。

(2) **達成目標之限制**

A. **青年創業精神及技能有待強化**：我國創業家精神培育、相關創業教育與課程，目前以大專校院學生與創業者為主，然而歐美國家從中小學階段即提供妥適的創業教育及創業培訓，相對歐美國家而言，我國未來創業教育應檢視往下扎根作法，創意與創業家精神的培養當從校園做起，建立創業第一哩路所需的知識與觀念。

另校園內創意、創業競賽參與者較重視取得補助款與獎金，多中途退出而未能真正實現為創新產品或服務，進入商業模式驗證、投資媒合階段。

B. **創業資金及行銷通路取得管道有限**：青年創業貸款僅針對創業階段提供資金，但創業後後續的技術創新發展是企業成長的關鍵，目前缺乏支援年輕人創新應用與發展所需資金取得管道；又在新創事業籌資環境上，創業投資面臨投資高風險，尤其投資在早階新創公司風險更高，致新創公司不易取得發展所需之種子基金。

另成功商品須接受市場的測試，大多數青年創業商品因資源有限，仍較缺乏適當的市場通路與行銷議題，雖有好商品與研發技術，缺乏銷售通路而形成創業路的一大阻礙，難以擴大商品的知名度與能見度。

C. **新興產業及特色產業創業動能不足**：人口老化、人才流失為傳統產業及偏鄉發展之瓶頸，亟需注入新的價值與生命力，近來新興農業、文化創業產業、社會企業等新興產業價值竄起，原住民、客家族群等特色產業儼然成為地區發展關鍵。因此，如何點燃年輕人投入、開啟實踐夢想的動力，為突破現狀之關鍵動能。

D. **研發成果蛻變新創事業有限，知識型創業動能不足**：目前新創企業以一般性服務業為主，成長力道有限，我國研發經費占GDP比率雖達先進國家水準，每百萬國人擁有專利權數亦名列前茅，惟研發成果轉化為商品化及事業化仍顯不足。

除透過學術研究創新知識外，如何強化將所創造的智慧產出，經由完整的智慧財產申請保護與管理制度，建立其創新運用、整合加值，銜接與引導產業需求、將智慧財產商品化，締造產業經濟實質貢獻，仍是政府面臨之重要挑戰課題。

E. **創業輔導能量散布各部會，尚待相互串聯分享機制有效落實**：我國創業輔導資源已臻完備，惟各部會推動工作缺乏分享及串接的機制，無法掌握各部會辦理案件的來源及去向，造成青年創業輔導服務無法相互橋接。不僅創業者不易窺得創業全貌、便捷取得所需之創業資源，各部會亦難整合推動青年創業輔導服務，發揮加乘綜效。

F. **創業法規未考量產業需求，造成青年創業障礙**：我國創業相關法規環境未隨經濟發展持續檢視與修正，無法和國際趨勢接軌，對創業活動產生負面效果，如何營造有利青年創業友善環境實為當前重要課題。

3. **現行相關政策**：為塑造優質的創業環境，協助創業種子期及創建期企業穩健發展，提高新創事業成功機率，政府透過各式創業輔導政策幫助新創企業，以下由「創夢啟發」、「圓夢輔導」、「投資融資」及「創新研發」四大創業政策主軸，各部會投入之創業輔導資源：

(1) **創夢啟發**

A. **經濟部**

(A) 創業知能養成計畫：針對初創及新創業者，提供基礎創業課程、企業經營管理人才培訓、創業論壇、達人講座等多元學習管道，提升創業者專業知能，掌握最新創業資訊、產業趨勢與經營管理理念，協助青年建構完整創業能力，啟發創意、創新思維，協助完成創業夢想並能永續經營。

(B) 促進中小企業數位學習計畫：建置中小企業網路大學校，提供產銷人發財多元數位學習課程，而為協助準備創業與初創業者，於民國101年6月成立「創業育成學院」，鼓勵創業者亦能透過線上學習獲得相關基礎知識，提供創業前期準備、創業後

之體質提升、業務拓展及實務技巧運用等學習教材，目前共提供61門創業相關教材，累積數位學習人次逾20萬人次，持續擴散創業知能學習成效。另民國102年4月推出創業貸款數位學程，方便提供有青年創業及啟動金貸款需求學員選讀，增強創業實力。

B. **教育部**

(A)高中職教師創意教學評選：鼓勵教師研發具創造力之教材，改進教學技巧，以提升教學績效，同時活化教學方法，建構創意教學情境，以啟發學生的創新能力。102年度共計13位教師參賽，選出金質獎、銀質獎、銅質獎及佳作獎三件，得獎作品由主辦單位將資料上網公開作為宣傳、推廣，提供其他教師參考。

(B)大學校院創新創業扎根計畫：為建立結合課程、業師輔導、技術移轉及育成的校園創業典範，推動「創新創業課程開設與發展」及「創新創業中心示範學校」二大主軸，從創新創業課程開設與發展，結合業師輔導、校園創業資金投入、研發技術支援、創業後育成等校園活動到設立大學校院創業中心，使創新創業文化在校園扎根，申請對象為各公私立大學（不含技專校院）。

(C)技職再造推動創新創業策略：

　a. 補助國立高雄第一科技大學試辦推動創業型大學計畫：推動創新創業教育，開設創新、創業學分學程，並邀請創業家進行創業講座，營造校園創新創業氛圍，培養創業家精神；出版創新與創業教材、輔導學生撰寫青年創業貸款計畫書等。另推動創新創業育成5部曲，包括創業競賽、創業星光班、創業學園、育成中心及創辦公司。

　b. 辦理全國技專校院學生實務專題製作競賽暨成果展：鼓勵全國各技專校院學生積極從事產業實務專題研究，培養創新思考模式，以提升學術研究能力與實務發展技能，並獎勵績優實務專題製作成果，發揮技職教育特色。

　c. 辦理「創新創業深化培育輔導工作坊」：針對國際發明展及國際競賽獲獎師生辦理之教育訓練研習，藉由撰寫商業計畫書及商品化加值輔導工作坊培育課程，提升師生的經驗與專業，達成創業能量交流、典範觀摩學習、激發創業動力。

d. 辦理「技專校院國際發明展及競賽得獎作品成果展」：藉由獲獎作品成果展示活動，提供業界與學校相互交流之機會，並進一步促成學校創新研發能量技術移轉或商品化。

e. 技專校院開設創新創業課程：鼓勵技專校院開設創新、創業、創意（三創）相關課程。

(D) 智慧生活創新創業育成平臺計畫：為增進現行教育體系在跨領域與創新教學方法實踐的量能，以「跨校教學聯盟」及「全校型計畫」雙軌模式規劃開設智慧生活跨領域創新創業課程模組及建置推動智慧生活在地創新與創業育成平臺。透過產、學、研合作之創新教學系統與創新創業育成機制，儲備智慧生活之研發與創新生活應用產業所需人才，強化大學校院智慧生活創新育成教研及實踐之能量，以成為地方創新系統的核心，刺激產業創新與新創企業的出現，提供地方經濟系統的創新與創業另一可能管道。

農民學院－ 入門及初階訓練	依據99年度農林漁牧業普查報告，從事農牧業之農民平均年齡62歲，45歲以下僅占7.92%，亟需培育青年農業經營者，爰開辦農民學院及農場見習，期充實並提升農業人力資源，改善農業結構，農民學院分為入門（農業通識）、初階、進階及高階訓練課程。透過入門、初階訓練與農場見習等方式，協助有心從農青年瞭解農業，及習得生產栽培與管理基礎能力。
農民學院－ 進階及高階訓練	透過農民學院進階及高階訓練，協助已從事農業之青年農民，精進其栽培技術、品質與經營管理能力。

C. **勞動部**：「微型創業鳳凰貸款」及創業諮詢輔導服務計畫
提供一系列創業研習課程，包含入門班、進階班、精進班、創業見習及企業觀摩等，增進民眾創業知能；遴聘創業顧問，提供創業前、中、後的免費諮詢輔導，並教導創業婦女使用數位行銷工具，如FaceBook、Blog等，協助創業者應用e化網絡行銷及網路商店營運，增加創業行銷管道。於各地成立鳳凰家族交流會相互扶持，不定期舉

辦聚會，分享創業心得經驗及促進情感交流，協助創業者開拓異業結
盟的機會。另設置專屬網站、舉辦商展，協助拓展行銷通路。

同時針對20至65歲婦女，提供低利創業貸款，免保人、免擔保品，
前2年免息，特定對象前3年免息，第4年起固定負擔年息1.5%，利
息由勞動部補貼，貸款額度最高100萬元，貸款年限7年。

D. **客家委員會**：客家產業創新育成計畫

於六堆及臺三線客家區域設置「客家產業創新育成中心」，整合區
域內產、官、學、研資源，培育客家青年創業基礎能力及協助客家
產業業者進行特色產品創新開發，以發展客家特色產業，創造多元
就業機會，提升客庄青年創業知能與產品創新能力。

E. **國軍退除役官兵輔導委員會**：創業輔導計畫

退輔會輔導協助有創業意願或需求之榮民（眷）瞭解創業資源、說
明社會企業、志工型創業與連鎖加盟創業實務及技巧，結合地區會
屬機構資源整合5大區塊資源，推展榮民就（創）業輔導作為；辦理
方式為邀請長期協助榮民（眷）創業之民間組織「臺灣服務業發展協
會」，講授「創業列車（社會企業&連鎖加盟）」相關課程，提供有
關社會企業責任及認知，並介紹優質連鎖加盟業界實務，藉創業個案
模擬討論及解析，使其瞭解加盟創業機會。同時，邀請創業輔導專家
講授「知識創業與創意創業趨勢」相關課程，針對適合榮民（眷）創
業經營進行說明，使其瞭解市場趨勢、創意思維、創業機會、店面管
理、顧客關係及資金規劃等要領。並請優質連鎖加盟企業、創業領域
專精人士或自營創業有成榮民就現地分享其創業經驗、成功關鍵、公
司運作模式、風險及遠景、及互動座談交換創業資訊。

(2) **圓夢輔導**

A. **經濟部**

(A) **創業諮詢服務計畫**：營運「創業臺灣諮詢服務中心」，設置創
業諮詢免付費專線0800-589-168，並招募158位創業顧問，協助
各階段創業者將創業構想具體化與事業修正，提供最新創業資
訊與諮詢輔導，俾利創業者做好創業前中後的準備工作，進而
增加其創業成功機會，以帶動國內創業創新風潮，進而擴散創
新意識，激發創業點子，型塑創業型社會。

(B) **創業圓夢計畫**：提供一對一現場診斷輔導，有效解決新創事業面臨之經營難題，並掌握輔導後企業經營現況，提供精進式陪伴輔導措施，而針對需要技術相關性輔導之企業主，則安排轉介至育成中心、產學合作中心或其他技術型單位進行輔導，另協助拓展地方區域性宣導，提供新創企業多元產品廣宣曝光機會，打開行銷知名度，促進新創企業知名度及增加商機交流；每年更辦理新創事業獎選拔，以肯定新創事業在品質與創新的努力付出。

(C) **婦女創業飛雁計畫**：為協助更多的婦女創業者，促進女性創業風潮，鼓勵女性提升自主經濟力與競爭力，並強化扶助中低收入及特殊境遇婦女自立創業脫貧，特依據女性創業特質整合相關創業資源，提供女性創業育成課程、創業陪伴輔導機制、協助商機拓展與資金媒合、強化婦女創業網絡等完善創業輔導服務，並遴選婦女菁英企業，以形塑婦女創業典範。

(D) **微型及個人事業支援與輔導計畫**：針對運用知識密集與創新技術提供專業服務、設計、創新研發、數位運用等員工人數未滿5人之微型企業、個人工作室或免辦商業登記之小規模商業，提供諮詢、診斷、知識交流及拓展商機等輔導與支援服務，並建構系統化輔導服務支援體系，協助掌握企業經營資訊及經貿趨勢，以降低企業經營風險及成本，使其營運穩定及茁壯成長。

(E) **網路社群創新型服務發展計畫**：透過IDEAS SHOW網路創業團隊進行發表，與國內外創投交流；帶領具有國際發展潛力之團隊前往日本、新加坡、馬來西亞及美國參與國際發表與交流。透過前揭之國內外發表平臺，協助網路創業團隊接軌形成國際級育成加速器，並與國內外創投單位進行資金媒合，增加網路創業成功率。

　　網路社群創新型服務發展計畫為產業輔導計畫，其中IDEAS SHOW舞臺為提供網路團隊創業之學習平臺。

(F) **中小企業創新育成中心**：經濟部自民國86年起推動並鼓勵公民營機構設立育成中心，至民國112年全國已有130所創新育成中心，累計獲得經濟部補助有112所，其中學校90所、法人15所、政府5所、民間2所，以孕育新事業、新產品、新技術

為主，協助中小企業升級轉型，藉提供進駐空間、儀器設備及研發技術、協尋資金、商務服務、管理諮詢等有效地結合多項資源，降低創業及研發初期的成本與風險，創造優良的培育環境，提高事業成功機會。

(G)**新創事業獎及創業楷模選拔**：為鼓勵優質新創企業及創業楷模，辦理「新創事業獎」選拔，以成立3年內之中小企業為遴選對象，鼓勵具備優質營運模式之新創企業蓬勃發展，樹立成功典範，自民國91年至今共選出172家企業，其中有多家企業已上市、上櫃或獲創投投資、被大企業所併購，並陸續獲得其他國內外獎項肯定，顯示獲獎企業具優秀競爭實力且獲得市場高度肯定；另為表揚企業經營者致力開創事業，創造經濟繁榮的優良事蹟，以作為有志創業人士良好的典範。

B. **教育部**：「大專畢業生創業服務計畫」（U-START）

與各大專校院育成單位結合，由創業團隊提出育成創業營運計畫，及學校育成中心研提輔導計畫書，經送教育部青年署審竣通過後，創業團隊獲補助款50萬元，並進駐學校育成單位，接受育成中心輔導團隊創業6個月，另舉辦創業績優團隊評選，其中具發展潛力之新創公司，再接受創業育成單位之輔導1年，並獲25至100萬元之新創事業補助款。

C. **文化部**

(A)**文化創意產業創業圓夢計畫**：針對有意願投入文創產業之個人或團體（尚未辦理公司登記），提供創業第一桶金50萬元，以有效協助提高創業成功機率。撰寫「文創產業創業計畫書」提出申請，通過決審並順利完成營利事業登記後，即可獲30萬元創業金，另於通過期中訪視後可獲20萬元，同時依其情況個別輔導，讓業者在創業初期做好短中長期發展規劃，以奠定良好的事業基礎。

(B)**輔導藝文產業創新育成補助計畫**：民國97年起辦理藝文產業核心創作及獨立工作者之育成與輔導，給予藝文產業業者技術、知識、資金等諮詢與協助，包括辦理相關人才培訓課程，充實並提升藝文產業創作與創新之核心能力，積極輔導具潛力的文化創意工作者，有效提升品牌形象及產值，並建置跨業聯盟資

源整合機制，媒合業者與企業的通路合作，廣闢市場通路，增加產值。

D. **科技部**：創新創業激勵計畫

推動「創新創業激勵計畫」（FITI, from IP to IPO），扭轉當前年輕人勇敢創新但疏於將創新素材推向市場的狀況，為研究學者與青年學子的創新加值，希望能銜接「創新」和「創業」之間的斷層，提供創新與創意邁向創業的機會，並持續為經濟注入創新創業動能。FITI計畫第一次結合重量級企業、國際創投家與政府資源，由國內13家龍頭企業聯合贊助，每年捐款逾2,000萬元做為團隊創業基金，每年延攬10至15位矽谷創投家返臺擔任業師。FITI計畫的推動與執行係藉由創業系列活動與深度培訓方式，國內及矽谷成功華人創業家與創投家擔任業師指導，並整合國家實驗研究院與竹、中、南三個科學園區管理局提供原型開發（prototyping）支援、技術試驗場域與資源轉介等服務。FITI計畫透過階段性的評選與輔導機制，並辦理天使創投媒合會提供創業團隊募資的場域，協助創業團隊創業，並協助創業團隊申辦替代役。

E. **行政院農業部**

(A) 加強培育農業工作者（辦理青年農民專案輔導及建立交流平臺）：民國102年起遴選100名青年農民，提供為期2年之專案輔導，以個案陪伴方式，輔導及協助青年農民穩健經營，進而發展創新與加值產業，輔導面向含充實農業經營專業知能、協助取得農地與經營資金、產製儲銷設施設備協助、個案陪伴之經營輔導；另建立地區性青年農民交流平臺，營造在地青年農民交流與互助合作環境，引導其朝向組織化發展。

(B) 農村再生整體發展計畫：自民國99年「農村再生條例」公布以來，持續鼓勵農村社區青年參與培根計畫，透過各階段專業及實作課程提供產業文化及生態等專業知能，以建立農村再生計畫撰寫執行力，經核定後社區始可提出農村再生計畫以達社區範圍內公共環境改善、產業活化、文化保存、生態保育等效力。配合行動工作坊、陪伴與關懷機制，維持社區活力與動能，進而達到創業資源及環境條件改善，創造就業機會，成為青年留農或返農誘因意願。

F. **客家委員會**：客家青年返鄉創業啟航補助

102年度以20至45歲客家青年為對象，補助具客家文化或在地特色之農林漁牧業、批發及零售業、手工及製造業、休閒農業、服務業及文化創意產業，每人最高補助50萬元，以協助青年於客家文化重點發展區創業，藉分期撥付審核方式，在年輕人創業各階段，提供相關諮詢輔導，以穩固其事業基礎，提高成功機率。未來規劃結合地方政府以創業競賽方式獎勵青年創業，期帶動地方政府聚焦當地客家特色產業，共同提升客庄產業動能。

G. **行政院原住民族委員會**：原住民創業育成補助作業計畫

推動「建置臺灣原住民族創業育成中心」政策，協助現有產業進行升級轉型，提供原住民族在地化及專業化創業創新服務，並創造多元就業機會與有效建立產業永續發展環境。於北中南東設置4所創業育成中心，分別為國立臺北科技大學、國立暨南國際大學、義守大學及國立東華大學，透過育成中心，本計畫整合全國大專校院產官學之力量，加速部落及學術機構之互動，以漸進方式來推動原住民企業輔導研發機制，形塑優質產業聚落，促進商機媒合，創造多元就業機會與永續發展。

(3) **投資融資**

A. **經濟部**

(A) **青年創業及啟動金貸款**：以20至45歲創業青年為對象，原青輔會主辦「青年創業貸款要點」，係對已完成事業設立具經營實績者提供資金；而經濟部中小企業處「青年築夢創業啟動金貸款要點」，係提供創業青年籌設階段之創業第一桶金。因組織調整，「青年創業貸款」已於民國102年1月1日移撥經濟部中小企業處辦理，民國103年1月1日起將上述兩項貸款整併為「青年創業及啟動金貸款」，不再要求男性需要役畢；降低出資人出資比率。中小企業信用保證基金提供信用保證最低8成最高9.5成，以個人名義申貸歸戶金額在50萬元以下者，不得徵提保證人。

(B) **企業小頭家貸款**：民國101年10月開辦「企業小頭家貸款」，凡SOHO族等新興產業之小規模事業，具有公司登記、商業登記或營業（稅籍）登記，且僱用員工人數未滿5人，可運用信保基金提供最高9成之融資保證，其周轉金額度最高500萬元，資

本性貸款額度以不超過計畫經費8成為原則，協助小規模企業取得營運資金。

(C) **加強投資中小企業實施方案**：提供直接融資協助，於行政院國家發展基金（以下簡稱國發基金）匡列100億元投資國內中小企業，提供權益資金，及運用「加強投資中小企業實施方案」開辦早期階段投資專戶，針對早期階段企業，提高政府相對於專業管理公司之搭配投資比例為3：1，以強化早期階段企業籌資，並帶動投資及增加國內就業機會。此外匡列9億元，投資種子期及創建期早期階段企業。

(D) **加強投資策略性服務業實施方案**：為提振我國服務業投資能量，於國發基金匡列100億元，引導創投資金投資策略性服務業，其產業範疇係依產業關聯大、就業規模大、高產值、高輸出潛力等原則篩選，含資訊服務業、華文電子商務、數位內容、雲端運算、會展產業、美食國際化、國際物流、養生照護、設計服務業等9項服務業及其他服務業，並針對不同策略性服務業募資需求，進行投資諮詢及專業輔導，增加投資案源媒合成功率。

B. **文化部**：文化創意產業優惠貸款

為促進我國文化創意產業升級，改善產業結構，依據文化創意產業發展法第19條，針對從事文化創意產業業者，建立融資與中小企業信用保證機制，提供優惠措施引導民間資金投入，以協助各經營階段之文化創意事業取得所需資金，並提供年利率2%之利息補貼。

C. **行政院農業部**：推動青年從農創業貸款

為鼓勵青年投入農業經營，民國101年10月開辦「青年從農創業貸款」，年息1.5%，貸款額度最高500萬元，提供青年從農所需資金，有意從農之青年可向設有信用部之農漁會洽辦，若借款人擔保能力不足，可由貸款經辦機構協助送請農業信用保證基金提供保證。

D. **金融監督管理委員會**

(A) **設立「創意集資資訊揭露專區」平臺**：民國102年8月19日由財團法人中華民國證券櫃檯買賣中心（以下簡稱櫃買中心）設立「創意集資資訊揭露專區」平臺，提供夢想者向社會大眾於網站上推銷他們的創意計畫，只要想法可以獲得群眾支持，就有

機會於短時間內向群眾募到足夠的資金來完成創意，而贊助者則能換取提案者承諾回饋之創意產品。

(B) **推動「創櫃板」**：金管會請櫃買中心規劃建置提供具創新、創意構想之非公開發行微型企業「創業輔導籌資機制」及「股權籌資」功能之「創櫃板」，並由櫃買中心公設聯合輔導機制進行統籌輔導「創櫃板」公司，扶植我國微型創新企業之成長茁壯；並已於民國103年1月3日開板，首波已有19家公司於開板日揭示募資資訊，並於同年月10日開放投資人申購。

(C) **推動「金融挺創意產業」專案計畫**：提供銀行融資等多元資金管道，輔以教育訓練、建立輔導平臺及無形資產鑑價等配套措施力挺創意，其中無形資產鑑價部分，金管會已於民國103年1月3日核准「臺灣金融資產服務股份有限公司」辦理創意產業相關無形資產評價業務。本國銀行對創意產業之融資總額，預計3年後自1,800億元增加為3,600億元。

E. **國家發展委員會**：行政院國家發展基金創業天使計畫

每年遴選約60家初創事業提供資金協助，預估5年內將創造千個就業機會，同時建立回饋機制，期輔導有成的青年創業家回饋該基金，以促進資金有效運用，協助後續創新創業者，俾加強國內創業動能，並擴大國內投資，加速產業創新加值，促進經濟轉型及國家發展。

F. **行政院原住民族委員會**：原住民族綜合發展基金貸款

針對原住民保留地內農、林、漁、牧、人文、工商、觀光遊憩等資源之開發，以及對平地原住民及遷居都市謀生原住民亦配合當地環境輔導發展工商企業、交通運輸、倉儲、批發零售等事業暨協助解決購建住宅等問題就其從事發展經濟事業因資金需要者，由本基金提供融資，以籌應資金自立創業，藉以增加收益，改善其生活，可申請計畫如下：

(A) **原住民青年創業貸款**：年滿20至45歲之原住民青年創業家，得享有優惠之創業貸款，利息最低僅1.5%。貸款期限最長15年，寬緩期最長3年。貸款本金由原民會負擔，擔保貸款額度最高1,000萬元；無擔保貸款額度最高300萬元。

(B) **原住民微型經濟活動貸款**：年滿20至65歲之原住民個人，得申辦供作「生活週轉」及「經濟生產」之低利貸款，利息最低僅1.5%。貸款金額最高30萬元，且免擔保品或保證人，貸款期限最長5年，寬緩期最長1年。

(4) **創新研發**

　A. **經濟部**

　　(A) **中小企業創新服務憑證補助計畫（SBIV）**：以中小企業需求為導向觸發產學合作，引導中小企業，尤其是微小型企業、新創企業及首次取得政府研發補助計畫者從事創新研發，補助範圍包含技術可行性研究、智財布局規劃、研發流程建構再造、新產品及服務研發之客製化規劃或評估、適量產製程、設計、行銷及新品上市規劃等。

　　(B) **小型企業創新研發計畫（SBIR）**：推動「小型企業創新研發計畫」（SBIR）協助並鼓勵我國中小企業加強自主技術創新的研發，引導受補助之中小企業在升級轉型過程中強化研發能力、調整企業體質、營運服務模式，以提升中小企業之競爭力，預計每年至少補助青創事業之研發補助申請30案。

　　(C) **服務業創新研發計畫（SIIR）**：本計畫為協助服務業發展，以提供部分補助，分攤業者研發風險之方式，鼓勵服務業業者投入新服務商品、新經營模式、新行銷模式或新商業應用技術之創新研究，以提升服務業之競爭力。102年度補助青創事業之研發補助計有5案。

　　(D) **協助傳統產業技術開發計畫（CITD）**：「協助傳統產業技術開發計畫」（CITD）以提供研發補助資金，協助傳統產業業者進行「產品開發」及「產品設計」，鼓勵傳統產業開發新產品，或運用設計服務業創意設計能量，提高產品附加價值，預計每年至少補助青創事業之研發補助申請2案。

　　(E) **智慧財產價值創造計畫**：推動「發明專利商品化」，針對有商品化輔導需求的發明人，由「專利加值輔導顧問中心」提供諮詢訪視服務，派遣專家顧問瞭解其發明專利技術內容及協助進行專利加值，並運用專利技術商品化輔導專案，協助營運規劃、驗證服務及輔導新商品開發，以利發明專利達成商品化及事業化。

  B. 行政院農業部

   (A)**農業科技產學合作**：自民國88年起鼓勵農企業、農民團體及經政府立案之農業產業團體進行產學合作，以協助針對學研單位之農業科技研發初步成果擬商品化者，由合作業者與學研單位合作，向農業部提出計畫申請，審核通過者補助除業者出資外之計畫所需經費，協助將農業科研成果商品化。103年度起，將連結青年創業專案，俾提供輔導對象，更多元與完整之輔導服務資源。

   (B)**強化農業創新育成中心服務能量**：民國94年起農業部陸續成立畜產、農產及水產之農業創新育成中心，提供農業產業之進駐業者創新與創業等孵育相關資源，以扶植農業企業穩定成長與發展，並具有面對全球化競爭能力。103年度起，將連結青年創業專案，俾提供輔導對象，更多元與完整之輔導服務資源。

(六)**未升學未就業青少年關懷扶助計畫（教育部青年發展署108年11月18日發布）**

 1.**計畫緣起**：十二年國民基本教育（下稱十二年國教）於103年正式實施後，針對國中畢業之青少年應輔導其接續高級中等教育，完成十二年國教。然而高級中等教育由學生依其性向、興趣及能力自願入學，故仍有部分青少年於國中畢業後未升學。依「國中畢業未升學未就業青少年動向調查」，每年度應屆未升學未就業青少年中，除去狀態穩定暫時無需介入者（重考、出國、生病、司法問題等），仍有尚未規劃、準備或正在找工作或失聯需協尋及協助之青少年。

  國中畢業後之青少年未能順利升學約可分類為以下原因：健康、家庭或經濟、學業、個人及定向未明。因健康因素未能升學者，需由專業醫療機構協助；因家庭或經濟因素未能升學者，由社政單位介入，並依十二年國教高級中等學校免學費政策減低入學門檻；因學業問題未能升學者，依「教育部國民及學前教育署辦理高級中等學校學生學習扶助方案補助要點」及高級中等學校適性轉學相關計畫協助穩定就學；因個人問題，如懷孕、毒品或司法問題未升學，由專業機構、安置機構及矯正單位穩定狀態後協助入學，因定向未明者則需提供生涯輔導，協助其生涯探索。

國中畢業後青少年未能順利升學，其原因多為複合性問題，需整合教育、勞政、社政及法政資源，提供適性轉銜升學或就業。由於各有主政目的事業機關，故需要跨部會、跨單位整合協調，惟實際推動情形，各項資源之間橫向轉銜尚待加強，而在青少年時期若長期處於定向不明，容易造成社會問題及人力資本的浪費，故亟需介入關懷輔導並提供相關扶助措施，盡速輔導轉銜其就學或就業，向生涯下一階段邁進，爰教育部青年發展署（下稱本署）規劃「未升學未就業青少年關懷扶助計畫」（下稱本計畫）。

2. **計畫對象**

   (1) 以國中畢業（修業完成）後，年滿15歲至18歲，未曾升學、目前未就業，生涯未定向有轉銜扶助需求之青少年為主要服務對象。

   (2) 地方政府得評估國中九年級學生畢業前有需提早介入者，提供預防性措施。

   (3) 高級中等學校曾就學，目前未就業，或未能穩定就學（簡稱中離生），應依教育部國民及學前教育署（以下稱國教署）所訂「高級中等學校學生穩定就學及中途離校學生輔導機制實施要點」規定辦理。惟經地方政府評估，並依各該縣市本身服務量能與需求後，方得提供協助。

3. **計畫目標**：協助未升學未就業青少年適性轉銜就學、業或參加職訓，以奠定未來生涯發展基礎。

4. **計畫期程**：每年1月1日至12月31日（必要時滾動修正）。

5. **辦理機關**

本署	訂（修）計畫及協調相關部會，輔導縣市及直轄市政府執行計畫。
縣市及直轄市政府（下稱地方政府）	接受本署委辦或自辦執行本計畫。

6. **實施措施**：為協助未升學未就業青少年適性轉銜，以資源整合、多元協尋、輔導扶助、強化專業知能及關懷訪視等策略，訂定措施如下：

   (1) **建立資源整合及轉銜平臺**

      A. **召開「未升學未就業青少年轉銜聯繫會報」**：青發署定期辦理跨部會聯繫會報，邀集教育部各單位、勞動部、衛生福利部、法務部、

地方政府等，共同研商及檢視未升學未就業青少年輔導各項輔導工作、進度、執行概況，以精進相關作為，並建立各業務窗口連絡資訊。

B. **建立「未升學未就業青少年轉銜資源網絡」**：地方政府建立跨局處資源連結系統，定期召開跨局處聯繫會報，亦可與中輟、高關懷等相關會議併同召開；必要時亦可結合縣市兒少保護相關聯席會議辦理，並盤點府內及民間團體辦理青少年就學就業輔導資源，以供未升學未就業青少年適性轉銜運用。

(2) **運用管道多元協尋**：國中畢業後未升學未就業青少年，因已無學籍，不易以現行學校體系追蹤青少年動向，加上青少年變動較大，畢業後失聯比例亦高，故須結合多元管道共同協尋，以提供相關輔導。

A. 掌握未升學未就業青少年來源管道

(A) **辦理國中畢業未升學未就業青少年動向調查**：應用國教署高級中等學校「適性入學資料管理平臺」，及「學籍管理系統」，由青發署篩選出應屆國中畢業未升學之青少年，交由地方政府督導所轄國中進行動向調查，以了解各地應屆國中畢業未升學未就業青少年動向及人數。

(B) **結合教育部「學生轉銜輔導及服務通報系統」**：依照「學生轉銜輔導及服務辦法」，教育部建置學生轉銜輔導及服務通報系統，並規範原就讀學校應於轉銜學生離校後，持續追蹤6個月；追蹤期間屆滿6個月；學生仍未就學者，原就讀學校應於通報系統知所屬主管機關，列冊管理；並由教育部督導地方政府進行後續管理措施。

B. 利用上開管道，透過青發署委辦或部會聯繫會報，由地方政府掌握名單，以電訪、家訪或利用相關社區資源，協尋未升學未就業青少年。

(3) **辦理相關輔導扶助措施**：針對未升學未就業青少年需求，由地方政府於各地提供輔導服務，並於輔導後適性轉銜就學就業。

A. **輔導會談**

(A) 由專業輔導員針對未升學未就業青少年進行個別諮詢及團體輔導，以瞭解其需求並給予協助。

(B) 團體輔導包括主題式團體諮商、團體活動、情境模擬與演練、班會等形式。

B. **生涯探索**
- (A)以講座、課程、戶外教學等多元方式，協助未升學未就業青少年探索自我興趣，培養就學業能力。
- (B)生涯探索活動包含生涯探索、就學就業資源運用、就學力培訓、體驗教育及志願服務、法治（含反毒）及性別平等教育等元素。

C. **工作體驗**
- (A)安排未升學未就業青少年至職場進行工作探索體驗，並補助其工作體驗津貼。
- (B)工作體驗係生涯探索配套措施，非以提供勞務為目的，著重於未升學未就業青少年生涯探索及職能學習狀況。透過短期體驗機會，提供其快速瞭解各行業工作，發掘自我特質及工作興趣。另透過短期特性，可避免未升學未就業青少年因心智及興趣尚未穩定而發生經常中斷之狀況，並提供其於培訓輔導期間體驗津貼，增加完成之意願。

D. **扶助**：輔導期間提供未升學未就業青少年交通或住宿津貼，協助其順利接受輔導。

E. **適性轉銜**：未升學未就業青少年於完成輔導後，依其性向與需求，由輔導員進行評估，協助其升學、參加職訓或就業。
- (A)**升學**：聯繫高級中等學校，依照規定協助入學，並於其求過程中，由本計畫輔導員持續給予關懷、輔導。
- (B)**參加職訓**：聯繫各地公立職訓中心或委辦機構，協助參加訓練班次。課程以全額補助課為主，並於其參與職訓過程中，由本計畫輔導員持續給予關懷。
- (C)**就業**：聯繫各地就業服務機構，協助直接就業或參加勞政單位相關就業服務計畫，轉銜後由本輔導員持續給予其關懷、輔導，或與雇主進行聯繫。

F. **追蹤輔導**：由本計畫輔導員以電訪、網路、親訪、辦理團體活動及課程等方式進行，定期追蹤瞭解成功轉銜或尚未有具體輔導效之未升學未就業青少年現況及需求。

經持續進行追蹤及轉銜輔導，對於尚未有具體輔導成效者，加強持續輔導其就業、就學、參加職訓，或轉介至其他單位繼續接受輔導延續輔導成效。

G.**相關細部輔導措施另訂需求書。**

(4)**強化輔導人員專業知能**：為提升輔導人員生涯領航的專業知能，使其能夠協助未升學未就業青少年，了解自我的生涯發展與需求，提供適時輔導與適性轉銜。針對輔導人員進行培力課程規劃，精進輔導作為。

(5)**進行關懷訪視**：為瞭解地方政府執行本計畫之情形，本署得邀專家學者前往實地訪視，依各地方政府執行情況及困難，給予必要之協助。

(七)**青年教育與就業儲蓄帳戶方案**

1. **方案緣起**：在大多數工業先進國家中，18歲已被視為成熟且獨立的年紀。然而，臺灣隨著大專校院大量創設與改制升格，致高等教育普及化，高級中等學校（以下簡稱高中職）學生多以升學為導向，因而忽略個人性向與自己的特長。

蔡總統表示，學生18歲畢業後不一定要急忙考大學，可以先去工作或到非政府組織（Non-Governmental Organization, NGO）當志工進行體驗等。在經過社會歷練之後重返校園，會更加清楚自己所追求的目標。此外，高等教育體系也應該以更開放的態度，珍惜這樣的年輕人，並且提供更多的誘因，吸引青年重返校園學習。

教育部為落實總統教育政策，透過跨部會合作推動「青年教育與就業儲蓄帳戶方案」（正式簡稱為青年儲蓄方案，以下簡稱本方案），以鼓勵高中職應屆畢業生透過職場、學習及國際體驗，探索並確立人生規劃方向。

本方案自106年經行政院試辦3年（106-108年），109年至111年為續辦，111年核定再續辦3年（112-114年）。

2. **方案目標**：經上述現況分析，規劃透過高中職生涯輔導後，提供優質職缺讓高中職應屆畢業生進行職場體驗，給予其未來接受高等教育及發展所需經費；或透過學習及國際體驗，改善以往高比率升學趨勢，並協助青年生涯探索，本方案目標如下：

(1) 協助青年適才適性發展,提供學生職業試探機會,以建立正確之職業價值觀。

(2) 培養臺灣傳統技藝及區域產業人才,提升高中職畢業生就業率。

(3) 拓展青年國際體驗學習機會及多元生活體驗,提升青年國際競爭力。

(4) 儲備青年未來接受高等教育及發展經費,暢通技術人才回流就學管道。

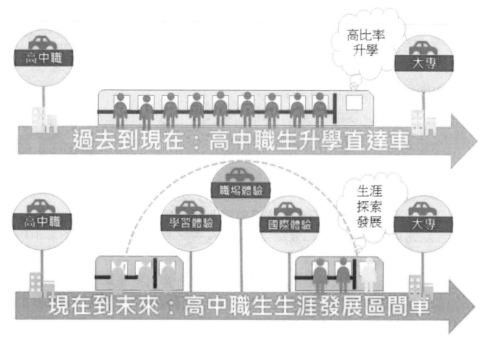

青年教育與就業儲蓄帳戶案構想圖

3. **方案推動構想**:為落實本方案目標,由「高級中等以下學校生涯輔導計畫」向下扎根,分為「青年就業領航計畫」搭配「青年儲蓄帳戶」及「青年體驗學習計畫」,協助青年職場、學習及國際體驗,並提供就學配套。

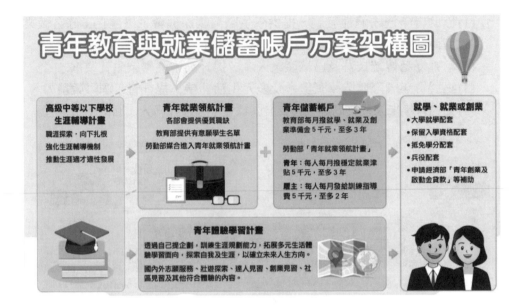

4. 方案內容

　(1)**本方案分為職場、學習及國際體驗，計畫說明如下：**

　　A. **職場體驗－「青年就業領航計畫」及「青年儲蓄帳戶」**：高中職學生在就學階段將透過「高級中等以下學校生涯輔導計畫」進行生涯探索後，在其畢業前調查有意願參與計畫之應屆畢業生，並提出職場體驗申請書，經審查通過後，介接勞動部「青年就業領航計畫」媒合，並加入「青年儲蓄帳戶」，以儲蓄帳戶方式，每人每月撥給新臺幣（下同）1萬元（教育部就學、就業及創業準備金、勞動部穩定就業津貼各5,000元），以作為青年未來就學、就業或創業之用。

　　B. **學習及國際體驗－「青年體驗學習計畫」**：高中職學生在就學階段將透過「高級中等以下學校生涯輔導計畫」進行生涯探索後，自行提出之「體驗學習企劃」，經審查通過後，實踐所提企劃內容。

　(2)**個人提報計畫期程：**參與者需就所選上述計畫內容，經徵得法定代理人同意後，提出2或3年期之申請書。

　(3)**試辦對象：**參與者為中華民國設有戶籍之高中職應屆畢業生，但畢業當學年度就讀教育部核定「產學攜手合作計畫」、勞動部核定「雙軌訓練旗艦計畫」及「產學訓合作訓練」者，因有相關補助及就學與就業配套方案，不得申請本方案。

(4) **經費補助**

　A. 「青年就業領航計畫」及「青年儲蓄帳戶」經費，補助方式如下：

　　(A) 撥付給青年：高中職應屆畢業生參與「青年就業領航計畫」者，
　　　　另加入「青年儲蓄帳戶」，補助年限至多3年。補助方式如下：

　　　　a. 就學、就業及創業準備金：教育部每月補助就學、就業及創
　　　　　業準備金5,000元，至多3年累存18萬元。

　　　　b. 穩定就業津貼：勞動部每月補助穩定就業津貼5,000元，至多
　　　　　3年累存18萬元。

　　(B) 撥付給雇主：為吸引優質事業單位共同加入，雇主每訓練一名
　　　　青年，勞動部補助訓練指導費每人每月5,000元，至多2年撥付
　　　　12萬元。

　　(C) 儲蓄帳戶屬儲蓄性質，計畫完成後一次提領。

　B. 「青年體驗學習計畫」無「青年儲蓄帳戶」經費補助。

5. **申請途徑**：青年端與企業端的申請途徑入下圖所示：

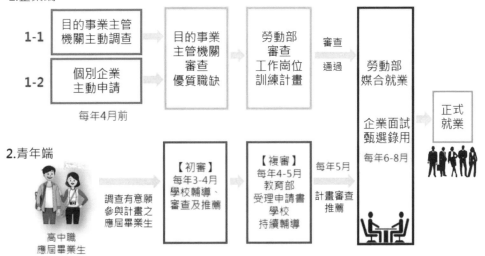

青年就業領航計畫申請途徑圖

(八)初次尋職青年穩定就業計畫

1. **目的**：為協助初次尋職及從事非典型工作之青年強化求職準備，並鼓勵青年積極尋職及穩定就業，特訂定本計畫。

2. **適用對象**：本計畫適用對象為年滿15歲至29歲之本國籍初次尋職青年，未在學且未就業連續達90日以上者（以下簡稱初尋青年）。

   前項所稱初次尋職，指參加本計畫前，未曾參加就業保險、勞工保險或勞工職業災害保險（以下併稱各項社會保險）者。但有下列情形之一，不在此限：

   (1)參加各項社會保險之月投保薪資，低於勞工保險或勞工職業災害保險投保薪資分級表第一級以下者。

   (2)在學期間曾參加各項社會保險，且於參加本計畫前未曾再參加各項社會保險者。

   第一項所定未就業連續期間，依下列各款規定計算：

   (1)以未有參加各項社會保險紀錄之日起算。

   (2)參加各項社會保險，且月投保薪資低於勞工保險或勞工職業災害保險投保薪資分級表第一級以下之期間，亦列入計算。

   (3)在學及服役期間，不予計入。

   (4)未就業期間曾參加政府短期就業促進措施或各項社會保險未逾14日者，扣除該參加措施或各項社會保險之投保期間後，仍視為未就業連續期間。

3. **參加本計畫期間**：自初尋青年依本計畫規定上傳應附文件之次日起90日內。參加本計畫，以1次為限。

4. **獎勵標準及金額**：尋職津貼及就業獎勵合併最高可請領新臺幣（下同）45,000元。

   (1)**尋職津貼**：最多發給3次，最高15,000元。

   第1次：（應於參加本計畫之日起37日內提出申請）

   加入台灣就業通會員，並至少完成1種「職業心理測驗」後，於本計畫專區上傳申請文件（以上傳文件之次日為參加本計畫之起始日）。

   申請文件：

   A.申請書（含同意代為查詢各項社會保險等資料說明）。

   B.身分證明文件影本。

   C.最高學歷畢（肄）業證書影本。

D.本人名義之國內金融機構存摺封面影本。

E. 其他經本署規定之文件。

自參加計畫之日起30日內，進行2次以上求職，並接受1次以上就業諮詢或就業輔導後，上傳2次以上求職、就業諮詢或就業輔導之紀錄，可申請5,000元。

第2次：（應於參加本計畫之日起67日內提出申請）

自參加計畫起30日內未就業，且自第31日至60日內，進行3次以上求職，以及接受公立就業服務機構1次以上推介就業服務後，上傳3次以上求職紀錄，可申請5,000元。

第3次：（應於參加本計畫之日起97日內提出申請）

自參加計畫起60日內未就業，且第61日至90日內，進行3次以上求職，以及接受公立就業服務機構2次以上推介就業服務後，上傳3次以上求職紀錄，可申請5,000元。

(2) **就業獎勵**：最高35,000元

參加計畫60日內先找到工作，有連續受僱於同一雇主滿30日以上之按月計酬全時工作，先發給5,000元；持續受僱於同一雇主滿90日以上，發給20,000元；再持續受僱於同一雇主滿180日以上，發給10,000元。

於參加計畫61-90日內找到工作，連續受僱於同一雇主滿90日以上，發給20,000元；再持續受僱於同一雇主滿180日以上，發給10,000元。

5. **津貼請領方式**：連續受僱於同一雇主滿30日（指於參加計畫60日內就業）或滿90日（指於參加計畫第61-90日就業）之次日起60日內，檢附規定文件至本計畫專區提出申請。

6. **津貼請領限制**

(1) 不實申請。

(2) 同一期間已領取青年職得好評計畫之獎勵金、青年就業領航計畫之津貼、職前訓練學習獎勵金、職業訓練生活津貼、失業給付或其他政府機關性質相同之津貼或補（獎）助。

(3) 已領取110年及111年青年尋職津貼計畫之津貼或補（獎）助。

(4) 為雇主或其負責人之配偶、直系血親或三親等內之旁系血親。

(5) 規避、妨礙或拒絕分署查對。

(6) 其他違反本計畫之規定。

三、中高齡（45~64歲）及高齡（65歲以上）勞動狀況

(一)勞動力狀況

1. **勞動力人口持續向高齡者傾斜**：111年中高齡（45~64歲）及高齡（65歲以上）民間人口為1,094.8萬人，較101年增加187.5萬人，平均年增1.9%（15歲以上民間人口平均年增0.3%），其中中高齡及高齡分別平均年增0.7%及4.5%。若與110年相較，中高齡民間人口微減，高齡則續增3.3%。

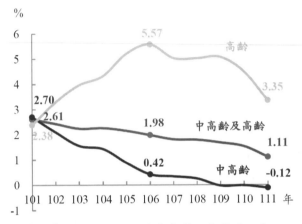

資料來源：行政院主計總處「人力資源調查」。

中高齡及高齡民間人口年增減率

民間人口由勞動力及非勞動力組成，111年中高齡及高齡勞動力495.2萬人，較101年增加80萬人，平均年增1.8%（全體勞動力平均年增0.4%），其中中高齡及高齡分別平均年增1.5%及6.3%。中高齡勞動力雖仍為多數，惟占全體中高齡及高齡者比重已由10年前之95%降至92.3%；另與110年相較，中高齡、高齡勞動力分別年增1.2%及8.3%。

中高齡及高齡勞動狀況

單位：千人、%

		總計		中高齡				高齡
				45~49歲	50~54歲	55~59歲	60~64歲	
民間人口	101年	9,073	6,523	1,870	1,810	1,613	1,231	2,549
	110年	10,828	6,987	1,751	1,774	1,801	1,661	3,841
	111年	10,948	6,979	1,783	1,751	1,768	1,677	3,969

		總計	中高齡				高齡
			45~49歲	50~54歲	55~59歲	60~64歲	
勞動力	101年	4,152	3,945	1,472	1,226	847	401	206
	110年	4,870	4,518	1,478	1,337	1,060	642	353
	111年	4,952	4,570	1,517	1,336	1,054	663	382

資料來源：行政院主計總處「人力資源調查」。

2. **中高齡、高齡勞動力參與率皆呈上升**：111年中高齡、高齡勞動力參與率（以下簡稱勞參率）分別為65.5%及9.6%，各為67年（有統計以來）及85年以來最高，較101年分別上升5及1.5個百分點，較110年亦各升0.8及0.4個百分點。中高齡及高齡合計勞參率45.2%，則較110年上升0.3個百分點，為自104年至109年連續6年下跌以來，轉呈連續2年上升，惟與101年相較，仍下降0.5個百分點。就111年中高齡者之年齡別勞參率觀察，亦呈明顯落差，其中45~49歲仍達85%，至60~64歲已降至39.6%，各年齡別相較101年均上升6.3個百分點以上，惟綜計中高齡勞參率65.5%，僅較101年上升5個百分點。

中高齡及高齡勞參率

單位：%、百分點

	總計	中高齡				高齡
			45~49歲	50~54歲	55~59歲	60~64歲	
101年	45.76	60.48	78.70	67.73	52.52	32.56	8.10
107年	45.50	63.21	83.96	73.54	55.63	36.70	8.43
108年	45.09	63.49	84.71	74.43	56.08	36.70	8.32
109年	44.96	64.00	84.12	75.19	57.55	37.70	8.78
110年	44.98	64.65	84.42	75.37	58.87	38.64	9.18
111年	45.23	65.49	85.07	76.30	59.64	39.55	9.62

資料來源：行政院主計總處「人力資源調查」。

3. **我國50歲以上勞參率低於主要國家**：111年我國45~49歲者勞參率為85.1%，與主要國家比較，低於日本及新加坡（均為89.1%），高於美國（82.6%）、南韓（80.3%）。惟50歲以上各年齡組勞參率均低於各國，且差距隨年齡增長而擴大，我國65歲以上者勞參率為9.6%，遠低於美、日、星、韓之19%~37%。

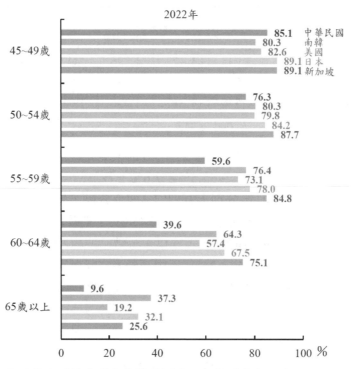

資料來源：行政院主計總處「人力資源調查」、各國官方網站。

主要國家中高齡及高齡勞參率

4. **女性勞動力占比上升，男性勞參率下降**：111年中高齡及高齡男、女性勞動力分別為289萬人、206.3萬人，較101年各增12.3%及30.6%，女性增幅倍於男性，致勞動力之女性占比由101年之38%上升至111年之41.7%。

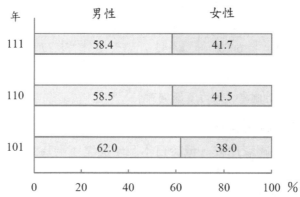

資料來源：行政院主計總處「人力資源調查」。

中高齡及高齡勞動力性別結構比

就勞參率觀察，111年兩性之中高齡、高齡勞參率相較101年均呈上升，其中女性中高齡上升7.9個百分點最多。惟併計後之中高齡及高齡勞參率，男性為55.7%，反較101年下降2.6%，女性為35.8%，則上升1.9個百分點。兩性勞參率差距19.8個百分點，分別較101年及110年下降4.5及上升0.1個百分點。

中高齡及高齡勞動力及勞參率－按性別分

單位：千人、%、百分點

	勞動力						勞參率					
	總計		中高齡		高齡		總計		中高齡		高齡	
	男	女	男	女	男	女	男	女	男	女	男	女
101年	2,573	1,579	2,423	1,523	150	56	58.24	33.92	75.39	46.01	12.46	4.20
107年	2,798	1,891	2,597	1,811	201	80	56.71	35.21	76.24	50.77	13.15	4.43
108年	2,812	1,917	2,607	1,831	205	85	56.15	34.98	76.46	51.13	12.85	4.50
109年	2,828	1,967	2,596	1,876	232	91	55.67	35.23	76.29	52.33	13.82	4.55
110年	2,850	2,021	2,608	1,910	242	111	55.34	35.59	76.68	53.25	13.81	5.32
111年	2,890	2,063	2,636	1,934	253	129	55.67	35.83	77.79	53.88	14.06	5.94

資料來源：行政院主計總處「人力資源調查」。

(二)就業及失業狀況

111年中高齡及高齡之勞動力495.2萬人中，就業人數484.7萬人，失業人數10.6萬人，分別較110年增加9.4萬人（+2%）及減少1.1萬人（-9.4%）。與101年相比，則分別增加78.7萬人及1.4萬人（平均年增1.8%及1.5%）。111年中高齡及高齡占全體就業、失業人數比重42.4%及24.4%，分別較101年上升5.1與5.3個百分點。

失業率方面，111年中高齡及高齡失業率2.1%，與全體失業率3.7%相較明顯為低，惟受嚴重特殊傳染性肺炎疫情影響，109年、110年呈現升勢，111年國內疫情穩定，失業率較110年下降0.3個百分點。

中高齡及高齡就、失業狀況

單位：千人、％、百分點

	勞動力			
	就業者	失業者		
			失業率	
101年	4,152	4,060	92	2.21
107年	4,689	4,600	89	1.89
108年	4,729	4,642	87	1.84
109年	4,795	4,691	104	2.17
110年	4,870	4,753	117	2.40
111年	4,952	4,847	106	2.14

資料來源：行政院主計總處「人力資源調查」。

1. **就業人數隨年齡遞減，惟60歲以上增幅較大**：111年中高齡及高齡就業人數隨年齡遞減，其中45~49歲者147.9萬人最多，65歲以上者38萬人最少，惟受人口結構變化及勞動基準法強制退休年齡延長至65歲影響，年齡結構持續往高齡者偏移，10年間65歲以上就業者增加逾8成，60~64歲亦增65.2%，致其占比分別增加2.8及3.7個百分點，45~49歲及50~54歲就業者占比則分別減少4.8及2.5個百分點。

中高齡及高齡就業人數

單位：千人、％

	總計	中高齡	45~49歲	50~54歲	55~59歲	60~64歲	高齡
101年	4,060	3,854	1,434	1,197	829	394	206
107年	4,600	4,320	1,464	1,305	979	572	280
108年	4,642	4,352	1,462	1,310	993	586	290
109年	4,691	4,370	1,431	1,312	1,019	608	321
110年	4,753	4,404	1,438	1,304	1,035	628	350
111年	4,847	4,467	1,479	1,306	1,031	651	380
平均年增減率	1.79	1.49	0.31	0.88	2.20	5.15	6.30

資料來源：行政院主計總處「人力資源調查」。

年	45~49 歲	50~54 歲	55~59 歲	60~64 歲	65 歲以上
111	30.52	26.96	21.26	13.43	7.83
110	30.25	27.42	21.77	13.20	7.36
109	30.51	27.96	21.72	12.96	6.85
108	31.50	28.23	21.40	12.63	6.25
107	31.82	28.37	21.29	12.42	6.09
106	31.93	28.61	21.16	12.33	5.97
105	32.13	28.87	21.05	12.20	5.75
104	32.55	28.97	20.96	11.85	5.68
103	33.12	29.20	20.78	11.41	5.49
102	34.27	29.48	20.50	10.49	5.25
101	35.33	29.48	20.41	9.70	5.08

0　　　　20　　　　40　　　　60　　　　80　　　　100 %

資料來源：行政院主計總處「人力資源調查」。

中高齡及高齡就業者之年齡結構

按性別觀察，男性就業人數282.2萬人，女性202.4萬人，分別較101年增加31.7萬人（+12.7%）及46.8萬人（+30.1%），平均年增率分別為1.2%及2.7%，與110年相較，男、女性各增加4.3萬人（+1.6%）及4.9萬人（+2.5%）。以中高齡及高齡分別觀察，男性增幅（分別為1.2%及5.1%）均較女性（1.7%及15.9%）為低。

中高齡及高齡就業人數－按性別分

單位：千人、%

	總計			中高齡			高齡		
		男	女		男	女		男	女
101年	4,060	2,505	1,556	3,854	2,355	1,499	206	150	56
107年	4,600	2,738	1,862	4,320	2,538	1,782	280	201	80
108年	4,642	2,754	1,888	4,352	2,549	1,803	290	205	85
109年	4,691	2,759	1,932	4,370	2,528	1,842	321	231	91
110年	4,753	2,779	1,975	4,404	2,539	1,864	350	239	110
111年	4,847	2,822	2,024	4,467	2,571	1,896	380	252	128

資料來源：行政院主計總處「人力資源調查」。

按教育程度觀察，111年中高齡及高齡就業者之教育程度以大專以上193.5萬人，占39.9%最多，高級中等（高中、高職）168.5萬人，占34.8%，國中以下122.7萬人，占25.3%。相較101年，國中以下占比減少15個百分點，大專以上、高級中等則分別增加12及3個百分點，勞動力素質提升。

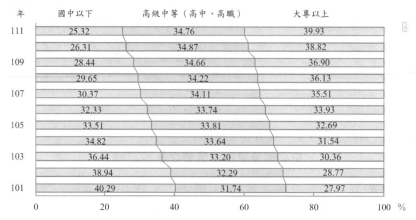

資料來源：行政院主計總處「人力資源調查」。

中高齡及高齡就業者之教育程度結構

2. **製造業、批發及零售業、營建工程業就業人數合占近5成**：111年中高齡及高齡就業人數以製造業115.7萬人，占23.9%最多，批發及零售業79.3萬人，占16.4%次之，營建工程業46萬人，占9.5%居第三，三者合占近5成。觀察各行業結構增減情形，10年來農林漁牧業減少1.7個百分點，製造業增加1.6個百分點，其餘行業變動均小於1個百分點，變動不大。

中高齡及高齡就業人數占全體就業者比率為42.4%，各行業占比以農林漁牧業逾7成最高，支援服務業58.3%次之，營建工程業為50.6%居第三；另出版影音製作傳播及資通訊服務業、藝術娛樂及休閒服務業均未及3成；製造業占比為38.4%。與101年相較，金融及保險業占比增加11.7個百分點居冠，教育業增加9.8個百分點居次，電力及燃氣供應業則減少30.9個百分點。

中高齡及高齡就業人數－按行業分

單位：千人、％、百分點

	101年		111年					占該行業全體就業者比率	
		結構比		結構比			較101年增減百分點		較101年增減百分點
					男	女			
總計	4,060	100.00	4,847	100.00	100.00	100.00	-	42.45	5.06
農、林、漁、牧業	400	9.85	395	8.15	9.89	5.73	-1.70	74.59	1.11
工業	1,359	33.47	1,672	34.49	41.36	24.92	1.02	41.36	6.82
礦業及土石採取業	2	0.05	2	0.03	0.05	0.01	-0.02	48.01	0.08
製造業	906	22.31	1,157	23.87	25.67	21.36	1.56	38.42	7.97
電力及燃氣供應業	19	0.48	12	0.24	0.34	0.11	-0.24	35.30	-30.85
用水供應及污染整治業	43	1.07	41	0.85	1.08	0.53	-0.22	49.03	-3.63
營建工程業	389	9.57	460	9.50	14.22	2.91	-0.07	50.59	4.58
服務業	2,301	56.68	2,780	57.35	48.75	69.35	0.67	40.60	4.53
批發及零售業	654	16.11	793	16.35	14.34	19.16	0.24	42.84	6.50
運輸及倉儲業	194	4.77	206	4.26	6.01	1.82	-0.51	43.48	-3.27
住宿及餐飲業	277	6.82	303	6.26	4.46	8.76	-0.56	35.98	-0.95
出版、影音製作、傳播及資通訊服務業	52	1.28	72	1.48	1.66	1.22	0.20	26.52	3.83
金融及保險業	127	3.13	179	3.69	2.40	5.48	0.56	41.58	11.72
不動產業	29	0.72	39	0.79	0.73	0.89	0.07	36.97	4.42
專業、科及技術服務業	100	2.47	130	2.67	2.37	3.09	0.20	33.20	3.85
支援服務業	128	3.14	172	3.55	3.60	3.49	0.41	58.32	9.23
公共行政及國防；強制性社會安全	177	4.36	169	3.49	3.21	3.88	-0.87	45.36	-0.76
教育業	204	5.02	269	5.54	3.18	8.83	0.52	42.12	9.79
醫療保健及社會工作服務業	111	2.73	159	3.28	1.63	5.58	0.55	31.52	5.19
藝術、娛樂及休閒服務業	32	0.79	32	0.66	0.52	0.87	-0.13	28.18	-5.97
其他服務業	216	5.33	258	5.31	4.63	6.26	-0.02	46.05	6.03

資料來源：行政院主計總處「人力資源調查」。

說明：101年、111年分別按第8次、第10次修訂之行業標準分類統計。

按性別觀察，男性以從事製造業、批發及零售業、營建工程業較多，合計占54.2%，女性則以從事製造業、批發及零售業、教育業較多，合計占49.4%。

3. **從事之職業以生產操作及勞力工占逾3成最多**：111年中高齡及高齡就業者從事之職業以生產操作及勞力工161.4萬人，占33.3%最多，服務及銷售工作人員92.1萬人，占19%次之，技術員及助理專業人員80.3萬人，占16.6%居第三。與101年相較，農林漁牧業生產人員、生產操作及勞力工占比分別減少1.7、1.3個百分點，民意代表、主管及經理人員亦減少1.1個百分點，而專業人員、技術員及助理專業人員、事務支援人員則分別增加2.2、1.5、1.4個百分點。

各職業之中高齡及高齡就業人數占全體就業者比率，以農林漁牧業生產人員占76.5%最高，民意代表、主管及經理人員占71.2%次之，專業人員占29.9%最低。與101年相較，各職業占比均呈增加，以民意代表、主管及經理人員占比增加9.1個百分點最多，技術員及助理專業人員增加7.9個百分點次之。

按性別觀察，111年中高齡及高齡就業者之男性以生產操作及勞力工117萬人，占41.5%最多；女性則以服務及銷售工作人員49.7萬人、生產操作及勞力工44.3萬人，分別占24.5%與21.9%較多。

中高齡及高齡就業人數－按職業分

單位：千人、%、百分點

	101年		111年					占該行業全體就業者比率	
		結構比		結構比			較101年增減百分點		較101年增減百分點
					男	女			
總計	4,060	100.00	4,847	100.00	100.00	100.00	-	42.45	5.06
民意代表、主管及經理人員	262	6.45	259	5.35	6.60	3.60	-1.10	71.21	9.12
專業人員	283	6.97	445	9.18	8.31	10.40	2.21	29.86	7.11
技術員及助理專業人員	611	15.04	803	16.57	16.34	16.89	1.53	39.25	7.94

	101年		111年					占該行業全體就業者比率	
		結構比		結構比			較101年增減百分點		較101年增減百分點
					男	女			
事務支援人員	314	7.73	443	9.14	2.98	17.72	1.41	33.44	7.76
服務及銷售工作人員	812	19.99	921	19.01	15.05	24.53	-0.98	40.52	2.22
農、林、漁、牧業生產人員	373	9.20	362	7.46	9.25	4.97	-1.74	76.50	0.99
生產操作及勞力工	1,406	34.62	1,614	33.30	41.47	21.89	-1.32	46.81	5.56

資料來源：行政院主計總處「人力資源調查」。

說明：按第6次修訂職業標準分類統計。

4. **從業身分以受僱者占近7成最多，較10年前增加6.6個百分點**：111年中高齡及高齡就業者之從業身分以受僱者336.4萬人，占69.4%最多，自營作業者89.1萬人，占18.4%次之。與全體就業者之占比相較，自營作業者、雇主占比分別高7個及2.7個百分點，受僱者則低11.1個百分點；與110年相較，各從業身分占比變動均不及1個百分點；與101年相較，受僱者增加6.6個百分點最多（其中受私人僱用者增加8.4個百分點），雇主、自營作業者、無酬家屬工作者均呈減少，以自營作業者減少4.1個百分點最多。

按年齡別觀察，中高齡及高齡受僱者占比隨年齡增長而減少，45~49歲者占79.9%最多，65歲以上者減至31.4%；雇主、自營作業者、無酬家屬工作者則反向變動，45~49歲者分別占4.6%、11.3%、4.1%，65歲以上者分別增至9.4%、45.8%、13.4%。

按性別觀察，兩性均以受僱者占比最多，其中女性74.7%高於男性之65.6%，另男性之自營作業者占23.7%，遠高於女性之11%，而女性無酬家屬工作者占11.2%則遠高於男性之1.8%。

中高齡及高齡就業人數－按從業身分分

111年

單位：%、百分點

| | 總計 | 雇主 | 自營作業者 | 受僱者 | | | 無酬家屬工作者 |
					受政府僱用者	受私人僱用者	
人數（千人）	4,847	314	891	3,364	459	2,906	277
結構比	100.00	6.48	18.39	69.41	9.46	59.95	5.71
男	100.00	8.92	23.70	65.61	8.01	57.61	1.76
女	100.00	3.08	10.98	74.71	11.49	63.22	11.23
45~49歲	100.00	4.65	11.34	79.93	10.07	69.86	4.07
50~54歲	100.00	5.83	14.20	75.23	11.07	64.16	4.74
55~59歲	100.00	7.13	19.40	67.93	9.21	58.72	5.54
60~64歲	100.00	9.22	25.26	58.33	9.09	49.24	7.20
65歲以上	100.00	9.41	45.77	31.42	2.88	28.54	13.40

資料來源：行政院主計總處「人力資源調查」。

5. **近年從事部分時間、臨時性或人力派遣工作占比約為8%**：111年5月中高齡及高齡就業者從事部分時間、臨時性或人力派遣工作（以下簡稱非典型工作）計37.7萬人，占就業者比率7.8%，略高於全體就業者之7%；與110年10月相較，減少0.2個百分點，與101年5月相較，增加0.6個百分點。按年齡別觀察，45~49歲從事非典型工作者占5.8%較低，60~64歲占11.1%較高，另女性就業者從事非典型工作計16.8萬人占8.4%，高於男性之7.5%。

中高齡及高齡就業者從事非典型工作情形

單位：千人、%

	就業者						
		非典型工作者					
			占就業者比率	部分時間工作者		臨時性或人力派遣工作者	
					占就業者比率		占就業者比率
101年5月	4,048	293	7.23	142	3.50	212	5.23
110年10月	4,786	383	8.00	189	3.95	290	6.05
111年5月	4,813	377	7.84	178	3.70	290	6.02
性別							
男	2,804	209	7.47	71	2.52	177	6.33
女	2,009	168	8.36	107	5.34	112	5.60
年齡							
45~49歲	1,475	85	5.77	36	2.44	69	4.70

	就業者						
		非典型工作者					
			占就業者比率	部分時間工作者		臨時性或人力派遣工作者	
					占就業者比率		占就業者比率
50~54歲	1,295	99	7.65	44	3.38	85	6.54
55~59歲	1,025	89	8.68	42	4.14	65	6.31
60~64歲	644	71	11.10	35	5.44	51	7.95
65歲以上	374	33	8.74	21	5.52	20	5.32

資料來源：行政院主計總處「人力運用調查」。

說明：由於「部分時間工作者」可能亦是「臨時性或人力派遣工作者」，故二者占全體就業人數之高於「部分時間、臨時性或人力派遣工作者」之比率

　　111年5月中高齡及高齡就業者從事非典型工作之主要原因以「職類特性（係指該項工作多具有臨時性、短期等工作特質，如營建工）」17.6萬人占46.6%最多，「偏好此類工作型態」7萬人、「兼顧家務」6.5萬人與「找不到全時、正式工作」5.2萬人，各占18.7%、17.3%與13.7%分居二、三、四。與110年10月相較，以「職類特性」增7.7個百分點最多，另「找不到全時、正式工作」則減9.3個百分點最多。

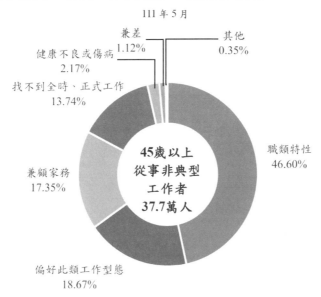

111 年 5 月

兼差 1.12%　其他 0.35%

健康不良或傷病 2.17%

找不到全時、正式工作 13.74%

兼顧家務 17.35%

偏好此類工作型態 18.67%

職類特性 46.60%

45歲以上從事非典型工作者 37.7萬人

中高齡及高齡從事非典型工作主要原因

資料來源：行政院主計總處「人力運用調查」。

6. **勞工退休金月提繳工資續增為4.8萬元**：111年12月中高齡及高齡者參加勞
工退休金新制之有一定雇主全時勞工計237.4萬人，月提繳工資平均為4.8
萬元，較全體之4.5萬元高出3千元；較110年12月增加2千元（+4.1%），
較101年12月則增1.1萬元（+28.5%），其中未滿3萬元者占33.7%，5萬元
以上亦占28.7%。按行業別觀察，以電力及燃氣供應業10.4萬元最高，金
融及保險業7.6萬元次之，另支援服務業3.2萬元最低。部分時間勞工平均
月提繳工資則為1.5萬元。

中高齡及高齡全時勞工退休金 月提繳工資及人數占比－按行業分

111年12月

	人數占比(%)	月提繳工資(萬元)
總計	100.00	4.8
電力及燃氣供應業	0.32	10.4
金融及保險業	4.40	7.6
出版影音及資通訊業	2.45	7.2
專業、科學及技術服務業	3.71	5.9
運輸及倉儲業	3.73	5.3
製造業	35.00	5.1
礦業及土石採取業	0.05	5.0
不動產業	1.43	4.8
批發及零售業	18.40	4.6
其他服務業	2.70	4.3
營建工程業	5.71	4.1
醫療保健及社會工作服務業	5.62	4.0
用水供應及污染整治業	0.53	4.0
教育業	3.08	3.9
藝術、娛樂及休閒服務業	0.48	3.8
公共行政及國防；強制性社會安全	1.91	3.7
住宿及餐飲業	2.60	3.6
農、林、漁、牧業	0.25	3.5
支援服務業	7.61	3.2

資料來源：勞動部「勞工退休金提繳檔」。

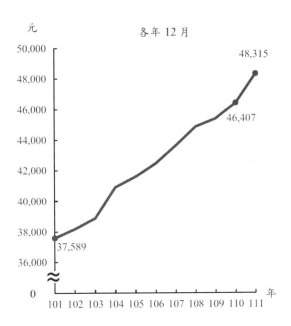

中高齡及高齡全時勞工退休金月提繳工資

資料來源：勞動部「勞工退休金提繳檔」。

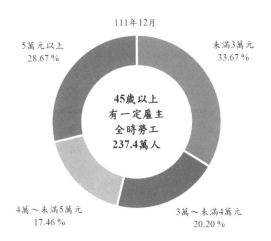

中高齡及高齡全時勞工退休金月提繳工資級距結構

資料來源：勞動部「勞工退休金提繳檔」。

7. 110年間曾轉業之比率相對不高，且隨年齡遞降：111年5月調查中高齡及高齡就業者於110年間曾轉業者為11萬人或占2.3%（全體就業者為4.6%），按年齡觀察，以45~49歲轉業比率2.9%最高，65歲以上者占0.6%最低；曾轉業者以轉業1次占89.4%較多。

中高齡及高齡就業者110年轉業情形
111年5月 　　　　　　　　　　　　　　　　　　　單位：%

	總計	無轉業	有轉業			
			計	1次	2次	3次以上
總計	100.00	97.71	2.29	100.00	89.37	6.28	4.35
45~49歲	100.00	97.08	2.92	100.00	90.71	8.15	1.14
50~54歲	100.00	97.59	2.41	100.00	87.90	0.94	11.16
55~59歲	100.00	97.80	2.20	100.00	86.82	9.97	3.21
60~64歲	100.00	98.24	1.76	100.00	92.24	7.76	-
65歲以上	100.00	99.43	0.57	100.00	95.71	-	4.29

資料來源：行政院主計總處「人力運用調查」。

前一年轉業之中高齡及高齡就業者轉業原因
單位：%

	109年5月	110年10月	111年5月
總計	100.00	100.00	100.00
自願離職轉換工作	63.13	57.89	61.74
待遇不符期望	15.36	18.37	13.44
想更換工作地點	15.25	15.83	16.62
工作時間不適合	4.13	5.08	4.98
工作沒有保障	5.56	2.75	5.97
工作環境不良	8.29	5.04	8.13
學非所用	0.46	-	-
無前途	2.55	0.73	0.08
健康不良或傷病	4.86	2.65	5.63
女性結婚或生育	-	-	-
需要照顧未滿12歲子女	0.54	0.21	0.79
需要照顧滿65歲年長家屬	0.65	2.02	0.88

	109年5月	110年10月	111年5月
做家事（含照顧其他家人）	0.33	0.95	-
自願（含優惠）退休	2.02	0.57	2.67
想自行創業	2.38	3.63	2.50
其他	0.76	0.07	0.03
非自願離職轉換工作	27.26	30.82	28.13
工作場所業務緊縮或歇業	21.84	22.11	18.54
季節性或臨時性工作結束	1.32	3.76	7.86
工作場所調整人事被資遣	2.07	3.24	1.27
女性結婚或生育	-	-	-
企業內部職務調動	1.26	1.43	0.47
屆齡退休	0.43	0.11	-
其他	0.35	0.16	-
自營作業者（或雇主）轉任其他工作	8.93	9.73	9.82
無酬家屬工作者轉任其他工作	0.69	1.56	0.30

資料來源：行政院主計總處「人力運用調查」。

　　按轉業原因觀察，111年5月自願離職者占轉業者之比率61.7%，原因以「想更換工作地點」占16.6%最多，「待遇不符期望」占13.4%次之；非自願離職者占28.1%，原因以「工作場所業務緊縮或歇業」占18.5%最多；自營作業者（或雇主）轉任其他工作占9.8%；無酬家屬工作者轉任其他工作占0.3%。

8. **失業人數及失業率較110年下降**：111年中高齡及高齡失業人數為10.6萬人，各年齡組失業人數隨年齡增加而遞減，其中中高齡10.3萬人，高齡2千人。就離開上次工作原因觀察，以「工作場所業務緊縮或歇業」占56.5%最多，「對原有工作不滿意」20.4%次之，二者合占近8成。

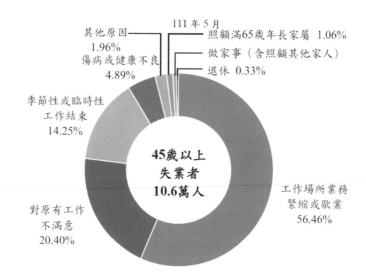

中高齡及高齡失業者離開上次工作主要原因

資料來源：行政院主計總處「人力資源調查」。

　　若與110年相較，失業人數年減1.1萬人或9.4%；另與101年相較，失業人數增1.4萬人或15.5%（惟因111年勞動力較101年增加80萬人，致失業率仍呈減少）。

中高齡及高齡失業狀況

單位：千人、%、百分點

| | | 總計 | 中高齡 | | | | 高齡 |
				45~49歲	50~54歲	55~59歲	60~64歲	
失業人數	101年	92	91	38	29	18	7	0
	109年	104	103	35	31	22	15	1
	110年	117	114	40	34	25	14	3
	111年	106	103	38	30	24	12	2
失業率	101年	2.21	2.31	2.55	2.35	2.14	1.69	0.17
	109年	2.17	2.30	2.39	2.33	2.10	2.33	0.39
	110年	2.40	2.52	2.73	2.53	2.40	2.23	0.82
	111年	2.14	2.26	2.48	2.21	2.26	1.87	0.61

資料來源：行政院主計總處「人力資源調查」。

失業率方面，111年中高齡及高齡失業率為2.1%（全體之失業率為3.7%），較110年下降0.3個百分點，較101年下降0.1個百分點。按年齡觀察，因年齡愈高退出就業市場者（為非勞動力，不納計失業人口）愈多，故45~49歲者失業率為2.5%最高，65歲以上者為0.6%最低。

按性別觀察，中高齡及高齡男、女性失業人數分別為6.7萬人、3.9萬人，分別較101年減1千人及增1.5萬人；男性失業率2.3%、女性1.9%，分別較101年減0.3及增0.4個百分點。

中高齡及高齡失業狀況－按性別分

單位：千人、%、百分點

	失業人數						失業率					
	總計		中高齡		高齡		總計		中高齡		高齡	
	男	女	男	女	男	女	男	女	男	女	男	女
101年	68	24	68	23	0	0	2.65	1.49	2.80	1.54	0.19	0.13
107年	59	29	59	29	0	0	2.11	1.56	2.27	1.62	0.14	0.14
108年	59	29	58	28	1	0	2.08	1.49	2.21	1.55	0.42	0.15
109年	69	35	68	35	1	0	2.44	1.79	2.62	1.85	0.36	0.49
110年	71	46	69	45	2	1	2.48	2.28	2.64	2.36	0.85	0.76
111年	67	39	66	38	2	1	2.32	1.88	2.48	1.96	0.63	0.57

資料來源：行政院主計總處「人力資源調查」。

按教育程度觀察，大專以上失業率為2%最低，高級中等（高中、高職）與國中以下則均為2.3%。與101年相較，大專以上失業率上升0.4個百分點，高級中等與國中以下則均下降0.2個百分點。

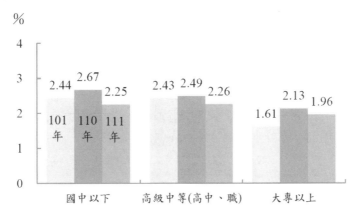

中高齡及高齡失業率

資料來源：行政院主計總處「人力資源調查」。

9. **失業人數、失業率續升，惟失業週數縮減**：111年中高齡及高齡失業者失業週數平均為22.6週，高於全體之21.3週；較110年延長3.5週，較101年縮減5.3週。按年齡觀察，65歲以上失業者為8.3週最短，45~49歲者達26.2週，各年齡別相較110年，除65歲以上外均呈增加，相較101年則均縮減。按性別觀察，男性失業週數22.1週、女性23.4週。

中高齡及高齡失業者失業週數

單位：週

	總計	性別		年齡					高齡	長期失業者比率(%)
		男	女	中高齡						
				45~49歲	50~54歲	55~59歲	60~64歲			
101年	27.83	28.56	25.69	27.88	28.10	27.84	27.60	27.62	13.57	19.56
107年	24.13	25.26	21.87	24.11	23.82	24.79	24.69	22.52	28.54	16.91
108年	24.58	24.34	25.08	24.68	25.13	27.14	21.84	22.17	15.90	19.47
109年	23.68	25.34	20.42	23.81	26.55	24.56	20.66	20.36	12.56	13.98
110年	19.05	20.52	16.79	19.30	21.97	19.91	16.76	14.86	9.23	9.55
111年	22.58	22.12	23.38	22.90	26.23	24.73	19.15	15.63	8.25	15.84

資料來源：行政院主計總處「人力資源調查」。

說明：65歲以上者失業人數較少，資料變異較大。

10. **近4成失業者曾遇有工作機會卻未就業，主因「待遇不符期望」**：111年5月中高齡及高齡失業者計10.9萬人，其中有工作機會而未就業者計4.1萬人或占37.9%，未就業原因以「待遇不符期望」及「工作地點不理想」分占26.8%及25.8%為主，「其他」亦占26.5%，主要是受到疫情影響正等待恢復工作的失業者；另未曾遇有工作機會者計6.8萬人或占62.1%，其所遭遇之困難以「待遇不符期望」占34.3%最多，「年齡限制」、「找不到想要做的職業類別」亦分別占31.4%、24.9%。

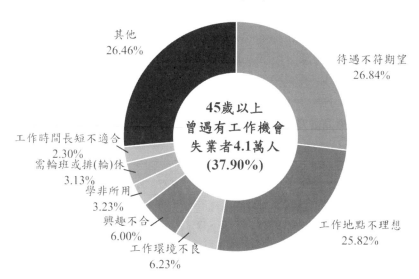

中高齡及高齡失業者有工作機會而未去就業原因

資料來源：行政院主計總處「人力運用調查」。

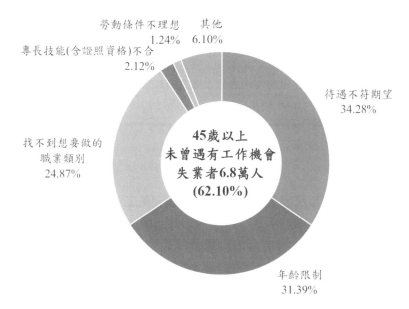

未曾遇有工作機會之中高齡及高齡失業者所遭遇困難

資料來源：行政院主計總處「人力運用調查」。

11. **失業者希望職業以「生產操作及勞力工」占41.7%最多，22.7%希望從事非典型工作**：111年5月中高齡及高齡失業者計10.9萬人，其希望從事之職業以生產操作及勞力工占41.7%最多；希望從事全時正式工作占77.3%，希望從事非典型（部分時間、臨時性或人力派遣）工作則占22.7%（全體失業者為13.2%）。

中高齡及高齡失業者希望從事職業及工作類型

單位：%

	總計	職業							工作類型	
		民意代表、主管及經理人員	專業人員	技術員及助理專業人員	事務支援人員	服務及銷售工作人員	農林漁牧業生產人員	生產操作及勞力工	全時正式工作	非典型工作
101年5月	100.00	0.14	4.92	10.76	10.92	16.17	0.93	56.17	85.15	14.85
107年5月	100.00	1.35	6.88	13.97	7.83	8.64	0.26	61.07	74.01	25.99
108年5月	100.00	6.04	2.83	14.61	6.04	25.77	0.09	44.62	82.68	17.32
109年5月	100.00	1.01	8.29	13.29	10.95	25.34	1.97	39.16	80.59	19.41
110年10月	100.00	4.27	6.55	13.17	5.89	19.80	1.48	48.83	83.52	16.48
111年5月	100.00	1.93	5.45	12.64	11.46	26.86	-	41.66	77.35	22.65

資料來源：行政院主計總處「人力運用調查」。

(三)非勞動力狀況

1. **非勞動力不願就業原因男性以「年紀較大」為主，女性以「年紀較大」及「做家事」為主**：如前所述，民間人口由勞動力及非勞動力組成，除前述之勞動力外，111年5月中高齡及高齡非勞動力計598.5萬人，其中有就業意願（無尋職行動）者13.5萬人占2.2%，無就業意願者585萬人占97.8%，其無就業意願原因以「年紀較大（含退休，須達50歲）」占56.9%最多，「做家事」占24.1%次之，「家庭經濟尚可，不需外出工作」占9.7%居第三。

按性別觀察，男性非勞動力計230.4萬人，無就業意願者222.6萬人占96.6%，不願就業原因以「年紀較大（含退休，須達50歲）」占77.9%最多；女性非勞動力計368.1萬人，無就業意願者362.4萬人占98.5%，原因亦以「年紀較大（含退休，須達50歲）」占44%最多，惟「做家事」之占比亦達38.7%。

中高齡及高齡非勞動力無就業意願原因
111年5月　　　　　　　　　　　　　　　　　　　　　　　　單位：%

	非勞動力人數（千人）										
	無就業意願（千人）	總計	家庭經濟尚可，不需外出工作	照顧家人	做家事	身心障礙	健康不良或傷病（不含身心障礙）	求學及準備升學	在自家事業幫忙	年紀較大（含退休，須達50歲）	其他
總計	5,985	5,850	100.00	9.73	3.52	24.12	0.80	4.14	0.27	0.07	56.87	0.50
性別											
男	2,304	2,226	100.00	10.56	2.68	0.36	0.93	6.70	0.70	-	77.89	0.18
女	3,681	3,624	100.00	9.21	4.03	38.71	0.72	2.57	-	0.11	43.96	0.70
年齡別											
45~49歲	265	237	100.00	20.70	15.42	50.04	2.06	7.79	3.33	0.06	-	0.59
50~54歲	422	376	100.00	23.17	10.60	44.52	1.09	7.78	2.06	0.73	9.34	0.70
55~59歲	714	683	100.00	21.33	7.41	40.04	1.30	7.37	-	0.02	21.49	1.05
60~64歲	1,011	990	100.00	17.35	3.22	37.05	1.04	6.04	-	0.06	34.22	1.00
65歲以上	3,573	3,565	100.00	3.24	1.31	13.60	0.52	2.37	-	0.01	78.73	0.23

資料來源：行政院主計總處「人力運用調查」。

2. **有就業意願非勞動力希望待遇為3.2萬元，職業以「生產操作及勞力工」占33.9%最多，8成希望從事全時工作**：111年5月有就業意願之中高齡非勞動力計12.7萬人，其希望待遇為3.2萬元，較受僱者每月主要工作經常性收入4.4萬元少1.2萬元；其希望從事之職業以生產操作及勞力工占33.9%最多；希望從事全時工作者占80.1%，希望從事部分時間工作者則占19.9%（15至64歲有就業意願非勞動力為13.3%）。

有就業意願中高齡非勞動力希望待遇、職業及工作時間

單位：%

	希望待遇（萬元）	總計	職業							工作時間	
			民意代表、主管及經理人員	專業人員	技術員及助理專業人員	事務支援人員	服務及銷售工作人員	農林漁牧業生產人員	生產操作及勞力工	全時工作	部分時間工作
101年5月	2.7	100.00	1.59	8.52	10.77	13.67	19.30	0.85	45.31	88.56	11.44
107年5月	3.2	100.00	3.50	8.29	22.34	11.63	22.10	0.61	31.52	87.42	12.58
108年5月	3.3	100.00	2.33	6.26	8.48	14.35	20.77	0.21	47.60	89.91	10.09
109年5月	3.5	100.00	0.81	5.09	20.27	13.14	25.82	0.60	34.27	92.45	7.55
110年10月	3.5	100.00	0.30	9.05	15.14	20.29	25.21	0.24	29.77	91.33	8.67
111年5月	3.2	100.00	2.89	14.51	6.09	15.37	27.17	0.09	33.88	80.08	19.92

資料來源：行政院主計總處「人力運用調查」。

(四) 中高齡失業原因

1. **內需市場景氣低迷**：隨臺灣重大經濟政策搖擺不定，景氣下滑，民間投資信心不足，廠商景氣信心趨向悲觀。經濟景氣持續低迷而對外貿易更從高度成長轉變為負成長，工業部門生產又受國際景氣趨緩及臺灣之需求不振影響，景氣減緩及國內產業持續轉型，嚴重衝擊勞力密集等傳統產業。關廠歇業及景氣低迷，直接導致臺灣就業市場失業人數攀升。其中，以中高齡者的衝擊最大且直接。

2. **促進就業政策及方案績效不彰**：勞動部推動多項促進就業計畫，以提供中高齡失業勞工就業機會，然而，學者評析指出立意雖佳，但實施期限過短，期限一過，計畫之既定目標則後繼無力，因此只是暫時性救急方案，無法真正達擴大就業機會。其次，臺灣經濟發展政策所強調之知識經濟產業，對解決中高齡失業（國中教育程度以下之人口比例均維持在七成）未能適用，不僅無法解決中高齡及弱勢勞工失業問題，反而可能加速擴大優勢工作者與弱勢勞工兩極化差距，擴大社會貧富不均之程度。

3. **關廠歇業衝擊**：依據調查結果顯示非初次尋職的中高齡失業者失業原因，約有四至五成係因工作場所歇業或業務緊縮。

再依中高齡勞工就業與失業情形來看，其原先所從事之行業，以營造業居首，依序為製造業批發零售與餐飲業，社會服務及個人服務業。建築業不景氣、傳統產業缺乏競爭及民間消費減弱，是讓中高齡失業比率未能下降的主因。其中，關廠歇業對中高齡勞工的影響，遠大於對其他年齡組。

4. **事業單位缺乏僱用意願**：僱用中高齡勞工之民營事業單位比例偏低且有高比例的民營事業單位不願僱用中高齡勞工。不願僱用中高齡勞工之主因以認為「體力不堪勝任」最高，其次為「職業適應性較低」，「工作效率差」及「年長者薪資高人事成本增加」。由此可知，事業單位不願僱用中高齡勞工現象非常明顯。

(五)**臺灣中高齡暨高齡者勞動力再進入職場的優劣勢分析**

馬財專等人（2018）在「中高齡及高齡者重返職場之探索」一文中指出，中高齡及高齡者的再就業優勢層面計有：

1. 各產業嚴重缺工，人員需求量很大，中高齡者更多工作機會。
2. 部分事業單位提供退休之後再回任之機制。
3. 可接受彈性工作之安排，例如時薪制的兼職。
4. 中高齡者對工作及同事包容度較高。
5. 部分工作技能跨越門檻較低，中高齡者的就業參與上較為穩定。
6. 較願意接受在地化之工作安排。
7. 配合意願較高，例如延長工時。
8. 節省訓練成本，在技能上不用再花費時間進行技能訓練。

至於，劣勢面向則為：

1. 跨域就業能力及意願較低；
2. 部分需要經由職務再設計，才能導入工作參與；
3. 許多職場工作充滿風險，工作負荷量大增時體力不計，容易產生職災；
4. 在照顧產業上，容易產生職場轉換上的問題；
5. 較難與科技及數位工具產生諧和之協作；
6. 部分製造業工時過長及經常加班，容易造成身體上的傷害；
7. 部分職場中，難以導入科技輔具進行協助。

勞動部勞動及職業安全衛生研究所委託研究（2020）指出，雇主對中高齡工作者的正負面觀感如下：

1. **正面印象與觀感**：雇主對中高齡工作者的正面印象與「軟技巧」（soft skills）高度相關，亦即中高齡工作者有較好的社會應對，工作穩定度高，特別是在歐盟四國經理人的調查中，穩定度是有高度共識者。照顧機構的從業人員中高齡者比例較高，在一項針對澳洲機構人資的調查中也發現與年輕護士相較，他們認為中高齡護士的穩定度較高。另外，在工作經驗的積累下，中高齡工作者被認為有較強或較佳的工作倫理、好的人際溝通技巧、較高的組織忠誠度等。

2. **負面印象與觀感**：負面印象方面，最常被提及的是生產力與績效問題。中高齡工作者被認為不適任，或者績效不佳，多數雇主認為員工在50歲以後的工作表現就會遞減。而在負面印象的實際強弱程度，又有著下列解釋：

   (1) 與文化因素高度相關，亦即在各國間有所差異。根據Van Dalen等人於2009年之研究對歐盟四國研究，相較於希臘、西班牙或英國，荷蘭雇主對於中高齡工作者生產力持負面觀點，缺工時也不認為他們可以是值得開發的資產。

   (2) 與就業狀態或身份相關，Berger於2009年之研究發現，失業的中高齡工作者會被雇主認為是次佳的投資對象，而Truxillo等人於2012年的研究更發現雇主年齡若低於35歲，其對中高齡工作者生產力更容易抱持負面觀點。

   (3) 與想法或認知相關，Finkelstein等人於2013年研究指出經理人認為中高齡工作者工作表現上有生理或心理狀態欠佳的問題，而Kluge與Krings於2008年的研究發現，53%的雇主認為中高齡工作者難以訓練，也認為他們對於挑戰度高的工作沒有興趣。

   (4) 雇主內化了中高齡工作者的刻板印象，成為提供中高齡工作者訓練上的障礙。而中高齡工作者能力欠佳，也沒有發展意願的想法之所以內化，亦是在社會及工作同事互動下的結果。

   (5) 與雇主認為中高齡工作者面對變動環境的調適能力、彈性及意願相關。

(六) **改善年齡歧視並創造中高齡友善職場**

如何改善年齡歧視，Lytle與Levy於2019年的研究曾嘗試從兩個面向檢驗有效作法：其一是關於提供正確的老化資訊，提升大眾對於高齡的認

識，給予正確的資訊後或許可以減緩年齡歧視；其二是提供正面的跨代接觸經驗，亦即在正確資訊以外，加深正面的觀感。回應年齡歧視的正面作法在於提高各年齡層彼此的認知、創建和維護多世代共融的職場。具體而言，在於營造職場代間學習的友善環境，進一步達到世代間的知識、經驗與技能的交流，方能因應高齡化所衍生的知識傳承問題。也就是說，透過職場代間學習才能瞭解彼此間的差異性，消除彼此的偏見與隔閡，真正處理年齡歧視的根源。進一步的提升社會資本，增進組織成員的學習能力，組織的能力才得以創新。

又該如何發展中高齡友善職場文化，使中高齡員工得以發揮所長，為企業貢獻己力，創造高附加價值，亦是企業應該重視中高齡友善職場文化的重要原由。根據美國退休人員協會AARP（American Association of Retired Persons）於2014年研究指出，中高齡就業者認為企業中是否有生理性的友善設計，如彈性工時及福利保險，對其是否繼續就業有很大的影響，多數中高齡員工繼續就業是為了能夠獲得足夠的經濟來源，而且多為維持家庭生活所需，除此之外，良好的退休規劃以及有薪假亦是中高齡工作者所重視的，若要讓中高齡工作者持續穩定就業，並維持其生產力，良好的就業環境與相關配套措施是必要的。

因此，中高齡者友善職場的推動，對於人口老化後勞動力短缺之緩解的確是必要的趨勢，一則因大多數中高齡者在身心上仍保有一定健康程度，友善職場措施可使高齡者保有工作，使其經濟獲得保障；一則因高齡人力具備豐富之經驗及專業知識、技能及決策，使勞動市場人才缺口得以填補，同時讓高齡者具備生活重心，達到「活躍老化」目標，並可透過經驗傳承及世代合作，提升經濟。

又，友善職場的核心理念為「貼近員工的需求」，當企業能滿足員工在工作、生活與對待三個面向的需求時，將有助於工作安全感的提升。工作安全感是指心理層面的安全感，員工在工作上感受到合理、無憂與尊重，含：工作合理，具備適性、激勵；使生活無憂，具彈性、支持；獲得平等對待與尊重，表達善意及同理。根據勞動部勞動力發展辭典：「友善職場係指無歧視、重平等的工作環境，且勞工與企業之間能彼此尊重、合作，共同打造一個平權的就業場所，藉此也可提升企業形象，全面照顧勞工的需求，避免失去優秀人才」。由此可看出，「無歧視」、「重平等」、「安全健康」、「貼近需求」、「尊重差異性」為中高齡友

善職場的核心價值與精神。

郭建志、胡佩怡、徐嘉珮（2017）在「我國企業友善職場的內涵概念與推動架構之探討」研究中，將友善職場意涵分為四大議題：「工作生活友善」、「勞動環境友善」、「多元需求友善」及「文化氛圍友善」：

工作生活友善	指組織應投入適當資源促進員工的工作及工作以外的生活平衡。工作生活平衡指員工的工作與生活上的衝突獲得調和，避免將工作中的壓力帶回家庭生活，或是生活中的困擾、需求影響工作表現。
勞動環境友善	指從工作條件、工作職務設計、硬體設施及工作規範上配合不同需求的員工，營造有利的工作環境；職場是由許多不同族群之員工所組成，考慮員工之多樣性，雇主在分配工作時應考量員工的個體差異，以提供一個全面性的員工友善職場。
多元需求友善	包括組織應順應員工個人特徵或需求制定相關政策及福利的個人層面；以及增加員工資源，因應工作家庭衝突的家庭層面。
文化氛圍友善	指組織的工作氣候（氛圍），用來建設最基本的無歧視、足夠正向支持兼備包容多元差異的關懷氛圍。包括消弭職場常見的刻板印象，以及弱勢族群協助、文化差異衝擊、組織社會支持等。

資料來源：郭建志、胡佩怡、徐嘉珮：國企業友善職場的內涵概念與推動架構之探討。新北市：勞動部勞動及職業安全衛生研究所；2017。

(七) 中高齡暨高齡者的商機——銀髮產業

銀髮產業是指由營利事業、非營利組織及政府，提供與高齡者有關的服務或商品的各經濟群集合。顏君彰（2013）將銀髮產業型態分為商品性、觀賞性、體驗性與照護性等四大類型：

1. **商品性**：以退休社區中心為例，中心提供銀髮族多功能服務（如：餐飲、購物、觀賞、遊憩、居住等），以區域環境提供銀髮族相關生活用品及服務，滿足所需。

2. **觀賞性**：資訊科技及多媒體快速發展，各領域及產業皆透過傳播將組織、產品、服務的特定意義對消費群體進行有效溝通，進而讓消費群體或銀髮族廣泛接受相關訊息，並透過文化價值與服務商品傳遞，讓銀髮族及社會市場漸漸接受特定文化價值與文化架構。

3. **體驗性**：愈來愈多銀髮族積極參與相關旅遊活動，尤其是有主題式的活動或旅遊，包含休閒運動（爬山、溫泉、腳踏車）、文化教育（參訪古蹟文物、文化藝術、環保淨灘）、醫療觀光（藉由身體健康檢查到各地區遊玩）、宗教朝拜旅行等。

4. **照護性**：從健康產業來看，醫療科技進步及獲取健康知識管道多元，使得健康產業蓬勃發展，相關照護組織與專業人士應運而生，透過適宜的制度與機制，可提升銀髮族在生理層面對社會與生活的適應能力。

(八) 中高齡暨高齡者的職場進路

許瓊文、楊雅婷（2007）針對「研發服務資訊網」資料庫的高階研發人才進行調查結果顯示：

1. **適合退休銀髮貴族投入的產業**：銀髮貴族的特點在於本身累積的工作經驗、產業經驗及對未來產業發展的前瞻遠景看法。因此，退休銀髮貴族最適合投入知識密集型服務產業，優先順序如下：

   (1) **顧問服務業**：如管理顧問、工程顧問、技術顧問等。

   (2) **教育服務業**：如人才教育服務、人才培訓服務等。

   (3) **研發服務業**：如研發策略規劃服務、專門技術研發成果運用服務等。

   (4) **創投業**：如企業天使等。

2. **適合退休銀髮貴族投入的職務**：對退休銀髮貴族而言，希望的工作是可以利用過去的產業經驗和專業知識，立即投入職場工作，不需要再大量重新學習。相對而言，對於雇主也是希望不要投入太高的訓練成本。因此，適合退休銀髮貴族投入的職務，優先順序如下：

(1)企業經營顧問、技術指導顧問、訪廠診斷等。

(2)企業內人力培訓講師等。

(3)學校教職，如兼任教授、講師。

(4)計畫主持人、專案經理、專題研究等。

(5)企業負責人，如董監事。

另，廖文志、成之約、王瀅婷（2014）在「都會區銀髮人才資源適任工作類別」研究指出，銀髮族照護活動中，有許多是「輔助性」、「配合性」的週邊工作，是偏向服務性質的職務，依服務內容區分，涵蓋居家服務員、老人社區景觀設計師、護理人員、健康照護諮詢人員、營養師、健康照護專案管理師、事業規劃師、行銷人員、理財諮詢員、系統開發人員、活動空間設計師、丙級廚師、送餐人員、計畫案企劃人員、老人工作設計師、就業服務（諮詢）人員、系統應用與維護人員、健康管理師、課程管理師、財務規劃師、健康顧問師、健康管理諮詢人員、物理治療師、運動設計指導員、計畫執行管理人員等多種。在銀髮人才資源再運用的方式上，可採取：(1)彈性工時的運用；(2)彈性職務的運用；(3)協助銀髮族於銀髮產業再就業；(4)協助銀髮族創業。

(九)**中高齡暨高齡者人力職場進路的推進器**

為兼顧銀髮族的身心社會各面向的現況與障礙，在人才運用上，欲提升銀髮族就業能力的有效方法是職務再設計，以配合工作者的體力、感覺能力、職業經驗及期望，同時藉由改變工作環境、工作機具、工作方法、工作條件及工作內容等方式，使職務能同時提高生產效率及滿足工作者的目標。

職務再設計補助項目涵蓋下列各項：

1. **改善職場工作環境**：為穩定在職勞工就業，所進行與工作場所環境有關之改善。

2. **改善工作設備或機具**：為促進在職勞工適性就業、提高生產力，進行工作設備或機具之改善。

3. **提供就業輔具**：為增加、維持、改善在職勞工就業能力之輔助器具。

4. **改善工作條件**：改善在職勞工安全衛生；另如改善勞動條件、工作時間彈性安排、促進在職勞工繼續僱用、職場活性化、能力開發與教育訓練、健康維持與促進等亦適用於中高齡在職勞工。

5. **調整工作方法及流程**：按在職勞工特性，規劃調整工作流程、工作方法及職位，以提高其工作穩定性及效率。

「銀髮族」就業，會不會「搶」了年輕人的飯碗？事實上，二者的崗位定位不同，老技術人員「再就業」並不會衝擊年輕人的就業，反而會通過「傳幫帶」促進年輕人更快成長。

勞動部勞動及職業安全衛生研究所（2017）「中高齡及高齡失業勞工再就業的影響因素分析－－研究運用勞工行政資料與人工智慧技術分析」研究指出，100年至105年請領失業給付後之再就保率有逐年提高的現象，失業者再就業的行業與原任職、行業有關聯性，中高齡及高齡失業勞工的再就業，服務業人數約增加13%；製造業人數減少約26%；再就業投保之行業以「批發零售業」及「製造業」的比例最高，約有48%的失業者會再就業於原行業，留在原行業比例較高的行業有：教育業（72%）、農林漁牧業（59%）、住宿及餐飲業（59%）。

影響中高齡及高齡失業勞工再就業的前三層關鍵因素分別是：年齡、性別、行業類型及職業訓練，影響55至64歲男性及女性失業者再就業的共同因素是職業訓練，針對55-64歲中高齡勞工辦理職業訓練，有助於中高齡及高齡失業勞工再就業。亦即，參加職訓者再就業的機率是未參加職訓者的1.8倍，但參加職訓也會延長求職的時間；又，職業訓練的正向效果，對55至64歲中高齡及高齡男性失業勞工來說，是沒有幫助的。

(十)中高齡者及高齡者就業促進法重點內容

分別是：

1. **禁止年齡歧視**：中高齡者及高齡者就業主要面臨年齡歧視、社會刻板印象等問題，因此訂定「禁止年齡歧視」專章，禁止雇主因年齡因素歧視求職或受僱之中高齡者及高齡者。

2. **放寬高齡者適用相關獎補助**：如職訓生活津貼、僱用獎助、跨域就業補助、臨工津貼及創業貸款利息補貼等。

3. **新增繼續僱用、僱用退休高齡者傳承經驗補助，及補助提供退休準備及再就業協助措施**：鼓勵雇主持續僱用或聘用退休高齡者傳承經驗，及協助退休人員適應退休生活。

4. **強化現行就業促進措施**：另為協助中高齡者及高齡者續留職場，透過推動職務再設計、職業訓練、創業輔導等措施協助在職、失業及退休之中高齡者及高齡者就（創）業，促進世代交流與合作。

5. **放寬雇主以定期契約僱用高齡者**：因應65歲以上勞工需求，放寬雇主以定期契約僱用65歲以上高齡者，增加勞雇雙方彈性，也將運用獎補助提高雇主僱用誘因。

6. **推動銀髮人才服務**：未來將整合中央與地方政府資源共同推動銀髮人才服務，設立銀髮人才服務中心或據點，宣導倡議中高齡及高齡人力運用及延緩退休，開發短期性、臨時性、部分工時等工作機會，並建置退休人才資料庫促進退休人力再運用。

(十一) 在職中高齡者及高齡者穩定就業措施

如下：

1. **職業訓練之補助**：雇主指派所僱用之中高齡者或高齡者參加外部職業訓練，得申請訓練費用最高70%之補助。

2. **職務再設計與就業輔具之補助**：雇主為協助中高齡及高齡者排除工作障礙，得申請職務再設計或提供就業輔具之補助，每人每年以新臺幣10萬元為限。

3. **世代合作之輔導及獎勵**：獎勵雇主得透過同一工作分工合作及調整內容等方法，使所僱用之中高齡者與高齡者與差距年齡達15歲以上之受僱者共同工作。

4. **繼續僱用之補助**
   (1) 補助條件：雇主繼續僱用符合勞動基準法第54條第1項第1款規定之受僱者，達其所僱用符合該規定總人數之30%。僱用達6個月以上，且不低於原有薪資者。
   (2) 補助期間及額度：前6個月每月1萬3千元，第7-18個月每月1萬5千元；或前6個月每小時70元，第7-18個月每小時80元。
   (3) 由中央主管機關每年公告受理次一年度之申請案件。

(十二) 失業中高齡者及高齡者就業促進措施

如下：

1. **職業訓練補助**
   (1) 中高齡及高齡失業者參加本部主辦、委託或補助辦理之職業訓練課程，全額補助訓練費用，並準用就業促進津貼實施辦法發給職業訓練生活津貼。
   (2) 因應高齡者之身心特性及未來就業型態開設「高齡者職業訓練專班」。

(3) 放寬雇主辦理符合本法適用對象資格之失業者職業訓練最低開班人數為5人，惟訓練時數不得低於80小時。

2. **創業貸款利息補貼**

(1) 中高齡及高齡失業者得辦理創業貸款，前2年利息全額補貼，利息補貼最高貸款額度200萬元。

(2) 中高齡及高齡失業者與29歲以下青年共同創業，提供最長7年之利息補貼。前3年利息全額補貼；第4年起自行負擔年息1.5%利息，差額由中央主管機關補貼。

3. **跨域就業補助**

(1) **求職交通補助金**：500元，1年4次。

(2) **搬遷補助金**：3萬元。

(3) **租屋補助**：租金之6成，不超過5千元，最高補助12個月。

(4) **異地就業交通補助金**：依距離每月1至3千元，補助12個月。

4. **臨時工作津貼**：失業之中高齡者及高齡者，親自向公立就業服務機構辦理求職登記，經就業諮詢及推介就業，得指派其至用人單位從事臨時性工作，並按每小時基本工資核給臨時工作津貼，每月最高核給不得超過每月之基本工資，最長以6個月為限。

5. **職場學習及再適應津貼**

(1) 失業之中高齡者及高齡者，親自向公立就業服務機構辦理求職登記，經評估後，推介至用人單位進行職場學習及再適應，發給職場學習及再適應津貼。

(2) 津貼按每小時基本工資核給，且每月最高核給津貼不超過每月基本工資，最長3個月，經評估同意後得延長至6個月。

6. **僱用獎助**：雇主僱用由公立就業服務機構或受託單位推介失業之中高齡者及高齡者連續滿30日，發給僱用獎助，最長發給12個月：

(1) 中高齡者：每月1萬3千元（或每小時70元）。

(2) 高齡者：每月1萬5千元（或每小時80元）。

(十三) **退休中高齡者及高齡者再就業措施**

如下：

1. 補助雇主對達勞動基準法第54條第1項第1款強制退休前1年之中高齡者提供協助措施：

(1)辦理勞工退休準備及調適之課程、團體活動、個別諮詢、資訊、文宣。同一雇主每年最高補助50萬元。

(2)辦理勞工退休後再就業之職涯發展、就業諮詢、創業諮詢、職業訓練。同一雇主每年最高補助50萬元。

2. 補助雇主僱用依法退休之高齡者傳承專業技術及經驗

(1)補助講師鐘點費、非自有場地費、其他必要費用。

(2)每位受僱用之高齡者每年最高補助雇主新臺幣10萬元，每位雇主每年最高補助50萬元。

各項補助內容彙整詳下圖。

獎助措施——雇主

僱用高齡者傳承經驗輔助
· 補助傳承課程相關費用
  每名每年最高10萬元
  每位雇主最高50萬元

職業訓練
· 指派參訓輔助70%
· 自辦職前訓練輔助70%

退休再就業
· 補助再就業課程相關費用
  每年最高50萬元

僱用獎勵
· 僱用中高齡者1萬3千元、高齡者1萬5千元，最長補助12個月

退休準備及調適
· 補助準備及調適課程相關費用，每年最高50萬元

職務再設計
· 每人最高10萬元

繼續僱用補助
· 前6個月1萬3千元，7-18個月1萬5千元，最長補助18個月

職場學習及再適應
· 補助行政管理及輔導費以個案領取津貼3成計

獎助措施——勞工

職業訓練
· 失業者免費參訓
· 參訓期間提供職訓生活津貼
· 開辦高齡者專班

創業輔導＆貸款利息補貼
· 提供免費創業研習課程
· 前2年利息全額補貼
· 青銀共同創業前3年利息全額補貼

臨時工作津貼
· 按每小時基本工資核給且不超過每個月
　基本工資，最長6個月

跨域就業補助
· 求職交通補助金，最高1250元
　／月
· 異地就業補助金，最高3000元／月
· 搬遷補助金，最高3萬元
· 租屋補助金，最高5000元／月

職場學習及再適應津貼
· 按每小時基本工資核給且不超過每月
　基本工資，最長3個月，高齡者經評
　估可至6個月

四、原住民就業促進

(一)原住民就業狀況調查

112年原住民就業狀況調查結果摘要如下：

1. **15歲以上原住民族特性**

(1) **行政區域**：112年臺灣地區年滿15歲以上原住民族現住人數年平均有474,668人，以居住在非原住民族地區的人口最多，有219,560人，占46.26%，其次為山地原住民族地區，有141,959人，占29.91%，再其次為平地原住民族地區，有113,150人，占23.84%。

(2) **族別**：112年15歲以上原住民族以阿美族的人數最多，占38.12%；其次為排灣族，占18.78%；再其次為泰雅族，占15.64%；布農族占11.05%；太魯閣族占5.02%，其餘各族別比率皆在5%以下。

(3) **性別**：112年15歲以上的原住民族男性225,746人，占47.56%，女性248,923人，占52.44%。與全體民眾相較，15歲以上的全體民眾亦是女性（51.01%）多於男性（48.99%）。

(4) **年齡**：112年15歲以上原住民族年齡的分布，15~24歲占18.15%，25~44歲占38.73%，45~64歲占30.92%，65歲及以上占12.19%。與全體民眾比較，全體民眾45歲以上者占55.70%，高於原住民族的43.11%。

(5) **教育程度**：112年15歲以上原住民族的教育程度以高級中等（高中、高職）比率最高，占40.96%，其次為大學及以上的21.94%，再其次為國（初）中的15.74%、小學及以下占14.71%，專科僅占6.64%最少。與全體民眾相較，原住民族高級中等（高中、高職）及以下者之比率較全體民眾高，而專科及以上者之比率則低於全體民眾。

(6) **婚姻狀況**：112年15歲以上原住民族有配偶者占46.80%，未婚者占38.74%，離婚、分居或喪偶者合計占14.46%。與全體民眾比較，原住民族未婚者比率較全體民眾高4.72個百分點，有配偶者比率較全體民眾低2.79個百分點。

(7) **家計分擔**：112年15歲以上原住民族有58.66%需要負責家計，其中31.20%為主要家計負責人，27.46%為次要（輔助）家計負責人；不需要負責家計的占41.34%。

2. **勞動力狀況**：112年原住民族15歲以上不含現役軍人、監管人口與失蹤人口之民間人口數為455,319人，其中原住民族的平均勞動力人數有291,848人，勞動力參與率為64.10%；勞動力人口中有281,560人為就業人口，10,288人為失業人口，失業率為3.53%。與上年比較，112年勞動力參與率較111年平均62.75%上升1.35個百分點，失業率較111年平均3.82%下降0.29個百分點。

3. **就業狀況**

(1) **就業者從事的行業**：112年原住民族就業者從事的行業，以「營建工程業」（18.01%）比率最高，其次為「製造業」（14.15%），再其次為「住宿餐飲業」（10.80%）。與全體民眾相較，原住民族從事「營建工程業」和「住宿及餐飲業」的比率高於全體民眾。

(2) **就業者從事的職業**：112年原住民族就業者所擔任職業中，以擔任「服務及銷售工作人員」（24.56%）比率最高，其次為「技藝有關工作人員」（17.81%），再其次為「基層技術工及勞力工」（14.27%）及「機械設備操作及組裝人員」（13.75%）。與全體民眾相較，「技藝有關工作人員」、「機械設備操作及組裝人員」、

「基層技術工及勞力工」三類職業合計，原住民族就業者占4成5左右的比率，較全體民眾的29.68%高。

(3) **就業者的從業身分**：112年原住民族就業者的從業身分以受私人僱用比率最高，占76.24%（含受公司／企業僱用69.42%、受非營利組織僱用6.82%），自營作業者占11.56%，受政府僱用者占10.74%，擔任雇主者為1.03%，擔任無酬家屬工作者為0.42%。其中受政府僱用者，有37.40%有正式公務員任用資格，62.60%沒有正式公務員任用資格。

(4) **原住民族有酬就業者每人每月主要工作收入**：112年原住民族有酬就業者每人每月主要工作平均收入34,244元。與全體民眾相較，原住民族有酬就業者主要工作平均收入，較全體民眾的43,281元低9,037元。觀察每月主要工作收入分布情形發現，原住民族有酬就業者每月主要工作收入未滿3萬元之比率占33.87%，高於全體民眾的19.75%。

(5) **非典型就業情形**：112年原住民族就業者是從事非典型工作（依據主計總處人力運用調查定義之非典型工作包含部分工時工作型態、人力派遣工作及臨時性工作）的比率為16.75%，不是從事非典型就業工作的比率為83.25%。

(6) **從事政府所提供之臨時工作情形**：112年原住民族就業者有1.90%從事政府所提供的臨時性工作，98.10%不是從事政府所提供的臨時性工作。從事政府提供之臨時工作者中，有95.85%認為臨時工作對生活改善有幫助，87.58%認為對未來就業有幫助。

(7) **就業者尋職管道**：112年原住民族就業者獲得目前工作的管道以「託親友師長介紹」的比率最高，占44.99%，其次為「自我推薦及詢問」占21.91%，再其次為「向民間人力銀行求職（含上網）」占16.18%。

4. **失業狀況**：112年原住民族勞動力人數有291,848人，其中失業人數10,288人，失業率為3.53%。和全體民眾112年平均失業率的3.48%比較，略高0.05個百分點。

(1) **失業週數**：原住民族失業者至資料標準週，平均失業週數為16.34週。

(2) **失業者尋職管道**：112年原住民族失業者尋找工作管道，以「向民間人力銀行求職（含上網）」的比率最高（44.97%），其次為「託親友師長介紹」（38.09%），再其次依序為「向公立就業服務機構求職（含上網）」（17.07%）、「自我推薦及詢問」（11.03%）、「看報紙」（6.13%）。

(3) **遇到工作機會情形**：112年原住民族失業者在找尋工作過程中，34.69%有遇到工作機會。曾經遇到工作機會，但是沒有去工作的原因，以「待遇不符期望」重要度（29.07%）最高，其次為「工作地點不理想」（27.72%），再其次依序為「工作時間長短不適合」（21.38%）、「興趣不合」（11.93%）、「工作環境不良」（9.81%）。

(4) **找工作主要遭遇困難**：112年原住民族失業者有65.31%在找尋工作過程中沒有遇到過工作機會，進一步分析找尋工作過程中，主要遭遇的困難以「找不到想要做的職業類別」重要度（30.42%）最高，其次依序為「年齡限制」（18.65%）、「專長技能（含證照資格）不符」（16.71%），再其次依序為「勞動條件不理想」（13.83%）、「待遇不符期望」（13.48%）。

(5) **過去工作經驗**：失業的原住民族有93.06%為非初次尋職者（過去曾經有過工作經驗）。其中受僱者自願離開上次工作的主要原因以「想更換工作地點」比率（12.41%）最高，其次依序為「健康不良或傷病」（8.86%）、「待遇不符期望」（8.50%）；受僱者非自願離開上次工作的主要原因以「季節性臨時性工作結束」比率（19.74%）最高，其次為「工作場所業務緊縮或歇業」（8.60%）；另有1.82%為自營業者（或雇主）轉任其他工作、0.30%無酬家屬工作者轉任其他工作。

(6) **最希望從事的工作內容**：112年原住民族失業者中，最希望從事的工作內容以「餐飲旅遊運動」比率最高（21.78%），其次為「行政經營」（14.14%），再其次為「家事服務」（12.59%）、「營建職類」（11.85%）。

(7) **沒有工作期間的主要經濟來源**：原住民族廣義失業者（包含失業者及想工作而未找工作且隨時可以開始工作者）沒有工作期間的主要經濟來源以「家庭協助」比率最高（47.56%），其次為「積蓄」（46.55%），再其次為「親友協助」（13.33%）。

5. **非勞動力狀況**：112年原住民族非勞動力人數有163,471人，其中未參與勞動原因以「高齡、身心障礙」（27.80%）及「料理家務」（27.64%）比率較高，其次為「求學及準備升學」（26.66%），再其次依序為「傷病或健康不良」（11.42%）、「賦閒」（5.66%）及「想工作而未找工作，且隨時可以開始工作」（0.68%）。

6. **再度就業情形**：112年有13.03%的原住民族曾因結婚、生育、料理家務、照顧家人、傷病、退休等各式因素離開職場一段時間而成為再度就業者，平均離開職場時間為3.96年。

7. **參加勞工保險情形**：原住民族勞工參加勞工保險情形為112年6月重大議題問項。112年6月扣除公務員、軍人、農民（該期間沒有從事其他勞務工作）、無實際從事工作的雇主後，應（得）參加勞工保險人數為261,734人，其中有參加勞工保險比率為79.86%，其餘20.14%的原住民族有工作者則分別參加農保、國民年金保險或未參加任何保險。

8. **職訓及其他**：以下項目為112年12月附帶調查問項

   (1)職業災害：原住民族最近一年有0.84%曾在工作場所遇到職業災害。

   (2)工作安全與職災預防宣導：有工作過的原住民族，有46.68%表示曾收過工作安全與職災預防宣導資料，而有53.32%表示沒有收過。

   (3)接受職業安全衛生相關課程情形：有工作過的原住民族，有57.96%表示有接受職業安全衛生相關課程。

   (4)勞資爭議：有工作過的原住民族有1.67%曾發生勞資爭議。

   (5)工作場所中是否因原住民族身分感受到被歧視：有工作過的原住民族在工作場所中因原住民族身分受到歧視的比率占2.66%；沒有因為原住民族身分受到歧視的比率占97.34%。

   (6)參加職業訓練情形：原住民族有參加政府或民間機構所辦理的職業訓練占11.21%（包含以前有參加過占10.55%；目前正在參加中0.66%），從來沒有參加過政府或民間機構所辦理的職業訓練占88.79%。

   (7)訓後從事相關工作情形：有參加過職業訓練者中，65.07%有從事職業訓練相關的工作，34.93%則無。沒有從事相關工作主要原因為「改變對就業的想法」比率最高（25.62%），其次為「找不到與訓練相關的工作」（22.70%），再其次為「做家事（含照顧其他家人）」（8.05%）。

   (8)未來參與職業訓練意願：有10.21%原住民族表示有（再）參加政府或民間機構辦理職業訓練之需求，而有89.79%的原住民族表示沒有需求。想（再）參加職業訓練者，希望參與課程以「民宿管理、餐飲服務類」比率最高（26.04%），其次為「電腦、資訊類」（17.38%），再其次依序為「居家服務類」（12.61%）、「文化產業技藝訓練類」（12.12%）。

(9) 就業服務需求情形：原住民族有6.36%需要政府提供就業服務，其中以「就業資訊」比率最高（4.46%），其次為「就業媒合」（2.76%）及「就業諮詢」（1.85%）。

(二)強化原住民促進就業方案（111～114年）

國際勞工組織（International Labor Organization）於1989年修訂第169號公約《原住民及部落人民公約》，對於原住民族勞工招募與僱用條件，各國政府應有效保障工作機會，並盡一切可能防止原住民族勞工遭受就業歧視，及提供合適升遷措施；在職業訓練方面，則規範原住民族應享有與其他國民同等之機會。其後更為消除種族間壓迫與歧視，促進多元尊重與合作，特別保障處於劣勢地位的原住民族基本生存權利，2007年通過的《聯合國原住民族權利宣言》，再次確立原住民族享有在勞動條件，尤其是就業和薪水方面不受歧視的權利，確保原住民族的經濟和社會狀況持續得到改善。

「每個人享有平等工作的權利」已為普世的價值；為促進原住民族就業，照顧原住民族家庭基本生活，原住民族委員會（以下簡稱原民會）與國際接軌，並考量原住民族社會內部發展需求及文化特殊性等因素，自98年起執行「促進原住民族就業方案」共三期12年，期間結合相關部會編列預算，訂定各項就業具體措施，積極推行各項短、中、長期就業輔導措施，透過活化服務網絡，提供即時就業資訊服務，排除原住民族求職者就業障礙等策略作為，使得原住民族失業率由98年的8.08%，逐漸下降至109年的3.98%，與全體國民失業率漸趨縮短差距，累計12年間共促進20萬3,600人次就業、培訓9萬6,229人次，顯示政府所推動的各項促進原住民族就業具體措施顯有相當不錯的成效，各主辦機關應賡續推動各項促進原住民族就業措施，以彰顯政府保障原住民族工作權利之積極作為。

經檢視執行三期之「促進原住民族就業方案」，透過提供原住民族短期工作機會、發展原住民族地區經濟產業創造長期就業機會、確保原住民族就業機會、擴大辦理原住民族職業訓練及建教合作等重點工作，保障原住民族就業機會，強化就業能力，全面提升原住民族生活品質，三期方案執行整體成果重點臚列如次：

1. **創造20萬3,600個工作機會**：原民會為積極保障原住民族就業機會及工作權益，考量原住民族社會狀況及文化特性，發展符合族人需求不同面向之工作機會。陸續推動諸項促進原住民族就業相關措施，如106年6月14日公布施行「原住民族語言發展法」以來，補助設置「原住民族語言推廣人員」、「原住民族語言推動組織」及「原住民族語言發展基金會」等專責人員之工作職缺乃應運而生，不但具體傳承使用原住民族語言文化，更為族人創造新興就業機會。而為照護原住民族長者廣為布建的文化健康站，自106年9月起由長照基金挹注經費，增加聘僱「原住民族照顧服務員」並調高薪資，實踐政府推動長照帶動在地就業政策。108年更進一步落實蔡英文總統土地正義政策，修正「原住民族保留地禁伐補償條例」，擴大原住民族保留地之禁伐補償範圍，補助僱用「禁伐補償檢測員」，提供直接工作機會。此外亦運用「原住民族就業服務員」、「原住民族家庭服務中心社會工作人員」、「原住民族金融輔導員」等專業福利服務人員，結合政府與民間部門的資源，共同推動各項原住民族就業促進措施，累計12年間保障20萬3,600個工作機會，並增加工作收入，提升族人經濟生活。

2. **縮短原住民族與全體國民失業率差距**：促進原住民族就業方案第一期（98-101年）、第二期（102-105年）及第三期（106-109年）執行效果顯著，原住民族失業率逐年呈現下降的趨勢，自98年8.08%下降至109年3.98%，與全體民眾失業率差距僅0.18個百分點，維持平穩狀態，並逐漸趨於一致。

   綜上，原民會為更積極及整體性地研訂就業促進有關措施，參酌《原住民族就業狀況調查》結果指出，109年原住民族有酬就業者每月主要工作收入為3萬538元，低於全體民眾有酬就業者每月主要工作收入為4萬516元，兩者收入差距為9,978元；歷年趨勢顯示，原住民族有酬就業者與全體民眾有酬就業者之間平均每月工作收入差距約維持1萬元，比較原住民族家庭與全體民眾家庭年收入，106年原住民族經濟狀況調查（4年調查一次）指出，原住民族家庭年平均收入（含自用住宅設算租金收入）為每戶81萬8,053元（較105年成長10.57個百分點），全體家庭則為129萬2,578元（較103年成長6.49個百分點），顯示原住民族家庭所得仍僅達全體家庭平均狀況0.63倍，由此可以看出原住民族家庭所得相較全體家庭低，再次凸顯原住民族在經濟狀況、收入、教育程度等，相較於全體民眾，仍處於相對劣勢，亟待政府協助。故本方案除賡續創造穩定工作機會，更針對如何強化原住民族就業競爭優勢，提升就業職能向上，翻轉職業類別及增加工作收入提出因應對策。

3. **原住民族就業情勢分析**：根據109年《原住民族就業狀況調查》報告分析，15歲以上原住民不含現役軍人、監管人口與失蹤人口之民間人口數推估有44萬899人，其中原住民族平均勞動力人數有27萬4,232人，包括就業人口有26萬3,319人、失業人口有1萬913人，與108年相較，109年失業率較108年相比平均3.96%略升0.02個百分點，推測可能受到疫情影響所致，整體而言，觀察近5年原住民族失業率與全體民眾失業率比較趨勢，均呈現不到0.5個百分點之差距，維持平穩狀態，並逐漸趨於一致。

   前開數據雖顯示透過政府積極性就業措施已逐步降低失業率，然原住民族在當代經濟社會層面仍有平均所得、教育程度及就業資訊管道可近性偏低情形，進而產生不利影響原住民族於一般就業市場之發展，以下茲整理目前原住民族可能面臨的就業障礙成因。

   (1) **原住民族「高中以下」學歷者失業率偏高**：根據《原住民族就業狀況調查》發現，105年至109年近5年原住民族教育程度以高中以下程度者的失業率較高，高中職、國中、小學分別為3.70%至5.07%、4.01%至4.45%及2.92%至4.16%之間，顯示原住民族青年可能面臨提早進入社會，且受限於學歷限制，因教育程度競爭力偏低，導致求職遭遇困境更為艱難，如何輔導原住民族青年順利銜接職場為一大課題，因此應及早於校園求學階段協助原住民族學生為自身職涯進行探索與規劃。

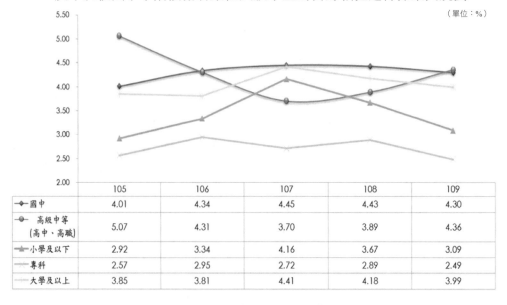

	105	106	107	108	109
◆國中	4.01	4.34	4.45	4.43	4.30
●高級中等 (高中、高職)	5.07	4.31	3.70	3.89	4.36
▲小學及以下	2.92	3.34	4.16	3.67	3.09
專科	2.57	2.95	2.72	2.89	2.49
大學及以上	3.85	3.81	4.41	4.18	3.99

105-109年原住民族教育程度之失業率分析

(2) **原住民族失業者以「工作技術不合」為常見求職困境主因**：根據105年至109年原住民族就業狀況調查統計，原住民族失業者在找尋工作過程中，每年平均有58.17%至61.61%沒有遇到工作機會，比率相當高，主要遭遇困難包括「本身技術不合」、「就業資訊不足」、「生活圈內沒有工作機會」、「年齡限制」、「教育程度限制」等原因，其中「本身技術不合」，因專業技能不足，工作被取代性高，或難以推介媒合就業，長期觀之將不利累積原住民族人力資本及無助於提升原住民族經濟狀況，倘本身基本條件不足，就業市場競爭力就相對弱勢。

再查109年原住民族「失業者」沒有參加過職業訓練者想要參加職業訓練課程比率為33.17%，「就業者」沒有參加過職業訓練者想要參加職業訓練課程比率為16.11%，顯示處於失業狀態時會希望透過職業訓練課程作為求職管道，而就業者在本身已有工作情形下，參加職業訓練可能作為在職進修目的，因此，必須擴大職業訓練類型，針對就業市場不同需求，發展多元的訓練課程，以提升職能向上就業優勢。

(3) **原住民族求職者以「生活圈沒有工作機會」亦為就業障礙主因**：承上，進一步分析發現因為生活圈內沒有工作機會而尋職未果，可能與希望從事的工作類型有關，109年有78.50%原住民族失業者想找全時的工作，高於想找部分工時的21.50%，爰亟需透過僱用獎助措施加強開發就業機會與強化媒合就業，並提供金融協助與輔導創業；加上原住民族失業者尋找工作管道，以向民間人力銀行求職為主，其次是託親友師長介紹，而透過公立就業服務機構、政府官方求職網站及原住民族就業服務員推介就業之比例相對偏低，顯示運用公立求職管道之機會偏低，均對於原住民族失業者尋職造成影響。

4. **方案目標**

(1) **完善職業準備**：為協助原住民族青年順利接軌未來就業市場，透過探索職業方向，積極推動職業準備，發展多元職涯，規劃職業藍圖，透過實際職場體驗，累積就業能力。

(2) **提升專業技能**：依照產業發展及就業市場需求，加強職業訓練與就業輔導，拓展訓練類型，取得專業證照，習得一技之長，精進原住民族人培育，創造原住民族就業競爭優勢。

(3) **提高工作收入**：積極主動協助原住民族人就業，並要**翻轉**原住民族從事職業類別，拓展多元就業機會，鼓勵雇主進用不同專業領域原住民族人才，強化就業媒合服務，暢通資通訊管道，維持穩定就業機會，提升就業品質與經濟生活。

5. **實施策略**：為積極促進原住民族就業及保障原住民族經濟生活，配合產業趨勢發展，厚植原住民族人力資本，原民會分別訂定「探索職業方向，銜接就業市場，發展多元職涯」、「強化職業訓練，厚植人力資本，提升就業技能」及「開拓就業機會，強化就業媒合，**翻轉職業類別**」三大實施策略，結合教育部、勞動部、衛生福利部、經濟部、文化部及國軍退除役官兵輔導委員會等7個部會提供共24項促進就業之具體措施，策略一輔導職涯探索階段，以職涯發展為核心，增強原住民族青年就業競爭力，策略二擴大辦理職業訓練，連結原住民族文化特色，提升就業職能向上，策略三推展原住民族就業服務，透過各部會共同推動不同階段的促進就業措施，組成就業服務網絡，不只提升就業技能，更要**翻轉職業類別**，強化原住民族就業競爭優勢，增加工作收入，保障原住民族勞動權益與就業平等環境。

(1) **策略一**：探索職業方向，銜接就業市場，發展多元職涯

本項策略係針對原住民族青年於求學階段之各項就業準備，協助原住民族青年釐清未來職業方向，透過職涯探索、職涯輔導、職涯規劃、職場體驗，連結原住民族學生資源中心融入職業性別議題提供多面向職涯諮詢與支持，進一步再提供政府部門暑期工讀機會，提早讓學生體驗職場生態，協助原住民族青年順利銜接職場就業，也協助學生能大膽創新實踐創業，培養具創新精神之企業人才，透過發展多元職涯，讓原住民族學生適才適所發揮所長，提升青年就業能力，原民會結合教育部及勞動部相關資源共同推動以下4項計畫：

A. **推動原住民族技職教育計畫**：補助學校辦理原住民族學生就業輔導活動及技能檢定相關證照考照費用等，加強技能訓練，提升原住民族學生就學及就業能力，增進人力資源品質，擴展未來就業管道。（主辦：教育部技術及職業教育司）

B. **辦理大專校院推動職涯輔導補助計畫-原住民族類**：為協助大專校院學生職涯發展，順利接軌職場，補助學校結合內外部資源，配合國家重點產業發展，規劃多樣化或系列性之職涯輔導及發展計畫，並依據不同族群之獨特性，結合相關資源，針對原住民族類計畫，

蒐集原住民族學生需求進行職涯輔導，協助原住民族青年多元職涯發展，促其盡早找到未來發展職志。（主辦：教育部青年發展署、原住民族委員會社會福利處）

C. **提供大專青年學生暑期工讀職場體驗機會**：為強化原住民族青年學生職能開發，增加工作經歷，提供政府部門優質職缺暑期工讀機會，透過「做中學，學中做」過程習得實務經驗，使其提早接觸及認識職場環境，培養正確職場工作觀念，探索未來職涯發展方向。（主辦：原住民族委員會社會福利處、協辦：勞動部勞動力發展署）

D. **推動U-start原漾計畫**：為培育原住民族產業人才，鼓勵校園青年創新創業，佈建優質創業場域與提供友善就業機會，串連校園育成及區域輔導支持資源，引導原住民族青年運用傳統知能智慧、農耕特色作物、部落獨有生態等人文地產景提案，並實踐多元創意經濟產業，接軌並發揚原住民族產業，培力原住民族青年創新創業。（主辦：教育部青年發展署、原住民族委員會經濟發展處）

(2) **策略二**：強化職業訓練，厚植人力資本，提升就業技能

為協助原住民族增進就業所需之工作技能與知識，依據監察院109年度「政府協助原住民就業成效及檢討」專案調查研究期末報告指出，政府辦理各項職業訓練時，尚能考量原住民族特有地域、文化因素，開辦多樣適合原住民族特性的職業訓練課程，惟因應原住民族特有對藝術、美感之天賦，似可評估針對前述特性，配合相關技術及技能，開發有助於發揮原住民族特色與優勢之職業訓練專班，爰此，規劃有職前訓練、在職訓練、考取證照、訓用合一等多元訓練模式，納入一定時數性別議題課程，並將具原住民族特色之文化技藝、山域嚮導、旅遊導覽等納入訓練主軸，加上透過培訓不同職業之專門技術人才，能有效提升原住民族社會地位，增加原住民族在地就業機會及持續就業之意願，原民會結合衛生福利部、教育部及勞動部等部會，共同推動以下5項培訓相關計畫：

A. **辦理原住民族醫事人員養成**：為改善原住民族地區醫療資源與醫事人力不足問題，保障在地居民就醫權益與醫療照護品質，培育原住民族醫事公費生，以期深耕當地醫療並長期留任，不僅增加原住民族專門人才，更有效提升原住民族地區之醫療照護服務量能。（主辦：衛生福利部護理及健康照護司）

B. **辦理原住民族語師資培育專班**：依族語專長集中培育原住民籍公費生及原住民籍師資生，輔導取得族語老師資格或各學科合格教師證書，原住民族公費師資生並依其族語別分發需求學校，以落實原住民族師資返鄉服務之精神，振興原住民族語言及文化，充實原住民族語文師資。（主辦：教育部師資培育及藝術教育司）

C. **培養山域嚮導專業人員及辦理訓練與檢定**：依循行政院「向山致敬」開放山林的政策，藉著登山或山野教育的學習歷程，共同推動原住民族山林服務政策之工作，促進原住民族「山林服務產業」的部落創生，亦為預防登山事故、減少意外傷亡發生，並提昇國人登山活動品質，協助從事高山協作員之原住民族取得山域嚮導專業證書，培育原住民族人具專業職能之專門人才，以建立優良專業人員制度。（主辦：教育部體育署、協辦：原住民族委員會社會福利處）

D. **辦理原住民族旅遊專業人才訓練**：為提升原住民族的生態導覽核心能力，增強整體專業技能，從而建立原民部落觀光旅遊產業基本核心課程，以儲備原鄉在地解說導覽人才，讓原鄉部落從業人員與產業接軌，從而增進整體部落觀光旅遊發展的軟實力。（主辦：原住民族委員會經濟發展處）

E. **辦理原住民族職業訓練**：依據產業發展及就業市場人才需求，採多元訓練模式，針對工作技能不足或需補充就業技能之原住民族勞工，規劃辦理各類職業訓練，促進原住民族穩定就業。（主辦：勞動部勞動力發展署、原住民族委員會社會福利處）

(3) **策略三**：開拓就業機會，強化就業媒合，翻轉職業類別

為更主動積極地協助原住民族人提高工作收入，由政府直接補助民間團體進用原住民族人力，提供合理薪資與就業保障，並藉由獎勵誘因，吸引民間單位進用原住民族人，一方面鼓勵企業提供就業機會，一方面透過僱用津貼與就業獎勵，增加雇主僱用意願，以及提升受僱者薪資，創造長期穩定就業機會，增加工作所得，讓族人直接受益，改善生活品質，另亦加強輔導原住民族企業轉型，使其符合時代潮流，展現原住民族文化特色，以及支持族人創新創業，透過創業投資補助金及陪伴輔導行程，縮短創業歷程，提升原住民族就業競爭力，原民會結合衛生福利部、教育部、勞動部、經濟部及國軍退除役官兵輔導委員會等部會，共同推動以下15項計畫：

A. **鼓勵進用原住民族社會工作人員**：建立補助民間單位社會工作人員薪資制度，保障合理薪資，逐步提升民間單位社會工作人員薪資水平，維護勞動權益，以利留才專業久任，減輕民間單位財務負擔，促進公私協力及夥伴合作關係。（主辦：衛生福利部社會救助及社工司）

B. **推動原住民族家庭服務中心實施計畫**：為提升原住民族福利服務輸送效能，補助地方政府結合民間團體設置原住民族家庭服務中心，聘用原住民族人擔任社會工作人員，並積極培力社工人員專業及文化能力，鼓勵取得社工師證書或執照，以提升服務品質，強化原住民族社會安全網絡。（主辦：原住民族委員會社會福利處）

C. **推展原住民族長期照顧計畫**：培植在地族人擔任照顧服務員，以族人照顧族人、因族因地制宜模式推動具有文化敏感度之專業長期照顧服務，保障原住民族長者獲得符合在地族群及文化特色之照顧服務需求，以降低家庭醫療及長照之負擔，及消弭都會與原住民族地區間存在之健康不平等。（主辦：原住民族委員會社會福利處）

D. **僱用原住民族就業服務人員計畫**：提供原鄉及都會區原住民個別化、專業化的就業服務，以外展模式進入各地區及部落，持續性依個案進行就業媒合輔導、職訓推介、勞工權益宣導，並透過資源開發與連結、個案管理及陪伴方式，協助原住民失業及待業者順利進入就業市場。（主辦：原住民族委員會社會福利處）

E. **僱用原住民族金融輔導員計畫**：依各縣市原住民族人口數配置人力，以資源統整的金融輔導模式打造團隊服務，辦理貸款諮詢、輔導撰寫創業計畫書、貸款流程協處、協助貸款戶申請展延措施、逾期放款戶及轉銷呆帳戶持續輔導、原住民儲蓄互助社業務推展及經辦機構協調連結等，發揮金融陪伴輔導機制，有效協助族人順利取得資金，期藉以協助原住民族經濟社會健全發展，改善原住民族生活品質。（主辦：原住民族委員會經濟發展處）

F. **推動原住民族土地古道遺址、生態及環境調查維護計畫**：提供原住民族地區部落族人在地就業機會，促進在地部落傳統文化傳承，推展自然資源經營管理知能，發展多元文化、無痕生態旅遊，培訓原住民自然資源及生態導覽解說專才，兼顧國土保育、原住民族傳統文化遺址整理維護之目標。（主辦：原住民族委員會土地管理處）

G. **推動原住民族棒、壘球輔導計畫**：為照顧退役之原住民族棒、壘球運動選手，提供就業機會，並增加投入原住民族地區學校運動團隊之教練人力，除提升受聘教練專業知能及提高教練薪資待遇，亦可盡展長才，持續培育下一代優秀棒、壘球人才。（主辦：教育部體育署）

H. **輔導退除役官兵穩定就業**：為有效協助退除役官兵穩定就業，培養專業技能，強化訓用合一、促進長期就業，提供訓後就業穩定津貼及推介就業穩定津貼，以激勵退除役官兵就業意願。（主辦：國軍退除役官兵輔導委員會就學就業處）

I. **提供族語專業人才獎補助計畫**：取得族語認證且從事族語教學、族語推廣人員、教保員、保母或電視臺主播等相關就業獎補助計畫，建構族語文化環境，提供部落在地就業機會。（主辦：原住民族委員會教育文化處）

J. **推展原住民族影視音樂文化創意產業補助計畫**：為促進原住民族電影、電視及音樂文化創意產業之發展，鼓勵原住民族影視及音樂文化創意人才，製作具原住民族歷史、文化、藝術內涵及市場價值之作品，並使用原住民族語言，透過補助項目扶植有志於原住民族影視音樂創作者，提供製作經費，增加從事影視音樂產業之就業機會。（主辦：原住民族委員會經濟發展處、協辦：文化部）

K. **提供雇主僱用獎助津貼與受僱者就業獎勵和跨域就業津貼**：透過積極性就業促進措施，鼓勵雇主提供優質職缺，提高雇主獎勵誘因，吸引雇主以較高薪資僱用原住民族優秀人才，增加進用原住民族工作機會和薪資收入，助其穩定就業，縮短與全體民眾薪資差距，並提供跨域就業津貼，減低失業者異地就業障礙，協助其盡速重回勞動就業市場，保障就業權益。（主辦：勞動部勞動力發展署、原住民族委員會社會福利處）

L. **推動多元就業開發方案及培力就業計畫**：藉由第三部門在地方的活力，推動政府部門與民間團體建構促進就業合作夥伴關係，創造在地就業機會，協助失業者在地就業，並核給工作津貼。（主辦：勞動部勞動力發展署）

M. **推動中小企業城鄉創生轉型輔導**：鼓勵中小企業發展城鄉事業，透過創生場域改造活化、在地文化塑造及商業模式創新，發揮在地影響力，發展具原住民族文化之特色產業，並鼓勵新增就業機會，提升原住民族就業率，進而帶動在地經濟發展。（主辦：經濟部中小企業處）

N. **推動百萬創業計畫**：透過每年遴選出至多20組兼具族群文化、創新創意及發展潛力之優質案源，提供創業獎金，同時輔以6個月深度、實地、陪伴式輔導，在創造企業利潤的同時，亦帶動族人就業機會。（主辦：原住民族委員會經濟發展處）

O. **依法保障原住民族工作機會**：依原住民族工作權保障法僱用原住民族人數達一定比率，促進原住民族穩定就業，保障原住民族工作權益。（主辦：原住民族委員會社會福利處）

6. **具體措施**：本方案朝發展長期產業及永續就業，確保長期穩定的工作機會，增加工作收入，由7個主管部會共14個主辦機關，依其提供之就業計畫並編列預算，共同辦理3大策略及24項具體措施（其中7項為跨部會共同辦理）（教育部6項、勞動部4項、衛生福利部2項、經濟部1項、文化部1項、國軍退除役官兵輔導委員會1項及本會16項），實際創造原住民族就業機會及強化就業服務機能，全面提升原住民族職能及經濟生活品質。

(三)原住民族青年及中高齡促進就業獎勵計畫

為促進原住民族青年及中高齡勞工積極進入就業市場，透過僱用獎助措施，提供雇主獎勵誘因，吸引雇主以較高薪資僱用原住民族優秀人才，縮短與全體民眾薪資差距，提升原住民族職能向上，並減緩聘僱外籍移工影響，減少雇主用人成本，達成穩定就業目標。

1. **獎勵名額**：獎勵原住民族青年勞工200名、原住民族中高齡勞工200名，共計400名，額滿即停止受理。

2. 適用對象

(1) **用人單位**：用人單位應為勞工保險或就業保險投保單位之民營事業單位、團體或私立學校（團體，指依人民團體法或其他法令設立者，但不包含政治團體）。

(2) **勞工**：受僱勞工應具原住民族身分，並「連續在職達3個月以上」，且符合下列情形之一：

A. 「青年」勞工：15歲以上未滿40歲。

B. 「中高齡」勞工：40歲以上或40歲以上未滿55歲之原住民族勞工，其用人單位以營業項目包含「農林漁牧業」、「製造業」、「營建工程業」、「醫療保健及社會工作服務業」及「支援服務業」等行業別為限。

3. **獎勵方式**：僱用獎勵津貼（用人單位）：用人單位應於112年1月1日起「始」僱用原住民，且連續僱用同一勞工達3個月後，始請領津貼。每月獎勵額度如下：

(1) 僱用全部工時勞工

A. 僱用勞工每月投保薪資達4萬101元以上者，用人單位每月獎勵津貼1萬元整。

B. 僱用勞工每月投保薪資2達3萬301元以上，但未達4萬101元者，用人單位每月獎勵津貼6,000元整。

C. 僱用勞工每月投保薪資達「當年度公告基本工資」（2萬7,470元），但未達3萬301元者，用人單位每月獎勵津貼4,000元整。

(2) 僱用部分工時勞工：受僱勞工每月投保薪資按「當年度公告基本工資」（每小時183元）計算，每月上工至少40小時，每月核薪至少6,720元者，用人單位每月獎勵津貼2,000元整。

4. **就業獎勵津貼（勞工）**：受僱原住民族勞工連續在職達3個月後，每月獎勵津貼額度如下：

(1) **受僱全部工時勞工**：受僱勞工每月投保薪資達「當年度公告基本工資」（2萬7,470元）者，勞工每月獎勵津貼2,000元。

(2) **受僱部分工時勞工**：受僱勞工每月投保薪資按「當年度公告基本工資」（每小時183元）計算，每月至少工作40小時，每月投保薪資至少6,720元者，每月獎勵津貼1,000元。

五、身心障礙者就業促進

(一) 身心障礙者定義

年滿15歲以上、65歲以下具工作能力及工作意願，領有身心障礙手冊或證明，需要尋找工作之身心障礙者。

(二) 促進就業服務項目

1. **就業服務**：請攜帶身分證到各分署所屬就業中心登記，現場專人免費協助找工作。

2. **職業訓練**：參加政府自委辦之全日制職業訓練者，訓練期間依照相關規定給予津貼補助。

3. **就業促進研習**：不定期舉辦就業促進免費研習課程，包含就業準備、求職技巧、就業資源管道運用等相關課程。

4. **創業諮詢**：想開店當老闆，卻又不知道該怎麼做？就業中心提供專業顧問一對一指導。

5. **職業興趣測驗**：為協助身心障礙者釐清求職困擾，提供興趣紙筆或圖卡測驗，協助探索個人生涯方向。

6. **僱用獎助津貼**：為了鼓勵雇主開放工作機會，政府針對僱用身心障礙者的雇主，按照相關規定給予津貼補助。

7. **臨時工作津貼**：對於符合相關規定之身心障礙者，政府可以提供臨時性工作，協助短期就業。

8. **提供轉介服務**：視個別需求提供轉介其他社會福利或醫療機構之轉介服務，且過程皆以密件處理。

(三) **身心障礙者就業與經濟狀況**

　　由衛生福利部辦理的110年身心障礙就業與經濟狀況調查提要如下：

1. **工作狀況**：15歲以上身心障礙者目前有工作占20.79%

　　15歲以上身心障礙者目前有工作占20.79%，較105年增加2.26個百分點。以性別觀察，男性有工作占25.05%，較女性15.59%高9.46個百分點。再以性別及年齡別觀察，35歲之前女性有工作比率高於男性；35歲之後，男性有工作比率高於女性。

15歲以上身心障礙者有工作比率

單位：%

	有工作比率
105 年調查	**18.53**
110 年調查	**20.79**
性別	
男	25.05
女	15.59

附註：本表排除植物人。

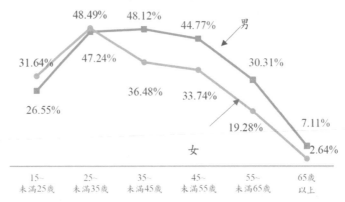

15歲以上身心障礙者工作情形-按性別分

中華民國 110 年 12 月

2. **個人主要收入來源及家庭主要經濟收入者**

(1) **身心障礙者個人最主要收入來源**：身心障礙者個人最主要收入來源，有7成1來自「本人收入或家人提供」。

身心障礙者個人最主要收入來源，有7成1來自「本人收入或家人提供」，其中1成8來自個人工作收入；來自「政府補助或社會保險給付」占2成8。若與105年調查比較，「本人收入或家人提供」增加4.24個百分點。

以年齡別觀察，未滿18歲身心障礙者收入主要來自「家人提供」占80.88%；30~未滿45歲，主要來自本人「工作收入」；65歲之後，有4成3來自「家人提供」，2成7來自個人「退休金（俸）」以及「軍公教勞農國保」等社會保險給付，2成2來自「政府補助或津貼」。以工作狀況觀察，有工作者主要收入來源，8成4來自本人「工作收入」；無工作者，主要收入有2成6來自「政府補助或津貼」。

身心障礙者主要收入來源-按年齡及居住地點分

	總計	本人收入或家人提供				政府補助或社會保險給付			社會慈善機構及其他	其他
		工作收入	退休金(俸)	房租、利息、股利等收入	家人提供		政府補助或津貼	軍、公教、勞、農、國保		
105年調查	100.00	66.89	14.73	8.13	2.38	41.64	31.81	...	...	0.06	1.24
110年調查	100.00	71.13	18.39	8.28	2.00	42.46	27.97	21.71	6.26	0.17	0.74
年齡別										
0~未滿18歲	100.00	80.88	-	-	-	80.88	17.84	17.84	-	0.51	0.77
18~未滿30歲	100.00	82.83	32.38	-	0.30	50.15	16.76	16.59	0.17	-	0.40
30~未滿45歲	100.00	74.21	38.86	0.08	0.75	34.52	24.46	23.96	0.50	0.15	1.19
45~未滿65歲	100.00	74.51	29.28	5.22	2.28	37.73	24.24	22.55	1.70	0.22	1.02
65歲以上	100.00	65.42	5.21	14.47	2.53	43.20	34.00	21.57	12.43	0.13	0.46
工作狀況										
有	100.00	95.89	84.24	0.61	0.74	10.30	4.00	3.36	0.64	-	0.10
無	100.00	64.91	1.87	10.20	2.31	50.53	33.98	26.31	7.67	0.21	0.90

(2) **家庭最主要經濟收入者**：身心障礙者家庭之主要經濟收入者，以「本人」占28.62%最多。

身心障礙者家庭之主要經濟收入者，以「本人」占28.62%最多，其次為「兒子（含媳婦）」占28.34%，與105年調查比較，除「本人」、「女兒（含女婿）」及「母親」比率增加外，其餘比率皆減少。

以年齡別觀察，未滿18歲者以「父親【含配偶（或同居人）之父親】」占7成8為最多，18歲至未滿65歲年齡組，隨年齡增加「本人」為主要經濟收入者比率增加，至65歲以上，則以「兒子（含媳婦）」占52.76%為最多。以工作狀況觀察，6成7有工作身心障礙者為家裡主要經濟收入者。

身心障礙者家裡最主要之經濟收入者-按年齡分

單位：%

	本人	配偶或同居人	父親【含配偶(或同居人)的父親】	母親【含配偶(或同居人)的母親】	兒子(含媳婦)	女兒(含女婿)	兄弟姐妹(含其配偶)	其他親人	不知道/拒答
105年調查	25.57	13.29	12.30	4.31	30.36	5.23	7.24	1.44	0.27
110年調查	28.62	12.01	11.00	4.96	28.34	6.34	7.11	1.44	0.18
年齡別									
0~未滿18歲	-	-	78.04	16.50	-	-	0.56	4.90	-
18~未滿30歲	17.87	1.60	55.85	16.85	-	-	4.59	3.06	0.17
30~未滿45歲	32.54	9.47	25.95	15.37	0.24	0.17	14.81	1.36	0.09
45~未滿65歲	39.44	20.88	3.62	4.35	13.38	4.34	13.03	0.81	0.13
65歲以上	24.02	8.85	0.07	0.03	52.76	10.81	1.84	1.37	0.25
工作狀況									
有	67.03	9.59	9.82	4.75	3.47	1.00	3.96	0.38	-
無	18.98	12.62	11.29	5.01	34.58	7.68	7.90	1.71	0.22

(四)促進身心障礙者就業各項措施

1. **身心障礙者定額進用**：定額進用制度的施行，是為了保障及促進身心障礙者就業，對一定員工人數以上的機關（構）課予進用身心障礙者的義務，鼓勵雇主釋出工作機會進用身心障礙者，使其得以發揮所長、融入社會，並喚起一般社會大眾及企業雇主對其工作能力的肯定。因故無法足額進用，則課以差額補助費，其性質屬於未履行特定法定義務而課徵之特別公課，收繳之差額補助費存入各縣市政府之身障者就業基金專戶，用以辦理促進身心障礙者就業相關事項。

   (1) **依據及進用比率**

   A. 依身心障礙者權益保障法第38條第1項規定，各級政府機關、公立學校及公營事業機構員工總人數34人以上者，進用具有就業能力之身心障礙者人數，不得低於員工總人數3%。

   B. 依身心障礙者權益保障法第38條第2項規定，私立學校、團體及民營事業機構員工總人數67人以上者，進用具有就業能力之身心障礙者人數，不得低於員工總人數1%，且不得少於1人。

(2)計算方式

　　A.進用身心障礙者人數：依身心障礙者權益保障法第38條第3項規定，各級政府機關、公、私立學校、團體及公、民營事業機構員工總人數及進用身心障礙者人數之計算，以各義務機關（構）每月1日參加勞保、公保人數為準。

　　B.身心障礙員工之月領薪資未達勞動基準法按月計酬之基本工資數額者，不計入進用身心障礙者人數及員工總人數。但從事部分工時工作，其月領薪資達勞動基準法按月計酬之基本工資數額二分之一以上者，進用2人得以1人計入身心障礙者人數及員工總人數。

　　C.差額補助費：依差額人數乘以每月基本工資計算。

2. **身心障礙者就業轉銜：**為使身心障礙者就業階段前後之服務充分銜接、資源整合及專業服務間有效銜接及獲得整體及持續性的服務，直轄市、縣（市）社政、衛生及教育等單位提供轉銜服務，並至少每半年一次邀集社政、衛生、教育等單位及當地特殊教育學校（班）、高中（職）以上有身心障礙學生之學校、身心障礙就業服務及職業訓練之公、私立機構，召開就業轉銜聯繫會議，就各單位之轉銜服務、資源連結、困難個案處理原則及業務宣導等協商及研討，以整合當地資源辦理就業轉銜事宜。

依據	依身心障礙者權益保障法第48條規定，為使身心障礙者不同之生涯福利、就醫、就學、就養、就業的需求得以銜接，直轄市、縣（市）主管機關部門，應積極溝通、協調，制定生涯轉銜計畫，以提供身心障礙者整體性及持續性服務。其中勞工主管機關對於有就業需求者，應擬定銜接機制，以提供適性之就業服務。
服務內容	透過地方政府設置的身心障礙者職業重建服務窗口，由職重個案管理員，一對一諮商與評估，為身心障礙者擬定個別的職業重建計畫，發掘他們的就業需求、就業能力及職涯發展，導入相關服務資源，提供就業轉銜服務，使其順利進入職場。
服務對象	國中、高中（職）、大專院校應屆畢業之身障生及具有身心障礙證明之身心障礙者。

3. **職業重建個案管理**：為協助地方政府設置身心障礙者職業重建服務窗口（以下簡稱職業重建窗口），辦理身心障礙者就業轉銜通報及服務，並整合各種服務資源，由職業重建個案管理人員依個案需求、能力、興趣等個別化服務方式，有效連結及運用當地身心障礙者各項職業重建服務資源，使身心障礙者在職業重建過程中獲得連續性、無接縫適當之專業服務，以達協助身心障礙者就業。

   (1) **依據**：依身心障礙者權益保障法第33條規定，各級勞工主管機關應推動職業重建個案管理服務，設置身心障礙者職業重建窗口辦理之。服務主辦單位為勞動部勞動力發展署；執行單位為勞動部勞動力發展署所屬各分署；承辦單位為地方政府，必要時得委託民間機構團體辦理；受託單位為接受地方政府委託辦理本計畫相關業務之民間機構團體。

   (2) **服務內容**

   　A. 依照身心障礙者職業重建服務流程提供專業服務，使身心障礙者獲得適性就業。

   　B. 職業重建個案管理員以職涯發展觀點，建立同盟關係，依個案需求進行評估，個管員與個案共同討論，訂定身心障礙者職業重建服務計畫，內容包括就業前準備、就業媒合、就業支持、穩定就業後支持服務等。

   　C. 職業重建個案管理員也會資源連結職業重建服務專案機構、就業中心或其他相關單位，提供職涯輔導諮詢、職業輔導評量、職業訓練、職場見習、職場學習及再適應、支持性就業服務、庇護性就業服務、居家就業、創業輔導、職務再設計及其他有助於促進身心障礙者就業相關方案。

   (3) **服務對象**：職業重建個案管理服務以協助需要較多或持續之職業重建支持需求的身心障礙者達成就業或職涯目標，服務類型以「需較多支持、服務可有助於達成職業重建目標」、「需要多支持，但尚無法確定服務有助於達成職業重建目標」為主。

4. **身心障礙者職業訓練**：為協助身心障礙者就業，依其需求，提供專為身心障礙者開設的專班式職業訓練，及多元管道職業訓練等，提升其職業技術能力，在養成訓練期間，為安定其生活，提供職訓生活津貼補助，另設置數位學習網站，提供網路研習課程。

(1) **依據**：依身心障礙者權益保障法第33、35條規定，及主管機關推動辦理身心障礙者職業訓練計畫。
(2) **目的**：協助身心障礙者增進工作技能，提升就業競爭力。
(3) **實施方式**

A. **身心障礙者專班式職業訓練**
    (A)針對身心障礙生理、心理發展及障礙類別程度的不同，開設專班職業訓練，訓練期間除依據身心障礙者之特性調整訓練方式外，並有輔導人員從旁輔導及提供適當之輔具協助訓練，結訓後並有專人輔導就業，以增加就業競爭力。
    (B) 免費參訓。
    (C) 訓練方式：採職前養成訓練及在職訓練2種方式辦理。
    (D) 參訓對象：15歲以上或國中畢業，領有身心障礙手冊或證明，具備生活自理能力，並經評估具備擬參加訓練職類之就業潛能。

B. **身心障礙者多元管道職業訓練**
    (A)為使身心障礙者有公平機會及多種管道參加職業訓練，提供與一般民眾共同參與職業訓練，藉由無障礙訓練場所及教材教具規劃、手語翻譯等職務再設計協助，排除身心障礙者參訓障礙，使其在參訓職類、時間、地點上，有更多元的選擇，並鼓勵其透過融合式的職前或在職等訓練，以增加其就業競爭力。
    (B) 免繳自行負擔費用或補助全額訓練費用。
    (C) 參訓對象：15歲（含）以上、具工作意願但工作技能不足之失業者或已就業者。

C. **職業訓練生活津貼**
    (A)提供參加全日制養成職業訓練的身心障礙學員訓練期間生活津貼，安定受訓期間的生活。
    (B) 適用對象：領有身心障礙手冊或證明，參加全日制養成職業訓練者（非自願離職者應優先申請就業保險法職業訓練生活津貼）。
    (C) 津貼給付標準：依就業促進津貼實施辦法，申請職業訓練生活津貼，每月按基本工資60%發給，最長發給1年。

5. **身心障礙者支持性就業服務**：有就業意願之身心障礙者，就業能力尚不足以獨立在競爭性就業市場工作，提供個別化之就業安置、訓練及其他工作協助等支持性就業服務，並配有就業服務員，提供2週至3個月的密

集輔導，協助身心障礙者在一般職場中就業。支持性就業服務員推介之工作，其工作時間、工資及相關勞動權益應符合勞動法規之規定，部分工時者至少每週工作20小時，以確保支持性就業者之權益。

(1) **依據**：依身心障礙者權益保障法第34條規定，各級勞工主管機關對於具有就業意願及就業能力，而不足以獨立在競爭性就業市場工作之身心障礙者，應依其工作能力，提供個別化就業安置、訓練及其他工作協助等支持性就業服務。

(2) **目的**

A. 提供就業能力不足以獨立在競爭性就業市場工作之身心障礙者就業機會。

B. 保障支持性就業之身心障礙者勞動權益。

C. 結合政府及社會資源建構完善之支持性就業機制。

(3) **特性**

A. 支持性就業屬過渡性就業支持。

B. 支持性就業之場所為開放式環境。

(4) **實施方式**

A. 支持性就業服務型態。

個別服務模式	由就業服務員以一對一個別服務方式，協助身障者在競爭性職場就業。
群組服務模式	就業服務員以每組至少3人服務方式，協助身障者在競爭性職場就業。

B. 有支持性就業需求之身心障礙者應經直轄市、縣（市）政府職業重建（就業轉銜）服務窗口轉介職業輔導評量單位評量後；符合支持性就業服務對象者，由該窗口派案予支持性就業服務員，提供支持性就業服務。不符合者，由職業重建（就業轉銜）窗口轉介其他適合單位接受服務。

C. 依照身心障礙者職業重建服務專業人員遴用及培訓準則之規定，遴用就業服務員及就業服務督導。

6. **身心障礙者庇護性就業服務**：身心障礙者庇護性就業服務為就業模式之一，對有就業意願，但就業能力不足者，推動設立庇護工場，提供庇護性就業服務。另外，對於短期內無法進入競爭性就業市場或庇護職場就業之身心障礙者，提供在庇護工場內職場見習服務。

(1) **依據**：依身心障礙者權益保障法第33、34、35、36、40、41、42條規定，及主管機關補助地方政府辦理身心障礙者庇護性就業服務計畫。

(2) **目的**：提供就業能力不足之身心障礙者就業機會，並保障其勞動權益，結合政府及社會資源建構完善之庇護性就業機制。

(3) **實施方式**

　　A. 對有就業意願、但就業能力不足，有庇護性就業需求之身心障礙者，經地方政府身心障礙者職業重建服務窗口轉介，經職業輔導評量後，符合資格者，派案至適合的庇護工場，庇護工場評估適合者予以進用；不符合者，由職業重建窗口轉介其他適合單位接受服務。

　　B. 庇護性就業的身心障礙者，應參加勞工保險及全民健康保險，其薪資得由庇護工場與其依產能核薪議定，得不受基本工資限制，簽訂勞動契約後，報地方勞工主管機關核備。

　　C. 庇護工場依業務需要設置主管人員、專業人員或營運人員等，提供現場協助及輔導，其中專業人員之資格及遴用，依「身心障礙者職業重建服務專業人員遴用及培訓準則」規定辦理。

　　D. 庇護工場提供庇護性就業身心障礙者庇護支持、就業轉銜及相關服務，工場設施依身心障礙者需要，提供無障礙環境。

7. **身心障礙者居家就業服務**：協助無法久坐或外出、不易進入一般性職場或無法自行創業，但可在他人協助下，於家中工作的身心障礙者可以更順利進入職場，由各地方政府依轄內身心障礙者需求，採委託機構、團體方式，配合相關服務措施，協助身心障礙者在家工作。

(1) **目的**：協助不易進入一般性職場的身心障礙者，提升工作專業能力，以居家就業方式，自立更生。

(2) **依據**：依身心障礙者權益保障法第33條規定辦理。

(3) **實施方式**

　　A. **服務模式**

　　　　(A)具有專業生產能力但尚無法創業之中、重度以上身心障礙者，由承辦單位以團隊方式協助提升其專業、行銷、管理能力，以成立個人工作室或創業為目標。

　　　　(B)對尚未具備至一般就業市場就業能力，且因行動限制、雇主僱用意願不高、而無法就業者，協助尋找企業合作，以僱用、勞務承攬或外包方式，提供全職或兼職在家工作機會。

　　B. **相關協助**
　　　(A)辦理居家就業者居家環境、職業能力及輔助器具等職務再設計
　　　　　需求之評估並協助取得相關資源。
　　　(B)為居家就業者擬定個別化就業服務計畫,提供就業促進員之支
　　　　　援及督導體系,建立輔導機制、溝通平臺及支持系統,辦理居
　　　　　家就業者技能研習、訪視輔導、座談會,協助其適應就業。
　　　(C)結案後,提供追蹤輔導及諮詢服務。
8. **身心障礙者創業輔導**:在身心障礙者受僱就業之外,提供另一種服務,如
　　創業輔導服務、身心障礙者創業貸款利息補貼、自力更生創業補助、創業
　　諮詢、創業指導、創業知能研習等。
　(1) **目的**:對有意創業的身心障礙者,提供創業輔導,協助在創業前有充
　　　份準備及完善風險管理評估,並以其專業技能創業。
　(2) **依據**:依身心障礙者權益保障法第33、37條規定,及身心障礙者創業
　　　輔導服務實施方式及補助準則。
　(3) **實施方式**
　　A. **各直轄市、縣市政府服務項目**
　　　(A) **創業知能諮詢研習**:協助身心障礙朋友建立創業知能及認識公
　　　　　部門提供的創業輔導服務,由各直轄市、縣市政府依轄內身心
　　　　　障礙者需要辦理相關課程。
　　　(B) **創業貸款**:為協助身心障礙者創業,貸款之本金由各直轄市、
　　　　　縣市政府身心障礙者就業基金專戶或承辦行庫配合辦理支應,
　　　　　提供身心障礙者創業資金之貸款協助。
　　　(C) **創業貸款利息補貼**:各直轄市、縣市政府配合身心障礙者創業
　　　　　貸款,補助其貸款之利息,以降低身心障礙者創業貸款之負擔。
　　　(D) **自力更生創業補助（房屋或設備輔助）**:直轄市、縣市政府協
　　　　　助具專業技能之身心障礙者,提供其自行創業所需房租及設備
　　　　　之部分補助。
　　B. **相關協助**
　　　(A) **微型創業鳳凰**:協助有心創業的婦女、中高齡民眾及離島居民
　　　　　創業成功,提供婦女、中高齡及離島民眾創業貸款利息補貼、
　　　　　創業陪伴服務及融資信用保證專案。
　　　(B) **就業保險失業者創業貸款**:為失業之被保險人建構創業友善環
　　　　　境,創造就業機會,提供創業陪伴服務及融資信用保證專案。

9. **身心障礙者職務再設計**：為協助僱用之身心障礙員工，能融入及適應工作環境，可透過下列方式協助身心障礙勞工，例如：為肢障員工改善移行無障礙環境，幫視障者添置輔助視覺語音導覽、擴視機，為聽語障員工申請手語翻譯。此外，可透過勞動力發展署委託職務再設計專家輔導團隊至職場實地訪視評估，提供工作改善建議。藉由工作環境、工作設備、工作條件的改善及提供就業輔具、調整工作方法等，每個單位最高10萬元補助的貼心服務，讓身心障礙勞工克服工作障礙，更能發揮其才。

(1) **依據**：依身心障礙者權益保障法第37條，各級勞工主管機關應分別訂定計畫，自行或結合民間資源辦理第33條第2項職業輔導評量、職務再設計及創業輔導。

(2) **目的**：透過職務再設計補助及專業諮詢輔導等措施，有效協助身心障礙者克服工作障礙，增進其工作效能，並結合專業機構、團體及相關單位，共同促進身心障礙者順利就業，並積極開拓身心障礙者就業機會，以落實身心障礙者就業服務工作。

(3) **申請職務再設計補助之資格**

A. 僱用身心障礙員工之公、民營事業機構、政府機關、學校、團體及職業訓練機構。

B. 身心障礙自營作業者。

C. 公、私立職業訓練機構。

D. 接受政府委託辦理職業訓練之單位。

E. 接受政府委託或補助辦理居家就業服務之單位。

F. 部分就業輔具得由身心障礙者個人提出申請。

(4) **職務再設計服務項目**

A. **改善職場工作環境**：指為協助身心障礙者就業，所進行與工作場所無障礙環境有關之改善。

B. **改善工作設備或機具**：指為促進身心障礙者適性就業、提高生產力，針對身心障礙者進行工作設備或機具之改善。

C. **提供就業所需之輔具**：指為增加、維持、改善身心障礙者就業所需能力之輔助器具。

D. **改善工作條件**：指為改善身心障礙者工作能力，所提供身心障礙者必要之工作協助，包括提供身心障礙者就業所需手語翻譯、聽打服務、視力協助或其他與工作職務相關之職場人力協助等。

　　　　E. **調整工作方法**：透過職業評量及訓練，按身心障礙者特性，分派適
　　　　　當工作，包括：工作重組、調派其他員工和身心障礙員工合作、簡
　　　　　化工作流程、調整工作場所、避免危險性工作等。

10. **視障者就業**：因應按摩工作已開放非視障者從事，協助視障者多元化就
　　業，分按摩及非按摩2大面向，提供視障者工作輔導及就業服務。

　(1) **依據**：依身心障礙者權益保障法第33、46、46-1條規定，及主管機關
　　　補助地方政府辦理促進視覺功能障礙者就業計畫。

　(2) **目的**：依視障者就業需求，推動辦理視障者就業服務，開拓視障者多元
　　　化就業。

　(3) **實施方式**：分按摩及非按摩2大面向

　　　A. **按摩面向**：保障視障者按摩工作機會，提供按摩設備更新補助，辦
　　　　理視障按摩在職進修訓練，及辦理經營管理研習等。

　　　B. **非按摩面向**：推動公部門電話值機工作，電話客服工作體驗，提供
　　　　視障就業輔具測試及借用，及推動視障者多元就業等。

(五) 促進身心障礙者就業中程計畫

　　我國為協助身心障礙者進入或重返職場，並藉由工作維持其生活與生命
　　價值，自1986年起已陸續推動各式職業重建服務方案（包括：1986年開
　　辦身心障礙者職訓專班；1993年訂定支持性就業試行草案；1995年推動
　　社區化就業服務及職務再設計；2003年開辦就業轉銜、職業輔導評量及
　　庇護性就業服務；2004年辦理居家就業服務計畫、建置就業轉銜暨職業
　　重建資訊系統；2007年起於4個縣市開辦職業重建服務窗口計畫，並賡續
　　檢視與調整各項服務方案之適切性。）

　1. **計畫目標**：本期中程計畫，將以民國92年至95年所建構之多元職業訓練、
　　適性就業服務等各項措施為基礎，針對執行過程中所發現身心障礙者職業
　　重建服務未能有效整合，參訓資源、就業前準備、就業後適應、職務再設
　　計效能及職業重建相關專業人員培訓需再加強，以及，如何避免支持性就
　　服員退出支持後成為身心障礙者離職高峰及結合企業資源提昇庇護就業競
　　爭能力等狀況，期以確認中央與地方分工，強化現有及新增服務方式，並
　　循前期中程計畫推動身心障礙者就業促進個別化、多元化、整合化及結合
　　民間資源共同辦理之原則，實現「提昇身心障礙者就業競爭能力，建構身
　　心障礙者公平勞動環境」之願景，其具體落實目標如下：

　(1)提供身心障礙者可近及無接縫的職業重建服務。

　(2)推動身心障礙者多元參訓機會,強化競爭能力。

　(3)提昇身心障礙者就業適應能力,促進穩定就業。

　(4)增強雇主進用身心障礙者意願,減少就業障礙。

2. **實施策略**

　(1)確立中央與地方分工,建構及強化職業重建體系,統整就業服務資源。

　(2)強化職業訓練,提昇身心障礙者職業能力。

　(3)推展身心障礙者多元化就業服務模式,促進身心障礙者穩定就業。

　(4)推廣職務再設計及相關獎助措施,協助雇主進用身心障礙者,增加身心障礙者就業機會。

　(5)建立職業重建專業制度,提昇身心障礙者就業服務品質。

3. **具體措施**

　(1)**建構及強化職業重建體系**

　　A.確立中央與地方職業重建服務分工合作模式

　　　(A)釐清中央與地方政府勞政單位之權責,建立中央與地方勞政系統分工合作模式。日後中央以政策法規之研訂、服務流程、評鑑指標等制度之建立、專業人員制度之規劃等全國性事務為主,直接服務及措施宜地方化使更具可近性及可因地制宜。配合部分服務措施下放地方政府辦理,中央則研擬經費補助標準及服務指標等相關配套予以協助。

　　　(B)規劃辦理各地方政府促進身心障礙者就業服務業務(含職業重建服務業務)評鑑及獎勵。

　　　(C)辦理職業重建服務成效分析等相關研究,以供修訂調整職業重建服務政策之參考。

　　B.落實就業轉銜,建立職業重建服務窗口

　　　(A)協調衛生福利部及教育部,強化與勞政身心障礙者職業重建轉銜服務合作機制,以有效協助身心障礙者獲得適當之職業重建服務。

　　　(B)規劃辦理直轄市、縣(市)政府成立職業重建服務窗口,並置專業人員,擴大就業轉銜服務功能,使身障個案事先之評量獲適性之服務,並使各階段服務得以銜接,提供身心障礙者個別化職業重建管理服務。

　　　(C)研擬修正職業重建服務流程(含相關表格、作業程序等)。

(D)配合職業重建體系建立，強化就業轉銜暨職業重建服務管理系統功能，提高職業重建服務之效率。

(E)配合職業災害勞工通報及傷病診治系統，補助相關團體、事業單位對有就業需求與意願者提供心理復健、復工、職業輔導評量、就業服務與職務再設計等職業重建，協助職業災害勞工再就業。

(2) **推廣職業輔導評量資源網絡**

A. 加強推動縣市政府辦理身心障礙者職業輔導評量業務

(A)繼續補助地方辦理身心障礙者職業輔導評量業務，依身心障礙者需求，規劃辦理職業輔導評量，設置專責職評單位或委託專案單位辦理職業輔導評量業務，提供身心障礙者具體就業建議，並強化其與各項就業服務資源之連結。

(B)辦理身心障礙者職業輔導評量評鑑工作。

B. 推動區域性職業輔導評量資源網：賡續設立北、中、南三區區域性職業輔導評量資源網絡，輔導縣市職評業務之推動，提供專業諮詢、困難個案協助、職評專業人員培訓、提升轉銜、職業重建窗口與一般職業重建人員職評知能，並進行職評相關專業研究。

C. 持續開發及推廣職業輔導評量工具

(A)委託相關單位研發職業輔導評量工具。

(B)推廣並訓練職評人員運用研發成功之職評工具，以提昇職評品質。

(3) **強化職業訓練功效**

A. 依就業市場需求及產業趨勢，適時調整訓練職類及發展重點訓練職類。

B. 建立納訓前之評估指標，落實訓前評估。

C. 辦理身心障礙者多元職業訓練班，並依照參訓身心障礙者之需求規劃職前社會適應訓練課程。

D. 辦理身心障礙者訓用合一職業訓練及研議規劃職場體驗措施。

E. 依據身障者需求調查規劃辦理身心障礙者之在職訓練、第二專長（轉業）訓練方案等，以增進其就業穩定。

F. 推動公立職業訓練機構無障礙訓練環境，增加身心障礙者參訓機會。

G. 訪視與評鑑考核身心障礙職訓辦理績效。

H. 結合大專校院一般學制及學分班，對經評估有就業意願但有繼續加強職業能力需求之障礙者，補助至大學校院參加學分班課程。

I. 推廣數位學習職業訓練。

(4) **推展身心障礙者多元化適性就業服務**

　　A. **加強辦理一般性就業服務**

　　　　(A)運用「公立就業服務機構辦理三合一就業服務流程」，推介身心障礙者至一般職場適性就業。

　　　　(B)辦理身心障礙者就業促進研習，提昇就業適應能力。

　　　　(C)運用全國就業e網「身心障礙者就業專區」提供身心障礙者求職求才訊息。

　　　　(D)提供已就業身心障礙者工作調適之追蹤及就業適應輔導。

　　B. **擴大辦理支持性就業服務**

　　　　(A)發展多元支持性服務模式，除一對一模式外，發展群組式安置就業服務。

　　　　(B)檢討修訂身心障礙者社區化（支持性）就業服務評鑑指標。

　　　　(C)補助就業服務督導人員，提升服務品質。

　　　　(D)督導及協助地方政府推動社區化就業服務及辦理評鑑。

　　C. **推動庇護性就業及社會企業**

　　　　(A)依庇護工場定位，修訂身心障礙者庇護工場設立及獎助辦法以及設施及人員配置標準；配合身心障礙者權益保障法修法後之方向，檢討庇護性就業服務補助標準。

　　　　(B)訂定庇護工場經營績效評鑑指標；督導協助地方政府加強推動及輔導庇護性就業服務並辦理評鑑。

　　　　(C)鼓勵直轄市及縣（市）政府釋出場地，委託及設立庇護工場。

　　　　(D)推動企業與庇護工場合作公益創投模式。

　　　　(E)輔導庇護工場企業化經營，發展為社會企業，並建立庇護工場輔導機制。

　　　　(F)持續推動全國身心障礙者庇護工場推廣產品及建立專屬品牌。

　　D. **創業及居家就業服務**

　　　　(A)督導直轄市及縣（市）政府建立創業補助、諮詢服務及輔導機制。

　　　　(B)繼續辦理居家就業服務，不定期訪視輔導。

　　　　(C)辦理身心障礙者居家就業服務成效分析。

(5) **推廣職務再設計**

　　A. 持續辦理職務再設計業務服務，繼續推動職務再設計相關宣導。

　　B. 推動職務再設計人力協助措施及其專業人員（如手語翻譯員，視力協助員）之培育。

C.辦理職務再設計創意競賽，活絡輔具研發動機與環境。

D.辦理職務再設計措施成效分析及高職災率職種之職務再設計研究。

E.規劃建置輔具回收機制。

(6)**落實身心障礙者定額進用**

A.配合身心障礙者權益保障法有關定額進用比例及相關規定之修訂，辦理宣導說明會、修正定額進用管理系統及督導地方政府推動辦理。

B.辦理義務單位進用情形查訪。

C.辦理進用身心障礙者績優單位表揚。

D.配合身心障礙者權益保障法修正，訂定身心障礙就業基金統籌款項之提撥與分配方式。

E.督導直轄市、縣（市）政府對身心障礙者就業基金之使用並辦理評鑑。

(7)**協助雇主進用身心障礙者**

A.辦理雇主僱用身心障礙者初期補助及僱用獎助津貼。

B.鼓勵及推動以群組方式進用身心障礙者。

C.辦理雇主對進用身心障礙者需求與意見調查。

D.設置專業人力，協助雇主進用身心障礙者相關事宜。

E.協商財稅主管機關研究以扣抵稅款方式獎勵企業雇主僱用身心障礙員工。

(8)**落實身心障礙者勞工權益**

A.依據身心障礙者權益保障法、就業服務法及相關勞動權益法規，推動建立相關申訴專線，受理身心障礙勞工申訴案件，以保障身心障礙勞工權益。

B.提供身心障礙者法律諮詢及就業歧視申訴案件補助與協助。

(9)**建立職業重建專業人員制度**

A.適時研修職業重建相關專業人員訓練課程標準。

B.調查各類專業人力需求，辦理職業重建專業人員培訓及在職訓練。

C.鼓勵協調大學院校相關系所辦理職業重建專業人員推廣教育專業學程學分修習措施，以提昇就業服務人員專業能力與水準。

D.推動職業重建專業人員專業認證制度（包含學分採認）。

E.建立各項訓練結訓專業人員之人才檔案資料庫，以充分掌握並適切運用既有人力。

F.辦理優秀專業人員表揚。

(10)**相關配套措施**

A.多元管道宣導相關措施及業務，破除社會大眾對身心障礙者之刻板印象，增進社會對身心障礙者的接納，以增加其就業機會與就業適應。

B.研議擴大區域性職業輔導評量資源網功能為區域性職業重建資源網。

C.獎勵各縣市提出適合地方特色的職業重建措施，如辦理開拓就業新模式。

D.輔導視障者按摩業企業化經營及其他就業措施。

E.獎勵職業重建相關學術單位教授與研究生從事職業重建相關研究。

F. 辦理身心障礙者需求調查。

G.辦理身心障礙者技能檢定、技能競賽及補助參加技能檢定之費用。

(六)**身心障礙者職業重建計畫**

職業重建計畫相關方案內容區分如下：

1. **復健服務**：復健服務主要針對後天致殘之身心障礙者，經過醫療措施後透過復健服務，協助其恢復正常的工作與社會生活。其內容一部分包含基本介入策略的整合型計畫，如IPP般，目的在發展與維持個案的獨立、自我照顧、社會與經濟功能等能力。這份方案計畫的結果，必須是個案可以達成的目標。所謂的復健，可以是日間式或居住式服務，也可以是部分時間或全時間服務。復健服務必須協助或支持個案的發展，當個案無法再有進展時，則必須維持個案的能力，譬如：飲食、如廁、穿衣、行動（使用助行器或學習適當的平衡與姿態）等；基本技能（譬如：數字概念、參與工作）；基本的家事管理技能（譬如：清潔、煮食等）；社交技能（譬如：分擔責任）；溝通技能（包括：接納性與表達性語言發展）；感官動作技能（譬如：操弄物件、辨認聲光顏色）；以及其他技能（譬如：手眼協調、視覺處理、人際互動等），以增進個案的獨立功能。

2. **特殊教育**：教育是每一個體在成長過程中使個人能力能夠充分發展的過程，對先天障礙者來說也是如此。透過特殊教育使身心障礙者得到最好的發展，促進其將來有更多機會與發展的選擇。特殊教育的成效表現在：

(1)學生準時出席並且積極而有意義地參與學校與社區活動。這能力表現在職業行為時是：出勤狀況、主動工作、時間掌握與控制、工作專注等工作態度上。

(2)表現出與生理福祉相關的健康行為、態度與知識。表現在職場上時；危險的防範、注意行進中或操作中之安全、維持精神與情緒的安寧。

(3)個人行為所展現之功能，在適當的引導與支持之下，獨立或是互助地完成自身任務。

(4)學科與功能知識上，發展訊息使用功能，以適應社會、達成目標、建立知識。

(5)為社會盡一己之力，扮演公民角色。

3. **日間工作活動（職前服務）**：日間工作活動是指無法在一定期間內（例如：二年內）獲得受薪職業的個案，安排結合與就業目標及成果相同的活動。它可能在勞政、教育、衛生或福利體系下，在我國現有體制裡，誰應當提供此類服務沒有一定的定論。日間工作活動所包含的訓練有：任務完成、出勤與工作習慣、人際間適當行為、工作技能訓練、溝通技能、社交技能、與感官動作技能。日間工作活動的活動本身不是一份職位也不涉及薪資報酬（也許有獎勵金），除了職前訓練外，活動的目的也為了充實生活內涵、由工作活動中獲得成就等。服務可以在提供復健服務或居住服務同樣的單位及督導安排下進行。

4. **居住（住宿）服務**：居住服務是在個案的生活情境中或是社區中提供獨立生活技能服務，以增進個案與其家人或社區間，共同生活的功能與行為能力。例如：個人儀表整飾、衣著照應、飲食照應、居家安全、家務管理、使用社區設施、參與社區活動等。獨立技能服務可能包含於職業重建服務或復健服務之中，也可能提供訓練給個案家人，以協助改善個案的獨立性。

5. **職業重建服務**：包括庇護性就業、支持性就業、一般性（或競爭性）就業、職業訓練，以及相關就業諮詢、創業貸款、職務再設計、就業輔具服務等的其他就業服務。其目的是使身心障礙者獲得穩定就業，並從工作所得的薪資維持個體經濟的獨立。

身心障礙者的就業安置模式，可分為競爭性就業、支持性就業與庇護性就業三種。其中，支持性就業安置模式係源自1960至1970年代，為因應去機構化、正常化與最少限制環境等呼聲而起，透過專業人員在工作現場持續的支持，使得身心障礙者能成功地在社區中就業，再加上支持性就業比其他庇護性就業的花費少，且更有助於社會融合的達成，因此更倍受重視。反觀國內狀況，自民國81年起，中央政府委由私立身心障

礙福利機構試辦「障礙者支持性就業服務試行計畫」，掀起國內系統化支持性就業之模式；其中民國84年所進行的「障礙者社區化就業服務計畫」，更進一步以支持性就業的理念，設計身心障礙者社區化就業服務的作業流程，並開展具制度性的服務作法。以臺北市為例，民國88年臺北市政府勞工局委託15家民間單位，聘用38名就業服務員，辦理身心障礙者社區化就業服務業務；而民國90年起，臺北市勞工局花費四千多萬元，委託24家機構並聘用71名就業服務員，繼續辦理身心障礙者社區化就業服務。而臺中市政府亦自民國88年起辦理身心障礙者社區化就業服務，由各縣市亦跟進，社區化就業服務儼然成為身心障礙者就業的主要措施。

(七)**支持性就業**

支持性就業針對具有就業意願及就業能力尚不足獨立在競爭性就業市場工作之身心障礙者，提供個別化就業安置、訓練及其他工作協助等支持性就業服務。

1. **目的**：支持性就業的工作環境強調在融合的工作環境與一般非障礙者一起工作，藉由就業服務員專業的支持，如工作技巧訓練、環境適應、職務再設計、交通、社交、健康與財物等，使其能獨立工作，並獲得全職或每週至少平均20小時以上有薪給之工作，且薪資符合勞動基準法規定。

2. **服務對象**：對於具有就業意願及就業能力，而尚不足獨立在競爭性就業市場工作之身心障礙者。

(八)**庇護性就業**

身心障礙者庇護性就業服務為許多就業模式之一，對於年滿15歲具有就業意願，而就業能力不足，無法進入競爭性就業市場，需長期就業支持之身心障礙者，應依職業輔導評量結果，提供庇護商店、庇護農場、庇護工場等就業安置。在庇護工場內就業之身心障礙者，庇護工場得依其產能核薪並與其簽訂勞動契約，其薪資，由庇護工場依法為其辦理參加勞工保險、全民健康保險及其他社會保險，並依相關勞動法規以確保庇護性就業者之權益。

1. **目的**

(1) 提供就業能力不足之身心障礙者就業機會。

(2) 保障庇護性就業之身心障礙者勞動權益。

(3) 結合政府及社會資源建構完善之庇護性就業機制。

2. **特性**

(1) 庇護性就業屬長期性就業支持。

(2) 庇護性就業之場所含非融合式環境、半開放或融合式環境。

3. **實施方式**

(1) 庇護性就業經營型態

　　A. 勞務代工。　　　　　　B. 受託製造。　　　　　　C. 合作生產。

　　D. 自行產銷。　　　　　　E. 物品銷售。

　　F. 其他具有經濟性、社會性、文化性及環保性之生產或服務工作等。

(2) 有庇護性就業之身心障礙者應經直轄市、縣（市）政府職業重建（就業轉銜）服務窗口轉介職業輔導評量單位評量後；符合庇護性就業服務對象者，由該窗口派至適合之庇護工場，提供庇護性就業服務。庇護工場就該身心障礙者評估適合者即進用之；不符合者，由職業重建（就業轉銜）窗口轉介其他適合單位接受服務。

(3) 雇主應依業務需要設置主管人員、專業人員或營運人員提供在場協助及輔導，其專業人員、資格及遴用依據「身心障礙者職業重建服務專業人員遴用及培訓準則」規定辦理。

(4) 雇主應提供庇護性就業之身心障礙者庇護支持、就業轉銜及相關服務，工場設施應依其特殊需要，提供無障礙環境；並為其投保勞工保險、全民健康保險等各項社會保險。

(九) **職務再設計**

是針對工作者的特性，尤其是中高齡者或身心障礙者，依其現存能力，將現有職務加以重行安排，並透過工作分析，按身心障礙者的特性，分派適當工作，或重新設計與安排，以期發揮事配合人之功能，充分運用人力資源。

身心障礙者與一般人一樣，都希望擁有公平的就業機會，但由於其生理或心理功能的限制，在工作上或多或少會產生許多的困難及不便。為身心障礙者進行「職務再設計」是協助其順利進入職場及穩定就業的重要措施，許多成功實例顯示，經過職務再設計改善後，身心障礙者原來無法勝任的工作，往往得以和正常人一樣工作。此外，經由職務再設計，更增加雇主僱用身心障礙者意願，進而開創更多的就業機會。

1. **目的**：透過職務再設計補助及專業諮詢輔導等措施，有效協助身心障礙者克服工作障礙，增進其工作效能，並結合專業機構、團體及相關單位，共同促進身心障礙者順利就業，並積極開拓身心障礙者就業機會，以落實身心障礙者就業服務工作。

2. **改善時機**：當身心障礙者有下列情形時則有其必要為其進行職務再設計：
   (1) 身心障礙者初進職場時。
   (2) 身心障礙者因生理或心理的限制達不到預期績效時。
   (3) 雇主有意願提供就業機會但職場環境或設備有障礙時。
   (4) 身心障礙者因職場遷移或變更工作地點時。
   (5) 身心障礙者工作需要輔具協助時。
   (6) 身心障礙者因職務調整或工作流程變更致工作有困難時。
   (7) 因職業災害重返職場或轉換工作時。

3. **改善項目**
   (1) **改善職場工作環境**：指為協助身心障礙者就業，所進行與工作場所無障礙環境之改善。
   (2) **改善工作設備或機具**：指為促進身心障礙者適性就業、提高生產力，針對身心障礙者進行工作設備或機具之改善。
   (3) **提供就業輔具**：指為恢復、維持、強化或就業特殊需要所設計、改良或購置之輔助器具。
   (4) **改善工作條件**：包括提供手語翻譯、視力協助、改善交通工具等有關活動。
   (5) **調整工作方法**：透過職業評量及訓練，按身心障礙者的特性，分派適當的工作，包括：工作重組，使某些職務適合身心障礙者作業、調派其他員工和身心障礙員工合作、縮短工時、簡化工作流程等，並避免危險性工作。

4. **申請對象**
   (1) 僱用身心障礙員工之公、民營事業機構、政府機關、學校及團體。
   (2) 辦理身心障礙者訓用合一之單位。
   (3) 政府委託或補助辦理居家就業服務之單位。
   (4) 公立職業訓練機構或接受政府委託辦理身心障礙者職業訓練之單位。
   (5) 身心障礙自營作業者

A. 個人計程車業：須檢附申請人之身心障礙手冊（證明）及營業小客車駕駛人執業登記證明文件。

B. 鐘錶、鎖匠及刻印業：須檢附申請人之身心障礙手冊（證明）及營業登記證明文件。

C. 公益彩券甲類販售業：應檢附申請人之身心障礙手冊（證明）及主管機關核發之公益彩券甲類經銷證明文件。

D. 其他。

5. **十大步驟**

1	**定義問題**	正確地定義問題是職務再設計的第1步驟，也是成功解決身心障礙者就業的關鍵。因此，必須取得身心障礙者執行作業時所受限的相關資訊，瞭解身心障礙者生理上的限制，能有助於為身心障礙者在工作上適當的調整。此外，瞭解輔具與設備的相關知識，將有助於提高作業績效。
2	**調整職務**	職務調整包括改變工作內容，改變工作時間，彈性工作時間，選擇在家工作，或和其他同事共同分擔責任及重新安排工作等等，例如：某位員工在交通尖峰時間上下班有困難，則安排較長的用餐及休息時間，另外也可安排二個職務相同或類似的人，共同承擔全天的工作任務，使兩個人都不用上全天班。
3	**調整設施**	設施的調整包括為聽障者安置閃爍燈光的火災警報器，為行為受阻的身心障礙者設置斜坡道，提供無障礙的停車空間，以及更換便於抓取能力受損者使用的門把。這類設施的改變可提供給所有員工更安全而有效率的工作環境，且並非只限定於身心障礙者。
4	**使用輔具**	市面上有許多輔具可用於改善身心障礙者的工作。這些輔具通常只針對某些特定身心障礙者設計，不適合其他類別的身心障礙者使用，因此必須充分瞭解輔具的使用方法。還應注意合理的訓練，裝置設備的保養以及同事的支援。如果輔具適合和其他設備搭配使用，則必須考慮和其他設備的相容性。而購買設備也是職務再設計的一種方法，這些設備包括為聽障者購買助聽器，以及為視障者購買觸讀機，甚至像是將文字資訊轉換為另一種可為身心障礙者接受資訊的設備。

5	使輔具適用於不同情況	此步驟必須透過職務再設計的工作者，分析輔具在不同情況的適用性。例如放大型聽診器是設計給在急診室或意外現場工作的醫生或護士使用。然而相同的聽診器對聽力受損的醫生或護士，也有所幫助。許多職務再設計的輔具，像是視障者常用的發聲型計算機或時鐘，也適用於學習障礙者、聽力受損或語障者。
6	調整輔具	雇主通常利用公司內部現有人力來修護現有的輔具或工作環境，但有時候則必須透過職務復健工程師、電子工程師、電腦專家、或輔具製造商等專業人士，這些調整可能包括改變控制開關或增加目前使用輔具的安全裝置。
7	設計新輔具	設計新輔具以滿足職務再設計的需求時，必須考慮公司的意願及專業人士的意見，如輔具工程師或電腦專家。對於是否該更換現有輔具或重新發展新輔具，提供適當的決策參考。
8	變更職務	重新指派其他職務時，應考慮適當的職務調整。ADA（American Disable Act）要求雇主必須安排適當職務給資格條件符合的應徵者，相同的法令也說明了雇主不須產生新職位或晉升某人至更高職位，以產生空缺。如果難以重新指派職務，則雇主可用較低的職位與薪資來雇用工作者。工作者在職務上的安置，可維持或提昇工作績效。
9	回顧審視與重新定義	職務再設計的最後階段，若還無法確認該調整的部分，則可能已經忽略某些該調整的部分。因此，應再審視回顧並重新定義情況，組織職務再設計的團隊，包括了醫學專家，如醫生、生理臨床醫學家、職業臨床醫學家或護士，也應包括職業復健工程師或就服員。這團隊應重新檢視之前職務再設計所做的嘗試，以及考慮案主在身心上的限制，以及是否要改變工作場所。
10	維持職務再設計	當職務再設計已被確認實施後，最重要的是要持之以恆，如評估其績效，觀察發生於身心障礙者的身心限制及其與工作環境內互動情況的改變，以及給予身心障礙者有關的訓練與其他支援。

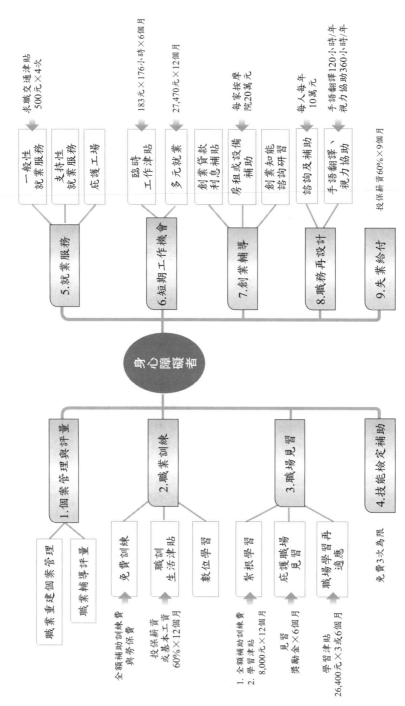

身心障礙者就業資源地圖

六、新住民就業促進

(一)問題分析

新住民家庭是變遷社會中的新家庭型態，一般指的是1980年代末期開始因跨國婚姻來臺的「婚姻移民」，特別是來自東南亞國家和中國大陸的女性配偶與臺灣男性配偶所組成的家庭，亦有人稱之為新住民家庭、大陸配偶家庭。由於此種婚姻型態係在國內某些弱勢或邊陲地區男性無法在婚姻市場尋得適當對象，而形成婚姻仲介，但此種為了解決男方延續後代的壓力，女方希望藉此脫離母國的貧困的「商品化跨國婚姻」的背後其實潛在許多問題。

新住民在臺生活適應的重要問題有七大項，即種族歧視與文化偏見造成的壓力、商品化的婚姻導致夫家嚴密監控，生活侷限在家庭中、短期婚配，婚姻穩定性不足、語言不適與文化差異、子女教養壓力、就業問題與貧窮化、婚姻暴力問題。潘淑滿（2004）也指出臺灣的婚姻移民突顯了六項議題，包括：語言與文化的調適、社會支持系統薄弱、缺乏醫療與優生保健知識、新臺灣之子的教育問題、就業限制導致經濟失依、婚姻暴力的嚴重性。莫藜藜與賴珮玲（2004）針對新住民子女的問題指出六大項，即優生保健問題、語言學習困難、學校學習障礙、教育環境的隔閡、身分認同的迷惘與文化差異的適應、家庭生活壓力引起的生活難題。

(二)就業問題

基於家庭經濟安全與穩定就業相互關聯的考量，新住民家庭由於處於經濟弱勢者的比例較高，需要藉由穩定就業以維持家庭經濟，因此，政府相關單位規畫新住民家庭經濟安全與就業輔導方案時，建議方向如下：

1. **強化新住民家庭經濟維持能力**：除了前文述及政府應規畫辦理之經濟補助外，對於新住民家庭應強化其經濟維持能力，例如：提供家庭財務管理課程，協助新住民家庭維持家庭財務穩定，以減少因經濟困境而須依賴救助之情形。

2. **提供新住民家庭子女教育補助及生活津貼**：新住民家庭對於子女教育補助及子女生活津貼的需求程度高，尤其東南亞配偶所反映出的需求程度較大陸配偶來得高。再者，新住民生育子女的比例高，教養子女所費不貲，因此，應提供新住民家庭子女有關教育補助及生活津貼，以減輕其家庭教養上的經濟負擔。

3. **加強語言及識讀能力，為融入職場做準備**：在任何職場中，不同國籍的工作者共事並非奇特的事，但職場中的任務執行、人際互動，都大量需要語言溝通能力，因此，促進新住民的語言學習及識讀能力的訓練，仍然相當必要而且重要，這不但是促進其生活適應的過程，也是助於未來融入職場的準備工作。

4. **審視工作權規定，放寬職業訓練條件**：新住民居停留、定居等相關規定影響新住民的工作權取得條件，尤其大陸配偶最為明顯。許多有工作能力與意願的新住民，受限於法令規定而無法順利就業，雖然近來政府放寬部分規定，但仍須持續審視其合理性與公平性，減少政治考量因素之干擾。另外，對於尚未取得工作權之新住民，應視其就業意願，提供先行參加職業訓練，並預備各項媒合工作，以協助其一旦取得工作權時，能立即進入職場。

(三) 促進就業措施

勞動部為協助具有就業意願與需求之新住民就業，整合現行就業服務，加強就業資訊提供、增進其尋職與職場適應能力，並以增加雇主僱用等促進其就業。說明如下：

1. **政策方面**
   (1) 加強協助新住民獲得就業服務與職業訓練資訊。
   (2) 專人提供新住民就業服務，以利協助就業。
   (3) 提供新住民職業訓練機會，培養就業技能。

2. **工具運用**
   (1) 推動公立就業服務機構辦理三合一業務，提供就業服務及職業訓練等服務。
   (2) 訂定「促進新住民就業補助作業要點」，提供臨時工作津貼、職業訓練生活津貼及雇主僱用獎助，協助新住民順利就業。
   (3) 運用「促進特定對象就業補助作業要點」，結合政府及民間資源，促進新住民就業。
   (4) 辦理「職場學習及再適應計畫」，提供新住民職場學習的工作經驗與技能之機會。
   (5) 辦理「多元就業開發方案」，提供新住民進入民間團體工作之機會。

3. **就業服務方面**：依新住民階段性之需求，勞動部提供適切性之就業服務，說明如下：

一、居留期間，以生活適應及識字為優先，協助做好就業前準備

面臨困難	如何處理	勞動部提供階段性之就業服務
新住民語言溝通能力、中文識字及書寫能力較弱，無法獲得更多的生活資訊及社會資源。	請新住民先行參加直轄市及縣市政府辦理之新住民生活適應班及識字班，以利增強中文識字及書寫能力。	公立就業中心配合直轄市及縣市政府於辦理新住民生活適應班、識字班，派員說明就業服務與職業訓練參訓等資訊，以利接軌，讓新住民瞭解就業與參訓管道。
新住民缺乏交通工具，如住家附近無適合工作，較不易就業。	請新住民先行參加直轄市及縣市政府辦理之汽機車駕照訓練班等，協照考取駕照，增強就業能力。	公立就業中心配合直轄市及縣市政府於辦理新住民汽機車駕照訓練班時，派員說明就業服務與職業訓練參訓等資訊，以利接軌，讓新住民瞭解就業與參訓管道。
新住民就業資訊不足，不知該如何找工作。	可向公立就業中心及民間團體尋求協助。	因新住民在就業前之生活適應階段，可能先行就近參加民間團體所辦理活動。新住民如有困難時，可能也先向熟悉之民間團體尋求協助，故請公立就業服務中心與轄區內民間團體應保持良好關係： 1.公立就業中心平日以電話聯繫或親自拜訪轄區內協助新住民之相關民間團體，或邀請團體參訪公立就業服務中心，以利瞭解就業服務流程與環境，建立信賴感與合作關係。 2.公立就業中心運用「促進特定對象就業補助作業要點」，結合轄區團體辦理協助新住民就業活動。 3.公立就業中心透過就業外展人員提供外展就業服務，拜訪轄區新住民，協助就業。 4.印製協助新住民就業宣導單，請直轄市及縣市政府、公立就業中心等代為發送。

二、求職階段

面臨困難	如何處理	勞動部提供階段性之就業服務
新住民語言溝通雖有困難，仍想尋職。	公立就業中心提供翻譯協助。	公立就業中心運用「促進特定對象就業補助作業要點」，結合轄區團體，透過具經驗之外語翻譯人員協助就業服務人員瞭解新住民之就業需求，以利提供適切的就業服務。
新住民已具有語言溝通能力，但仍無法自行尋職。	公立就業中心專人提供服務。	公立就業中心專人提供新住民就業服務，以利協助就業。
新住民有就業困難，不瞭解就業市場及如何求職。	公立就業中心提供就業諮詢服務協助。	公立就業中心提供就業諮詢（含職業訓練諮詢）、辦理就業促進研習，協助新住民認識就業市場。
雇主對僱用新住民較為陌生。	公立就業中心協助溝通。	公立就業中心辦理雇主宣導會或現場徵才活動，增進雇主僱用新住民意願。
新住民遭受家暴，或需其他相關社會福利協助。	公立就業中心可協助新住民向113婦幼保護專線、直轄市及縣市政府警察局、新住民家庭服務中心、家庭暴力及性侵害防治中心等尋求協助。	公立就業中心可協助轉介至前開單位，以利提供相關服務。

三、就業階段

面臨困難	如何處理	勞動部提供階段性之就業服務
新住民技能不足。	公立就業中心協助轉介職業訓練，提升就業技能。	1.安排參加職業訓練： (1)公立就業中心可提供職業訓練資訊，協助轉介參加職業訓練。 (2)新住民可免費參加職業訓練，並請領職業訓練生活津貼。 2.提供新住民參加職業訓練期間子女臨時托育補助：勞動部向衛福部新住民照顧輔導基金申請補助辦理「新住民參加職業訓練期間幼童臨時托育費補助實施計畫」總經費新臺幣600萬元，直轄市及縣市府、可依需求向衛福部提案辦理。
新住民無法勝任一般性工作。	公立就業中心運用工具協助。	1.公立就業中心可運用「促進新住民就業補助作業要點」之臨時工作津貼，協助新住民就業。 2.另可運用多元就業開發方案，提供新住民進入民間團體工作之機會。
新住民尚無法適應臺灣職場環境及就業技能不足。	公立就業中心提供「職場學習及再適應計畫」。	公立就業中心運用「職場學習及再適應計畫」，提供新住民職場學習的工作經驗與技能之機會。
雇主僱用新住民意願不高。	公立就業中心運用工具協助。	公立就業中心可運用「促進新住民就業補助作業要點」之僱用獎助，增進雇主僱用意願，以利協助新住民順利就業。
新住民想要自行創業。	公立就業中心協助轉介創業服務相關單位。	公立就業中心協助轉介創業服務相關單位，請該單位提供創業協助。

四、就業後就業穩定之協助階段		
面臨困難	**如何處理**	**勞動部提供階段性之就業服務**
雇主不願提供新住民勞健保、薪資未達基本工資、調薪幅度明顯與國民有差異或其他就業歧視。	可向直轄市或縣市政府申訴。	公立就業中心可協助與雇主溝通代為說明相關規定,或告知新住民可至直轄市與縣市政府勞工主管機關申訴。

七、婦女就業促進

(一)婦女就業現況分析

為了解《性別平等工作法》實施情形及受僱者在職場就業平等實況,勞動部於112年8至9月分別以「事業單位」及「受僱者」為調查對象,辦理「僱用管理就業平等概況調查」及「工作場所就業平等概況調查」,其中事業單位回收有效樣本為3,031份、受僱者為6,013份(女性4,804份及男性1,209份)。調查統計結果摘述如下:

1. **性騷擾防治情形**

   (1)112年員工規模30人以上之事業單位已訂定「性騷擾防治措施、申訴及懲戒辦法」占8成9。《性別平等工作法》實施以來,該訂定比率由91年的35.5%增至112年的88.6%,20多年來已提高53.1個百分點。

   (2)女、男性受僱者最近一年在工作場所未遭受性騷擾各占9成6、9成9。

   女、男性受僱者最近一年(111年9月至112年8月,以下皆同)在工作場所未遭受性騷擾各占96.3%、99.5%,曾遭受性騷擾則分占3.7%及0.5%。就女性受僱者觀察,其遭受性騷擾且加害者為「客戶」及「同事」者較多,各占2%及1.5%;有提出性騷擾申訴占1.8%,申訴後大部分認為有改善;女性未提出申訴原因占比最高者為「當開玩笑,不予理會」。

   女性受僱者遭受性騷擾之主要樣態以非肢體接觸(含言語、偷窺、偷拍、跟蹤、傳訊、暴露等)占1.8%較多,性別歧視言行亦占0.6%,有肢體接觸部分,非敏感部位占0.8%,敏感部位占0.4%,性要求(含性侵害)占0.1%。

受僱者最近一年在工作場所遭受性騷擾之情形

中華民國112年8月　　　　　　　　　　　　　　　單位：%

	總計	未曾發生	曾經發生					
				性騷擾加害者(可複選)				
				上司	下屬	同事	客戶	雇主（負責人）
女性	100.0	96.3	3.7	0.5	0.0	1.5	2.0	0.1
男性	100.0	99.5	0.5	-	-	-	-	-

資料來源：工作場所就業平等概況調查。

說明：1.最近一年係指111年9月至112年8月，以下各表同。
　　　2.樣本過少者，抽樣誤差大，不陳示數值，以「---」表示，不列入分析。

女性受僱者最近一年在工作場所遭受性騷擾之主要態樣比率

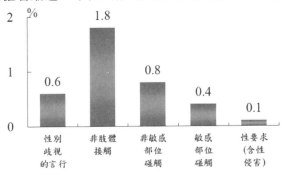

女性受僱者最近一年在工作場所遭受性騷擾提出申訴之情形

單位：%

	總計	未曾發生	曾經發生－按有沒有提出申訴分									
			有提出－按是否改善分			沒有提出－按未提申訴主要原因分						
			計	小計	有改善	沒有改善	小計	擔心遭受二度傷害	擔心遭強迫調離原來工作部門或職位	擔心失去工作	擔心別人閒言閒語	當開玩笑不予理會	不知申訴管道
111年	100.0	96.7	3.3	0.7	0.7	0.0	2.6	0.1	0.1	0.3	0.2	1.6	0.2
112年	**100.0**	**96.3**	**3.7**	**1.8**	**1.6**	**0.2**	**1.9**	**0.2**	**0.1**	**0.5**	**0.2**	**0.8**	**0.1**

資料來源：工作場所就業平等概況調查。

2. 促進工作平等措施

(1)事業單位同意員工申請母性保護相關假別之比率多達9成。112年事業單位會同意員工申請《性別平等工作法》各項假別之比率，除「家庭照顧假」79.7%外，其餘均逾8成3。會同意員工申請母性保護相關假別之比率以「產假」之95.1%最高，另「安胎休養」與「流產假」分別為92.8%及92.7%，「陪產檢及陪產假」、「生理假」與「產檢假」則各為88.2%、87.6%及85.4%。

(2)員工規模100人以上之事業單位有設立「托兒服務機構」或提供「托兒措施」占7成；有設置「哺（集）乳室」占8成1。《性別平等工作法》於91年1月規範僱用250人以上事業單位須提供「托兒設施或措施」及設置「哺（集）乳室」，105年5月修正擴大適用至僱用100人以上事業單位。112年員工規模100人以上之事業單位有設立「托兒服務機構」或提供「托兒措施」者占70.5%，有設置「哺（集）乳室」者占80.7%，分別較105年上升18.9及2個百分點；250人以上事業單位之該2項比率則分別為85.4%及90.1%，各較91年提高49.1及70.5個百分點。

事業單位對性別平等工作法各項規定之實施情形

單位：%

	有提供比率			同意員工申請（或有提供）比率									
	91年	101年	102年	103年	104年	105年	106年	107年	108年	109年	110年	111年	112年
性騷擾防治措施、申訴及懲戒辦法[2]（員工規模30人以上）	35.5	82.7	82.1	83.8	85.2	85.7	86.0	86.2	86.4	86.5	88.5	88.5	**88.6**
生理假	17.3	45.6	47.0	85.7	85.2	85.3	85.4	85.6	86.0	86.9	87.4	87.5	**87.6**
安胎休養	-	41.1	45.6	90.9	89.4	91.8	91.8	91.9	92.0	92.7	92.7	92.7	**92.8**
產檢假	-	-	-	-	82.4	82.6	82.7	83.0	83.4	83.9	84.6	84.8	**85.4**
流產假	41.6	56.5	56.6	93.1	91.7	91.7	92.0	92.4	92.4	92.7	92.7	92.7	**92.7**
產假	78.1	96.8	96.8	95.1	94.7	94.7	94.7	95.0	95.0	95.0	95.1	95.1	**95.1**
陪產檢及陪產假[5]	29.0	59.0	59.8	85.6	85.6	85.9	86.5	86.6	87.0	87.6	87.9	88.0	**88.2**
家庭照顧假	-	38.3	37.7	71.8	74.7	77.1	78.1	78.1	78.3	78.8	79.2	79.7	**79.7**

	有提供比率			同意員工申請（或有提供）比率									
	91年	101年	102年	103年	104年	105年	106年	107年	108年	109年	110年	111年	112年
(員工規模30人以上)	34.0	66.0	66.6	88.2	89.6	91.3	91.5	91.6	91.8	91.0	91.8	91.8	**93.9**
育嬰留職停薪 為撫育未滿3歲子女	-	42.7	45.9	75.5	79.2	80.5	81.1	81.2	81.5	81.8	82.0	83.4	**83.5**
得減少工作時間 (員工規模30人以上)	23.0	48.5	47.0	81.5	83.0	84.2	84.6	80.3	80.5	80.7	80.7	80.8	**80.9**
得調整工作時間⁴ (員工規模30人以上)								88.1	88.9	89.0	89.2	89.4	**89.6**
哺(集)乳時間	-	-	37.3	77.3	78.1	80.3	80.8	80.9	81.0	81.9	82.5	83.0	**83.1**
設置「哺(集)乳室」² (員工規模100人以上)	-	-	-	-	-	78.7	78.8	79.4	79.7	79.8	80.1	80.3	**80.7**
(員工規模250人以上)	19.6	76.3	71.2	80.1	84.2	84.2	85.6	87.2	87.3	88.9	89.3	89.5	**90.1**
設立「托兒服務機構」或提供「托兒措施」² (員工規模100人以上)	-	-	-	-	-	51.6	63.4	65.6	67.4	68.4	68.7	70.4	**70.5**
(員工規模250人以上)	36.3	76.7	79.1	81.4	81.5	81.5	81.7	83.9	84.9	84.6	84.8	84.8	**85.4**

資料來源：僱用管理就業平等概況調查。

說明：1.102年以前「有無提供」之問法易使廠商因勞工沒有提出需求而回答未提供，故103年以後問項修正為「是否會同意員工申請」。
　　　2.性騷擾防治措施、申訴及懲戒辦法、設立「托兒服務機構」或提供「托兒措施」、設置「哺(集)乳室」係為事業單位有提供比率。
　　　3.性別平等工作法於105年5月修正擴大至僱用100人以上事業單位須提供「托兒設施或措施」及設置「哺(集)乳室」，爰上表實施情形區分為員工規模100人以上及250人以上。
　　　4.為撫育未滿3歲子女，事業單位同意「得調整工作時間」包含「公司原本就有彈性上、下班措施」。
　　　5.110年以前為「陪產假」，111年以後修正為「陪產檢及陪產假」。

3. 就業歧視情形

(1) 事業單位辦理各項業務有性別及跨性別/性傾向考量續降：112年事業單位辦理各項業務多數無性別及跨性別/性傾向考量，部分有性別考量之比率以「工作分配」17.1%最高，「薪資給付標準」、「育嬰留職停薪」各4%次之，其他皆未及3%；有跨性別/性傾向考量者亦以「工作分配」7.3%最多，其他皆未及3%；各項比率皆較111年下降。

事業單位辦理各項業務有性別考量之比率

單位：%

	102年	103年	104年	105年	106年	107年	108年	109年	110年	111年	112年
工作分配	27.9	23.5	20.1	20.5	21.0	19.5	17.6	18.1	17.5	17.3	**17.1**
薪資給付標準	9.3	9.3	8.6	6.5	6.6	5.9	4.9	4.8	4.6	4.2	**4.0**
育嬰留職停薪	6.6	8.8	4.4	6.5	4.5	4.5	4.2	5.3	4.4	4.2	**4.0**
僱用招募、甄試、進用	6.1	4.6	4.4	4.6	3.9	3.6	3.0	4.1	3.2	3.2	**2.8**
調薪幅度	3.9	3.8	3.8	2.9	3.2	2.6	2.5	2.5	2.3	2.5	**2.3**
員工考核（考績或獎金）	2.8	2.5	2.8	2.2	2.2	2.0	1.8	2.2	2.0	2.1	**1.8**
訓練及進修	2.4	2.4	2.2	2.0	2.1	1.1	1.4	2.2	2.1	2.0	**1.8**
員工陞遷	2.6	1.9	2.3	1.8	1.9	1.7	1.4	1.9	1.8	1.6	**1.5**
員工福利措施	1.9	1.5	1.1	1.3	1.6	1.0	1.3	1.5	1.4	1.6	**1.4**
退休權利	1.0	1.1	0.8	0.5	1.2	0.6	1.0	1.2	1.1	1.0	**1.0**
員工資遣、離職或解僱	1.4	0.8	1.1	1.1	1.0	0.8	1.0	1.1	1.0	1.2	**0.9**

資料來源：僱用管理就業平等概況調查。

事業單位辦理各項業務有跨性別/性傾向考量之情形

單位：%

	102年	103年	104年	105年	106年	107年	108年	109年	110年	111年	112年
工作分配	17.5	15.4	10.0	9.9	9.9	9.7	8.4	8.8	8.1	7.7	**7.3**
育嬰留職停薪	7.1	7.1	3.6	4.4	3.5	3.5	3.2	3.5	3.1	2.9	**2.7**
薪資給付標準	7.7	7.7	4.8	3.4	3.5	3.1	3.0	3.1	3.0	2.8	**2.6**
僱用招募、甄試、進用	6.6	4.4	3.5	2.8	2.9	3.1	2.4	3.8	2.6	2.2	**1.8**
訓練及進修	4.4	3.3	2.4	1.6	2.2	1.7	1.6	2.3	2.2	1.9	**1.7**

	102年	103年	104年	105年	106年	107年	108年	109年	110年	111年	112年
員工考核（考績或獎金）	4.3	3.4	2.7	2.0	2.1	2.0	1.9	2.1	2.0	1.8	**1.7**
調薪幅度	4.7	4.6	3.1	2.6	2.3	2.1	2.0	2.2	1.7	1.6	**1.4**
員工陞遷	4.5	3.1	2.6	1.6	2.0	1.7	1.7	2.0	1.6	1.4	**1.2**
員工資遣、離職或解僱	3.4	2.4	1.5	0.9	1.8	1.2	1.4	2.0	1.4	1.4	**1.2**
員工福利措施	4.0	2.9	1.8	1.3	1.8	1.5	1.5	2.2	1.4	1.4	**1.2**
退休權利	3.7	2.3	1.7	1.1	1.5	1.6	1.5	2.0	1.2	1.2	**0.8**

資料來源：僱用管理就業平等概況調查。

說明：「跨性別」係指自我性別認同與其生理性別不同。

(2) **受僱者在職場上遭受不平等待遇及就業歧視情形**

   A. 女性受僱者因性別在職場遭受不平等待遇比率以「調薪幅度」之 3.3%最高，男性則為「工作分配」之1.7%。

     女性受僱者最近一年因性別在職場遭受不平等待遇比率，以「調薪幅度」之3.3%最高，其次為「薪資給付標準」及「工作分配」，各占2.8%。

     男性受僱者最近一年因性別在職場遭受不平等待遇比率，以「工作分配」之1.7%最高，其次為「考核（考績或獎金）」之1.4%，「調薪幅度」、「薪資給付標準」各為1.2%居第三。

受僱者最近一年因性別在職場遭受不平等待遇比率

中華民國112年8月　　　　　　　　　　　　　　　　　單位：%

	總計	有遭受不平等待遇		沒有遭受不平等待遇	
		男性	女性	男性	女性
調薪幅度	100.0	1.2	3.3	98.8	96.7
薪資給付標準	100.0	1.2	2.8	98.8	97.2
工作分配	100.0	1.7	2.8	98.3	97.2
陞遷	100.0	1.0	2.3	99.0	97.7
考核(考績或獎金)	100.0	1.4	2.1	98.6	97.9
求職	100.0	1.0	1.6	99.0	98.4
訓練進修	100.0	0.7	0.8	99.3	99.2
資遣離職或解僱	100.0	0.3	0.7	99.7	99.3

	總計	有遭受不平等待遇		沒有遭受不平等待遇	
		男性	女性	男性	女性
員工福利措施之提供	100.0	0.3	0.7	99.7	99.3
育嬰留職停薪	100.0	0.2	0.1	99.8	99.9
退休權利	100.0	0.0	0.0	100.0	100.0

資料來源：工作場所就業平等概況調查。

B. 兩性受僱者最近一年遭受性別以外之就業歧視因素均以「年齡」最多，女性占3.9%、男性占4.9%。

受僱者最近一年在職場上遭受性別以外之就業歧視因素，兩性均以「年齡」居多，女、男性分別占3.9%、4.9%，其他則女性「思想」、「階級（含職位區隔）」及「容貌（含五官、身高及體重）」，均占2%左右，男性「容貌（含五官、身高及體重）」、「階級（含職位區隔）」分占2.2%、2%。

受僱者最近一年在職場上遭受性別以外之就業歧視情形
中華民國112年8月　　　　　　　　　　　　　　　　　　　單位：%

	總計	有就業歧視		沒有就業歧視	
		男性	女性	男性	女性
年齡	100.0	4.9	3.9	95.1	96.1
思想	100.0	0.8	2.0	99.2	98.0
階級(含職位區隔)	100.0	2.0	1.9	98.0	98.1
容貌(含五官、身高及體重)	100.0	2.2	1.9	97.8	98.1
語言	100.0	0.7	1.3	99.3	98.7
婚姻	100.0	0.2	1.2	99.8	98.8
黨派	100.0	1.5	0.7	98.5	99.3
宗教	100.0	0.3	0.5	99.7	99.5
身心障礙	100.0	0.3	0.4	99.7	99.6
種族	100.0	0.3	0.4	99.7	99.6
曾為工會會員身分	100.0	0.3	0.2	99.7	99.8
星座	100.0	-	0.2	100.0	99.8
籍貫	100.0	0.2	0.2	99.8	99.8
出生地	100.0	0.0	0.1	100.0	99.9
血型	100.0	-	-	100.0	100.0

資料來源：工作場所就業平等概況調查。

(二)促進婦女就業相關服務

1. **提供婦女就業機會**

(1)辦理「多元就業開發方案」，優先進用弱勢族群（含獨力負擔家計婦女、中高齡婦女）。多項就業方案中，其中學童課後輔導、居家照護、原住民傳統服飾編織、拼布創作、琉璃珠製作、風味餐推廣、觀光導覽等計畫，頗為符合女性之就業特質與在地就業之需求，且進用人員多以婦女為主，不僅開拓婦女就業機會，亦協助進用人員培養第二專長進而取得專業執照。

(2)為增進婦女使用就業服務資源之可近性，政府設置的就業中心及「臺灣就業通網」（http：//www.taiwanjob.gov.tw），提供網際網路免費求職求才服務，以及0800-777-888全天候免付費服務電話。

(3)提供婦女創業貸款利息補貼：為協助民眾創業，經核貸且符合創業貸款利息補貼規定者，由政府補貼其創業貸款利息，期藉由創業貸款之補助，減輕申貸者創業期間利息負擔，協助其創業與經濟自主。

(4)協助家庭暴力被害人就業：訂定「家庭暴力個案職業輔導處理程序」，由個案管理員運用就業服務資源，為有就業意願之個案提供個別化之就業服務，並辦理後續追蹤輔導。

(5)協助新住民就業：為協助具有就業意願與需求之新住民就業，於民國93年11月8日令頒施行「新住民就業協助方案」，辦理職業訓練專班，補助訓練費用、符合中低收入或特定對象身分者免費參加職業訓練，另以增加雇主僱用等促進其就業。

(6)辦理「協助婦女再就業計畫」，提供二度就業婦女及弱勢婦女（如家暴、特殊境遇婦女、獨力負擔家計婦女、新住民等）個別化、專業化之就業服務。

2. **提供就業諮詢**

(1)各就業服務機構實施三合一的就業服務，結合就業服務、失業給付、職業訓練。

(2)針對中高齡者、獨力負擔家計婦女、新住民、家暴及性侵害個案等弱勢就業者，就服中心有專業個案管理員協助訂定個別就業計畫，提供就業諮詢，並安排職業訓練諮詢評估、就業促進研習活動或推介就業等，以提高其就業信心，協助其盡早就業。

3. **提供創業諮詢服務**：為協助創業者降低創業期間之風險，對於有意創業者及已創業者，於政府的就業中心提供創業前、中、後之相關經營諮詢及輔導服務，以協助其多元化就業並永續經營。諮詢服務項目如下：

創業研習	針對創業新手，邀請專家開辦橫跨創業基礎概念至管理多面向的系列課程，以具備創業知識。
創業諮詢	在地的「創業諮詢輔導團」專家，提供6小時免費一對一諮詢服務，解決新創事業經營管理、行銷通路、財務規劃等疑難雜症。
創業見習	廣佈全國各地、橫跨各業的創業見習活動，透過企業主之豐富經驗傳承，讓創業者能更深入瞭解企業經營實務面。
現場診斷	「創業諮詢輔導團」專家到創業現場提供經營管理相關建議與策略。
體驗交流	巡迴舉辦小型創業體驗營，邀請專家傳授創業觀念，並分享創業心路歷程，吸收寶貴經驗。
資訊加值	建構創業e化學習平臺，提供視聽課程學習瀏覽功能，並收集最新政府、民間創業補助政策及活動訊息，讓有意創業者輕鬆取得所有創業資源。

4. **提供中高齡者及特殊境遇婦女創業貸款利息補貼**
   (1) **微型企業創業貸款**
      A. 貸款對象：年滿45歲以上至65足歲，具有下列條件之一者：
         (A) 申請創業貸款計畫時，正依法辦理登記之微型企業（係指依法辦理登記之事業組織，不分行業，員工數未滿5人者）。
         (B) 所創或所營微型企業登記設立未超過1年。
      B. 申貸者限制
         (A) 不得有經營其他事業或其他任職情事。
         (B) 本貸款限由事業登記負責人提出申請。
         (C) 已領取軍、公、教及公營企業退休金或其他依法領取退休金者，不得申貸。
      C. 貸款額度：依其計畫所需之資金八成貸放，惟每一借戶申請貸款總額度不得超過新臺幣100萬元，得分次申請。
      D. 貸款期限：最長6年，含寬限期1年。
      E. 貸款利息：申貸者僅需負擔利息年息3%。

(2)**特殊境遇婦女創業貸款利息補貼**

　A.資格條件

　　(A)年滿20歲至65歲婦女。

　　(B)家庭總收入按全家人口平均分配，每人每月未超過政府當年公布最低生活費用標準2.5倍，且未超過臺灣地區平均每人每月消費支出1.5倍。

　　(C)除上述兩點外，尚須符合以下情形之一者

　　　a.夫死亡或失蹤，經向警察機關報案協尋未獲達6個月以上。

　　　b.因夫惡意遺棄或受夫不堪同居之虐待，經判決離婚確定或已完成協議離婚登記。

　　　c.獨自扶養18歲以下非婚生子女或因離婚、喪偶獨自扶養18歲以下子女，其無工作能力，或雖有工作能力，因遭遇重大傷病或照顧6歲以下子女致不能工作。

　　　d.夫處1年以上之徒刑或受拘束人身自由之保安處分1年以上，且在執行中。

　　　e.家庭暴力受害。

　B.貸款利息：特殊境遇婦女申貸青年創業貸款或微型企業創業貸款，前3年免負擔利息，第4年起負擔年息1.5%。

　C.貸款額度：創業貸款利息補貼以新臺幣100萬元貸款額度為限。

　D.貸款期限：最長7年。

5.**創業輔導措施**：為提供婦女不同於就業或職訓的選擇，輔導其創業，尋找人生的另一個出路，推動「微型創業旗艦計畫」，包括「諮詢服務」、「技能養成」、「就服轉介」、「資金融通」、「廣宣行銷」、「商品通路」等6大計畫及1項專案「創業鳳凰婦女小額貸款計畫」。

(1)**微型創業鳳凰計畫**：為提昇我國婦女及中高齡國民勞動參與率，建構創業友善環境，協助女性及中高齡國民發展微型企業，創造就業機會，提供創業陪伴服務及融資信用保證專案。

　主要特色有：

負擔鬆	貸款額度最高100萬元，貸款年限7年。按郵政儲金二年期定期儲金機動利率加年息0.575%機動計息。貸款戶自行負擔信用保證0.5%保證手續費。貸款人前二年免息，由勞動部全額補貼利息。

免保人	本貸款由銀行提行貸款資金，政府提供貸款戶9成5信用保證，免提擔保人。
要輔導	指派創業顧問提供全程創業陪伴輔導。
重培訓	實施技能培訓，開辦創業入門課程、進階班及安排職場見習。

(2) **特殊境遇家庭創業貸款補助**：為協助特殊境遇家庭民眾創業，凡經認定具特殊境遇家庭身分民眾，年滿20至65歲，申貸「微型創業鳳凰貸款」或「青年創業貸款」，可由承貸銀行向政府申請利息補貼，申貸者可享前3年免息，第4年起負擔年息1.5%之優惠。

(3) **家庭暴力被害人創業貸款補助**：助家庭暴力被害人創業，凡家庭暴力被害人年滿20至65歲，申貸「微型創業鳳凰貸款」或「青年創業貸款」，可由承貸銀行向政府申請利息補貼，申貸者前3年免息，第4年起負擔年息1.5%。

(4) **行政院女性創業資訊網**：提供婦女創業交流、創業輔導、創業課程、創業問答及成功案例等相關資訊服務。

(三)**勞動市場上「性別歧視」內涵及原因**

勞動市場歧視常被用來說明兩性工作機會不平等之結果，尤其是薪酬、升遷、僱用等不公平待遇，而女性常是被歧視的受害者，主要原因在於：

1. **性別歧視之內涵**：勞動市場歧視的觀念通常是從一個歧視的結構面分析起，它常意涵著三種不同層面的意義，一為「偏見地對待」，二為「不公平對待」，三為「不利影響」。第一個意義傾向故意為不利之行為，第二個意義是指對於不同的人採用不同的標準，第三個意義則指間接性的不公平影響，而非故意之意圖行為。

依上述的意義，勞動市場歧視現象，有的是來自主觀的故意行為，或可能因個人的偏好所致，但有的則是非意圖性行為，而是僱用過程所帶來的不利影響。

2. **性別歧視之形成原因**：女性薪資平均不如男性或兩性的職業隔離現象，主要理由之一是來自「傳統」或「風俗」將兩性定位在「工作世界」（男）和「非工作世界」（女），即這種傳統的性別角色分工觀形塑了性別歧視，亦稱為「社會歧視」。

依此理論點，勞動市場歧視是必然因素，是角色傳統所致，可能來自：

(1) 早期兒童社會化。
(2) 性別角色認同的學校教育。
(3) 生理上的兩性差異（但最不重要）。
總之，勞動市場歧視形成乃是家務和工作上的性別分工結果。

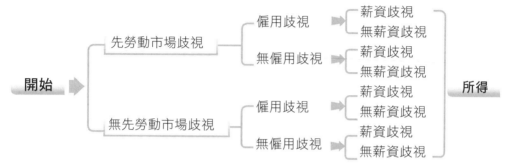

另學者焦興愷依勞動者進出勞動市場的流程，以就業歧視的觀點，將之區分為「進入就業市場前歧視」（pre-market discrimination）、「僱用歧視（employment discrimination）」、「薪資歧視（wage discrimination）」、「退出勞動市場後歧視」（post market discrimination）等四種類型。進入就業市場前的歧視是指女性在未進入就業市場前，即遭受社會歧視的理念。僱用歧視則指進入勞動市場後，勞動者所遭受的歧視，包括招募的歧視、升遷的歧視和解僱歧視等三項歧視。薪資歧視現象在於女性勞動者所面對的同工不同酬的待遇，亦可包含集體計酬、按時計酬或雜碎福利的歧視。至於退出勞動市場的歧視，是指遭受資遣、辦理退休或自願離職後，無論在稅賦和社會安全保障上，女性勞動者無法獲得與男性相等的待遇。

由雙元勞動市場觀點可知，勞動市場的性別歧視是因為男性被視為內部勞動力，而女性被視為外部勞動力，前者具有經濟上的勞動穩定性，後者則缺乏經濟上的確定感，於是造成了勞動市場雙元僱用體系，形成了就業性別歧視現象。

又從人力資本論立場觀之，女性之所以常成為勞動市場的被歧視對象，主要歸咎於女性個人「資產上的不足，包括教育、技術訓練及工作經驗不如男性之個人投資，尤其是工作經驗之累積常受限於女性之採取職業中斷型」之生涯路徑，結婚生子後退出勞動市場因而影響其工作經驗的累積效用；同時，由於平衡家庭照顧需求之故，女性技術訓練的投資也因進出於不太需要專門技術之職業而影響其技術之累積。

(四)工作場所性騷擾
1. 性騷擾樣態
(1) **敵意式性騷擾**：受僱者於執行職務時，任何人以性要求、具有性意味或性別歧視之言詞或行為，對其造成敵意性、脅迫性或冒犯性之工作環境，致侵犯或干擾其人格尊嚴、人身自由或影響其工作表現。

(2) **交換式（權勢性）性騷擾**：雇主對受僱者或求職者為明示或暗示之性要求、具有性意味或性別歧視之言詞或行為，作為勞務契約成立、存續、變更或分發、配置、報酬、考績、陞遷、降調、獎懲等之交換條件。權勢性騷擾指對於因僱用、求職或執行職務關係受自己指揮、監督之人，利用權勢或機會為性騷擾。

(3) **權勢性騷擾**：指對於因僱用、求職或執行職務關係受自己指揮、監督之人，利用權勢或機會為性騷擾。

2. 防治措施：雇主應採取適當措施防治性騷擾發生：
(1) 僱用受僱者10人以上未達30人者，應訂定申訴管道，並在工作場所公開揭示。

(2) 僱用受僱者30人以上者，應訂定性騷擾防治措施、申訴及懲戒規範，並在工作場所公開揭示。

(3) 防治內容應包括性騷擾樣態、防治原則、教育訓練、申訴管道、申訴調查程序、應設申訴處理單位之基準與其組成、懲戒處理及其他相關措施。

3. 立即有效之補正措施：雇主知悉性騷擾情形時，應採取下列立即有效之糾正及補救措施：
(1) **雇主因接獲被害人申訴而知悉性騷擾之情形時**：

  A. 採行避免申訴人受性騷擾情形再度發生之措施。

  B. 對申訴人提供或轉介諮詢、醫療或心理諮商、社會福利資源及其他必要之服務。

  C. 對性騷擾事件進行調查。

  D. 對行為人為適當之懲戒或處理。

(2) **雇主非因前款情形而知悉性騷擾事件時**：

  A. 就相關事實進行必要之釐清。

  B. 依被害人意願，協助其提起申訴。

  C. 適度調整工作內容或工作場所。

  D. 依被害人意願提供或轉介諮詢、醫療或心理諮商處理、社會福利資源及其他必要之服務。

4. 調查期間之作為

(1)性騷擾被申訴人具權勢地位，且情節重大，於進行調查期間有先行停止或調整職務之必要時，雇主得暫時停止或調整被申訴人之職務；經調查未認定為性騷擾者，停止職務期間之薪資，應予補發。

(2)申訴案件經雇主或地方主管機關調查後，認定為性騷擾，且情節重大者，雇主得於知悉該調查結果之日起30日內，不經預告終止勞動契約。

5. **申訴、調查及處理**

(1)受僱者或求職者遭受性騷擾，應向雇主提起申訴。但有下列情形之一者，得逕向地方主管機關提起申訴：

A. 被申訴人屬最高負責人或僱用人。

B. 雇主未處理或不服被申訴人之雇主所為調查或懲戒結果。

(2)受僱者或求職者依前項但書規定，向地方主管機關提起申訴之期限，應依下列規定辦理：

A. 被申訴人非具權勢地位：自知悉性騷擾時起，逾2年提起者，不予受理；自該行為終了時起，逾5年者，亦同。

B. 被申訴人具權勢地位：自知悉性騷擾時起，逾3年提起者，不予受理；自該行為終了時起，逾7年者，亦同。

(3)地方主管機關為調查前述性騷擾申訴案件，得請專業人士或團體協助；必要時，得請求警察機關協助。

(4)地方主管機關依本法規定進行調查時，被申訴人、申訴人及受邀協助調查之個人或單位應配合調查，並提供相關資料，不得規避、妨礙或拒絕。

(5)地方主管機關受理之申訴，經認定性騷擾行為成立或原懲戒結果不當者，得令行為人之雇主於一定期限內採取必要之處置。

(6)性騷擾之被申訴人為最高負責人或僱用人時，於地方主管機關調查期間，申訴人得向雇主申請調整職務或工作型態至調查結果送達雇主之日起30日內，雇主不得拒絕。

(7)公務人員、教育人員或軍職人員遭受性騷擾，且行為人為最高負責人者，應向上級機關（構）、所屬主管機關或監督機關申訴。

(8)最高負責人或機關（構）、公立學校、各級軍事機關（構）、部隊、行政法人及公營事業機構各級主管涉及性騷擾行為，且情節重大，於進行調查期間有先行停止或調整職務之必要時，得由其上級機關（構）、所屬主管機關、監督機關，或服務機關（構）、公立學校、

各級軍事機關（構）、部隊、行政法人或公營事業機構停止或調整其
職務。

(9) 私立學校校長或各級主管涉及性騷擾行為，且情節重大，於進行調查
期間有先行停止或調整職務之必要時，得由學校所屬主管機關或服務
學校停止或調整其職務。依規定停止或調整職務之人員，其案件調查
結果未經認定為性騷擾，或經認定為性騷擾但未依公務人員、教育人
員或其他相關法律予以停職、免職、解聘、停聘或不續聘者，得依各
該法律規定申請復職，及補發停職期間之本俸（薪）、年功俸（薪）
或相當之給與。

(10) 機關政務首長、軍職人員，其停止職務由上級機關或具任免權之機關
為之。

性別平等工作法性騷擾罰則一覽表

條文	違反之規定	罰則內容
第13條第1項第2款	僱用受僱者30人以上者，應訂定性騷擾防治措施、申訴及懲戒規範，並在工作場所公開揭示	處新臺幣2萬元以上30萬元以下罰鍰
第13條第1項第1款	僱用受僱者10人以上未達30人者，應訂定申訴管道，並在工作場所公開揭示	處新臺幣1萬元以上10萬元以下罰鍰
第13條第2項	雇主於知悉性騷擾之情形時，應採取下列立即有效之糾正及補救措施；被害人及行為人分屬不同事業單位，且具共同作業或業務往來關係者，該行為人之雇主，亦同	處新臺幣2萬元以上100萬元以下罰鍰
第32條之2第3項	地方主管機關受理之申訴，經認定性騷擾行為成立或原懲戒結果不當者，得令行為人之雇主於一定期限內採取必要之處置，但雇主未在期限內進行處置	
第32條之2第5項	性騷擾之被申訴人為最高負責人或僱用人時，於地方主管機關調查期間，申訴人得向雇主申請調整職務或工作型態至調查結果送達雇主之日起30日內，雇主不得拒絕	處新臺幣1萬元以上5萬元以下罰鍰
第38條之2	最高負責人或僱用人經地方主管機關認定有性騷擾者	處新臺幣1萬元以上100萬元以下罰鍰
第32條之2第2項	被申訴人無正當理由而規避、妨礙、拒絕調查或提供資料者	處新臺幣1萬元以上5萬元以下罰鍰，並得按次處罰

女性勞工面對工作場所性騷擾應採取的應對方式：

進行溝通

告訴騷擾者停止這種行為——這是最根本也最
必需而明顯的解決辦法，但通常被忽視

（若情況沒改善）

告知可信任之人

直接告訴可信任的同事；不管如何，只要不想
和騷擾者接觸，一定要告訴其他人發生了什麼
事及對這事件的看法

記錄性騷擾事件

(1) 詳盡記錄事情發生的完整經過
(2) 試圖阻止性騷擾的所有嘗試
(3) 你做了什麼抗拒／應對？若無，為什麼？
(4) 你的感覺如何？
(5) 對你所產生的其他影響
(6) 列舉目擊者
(7) 目擊者的反應
(8) 時間、日期和地點
(9) 每次事件發生後盡速寫下來
(10) 妥善保存你的紀錄

向組織內
相關單位
提出控訴

向相關婦女
團體求援

向縣市政府
就業歧視評
議委員會提
出申訴

向相關司法單位提出控訴

(五) 同酬日

吳佩璇、吳敏君（2013）指出，「同酬日」（Equal Pay Day）係用以標記要達到男性一整年所賺取的薪水，女性需要額外工作的天數，自年初按每週一至五為工作天起算（不扣除國定假日），該天數最後一日即為同酬日。天數計算方法如下：

女性額外工作的天數＝性別薪資差距×260個工作天

其中，260個工作天係以一年52週、每週5個工作天計算，性別薪資差距（Gender Pay Gap, GPG）則涉及薪資統計範圍與方法，歐盟作法如下：

1. 除農林漁牧業、公共行政業、私人家戶及跨國組織外，受僱員工10人以上企業的所有受僱者，不限年齡，且包含部分工時工作者。
2. 採時薪（gross hourly earnings）計算，含加班費，不含其他非經常性薪資。
3. 各國兩性平均時薪為算術平均數，再以各國受僱人數加權平均得歐盟兩性平均時薪，據以計算歐盟性別薪資差距。

$$GPG = \frac{男性受僱員工平均時薪 - 女性受僱員工平均時薪}{男性受僱員工平均時薪} \times 100\%$$

以2011年歐洲同酬日為例，2008年（GPG資料時間落差）歐洲女性平均時薪較男性少17.5%，換算工作天數為46天（17.5%×260），亦即女性需額外工作至3月5日才能獲得與男性工作一年相同之薪資，同酬日即訂為3月5日。

同酬日概念源於1988年美國國際職業婦女協會（Business and Professional Women，BPW）發起之「紅皮包運動（Red Purse Campaign）」，之後美國「全國同酬委員會（National Committee on Pay Equity，NCPE）」為喚起各界對於兩性薪資差異之重視，於1996年發起同酬日活動，象徵性地選定每年4月某1個星期二為同酬日，其選擇星期二意涵為女性須工作至週二才能和男性前一週所賺取薪資相等，2015年為4月14日。

2010年歐盟引進美國概念，選定每年4月15日為歐洲同酬日，然而固定的同酬日並無法觀察薪資差距的變化，遂於2011年起依兩性薪資差距計算女性和男性賺取相同薪資所需增加之工作日數，並訂定2011年3月5日為歐盟第一個同酬日。

各國或各倡議組織所採取之同酬日計算方式不一，歐盟以365天×性別薪資差距，計算女性賺取和男性相同薪資所需增加之工作日數，而BPW則採工作天數×性別薪資差距，且兩性薪資差距之計算基礎亦略有差異，例如歐盟不包含受僱員工規模10人以下之薪資，另非經常性薪資不計入。由於同酬日主要意旨在倡議兩性同酬之公共意識，國際上並無要求或建議一致之呼籲，而我國則採歐盟方法計算。

我國依行政院主計總處「受僱員工薪資調查」計算兩性受僱者之平均時薪差距，民國103年女性平均時薪較男性少15.0%，即女性需增加工作55天（365天×15.0%），薪資才能和男性相同，因此我國106年同酬日訂在2月22日，較上年2月23日向前推進1天，民國113年為2月23日。

國際間如美國、德國等都訂有同酬日，2015年西班牙為2月21日、瑞士為3月9日、加拿大為3月11日、德國為3月20日、奧地利為3月31日。

移工與外國人才管理

本章焦點

一、移工定義與政策發展
二、移工管理與現行問題討論
三、有效的移工政策與管理措施
四、外國人才工作與管理

重點綱要

一、政策緣起

1989年開始，因應政府推動14項重要建設產生的勞力短缺，以「專案方式」正式引進移工。民國81年「就業服務法」公布施行，設外國人聘僱管理專章，允許民間產業引進移工，並逐次放寬引進行業種類。

臺灣的移工政策轉變可區分為3個時期：

(一)**第一階段**：1985-1992年為移工政策形成期。

(二)**第二階段**：1992年就業服務法通過至1995年，政府對於移工的引進逐步開放。

(三)**第三階段**：1996年後因國內經濟環境的變化，移工政策又面臨緊縮。

(四)**第四階段**：2016年後因國內缺工嚴重，移工政策逐漸開放。

二、臺灣地區移工現況

三、臺灣移工管理及運用調查

四、臺灣地區移工問題

(一)使犯罪案例增加，擾亂社會治安。

(二)破壞法規。

(三)傳染病傳入。

(四)引起群體衝突。　　　　　　　　(五) 流入禁物。

(六)資金大量流失。　　　　　　　　(七) 增加人口壓力。

(八)降低本國國民就業機會及條件。　(九) 延緩本國產業升級。

(十)造成少數民族問題。

五、我國現行的移工政策

(一)不全面開放移工的引進（限業限量）。

(二)移工引進在於解決勞力不足問題，非壓抑或降低勞動成本。

(三)引進移工採審慎進行，以防對社會造成不良影響。

(四)對非法移工嚴加取締，不採就地合法化。

(五)移工來源國家有所規劃及選擇。

(六)對非法僱用及仲介移工者嚴加處罰。

六、移工開放與管理的前提要件

(一)保障國人的就業權益。　　　　　(二) 防範移工變成變相的移民。

(三)維護社會治安。　　　　　　　　(四) 維持工商經營的公平性。

七、移工管理問題探討

(一)違法案件態樣

　1. 雇主違法。　　　　　　　　　　2. 仲介違法。

　3. 移工違法。

(二)權益保障

　1. 申訴諮詢服務。　　　　　　　　2. 緊急收容安置。

　3. 法令宣導措施。　　　　　　　　4. 生活環境檢查。

　5. 違法案件察查。　　　　　　　　6. 育樂休閒活動。

八、移工政策的未來工作重點

(一)對象擴大。

(二)享本國國民同等待遇。

(三)僑外生畢業後留臺工作。

(四)外國人才依國際協定來臺。

九、機構監護移工的運用及管理現況

(一)角色模糊，工作繁瑣。　　　　(二)上有政策，下有對策。

(三)語言隔閡，障礙重重。　　　　(四)訓練不足，權益受損。

(五)種族歧視，無所不在。　　　　(六)職權模糊，關係曖昧。

十、私立就業服務機構的移工業務

(一)引進移工。　　　　　　　　　(二)業務辦理。

(三)國內外服務。

十一、延攬外國人才來臺工作

(一)目的。　　　　　　　　　　　(二)開放的工作項目。

(三)工作管理。　　　　　　　　　(四)僑外生在臺工作。

(五)外國人才依國際協定來臺工作。

十二、外國專業人才延攬及僱用法重點

十三、移工留才久用方案

內容精論

一、政策緣起

1980年代，臺灣由於少子化與高齡化、國民所得增加及教育水準提升等因素影響，勞動市場環境急速產生變化，一般勞工對於所謂3K（骯髒、辛苦、危險）基層勞動工作排斥及抗拒。政府為了完成國家重大建設，也為了提供產業勞動力的需求，研議開放移工入國工作。臺灣於民國78年10月公告開放引進移工，第一批移工是民國80年2月243名泰國籍勞工入國工作。自此臺灣移工人數，隨著產業變化及勞動市場需求，不斷開放及引進，至民國106年5月在臺移工人數已達64.7萬人。移工輸出國則有菲律賓、泰國、印尼、越南、馬來西亞等5國。在移工聘僱及管理的法制面上，是在81年公布施行就業服務法、施行細則及若干基準，後續因應實際狀況，分別修正部分條文。行政院勞動部引進移工之主要政策，係以「補充」而非「替代」的原則，採取在一定範圍內的總量管制方式，對於可以引進移工之業種與人數均有限制，並規範為保障國人就業權益，要求在引進移工前，必須實施續聘本國勞工之招募活動、加強雇主管理責任及私立就業服務機關管理等等。

民國88年間臺塑六輕工程，引進4,700多名移工，曾經發生三次重大的騷擾事件。民國94年8月，高雄捷運岡山泰國移工事件，暴露政府在移工管理上的缺失，引發國內外對於移工管理問題的關注，政府也深切檢討，移工入國工作，不僅僅是引進國內工作，所衍生的如管理、勞動權益、人權保障、逃逸等問題，是更重大的社會問題。自此，臺灣在移工管理及權益保障，不論在法制面及管理面都有大幅修正及改善。

臺灣從民國78年開始，為因應政府推動14項重要建設所產生的勞力短缺，於是以「專案方式」正式引進移工。民國81年「就業服務法」通過，其中設有移工專章，允許民間產業引進移工，並且逐次放寬引進的行業種類。當時對移工政策的爭議主要有三項：
(一)移工是否會影響國民工作權。
(二)移工在國內的基本人權如何保障。
(三)移工仲介制度的高額仲介費造成剝削。

移工的引進雖可使國內基層勞動力不足情形獲得疏解，並使缺工率明顯下降，但卻影響本國勞動就業機會、導致工資及其他勞動條件的降低。自1999年麥寮的移工群起抗議後，陸續至2005年高捷泰勞再度因為與管理員發生衝突，逐漸令國人產生關注。

臺灣依「限業限量及專案申請」之原則，1990年首次批准開放移工的引進。陳宗韓（1999）將臺灣的移工政策轉變區分為四個時期：

第一階段：1985至1992年為移工政策形成期。

第二階段：1992年就業服務法通過至1995年，政府對於移工的引進逐步開放。

第三階段：1996年後因國內經濟環境的變化，移工政策又面臨緊縮。

第四階段：2016年後因國內缺工嚴重，移工政策逐漸開放。

而移工管理制度若以時間為分野，亦可分為三個階段：

第一階段：勞動契約關係成立前。

第二階段：勞動契約關係存續中。

第三階段：勞動關係消滅後。

二、臺灣地區移工現況

民國113年3月底產業及社福移工總計76萬3,381人，依國籍別觀察，以印尼籍人數居首，占36.0%，越南籍次之，占34.8%，其次為菲律賓籍占20.0%及泰國籍9.1%。

三、臺灣移工管理及運用調查

為了解事業面及家庭面雇主對移工管理、運用及相關政策之看法與移工之工作概況，作為移工引進等政策參據，勞動部於112年7月至8月辦理「移工管理及運用調查」，計回收有效樣本8,562份〔事業面（製造業及營建工程業）雇主4,534份；家庭面雇主4,028份〕，調查統計結果摘述如下：

(一)事業面（製造業及營建工程業移工）

1. **112年6月事業面移工總薪資平均3.2萬元，總工時192.4小時**：112年6月事業面移工總薪資平均為3萬2,183元（其中經常性薪資2萬7,284元，加班費4,048元），較111年6月減120元（-0.4%），主要係受基本工資調整及加班工時減少影響，經常性薪資增1,218元（+4.7%），加班費減1,571元（-28%），交互影響所致。總工時平均192.4小時，年減10.7小時，其中正常工時167.4小時，加班工時25小時，各年減0.2小時及10.5小時。

事業面移工薪資、工時及放假天數

	總薪資			總工時			放假天數
	經常性薪資	加班費	其他		正常工時	加班工時	
	元	元	元	元	小時	小時	小時	天
110年6月	30,541	24,603	5,396	542	204.1	167.7	36.4	9.1
111年6月	32,303	26,066	5,619	617	203.1	167.6	35.5	9.2
112年6月	**32,183**	**27,284**	**4,048**	**851**	**192.4**	**167.4**	**25.0**	**9.1**
製造業	32,163	27,306	4,004	853	192.0	167.3	24.7	9.1
營建工程業	32,666	26,766	5,105	795	200.5	167.9	32.6	9.0

說明：1.「其他」係指非每月給付受僱員工之工作報酬，包括年終獎金、非按月
　　　　發放之工作獎金、員工紅利、節慶獎金、差旅費及誤餐費等。
　　　2.基本工資自112年1月起由25,250元調整至26,400元。

2. **4成5製造業雇主有申請附加移工，其中2成2未足額引進：** 製造業雇主自102年3月起若有非工資成本考量之實質缺工需求，可額外繳納就業安定費，增加移工配額。112年6月製造業雇主有申請「外加就業安定費附加移工數額」（簡稱附加移工）者占44.9%，近2年皆呈增加，未申請者占55.1%。

　　有申請者中，未足額引進占22.3%，未足額引進原因以「成本考量」占34.7%最高，「疫情影響」占28.3%，已較前2年大幅下降，「訂單未符合預期增加」之占比則升逾2成；未申請附加移工之原因以「引進移工已符合人力需要」占55%最高，其次為「成本考量」占28.3%，「訂單未符合預期增加」則升逾2成5。

製造業雇主申請附加移工情形

單位：%

	110年6月	111年6月	112年6月
總計	100.0	100.0	**100.0**
未申請	59.3	58.4	**55.1**
有申請	40.7	41.6	**44.9**
未足額引進占比	24.4	24.0	**22.3**

	110年6月	111年6月	112年6月
有申請但未足額引進原因（可複選）			
成本考量	21.9	29.9	**34.7**
疫情影響	60.0	41.1	**28.3**
引進移工已符合人力需要	23.2	26.5	**23.2**
訂單未符合預期增加	3.6	13.7	**20.1**
刻正辦理相關引進程序	14.2	23.2	**15.3**
已招募足額本國勞工	4.2	6.5	**5.7**
公司營運規模減縮	0.9	4.9	**4.0**
生產流程自動化已可降低人力	1.5	1.7	**2.8**
其他	1.2	1.5	**2.9**
未申請附加移工之原因（可複選）			
引進移工已符合人力需求	61.8	59.6	**55.0**
成本考量	28.7	27.4	**28.3**
訂單未符合預期增加	14.1	17.5	**25.4**
疫情影響	22.2	19.6	**19.0**
已招募足額本國勞工	8.6	7.4	**9.6**
公司營運規模縮減	4.7	4.9	**7.0**
不符合申請資格	2.5	4.3	**3.2**
生產流程自動化已可降低人力	1.9	2.1	**2.1**
其他	1.1	0.9	**0.8**

3. 4成5事業面雇主管理及運用移工時有困擾：112年6月事業面雇主在管理及運用移工時曾遭遇困擾者占44.6%，其困擾原因以「語言不通」占68.2%最高，其次為「發生行蹤不明失聯情形」占34%，「溝通困難（如配合度不高等）」占27.4%居第3。

事業面雇主管理及運用移工遭遇困擾情形

112 年 6 月

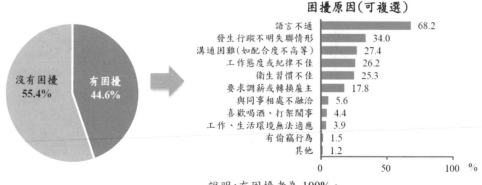

困擾原因(可複選)

語言不通	68.2
發生行蹤不明失聯情形	34.0
溝通困難(如配合度不高等)	27.4
工作態度或紀律不佳	26.2
衛生習慣不佳	25.3
要求調薪或轉換雇主	17.8
與同事相處不融洽	5.6
喜歡喝酒、打架鬧事	4.4
工作、生活環境無法適應	3.9
有偷竊行為	1.5
其他	1.2

沒有困擾 55.4%　有困擾 44.6%

說明：有困擾者為 100%。

(二)家庭面（外籍家庭看護工）

1. **112年6月外籍家庭看護工總薪資平均為2.3萬元；每日工作約10小時：**

   112年6月外籍家庭看護工總薪資平均為2萬2,638元，較111年6月增2,105元（+10.3%），其中經常性薪資1萬9,920元，加班費2,291元，分別年增1,959元（+10.9%）及156元。雇主沒有規定外籍家庭看護工每日工作時間者占86.1%，惟不論雇主有無規定，每日實際工作時間平均皆約10小時。

外籍家庭看護工薪資、工時

	總薪資				每日工作時間約定情形							
						有規定				沒有規定		
	經常性薪資	加班費	其他	總計		每日規定工時①	工作時間內休息時數②	實際工時①-②		每日工時③	工作時間內休息時數④	實際工時③-④
	元	元	元	元	%	%	小時	小時	小時	%	小時	小時	小時
110年6月	20,209	17,563	2,182	465	100.0	17.6	13.0	3.1	9.9	82.4	13.2	3.1	10.0
111年6月	20,533	17,961	2,135	438	100.0	16.8	12.6	3.0	9.7	83.2	13.1	2.8	10.3
112年6月	**22,638**	**19,920**	**2,291**	**427**	**100.0**	**13.9**	**12.9**	**3.2**	**9.8**	**86.1**	**13.2**	**3.2**	**10.0**

說明：1.聘僱起始日自111年8月10日起，月薪從1.7萬元調高至2萬元，聘僱期滿續聘或期滿轉聘之家事移工，比照入境移工調高為2萬元。

2.「其他」係指獎金、誤餐費及零用錢等。

2. **6成1外籍家庭看護工假日有放假**：112年6月調查外籍家庭看護工每月假日有放假者占60.6%，有放假者平均每月放假次數以「1次」占57.7%較高，其次為「2~3次」占25.6%；都不放假者占39.4%，其原因以「外籍家庭看護工想賺取加班費」占86.2%最高，其次為「家中無替代照顧人力」占27.2%；外籍家庭看護工假日不放假，雇主有發給加班費占逾9成5。

外籍家庭看護工假日放假情形

112 年 6 月

每月假日放假情形

有放假者平均每月放假次數

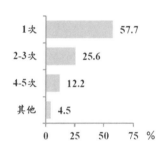

都不放假者不放假原因(可複選)

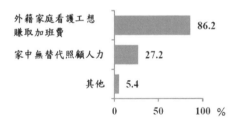

假日不放假時發給加班費情形

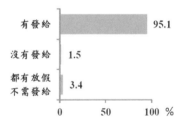

說明：都不放假者為 100%。

3. **若外籍家庭看護工於假日休假，8成6雇主有替代照顧方案；3成8雇主願意申請政府推行之補助替代照顧方案**：112年6月家庭面雇主對於外籍家庭看護工於假日休假（每7日休息1日），有其他替代照顧方案者占85.9%，最主要替代方案以「由家人照顧」占85%為主，「申請政府喘息或居家服務」占11.8%。

外籍家庭看護工假日休假雇主之替代方案情形
112 年 6 月

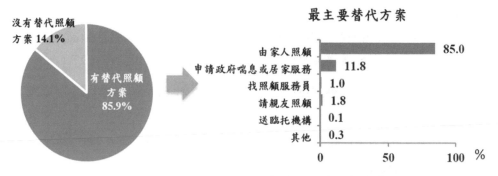

說明：有替代服務方案者為 100%。

目前政府推行方案，針對雇主讓外籍家庭看護工於假日休假，提供本國替代照顧人力所需費用之部分補助，雇主願意申請者占37.8%，不願意申請者占39.1%，不確定者則占23.1%。

政府推行之補助替代照顧方案雇主願意申請情形
112 年 6 月

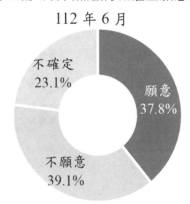

4. **家庭面雇主僱用外籍家庭看護工前，及若未僱用之替代方案皆以「由家人照顧」為主**：112年6月家庭面雇主於僱用外籍家庭看護工前，對於被看護者最主要採「由家人照顧」占84.5%，其他方式占比均低於1成；如果目前沒有僱用外籍家庭看護工，替代方案仍以「由家人照顧」最多，惟比率降為54.7%，其次為「老人福利機構、護理之家或住宿式服務類長照機構」占25.1%，「找照顧服務員」占14.3%居第3。

照顧被看護者主要方式

單位：%

	僱用外籍家庭看護工前			如果目前沒有僱用外籍看護工之替代方案		
	110年6月	111年6月	112年6月	110年6月	111年6月	112年6月
總計	100.0	100.0	**100.0**	100.0	100.0	**100.0**
由家人照顧	85.9	82.9	**84.5**	50.0	54.0	**54.7**
老人福利機構、護理之家或住宿式服務類長照機構	3.9	4.7	**3.8**	25.2	28.8	**25.1**
找照顧服務員	7.0	9.0	**7.6**	12.2	11.5	**14.3**
找本國幫傭	1.4	1.5	**1.7**	3.7	4.1	**3.8**
請親友照顧	1.1	1.8	**2.1**	1.6	1.6	**2.2**
其他	0.8	0.1	**0.3**	7.2	0.1	-

5. **3成4家庭面雇主僱用外籍家庭看護工前曾聘僱照顧服務員**：112年6月家庭面雇主僱用外籍家庭看護工前，有聘僱照顧服務員之經驗者占33.6%，不繼續僱用原因以「經濟負擔考量」占81.4%最高，其次為「照顧服務員時間無法配合」占40.3%，「找不到適合的照顧服務員」占19.2%居第3。

家庭面雇主僱用外籍家庭看護工前聘僱照顧服務員之經驗

112 年 6 月

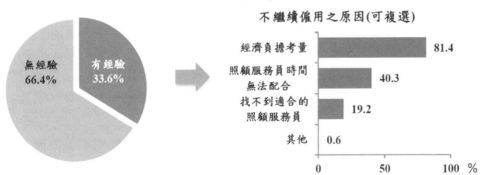

不繼續僱用之原因(可複選)

| 無經驗 66.4% | 有經驗 33.6% |

經濟負擔考量　81.4
照顧服務員時間無法配合　40.3
找不到適合的照顧服務員　19.2
其他　0.6

說明：有經驗者為 100%。

6. **3成6家庭面雇主僱用外籍家庭看護工時有困擾**：112年6月家庭面雇主僱用外籍家庭看護工曾遭遇困擾者占35.7%，困擾原因以「語言不通」占56.1%居首，其次為「愛滑手機、聊天」占38.7%、「溝通困難（如配合度不高等）」占26.8%、「工作態度或紀律不佳」占25.1%、「要求調整薪資」占23.4%。

家庭面雇主僱用外籍家庭看護工遭遇困擾情形

112 年 6 月

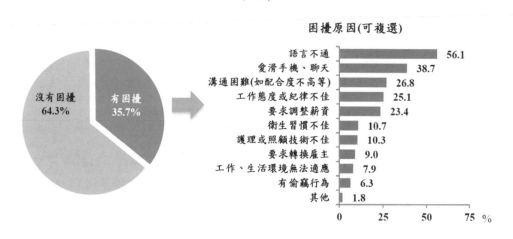

說明：有困擾者為 100%。

四、臺灣地區移工問題

自1989年以後，由於臺灣地區產業界發生嚴重的勞動力短缺（缺工）問題，是故開始引進移工來臺工作，迄民國113年3月止，臺灣地區的移工約76萬人，如此廣大的移工人群，不可否認，可紓解本國勞力短缺困境，對我經濟成長有其正面幫助作用，但也對於臺灣地區造成負面的不良影響，對此問題，我國應如何因應，茲分別簡述如下：

(一)**使犯罪案例增加，擾亂社會治安**：由於移工所輸出的國家為東南亞地區，犯罪事件及類型較臺灣地區嚴重，由於移工的進入本國，停留在臺灣地區的時間一久，相對地也將影響本國的社會治安，由近年來的吸毒、暴力事件可看出，對於臺灣地區長久以來，所辛苦建立的安定和諧，確有嚴重影響。

(二) **破壞法規**：非法來臺工作的移工，甚或大陸人士，明顯破壞我國的多種法規，包括入出境簽證法、合法拘留的規定、勞動基準法、違警罰法及民刑事法等法規，不但對於我國法令的尊嚴與威信造成傷害，也使執法人員產生困擾。

(三) **傳染病傳入**：我國移工的主要來源多為東南亞地區，為傳染病的疫區，藉由移工的入境，亦將當地的重要傳染病帶到臺灣地區。雖然在就業服務法中，對於移工申請來臺必須在該國及入境本國以後，均要實施健康檢查，對於一些已罹患傳染病的移工，可杜絕其來臺，減少部分傳染病的流入，但對於在潛伏期間的疾病而言，往往在入境數月後才發現，對於本國國民的健康影響相當嚴重，使我國在多年以前已絕跡的法定傳染病，由於移工的輸入，而再度流行。

(四) **引起群體衝突**：移工來臺工作，係以具有工作能力之成年勞工為主，其在該國已生活一段相當長的時間，有其文化及生活方式，且在該國所規範之相關法令亦與我國大不相同。不同的文化背景、不同的生活型態、不同的語言，不但在不同國籍的移工間易產生衝突，與本國國民相處，也是格格不入，爭執在所難免，不僅與勞工衝突，與其利害關係最為深切的雇主，亦常有衝突產生，對我國的社會運動及社會安定，均產生影響。

(五) **流入禁物**：移工來臺工作，主要目的在賺取高工資，但為求取私利，無法避免的是將當地的禁物攜帶來臺，高價賣出，獲取暴利，不但影響我國對於禁藥的管制，亦使國人的健康受到危害。

(六) **資金大量流失**：移工來到臺灣地區所賺取的高工資，在本地消費的極為有限，多匯回給母國的家人，據統計，每年移工所匯回的資金在三十億美元以上，對我國資金的流失，損失不少。

(七) **增加人口壓力**：由於臺灣地區地狹人稠，大量移工輸入，對我國而言，無異增加人口壓力。

(八) **降低本國國民就業機會及條件**：由於移工來臺工作，所得工資較本國國民要低，且其來臺工作只是短暫，目的在求工作機會的保障，所以對於雇主所提供的工作機會與高福利措施，並不會太計較。反觀，本國國民在求高工資、良好且永久的工作環境與高福利措施，兩相比較之下，移工是雇主謀求高利潤低成本的最愛，無形當中，使本國國民不易與移工競爭，且更會使本國國民的工資不易調升，工作環境與條件改善速度趨緩。

(九)**延緩本國產業升級**：由於雇主仰賴低成本的勞動力，而不願力求生產技術的提昇，如此不但影響我國的工業產品水準，使我國經濟成長遲緩，同時亦使我國漸漸失去國際間的競爭力，德國即是一活生生的案例，足為我國借鏡。

(十)**造成少數民族問題**：移工來臺，由於血統與我國大不相同，使我國的人口組合顯得複雜，同時，移工亦會形成社會上的少數族群，時有受到欺壓、侮辱之可能，為我國民族衝突投下變數。

五、我國現行的移工政策

當前審慎考慮移工進口的弊端之後，政府亦擬訂周延的移工政策，以善加因應，茲分別簡述其要點如下：

(一)**不全面開放移工的引進**：對於移工的引進，並不全面無限制的開放，而是採取「限業限量」的措施，針對國內較為迫切的業別，以定額開放的方式，由雇主依規定提出申請，目前國內缺工情形已獲改善時，已有逐年縮減之做法。

(二)**移工引進在於解決勞力不足問題，非壓抑或降低勞動成本**：有很多的國民誤解政府開放移工進口，目的在幫助企業主，打壓勞工、壓榨勞工，事實不盡然。蓋移工的引進，雖可使企業主的工資成本降低，但並非任何企業主皆符合資格，均可提出申請，甚至引進，而是有限制的，所以說，其目的僅在解決部分企業主缺工問題。

(三)**引進移工採審慎進行，以防對社會造成不良影響**：引進移工後，對於臺灣地區的負面影響不容忽視，諸如：衛生、治安、產業升級及犯罪等問題，故對於此類社會或經濟等不良問題，應事先予以防範，以使其負面影響降到最低程度。

(四)**對非法移工嚴加取締，不採就地合法化**：針對未依合法程序入境工作的移工，確依相關法規予以遣送回國，以防助長非法入境之風，可有效管理移工入境問題。

(五)**移工來源國家有所規劃及選擇**：對於應由哪些國家引進移工，在政策上是有所規劃的。除考慮其與我國之邦交外，其勞工素質、該國對勞工來臺工作之管理措施等均在考慮之列，以達多重效果。目前引進之國家計有印尼、菲律賓、越南、泰國等。

(六)**對非法僱用及仲介移工者嚴加處罰**：為杜絕非法移工，且有效防範非法移工所帶來的問題，更為了能建立良好的規範及程序來管理，對於不依相關法令規定引進僱用或任何人只圖私利非法仲介者，予以嚴厲禁止及處罰。

六、移工開放與管理的前提要件

針對移工來臺工作之管理問題上，應從以下幾方面加以考量：

(一)**保障國人的就業權益**：為避免因雇主引進移工，而減少對本國國民的僱用，影響國人的就業權益，故在擬訂移工政策時，應將保障本國國民就業機會的相關規定予以嚴加規範，以避免不當後遺症發生。

(二)**防範移工變成變相的移民**：部分移工來臺工作後，由於國內工資水準及生活環境，遠較該國要來的好，致期滿仍不願返國；甚至有些蓄意與本國國民結婚，以取得居留權等，均會使得單純的移工政策，演變成複雜的婚姻、人口問題，應加以有效防範。

(三)**維護社會治安**：移工進口，不僅對我國形成人口壓力及經濟問題，同時也會造成治安上的缺口，尤其是，目前所開放來臺的國家，均為槍枝氾濫及禁藥盛行的國家，勞工進口，隨之各項犯罪工具亦隨著進口，不得不加以管制，否則，引進移工，對於臺灣而言，所付出的社會成本遠大於其所造成的經濟上幫助，那才是得不償失呢！

(四)**維持工商經營的公平性**：由於引進移工的企業主所付出的工資成本降低，相對於未引進移工的事業主而言，其成本提高了，兩相權衡之下，其競爭力減弱了，顯現政府的移工政策，對於部分企業主而言，是不公平的，在擬訂移工政策時，不得不加以考量。現行的徵收就業安定費，只能視為其中的一項措施罷了。

七、移工管理問題探討

(一)**違法案件樣態**：在爭議事項及違法案件分析上，分別可由雇主、仲介、移工三個面向發現移工管理問題：

　1.**雇主違法**：指派許可外工作、非法容留移工從事工作、僱用行蹤不明的移工、未提供有移工母語的薪資明細、擅自扣留移工的財物、將所聘僱移工借給他人使用、聘僱許可失效之移工、未定期安排所聘僱移工實施健康檢查、剝奪移工人身自由及信仰、性侵害及性騷擾等等。

2. **仲介違法**：提前扣稅；扣留護照、居留證、存摺；超收移工服務費；未依契約提供服務造成雇主違法；性侵害及性騷擾等等。

3. **移工違法**：虐待或傷害受照顧人、偷竊、逃逸、非法工作等等。

就業服務法在違法案件裁處，採取相當重的罰則，雇主違法最低3萬元，一般初次違法依罰則高達6萬元。仲介部分罰則更高，超收費用需罰10至20倍，且撤銷設立許可或停業6個月。移工部分如涉及刑事責任依法判決，未涉刑事即遣送回國不得再入境工作。罰則不可謂不重，雇主、仲介在僱用移工時，不得不慎。

(二)**權益保障**：至於針對移工權益保障工作上，可採取下列重點工作：

1. **申訴諮詢服務**：設置不同母語諮詢員，提供不同國別移工在法令諮詢、爭議及申訴服務。並配合政府1955專線及移工服務專線，提供立即服務，協助移工解決問題。

2. **緊急收容安置**：委託或自行設置移工緊急收容安置中心，協助遭毆打、性侵、剝削移工臨時緊急安置服務，避免二度傷害，保障移工權益。

3. **法令宣導措施**：對於雇主及仲介，辦理法令宣導活動，避免因不了解法令規定而觸法。對於產業移工，加強法令規定、衛生健康及勞動權益保障宣導外，也針對家庭看護工分散、單獨的狀況，於假日或傍晚在移工集中地區，辦理法令宣導活動，讓家庭看護工也能了解相關規定，避免問題發生。

4. **生活環境檢查**：加強對初聘移工（含家庭、機構看護工）生活管理計畫書檢查，定期辦理移工宿舍（製造業）生活環境專案檢查，保障基本生活品質。

5. **違法案件察查**：結合警察局、移民署專勤隊，對於違法就業服務法、勞動基準法及人口販運等案件加強察查，以保障國人及移工就業權益。

6. **育樂休閒活動**：規劃辦理移工籃球競賽活動、移工生態文化薰陶之旅、越南文化節、印尼LEBARAN新年活動、移工歲末聖誕聯歡活動等，提供適當休閒活動，協助移工在臺工作及生活。

八、移工政策的未來工作重點

分別為：

(一)對象擴大

延攬外國專業人才目的是期盼引進國外之先進技術及知能，提昇國內的

產業技術水準,進而提高產業競爭力。在世界各國積極延攬專業人才下,我國於93年1月15日起由勞動部勞動力發展署單一窗口辦理外國專業人才來臺工作許可之法制及審核,並配合國內經濟發展、就業市場情勢及各行職業別的勞動供需狀況等,適時檢討聘僱外國專業人才工作許可的規定,以衡平國人就業權益及企業用人需求。配合外國專業人員延攬及僱用法施行,有關學校教師申案自107年2月8日改由向教育部許可。另,自111年4月30日起,開放外國人從事中階技術工作。

為留用優秀資深移工及在臺取得副學士學位以上僑外生,行政院擬訂「移工留才久用方案」,自111年4月30日開始實施。凡在臺工作滿6年以上的移工,符合薪資與技術條件規定標準,可由雇主申請聘僱從事中階技術工,每次許可最長3年,期滿可申請展延,且無工作年限的限制,將能留用資深移工及我國培育的僑外生,解決各企業中階技術人力短缺問題。且外國人從事中階技術工作滿5年,得依移民法規定申請永久居留,對企業人力留才久用及臺灣生產人口增加具雙重擴增功能。本次開放的工作類別是:海洋漁撈、製造業、營造業、部分農業及看護工等中階技術工作;勞動部初估約有21萬名移工符合資格,中階技術人力名額比例上限,不超過移工核配比率的25%。

(二)享本國國民同等待遇

外國人才來臺工作前,應依序申請取得應聘工作許可、入國簽證,及入境我國後,辦理居留許可。外國人才在臺工作等其餘事項,均以國民待遇原則對待,同受我國勞動法令保障。倘雇主為公告適用勞動基準法的行業,亦一體適用。

另外,為使外國人才基本人權及勞動條件獲得保障,權益保護措施如下:

1. **薪資應全額直接給付**:除依法應負擔之費用得自工資逐予扣除外,雇主應全額直接給付薪資。

2. **暢通諮詢及申訴管道**

   (1) 1955勞工諮詢專線:提供勞工24小時、全年無休、雙語及免付費之諮詢及申訴服務,並於受理申訴案件後,電子派案請各地方政府查處,且追蹤管理案件後續處理情形。

   (2) 地方政府諮詢服務中心:地方政府設置諮詢服務中心,配置雙語諮詢人員,提供諮詢、申訴及勞資爭議處理等服務。

(3)工作及生活管理違法查察：地方政府設置訪視員，訪視雇主及外國人才工作情形及民眾檢舉違法案件。

(三)僑外生畢業後留臺工作

僑外生畢業後留臺工作，可循下列兩種管道申請：

1. **依一般依薪資、工作經驗等條件申請**：現行開放外國人才得在臺從事之6大類工作，A.專門性或技術性工作、B.華僑或外國人經政府核准投資或設立事業之主管、C.學校教師、D.補習班之專任外國語文教師、E.運動教練及運動員、F.藝術及演藝工作，不同工作屬性，有不同資格規範，其中從事「專門性或技術性工作」，應符合薪資、學經歷、執業資格等條件。僑外生畢業後若符合上述工作資格條件，均可依規定申請。

2. **依僑外生留臺工作評點新制申請**：來臺求學且畢業的僑外生，經我國及外國政府投入教育資源培育，且對我國文化及語言與生活具一定程度瞭解，應優先留用及延攬在臺工作。自103年7月3日起新增「僑外生留臺工作評點新制」，該制度不再單以聘僱薪資作為資格要求，而改以學經歷、薪資水準、特殊專長、語言能力、成長經驗及配合政府產業發展政策等8項目進行評點，累計點數超過70點者，即符合資格。另外，採取定額開放申請，公告申請期間額滿，就不再核發。

(四)外國人才依國際協定來臺

因應全球化及國際貿易自由化，外國人才全球移動頻繁。我國除已自91年加入WTO外，也分別與新加坡簽署「臺星經濟夥伴協定」，及和紐西蘭簽署「紐西蘭與臺澎金馬個別關稅領域經濟合作協定」，並就多邊或雙邊自然人移動的類型、資格條件、申請程序等相互約定。外國人才依上述國際協定來臺，可分為：商務訪客、企業內部人員調動、安裝或服務人員及獨立專業人士。其中，企業內部人員調動、安裝或服務人員及獨立專業人士，應向勞動部勞動力發展署申請許可。

九、機構監護移工的運用及管理現況

外籍監護工的薪資約為本地勞工薪資的一半，一般人事成本低廉，是機構聘僱外籍監護工最大的誘因，另外籍監護工多在其國家曾受過大學護理或相關教育，對於照顧方法有概念，故在護理人員的指導下，很快就能勝任照護工作，而且運用外籍監護工照顧不能溝通、意識不清的住民或上夜班時段班

別,更能達到省錢及不錯的品質,因此造成國內大小型養護機構都偏好聘僱外籍監護工,作為老人照護人力之補充。

對於在機構中提供照護服務的部分,除了護理人員之外,監護工可說是扮演了最重要的角色。故其服務品質優劣直接影響老人所應受到的照護內涵,主要問題為:

(一) **角色模糊,工作繁瑣**:「監護工」一詞主要起源於照護機構或醫院體系,是指擔任照顧院民生活起居等事宜,並不涉及任何醫療行為及法定護理工作的人員。而此項工作的職稱繁多,或稱佐理員、看護工、護佐,以及病房服務員等。監護工的工作內容,主要是從事老人照顧工作,但研究顯示,監護工在參與醫囑的執行情形也相當普遍,包含口服給藥、肌肉注射、更換鼻胃管、鼻胃管灌食、抽痰等技術性護理活動。此外,有時更要負責許多額外的雜役,例如:洗衣服、烘衣服、洗碗、煮飯等。監護工的工作內容繁瑣與被浮濫使用的程度,逾越原本的工作本質。

(二) **上有政策,下有對策**:在面對繁重的工作壓力下,監護工會自行演變出一套工作模式,也就是將工作過程簡單化或形式化,例如在餵食時,會將吃得慢的住民圍成一圈,然後輪流餵食;或者是為了省去帶住民上廁所的麻煩,而幫每個人都包上尿布;或者是認為老人起來走路太危險,而將其約束等。換言之,監護工為了能完成機構所規定的工作,以及減少麻煩等情形下,犧牲了住民的自主權及感受和需求。另外,機構在對於監護工的照顧管理,若無適切之規定,則監護工以自由心證方式行之,遂導致紅包或送禮文化的現象。

(三) **語言隔閡,障礙重重**:語言上的隔閡普遍存在於住民與外籍監護工之間。因為語言上的障礙,導致無法溝通而產生不滿甚至衝突與虐待,例如:老人一再地撕扯尿布,而監護工因為要忙別的事情又加上言語無法溝通時,便會產生拍打老人或直接將老人束縛的情形;或者是監護工執意要老人做某件事時,亦會導致老人出現攻擊或辱罵監護工的行為產生。語言溝通障礙的問題,不單只有發生在被照顧者身上,也發生在照顧者家屬的身上,甚至連雇主或護理人員等,有時亦有同樣的困難,例如:當護理人員在進行照護技巧教學時,因為無法使用國語教學。而僅能輔以簡單或實際操作的方式教導,不禁使得照護技巧教學的效果大打折扣。

(四)**訓練不足，權益受損**：機構在無訓練人力以及語言溝通的雙重困境下，常會藉由「代代相傳」的方式，也就是藉由舊外籍監護工帶新外籍監護工的模式來執行照顧的訓練。面對這種非經由正規訓練，而在無師自通下所提供的服務內容，不僅是苦了老人，對其「該」如何執行的認知更是令人質疑。例如：老人未進洗澡間，就先在臥室將其衣物脫光，再推至洗澡間洗澡；或是在協助老人更換尿布時，未將床簾拉上以保隱密性。換言之，其執行方式，雖在工作上快了許多，但卻也忽略了執行的正確性以及老人的隱私權保障。

(五)**種族歧視，無所不在**：相關研究指出，多數監護工曾有過言語歧視與行為歧視的經驗。另外，有近七成監護工有過被歧視的經驗，在面對種族歧視問題的處理時，所使用的方法包含有「忽視」、「正視」或「逃避」等方式，但是，大部分的人員還是多採用「忽視」的方法。例如將住民所表現出的不當行為，歸因於是疾病或老邁所引起的。種族歧視的問題嚴重影響機構內的團體分化，例如機構內的監護工會依族群的不同，而形成各自不同的互動團體。

(六)**職權模糊，關係曖昧**：對於外籍監護工的督導之責，有時常會落在社工員的手上。但是，因為機構對社工員的角色定位上多界定在協助活動辦理以及對外的聯繫上，又加上沒有做好分層負責與充分授權的情形下，故常造成社工員無法可循，無權可管。即使有，也常因為機構主管對於遣返外籍監護工所造成的介紹成本增加與時間等待之考量，而不做處理的情形下，只好睜一隻眼閉一隻眼，到最後甚至已是眼不見、耳不聞。因此，外籍監護工與社工員彼此間的關係也就這樣一直處於曖昧不明的狀態。

十、私立就業服務機構的移工業務

私立就業服務機構又稱人力仲介公司，臺灣人力仲介行業主要經營的項目，可分為3大類：

(一)**引進移工**：特別針對服務對象作為區分，包含製造業、營造業之體力工引進、外籍幫傭以及外籍看護工引進。

(二)**業務辦理**：業務辦理的工作與引進移工是搭配業務，因為引進移工需要辦理眾多手續以及輔助，包含了移工的甄選、職前訓練、引進之後的協助管理、雇主服務、移工服務、外籍新娘婚姻協助等。

(三)**國內外服務**：可以分為國內的移工仲介公司與在海外的公司兩部分，國內公司即是僅提供國內服務，包含海外業務的公司則可能申請為國外仲介公司或是僅提供海外聯絡事宜。

就移工的管理制度而言，仲介公司不論在政策過程中或在制度上都與移工的管理產生密切關係。移工管理原則上可以企業為界，區分為企業內（如招募與甄選）與企業外管理工作（如生活管理）。成之約指出，參與企業內工作的行為者包含企業的勞資雙方與仲介公司；而企業外的管理則不僅在理論上是屬於政府的責任（包括政府警政單位、勞工行政機關以及政府對管理措施的訂定與執行），同時在實務上也成為仲介公司的責任。

移工來臺灣工作，多由母國當地的仲介業居中牽線，並透過臺灣仲介業者獲得工作的訊息以及安排介紹。企業如欲聘僱新招募之移工，除委託仲介公司代為辦理外，企業亦可採自行引進方式聘僱新招募之移工，透過勞工來源國在臺灣辦事處之協助即可辦理。自行引進新招募之移工的手續需自行辦理，包含向勞動部辦理招募許可，但招募許可函下來後便可聯絡（發函）來源國在臺辦事處提出招募需求、送件及選工。許多手續皆由來源國的勞工部門協助，本國企業只須到該國送件、進行選工及後續的生活管理。

依就服法現行法令規定，事業單位新招募移工主要有自行引進或透過勞動部「直接聘僱聯合服務中心」以直接聘僱方式（重新招募同一移工）、委託經由國內依法設立之私立就業服務機構，以及勞動部認可之外國人仲介公司等3種模式。而申請移工需向我國駐外單位檢具勞動部核發之招募許可，經中央衛生主管機關認可之外國醫院所出具之健康檢查合格證明、專長證明以及行為良好證明等相關文件。事實上限於人力、時間或不熟悉引進移工的手續、法令，多數事業單位仍採委託國內人力仲介公司代為辦理的方式。

據勞動部調查，目前我國有93%的企業是透過仲介公司引進移工。透過人力仲介的協助，可彌補一般企業對於申請方式和相關法令的不瞭解，既可增加效率又能改善勞工及產業員工不足的問題。

勞動部雇主聘僱移工的直接聘僱方案，於2008年以同一雇主重新招募同一家庭看護工為優先推動對象，於2009年更擴大適用業別，已開放製造業、營造業、養護機構等業別，雇主於辦理重新招募同一移工時，得以

透過「直接聘僱聯合服務中心」以直接聘僱方式辦理。雇主如透過直接聘僱方式引進之移工,因無仲介業者協助,雇主需自行監督與管理;如未依規定辦理後續事宜,其處分對象為雇主而非移工。

勞動部自開辦雇主採直接聘僱方式引進移工起迄至今,確有少數雇主因不熟悉法令及後續業務辦理,而遭處分的案例。

十一、延攬外國人才來臺工作

(一)目的

延攬外國專業人才主要目的是期盼引進國外之先進技術及知能,提昇國內的產業技術水準,進而提高產業競爭力。在世界各國積極延攬專業人才下,我國於民國93年1月15日起由勞動力發展署單一窗口辦理外國專業人才來臺工作許可之法制及審核,並配合國內經濟發展、就業市場情勢及各行職業別的勞動供需狀況等,適時檢討聘僱外國專業人才工作許可的規定,以平衡國人就業權益及企業用人需求。

(二)開放的工作項目

目前開放外國人才在臺從事之工作項目,包含:

1. 專門性或技術性工作。
2. 華僑或外國人經政府核准投資或設立事業之主管。
3. 學校教師。
4. 補習班之專任外國語文教師。
5. 運動教練及運動員。
6. 藝術及演藝工作。
7. 履約人員。

配合外國專業人員延攬及僱用法施行,學校教師申案自民國107年2月8日改由向教育部許可。

(三)工作管理

外國人才來臺工作前,應依序申請取得應聘工作許可、入國簽證,及入境我國後,辦理居留許可。外國人才在臺工作等其餘事項,均以國民待遇原則對待,同受我國勞動法令保障。倘雇主為公告適用勞動基準法的行業,亦一體適用。

另外,為使外國人才基本人權及勞動條件獲得保障,權益保護措施如下:

1. 薪資應全額直接給付：除依法應負擔之費用得自工資逐予扣除外，雇主應全額直接給付薪資。
2. 暢通諮詢及申訴管道：

1955 勞工諮詢專線	提供勞工24小時、全年無休、雙語及免付費之諮詢及申訴服務，並於受理申訴案件後，電子派案請各地方政府查處，且追蹤管理案件後續處理情形。
地方政府 諮詢服務中心	地方政府設置諮詢服務中心，配置雙語諮詢人員，提供諮詢、申訴及勞資爭議處理等服務。

3. 工作及生活管理違法查察：地方政府設置訪視員，訪視雇主及外國人才工作情形及民眾檢舉違法案件。

(四)僑外生在臺工作

1. 僑外生求學期間工讀：來臺正式入學修習科、系、所課程之僑生、港澳生及外國留學生，入學後即可向機關申請，惟來臺學習語言課程之外國留學生，則須修業1年以上，方可提出申請。
2. 僑外生申請工讀條件參考「就業服務法」第50條及「雇主聘僱外國人許可及管理辦法」第30條至第35條規定。
3. 申請資格連結「外國人在臺工作服務網EZ work Taiwan」查閱。
4. 僑外生畢業後留臺工作，可循下列兩種管道申請：
   (1) 依一般薪資、工作經驗等條件申請：
       現行開放外國人才得在臺從事之6大類工作：
       A. 專門性或技術性工作
       B. 華僑或外國人經政府核准投資或設立事業之主管
       C. 學校教師
       D. 補習班之專任外國語文教師
       E. 運動教練及運動員
       F. 藝術及演藝工作
       不同工作屬性，有不同資格規範，其中從事「專門性或技術性工作」，應符合薪資、學經歷、執業資格等條件。僑外生畢業後符合上述工作資格條件，可依規定申請。

(2) 依僑外生留臺工作評點新制申請：來臺求學且畢業的僑外生，經我國及外國政府投入教育資源培育，且對我國文化及語言與生活具一定程度瞭解，應優先留用及延攬在臺工作。自民國103年7月3日起新增「僑外生留臺工作評點新制」，該制度不再單以聘僱薪資作為資格要求，而改以學經歷、薪資水準、特殊專長、語言能力、成長經驗及配合政府產業發展政策等8項目進行評點，累計點數超過70點者，即符合資格。另外，採取定額開放申請，公告申請期間額滿，就不再核發。工作項目及工作資格連結「外國人在臺工作服務網EZ work Taiwan」查閱。

(五)**外國人才依國際協定來臺工作**

因應全球化及國際貿易自由化，外國人才全球移動頻繁。我國除自民國91年加入WTO外，也分別與新加坡簽署「臺星經濟夥伴協定」，及和紐西蘭簽署「紐西蘭與臺澎金馬個別關稅領域經濟合作協定」，並就多邊或雙邊自然人移動的類型、資格條件、申請程序等相互約定。外國人才依上述國際協定來臺，可分為：商務訪客、企業內部人員調動、安裝或服務人員及獨立專業人士。其中，企業內部人員調動、安裝或服務人員及獨立專業人士，應向勞動部勞動力發展署申請許可。

企業內部人員調動	申請事宜請參考「外國人在臺工作服務網EZ work Taiwan」，「一般外國專業人士在臺工作」頁面內「專門性或技術性工作」及「華僑或外國人經政府核准投資或設立事業之主管」頁面。
安裝或服務人員	申請事宜參考「外國人在臺工作服務網EZ work Taiwan」，「一般外國專業人士在臺工作」頁面內「履約人員」頁面。
獨立專業人士	申請事宜參考「外國人在臺工作服務網EZ work Taiwan」，「一般外國專業人士在臺工作」頁面內「專門性或技術性工作」及「華僑或外國人經政府核准投資或設立事業之主管」頁面。

十二、外國專業人才延攬及僱用法重點

目前我國面臨工作年齡人口下降之人口結構轉變，加以國際人才競逐激烈、我國吸引外國專業人才誘因不足等，造成人才外流及人才短缺問題日趨嚴

重。因此,加強延攬外國專業人才,打造友善的生活環境,以提升國家競爭力,是政府當前施政重點之一。

為快速及通盤鬆綁外國人才來臺及留臺工作及生活之各類法規限制,國發會協同相關部會,研擬「外國專業人才延攬及僱用法」於106年11月22日公布,107年2月8日施行為我國留才攬才立下重要里程碑,最近一次修正為110年7月7日。

要點如下:

(一) **最新修正重點**

為確保延攬之外國專業人才具有一定之資格條件,在本法原有法律基礎以及未調降來臺工作之薪資門檻原則下,進一步放寬工作、居留、依親等相關規定,並提供更優惠之社會保障等,重點如下:

1. **新增本法專業工作適用對象**:外國特定專業人才之特殊專長,增列國防領域,以及增訂由主管機關會商認定之規定;開放教育部核定招收「外國人才子女專班」得聘僱外籍學科教師;將已開放之實驗教育工作者,納入本法適用對象;放寬教育部公告世界頂尖大學之畢業生在我國從事專門性或技術性工作無須具備2年工作經驗。

2. **增加居留及依親之友善規定**:簡化程序讓外國(特定)專業人才及其依親親屬以免簽或停簽入境者,得直接改申請居留證;將外國特定專業人才申請永久居留期間由5年縮短為3年,另外國(特定)專業人才在我國取得碩、博士學位者,得折抵申請永久居留期間1~2年。

3. **社會保障及租稅優惠措施**:將外國特定專業人才租稅優惠適用年限由3年延長為5年;免除外國特定及高級專業人才屬雇主或自營業主及其依親親屬之健保納保6個月等待期。

(二) **名詞定義**

1. **外國專業人才**:指得在我國從事專業工作之外國人。

2. **外國特定專業人才**:指外國專業人才具有中央目的事業主管機關公告之我國所需科技、經濟、教育、文化藝術、體育、金融、法律、建築設計、國防及其他領域之特殊專長,或經主管機關會商相關中央目的事業主管機關認定具有特殊專長者。

3. **外國高級專業人才**:指入出國及移民法所定為我國所需之高級專業人才。

4. **專業工作**：指下列工作：
   (1)就業服務法第46條第1項第1款至第3款、第5款及第6款所定工作。
   (2)就業服務法第48條第1項第1款及第3款所定工作。
   (3)依補習及進修教育法立案之短期補習班專任外國語文教師或具專門知識或技術，且經中央目的事業主管機關會商教育部指定之短期補習班教師。
   (4)教育部核定設立招收外國專業人才、外國特定專業人才及外國高級專業人才子女專班之外國語文以外之學科教師。
   (5)學校型態實驗教育實施條例、公立高級中等以下學校委託私人辦理實驗教育條例及高級中等以下教育階段非學校型態實驗教育實施條例所定學科、外國語文課程教學、師資養成、課程研發及活動推廣工作。

(三)**申請流程與規定**
   1. 雇主聘僱外國專業人才在我國從事前條第4款之專業工作，除依規定不須申請許可者外，應檢具相關文件，向勞動部申請許可，並依就業服務法規定辦理。
   2. 聘僱從事就業服務法第46條第1項第3款及第4款第4目、第5目之專業工作者，應檢具相關文件，向教育部申請許可。
   3. 外國專業人才經許可在我國從事前項專業工作者，其停留、居留及永久居留，除本法另有規定外，依入出國及移民法之規定辦理。
   4. 外國專業人才、外國特定專業人才及外國高級專業人才在我國從事專業工作，有下列情形之一者，不須申請許可：
      (1)受各級政府及其所屬學術研究機關（構）聘請擔任顧問或研究工作。
      (2)受聘僱於公立或已立案之私立大學進行講座、學術研究經教育部認可。
      外國專業人才、外國特定專業人才及外國高級專業人才，其本人、配偶、未成年子女及因身心障礙無法自理生活之成年子女，經許可永久居留者，在我國從事工作，不須向勞動部或教育部申請許可。

(四)**許可期間及展延**
   1. 聘僱許可期間最長5年，期滿有繼續聘僱之需要者，得申請延期，每次最長為5年。
   2. 外國特定專業人才擬在我國從事專業工作者，得逕向內政部移民署申請核發具工作許可、居留簽證、外僑居留證及重入國許可四證合一之就業金

卡。內政部移民署許可核發就業金卡前，應會同勞動部及外交部審查。但已入國之外國特定專業人才申請就業金卡時得免申請居留簽證。就業金卡有效期間為1年至3年；符合一定條件者，得於有效期間屆滿前申請延期，每次最長為3年。

3. 外國專業人才為藝術工作者，得不經雇主申請，逕向勞動部申請許可，在我國從事藝術工作；其許可期間最長為3年，必要時得申請延期，每次最長為3年。

4. 外國專業人才擬在我國從事專業工作，須長期尋職者，得向駐外館處申請核發3個月有效期限、多次入國、停留期限6個月之停留簽證，總停留期限最長為6個月。

5. 外國專業人才或外國特定專業人才以免簽證或持停留簽證入國，經許可或免經許可在我國從事專業工作者，得逕向內政部移民署申請居留；經許可者，發給外僑居留證。

6. 外國專業人才在我國從事專業工作、外國特定專業人才及外國高級專業人才，經內政部移民署許可永久居留者，其成年子女經內政部移民署認定符合下列要件之一，得不經雇主申請，逕向勞動部申請許可，在我國從事工作：
   (1) 曾在我國合法累計居留10年，每年居住超過270日。
   (2) 未滿14歲入國，每年居住超過270日。
   (3) 在我國出生，曾在我國合法累計居留10年，每年居住超過183日。

(五) 永久居留

1. 外國專業人才在我國從事專業工作，合法連續居留5年，平均每年居住183日以上，並符合下列各款要件者，得向內政部移民署申請永久居留：
   (1) 成年。
   (2) 無不良素行，且無警察刑事紀錄證明之刑事案件紀錄。
   (3) 有相當之財產或技能，足以自立。
   (4) 符合我國國家利益。
   又，為提高優質人才來臺及留臺誘因，立法院於112年1月12日三讀通過《入出國及移民法》，透過鬆綁停居留規定，以營造更優質友善的攬才及居留環境。
   (1) **鬆綁工作、簽證及居留規定**
       A. 核發「就業金卡」：外國特定專業人才擬在我國境內從事專業工作者，可向內政部移民署申請具工作許可、居留簽證、外僑居留證及

重入國許可4證合一的就業金卡（個人工作許可），有效期為1至3年，屆期前可申請延期及申請延期居留6+6個月，以利留臺尋職。

B. 核發「尋職簽證」：針對擬來臺從事專業工作、須長期尋職者，核發「尋職簽證」，總停留期間最長6個月。

C. 世界頂尖大學之畢業生來臺工作免2年工作經驗：爭取優秀應屆畢業生來臺從事專門性或技術性工作，為人才庫注入活水。

D. 核發自由藝術家個人工作許可：放寬外國藝術工作者得逕向勞動部申請工作許可。

E. 開放專門知識或技術外國教師於補習班授課：除外國語文外，放寬雇主得聘僱具專門知識或技術之外國專業人才於我國擔任短期補習班教師，如從事數位遊戲、電腦動畫動漫、體感科技產業等。

F. 新開放「外國人才子女專班」得聘僱外國學科教師：除實驗高中雙語部或雙語學校外，教育部核定設立招收外國人才子女專班亦可聘僱外國教師教授如數學、化學等學科。

G. 免申請工作許可：外國專業人才及其依親親屬經許可永久居留者，無須申請工作許可，提供友善移民環境。

H. 延長工作可期間：受聘僱從事專業工作之外國特定專業人才，聘僱許可期間由最長3年延長至最長為5年，期滿得申請延期。

I. 免申請居留簽證：外國專業人才或外國特定專業人才以免簽證或停留簽證入境者可直接申請居留證，簡化來臺工作申辦手續。

J. 鬆綁申請永久居留之規定：外國專業人才申請永久居留期間，由每年的183日改為「平均」每年183日；外國特定專業人才取得永久居留年限由5年縮降為3年。另外國專業人才、外國特定專業人才在臺取得碩、博士學位者，可折抵永久居留年限1~2年。

(2) **鬆綁依親親屬之相關規定**

A. 對取得永久居留之外國特定專業人才，其依親親屬得於合法連續居留3年後，申請永久居留，無須財力證明（許可永久居留之外國專業人才，其依親親屬則得於連續居留5年後申請永久居留）。

B. 高級專業人才之依親親屬，可隨同申請永久居留。

C. 在我國從事專業工作之外國專業人才、未受聘僱之自由藝術工作者、外國特定專業人才及外國高級專業人才，其成年子女符合一定居留要件者，可申請個人工作許可。

D. 外國特定專業人才（含未受聘僱之就業金卡持卡人，如來臺創業、設立公司）之直系尊親屬可申請最長1年探親停留簽證。

E. 歸化我國國籍者，其親屬得準用部分條文（永久居留、個人工作許可，以及尊親屬探親停留），增加優秀人才留臺誘因。

(3) **優化租稅及社會保障權益**

A. 提供租稅優惠：針對首次來臺之外國特定專業人才，給予薪資所得超過300萬元部分折半課稅之租稅優惠，年限並由3年延長至5年。

B. 加強退休保障：經許可永久居留者（包括未受聘任之自由藝術工作者及外國特定專業人才），適用勞退新制；任我公立學校現職編制專任教師或中研院等研究人員，經許可永久居留者，得支領月退休金。

C. 放寬健保納保限制：受聘僱之外國專業人才，其本人及依親親屬，以及未受聘僱，本人為雇主或自營業主之外國特定及外國高級專業人才，其本人及依親親屬免6個月等待期，可直接加健保。

《入出國及移民法》鬆綁重點：

(1) **鬆綁無戶籍國民入國、居留及定居限制**

A. 鬆綁無戶籍國民持我國護照入國，無須事先申請入國許可，以便捷無戶籍國民入出國。

B. 縮短無戶籍國民申請居留期間，由現行合法連續停留7年，修正為5年即可。

C. 放寬無戶籍國民須連續居留1年（365天或366天）始可申請定居之規定，修正為居留滿1年且只要居住滿335天，即可申請定居，以便利國民因緊急事故之入出國需要。

D. 對於國人海外出生之子女持我國護照入國，放寬可直接申請定居，不受須未成年之限制，以延攬優秀海外國民回國。

(2) **讓外國人、僑外生生活更便利**

A. 放寬外國人持有效簽證或適用以免簽證方式入國者，入國後申請居留證期限，由15日延長至30日，以便利來臺外國人有充足時間尋找住所及熟悉環境。

B. 放寬外國人取得永久居留後，無須每年均居住超過183日，只要最近5年內「平均」居住183天以上即可，以便利外國人出差、訪友或探親之國際行程安排。

C. 對於以免簽證方式或持停留簽證來臺就學之僑外生，無須再向外交部申請居留簽證，即可直接向內政部移民署申請就學事由之居留證，營造友善國際生活環境，藉以吸引外籍人士來臺就學。

國發會於110年設置「強化人口及移民政策」協商平臺，協調各部會推動攬才、留才策略及措施，包括精準延攬 5+2 及六大核心戰略產業，以及重點服務業之國際關鍵人才，並加強延攬全球優質（如全球排名前 500 大）大學之畢業生、大型投資案企業所需人才、創業者，以及留用來臺商務及履約等海外人才；同時協調擴增各類雙語班、強化海外攬才子女教育諮詢平臺，以及優化外國人各項金融服務及強化外語租屋等服務，以協助解決國際人才來（在）臺遭遇之各項問題，完善外籍人士在臺生活。

2. 外國特定專業人才在我國合法連續居留3年，平均每年居住183日以上，且其居留原因係依第8條第1項規定取得特定專業人才工作許可或依第9條規定取得就業金卡，並符合第1項各款要件者，得向內政部移民署申請永久居留。

(六)112年底外國專業人員概況

為提升國家競爭力及促進產業發展，勞動部自93年起成立單一服務窗口專責辦理外國專業人員聘僱及管理業務，簡化外國人來臺工作之申請管道及程序；另國家發展委員會亦協同相關部會研擬《外國專業人才延攬及僱用法》，鬆綁其來臺及留臺之各類限制，並於107年2月8日施行，加強延攬外國專業人才。本文係運用勞動部勞動力發展署外國專業人員申審整合系統資料，簡析112年底外國專業人員及外國特定專業人才之有效聘僱許可概況，提供各界參考。

1. **外國專業人員概況**

(1) **外國專業人員有效聘僱許可4.9萬人次，年增**4.3%：112年底外國專業人員有效聘僱許可4.9萬人次，較111年底增2千人次（+4.3%），其中以專門性或技術性工作3.3萬人次（占67.9%）最多，履約7千人次（占13.5%）次之，分別較111年底增3千人次及減2千人次；與107年底相較，5年來外國專業人員有效聘僱許可增1.8萬人次，亦以專門性或技術性工作增1.3萬人次最多，主要均為畢業僑外生之增加。

外國專業人員有效聘僱許可人次—按申請類別分

單位：千人次

	107年底	結構比 (%)	111年底	結構比 (%)	112年底	結構比 (%)	較111年底 增減值	增減率 (%)	較107年底 增減值	增減率 (%)
總計	**30**	**100.0**	**47**	**100.0**	**49**	**100.0**	**2**	**4.3**	**18**	**59.1**
專門性或技術性工作	19	63.9	30	64.1	33	67.9	3	10.4	13	69.2
畢業僑外生	5	16.3	14	29.7	17	35.1	3	23.3	12	241.5
履約	2	5.3	8	17.4	7	13.5	-2	-18.9	5	307.8
補習班語文教師工作	4	14.5	4	7.6	4	7.4	0	0.9	-1	-19.3
華僑或外國人投資或設立事業之主管工作	3	9.7	3	7.3	3	6.6	-0	-6.9	0	7.7
宗教藝術及演藝工作	2	6.4	1	3.0	2	4.0	1	40.0	-0	-0.5
運動教練及運動員工作	0	0.2	0	0.5	0	0.6	0	16.9	0	282.9

資料來源：勞動部勞動力發展署，以下各表（圖）同。

(2) **從事專門性或技術性工作之畢業僑外生有效聘僱許可1.7萬人次，年增23.3%，其中透過評點制取得工作資格之占比逐年增至9成1：**為優先延攬來臺求學畢業之僑外生留臺工作，勞動部自103年7月起實施「僑外生留臺工作評點新制」（簡稱評點制），放寬申請從事專門性或技術性工作之薪資、工作經驗等限制。112年底從事專門性或技術性工作之畢業僑外生有效聘僱許可1.7萬人次，較111年底增3千人次（+23.3%），其中透過評點制取得工作資格之占比增至9成1；與107年底相較，5年來畢業僑外生增1.2萬人次（+2.4倍），其中評點制占比增13.2個百分點。

按國籍別觀察，112年底從事專門性或技術性工作之畢業僑外生以馬來西亞籍6千人次最多，占34.2%，較111年底增1千人次（+10.9%），越南籍4千人次居次，惟相較111年底大增2千人次（+64.4%），占比22.5%亦大幅上升5.6個百分點。綜計前三名之馬來西亞籍、越南籍及印尼籍合占7成6。與107年底相較，5年來越南籍及印尼籍畢業僑外生有效聘僱許可人次分別增加逾7倍及5倍，致占比分別增13.6個及8.5個百分點，而馬來西亞籍占比則減少12.9個百分點。

從事專門性或技術性工作之畢業僑外生有效聘僱許可人次

單位：千人次

	107年底	結構比 (%)	評點制 占比 (%)	111年底	結構比 (%)	評點制 占比 (%)	112年底	結構比 (%)	評點制 占比 (%)	較111年底 增減值	增減率 (%)	較107年底 增減值	增減率 (%)
總計	5	100.0	77.3	14	100.0	89.1	17	100.0	90.5	3	23.3	12	241.5
馬來西亞	2	47.1	85.7	5	38.0	93.6	6	34.2	93.7	1	10.9	3	147.8
越南	0	8.9	82.4	2	16.9	93.7	4	22.5	95.6	2	64.4	3	765.2
印尼	1	10.4	74.9	3	19.4	91.6	3	18.9	92.5	1	20.5	3	523.6
香港	0	9.2	91.7	1	10.1	93.5	2	9.2	92.9	0	12.1	1	240.7
澳門	0	3.5	74.3	0	2.7	87.0	0	2.3	86.4	0	3.4	0	122.9
印度	0	4.3	45.4	0	2.5	43.6	0	2.3	48.2	0	9.4	0	77.8
其他國籍	1	16.5	53.3	1	10.4	67.9	2	10.6	73.8	0	26.3	1	118.9

說明：「其他國籍」包含有效聘僱許可人次較少之國家。

(3) **外國專業人員以男性、25歲~34歲、大學以上居多**：112年底外國專業人員有效聘僱許可人次中，男性占70%，女性占30%；年齡以25歲~34歲占49.6%最多，35歲~44歲占22.3%次之，綜計25歲~44歲占逾7成；教育程度以大學占59.8%最多，碩士以上占18.8%次之，合計大學以上程度占近8成。5年來外國專業人員有效聘僱許可人次之女性占比增5.4個百分點，年齡及教育程度之占比以25歲~34歲及專科分別增7.1個及9.9個百分點最多。

外國專業人員有效聘僱許可人次—按性別、年齡、教育程度分

單位：千人次

	107年底	結構比 (%)	112年底	結構比 (%)	結構比較107年底 增減百分點
總計	30	100.0	49	100.0	-
性別					
男	23	75.5	34	70.0	-5.4
女	7	24.5	15	30.0	5.4
年齡					
24歲以下	1	4.7	4	7.9	3.2
25歲~34歲	13	42.5	24	49.6	7.1

	107年底	結構比 (%)	112年底	結構比 (%)	結構比較107年底 增減百分點
35歲~44歲	**8**	26.2	**11**	22.3	-3.9
45歲~54歲	**5**	16.3	**6**	12.4	-3.9
55歲以上	**3**	10.3	**4**	7.8	-2.5
教育程度					
高中以下	**4**	12.7	**3**	6.5	-6.2
專科	2	5.0	7	14.9	9.9
大學	19	61.8	29	59.8	-1.9
碩士以上	6	20.5	9	18.8	-1.8

(4) **外國專業人員國籍以馬來西亞、日本、印尼籍較多，3者合占4成**：按國籍別觀察，112年底外國專業人員有效聘僱許可人次以馬來西亞籍8千人次（占16.5%）最多，日本籍6千人次（占12.6%）次之，印尼籍5千人次（占10.9%）居第三，三者合占4成。5年來馬來西亞籍、印尼籍及越南籍因畢業僑外生留臺工作持續增加，致人次躍居第一、三、四名。再按性別觀察，112年底男性外國專業人員以日本籍5千人次最多，馬來西亞籍及印尼籍均約為4千人次，分居二、三；女性外國專業人員則以馬來西亞籍、越南籍及印尼籍居前三，分別為4千人次、2千人次、2千人次，其中屬畢業僑外生留臺工作者均逾8成。

外國專業人員有效聘僱許可人次前六大國籍分布

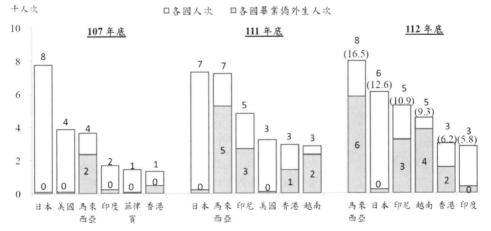

註：( )內數字為各國籍人次占比(%)。

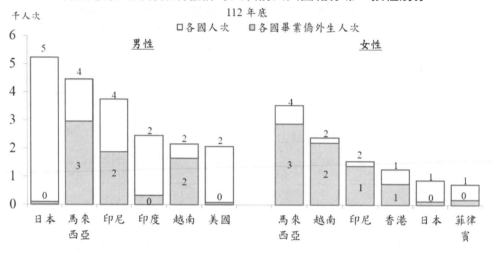

外國專業人員有效聘僱許可人次前六大國籍分布─按性別分

(5) **外國專業人員以從事製造業最多**：按行業觀察，112年底外國專業人員有效聘僱許可人次以從事製造業占28.3%最多，批發及零售業占13.8%次之，專業、科學及技術服務業占11.6%居第三。

　　按性別觀察，兩性均以從事製造業、批發及零售業人次較多，但男性從事製造業占比31.9%，遠高於女性之19.8%，女性從事教育業占比15.4%，則明顯高於男性之8.1%。按國籍別觀察，印尼籍、越南籍、印度籍及日本籍從事製造業人次均逾3成，其中印尼籍更逾5成7。

外國專業人員有效聘僱許可人次及結構比─按行業分

中華民國112年底　　　　　　　　　　　　　　　單位：千人次、%

	人次		結構比								
	年增數	總計	性別		國籍						
			男	女	馬來西亞	日本	印尼	越南	香港	印度	
總計	49	2	**100.0**	100.0	100.0	100.0	100.0	100.0	100.0	100.0	100.0
製造業	14	-1	**28.3**	31.9	19.8	17.8	32.4	57.7	44.7	12.2	38.4
批發及零售業	7	-1	**13.8**	13.3	15.2	15.0	29.0	9.9	11.5	20.0	8.2
專業、科學及技術服務業	6	0	**11.6**	12.1	10.2	13.2	8.1	9.3	5.4	16.5	14.4
教育業	5	0	**10.3**	8.1	15.4	4.0	5.3	2.0	4.9	4.1	10.7
營建工程業	4	1	**7.3**	9.7	1.6	3.6	5.6	3.1	4.5	2.2	2.4
住宿及餐飲業	3	1	**7.1**	5.7	10.2	14.2	4.7	5.9	15.5	9.7	11.0
藝術、娛樂及休閒服務業	2	1	**5.1**	4.3	7.2	3.4	3.7	0.4	0.6	4.7	0.4

	人次		結構比								
	年增數	總計	性別		國籍						
			男	女	馬來西亞	日本	印尼	越南	香港	印度
出版影音及資通訊業	2	0	**5.1**	4.5	6.4	7.9	2.9	3.6	2.7	11.7	8.4
其他服務業	2	0	**3.2**	2.8	4.1	3.9	2.2	2.3	4.4	5.5	2.4
醫療保健及社會工作服務業	1	0	**2.5**	1.6	4.8	9.6	0.2	0.5	0.3	7.1	0.3
其他	3	0	**5.7**	6.0	5.0	7.5	6.0	5.4	5.5	6.3	3.6

說明：1.「其他」包含有效聘僱許可人次較少之9個行業。
　　　2.國籍僅列舉有效聘僱許可人次前6大國家。

(6) **外國專業人員工作地集中於臺北市、新北市、臺中市及桃園市**：112
年底外國專業人員有效聘僱許可人次以臺北市占35.8%最多，新北
市、臺中市及桃園市亦分別占11.5%、11.2%及11%，四者合占6成9。
按性別觀察，女性外國專業人員在前述四都工作者合占7成3，高於男
性之6成8。另申請類別人次最多之專門性或技術性工作，工作地以臺
北市占37.7%最多，新北市占12.3%次之。

外國專業人員有效聘僱許可人次及結構比─按工作地分
中華民國112年底　　　　　　　　單位：千人次、%

	人次		結構比								
	年增數	總計	性別		申請類別					
			男	女	專門性或技術性工作	履約	補習班語文教師工作	華僑或外國人投資或設立事業之主管工作	宗教、藝術及演藝工作	運動教練及運動員工作
總計	49	2	**100.0**	100.0	100.0	100.0	100.0	100.0	100.0	100.0	100.0
臺北市	17	1	**35.8**	33.5	41.3	37.7	16.9	30.0	56.2	43.8	39.2
新北市	6	1	**11.5**	10.8	12.9	12.3	4.7	14.0	13.0	13.2	13.7
臺中市	5	0	**11.2**	11.5	10.5	9.8	17.0	15.7	10.6	7.4	13.7
桃園市	5	1	**11.0**	12.3	7.9	10.8	18.5	8.4	5.3	3.2	5.8
高雄市	4	-0	**7.6**	7.8	7.1	6.7	9.9	8.1	6.2	15.4	12.4
新竹市	3	-1	**5.2**	5.8	3.8	6.2	4.1	4.2	1.4	0.3	0.0
新竹縣	2	-0	**4.6**	4.6	4.7	5.5	1.9	5.9	1.7	2.2	2.4
臺南市	2	-0	**3.9**	3.9	4.0	4.0	4.2	4.6	2.2	3.5	5.5
其他	4	0	**9.3**	9.9	7.7	7.1	22.8	9.2	3.3	10.9	7.2

說明：「其他」包含有效聘僱許可人次較少之14個縣市。

2. **依《外國專業人才延攬及僱用法》聘僱或工作之外國專業人才概況**
　(1) **外國特定專業人才有效聘僱許可2,013人次，年減165人次**：112年底
　　　勞動部依《外國專業人才延攬及僱用法》核發之外國特定專業人才有
　　　效聘僱許可2,013人次，較111年底減少165人次，主要係新聘人次少
　　　於到期人次。另核發之外國專業人才從事藝術工作、外國專業人才之
　　　成年子女有效工作許可分別為234人、78人，較111年底分別增加37
　　　人、12人。

外國專業人才有效聘僱(工作)許可數

	外國特定專業人才		外國專業人才從事藝術工作		外國專業人才之成年子女工作		短期補習班聘僱外國專業人才從事具專門知識或技術教師	
	(人次)	年增數	(人)	年增數	(人)	年增數	(人次)	年增數
107年底	162	162	29	29	23	23	-	-
111年底	2,178	161	197	46	66	17	-	-
112年底	2,013	-165	234	37	78	12	-	-

說明：本表僅條列勞動部負責辦理業務。

　(2) **外國特定專業人才以從事專門性或技術性工作、經濟領域居多**：112
　　　年底外國特定專業人才有效聘僱許可人次以男性居多，占9成1，女
　　　性則未及1成；申請類別以專門性或技術性工作占98.5%最多；特殊
　　　專長領域以經濟領域占91.6%最多，金融領域占7.1%次之，二者合占
　　　98.7%。
　　　按行業觀察，外國特定專業人才以從事製造業占40.1%最多，批發及
　　　零售業占26%次之，專業、科學及技術服務業占10.7%居第三；男性
　　　從事製造業占比達42.3%，女性則以從事批發及零售業占33%最多。
　　　按國籍觀察，以日本籍占33.1%最多，餘依序為德國籍9%、英國籍
　　　8.2%、丹麥籍7.8%、美國籍7.6%及韓國籍5.1%，六者合占7成1；男
　　　性中日本籍占比達35.6%，女性則以美國籍占16%最多。

外國特定專業人才有效聘僱許可人次

單位：人次

項目別	總計	結構比 (%)	男性	結構比 (%)	女性	結構比 (%)
總計	2,013	100.0	1,825	100.0	188	100.0
申請類別						
專門性或技術性工作	1,982	98.5	1,797	98.5	185	98.4
華僑或外國人投資或設立事業之主管工作	23	1.1	22	1.2	1	0.5
運動教練及運動員工作	5	0.2	4	0.2	1	0.5
其他類別	3	0.1	2	0.1	1	0.5
特殊專長領域						
經濟領域	1,844	91.6	1,685	92.3	159	84.6
金融領域	142	7.1	119	6.5	23	12.2
科技領域	11	0.5	9	0.5	2	1.1
其他領域	16	0.8	12	0.7	4	2.1
行業						
製造業	807	40.1	772	42.3	35	18.6
批發及零售業	524	26.0	462	25.3	62	33.0
專業、科學及技術服務業	216	10.7	185	10.1	31	16.5
電力及燃氣供應業	178	8.8	155	8.5	23	12.2
其他行業	288	14.3	251	13.8	37	19.7
國籍						
日本	666	33.1	649	35.6	17	9.0
德國	181	9.0	167	9.2	14	7.4
英國	165	8.2	151	8.3	14	7.4
丹麥	157	7.8	152	8.3	5	2.7
美國	153	7.6	123	6.7	30	16.0
韓國	102	5.1	95	5.2	7	3.7
其他國籍	589	29.3	488	26.7	101	53.7

十三、移工留才久用方案

(一)緣起

政府為推動國家重大建設，補足缺工問題，開放引進移工迄今已近70萬人，多從事國人不願投入的製造業、營造業及漁業等3K（骯髒、辛苦、危險）產業與失能照顧工作，是我國不可或缺的生產力，其中有許多移工在雇主訓練及多方合作下，不但熟悉臺灣生活環境，更熟練勞動、生產及運用的技術，已成為我國所需的中階技術人才。

過去受限於法令規定，移工工作達一定年限就必須離開，等於平白將訓練好的人才送往他國，且為因應我國中階技術人力缺工逐年擴大（如110年缺工逾13萬人），再加上近年鄰近國家爭相延攬並留用優秀外國技術人力，行政院於111年2月17日通過勞動部研擬的「移工留才久用方案」，在確保國人就業前提下，開放符合資格的移工、僑外生在臺從事中階技術工作，並且無工作年限的限制，希望藉此留用在臺優秀且成熟的外國技術人才，在最短時間內補充所需人力。

(二)方案重點

1. **開放在臺從事中階技術工作**

   (1) **適用對象**：在臺工作滿6年以上的移工，及取得我國副學士（專科）以上學位的僑外生符合薪資或技術條件者，可由雇主申請為中階技術人力留用。

   (2) **薪資條件**

   　A. **產業類**：每月經常性薪資逾3萬3千元或年總薪資逾50萬元（僑外生首次聘僱3萬元，續聘回歸3萬3千元）。

   　B. **社福類**：機構看護每月經常性薪資逾2萬9千元、家庭看護每月總薪資逾2萬4千元。

   (3) **技術條件**

   　A. **產業類或其他指定工作**：符合勞動部彙整各部會所提專業證照、訓練課程或實作認定等資格條件之一，但經常性薪資逾3萬5千元者，免技術條件。

   　B. **看護工作**：應同時符合我國語言測驗及相關教育訓練課程資格條件。

(4)**開放類別**

　A.**產業類**：製造業、營造業、農業（限外展、農糧）、海洋漁撈。

　B.**社福類**：機構看護工、家庭看護工。

　C.**其他**：經中央目的事業主管機關指定之國家重點產業。

(5)**名額核算**：為保障國人就業，產業類個別雇主申請中階人力名額，不超過移工核配比率25%，且移工、中階人力及專業外國人合計不超過總員工50%。

2. **申請永久居留**：資深移工或僑外生從事中階技術工作滿5年，符合《入出國及移民法》相關規定，每月總薪資逾2倍基本工資或取得乙級專業技能證明，得申請永久居留。

臺灣在疫情衝擊下，不但經濟逆勢成長，加上臺商回臺、外資湧入、民間投資熱絡，在許多方面都需要更多生產力與勞動力，但臺灣總勞動力缺口是事實，且現今人才養成不易，政府因此優化條件，提高誘因，持續加強留才攬才，希望在最短時間內解決臺灣迫切、重大的人才需求，同時也對外展現臺灣的友善與熱情。

截至113年6月底止，已核准人數計31,074人，其中，產業類12,475人，社福類18,599人。

名詞解釋

1. 人力 Manpower

指達到工作年齡後參與經濟活動的人口,定義與勞動力相同,包括就業與失業二部分。人力不僅牽涉數量多寡,素(品)質高低亦同等重要,素(品)質是指人力所具備的知識、技術及體能等條件,足以影響生產力高低。各國在計算人力數量,對工作年齡均訂定起算標準,一般以完成國民義務教育的年齡為準。我國現行的起算標準,為年滿十五歲。

2. 人力供需 Manpower Supply-demand

指為配合經濟體系成長需要,勞動市場提供的勞動供給及各生產單位的勞動需求。人力供需平衡與經濟成長具密切的關係。人力供應短缺時,將造成工資上升,引發勞工高異動率,降低生產效率而使單位勞動成本提高;反之,人力供應過剩,工資將降低、消費能力亦因此減縮,影響國內需求量的擴大。經濟因素與非經濟因素均可能引發人力供需的不均衡。經濟因素上,如:經濟結構的變動、經濟景氣的盛衰、乃至國際經貿變化等,尤其經濟型態轉變,從農業至工業以至服務業,需要大量技術勞工而汰換一般性的低技術勞動力,使人力供需產生不均衡。在非經濟因素上,如:各種專業人員協會或職業工會的集結,一方面可以增強自身的議價能力,另方面也可藉此限制進入人數,減少專業與技術性勞動力的供給,因而提高其勞動薪資。

3. 人力清結 Job Clearance

人力清結是就業服務工作項目之一,目的在於提高求職、求才的媒合率,為求職者及求才雇主提供周延服務。公立就業服務機構受理求職、求才登記,一般均本於自由原則,受理登記後,求職人是否在現有就業機會中決定應徵何項,或經其選擇就業場所並經推介後,是否接受求才雇主僱用,都須本於個人的自由意願。在求才雇主方面,雖經就業服務機構推介其所需人才,但

僱用與否，必須符合其用人政策。因之，環視各國公立就業服務機構，在任
何時間內，都有未能推介就業的求職者，及未加利用的就業機會。在此種情
況下，為提高求職、求才的媒合率，就業服務機構應定期將未被利用的求
職、求才資料，加以清理，檢視雙方條件，主動媒合，如有適當者，則逐行
將就業機會通知求職人前往應徵；若現有就業機會均未適合求職人者，則可
將其基本資格條件，如性別、年齡、專長等，冊送相關雇主提供就業機會，
或以其他方式主動為求職者爭取就業機會。在未加利用的就業機會方面，利
用就業市場快報（訊），或透過其他傳播媒體加以傳播，讓失業者前來應
徵，以滿足雇主求才需求。經由以上措施，如仍有未推介的求職者或未填補
的就業機會，則以簡函說明為其服務情形，並提供相關就業市場現況，供作
調整求職、求才條件的參考，以利為雙方繼續服務。

4. 人力資本 Human Capital

勞動經濟學將資本分為物質資本及人力資本兩種。物質資本指廠房、機器設
備等資本財。而勞工的技術與能力亦屬資本財之一，稱為人力資本。凡是可
以增進勞工技術及能力並提升其生產力的投資，都可稱為人力投資。企業進
行人力投資可有效減少離職率、穩定生產環境、提高產品品質、強化市場競
爭能力，使所投入的資本能夠獲得高度的回收。例如公司對員工辦理的在職
訓練，即是人力資本投資的最佳例子。
雖然在職訓練能提升勞動力的質與量，由於勞工是具生命力的個體，擁有選
擇的自主能力，可能會拒絕接受訓練或在受過訓練後跳槽到其他公司，而使得
投資者蒙受損失。這種不確定性，讓個別企業不願投資太多成本在教育訓練
上，必需政府提供資源上的協助或補助，以提供更加廣泛的職業訓練。

5. 工作分享 Work Sharing

工作分享是在勞動需求減少時，除了解僱措施以外的另一種處理措施。亦即
將原由一個人從事的工作分由兩個人做，此種措施具有鼓勵廠商以減少工時
來替代解僱的作用。
部分辦理失（就）業保險的國家，在實施工作分享措施時，會配合實施「部
分失業給付」或「失業保險短期補償」制度。例如美國的失業保險短期補償

方式，允許勞工於遭遇暫時性工作減少時，可以領取部分的失業給付，即受僱者每週減少工作一天，可以領取部分比例的失業給付。此種給付方式，有助於減少失業保險「贊成解僱」的偏見，且在必須降低就業層次期間，可鼓勵雇主接受減少工時的策略，而不需以解僱勞工方式進行企業人力緊縮。

6. 工資率 Wage Rate

計算勞工工資標準的比率，簡稱為工資率。依據國際勞工組織（ILO）的定義，勞工工資率的計算標準有兩種，分別是：直接計件率的工資（Straight Piece-rates）和差異計件率工資（Differential Piece-rates）。前者是指受僱勞工的工資計算是由參與生產工作的所有勞工依產出多寡平均分配給所有勞工，換言之，工資與勞工的比率都是相同的。這種計算工資率的方法是簡明易懂，同時每位勞工能夠清楚其每週或每月所應領取的工資。但是應用這種工資率的產業結構必須是標準化，其產品必須可大量生產，因此，這種工資率不適合於因快速生產而可能降低品質的產業。至於差異計件率工資係由管理大師泰勒（Taylor）提出的，針對超出標準生產量的勞工提供額外的工資，但對於達到標準的勞工則提供基本的工資率，此項工資率的計算相當複雜，又如何選擇標準，也不容易，標準太高則乏人達到標準，太低則趨於浮濫，這種工資率較適合技術水準較高的產業。

7. 三明治式訓練 Sandwich Type Training

三明治式訓練是指接受訓練學員在參加訓練一段時間後，回到原來崗位就學或工作，再回去接受訓練，然後再回到原來崗位就學或工作，如此反覆交疊進行有如三明治式的一種訓練。目前職業教育實施中的學校與工廠間的建教合作方式就是典型的三明治訓練。甲乙兩班建教合作學生，甲班在工廠實習，乙班則在學校上課；一段期間（每隔一週或幾週或幾個月）後，甲班回學校上課，乙班則輪調至工廠實習，如此交替輪換。優點為學校與工廠合作，學校的理論課程與工廠的技能實習，在不同階段間彼此分工合作，相互配合，工廠的一套訓練設施，可以訓練二倍的人數。但不同階段間的課程安排，即理論課程與技能實習分別在不同時間與地點實施，兩者的配合較難達到理想，為其缺點。

8. 工作崗位外訓練 Off-the-job Training

藉由公司外部各種教育訓練機構的講師、訓練員、規劃的教材教具，以及其他軟硬體設施，以謀求公司內人力資本提升的訓練活動，稱為工作崗位外訓練。

9. 公共訓練 Public Training

公共訓練一詞首見於日本職業訓練法，該法規定，中央、都道府縣及市町村設置職業訓練機構稱為公共職業訓練機構。其次，韓國職業訓練基本法規定，公共職業訓練是指由中央及地方政府以及大統領核定設立的公共團體所辦理的職業訓練。我國公共訓練一詞乃見於內政部職業訓練局辦事細則第二章職掌中設「公共訓練組」。從勞委會職訓局成立後推動的公共職業訓練業務看來，其基本意涵為：凡不以特定對象為招生目標，學員的就業也未以特定機構為訴求者，是謂公共職業訓練（但近年來，則有企業專班的訓練方式）。因此，公共職業訓練機構包含政府機關設立者，學校或社團法人等團體附設者及以財團法人設立者。公共職業訓練以辦理養成訓練、進修訓練、轉業訓練、身心障礙者職業訓練以及技術生訓練為主。

10. 企業訓練 Enterprise Training

企業訓練是指企業界（包括事業機構、職業團體等）所辦理的職業訓練及政府推動企業界直接辦理的職業訓練而言。企業訓練因必須與企業經營活動密切結合，在性質上應具多樣化及彈性化。

11. 自僱者 Self-employer

就業者的從業身分可依受僱與否分為兩大類：一為受僱者（paid employees）；一為自僱者（Self-employer）。自僱者可再區分為僱主、自營作業者及無酬家屬工作者三類。自僱者係指在資料標準週內，年滿十五歲的就業人口並合於下列規定者，均稱為自僱者：(1)在工作中－－凡在資料標準週內，從事獲取個人利益或家庭利益的工作者；(2)擁有企業但不在工作－－在資料標準週內，擁有企業者但因傷病、業務萎縮或其他原因而暫時不在工作者。

12. 自營作業者 Own-account Workers

自營作業者係指自己經營或合夥經營經濟事業，為獲得利潤與收益，獨立從事一項專業或技藝工作，自己單獨工作或與合夥人共同一起工作，除無酬家屬工作者及無酬學徒外，並未僱用有酬人員幫同工作者。自營作業者與雇主、無酬家屬工作者同屬自僱性的就業者，不以支領薪金或工資方式取得報酬，因此，其報酬不列入所在事業場所單位的薪給紀錄。例如：家庭農場場主從事農作物生產而未僱用他人幫忙者，或夜市的小攤販，販賣貨物未僱用他人幫忙者等，均屬於自營作業者。

13. 外展型就業服務 Out-reach Employment Service

就業服務機構為發揮勞動供需的媒合功能，提高服務績效與品質，並因應就業能力薄弱者的就業服務對象，如：原住民、低收入戶、身心障礙者、出獄更生人、中高齡者及農民轉業者等就業服務的需要，常採取主動巡迴就業服務措施。本項服務係以主動出擊的方式提供服務。

14. 充分就業 Full Employment

充分就業一詞，並不意味著社會上完全沒有失業。在一個動態經濟中，並無法百分百的就業。多數經濟學家認為失業率在4%或5%時，就可視為充分就業。經濟學家認為充分就業的定義為，考慮摩擦性失業率後勞動力的就業水準。充分就業的最終目的是要借重就業者生產財貨與提供勞務。因此，如果就業不具生產性，例如為減少失業人數，將失業者隨意推介，則充分就業將無意義。有意義的充分就業是生產性的就業，即工作的人使用最低成本生產財貨與勞務的就業。

15. 非法移工 Illegal Foreign Workers

依據「就業服務法」規定：「外國人未經雇主申請許可，不得在中華民國境內工作」。另「聘僱外國人工作許可之期間，最長為二年，期滿後如有繼續聘僱必要者，雇主得申請展延，展延以一年為限」。但一般所指之非法移工大都指：非法打工、逾期居留及非法轉換雇主。

非法移工身份特殊，非法工作期間無法接受法令保護，勞動條件惡劣，時有非人道待遇產生。且非法居留，在臺動態不易掌握，可能為國內治安、經濟、衛生帶來某種程度的影響。

16. 非自願性失業 Involuntary Unemployment

非自願性失業是勞工具有勞動的能力與意願，卻因工作條件的不合（摩擦性失業）、產業結構的改變（結構性失業）或景氣循環的影響（循環性失業）等因素，而無法找到適當的工作導致失業。摩擦性失業是求職者因技能、經驗或季節的關係，而無法獲得工作。結構性失業是產業因新技術的採用或新產品的開發，而使不具有適應能力的勞動者被排除於就業市場外。循環性失業則是當總體經濟陷入衰退或蕭條時，就業水準降低，而產生大量失業。非自願性失業都是就業保險的保障對象，一方面支給失業給付保障其生活，一方面安排職業訓練與就業服務促進其就業。至於因個人意思或其他因素，拒絕勞動的非自願性失業，一般是透過福利服務方式，鼓勵其勞動，協助其就業。

17. 自願性失業 Voluntary Unemployment

指個人失業係由於本身因素導致。歐美的失業保險給付，均係以工作能力、工作意願，並正尋覓工作者為對象。因此，自願性失業者，不具備申領失業給付的條件。英國相關法令規定，具備下述情況之一時，即可視為自願性失業：

(1) 無適當理由而離職者。

(2) 因本身行為不檢而離職者。

(3) 在無適當理由情況下，拒絕申請或拒絕接受一個合適的工作者。

(4) 在無適當理由情況下，無法掌握一個合適的工作機會推荐者。

(5) 在無適當理由情況下，未能依照輔導單位的建議，去尋找合適工作機會者。

(6) 因行為不檢而喪失接受青年訓練機會者，或無故中途離開訓練崗位者。

(7) 無適當理由而拒絕接受英國就業部所安排的技術訓練方案者。

18. 求才利用率 Rate of Effective Job Opening Filled

求才利用率係指推介就業人數除以求才人數的比率。因受調查技術限制，整體就業市場的總推介就業人數和總求才人數推算不易，因此，一般係利用公立就業服務機構的業務統計，就其中的成功推介就業人數占求才登記人數的百分比計算求才利用率。求才利用率是反映就業市場中求才機會被利用的程度；求才利用率愈高表示求才機會被利用的程度愈高。就業機會大增，但推介就業人數未相對增加，則求才利用率會下降。求才利用率高低無法反映就業市場的榮枯。若資料充分，亦可分別求算按性別、年齡、教育程度和職業等類別的求才利用率，而不同類別求才利用率的高低，可反映該類別求才條件的優劣。以職業別為例，凡勞動條件較優的職類，即較容易被遞補，其求才利用率即較高；反之，亦然。求才利用率亦可作為公立就業服務單位的效率指標之一。

19. 求供倍數 Ratio of Openings to Applicants

指求才人數除以求職人數的比值。一般利用公立就業服務機構業務統計的求才登記人數和求職登記人數計算。依計算過程來看，求供倍數等於1，表示當時就業市場的勞力供需處於平衡狀態，平均每一求職人恰有一個工作機會供其運用；當求供倍數大於1，表示就業市場勞力需求大於勞力供給，比值愈大，就業市場的需求即愈超過供給，亦即就業市場對人力需求愈殷切，勞力不足現象亦愈明顯；反之，當求供倍數小於1，表示勞力供給超過勞力需求，其比值愈小，就業市場勞力供給超過勞力需求愈多，就業市場對人力需求愈有限，勞力過剩現象亦趨明顯。基本上，求供倍數的大小和失業率的高低，呈反向關係，當求供倍數愈大，失業率即愈低；反之，求供倍數愈小，失業率愈高。因此，求供倍數和失業率均為反映總體經濟指標之一。

20. 求職、求才有效人數 The Register-Effective No of Applicants & Openings

指各就業服務機構當月新登記求職人數（求才人數）外，尚包括有效期限內已辦理登記而尚未介紹就業或尚未填補之求才空缺。計算方式：(1)一般職業介

紹的求職、求才人數於本月新登記者，無論有無約定均列入本月有效人數；
(2)一般職業介紹求職、求才人數於上月登記，其於有效期間（或約定期限）
內尚未推介就業者均列入本月有效人數。亦即有效期間已推介就業、自行就業
與不再求職，已介紹補實與自行招僱，及另有約定期限，期滿者均予減除，其
餘方列為本月有效人數；代招代考的報名人數與求才人數於錄用月份列為新登
記及有效求職、求才人數，其未錄用或未補實者不得列為次月有效人數。

21. 社會企業 Social Enterprises

早在社會企業一詞出現之前，非營利組織（NPOs）早已運用商業模式，一
方面實現組織使命及願景，另一方面則期待達到經費自主，其中又以非營
利組織成立身心障礙者庇護工場為濫觴。這類型的趨勢被稱為「社會企業
精神」（social entrepreneurship），並在美國與歐洲國家受到普遍重視，
亦成為重要的研究議題。據此，常被使用的相關名詞包括：非營利組織產
業化、非營利組織企業化、社會福利事業產業化、第三部門產業化、社區
財產創造（community wealth creation）、社會目的事業（social purpose
business）、公益創投（venture philanthropy）等。社會企業最主要的特點是
用企業經營的方式來達成社會性的目的，而這些社會性目標包括：為家庭及
社區提供個人及居家服務，以滿足社會的需要，也為就業弱勢者創造就業機
會，並且促進員工發展，以及透過組織社區網絡，推動社區的共融及更新，
建立社會資本，最後是倡導社會永續發展的意識等目標。

22. 受僱者 Paid Employees

就業者的從業身分可依受僱者與否分為受僱者與自僱者兩大類。受僱者係指
就業者受僱於僱主，按時、按日、按週或按月領取薪金、工資或其他實物報
酬者而言。受僱者可分為受政府僱用及受私人僱用二類。
(1) 受政府僱者，係指受僱於本國各級政府機關、公立學校、公營事業、公
立醫院等的就業者，包括由選舉產生的公職人員及現役軍人等而言。
(2) 受私人僱用者，係指受僱於民間事業單位、民間團體、私立學校、私立
醫院、外國機關團體或私人家庭等的就業者而言。

23. 所得比例制 Earning Related System

所得比例制是指保險給付金額按被保險人投保薪資及保險年資依既定公式計算的一種給付制度，有別於所有被保險人均享領相同給付額的均等給付制（flat benefit system）。所得比例制除具有多繳費者多享領給付的公平性外，亦具有間接誘發被保險人勤奮工作以便享領較多給付的作用。此外，此種制度可使不同所得水準的被保險人在給付中斷後，仍能維持某一程度的生活水準，不致造成高所得者生活水準遽降，而低所得者給付高於原收入的問題。由於社會保險重視社會連帶責任，因此，部分國家按此種制度得出的給付水準，雖使高所得者享領較高給付，但其所得替代率則低於低所得者，即所得替代率隨所得水準的提高而下降，以便達成社會保險所得重分配的功能。惟健康保險則無此效果。

24. 所得替代率 Replacement Rate of Income

所得替代率係指勞工於收入中斷後，由有關當局或雇主處所享領的月付額占其收入中斷前平均月收入的百分比。此一比率常用於測度各類勞工，如退休勞工、失業勞工、身心障礙或傷病勞工，於其原收入中斷後，由於領取給付而能維持的收入水準，以瞭解給付是否充足，惟最常用於退休給付的評估中。若欲維持收入中斷前後一致的生活水準，所得替代率不需達到百分之百，此係由於與工作有關的支出，如交通費、交際費……等得以減少之故。根據研究結果顯示，對中等收入者而言，維持其原來生活水準的適當所得替代率只要60至70%即可。另，為避免給付過於優厚誘發人性貪懶的弱點，各國有關制度均規定其給付額的所得替代率不高於其原收入的百分之一百。

25. 技能檢定 Skill Test

技能檢定是對技術人員所具的職業技能，依一定標準予以測試，經測試合格者給予證書的一種制度。技能檢定的意義有三：
(1) 評鑑職業訓練與職業教育的成效。
(2) 建立各業從業人員的職業證照制度。
(3) 提高技術性從業人員的技術水準。

依我國「職業訓練法」第31條規定,「為提高技術水準,建立證照制度,應由中央主管機關辦理技能檢定」。同法第32條規定,「辦理技能檢定的職類,依其技能範圍及專精程度,分為甲、乙、丙三級;不宜分三級者,由中央主管機關定之」。又依同法第33條規定,「技能檢定合格者稱技術士,由中央主管機關統一發給技術士證」。

26. 技術生訓練 Apprentice Training

技術生訓練俗稱學徒訓練,起源於家庭父子間的技藝傳授,隨著社會變遷,逐漸成為各行業中師傅教徒弟的方式。如歐洲中世紀行會時期,學徒的招僱與訓練,均受師傅嚴格的管制。18世紀工業革命帶動工廠制度興起後,學徒常淪為童工,對學徒的保護乃為各國所重視,如英國1838年頒布工廠法,實施學徒衛生及道德律法,即為一例。至1939年,國際勞工組織通過「學徒制度建議書」,學徒訓練逐漸發展為現代化的職業訓練制度。

現代化的學徒訓練,或稱技術生訓練,係指一種經由工廠與學校合作,使未成年的學徒,能勝任技術行業的長期訓練。訓練期間,學徒一面在工廠隨師傅學習技藝,一面赴學校修習相關知識及公民課程。有關其僱用條件、待遇等,通常以法令規範之,或由雇主與學徒或其監護人雙方簽訂契約規定之。由於技術生訓練對象均為初次就業的青少年,其訓練目的又在培養合格的熟練技工,故需時較長,一般多為二至三年,訓練課程內容均須妥為安排,除訓練職類由政府公佈外,訓練期間並須接受政府的監督。

我國自民國72年「職業訓練法」公佈後,技術生訓練雖專列條文管理,但至今尚未在工廠間建立制度推行。惟透過教育體系推行中的輪調式建教合作教育,與延長以職業教育為主的國民教育計畫的技術生進修方式,雖有若干缺失,有待改進,仍不失為技術生訓練的另一可行的模式。

27. 休閒偏好 Leisure Preference

勞動市場中的勞工,其休閒活動的類型和長短,呈現某些偏好行為。隨著社會發展,勞工休閒期間有逐漸拉長趨勢。勞工休閒活動類型,因不同勞工而呈現不同的偏好;年輕或年紀較大的勞工,以及無家庭責任的未婚男女,不僅休閒時間較長,活動也較具多元化;至於已婚或有家累勞工,休閒時間較

短，以便賺取較多的薪酬。此外，兼時勞工，休閒活動時間較長。不同薪資水準和專業水準的勞工，其休閒偏好也呈顯較大差異，薪資較高或專業的工作人員，休閒時期通常較連貫，休閒活動範圍也較廣泛，反之，薪資水準偏低或專業水準不高的勞工，休閒偏好較傾向於短時間休閒，活動範圍也較偏狹。

28. 怯志人力 Discouraged Workers

怯志人力係指具有工作能力者由於缺乏自信心，認為在就業市場找工作不易而未進入就業市場覓職者。一般而言，在經濟景氣良好時，就業機會增加，會使求職者信心增加，因此怯志人力隨之減少。反之，就業機會減少時，怯志人力亦將隨之增加。此外，就業市場資訊的暢通，可有助於提升怯志人力的求職信心，而投入就業市場，減少怯志人力的人數。各國通常係以非勞動力中屬於「想工作而未找工作者」的人數代表怯志人力的統計數據。

29. 推介就業 Placement

推介就業意涵一種過程及一種結果或狀態，前者係指依求職人的意願，選擇適合就業機會，推介其前往求才雇主處應徵的一種過程；後者係指經推介後，求職人被求才雇主錄用，而且決定在該求才雇主處就業的一種狀態。前者亦可稱為媒合（matching）；後者稱為推介就業。推介就業績效除受就業服務工作人員對求才雇主及求職人所提供的服務深度、求職人尋找工作的價值觀及求才雇主的用人政策等因素的影響外，也受整個經濟環境的變動間的關係至深，民國64年至75年的年平均推介就業率與失業率間的相關係數乘方為0.85，由此可見。推介就業依其就業期間可分三個層次：
(1) 3天以下者的短期推介就業（short-term placement）。
(2) 4天至150天者為中程推介就業（mid-term placement）。
(3) 150天以上者為長期推介就業（long-term placement）。

30. 勞力替代 Labor Replacement

勞動市場中因勞力供需的失調，引起某部門的勞力供給過剩，但在其他部門則有不足現象，為彌補不足的勞力，婦女、未滿十八歲的童工，或移工提供部分所需的勞力，以替代正式的勞力供給，是為勞力替代。從短期而言，勞

力替代可發揮紓解勞力供需失衡的問題，但只能運用在勞力密集的產業，在資本密集的產業，因為其所需的人力通常須具備相當的技能條件，因此，勞力替代不僅無法發揮效果，而且可能降低或拖延產業結構的升級。因此，從中長期勞力供需的觀點來看，勞力替代很難產生預期效果。一般而言，女性勞工和移工是最常見的勞力替代。

31. 勞力不足 Labor Shortage

勞力不足係指勞動供應量較勞動需求量為少，許多工作機會找不到適當人選擔任，以致就業市場空缺甚多，失業率甚低。面臨勞力不足時，廠商常一方面提高工資或改善工作條件來吸引勞動；另方面則致力改變生產技術以減少勞動需求，在勞動供給增加需求減少時，勞力不足的現象得以紓解。亦即勞力不足乃是就業市場的薪資、工作條件及技術水準在短期間無法迅速調整，而呈現的勞動供需失衡現象。但經過勞動供需雙方的調整，長期間勞動供需將會趨於平衡。

32. 勞力過剩 Labor Surplus

勞力過剩係指勞動供應量較勞動需求量為多，以致許多人找不到工作，造成失業率高升。在開發中的國家中，初期發展階段，常面臨就業機會不足，勞力過剩而形成人力低度運用或隱藏性失業問題。一個國家如果已越過初期發展階段所發生的隱藏性失業之後，則勞力過剩與勞力不足問題均屬於短期性問題。如就業市場發生勞力過剩，則廠商調升工資意願降低，甚或減低工資；改善生產技術的速度亦會減緩，因而會使就業市場勞力供給減少，需求增加，而使勞力過剩情形消失。亦即勞力過剩與勞力不足乃是短期性的就業市場失衡現象，長期間則在勞力供需調整後，勞力供需將會趨於平衡。

33. 勞動力 Labor Force

根據國際勞工組織（International Labor Organization）對勞動力所下的定義，通常係以國民完成義務教育的年齡為最低年齡，在此年齡以上者稱為工作年齡人口。我國工作年齡人口是以十五歲為準，將總人口分為未滿十五歲人口和十五歲以上人口。勞動力係指在資料標準週內，年滿十五歲，具有工

作能力及工作意願在工作或正在找工作的人口。包括就業者及失業者。勞動力可分為具有現役軍人身份的武裝勞動力及不具軍人身份的民間勞動力。我國勞動力調查（現稱人力資源調查），係以統計民間勞動力為主。勞動力與人口學所稱的經濟活動人口為同義詞，而狹義的勞動力概指民間勞動力而言。

34. 勞動力參與率 Labor Force Participation Rate

勞動力參與率係指勞動力占十五歲以上人口的比率。在我國臺灣地區是指狹義的勞動力參與率，即在十五歲以上人口中，剔除監管人口及武裝勞動力。勞動力參與率為測度經濟景氣的重要人力指標之一。就我國臺灣地區情勢而言，其顯著性尤勝於失業率，當經濟繁榮時，勞動力增加的速度會大於十五歲以上人口增加的速度，此時勞動力參與率即呈上升；而當經濟停滯或衰退時，勞動力增加不及工作年齡人口的增加，勞動力參與率即呈下降。為進一步瞭解人力資源的運用情形，尚可根據勞動力的各項表徵，計算各種不同特性的勞動力參與率，如年齡組別、性別、教育程度別等的參與率。

35. 替代性就業 Alternative Employment

由於勞力供需失調所引起失業人口的問題，為紓解此問題，由政府和就業市場提供替代性就業市場；例如採取部分工時制、提前退休方案、或社區工作方案，使失業人口能夠獲得暫時性的就業機會。替代性就業並無法解決結構失業的問題，但可在短期內提供暫時性的就業，使失業人口避免因失業過久而與就業市場脫節；其次，使失業人口不必長期依賴失業保險。替代性就業在產業結構轉型過程中，最能發揮充分就業的功能。

36. 就業安定基金 Employment Stability Fund

係指依據民國81年5月8日公佈施行之「就業服務法」第五章「外國人之聘僱與管理」第51條第1項規定，所設置之「就業安定基金」特種基金專戶，以收繳就業安定費，作為促進國民就業之用。此依據民國86年3月26日行政院勞委會與財政部、行政院主計處會銜發布施行「就業安定基金收支保管及運用辦法」第5條之規定，基金主要來源有三：(1)有關就業安定費收入；(2)本基金之孳息；(3)其他有關之收入。

37. 就業安定費 Employment Stability Fee

係指依據民國81年5月8日公佈施行之「就業服務法」第五章「外國人之聘僱與管理」章第51條第1項規定，雇主聘僱外國人從事第43條第1項第7款或第8款規定之工作，應向中央主管機關設置之特種基金專戶繳納就業安定費，作為促進國民就業之用。

38. 就業能力薄弱者 Disadvantaged Group

係指如殘障者因先天或後天身體障害或智能不足，或中高齡者因技術脫節、年邁而就業條件、生理健康狀況不如一般勞動者，致常受歧視或處弱勢，不易經由一般就業市場機能獲致工作，必須透過政府給予特別扶助，始能免於失業及經濟匱乏。亦有將原住民、低收入戶者及受刑出獄人涵蓋在內者，此類人口或因社會文化生活差異、家庭經濟條件太差，或因曾受刑罰，其教育程度及職業能力不足或遭受歧視，致就業或轉業困難。以上人口均需政府提供專案輔導措施，協助其解決就業問題。對於具有工作能力的輕度先天殘障者，除輔導其接受正規教育外，政府應輔導其就業或參加職業訓練；對因工作或其他事故而致殘障者，在協助其醫療復健後，應給予職能評量（vocational evaluation）及職業重建（vocational rehabilitation）服務，使其仍具有一技之長，達成自立自主。此外，新修正「殘障福利法」的一定比例強制僱用措施，應有效推動，以促進殘障人力的運用。至於中年轉業者，政府應輔導其接受轉業訓練，提升技能，以利再就業；而高齡者，因具有豐富工作經驗，政府應設立「老人人力銀行」，鼓勵民間多加運用以謀生活安定及增進其有意義的生活。在協助原住民和低收入戶者就業上，政府應以社會救助手段，獎助其繼續升學，輔導參加職業訓練，或以工代賑方式協助其就業；至對受刑出獄人，政府應協助其參加職訓再推介就業，或予創業貸款協助其開創新生活。

39. 就業諮詢 Employment Counseling

諮詢是一種兩個人面對面會談的行動過程，其目的在協助接受諮詢者在行為、觀念上有所改進，其困惑獲得解決。就業諮詢就是協助個人解決其選擇職業、轉業及工作適應問題的行動過程。

就業諮詢是就業服務中一種高度專業性的服務工作，其成敗關鍵在於諮詢人員對諮詢哲理的正確認識，對人類行為、職業世界、諮詢技巧等具有豐富的知識，及其如何將這些理念貫徹到實際諮商行為上。諮詢人員應具有的特質，包括：善於與人相處、豐富的知識與判斷能力、良好的道德素養、尊重別人的信心、心胸開朗且具自信、對自己能力極限的洞察力。而其應具有的技巧，包括：會談的技巧、分析的技巧、執簡馭繁的書寫技巧及溝通的能力等。就業諮詢的目的，希望經由諮詢服務，協助個人解決選擇職業、轉業及工作適應問題後，能順利找到一份適性工作，或參加適合個人性向、興趣、性格的職業訓練，或重返學校繼續就讀，或重返原來的工作崗位，愉快的工作。

40. 等待期 Waiting Period

等待期係指被保險人從保險事故發生之日起，至保險給付開始的期間。依社會保險給付原則，保險人應於保險事故發生時，即支付各種社會保險給付。至於等待期的設定，可以減少處理大量小額給付申請的行政費用，凡事故不嚴重者不予給付，可增強保險制度對被保險人重大事故的保護；此外，對不嚴重事故經過一段時間的觀察後，可排除被保險人不工作而請求給付的不正當心理；加上短暫的收入中斷，對多數勞工而言，尚不致造成立即的經濟困難。等待期的規定，常見於失業保險給付中，國際勞工組織的「社會安全最低標準公約」第24條第3項即規定，失業勞工在收入中斷的最初七日內，不須支付給付。惟等待期的期限規定各國制度不一，有三日者，有一週或更長者。另對於傷病給付，通常亦有等待期的規定，例如我國勞工保險對於傷病給付即有三日的等待期規定。

41. 菲利普曲線 Phillips Curve

英國倫敦大學菲利普教授（A.W. Phillips）提出失業與物價變動之間具有互相消長（Trade Off）的量化關係，當失業率減少，則物價反而逐漸升高，因為高失業率使貨幣工資增加降低，間接減少貨幣供給與通貨膨漲，而低失業率則因貨幣工資的增幅擴大，導致通貨膨漲，這種量化關係所形成的曲線，即稱「菲利普曲線」。菲利普曲線提供政府有關就業政策考量的基礎，政府就業政策的目的之一降低失業率，但應降低至何水準，使不影響不必要的物價通膨，則是政策上必須考量的問題。（見下圖）

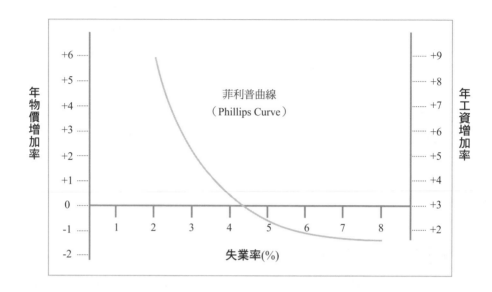

42. 無酬家屬工作者 Unpaid Family Workers

無酬家屬工作者係指以家屬身分在家長或其他家屬所經營的事業單位中,而未固定支領薪金或工資者。惟除日本及少數國家外,大多數國家或地區,對無酬家屬工作者均訂有每週最低工作時數。我國臺灣地區訂定每週工作在十五小時以上或每日工作在三小時以上,始為無酬家屬工作者。如從事無酬家屬工作低於上述標準,且未從事其他有酬工作者,即不屬於就業者。如在家長或其他家屬經營的事業單位工作而固定支領薪資者,則其從業身分應屬於受私人雇用者,而不是無酬家屬工作者。

43. 建教合作教育 Cooperative Education

建教合作教育係指學校利用企業界的資源推展教學活動,使學生學習環境由學校教室擴展至整個工作世界,以增進學習成效的一種教育方式,通常可依其實施方式分為:工作見習(work experience)、職業合作教育(cooperative vocational education)、工讀(work study)和專業實習(internship)等不同類型。工作見習是讓學生至現場觀摩或實際參與工作,

以實際瞭解相關作業的運作，並體驗工作現場的職業生活。職業合作教育，是以職業教育為導向，在學校與企業機構的共同合作、計畫和督導下，學生一面在學校接受相關理論教學；一面在企業機構或工廠實施工作崗位訓練，以獲取有效的就業技能及相關學術，順利達成職業教育的目標。

工讀與建教合作教育的主要差別，在學校教學與工作經驗兩者不一定相關，而且工讀的目的主要在幫助貧困或中途離校的學生賺取生活費用，俾順利準備從事某一專業性工作，在修習學校某些專業課程後，到有關的工作崗位實際參與工作，以應用或印證學校所學的理論或技術。最常採用專業實習方式的有：教師、醫師、工程師、企業經營管理、社會工作者和諮商人員等。

44. 養成訓練 Preparatory Training

養成訓練係指對無一技之長而準備就業的青少年，或初次求職者所實施的長期而有系統的職業技能訓練而言。依照我國現行「職業訓練法」第7條的規定，養成訓練係指對15歲以上或國民中學畢業的國民，所實施有系統的職業訓練。依照日本職業訓練法規定，養成訓練係指對求職者或受僱者施予就業上必要基本技能的職業訓練。

45. 職業訓練 Vocational Training

職業訓練（Vocational training）係指為準備就業的準勞工或已經就業的新進員工與在職勞工，為傳授其就業所需的職業技能，或提升其工作上所需的工作技能與相關知識，所實施的各種訓練。

依照我國現行「職業訓練法」規定，職業訓練係指對未就業國民所實施的職前訓練，及對已就業國民所實施的在職訓練。實施方式分為養成訓練、技術生訓練、進修訓練、轉業訓練及殘障者職業訓練。

依照日本「職業訓練法」的規定，所謂職業訓練係指為開發及提高求職者或受僱者職業上所必需的能力而實施之訓練。目前亦有人將「職業訓練」一詞作擴張解釋，而泛指一切培養或增進職業能力的各種訓練活動。

46. 轉業訓練 Transfer Training

根據Benidic & Egan（1982）的說法，轉業訓練的含義及重要性包括下列兩點：轉業訓練可以協助勞動者再次有機會表現做不同的工作或不同的職業階層，因在製造業所屬不同業別間或產業與產業間，對於工作的變動性、轉業有極大的需要。由於科技的日新月異，許多行業已被淘汰，舊的技術亦被新的發明所取代，轉業訓練可以提供適應行業淘汰和技術更新的服務，以滿足勞動者工作轉換的要求。基於上述兩點理由，轉業訓練包含下列四種意義：

(1) 預防的訓練：在工業技術快速改變中，降低因技術脫節而失業的危險。

(2) 適應的訓練：使在職勞動者增加適應新工作的能力。

(3) 進階的訓練：提升職位的訓練。

(4) 更新的訓練：工作技術的更新訓練，以維繫就業機會。

綜合以上說明可知，轉業訓練是一種加強就業轉換能力或職位提升的訓練。

47. 潛在勞動力 Potential Labor Force

潛在勞動力係指年滿十五歲，具有工作能力，由於在學或準備升學，家務太忙或因傷病而短期內不能工作，或因其他原因而未參與就業市場活動，但若干亦可能因當前就業機會不足而未工作，如就業市場條件改善、薪資增加、工作地點方便、工作時間富有彈性，可能吸引潛在勞動力參與經濟活動。此類人力亦即具有工作能力的非勞動力。當就業市場對勞力需求轉殷時，即會吸收一部分潛在勞動力參加就業行列，而減少非勞動力的人數。反之，當就業市場對勞力需求減弱時，潛在勞動力即會增加。

48. 隱藏性失業 Hidden Unemployment

愛德華氏（Edgar O. Edwards, 1974）認為，隱藏性失業為勞力低度運用的一種，即表面上是從事經濟活動，但實際上卻處於低度運用狀態。此類人員係參與非就業性活動的第二種選擇（Second Choice），主要因為無適當的工作機會來適合其教育程度，或因特殊風俗的關係，使部分女性形成隱藏性失業。也正因為如此，教育機構與家庭乃成為他（她）們最後依靠的雇主（Employers of Last Resort）。嚴格來說，隱藏性失業並非真正失業，而只是「低度就業」而已。

49. 邊際勞動力 Marginal Labor Force

邊際勞動力，係指時常在就業市場進出的勞動力而言。此部分勞動力所擔任的工作通常屬於臨時性、季節性工作，或部分時間工作為多。通常在經濟景氣良好時，就業市場人力需求增加，這些勞動力就會投入就業市場而使勞動力參與率上升。反之，當就業市場勞力需求減少時，這些勞動力也較易被裁退，而退出就業市場，使勞動力參與率下降。由於邊際勞動力進出就業市場的調節，因此，使失業率的變動，無法完全反應就業市場人力需求的變動。在學的青少年，家庭婦女，以及中高齡者均為邊際勞動力的來源。

50. 職業媒合 Job Matching

職業媒合是就業服務最主要的工作，以就業服務機構為工作與人才者間的媒合中心，促使雇主及求職人，經由就業服務機構的媒介，彼此獲得最適合的人才及職業。簡言之，職業媒合就是協助求職者覓得合適的職業，求才者能募得合適的人才。職業媒合有以求才條件為準，為求才雇主遴介適當的求職人；亦有以求職條件為準，為求職人選擇適合的雇主；基本功能至為單純，但欲行之有效，則須經過相當專業與複雜的程序，諸如：服務人員對重要行、職業內容和生產過程的瞭解以及會談諮商等技巧。

51. 職業分析 Occupational Analysis

職業分析是一種蒐集及分析職業資料的手段，透過對一個職業所涵蓋的職務或工作內容所做的分析，以正確完整地蒐集及分析職業資料，並以簡明、扼要方式加以表達，以供就業服務、職業輔導、人事管理和職業訓練等的參考。職業分析主要採用文件分析、晤談、觀察、討論等方法，經由選定擬分析職業、擬訂機構調查計畫，進行機構調查、擬訂職業分析計畫、進行職業分析及評定、整理所得資料等程序，以蒐集工作執行概況、從業人員條件及待遇、升遷等方面的資料，供使用者參考。

52. 職業交換 Employment Exchange

由於經濟資源在地域上分布的差異，及產業政策的影響，各地區經濟發展程度因而有所不同，產業別亦不盡一致，因此，對人力需求，在數量及職業別上各有所需，往往造成人力供需在地區間的不平衡現象。調節人力供需為就業服務任務之一，故將促進勞工流動（labor mobility）列為一項主要功能。職業交換是將在本地區無人應徵的就業機會，洽請其他地區提供人力，以滿足雇主對人力的需求；同時，將本地區無法找到適當就業機會的求職人資料，提供其他地區，協助爭取就業機會，以推介其就業。透過地區間人力供需的互動，以促進其平衡。

53. 職業性向 Occupational Aptitude

職業性向，係指個人對工作勝任的能力。在職業輔導及人事甄選時，通常與興趣、工作性格、價值觀、休閒活動、嗜好、生理能力、社會經濟、既有成就與經驗，以及教育與訓練等因素，同時加以考量。為確切瞭解職業性向，美國於1930年代致力於瞭解各種職業的性向，因而產生了近百種測量單一能力的職業性向測驗。後為職業諮商需要，乃將多種單一能力的職業性向測驗加以組合，編製成綜合式的測驗，亦即通用性向測驗。目前國內已將該測驗加以增編，以適應國人使用需要，該測驗所涵蓋的九個性向包括：一般學習、語文、數目、空間關係、圖形知覺、文書知覺、動作協調、手指靈巧和手部靈巧。

54. 職業興趣 Occupational Interest

係指個人對工作的興趣或動機。在職業輔導的過程中，瞭解當事人的職業興趣是一個重要的步驟。不過，只具備職業興趣並不能表示日後的職業發展就能一帆風順，故在職業輔導及職業甄選時，輔導人員與當事人除職業興趣以外，應同時考慮其他有關當事人及職業的重要因素，如性向、人格特質、價值觀、休閒活動、嗜好、生理能力、社會經濟因素、既有成就與經驗，以及教育與訓練。目前我國修訂完成的職業興趣量表－「我喜歡做的事」，共計包括藝術、科學、動植物、保全、機械、工業生產、企業事務、銷售、個人服務、社會福利、領導及體能表演等12項因素。

Chapter 11 重要法規

1.勞動部勞動力發展署組織法
中華民國103年1月29日發布

第1條 勞動部為促進國家經濟及社會發展、開發、提升及運用勞動力,特設勞動力發展署(以下簡稱本署)。

第2條 本署掌理下列事項:
一、勞動力開發、提升、運用與發展業務之政策規劃、推動、管理、評估及法規制(訂)定、修正、廢止、解釋。
二、職業訓練計畫、措施、模式、品質規範與表揚獎勵等業務之推動、督導及協調。
三、就業服務、職業訓練與失業給付等業務之整合、推動及管理。
四、身心障礙者職業重建與特定對象就業之推動及督導。
五、職能標準、技能檢定、技能競賽與技能職類測驗能力認證之規劃、推動、督導及協調。
六、跨國勞動力之引進、海外合作規劃與督導、仲介外國勞動力私立就業服務機構之許可、管理及評鑑。
七、技能檢定之職類開發、基準建立、場地評鑑、監評管理、題庫管理及稽核。
八、雇主聘僱跨國勞動者工作之審核、許可、就業安定費與收容費之收繳、催繳及移送強制執行。
九、職能標準、職業訓練課程教材、就業輔導工具之開發及師資培訓之推廣。
十、其他勞動力發展業務管理事項。

第3條 本署置署長一人,職務列簡任第十三職等;副署長二人,職務列簡任第十二職等。

第4條 本署至署任秘書,職務列簡任第十一職等。

第5條 本署為應轄區業務需要,得設分署。

第6條 本署各職稱之官等及員額,另以編制表定之。

第7條 本法施行日期,由行政院以命令定之。

2.就業服務法
中華民國112年5月10日修正發布

第一章　總則

第1條 為促進國民就業,以增進社會及經濟發展,特制定本法;本法未規定者,適用其他法律之規定。

第2條 本法用詞定義如下:
一、**就業服務**:指協助國民就業及雇主徵求員工所提供之服務。
二、就業服務機構:指提供就業服務之機構;其由政府機關設置者,為公立就業服務機構;其由政府以外之私人或團體所設置者,為私立就業服務機構。
三、雇主:指聘、僱用員工從事工作者。
四、**中高齡者:指年滿四十五歲至六十五歲之國民。**

五、 **長期失業者**：指連續**失業期間達一年**以上，且辦理勞工保險**退保當日前三年內**，**保險年資合計滿六個月以上**，並於最近一個月內有向公立就業服務機構辦理求職登記者。

第 3 條 國民有選擇職業之自由。但為法律所禁止或限制者，不在此限。

第 4 條 國民具有工作能力者，接受就業服務一律平等。

第 5 條 為保障國民就業機會平等，雇主對求職人或所僱用員工，不得以種族、階級、語言、思想、宗教、黨派、籍貫、出生地、性別、性傾向、年齡、婚姻、容貌、五官、身心障礙、星座、血型或以往工會會員身分為由，予以歧視；其他法律有明文規定者，從其規定。

雇主招募或僱用員工，不得有下列情事：
一、為不實之廣告或揭示。
二、**違反求職人或員工之意思，留置其國民身分證、工作憑證或其他證明文件，或要求提供非屬就業所需之隱私資料。**
三、扣留求職人或員工財物或收取保證金。
四、指派求職人或員工從事違背公共秩序或善良風俗之工作。
五、辦理聘僱外國人之申請許可、招募、引進或管理事項，提供不實資料或健康檢查檢體。
六、**提供職缺之經常性薪資未達新臺幣四萬元而未公開揭示或告知其薪資範圍。**

第 6 條 本法所稱主管機關：在中央為勞動部；在直轄市為直轄市政府；在縣（市）為縣（市）政府。
中央主管機關應會同行政院原住民委員會辦理相關原住民就業服務事項。

中央主管機關掌理事項如下：
一、全國性國民就業政策、法令、計畫及方案之訂定。
二、全國性就業市場資訊之提供。
三、就業服務作業基準之訂定。
四、全國就業服務業務之督導、協調及考核。
五、**雇主申請聘僱外國人之許可及管理。**
六、辦理下列仲介業務之私立就業服務機構之許可、停業及廢止許可：
　　(一) 仲介外國人至中華民國境內工作。
　　(二) 仲介香港或澳門居民、大陸地區人民至臺灣地區工作。
　　(三) 仲介本國人至臺灣地區以外之地區工作。
七、其他有關全國性之國民就業服務及促進就業事項。

直轄市、縣（市）主管機關掌理事項如下：
一、**就業歧視之認定。**
二、外國人在中華民國境內工作之管理及檢查。
三、**仲介本國人在國內工作之私立就業服務機構之許可、停業及廢止許可。**
四、前項第6款及前款以外私立就業服務機構之管理。
五、其他有關國民就業服務之配合事項。

第 7 條 主管機關得遴聘勞工、雇主、政府機關之代表及學者專家，研議、諮詢有關就業服務及促進就業等事項；其中勞工、雇主及學者專家代表，不得少於二分之一。
前項代表單一性別，不得少於三分之一。

第 8 條 主管機關為增進就業服務工作人員之專業知識及工作效能，應定期舉辦在職訓練。

第**9**條 就業服務機構及其人員,對雇主與求職人之資料,除推介就業之必要外,不得對外公開。

第**10**條 在依法罷工期間,或因終止勞動契約涉及勞方多數人權利之勞資爭議在調解期間,就業服務機構不得推介求職人至該罷工或有勞資爭議之場所工作。

前項所稱勞方多數人,係指事業單位勞工涉及勞資爭議達十人以上,或雖未達十人而占該勞資爭議場所員工人數三分之一以上者。

第**11**條 主管機關對推動國民就業有卓越貢獻者,應予獎勵及表揚。

前項獎勵及表揚之資格條件、項目、方式及其他應遵行事項之辦法,由中央主管機關定之。

第二章　政府就業服務

第**12**條 主管機關得視業務需要,在各地設置公立就業服務機構。

直轄市、縣(市)轄區內原住民人口達二萬人以上者,得設立因應原住民族特殊文化之原住民公立就業服務機構。

前兩項公立就業服務機構設置準則,由中央主管機關定之。

第**13**條 公立就業服務機構辦理就業服務,以免費為原則。但接受雇主委託招考人才所需之費用,得向雇主收取之。

第**14**條 公立就業服務機構對於求職人及雇主申請求職、求才登記,不得拒絕。但其申請有違反法令或拒絕提供為推介就業所需之資料者,不在此限。

第**15**條 (刪除)

第**16**條 公立就業服務機構應蒐集、整理、分析其業務區域內之薪資變動、人力供需及未來展望等資料,提供就業市場資訊。

第**17**條 公立就業服務機構對求職人應先提供就業諮詢,再依就業諮詢結果或職業輔導評量,推介就業、職業訓練、技能檢定、創業輔導、進行轉介或失業認定及轉請核發失業給付。

前項服務項目及內容,應作成紀錄。

第1項就業諮詢、職業輔導及其他相關事項之辦法,由中央主管機關定之。

第**18**條 公立就業服務機構與其業務區域內之學校應密切聯繫,協助學校辦理學生職業輔導工作,並協同推介畢業學生就業或參加職業訓練及就業後輔導工作。

第**19**條 公立就業服務機構為輔導缺乏工作知能之求職人就業,得推介其參加職業訓練;對職業訓練結訓者,應協助推介其就業。

第**20**條 公立就業服務機構對申請就業保險失業給付者,應推介其就業或參加職業訓練。

第三章　促進就業

第**21**條 政府應依就業與失業狀況相關調查資料,策訂人力供需調節措施,促進人力資源有效運用及國民就業。

第**22**條 中央主管機關為促進地區間人力供需平衡並配合就業保險失業給付之實施,應建立全國性之就業資訊網。

第**23**條 **中央主管機關於經濟不景氣致大量失業時,得鼓勵雇主協商工會或勞工,循縮減工作時間、調整薪資、辦理教育訓練等方式,以避免裁減員工;並得視實際**需要,加強實施職業訓練或採取創造臨時就業機會、辦理創業貸款利息補貼等輔導

措施；**必要時，應發給相關津貼或補助金，促進其就業。**

前項利息補貼、津貼與補助金之申請資格條件、項目、方式、期間、經費來源及其他應遵行事項之辦法，由中央主管機關定之。

第24條　**主管機關對下列自願就業人員，應訂定計畫，致力促進其就業；必要時，得發給相關津貼或補助金：**

一、獨力負擔家計者。

二、中高齡者。

三、身心障礙者。

四、原住民。

五、低收入戶或中低收入戶中有工作能力者。

六、長期失業者。

七、二度就業婦女。

八、家庭暴力被害人。

九、更生受保護人。

十、其他經中央主管機關認為有必要者。

前項計畫應定期檢討，落實其成效。

主管機關對具照顧服務員資格且自願就業者，應提供相關協助措施。

第一項津貼或補助金之申請資格、金額、期間、經費來源及其他相關事項之辦法，由主管機關定之。

第25條　公立就業服務機構應主動爭取適合身心障礙者及中高齡者之就業機會，並定期公告。

第26條　主管機關為輔導獨力負擔家計者就業，或因妊娠、分娩或育兒而離職之婦女再就業，應視實際需要，辦理職業訓練。

第27條　主管機關為協助身心障礙者及原住民適應工作環境，應視實際需要，實施適應訓練。

第28條　公立就業服務機構推介身心障礙者及原住民就業後，應辦理追蹤訪問，協助其工作適應。

第29條　直轄市及縣（市）主管機關應將轄區內低收入戶及中低收入戶中有工作能力者，列冊送當地公立就業服務機構，推介就業或參加職業訓練。

公立就業服務機構推介之求職人為低收入戶、中低收入戶或家庭暴力被害人中有工作能力者，其應徵工作所需旅費，得酌予補助。

第30條　公立就業服務機構應與當地役政機關密切聯繫，協助推介退伍者就業或參加職業訓練。

第31條　公立就業服務機構應與更生保護會密切聯繫，協助推介受保護人就業或參加職業訓練。

第32條　主管機關為促進國民就業，應按年編列預算，依權責執行本法規定措施。

中央主管機關得視直轄市、縣（市）主管機關實際財務狀況，予以補助。

第33條　**雇主資遣員工時，應於員工離職之十日前，將被資遣員工之姓名、性別、年齡、住址、電話、擔任工作、資遣事由及需否就業輔導等事項，列冊通報當地主管機關及公立就業服務機構。**但其資遣係因天災、事變或其他不可抗力之情事所致者，應自被資遣員工離職之日起三日內為之。

公立就業服務機構接獲前項通報資料後，應依被資遣人員之志願、工作能力，協助其再就業。

第33-1條　中央主管機關得將其於本法所定之就業服務及促進就業掌理事項，委任所屬就業服務機構或職業訓練機構、委辦直轄市、縣（市）主管機關或委託相關機關（構）、團體辦理之。

第四章　民間就業服務

第34條　私立就業服務機構及其分支機構，應向主管機關申請設立許可，經發給許可證後，始得從事就業服務業務；其許可證並應定期更新之。

未經許可，不得從事就業服務業務。但依法設立之學校、職業訓練機構或接受政府機關委託辦理訓練、就業服務之機關（構），為其畢業生、結訓學員或求職人免費辦理就業服務者，不在此限。

第1項私立就業服務機構及其分支機構之設立許可條件、期間、廢止許可、許可證更新及其他管理事項之辦法，由中央主管機關定之。

第35條　**私立就業服務機構得經營下列就業服務業務：**

一、職業介紹或人力仲介業務。

二、接受委任招募員工。

三、協助國民釐定生涯發展計畫之就業諮詢或職業心理測驗。

四、其他經中央主管機關指定之就業服務事項。

私立就業服務機構經營前項就業服務業務得收取費用；其收費項目及金額，由中央主管機關定之。

第36條　私立就業服務機構應置符合規定資格及數額之就業服務專業人員。

前項就業服務專業人員之資格及數額，於私立就業服務機構許可及管理辦法中規定之。

第37條　**就業服務專業人員不得有下列情事：**

一、允許他人假藉本人名義從事就業服務業務。

二、違反法令執行業務。

第38條　辦理下列仲介業務之私立就業服務機構，應以公司型態組織之。但由中央主管機關設立，或經中央主管機關許可設立、指定或委任之非營利性機構或團體，不在此限：

一、仲介外國人至中華民國境內工作。

二、仲介香港或澳門居民、大陸地區人民至臺灣地區工作。

三、仲介本國人至臺灣地區以外之地區工作。

第39條　私立就業服務機構應依規定備置及保存各項文件資料，於主管機關檢查時，不得規避、妨礙或拒絕。

第40條　私立就業服務機構及其從業人員從事就業服務業務，不得有下列情事：

一、辦理仲介業務，未依規定與雇主或求職人簽訂書面契約。

二、為不實或違反第五條第一項規定之廣告或揭示。

二、違反求職人意思，留置其國民身分證、工作憑證或其他證明文件。

四、扣留求職人財物或收取推介就業保證金。

五、要求、期約或收受規定標準以外之費用，或其他不正利益。

六、行求、期約或交付不正利益。

七、仲介求職人從事違背公共秩序或善良風俗之工作。

八、接受委任辦理聘僱外國人之申請許可、招募、引進或管理事項，提供不實資料或健康檢查檢體。

九、辦理就業服務業務有恐嚇、詐欺、侵占或背信情事。

十、違反雇主或勞工之意思，留置許可文件、身分證件或其他相關文件。

十一、對主管機關規定之報表，未依規定填寫或填寫不實。

十二、未依規定辦理變更登記、停業申報或換發、補發證照。

十三、未依規定揭示私立就業服務機構許可證、收費項目及金額明細表、就業服務專業人員證書。

十四、經主管機關處分停止營業，其期限尚未屆滿即自行繼續營業。

十五、辦理就業服務業務，未善盡受任事務，致雇主違反本法或依本法所發布之命令，或致勞工權益受損。

十六、租借或轉租私立就業服務機構許可證或就業服務專業人員證書。

十七、接受委任引進之外國人入國三個月內發生行蹤不明之情事，並於一年內達一定之人數及比率者。

十八、對求職人或受聘僱外國人有性侵害、人口販運、妨害自由、重傷害或殺人行為。

十九、知悉受聘僱外國人疑似遭受雇主、被看護者或其他共同生活之家屬、雇主之代表人、負責人或代表雇主處理有關勞工事務之人為性侵害、人口販運、妨害自由、重傷害或殺人行為，而未於二十四小時內向主管機關、入出國管理機關、警察機關或其他司法機關通報。

二十、其他違反本法或依本法所發布之命令。

前項第十七款之人數、比率及查核方式等事項，由中央主管機關定之。

第41條　接受委託登載或傳播求才廣告者，應自廣告之日起，保存委託者之姓名或名稱、住所、電話、國民身分證統一編號或事業登記字號等資料二個月，於主管機關檢查時，不得規避、妨礙或拒絕。

第五章　外國人之聘僱與管理

第42條　為保障國民工作權，聘僱外國人工作，不得妨礙本國人之就業機會、勞動條件、國民經濟發展及社會安定。

第43條　除本法另有規定外，外國人未經雇主申請許可，不得在中華民國境內工作。

第44條　任何人不得非法容留外國人從事工作。

第45條　任何人不得媒介外國人非法為他人工作。

第46條　雇主聘僱外國人在中華民國境內從事之工作，除本法另有規定外，以下列各款為限：

一、專門性或技術性之工作。

二、華僑或外國人經政府核准投資或設立事業之主管。

三、下列學校教師：

　(一) 公立或經立案之私立大專以上校院或外國僑民學校之教師。

　(二) 公立或已立案之私立高級中等以下學校之合格外國語文課程教師。

　(三) 公立或已立案私立實驗高級中等學校雙語部或雙語學校之學科教師。

四、依補習及進修教育法立案之短期補習班之專任教師。

五、運動教練及運動員。

六、宗教、藝術及演藝工作。

七、商船、工作船及其他經交通部特許船舶之船員。

八、海洋漁撈工作。

九、家庭幫傭及看護工作。

十、為因應國家重要建設工程或經濟社會發展需要，經中央主管機關指定之工作。

十一、其他因工作性質特殊，國內缺乏該項人才，在業務上確有聘僱外國人從事

工作之必要，經中央主管機關專案核
定者。

從事前項工作之外國人，其工作資格及審查
標準，除其他法律另有規定外，由中央主管
機關會商中央目的事業主管機關定之。

雇主依第1項第8款至第10款規定聘僱外國
人，須訂立書面勞動契約，並以定期契約
為限；其未定期限者，以聘僱許可之期限
為勞動契約之期限。續約時，亦同。

**第47條 雇主聘僱外國人從事前條第1項
第8款至第11款規定之工作，應先以合理
勞動條件在國內辦理招募，經招募無法
滿足其需要時，始得就該不足人數提出申
請**，並應於招募時，將招募全部內容通知
其事業單位之工會或勞工，並於外國人預
定工作之場所公告之。

雇主依前項規定在國內辦理招募時，對於
公立就業服務機構所推介之求職人，非有
正當理由，不得拒絕。

第48條 雇主聘僱外國人工作，應檢具有
關文件，向中央主管機關申請許可。但有
下列情形之一，不須申請許可：

一、各級政府及其所屬學術研究機構聘請
外國人擔任顧問或研究工作者。

二、外國人與在中華民國境內設有戶籍之
國民結婚，且獲准居留者。

三、受聘僱於公立或經立案之私立大學進
行講座、學術研究經教育部認可者。

前項申請許可、廢止許可及其他有關聘僱
管理之辦法，由中央主管機關會商中央目
的事業主管機關定之。

第1項受聘僱外國人入境前後之健康檢查
管理辦法，由中央衛生主管機關會商中央
主管機關定之。

前項受聘僱外國人入境後之健康檢查，由
中央衛生主管機關指定醫院辦理之；其受
指定之資格條件、指定、廢止指定及其他管

理事項之辦法，由中央衛生主管機關定之。
受聘僱之外國人健康檢查不合格經限令出
國者，雇主應即督促其出國。

中央主管機關對從事第46條第1項第8款至
第11款規定工作之外國人，得規定其國別
及數額。

第48-1條 本國雇主於第一次聘僱外國
人從事家庭看護工作或家庭幫傭前，應參
加主管機關或其委託非營利組織辦理之聘
前講習，並於申請許可時檢附已參加講習
之證明文件。

前項講習之對象、內容、實施方式、受委
託辦理之資格、條件及其他應遵行事項之
辦法，由中央主管機關定之。

第49條 各國駐華使領館、駐華外國機
構、駐華各國際組織及其人員聘僱外國
人工作，應向外交部申請許可；其申請許
可、廢止許可及其他有關聘僱管理之辦
法，由外交部會商中央主管機關定之。

第50條 雇主聘僱下列學生從事工作，得
不受第46條第1項規定之限制；其工作時
間除寒暑假外，每星期最長為二十小時：

一、就讀於公立或已立案私立大專校院之
外國留學生。

二、就讀於公立或已立案私立高級中等以
上學校之僑生及其他華裔學生。

第51條 雇主聘僱下列外國人從事工作，
得不受第46條第1項、第3項、第47條、
第52條、第53條第3項、第4項、第57條
第5款、第72條第4款及第74條規定之限
制，並免依第55條規定繳納就業安定費：

一、獲准居留之難民。

二、獲准在中華民國境內連續受聘僱從事
工作，連續居留滿五年，品行端正，
且有住所者。

三、經獲准與其在中華民國境內設有戶籍之直系血親共同生活者。

四、經取得永久居留者。

前項第1款、第3款及第4款之外國人得不經雇主申請,逕向中央主管機關申請許可。

外國法人為履行承攬、買賣、技術合作等契約之需要,須指派外國人在中華民國境內從事第46條第1項第1款或第2款契約範圍內之工作,於中華民國境內未設立分公司或代表人辦事處者,應由訂約之事業機構或授權之代理人,依第48條第2項及第3項所發布之命令規定申請許可。

第52條 聘僱外國人從事第46條第1項第1款至第7款及第11款規定之工作,許可期間最長為三年,期滿有繼續聘僱之需要者,雇主得申請展延。

聘僱外國人從事第46條第1項第8款至第10款規定之工作,許可期間最長為三年。 有重大特殊情形者,雇主得申請展延,其情形及期間由行政院以命令定之。但屬重大工程者,其展延期間,最長以六個月為限。

前項每年得引進總人數,依移工聘僱警戒指標,由中央主管機關邀集相關機關、勞工、雇主、學者代表協商之。

受聘僱之外國人於聘僱許可期間無違反法令規定情事而因聘僱關係終止、聘僱許可期間屆滿出國或因健康檢查不合格經返國治療再檢查合格者,得再入國工作。**但從事第46條第1項第8款至第10款規定工作之外國人,其在中華民國境內工作期間,累計不得逾十二年,且不適用前條第1項第2款之規定。**

前項但書所定之外國人於聘僱許可期間,得請假返國,雇主應予同意:其請假方式、日數、程序及其他相關事項之辦法,由中央主管機關定之。

從事**第46條第1項第9款規定家庭看護工作**之外國人,且經專業訓練或自力學習,而有特殊表現,符合中央主管機關所定之資格、條件者,**其在中華民國境內工作期間累計不得逾十四年。**

前項資格、條件、認定方式及其他相關事項之標準,由中央主管機關會商中央目的事業主管機關定之。

第53條 雇主聘僱之外國人於聘僱許可有效期間內,如需轉換雇主或受聘僱於二以上之雇主者,應由新雇主申請許可。申請轉換雇主時,新雇主應檢附受聘僱外國人之離職證明文件。

第51條第1項第1款、第3款及第4款規定之外國人已取得中央主管機關許可者,不適用前項之規定。

受聘僱從事第46條第1項第1款至第7款規定工作之外國人轉換雇主或工作者,不得從事同條項第8款至第11款規定之工作。

受聘僱從事第46條第1項第8款至第11款規定工作之外國人,不得轉換雇主或工作。但有第59條第1項各款規定之情事,經中央主管機關核准者,不在此限。

前項受聘僱之外國人經許可轉換雇主或工作者,其受聘僱期間應合併計算之,並受第52條規定之限制。

第54條 雇主聘僱外國人從事第46條第1項第8款至第11款規定之工作,有下列情事之一者,中央主管機關應不予核發招募許可、聘僱許可或展延聘僱許可之一部或全部;其已核發招募許可者,得中止引進:

一、於外國人預定工作之場所有第10條規定之罷工或勞資爭議情事。

二、於國內招募時,無正當理由拒絕聘僱公立就業服務機構所推介之人員或自行前往求職者。

三、聘僱之外國人行蹤不明或藏匿外國人達一定人數或比率。

四、曾非法僱用外國人工作。

五、曾非法解僱本國勞工。

六、因聘僱外國人而降低本國勞工勞動條件，經當地主管機關查證屬實。

七、聘僱之外國人妨害社區安寧秩序，經依社會秩序維護法裁處。

八、曾非法扣留或侵占所聘僱外國人之護照、居留證件或財物。

九、所聘僱外國人遣送出國所需旅費及收容期間之必要費用，經限期繳納屆期不繳納。

十、於委任招募外國人時，向私立就業服務機構要求、期約或收受不正利益。

十一、於辦理聘僱外國人之申請許可、招募、引進或管理事項，提供不實或失效資料。

十二、刊登不實之求才廣告。

十三、不符申請規定經限期補正，屆期未補正。

十四、違反本法或依第48條第2項、第3項、第49條所發布之命令。

十五、違反職業安全衛生法規定，致所聘僱外國人發生死亡、喪失部分或全部工作能力，且未依法補償或賠償。

十六、其他違反保護勞工之法令情節重大者。

前項第3款至第16款規定情事，以申請之日前二年內發生者為限。

第1項第3款之人數、比率，由中央主管機關公告之。

第55條　雇主聘僱外國人從事第46條第1項第8款至第10款規定之工作，應向中央主管機關設置之就業安定基金專戶繳納就業安定費，作為加強辦理有關促進國民就業、提升勞工福祉及處理有關外國人聘僱管理事務之用。

前項就業安定費之數額，由中央主管機關考量國家經濟發展、勞動供需及相關勞動條件，並依其行業別及工作性質會商相關機關定之。

雇主或被看護者符合社會救助法規定之低收入戶或中低收入戶、依身心障礙者權益保障法領取生活補助費，或依老人福利法領取中低收入生活津貼者，其聘僱外國人從事第46條第1項第9款規定之家庭看護工作，免繳納第1項之就業安定費。

第1項受聘僱之外國人有連續曠職三日失去聯繫或聘僱關係終止之情事，經雇主依規定通知而廢止聘僱許可者，雇主無須再繳納就業安定費。

雇主未依規定期限繳納就業安定費者，得寬限三十日；於寬限期滿仍未繳納者，自寬限期滿之翌日起至完納前一日止，每逾一日加徵其未繳就業安定費百分之零點三滯納金。但以其未繳之就業安定費百分之三十為限。

加徵前項滯納金三十日後，雇主仍未繳納者，由中央主管機關就其未繳納之就業安定費及滯納金移送強制執行，並得廢止其聘僱許可之一部或全部。

主管機關並應定期上網公告基金運用之情形及相關會議紀錄。

第56條　受聘僱之外國人有連續曠職三日失去聯繫或聘僱關係終止之情事，雇主應於三日內以書面載明相關事項通知當地主管機關、入出國管理機關及警察機關。但受聘僱之外國人有曠職失去聯繫之情事，雇主得以書面通知入出國管理機關及警察機關執行查察。

受聘僱外國人有遭受雇主不實之連續曠職三日失去聯繫通知情事者，得向當地主管機關申訴。經查證確有不實者，中央主管機關應撤銷原廢止聘僱許可及限令出國之行政處分。

第 57 條　雇主聘僱外國人不得有下列情事：

一、聘僱未經許可、許可失效或他人所申請聘僱之外國人。

二、以本人名義聘僱外國人為他人工作。

三、指派所聘僱之外國人從事許可以外之工作。

四、未經許可，指派所聘僱從事第46條第1項第8款至第10款規定工作之外國人變更工作場所。

五、未依規定安排所聘僱之外國人接受健康檢查或未依規定將健康檢查結果函報衛生主管機關。

六、因聘僱外國人致生解僱或資遣本國勞工之結果。

七、對所聘僱之外國人以強暴脅迫或其他非法之方法，強制其從事勞動。

八、非法扣留或侵占所聘僱外國人之護照、居留證件或財物。

九、其他違反本法或依本法所發布之命令。

第 58 條　外國人於聘僱許可有效期間內，因不可歸責於雇主之原因出國、死亡或發生行蹤不明之情事經依規定通知入出國管理機關及警察機關滿三個月仍未查獲者，雇主得向中央主管機關申請遞補。

雇主聘僱外國人從事第46條第1項第9款規定之家庭看護工作，因不可歸責之原因，並有下列情事之一者，亦得向中央主管機關申請遞補：

一、外國人於入出國機場或收容單位發生行蹤不明之情事，依規定通知入出國管理機關及警察機關。

二、外國人於雇主處所發生行蹤不明之情事，依規定通知入出國管理機關及警察機關滿一個月仍未查獲。

三、外國人於聘僱許可有效期間內經雇主同意轉換雇主或工作，由新雇主接續聘僱，或經中央主管機關廢止聘僱許可逾一個月未由新雇主接續聘僱。

前二項遞補之聘僱許可期間，以補足原聘僱許可期間為限；原聘僱許可所餘期間不足六個月者，不予遞補。

第 59 條　外國人受聘僱從事第46條第1項第8款至第11款規定之工作，有下列情事之一者，經中央主管機關核准，得轉換雇主或工作：

一、雇主或被看護者死亡或移民者。

二、船舶被扣押、沉沒或修繕而無法繼續作業者。

三、雇主關廠、歇業或不依勞動契約給付工作報酬經終止勞動契約者。

四、其他不可歸責於受聘僱外國人之事由者。

前項轉換雇主或工作之程序，由中央主管機關另定之。

第 60 條　雇主所聘僱之外國人，經入出國管理機關依規定遣送出國者，其遣送所需之旅費及收容期間之必要費用，應由下列順序之人負擔：

一、非法容留、聘僱或媒介外國人從事工作者。

二、遣送事由可歸責之雇主。

三、被遣送之外國人。

前項第1款有數人者，應負連帶責任。

第1項費用，由就業安定基金先行墊付，並於墊付後，由該基金主管機關通知應負擔者限期繳納；屆期不繳納者，移送強制執行。

雇主所繳納之保證金，得檢具繳納保證金款項等相關證明文件，向中央主管機關申請返還。

第 61 條　外國人在受聘僱期間死亡，應由雇主代為處理其有關喪葬事務。

第 62 條　主管機關、入出國管理機關、警察機關或海岸巡防機關得指派人員攜帶證

明文件，至外國人工作之場所或可疑有外國人違法工作之場所，實施檢查。

對於前項之檢查，雇主不得規避、妨礙或拒絕。

第六章　罰則

第63條　違反第44條或第57條第1款、第2款規定者，處新臺幣十五萬元以上七十五萬元以下罰鍰。五年內再違反者，處三年以下有期徒刑、拘役或科或併科新臺幣一百二十萬元以下罰金。

法人之代表人、法人或自然人之代理人、受僱人或其他從業人員，因執行業務違反第44條或第57條第1款、第2款規定者，除依前項規定處罰其行為人外，對該法人或自然人亦科處前項之罰鍰或罰金。

第64條　違反第45條規定者，處新臺幣十萬元以上五十萬元以下罰鍰。五年內再違反者，處一年以下有期徒刑、拘役或科或併科新臺幣六十萬元以下罰金。

意圖營利而違反第45條規定者，處三年以下有期徒刑、拘役或科或併科新臺幣一百二十萬元以下罰金。

法人之代表人、法人或自然人之代理人、受僱人或其他從業人員，因執行業務違反第45條規定者，除依前二項規定處罰其行為人外，對該法人或自然人亦科處各該項之罰鍰或罰金。

第65條　違反第5條第1項、第2項第1款、第4款、第5款、第34條第2項、第40條第1項第2款、第7款至第9款、第18款規定者，處新臺幣三十萬元以上一百五十萬元以下罰鍰。未經許可從事就業服務業務違反第40條第1項第2款、第7款至第9款、第18款規定者，依前項規定處罰之。

違反第5條第1項規定經處以罰鍰者，直轄市、縣（市）主管機關應公布其姓名或名稱、負責人姓名，並限期令其改善；屆期未改善者，應按次處罰。

第66條　違反第40條第5款規定者，按其要求、期約或收受超過規定標準之費用或其他不正利益相當之金額，處十倍至二十倍罰鍰。

未經許可從事就業服務業務違反第40條第5款規定者，依前項規定處罰之。

第67條　違反第5條第2項第2款、第3款、第6款、第10條、第36條第1項、第37條、第39條、第40條第1項第1款、第3款、第4款、第6款、第10款至第17款、第19款、第20款、第57條第5款、第8款、第9款或第62條第2項規定，處新臺幣六萬元以上三十萬元以下罰鍰。

未經許可從事就業服務業務違反第40條第1項第1款、第3款、第4款、第6款或第10款規定者，依前項規定處罰之。

第68條　違反第9條、第33條第1項、第41條、第43條、第56條第1項、第57條第3款、第4款或第61條規定者，處新臺幣三萬元以上十五萬元以下罰鍰。

違反第57條第6款規定者，按被解僱或資遣之人數，每人處新臺幣二萬元以上十萬元以下罰鍰。

違反第43條規定之外國人，應即令其出國，不得再於中華民國境內工作。

違反第43條規定或有第74條第一項、第2項規定情事之外國人，經限期令其出國，屆期不出國者，入出國管理機關得強制出國，於未出國前，入出國管理機關得收容之。

第69條　私立就業服務機構有下列情事之一者，由主管機關處一年以下停業處分：

一、違反第40條第1項第4款至第6款、第8款或第45條規定。

二、同一事由，受罰鍰處分三次，仍未改善。

三、一年內受罰鍰處分四次以上。

第70條　私立就業服務機構有下列情事之一者，主管機關得廢止其設立許可：

一、違反第38條、第41條第1項第2款、第7款、第9款、第14款、第18款規定。

二、一年內受停業處分二次以上。

私立就業服務機構經廢止設立許可者，其負責人或代表人於五年內再行申請設立私立就業服務機構，主管機關應不予受理。

第71條　就業服務專業人員違反第37條規定者，中央主管機關得廢止其就業服務專業人員證書。

第72條　雇主有下列情事之一者，應廢止其招募許可及聘僱許可之一部或全部：

一、有第54條第1項各款所定情事之一。

二、有第57條第1款、第2款、第6款至第9款規定情事之一。

三、有第57條第3款、第4款規定情事之一，經限期改善，屆期未改善。

四、有第57條第5款規定情事，經衛生主管機關通知辦理仍未辦理。

五、違反第60條規定。

第73條　雇主聘僱之外國人，有下列情事之一者，廢止其聘僱許可：

一、為申請許可以外之雇主工作。

二、非依雇主指派即自行從事許可以外之工作。

三、連續曠職三日失去聯繫或聘僱關係終止。

四、拒絕接受健康檢查、提供不實檢體、檢查不合格、身心狀況無法勝任所指派之工作或罹患經中央衛生主管機關指定之傳染病。

五、違反依第48條第2項、第3項、第49條所發布之命令，情節重大。

六、違反其他中華民國法令，情節重大。

七、依規定應提供資料，拒絕提供或提供不實。

第74條　聘僱許可期間屆滿或經依前條規定廢止聘僱許可之外國人，除本法另有規定者外，應即令其出國，不得再於中華民國境內工作。

受聘僱之外國人有連續曠職三日失去聯繫情事者，於廢止聘僱許可前，入出國業務之主管機關得即令其出國。

有下列情事之一者，不適用第1項關於即令出國之規定：

一、依本法規定受聘僱從事工作之外國留學生、僑生或華裔學生，聘僱許可期間屆滿或有前條第1款至第5款規定情事之一。

二、受聘僱之外國人於受聘僱期間，未依規定接受定期健康檢查或健康檢查不合格，經衛生主管機關同意其再檢查，而再檢查合格。

第75條　本法所定罰鍰，由直轄市及縣（市）主管機關處罰之。

第76條　依本法所處之罰鍰，經限期繳納，屆期未繳納者，移送強制執行。

第七章　附則

第77條　本法修正施行前，已依有關法令申請核准受聘僱在中華民國境內從事工作之外國人，本法修正施行後，其原核准工作期間尚未屆滿者，在屆滿前，得免依本法之規定申請許可。

第78條　各國駐華使領館、駐華外國機構及駐華各國際組織人員之眷屬或其他經外

交部專案彙報中央主管機關之外國人，其在中華民國境內有從事工作之必要者，由該外國人向外交部申請許可。

前項外國人在中華民國境內從事工作，不適用第46條至第48條、第50條、第52條至第56條、第58條至第61條及第74條規定。

第1項之申請許可、廢止許可及其他應遵行事項之辦法，由外交部會同中央主管機關定之。

第79條 無國籍人、中華民國國民兼具外國國籍而未在國內設籍者，其受聘僱從事工作，依本法有關外國人之規定辦理。

第80條 大陸地區人民受聘僱於臺灣地區從事工作，其聘僱及管理，除法律另有規定外，準用第五章相關之規定。

第81條 主管機關依本法規定受理申請許可及核發證照，應收取審查費及證照費；其費額，由中央主管機關定之。

第82條 本法施行細則，由中央主管機關定之。

第83條 本法施行日期，除中華民國91年1月21日修正公布之第48條第1項至第3項規定由行政院以命令定之，及中華民國95年5月5日修正之條文自中華民國95年7月1日施行外，自公布日施行。

3.就業服務法施行細則
中華民國113年6月18日修正發布

第1條 本細則依就業服務法（以下簡稱本法）第八十二條規定訂定之。

第1-1條 本法第五條第二項第二款所定**隱私資料，包括下列類別**：

一、**生理資訊：基因檢測、藥物測試、醫療測試、HIV檢測、智力測驗或指紋等。**

二、**心理資訊：心理測驗、誠實測試或測謊等。**

三、**個人生活資訊：信用紀錄、犯罪紀錄、懷孕計畫或背景調查等。**

雇主要求求職人或員工提供隱私資料，應尊重當事人之權益，不得逾越基於經濟上需求或維護公共利益等特定目的之必要範圍，並應與目的間具有正當合理之關聯。

第2條 直轄市、縣（市）主管機關依本法第六條第四項第一款規定辦理就業歧視認定時，得邀請相關政府機關、單位、勞工團體、雇主團體代表及學者專家組成就業歧視評議委員會。

第3條 （刪除）

第4條 本法第十三條所定接受雇主委託招考人才所需之費用如下：

一、廣告費。

二、命題費。

三、閱卷或評審費。

四、場地費。

五、行政事務費。

六、印刷、文具及紙張費。

七、郵寄費。

第5條 公立就業服務機構對於雇主或求職人依本法第十四條規定提出之求才或求職申請表件，經發現有記載不實、記載不全或違反法令時，應通知其補正。

申請人不為前項之補正者，公立就業服務機構得拒絕受理其申請。

第6條 本法第二十四條第一項第五款及第二十九條所稱低收入戶或中低收入戶，指依社會救助法規定認定者。

第 **7** 條　公立就業服務機構應定期蒐集其業務區域內之薪資變動、人力供需之狀況及分析未來展望等資料，並每三個月陳報其所屬之中央、直轄市或縣（市）主管機關。

直轄市、縣（市）主管機關應彙整前項資料，陳報中央主管機關，作為訂定人力供需調節措施之參據。

第 **8** 條　公立就業服務機構依本法第十七條規定提供就業諮詢時，應視接受諮詢者之生理、心理狀況及學歷、經歷等條件，提供就業建議；對於身心障礙者，並應協助其參加職業重建，或就其職業能力及意願，給予適當之就業建議與協助。

第 **9** 條　本法第二十四條第一項第三款、第二十五條、第二十七條及第二十八條所稱身心障礙者，指依身心障礙者權益保障法規定領有身心障礙手冊或證明者。

第 **9-1** 條　本法第四十八條第一項第二款所定獲准居留，包括經入出國管理機關依入出國及移民法之下列規定辦理者：

一、第二十三條第一項第一款、第九款或第十款規定許可居留。

二、第二十五條規定許可永久居留。

三、第三十一條第四項第一款至第四款規定情形之一，准予繼續居留。

第 **10** 條　本法第四十九條所稱駐華外國機構，指依駐華外國機構及其人員特權暨豁免條例第二條所稱經外交部核准設立之駐華外國機構。

第 **11** 條　本法第五十一條第一項第三款所稱經獲准與其在中華民國境內設有戶籍之直系血親共同生活者，指經入出國管理機關以依親為由許可居留者。但獲准與在中華民國境內設有戶籍之直系血親共同生活

前，已為中華民國國民之配偶而有第九條之一所定入出國及移民法相關規定情形者，其在中華民國境內從事工作，仍依本法第四十八條第一項第二款規定辦理。

第 **12** 條　本法第六十二條第一項所稱證明文件，指主管機關、入出國管理機關、警察機關、海岸巡防機關或其他司法警察機關所製發之服務證件、勞動檢查證或其他足以表明其身分之文件及實施檢查之公文函件。

主管機關、入出國管理機關、警察機關、海岸巡防機關或其他司法警察機關得視實際情形，會同當地里、鄰長，並持前項規定之證明文件，至外國人工作之場所或可疑有外國人違法工作之場所，實施檢查。

第 **13** 條　本法第六十九條第二款所稱同一事由，指私立就業服務機構違反本法同一條項款所規定之行為。

第 **14** 條　本法第六十九條第三款及第七十條第一項第二款所稱一年內，指以最後案件處分日往前計算一年之期間。

第 **15** 條　本細則自發布日施行。

本細則中華民國113年6月18日修正發布之條文，自113年1月1日施行。

4.中高齡者及高齡者就業促進法

中華民國113年7月31日修正發布

第一章　總則

第 **1** 條　為落實尊嚴勞動，提升中高齡者勞動參與，促進高齡者再就業，保障經濟安全，鼓勵世代合作與經驗傳承，維護中高齡者及高齡者就業權益，建構友善就業環境，

並促進其人力資源之運用，特制定本法。
中高齡者及高齡者就業事項，依本法之規定；本法未規定者，適用勞動基準法、性別工作平等法、就業服務法、職業安全衛生法、就業保險法、職業訓練法及其他相關法律之規定。

第 2 條 本法所稱主管機關：在中央為勞動部；在直轄市為直轄市政府；在縣（市）為縣（市）政府。

第 3 條 本法用詞，定義如下：
一、**中高齡者**：指**年滿45歲至65歲之人**。
二、**高齡者**：指**逾65歲之人**。
三、受僱者：指受雇主僱用從事工作獲致薪資之人。
四、求職者：指向雇主應徵工作之人。
五、雇主：指僱用受僱者之人、公私立機構或機關。代表雇主行使管理權或代表雇主處理有關受僱者事務之人，視同雇主。

第 4 條 本法適用對象為年滿45歲之下列人員：
一、本國國民。
二、與在中華民國境內設有戶籍之國民結婚，且獲准在臺灣地區居留之外國人、大陸地區人民、香港或澳門居民。
三、前款之外國人、大陸地區人民、香港或澳門居民，與其配偶離婚或其配偶死亡，而依法規規定得在臺灣地區繼續居留工作者。

第 5 條 雇主應依所僱用之中高齡者及高齡者需要，協助提升專業知能、調整職務或改善工作設施，提供友善就業環境。

第 6 條 中央主管機關為推動中高齡者及高齡者就業，應蒐集中高齡者及高齡者勞動狀況，辦理供需服務評估、職場健康、職業災害等相關調查或研究，並進行性別分析，其調查及研究結果應定期公布。

第 7 條 中央主管機關應會商中央目的事業主管機關及地方主管機關，至少每三年訂定中高齡者及高齡者就業計畫。
前項就業計畫，應包括下列事項：
一、推動中高齡者及高齡者之職務再設計。
二、促進中高齡者及高齡者之職場友善。
三、提升中高齡者及高齡者之職業安全措施與輔具使用。
四、辦理提升中高齡者及高齡者專業知能之職業訓練。
五、獎勵雇主僱用失業中高齡者及高齡者。
六、推動中高齡者及高齡者之延緩退休及退休後再就業。
七、推動銀髮人才服務。
八、宣導雇主責任、受僱者就業及退休權益。
九、推動中高齡者及高齡者之部分時間工作模式。
十、其他促進中高齡者及高齡者就業之相關事項。
地方主管機關應依前二項就業計畫，結合轄區產業特性，推動中高齡者及高齡者就業。

第 8 條 主管機關得遴聘受僱者、雇主、學者專家及政府機關之代表，研議、諮詢有關中高齡者及高齡者就業權益事項；其中受僱者、雇主及學者專家代表，不得少於二分之一。
前項代表中之單一性別、中高齡者及高齡者，不得少於三分之一。

第 9 條 為協助中高齡者及高齡者就業，主管機關應提供職場指引手冊，並至少每二年更新一次。

第10條　為傳承中高齡者與高齡者智慧經驗及營造世代和諧，主管機關應推廣世代交流，支持雇主推動世代合作。

第11條　主管機關應推動中高齡者與高齡者就業之國際交流及合作。

第二章　禁止年齡歧視

第12條　雇主對求職或受僱之中高齡者及高齡者，不得以年齡為由予以差別待遇。

前項所稱差別待遇，指雇主因年齡因素對求職者或受僱者為下列事項之直接或間接不利對待：

一、招募、甄試、進用、分發、配置、考績或陞遷等。

二、教育、訓練或其他類似活動。

三、薪資之給付或各項福利措施。

四、退休、資遣、離職及解僱。

第13條　前條所定差別待遇，屬下列情形之一者，不受前條第一項規定之限制：

一、基於職務需求或特性，而對年齡為特定之限制或規定。

二、薪資之給付，係基於年資、獎懲、績效或其他非因年齡因素之正當理由。

三、依其他法規規定任用或退休年齡所為之限制。

四、依本法或其他法令規定，為促進特定年齡者就業之相關僱用或協助措施。

第14條　**求職或受僱之中高齡者及高齡者於釋明差別待遇之事實後，雇主應就差別待遇之非年齡因素，或其符合前條所定之差別待遇因素，負舉證責任。**

第15條　求職或受僱之中高齡者及高齡者發現雇主違反第12條第1項規定時，得向地方主管機關申訴。

地方主管機關受理前項之申訴，由依就業服務法相關規定組成之就業歧視評議委員會辦理年齡歧視認定。

第16條　雇主不得因受僱之中高齡者及高齡者提出本法之申訴或協助他人申訴，而予以解僱、調職或其他不利之處分。

第17條　求職或受僱之中高齡者及高齡者，因第12條第1項之情事致受有損害，雇主應負賠償責任。

前項之損害賠償請求權，自請求權人知有損害及賠償義務人時起，二年間不行使而消滅。自有違反行為時起，逾十年者，亦同。

第三章　穩定就業措施

第18條　雇主依經營發展及穩定留任之需要，得自行或委託辦理所僱用之中高齡者及高齡者在職訓練，或指派其參加相關職業訓練。

雇主依前項規定辦理在職訓練，中央主管機關得予訓練費用補助，並提供訓練輔導協助。

第19條　雇主對於所僱用之中高齡者及高齡者有工作障礙或家屬需長期照顧時，得依其需要為職務再設計或提供就業輔具，或轉介適當之長期照顧服務資源。

雇主依前項規定提供職務再設計及就業輔具，主管機關得予輔導或補助。

第20條　**雇主為使所僱用之中高齡者與高齡者傳承技術及經驗，促進世代合作，得採同一工作分工合作等方式為之。**

雇主依前項規定辦理時，不得損及受僱者原有勞動條件，以穩定其就業。

雇主依第1項規定辦理者，主管機關得予輔導或獎勵。

第**21**條 雇主繼續僱用符合勞動基準法第54條第1項第1款所定得強制退休之受僱者達一定比率及期間，中央主管機關得予補助。

第**22**條 前4條所定補助、獎勵之申請資格條件、項目、方式、期間、廢止、經費來源及其他相關事項之辦法，由中央主管機關定之。

第四章　促進失業者就業

第**23**條 公立就業服務機構為協助中高齡者及高齡者就業，應依其能力及需求，提供職涯輔導、就業諮詢與推介就業等個別化就業服務及相關就業資訊。

第**24**條 中央主管機關為提升中高齡者及高齡者工作技能，促進就業，應辦理職業訓練。

雇主依僱用人力需求，得自行或委託辦理失業之中高齡者及高齡者職業訓練。

雇主依前項規定辦理職業訓練，中央主管機關得予訓練費用補助。

第**25**條 主管機關為協助中高齡者及高齡者創業或與青年共同創業，得提供創業諮詢輔導、創業研習課程及創業貸款利息補貼等措施。

第**26**條 主管機關對於失業之中高齡者及高齡者，應協助其就業，提供相關就業協助措施，並得發給相關津貼、補助或獎助。

第**27**條 前3條所定補助、利息補貼、津貼或獎助之申請資格條件、項目、方式、期間、廢止、經費來源及其他相關事項之辦法，由中央主管機關定之。

第五章　支持退休後再就業

第**28**條 <u>65歲以上勞工，雇主得以定期勞動契約僱用之。</u>

第**29**條 雇主對於所僱用之中高齡者及高齡者，得於其符合勞動基準法第53條規定時，或第54條第1項第1款前二年內，提供退休準備、調適或再就業之相關協助措施。

雇主依前項規定辦理時，中央主管機關得予補助。

第**30**條 雇主僱用依法退休之高齡者，傳承其專業技術及經驗，中央主管機關得予補助。

第**31**條 前2條所定補助之申請資格條件、項目、方式、期間、廢止、經費來源及其他相關事項之辦法，由中央主管機關定之。

第**32**條 中央主管機關為提供退休之中高齡者及高齡者相關資料供查詢，以強化退休人力再運用，應建置退休人才資料庫，並定期更新。

退休人才資料庫之使用依個人資料保護法相關規定辦理。

第六章　推動銀髮人才服務

第**33**條 中央主管機關為促進依法退休或年滿55歲之中高齡者及高齡者就業，應辦理下列事項，必要時得指定或委託相關機關（構）、團體推動之：

一、區域銀髮就業市場供需之調查。

二、銀髮人力資源運用創新服務模式之試辦及推廣。

三、延緩退休、友善職場與世代合作之倡議及輔導。

四、就業促進之服務人員專業知能培訓。

五、銀髮人才服務據點工作事項之輔導及協助。

第**34**條 地方主管機關得成立<u>銀髮人才服務據點</u>，辦理下列事項：

一、開發臨時性、季節性、短期性、部分
　工時、社區服務等就業機會及就業媒
　合。

二、提供勞動法令及職涯發展諮詢服務。

三、辦理就業促進活動及訓練研習課程。

四、促進雇主聘僱專業銀髮人才傳承技術
　及經驗。

五、推廣世代交流及合作。

地方主管機關辦理前項服務，中央主管機
關得予補助，其申請資格條件、項目、方
式、期間、廢止、經費來源及其他相關事
項之辦法，由中央主管機關定之。

第35條　地方主管機關應定期向中央主管機
關提送銀髮人才服務據點執行成果報告。
中央主管機關對地方主管機關推動銀髮人
才服務據點應予監督及考核。

第七章　開發就業機會

第36條　中央主管機關為配合國家產業發
展需要，應會商中央目的事業主管機關，
共同開發中高齡者及高齡者產業及就業機
會。

第37條　公立就業服務機構應定期蒐集、
整理與分析其業務區域內中高齡者及高齡
者從事之行業與職業分布、薪資變動、人
力供需及未來展望等資料。
公立就業服務機構應依據前項調查結果，訂
定中高齡者及高齡者工作機會之開發計畫。

第38條　公立就業服務機構為協助中高齡
者及高齡者就業或再就業，應開發適合之就
業機會，並定期於勞動部相關網站公告。

第39條　主管機關為協助雇主僱用中高齡
者及高齡者，得提供相關人力運用指引、
職務再設計及其他必要之措施。

第40條　主管機關對於促進中高齡者及高
齡者就業有卓越貢獻者，得予獎勵。
前項所定獎勵之申請資格條件、項目、方
式、期間、廢止、經費來源及其他相關事
項之辦法，由中央主管機關定之。

第八章　罰則

第41條　違反第12條第1項規定者，處新臺
幣三十萬元以上一百五十萬元以下罰鍰。
違反第16條規定者，處新臺幣二萬元以上
三十萬元以下罰鍰。

第42條　有前條規定行為之一者，應公布
其姓名或名稱、負責人姓名，並限期令其
改善；屆期未改善者，應按次處罰。

第43條　本法所定之處罰，由地方主管機
關為之。

第九章　附則

第44條　本法施行細則，由中央主管機關
定之。

第45條　本法施行日期，由行政院定之。

**5.中高齡者及高齡者就
業促進法施行細則**

中華民國109年12月3日發布，
12月4日施行

第1條　本細則依中高齡者及高齡者就業促進
法（以下簡稱本法）第44條規定訂定之。

第2條　中央主管機關應至少每3年，公布本
法第6條所定調查及研究之結果。

第3條　依本法第7條訂定**中高齡者及高齡者
就業計畫**，應**包括下列事項：**

一、推動中高齡者及高齡者之**職務再設計**。

二、促進中高齡者及高齡者之**職場友善**。

三、提升中高齡者及高齡者之**職業安全措施與輔具使用**。

四、辦理提升中高齡者及高齡者**專業知能**之職業訓練。

五、**獎勵雇主**僱用失業中高齡者及高齡者。

六、推動中高齡者及高齡者之**退休後再就業**。

七、推動**銀髮人才服務**。

八、**宣導雇主責任、受僱者就業及退休權益**。

九、其他促進中高齡者及高齡者就業之相關事項。

前項計畫，應依目標期程及辦理情形適時檢討，以落實其成效。

第 4 條 本法第9條所定**職場指引手冊**，其內容**包括下列事項**：

一、**勞動市場就業趨勢**。

二、**就業、轉業準備及職場適應相關資訊**。

三、**勞動相關法令**。

四、**促進中高齡者及高齡者就業措施**。

五、其他有助於中高齡者及高齡者就業之相關資訊。

第 5 條 本法第11條所定國際交流，為主管機關與其他國家之政府或民間組織合作辦理有關中高齡者及高齡者就業之觀摩考察、經驗交流或研討活動等事項。

第 6 條 本法第19條所定職務再設計，為協助中高齡者及高齡者排除工作障礙，以提升其工作效能與穩定就業所進行之改善工作設備、工作條件、工作環境及調整工作方法之措施。

第 7 條 雇主依本法第28條以定期勞動契約僱用65歲以上勞工，不適用勞動基準法第九條規定。

前項定期契約期間，不適用勞動基準法第54條第1項第1款規定。

第1項定期勞動契約期限逾3年者，於屆滿3年後，勞工得終止契約。但應於30日前預告雇主。

第 8 條 本法第37條第2項所定中高齡者及高齡者**工作機會之開發計畫**，其內容**包括下列事項**：

一、**轄區產業適合中高齡者及高齡者之就業機會**。

二、**轄區中高齡者及高齡者之就業需求**。

三、**加強就業媒合之策略及作法**。

四、**預期成效**。

第 9 條 本法第39條所定人力運用指引，其內容包括下列事項：

一、中高齡及高齡就業者特性。

二、職場管理及溝通。

三、勞動相關法令。

四、各項獎助雇主僱用措施。

五、績優企業案例。

六、其他有助於提高雇主僱用中高齡者及高齡者意願之相關資訊。

第 10 條 中央主管機關得將本法第3章穩定就業措施、第4章促進失業者就業、第5章支持退休後再就業及第7章開發就業機會所定事項，委任所屬就業服務機關（構）或職業訓練機構、委辦直轄市、縣（市）主管機關或委託相關機關（構）、團體辦理之。

第 11 條 本細則自中華民國109年12月4日施行。

6.在職中高齡者及高齡者穩定就業辦法

中華民國112年9月4日修正發布

第一章　總則

第 1 條 本辦法依中高齡者及高齡者就業促進法（以下簡稱本法）第22條規定訂定之。

第 2 條 本辦法所定雇主，為就業保險投保單位之民營事業單位、團體或私立學校。
前項所稱團體，指依人民團體法或其他法令設立者。但不包括政治團體及政黨。

第 3 條 本法第三章<u>穩定就業措施</u>，其項目如下：
<u>一、職業訓練之補助。</u>
<u>二、職務再設計與就業輔具之輔導及補助。</u>
<u>三、世代合作之輔導及獎勵。</u>
<u>四、繼續僱用之補助。</u>

第二章　職業訓練之補助

第 4 條 中央主管機關**補助雇主**依本法第18條第1項規定，指派所**僱用**之中高齡者及高齡者**參加職業訓練**，以國內訓練單位公開招訓之訓練課程為限。

第 5 條 雇主依前條指派所僱用之中高齡者或高齡者參加職業訓練，應檢附下列文件、資料，送中央主管機關審核：
一、申請書。
二、全年度訓練計畫書，其內容包括對象及經費概算總表。
三、依法設立登記之證明文件影本。
四、最近一期勞工保險費用繳款單及明細表影本。
五、最近一期繳納之營業稅證明或無欠稅證明。

六、其他經中央主管機關規定之文件、資料。
雇主應就各層級中高齡及高齡勞工參訓權益予以考量，以保障基層中高齡及高齡勞工之受訓權益。
第1項第2款所定訓練計畫書經核定後，雇主應於預定施訓日3日前至補助企業辦理訓練資訊系統登錄，並於每月10日前回報前1月已施訓之訓練課程。
雇主變更訓練課程內容，應於訓練計畫原定施訓日3日前向中央主管機關申請變更。
第1項文件、資料未備齊，應於中央主管機關通知期間內補正；屆期未補正者，不予受理。

第 6 條 雇主依第4條指派所僱用之中高齡者或高齡者**參加職業訓練**，得向中央主管機關申請訓練費用**最高百分之七十之補助**。但補助總額上限不得超過中央主管機關另行公告之金額。

第 7 條 雇主依第5條所送之訓練計畫書，經審核通過且實施完畢者，應於當年度檢附下列文件、資料向中央主管機關申請補助：
一、請款之領據或收據及存摺封面影本。
二、實際參訓人員總名冊。
三、訓練計畫實施與經費支出明細表及成果報告。
四、經費支用單據及明細表及支出憑證。
五、訓練紀錄表。
六、其他經中央主管機關規定之文件、資料。

第 8 條 雇主應依第5條核定訓練計畫書實施訓練，無正當理由連續2年單1班次參訓率低於原預定參訓人數之百分之六十，且逾核定班次三分之一者，次1年度不予受理申請。

第 9 條 雇主於計畫執行期間有下列情形之一者，該課程不予補助，並廢止原核定處分之全部或一部：

一、未經同意，自行變更部分訓練計畫書
　　內容，或未依核定之訓練計畫書及課
　　程進度實施訓練。

二、未於預定施訓日3日前登錄，或施訓
　　日之次月10日前辦理訓練課程回報。

三、同一訓練課程，已接受其他政府機關
　　補助。

第10條 雇主有下列情形之一者，中央主
管機關應不予補助其訓練費用；已發給
者，經撤銷或廢止原核定處分後，應限期
命其返還：

一、未依據核定之訓練計畫書及課程進度
　　實施訓練，且未於期限內申請辦理變
　　更達2次以上。

二、未依核銷作業期程辦理申領補助訓練
　　費。

第三章　職務再設計與就業輔具之輔導及補助

第11條 雇主依本法第19條第1項所定為
職務再設計或提供就業輔具，得向主管機
關申請輔導或補助。

前項補助金額，按所申請人數，**每人每年
以新臺幣10萬元為限**。但經評估有特殊需
求，經主管機關事前核准者，不在此限。

第12條 前條所定**職務再設計或提供就業
輔具之輔導或補助項目如下：**

一、**提供就業輔具**：為排除中高齡者及高
　　齡者工作障礙，維持、改善、增加其
　　就業能力之輔助器具。

二、**改善工作設備或機具**：為提高中高齡
　　者及高齡者工作效能，增進其生產
　　力，所進行工作設備或機具之改善。

三、**改善職場工作環境**：為穩定中高齡者
　　及高齡者就業，所進行與工作場所環
　　境有關之改善。

四、**改善工作條件**：為改善中高齡者及高
　　齡者工作狀況，提供必要之工作協助。

五、**調整工作方法**：透過分析與訓練，按
　　中高齡者及高齡者特性，安排適當工
　　作。

前項情形，屬職業安全衛生法所定之雇主
義務或責任者，不予補助。

第13條 雇主依第11條規定申請職務再設
計或提供就業輔具，應檢附下列文件、資
料，送主管機關審核：

一、申請書。

二、依法設立登記之證明文件影本。

三、勞工保險、勞工職業災害保險投保證
　　明文件或僱用證明文件影本。

四、其他經主管機關規定之文件、資料。

前項文件、資料未備齊，應於主管機關通
知期間內補正；屆期未補正者，不予受
理。

第14條 主管機關受理職務再設計或就業
輔具補助申請，為評估申請案件之需要
性、必要性、可行性、預算合理性及能否
解決工作障礙等，得視需要**邀請專家學者
至現場訪視及提供諮詢輔導，並得召開審
查會議審查**。

第15條 依第13條規定申請補助費用，應
於核定補助項目執行完畢30日內檢附下列
文件、資料，向主管機關申請撥款及經費
核銷：

一、核准函影本。

二、領據。

三、成果報告。

四、會計報告或收支清單。

五、發票或收據等支用單據。

前項文件、資料未備齊，應於主管機關通
知期間內補正；屆期未補正者，不予受
理。

第 **16** 條　雇主申請補助購置之就業輔具，符合下列各款情形，且於受補助後2年內遇該補助項目之職位出缺，而未能僱用使用相同輔具之中高齡者或高齡者，應報請主管機關回收輔具：

一、全額補助，且具重複使用性質。

二、未逾使用期限。

三、經第14條評估、審查應予回收。

前項第二款所定使用期限，依下列順序定之：

一、屬衛生福利部身心障礙者輔具費用補助基準表所定輔具者，其使用年限從其規定。

二、依行政院主計總處財物標準分類規定之使用年限。

三、非屬前2款者，使用年限為2年。

第四章　世代合作之輔導及獎勵

第 **17** 條　本法第20條第1項所稱促進**世代合作**，指雇主透過**同一工作分工合作、調整內容及其他方法**，使所僱用之中高齡者及高齡者與差距**年齡達15歲以上之受僱者共同工作之方式。**

第 **18** 條　雇主依前條推動**世代合作**之方式如下：

一、**人才培育型**：由中高齡者或高齡者教導跨世代員工，傳承知識、技術及實務經驗。

二、**工作分享型**：由不同世代共同合作，發展**職務互補**或**時間分工**，且雙方應有共同工作時段。

三、**互為導師型**：結合不同世代專長，雙方互為導師，共同提升營運效率。

四、**能力互補型**：依不同世代職務能力進行**工作重組**、**工作規劃**或**績效調整**。

五、其他世代合作之推動方式。

主管機關為促進雇主辦理世代合作，推動世代交流及經驗傳承，得聘請專家學者或具實務經驗工作者，視雇主**需求提供諮詢及輔導**。

第 **19** 條　中央主管機關對推動前條世代合作項目著有績效之雇主，得公開表揚，頒發獎座(牌)及獎金。

前項獎勵活動以每2年辦理一次為原則，獎勵相關事項，由中央主管機關公告之。

第五章　繼續僱用之補助

第 **20** 條　雇主依本法第21條申請補助者，應符合下列資格條件：

一、繼續僱用符合勞動基準法**第54條第1項第1款規定之受僱**者，達其所僱用符合該規定總人數之**百分之三十**。但情況特殊，經中央主管機關另行公告行業及繼續僱用比率者，不在此限。

二、繼續僱用**期間達6個月以上**。

三、繼續僱用期間之薪資不低於原有薪資。

前項第1款所定受僱者，不得為雇主之配偶或三親等內之親屬。

第 **21** 條　符合前條所定雇主，應於每年中央主管機關公告之期間及補助總額範圍內，檢附下列文件、資料，向公立就業服務機構提出申請次1年度繼續僱用補助，並送中央主管機關審核：

一、申請書。

二、繼續僱用計畫書。

三、依法設立登記之證明文件影本。

四、繼續僱用者投保勞工保險或勞工職業災害保險之證明文件。

五、連續僱用者最近3個月之薪資證明文件。

六、其他經中央主管機關規定之文件、資料。

雇主應於繼續僱用期滿6個月之日起90日內，檢附繼續僱用期間之僱用與薪資證明文件及中央主管機關核准函影本，向公立就業服務機構請領繼續僱用補助。

雇主申請第1項補助時，不得同時請領與本辦法相同性質之津貼或補助。

第22條　繼續僱用之補助，僱用日數未達30日者不予列計，並按雇主繼續僱用期間核發，其規定如下：

一、勞雇雙方約定**按月計酬**方式給付薪資者，依下列標準核發：

（一）雇主繼續僱用期間滿六個月，自雇主僱用第1個月起，依受僱人數每人每月補助**新臺幣1萬3千元**，一次發給6個月僱用補助。

（二）雇主繼續僱用期間**逾6個月**，自第7個月起依受僱人數每人每月補助新臺幣1萬5千元，按季核發，**最高補助12個月**。

二、勞雇雙方約定按前款**以外**方式給付薪資者，依下列標準核發：

（一）雇主繼續僱用期間滿6個月，自雇主僱用第1個月起，依受僱人數每人每小時補助新臺幣70元，每月最高發給新臺幣1萬3千元，一次發給6個月僱用補助。

（二）雇主繼續僱用期間逾6個月，自第7個月起依受僱人數每人每小時補助**新臺幣80元**，每月最高發給**新臺幣1萬5千元**，按季核發，**最高補助12個月**。

雇主於申請前條補助期間，遇有勞雇雙方計酬方式變更情事，應報請公立就業服務機構備查。

第六章　附則

第23條　主管機關及公立就業服務機構為查核本辦法執行情形，得查對相關文件、資料，雇主不得規避、妨礙或拒絕。

第24條　除本辦法另有規定者外，雇主有下列情形之一者，主管機關應不予核發獎勵或補助；已發給者，經撤銷或廢止後，應限期命其返還：

一、不實請領或溢領。

二、執行內容與原核定計畫不符。

三、未實質僱用中高齡者及高齡者。

四、規避、妨礙或拒絕主管機關或公立就業服務機構查核。

五、以同一事由已領取政府機關相同性質之補助。

六、違反本辦法規定。

七、其他違反相關勞動法令，情節重大。

有前項第1款所定情事，主管機關得停止補助2年。

第25條　本辦法所規定之書表及文件，由中央主管機關定之。

第26條　本辦法所需經費，由主管機關編列預算支應。

第27條　本辦法自中華民國109年12月4日施行。

本辦法修正條文自發布日施行。

7.失業中高齡者及高齡者就業促進辦法

中華民國113年7月31日修正發布

第一章　總則

第1條　本辦法依中高齡者及高齡者就業促進法（以下簡稱本法）第27條規定訂定之。

第2條 本辦法所稱雇主，為就業保險投保單位之民營事業單位、團體或私立學校。

前項所稱定團體，指依人民團體法或其他法令設立者。但不包括政治團體及政黨。

第3條 本法第27條所定補助、利息補貼、津貼或獎助如下：

一、職業訓練補助。

二、創業貸款利息補貼。

三、跨域就業補助。

四、臨時工作津貼。

五、職場學習及再適應津貼。

六、僱用獎助。

第二章　職業訓練之補助

第4條 失業之中高齡者及高齡者，參加中央主管機關自辦、委託或補助辦理之職業訓練課程，**全額補助其訓練費用。**

申請前項補助者，應檢附下列文件、資料，向辦理職業訓練單位提出，送中央主管機關審核：

一、身分證明文件影本。

二、其他經中央主管機關規定之文件、資料。

第5條 中央主管機關為提升失業之高齡者工作技能，促進就業，得自辦、委託或補助辦理高齡者職業訓練專班。

前項高齡者職業訓練專班，**應符合下列規定：**

一、訓練對象為經公立就業服務機構或受託單位**就業諮詢並推介參訓**，且由職業訓練單位甄選錄訓之高齡者。

二、**訓練專班**之規劃應切合高齡者就業市場，且其課程、教材、教法及評量方式，應適合失業之高齡者身心特性及需求。

第6條 雇主依本法第24條第2項規定辦理訓練，並申請訓練費用補助者，**最低開班人數應達5人，且訓練時數不得低於80小時。**

第7條 **雇主**依前條規定申請訓練費用補助者，應檢附下列文件、資料，送中央主管機關審核：

一、申請書。

二、招募計畫書，其內容應包括僱用結訓中高齡者及高齡者之勞動條件。

三、訓練計畫書。

四、依法設立登記之證明文件影本。

五、其他經中央主管機關規定之文件、資料。

經核定補助者，補助標準分為下列2類，其餘未補助部分，由雇主自行負擔，不得向受訓學員收取任何費用：

一、由雇主**自行**辦理訓練：補助訓練費用**百分之七十**。

二、雇主**委託**辦理訓練：補助訓練費用**百分之八十五**。

第8條 依第6條辦理職業訓練結訓後，雇主應依招募計畫書之勞動條件全部僱用；未僱用者，其全部或一部之訓練費用不予補助。但中途離退訓、成績考核不合格或因個人因素放棄致未僱用者，不在此限。

前項僱用人數於結訓1個月內離職率達百分之三十以上，不予補助已離職者之訓練費用。

第9條 失業之中高齡者及高齡者參加職業訓練，中央主管機關得發給職業訓練生活津貼；其申請資格條件、方式、期間及不予核發、撤銷或廢止等事項，準用就業促進津貼實施辦法第3條、第18條至第21條及第26條規定。

第三章 創業貸款利息補貼

第10條 失業之中高齡者及高齡者，符合下列規定，並檢具相關文件、資料，經中央主管機關同意核貸，得向金融機構辦理創業貸款：

一、登記為所營事業之負責人，並有實際經營該事業之事實。

二、未同時經營其他事業。

三、**3年內曾參與政府創業研習課程至少18小時。**

四、所營事業設立登記未超過五年。

五、**所營事業員工數未滿5人。**

六、貸款用途以購置或租用廠房、營業場所、機器、設備或營運週轉金為限。

前項失業者與29歲以下之青年共同創業，向金融機構辦理貸款時，應檢具共同實際經營該事業之創業計畫書。

前項共同創業者不得為配偶、三親等內血親、二親等內血親之配偶、配偶之二親等內血親或其配偶。

第11條 **創業貸款之利率，按中華郵政股份有限公司2年期定期儲金機動利率加百分之零點575機動計息。**

第12條 **第10條所定創業貸款**，其利息補貼之最高貸款額度為**新臺幣2百萬元**；所營事業為商業登記法第5條規定得免辦理登記之**小規模商業**，並**辦有稅籍登記者，利息補貼之最高貸款額度為新臺幣50萬元。**

貸款人貸款期間前2年之利息，由中央主管機關全額補貼。

貸款人符合第10條第2項規定者，貸款期間**前3年之利息**，由中央主管機關**全額補貼**；**第4年**起負擔年息超過**百分之1點5**時，利息差額由中央主管機關補貼，但年息為百分之1點5以下時，由貸款人負擔實際全額利息。

前項利息補貼期間最長7年。

第13條 貸款人有下列情形之一者，自事實發生之日起停止或不予補貼利息；已撥付者，由承貸金融機構通知貸款人繳回，並返還中央主管機關：

一、所營事業停業、歇業或變更負責人。

二、貸款人積欠貸款本息達6個月。

貸款人所營事業於利息補貼期間停業，已依規定繳付貸款本息，其後辦理復業登記者，得由承貸金融機構向中央主管機關申請自復業日起繼續補貼利息至原核定補貼期間屆滿。

第一項第二款情形於貸款人清償積欠貸款本息且恢復正常繳款後，得繼續補貼利息。

第14條 同一創業貸款案件，曾領取政府機關其他相同性質創業貸款利息補貼或補助者，不得領取本辦法之創業貸款利息補貼。

第四章 跨域就業補助

第15條 本辦法所定跨域就業補助項目如下：

一、求職交通補助金。

二、異地就業交通補助金。

三、搬遷補助金。

四、租屋補助金。

第16條 失業之中高齡者及高齡者，親自向公立就業服務機構辦理求職登記，經諮詢及開立介紹卡推介就業，有下列情形之一者，得發給求職交通補助金：

一、推介地點與日常居住處所距離30公里以上。

二、為低收入戶、中低收入戶或家庭暴力被害人。

除前項規定外，其他補助資格條件、核發金額及相關事項，準用就業促進津貼實施辦法第3條、第8條及第9條規定。

第17條　申請前條補助，應檢附下列文件、資料：

一、身分證明文件影本。

二、同意代為查詢勞工保險、就業保險、勞工職業災害保險資料委託書。

三、補助金額領取收據。

四、其他經中央主管機關規定之文件、資料。

第18條　失業之中高齡者及高齡者依本辦法、就業促進津貼實施辦法及就業保險促進就業實施辦法申領之求職交通補助金應合併計算，每人每年度以4次為限。

第19條　符合下列各款情形之失業者，親自向公立就業服務機構辦理求職登記，經諮詢及開立介紹卡推介就業，得向就業當地轄區之公立就業服務機構申請核發**異地就業交通補助金**：

一、高齡者、失業期間連續達3個月以上中高齡者或非自願性離職中高齡者。

二、就業地點與原日常居住處所距離30公里以上。

三、因就業有交通往返之事實。

四、連續30日受僱於同一雇主。

第20條　中高齡者及高齡者申請前條異地就業交通補助金，其申請程序、應備文件、資料、核發標準、補助期間及不予核發或撤銷等事項，準用就業保險促進就業實施辦法第27條、第28條及第36條規定。

第21條　符合下列各款情形之失業者，親自向公立就業服務機構辦理求職登記，經諮詢及開立介紹卡推介就業，得向就業當地轄區之公立就業服務機構申請核發**搬遷補助金**：

一、高齡者、失業期間連續達3個月以上中高齡者或非自願性離職中高齡者。

二、就業地點與原日常居住處所距離30公里以上。

三、因就業而需搬離原日常居住處所，搬遷後有居住事實。

四、就業地點與搬遷後居住處所距離30公里以內。

五、連續30日受僱於同一雇主。

第22條　中高齡者及高齡者申請前條搬遷補助金，其申請程序、應備文件、資料、核發標準及不予核發或撤銷等事項，準用就業保險促進就業實施辦法第30條、第31條及第36條規定。

第23條　符合下列各款情形之失業者，親自向公立就業服務機構辦理求職登記，經諮詢及開立介紹卡推介就業，得向就業當地轄區之公立就業服務機構申請核發**租屋補助金**：

一、高齡者、失業期間連續達3個月以上中高齡者或非自願性離職中高齡者。

二、就業地點與原日常居住處所距離30公里以上。

三、因就業而需租屋，並在租屋處所有居住事實。

四、就業地點與租屋處所距離30公里以內。

五、連續30日受僱於同一雇主。

第24條　中高齡者及高齡者申請前條租屋補助金，其申請程序、應備文件、資料、核發標準、補助期間及不予核發或撤銷等事項，準用就業保險促進就業實施辦法第33條、第34條及第36條規定。

第25條　中高齡者及高齡者**申領租屋補助金或異地就業交通補助金，僅得按月擇一申領。**

第26條　中高齡者及高齡者依本辦法及就業保險促進就業實施辦法申領之租屋補助

金、異地就業交通補助金及搬遷補助金應合併計算，**租屋補助金及異地就業交通補助金申領期間最長12個月；搬遷補助金最高新臺幣3萬元。**

第五章　臨時工作津貼

第27條　失業之中高齡者及高齡者，親自向公立就業服務機構辦理求職登記，經就業諮詢並推介就業，有下列情形之一者，得指派其至用人單位從事臨時性工作，並發給**臨時工作津貼：**
一、**於求職登記日起14日內未能推介就業。**
二、**有正當理由無法接受推介工作。**
公立就業服務機構發給前項津貼之適用對象，準用就業促進津貼實施辦法第3條規定。
第一項正當理由、用人單位及津貼發給方式，準用就業促進津貼實施辦法第10條第2項至第4項規定。

第28條　前條津貼發給標準，**按中央主管機關公告之每小時基本工資核給，且不超過每月基本工資，最長6個月。**

第29條　用人單位申請津貼應備文件、資料，準用就業促進津貼實施辦法第11條規定。
失業之中高齡者及高齡者申領第27條津貼，其請假及給假事宜，**準用就業促進津貼實施辦法第13條規定。**
公立就業服務機構查核及終止用人單位計畫，準用就業促進津貼實施辦法第14條及第15條規定。
失業之中高齡者及高齡者申領第27條津貼，其撤銷、廢止、停止或不予給付臨時工作津貼情形，準用就業促進津貼實施辦法第16條規定。
用人單位辦理保險事項，準用就業促進津貼實施辦法第17條規定。

第30條　依本辦法、就業促進津貼實施辦法及就業保險促進就業實施辦法申領之臨時工作津貼應合併計算，2年內申領期間最長6個月。

第六章　職場學習及再適應津貼

第31條　失業之中高齡者及高齡者，親自向公立就業服務機構辦理求職登記，經公立就業服務機構評估後，**得推介至用人單位進行職場學習及再適應。**

第32條　前條所稱用人單位，指依法登記或取得設立許可之民間團體、民營事業單位、公營事業機構、非營利組織或學術研究機構。但不包括政治團體及政黨。
用人單位應向當地轄區公立就業服務機構提出職場學習及再適應工作計畫書，經公立就業服務機構審核通過後，進用其推介之中高齡者及高齡者。
前項計畫執行完畢後，用人單位得向公立就業服務機構申請職場學習及再適應津貼、用人單位行政管理及輔導費。

第33條　**用人單位請領職場學習及再適應津貼期間，應以不低於中央主管機關公告之基本工資進用。**
職場學習及再適應津貼，**按每小時基本工資核給，且不超過每月基本工資。**
前項津貼補助期間最長3個月，高齡者經當地轄區公立就業服務機構評估後，**得延長至6個月。**
中高齡者及高齡者轉換職場學習及再適應單位，其期間應合併計算，**2年內合併之期間最長6個月。**

第34條　**用人單位**向公立就業服務機構申請第32條所定**行政管理及輔導費**，其發給金額，以實際核發職場學習及再適應津貼之**百分之三十核給。**

第35條　用人單位於計畫執行完畢或經公立就業服務機構終止60日內，應檢附下列文件、資料，向當地轄區公立就業服務機構申請第32條津貼及補助：
一、計畫核准函影本。
二、領據。
三、津貼與行政管理及輔導費之印領清冊及工作輔導紀錄。
四、參加計畫人員之簽到表，或足以證明參與計畫之出勤文件影本。
五、參加計畫人員之勞工保險、勞工職業災害保險加保申報表或其他足資證明投保之文件。
六、延長補助之核准函影本。
七、已依身心障礙者權益保障法及原住民族工作權保障法規定，足額進用身心障礙者及原住民或繳納差額補助費、代金之文件影本。
八、其他經中央主管機關規定之文件、資料。

第36條　公立就業服務機構補助**用人單位職場學習及再適應津貼之人數**限制如下：
一、以用人單位申請日前1個月之勞工保險、就業保險、勞工職業災害保險投保人數之百分之三十為限，不足1人者以1人計。但員工數為10人以下者，最多得補助3人。
二、同一用人單位各年度最高補助之人數不得**超過10人**。

第37條　用人單位申領職場學習及再適應津貼、行政管理費及輔導費，有下列情形之一者，公立就業服務機構得視其違反情形，撤銷或廢止全部或一部之補助；已領取者，應限期命其返還：
一、進用負責人之配偶或三親等內之親屬。
二、同一用人單位再進用離職未滿1年者。

三、進用之人員，於同一時期已領取政府機關其他相同性質之就業促進相關補助或津貼。
四、自行進用未經公立就業服務機構推介之失業者。

第七章　僱用獎助

第38條　失業期間連續**達30日以上**之中高齡者及高齡者，向公立就業服務機構辦理求職登記，經就業諮詢無法推介就業者，公立就業服務機構得發給僱用獎助推介卡。
前項失業期間之計算，以中高齡者及高齡者未有參加就業保險、勞工保險或勞工職業災害保險紀錄之日起算。

第39條　雇主僱用前條之中高齡者及高齡者**連續滿30日**，由公立就業服務機構發給**僱用獎助**。
前項所定僱用，為雇主以不定期契約或1年以上之定期契約僱用勞工。

第40條　雇主連續僱用同一領有僱用獎助推介卡之中高齡者及高齡者，應於滿30日之日起90日內，檢附下列文件、資料，向原推介轄區之公立就業服務機構申請僱用獎助：
一、僱用獎助申請書。
二、僱用名冊、載明受僱者工作時數之薪資清冊、出勤紀錄。
三、受僱勞工之身分證明文件或有效期間居留證明文件影本。
四、請領僱用獎助之勞工保險、就業保險、勞工職業災害保險投保資料表或其他足資證明投保之文件。
五、其他經中央主管機關規定之文件、資料。
前項雇主，得於每滿3個月之日起90日內，向原推介轄區之公立就業服務機構提出僱用獎助之申請。

第一項僱用期間，1個月以30日計算，其末月僱用時間超過20日而未滿30日者，以1個月計算。

第 41 條 雇主依前2條規定申請**僱用獎助**，依下列規定核發：

一、高齡者與雇主約定以按月計酬全時工作受僱者：依受僱人數每人每月發給新臺幣1萬5千元。

二、高齡者與雇主約定按前款以外方式工作受僱者：依受僱人數每人每小時發給新臺幣80元，每月最高發給新臺幣1萬5千元。

三、中高齡者與雇主約定以按月計酬全時工作受僱者：依受僱人數每人每月發給新臺幣1萬3千元。

四、中高齡者與雇主約定按前款以外方式工作受僱者：依受僱人數每人每小時發給新臺幣70元，每月最高發給新臺幣1萬3千元。

勞工依勞動基準法及性別平等工作法等相關法令規定請假，致雇主給付薪資低於前項各款核發標準之情形，依勞工實際獲致薪資數額發給僱用獎助。

同一雇主僱用同一勞工，雇主依本辦法、就業保險促進就業實施辦法申領之僱用獎助及政府機關其他相同性質之補助或津貼應合併計算；其申領期間最長12個月。

同一勞工於同一時期受僱於二以上雇主，並符合第1項第2款或第4款規定者，各雇主均得依規定申請獎助；公立就業服務機構應按雇主申請送達受理之時間，依序核發。但獎助金額每月合計不得超過第1項第2款或第4款規定之最高金額。

第 42 條 雇主僱用第38條之失業者，公立就業服務機構不予核發或撤銷僱用獎助之情形，準用就業保險促進就業實施辦法第19條第2項規定。

第八章　附則

第 43 條 第19條、第21條、第23條及第40條所定受僱或僱用期間之認定，自勞工到職投保就業保險生效之日起算。但依法不得辦理參加就業保險者，自其勞工職業災害保險生效之日起算。

第 44 條 雇主、用人單位或勞工申請本辦法補助、補貼、津貼或獎助之文件、資料未備齊者，應於主管機關或公立就業服務機構通知期間內補正；屆期未補正者，不予受理。

第 45 條 主管機關及公立就業服務機構為查核本辦法執行情形，得查對相關文件、資料。雇主、用人單位、依本辦法領取補助、補貼、津貼或獎助者，不得規避、妨礙或拒絕。

第 46 條 除本辦法另有規定者外，依本辦法領取補助、補貼、津貼及獎助者，有下列情形之一，主管機關或公立就業服務機構應不予核發；已發給者，經撤銷或廢止後，應限期命其返還：

一、不實請領或溢領。

二、規避、妨礙或拒絕主管機關或公立就業服務機構查核。

三、違反本辦法規定。

四、其他違反相關勞動法令，情節重大。

有前項第1款所定情事，主管機關或公立就業服務機構得停止補助2年。

第 47 條 本辦法所規定之書表及文件，由中央主管機關定之。

第 48 條 本辦法所需經費，由主管機關編列預算支應。

第 49 條 本辦法自中華民國109年12月4日施行。

本辦法修正條文自發布日施行。

8.退休中高齡者及高齡者再就業補助辦法

中華民國109年12月3日發布，
12日4日施行

第一章　總則

第 1 條 本辦法依中高齡者及高齡者就業促進（以下簡稱本法）第31條規定訂定之。

第 2 條 本辦法所定雇主，為就業保險投保單位之民營事業單位、團體或私立學校。
前項所稱團體，指依人民團體法或其他法令設立者。但不包括政治團體及政黨。

第 3 條 雇主依本法第29條提供下列**協助措施者**，得向中央主管機關**申請補助**：
一、辦理勞工退休**準備**與**調適**之**課程、團體活動、個別諮詢、資訊及文宣**。
二、辦理勞工**退休後再就業**之職涯發展、就業諮詢、創業諮詢及職業訓練。
雇主應於中央主管機關公告之受理期間提出申請。
第1項各款補助額度，**同一雇主每年最高新臺幣50萬元**。
第1項與第2項所定受理期間、審查及核銷作業等事項，由中央主管機關公告之。

第 4 條 雇主依前條規定申請補助，應檢附下列文件、資料，送中央主管機關審核：
一、申請書。
二、計畫書。
三、經費概算表。
四、依法設立登記之證明文件影本。
五、其他經中央主管機關規定之文件、資料。
前項文件、資料未備齊者，應於中央主管機關通知期間內補正；屆期未補正者，不予受理。

第 5 條 雇主依本法第30條僱用高齡者**傳承專業技術及經驗**，得向中央主管機關**申請下列補助**：
一、傳承專業技術及經驗之**實作或講師鐘點費**。
二、**非自有場地費**。
三、**其他必要之費用**。
雇主應於中央主管機關公告之受理期間提出申請。
第1項補助額度，**每位受僱用之高齡者每年最高補助雇主新臺幣10萬元，每位雇主每年最高補助新臺幣50萬元**；受僱用之高齡者，不得為雇主配偶或三親等以內親屬。
第1項與第2項所定受理期間、審查及核銷作業等事項，由中央主管機關公告之。

第 6 條 雇主依前條規定申請補助，應檢附下列文件、資料，送中央主管機關審核：
一、申請書。
二、計畫書。
三、經費概算表。
四、依法設立登記之證明文件影本。
五、講師為退休高齡者證明文件影本。
六、講師具專業技術及經驗證明文件影本。
七、僱用證明文件影本。
八、其他經中央主管機關規定之文件、資料。
前項文件、資料未備齊者，應於中央主管機關通知期間內補正；屆期未補正者，不予受理。

第 7 條 中央主管機關為查核本辦法執行情形，得查對相關文件、資料，雇主不得規避、妨礙或拒絕。

第 8 條 雇主有下列情形之一者，應不予核發補助；已發給者，經撤銷或廢止後，應限期命其返還：

一、不實請領或溢領。

二、執行內容與原核定計畫不符。

三、未實質僱用中高齡者及高齡者。

四、規避、妨礙或拒絕中央主管機關查核。

五、同一事由已領取政府機關相同性質之補助。

六、違反本辦法規定。

七、其他違反相關勞動法令，情節重大。

有前項第1款所定情事，中央主管機關得停止補助2年。

第 9 條 本辦法所規定之書表及文件，由中央主管機關定之。

第 10 條 本辦法所需經費，由中央主管機關編列預算支應。

第 11 條 本辦法自中華民國109年12月4日施行。

9.促進中高齡者及高齡者就業獎勵辦法

中華民國112年6月14日修正發布

第 1 條 本辦法依中高齡者及高齡者就業促進法第四十條第二項規定訂定之。

第 2 條 本辦法適用於下列對象：

一、依法登記或取得設立許可之民營事業單位、非營利組織及民間團體。

二、從事促進中高齡者及高齡者就業事項之相關人員（以下簡稱從業人員）。

政府機關（構）與公營事業單位及其從業人員，不適用本辦法。

第 3 條 前條所定適用對象之評選，分為績優單位及從業人員二組。

前項所定績優單位組，依其組織性質及規模分為下列四類：

一、中小企業類：依法辦理公司登記或商業登記，且合於中小企業認定標準之企業。

二、大型企業類：依法辦理公司登記或商業登記，且非屬中小企業之企業。

三、中小型之機構、非營利組織或團體類：經常僱用員工數未滿100人者、診所或地區醫院。

四、大型之機構、非營利組織或團體類：經常僱用員工數滿100人者、區域醫院或醫學中心。

第 4 條 報名績優單位組者，應符合下列各款要件：

一、積極進用中高齡者及高齡者，並促進其穩定就業，有具體實績。

二、依法登記或取得設立許可滿三年，且營運中。

三、依法繳交勞工保險費、勞工職業災害保險費、全民健康保險費、提撥勞工退休準備金及提繳勞工退休金。

四、依身心障礙者權益保障法與原住民族工作權保障法，已足額進用身心障礙者及原住民，或繳納差額補助費及代金。

五、最近二年內未有重大違反相關勞動法令情事。

報名從業人員組者，應為從事促進中高齡者及高齡者就業事項相關工作滿三年，有具體事蹟，並經相關單位或人員推薦之現職從業人員。

第 5 條 第二條所定對象參加評選，應檢具下列文件、資料：

一、基本資料表。

二、協助中高齡及高齡者措施及優良實績或事蹟說明表。

三、其他經主管機關指定之相關證明文件、資料。

前項所定文件、資料、受理期間及評選作業等事項，由主管機關公告之。

第6條 主管機關應成立評選小組，辦理第三條所定績優單位及從業人員評選。

前項所定評選小組，置委員11人至19人，其組成如下：

一、專家學者代表5人至8人。

二、人力資源主管代表、非營利團體代表5人至8人。

三、主管機關代表1人至3人。

評選小組委員，任一性別比例不得少於三分之一。

第7條 本辦法所定績優單位及從業人員，依下列項目評選：

一、建立及推動友善中高齡者及高齡者就業機制。

二、促進中高齡者及高齡者職場穩定就業措施。

三、結合單位組織特性，辦理中高齡及高齡人力發展之前瞻性或創意性措施。

四、執行前三款所定項目具有成效及影響力。

五、其他足為楷模之事蹟。

第8條 本辦法之獎項如下：

一、績優單位獎。

二、績優人員獎。

前項所定獎項名額由評選小組分配之，評選小組並得視參選狀況調整或從缺。

獲獎者由主管機關公開表揚，頒發獎座（牌）及獎金，並得補助參加主管機關辦理與本項業務相關之國內外交流活動。

第9條 第三條所定評選，以每二年辦理一次為原則。

第10條 參選者於報名截止日前二年內、審查期間及獲獎後二年內，有下列情形之一，主管機關得撤銷或廢止其參選或獲獎資格，並應限期命其返還已頒發之獎金：

一、提報偽造、變造、不實或失效資料。

二、違反本辦法規定。

三、其他違反相關勞動法令，情節重大。

第11條 本辦法所需經費，由主管機關編列預算支應。

第12條 本辦法自中華民國109年12月4日施行。

本辦法修正條文自發布日施行。

10.外國專業人才延攬及僱用法

中華民國110年7月7日修正發布

第1條 為加強延攬及僱用外國專業人才，以提升國家競爭力，特制定本法。

第2條 外國專業人才在中華民國（以下簡稱我國）從事專業工作、尋職，依本法之規定；本法未規定者，適用就業服務法、入出國及移民法及其他相關法律之規定。

第3條 本法之主管機關為國家發展委員會。本法所定事項，涉及中央目的事業主管機關職掌者，由各該機關辦理。

第4條 本法用詞，定義如下：

一、外國專業人才：指得在我國從事專業工作之外國人。

二、外國特定專業人才：指外國專業人才具有中央目的事業主管機關公告之我國所需科技、經濟、教育、文化藝術、體育、金融、法律、建築設計、國防及其他領域之特殊專長，或經主管機關會商相關中央目的事業主管機關認定具有特殊專長者。

三、外國高級專業人才：指入出國及移民法所定為我國所需之高級專業人才。

四、專業工作：指下列工作：

(一) 就業服務法第四十六條第一項第一款至第三款、第五款及第六款所定工作。

(二) 就業服務法第四十八條第一項第一款及第三款所定工作。

(三) 依補習及進修教育法立案之短期補習班（以下簡稱短期補習班）之專任外國語文教師，或具專門知識或技術，且經中央目的事業主管機關會商教育部指定之短期補習班教師。

(四) 教育部核定設立招收外國專業人才、外國特定專業人才及外國高級專業人才子女專班之外國語文以外之學科教師。

(五) 學校型態實驗教育實施條例、公立高級中等以下學校委託私人辦理實驗教育條例及高級中等以下教育階段非學校型態實驗教育實施條例所定學科、外國語文課程教學、師資養成、課程研發及活動推廣工作。

第 5 條 雇主聘僱外國專業人才在我國從事前條第四款之專業工作，除依第七條規定不須申請許可者外，應檢具相關文件，向勞動部申請許可，並依就業服務法規定辦理。但聘僱從事就業服務法第四十六條第一項第三款及前條第四款第四目、第五目之專業工作者，應檢具相關文件，向教育部申請許可。

依前項本文規定聘僱外國專業人才從事前條第四款第三目之專業工作，其工作資格及審查標準，由勞動部會商中央目的事業主管機關定之。

依第一項但書規定聘僱外國專業人才從事所定之專業工作，其工作資格、審查基準、申請許可、廢止許可、聘僱管理及其他相關事項之辦法，由教育部定之。

依第一項規定聘僱從事前條第四款第四目、第五目專業工作之外國專業人才，其聘僱之管理，除本法另有規定外，依就業服務法有關從事該法第四十六條第一項第一款至第六款工作者之規定辦理。

外國專業人才經許可在我國從事前項專業工作者，其停留、居留及永久居留，除本法另有規定外，依入出國及移民法之規定辦理。

第 6 條 外國人取得國內外大學之碩士以上學位，或教育部公告世界頂尖大學之學士以上學位者，受聘僱在我國從事就業服務法第四十六條第一項第一款專門性或技術性工作，除應取得執業資格、符合一定執業方式及條件者，及應符合中央目的事業主管機關所定之法令規定外，無須具備一定期間工作經驗。

第 7 條 外國專業人才、外國特定專業人才及外國高級專業人才在我國從事專業工作，有下列情形之一者，不須申請許可：

一、受各級政府及其所屬學術研究機關（構）聘請擔任顧問或研究工作。

二、受聘僱於公立或已立案之私立大學進行講座、學術研究經教育部認可。

外國專業人才、外國特定專業人才及外國高級專業人才，其本人、配偶、未成年子女及因身心障礙無法自理生活之成年子女，經許可永久居留者，在我國從事工作，不須向勞動部或教育部申請許可。

第 8 條 雇主聘僱從事專業工作之外國特定專業人才，其聘僱許可期間最長為五年，期滿有繼續聘僱之需要者，得申請延期，

每次最長為五年。

前項外國特定專業人才經內政部移民署許可居留者，其外僑居留證之有效期間，自許可之翌日起算，最長為五年；期滿有繼續居留之必要者，得於居留期限屆滿前，向內政部移民署申請延期，每次最長為五年。該外國特定專業人才之配偶、未成年子女及因身心障礙無法自理生活之成年子女，經內政部移民署許可居留者，其外僑居留證之有效期間及延期期限，亦同。

第 9 條　外國特定專業人才擬在我國從事專業工作者，得逕向內政部移民署申請核發具工作許可、居留簽證、外僑居留證及重入國許可四證合一之就業金卡。內政部移民署許可核發就業金卡前，應會同勞動部及外交部審查。但已入國之外國特定專業人才申請就業金卡時得免申請居留簽證。

前項就業金卡有效期間為一年至三年；符合一定條件者，得於有效期間屆滿前申請延期，每次最長為三年。

前二項就業金卡之申請程序、審查、延期之一定條件及其他相關事項之辦法，由內政部會商勞動部及外交部定之。

依第一項申請就業金卡或第二項申請延期者，由內政部移民署收取規費；其收費標準，由內政部會商勞動部及外交部定之。

第 10 條　外國專業人才為藝術工作者，得不經雇主申請，逕向勞動部申請許可，在我國從事藝術工作；其許可期間最長為三年，必要時得申請延期，每次最長為三年。

前項申請之工作資格、審查基準、申請許可、廢止許可、聘僱管理及其他相關事項之辦法，由勞動部會商文化部定之。

第 11 條　外國專業人才擬在我國從事專業工作，須長期尋職者，得向駐外館處申請核發三個月有效期限、多次入國、停留期限六個月之停留簽證，總停留期限最長為六個月。

依前項規定取得停留簽證者，自總停留期限屆滿之日起三年內，不得再依該項規定申請核發停留簽證。

依第一項規定核發停留簽證之人數，由外交部會同內政部並會商主管機關及中央目的事業主管機關，視人才需求及申請狀況每年公告之。

第一項申請之條件、程序、審查及其他相關事項之辦法，由外交部會同內政部並會商中央目的事業主管機關，視人才需求定之。

第 12 條　外國專業人才或外國特定專業人才以免簽證或持停留簽證入國，經許可或免經許可在我國從事專業工作者，得逕向內政部移民署申請居留；經許可者，發給外僑居留證。

外國專業人才在我國從事專業工作及外國特定專業人才，經許可居留或永久居留者，其配偶、未成年子女及因身心障礙無法自理生活之成年子女，以免簽證或持停留簽證入國者，得逕向內政部移民署申請居留，經許可者，發給外僑居留證。

依前二項許可居留並取得外僑居留證之人，因居留原因變更，而有入出國及移民法第二十三條第一項各款情形之一者，得向內政部移民署申請變更居留原因。但有該條第一項第一款但書規定者，不得申請。

依前三項申請居留或變更居留原因，有入出國及移民法第二十四條第一項各款情形之一者，內政部移民署得不予許可；已許可者，得撤銷或廢止其許可，並註銷其外僑居留證。

前項之人有入出國及移民法第二十四條第一項第十款或第十一款情形經不予許可者，不予許可之期間，自其出國之翌日起算至少為一年，並不得逾三年。

第**13**條 外國專業人才在我國從事專業工作、外國特定專業人才依第八條第二項規定取得外僑居留證或依第九條規定取得就業金卡，於居留效期或就業金卡有效期間屆滿前，仍有居留之必要者，其本人及原經許可居留之配偶、未成年子女及因身心障礙無法自理生活之成年子女，得向內政部移民署申請延期居留。

前項申請延期居留經許可者，發給外僑居留證，其外僑居留證之有效期間，自原居留效期或就業金卡有效期間屆滿之翌日起延期六個月；延期屆滿前，有必要者，得再申請延期一次，總延長居留期間最長為一年。

第**14**條 外國專業人才在我國從事專業工作，合法連續居留五年，平均每年居住一百八十三日以上，並符合下列各款要件者，得向內政部移民署申請永久居留：

一、成年。

二、無不良素行，且無警察刑事紀錄證明之刑事案件紀錄。

三、有相當之財產或技能，足以自立。

四、符合我國國家利益。

以下列各款情形之一為居留原因而經許可在我國居留之期間，不計入前項在我國連續居留期間：

一、在我國就學。

二、經許可在我國從事就業服務法第四十六條第一項第八款至第十款工作。

三、以前二款人員為依親對象經許可居留。

外國特定專業人才在我國合法連續居留三年，平均每年居住一百八十三日以上，且其居留原因係依第八條第一項規定取得特定專業人才工作許可或依第九條規定取得就業金卡，並符合第一項各款要件者，得向內政部移民署申請永久居留。

外國專業人才及外國特定專業人才在我國就學取得大學校院碩士以上學位者，得依下列規定折抵第一項及前項之在我國連續居留期間：

一、外國專業人才：取得博士學位者折抵二年，碩士學位者折抵一年。二者不得合併折抵。

二、外國特定專業人才：取得博士學位者折抵一年。

依第一項及第三項規定申請永久居留者，應於居留及居住期間屆滿後二年內申請之。

第一項第二款及第十六條第一項第一款所定無不良素行之認定、程序及其他相關事項之標準，由內政部定之。

第**15**條 外國專業人才在我國從事專業工作、外國特定專業人才及外國高級專業人才，經內政部移民署許可永久居留者，其成年子女經內政部移民署認定符合下列要件之一，得不經雇主申請，逕向勞動部申請許可，在我國從事工作：

一、曾在我國合法累計居留十年，每年居住超過二百七十日。

二、未滿十四歲入國，每年居住超過二百七十日。

三、在我國出生，曾在我國合法累計居留十年，每年居住超過一百八十三日。

雇主聘僱前項成年子女從事工作，得不受就業服務法第四十六條第一項、第三項、第四十七條、第五十二條、第五十三條第三項、第四項、第五十七條第五款、第七十二條第四款及第七十四條規定之限制，並免依第五十五條規定繳納就業安定費。

第一項外國專業人才、外國特定專業人才及外國高級專業人才之子女於中華民國一百十二年一月一日前未滿十六歲入國者，得適用該項規定，不受該項第二款有關未滿十四歲入國之限制。

第16條 外國專業人才在我國從事專業工作，經內政部移民署許可永久居留後，其配偶、未成年子女及因身心障礙無法自理生活之成年子女，在我國合法連續居留五年，平均每年居住一百八十三日以上，並符合下列要件者，得向內政部移民署申請永久居留：

一、無不良素行，且無警察刑事紀錄證明之刑事案件紀錄。

二、符合我國國家利益。

外國特定專業人才依第十四條第三項規定經內政部移民署許可永久居留後，其配偶、未成年子女及因身心障礙無法自理生活之成年子女，在我國合法連續居留三年，平均每年居住一百八十三日以上，並符合前項各款要件者，得向內政部移民署申請永久居留。

前二項外國專業人才及外國特定專業人才之永久居留許可，依入出國及移民法第三十三條第一款至第三款及第八款規定經撤銷或廢止者，其配偶、未成年子女及因身心障礙無法自理生活之成年子女之永久居留許可，應併同撤銷或廢止。

依第一項及第二項規定申請永久居留者，應於居留及居住期間屆滿後二年內申請之。

第17條 外國高級專業人才依入出國及移民法規定申請永久居留者，其配偶、未成年子女及因身心障礙無法自理生活之成年子女，得隨同本人申請永久居留。

前項外國高級專業人才之永久居留許可，依入出國及移民法第三十三條第一款至第三款及第八款規定經撤銷或廢止者，其配偶、未成年子女及因身心障礙無法自理生活之成年子女之永久居留許可，應併同撤銷或廢止。

第18條 外國特定專業人才及外國高級專業人才經內政部移民署許可居留或永久居留者，其直系尊親屬得向外交部或駐外館處申請核發一年效期、多次入國、停留期限六個月及未加註限制不准延期或其他限制之停留簽證；期滿有繼續停留之必要者，得於停留期限屆滿前，向內政部移民署申請延期，並得免出國，每次總停留期間最長為一年。

第19條 外國專業人才、外國特定專業人才及外國高級專業人才，其本人、配偶、未成年子女及因身心障礙無法自理生活之成年子女，經內政部移民署許可永久居留後，出國五年以上未曾入國者，內政部移民署得廢止其永久居留許可及註銷其外僑永久居留證。

第20條 自一百零七年度起，在我國未設有戶籍並因工作而首次核准在我國居留且符合一定條件之外國特定專業人才，其從事專業工作，或依第九條規定取得就業金卡並在就業金卡有效期間受聘僱從事專業工作，於首次符合在我國居留滿一百八十三日且薪資所得超過新臺幣三百萬元之課稅年度起算五年內，其各該在我國居留滿一百八十三日之課稅年度薪資所得超過新臺幣三百萬元部分之半數免予計入綜合所得總額課稅，且不適用所得基本稅額條例第十二條第一項第一款規定。

前項一定條件、申請適用程序、應檢附之證明文件及其他相關事項之辦法，由財政部會商相關機關定之。

第21條 外國專業人才、外國特定專業人才及外國高級專業人才有下列情形之一者，其本人、配偶、未成年子女及因身心障礙無法自理生活之成年子女，經領有居留證明文件者，應參加全民健康保險為保

險對象，不受全民健康保險法第九條第一
款在臺居留滿六個月之限制：

一、受聘僱從事專業工作。

二、外國特定專業人才及外國高級專業人
才，具全民健康保險法第十條第一項
第一款第四目所定雇主或自營業主之
被保險人資格。

第22條　從事專業工作之外國專業人才及
外國特定專業人才，並經內政部移民署依
本法規定許可永久居留者，於許可之日起
適用勞工退休金條例之退休金制度。但其
於本法中華民國一百十年六月十八日修正
之條文施行前已受僱且仍服務於同一事業
單位，於許可之日起六個月內，以書面向
雇主表明繼續適用勞動基準法之退休金規
定者，不在此限。

曾依前項但書規定向雇主表明繼續適用勞
動基準法之退休金規定者，不得再變更選
擇適用勞工退休金條例之退休金制度。

依第一項規定適用勞工退休金條例退休金
制度者，其適用前之工作年資依該條例第
十一條規定辦理。

雇主應為適用勞工退休金條例退休金制度
之外國專業人才及外國特定專業人才，向勞
動部勞工保險局辦理提繳手續，並至遲於第
一項規定期限屆滿之日起十五日內申報。

第一項外國專業人才及外國特定專業人才
於本法中華民國一百十年六月十八日修正
之條文施行前已適用勞工退休金條例，或
已依法向雇主表明繼續適用勞動基準法之
退休金制度者，仍依各該規定辦理，不適
用前四項規定。

第23條　外國專業人才、外國特定專業人
才及外國高級專業人才受聘僱擔任我國公
立學校現職編制內專任合格有給之教師與
研究人員，及政府機關與其所屬學術研究

機關（構）現職編制內專任合格有給之研
究人員，其退休事項準用公立學校教師之
退休規定且經許可永久居留者，得擇一支
領一次退休金或月退休金。

已依前項規定支領月退休金而經內政部移
民署撤銷或廢止其永久居留許可者，喪失
領受月退休金之權利。但因回復我國國
籍、取得我國國籍或兼具我國國籍經撤銷
或廢止永久居留許可者，不在此限。

第24條　香港或澳門居民在臺灣地區從事
專業工作或尋職，準用第五條第一項至
第四項、第六條、第七條第一項、第八
條至第十一條、第十三條、第二十條及第
二十一條規定；有關入境、停留及居留等
事項，由內政部依香港澳門關係條例及其
相關規定辦理。

第25條　我國國民兼具外國國籍而未在我
國設有戶籍，並持外國護照至我國從事專
業工作或尋職者，依本法有關外國專業人
才之規定辦理。但其係因歸化取得我國國
籍者，得免申請工作許可。

經歸化取得我國國籍且兼具外國國籍而未
在我國設有戶籍，並持我國護照入國從事
專業工作或尋職者，得免申請工作許可。

第26條　外國專業人才、外國特定專業人
才及外國高級專業人才經歸化取得我國國
籍者，其成年子女之工作許可、配偶與未
成年子女及因身心障礙無法自理生活之成
年子女之永久居留、直系尊親屬探親停留
簽證，準用第十五條至第十九條規定。

第27條　本法施行日期，由行政院定之。

11.外國特定專業人才申請就業金卡許可辦法

中華民國110年11月8日修正發布

第1條 本辦法依外國專業人才延攬及僱用法（以下簡稱本法）第九條第三項規定訂定之。

第2條 外國特定專業人才申請就業金卡時，應向內政部移民署（以下簡稱移民署）建置之外國專業人才申辦窗口平臺（以下簡稱外國人才申辦平臺），依下列規定以網路傳輸方式辦理：

一、檢附下列文件之彩色掃描電子檔：

(一) 所餘效期六個月以上之護照。

(二) 最近六個月內所拍攝之二吋半身脫帽彩色照片。

(三) 經中央目的事業主管機關公告之外國特定專業人才資格認定文件。

(四) 其他申請工作許可、居留簽證、外僑居留證及重入國許可時之應備文件。

二、選擇就業金卡有效期限，並依規定繳納規費。

外國特定專業人才由中央目的事業主管機關推薦申請就業金卡者，前項第一款文件得以書面方式為之。

移民署受理申請案件，經勞動部依第三條第一項審查符合外國特定專業人才資格後，應通知申請人於六個月內持繳驗護照通知單及護照正本，臨櫃向駐外使領館、代表處或辦事處（以下簡稱駐外館處）繳驗。但已入國之外國特定專業人才申請就業金卡，得免繳驗護照。

第3條 移民署受理申請案件後，應會同勞動部及外交部（以下簡稱審查機關）審查；必要時，審查機關得會商中央目的事業主管機關提供意見。但已入國之外國特定專業人才申請就業金卡，得免會同外交部審查。

審查機關應於受理之日起，三十個工作天內完成審查；依前條第三項之繳驗護照等待期間、第四條之補正期間及其他不可抗力因素造成遲誤之期間，應予扣除。

第4條 申請案件資料不符或欠缺者，移民署應通知申請人於三十日內補正；申請資料須至境外申請者，其補正期間為六個月。屆期未補正或補正不完全者，駁回其申請。

申請人未依第二條第三項之通知繳驗護照者，駁回其申請。

第5條 申請案件有下列情形之一者，移民署得不予許可：

一、經勞動部審查不符規定。

二、經外交部審查不符規定。

三、有入出國及移民法第二十四條第一項或第二項所列情形之一。

四、其他不符本法或本辦法之規定。

第6條 申請案件經審查符合規定者，移民署應依下列規定辦理：

一、境內申請：核發就業金卡。

二、境外申請：核發就業金卡境外核准證明，並由申請人持憑入境後於三十日內向移民署換領就業金卡。

就業金卡之效期自核發之翌日起算。

就業金卡有效期間內，外國特定專業人才得持用在臺工作、居留及配合有效護照持用多次重入國。

申請人領有外僑居留證者，移民署依第一項規定核發就業金卡或就業金卡境外核准證明時，應廢止其居留許可，並註銷其外僑居留證。

第 7 條 就業金卡持有人有下列情形之一者，移民署應撤銷或廢止其就業金卡：

一、經勞動部或中央目的事業主管機關通知有撤銷或廢止其工作許可或外國特定專業人才資格之情事。

二、經外交部通知有撤銷或廢止其簽證之情事。

三、在我國居留期間，有入出國及移民法第三十二條各款情形之一。

第 8 條 移民署許可、不予許可申請案件或撤銷、廢止就業金卡時，應通知勞動部、外交部及中央目的事業主管機關。

第 9 條 任職於國內之公私企業機構之就業金卡持有人，依本法第八條第二項取得外僑居留證時，移民署應廢止其就業金卡。

第 10 條 就業金卡持有人在臺居留地址、護照號碼或其他資料異動，或因卡片污損、無法辨識、滅失或遺失時，應於事實發生日起三十日內於外國人才申辦平臺申請補發就業金卡。

第 11 條 就業金卡持有人無第五條第一款、第三款、第四款或第七條所列情形之一，且仍符合外國特定專業人才資格者，得於就業金卡有效期間屆滿前四個月內，檢附第二條第一項第一款第一目至第三目規定文件及就業金卡之彩色掃描電子檔，於外國人才申辦平臺申請延長有效期間，每次得延長一年至三年。

移民署受理前項申請後，應會同勞動部審查，必要時，勞動部得會商中央目的事業主管機關提供意見；申請案未符前項規定者，移民署得不予許可。

第 12 條 申請就業金卡依規定應檢附之文件係在國外製作者，必要時，審查機關得要求經駐外館處驗證；其在國內由外國駐華使領館或其授權代表機構製作者，必要時，得要求經外交部複驗。

前項文件為外文者，應檢附英文或中文譯本。

外國公文書之驗證，符合外交部及駐外館處文件證明條例第十五條之一規定者，從其規定。

第 13 條 香港或澳門居民在臺灣地區從事專業工作或尋職，依本法第二十四條準用本法第九條規定，得依本辦法規定申請就業金卡或申請延長其有效期間。

第 14 條 本辦法自本法施行之日施行。

12.雇主聘僱外國人許可及管理辦法

中華民國113年8月26日修正發布

第一章 總則

第 1 條 本辦法依就業服務法（以下簡稱本法）第四十八條第二項規定訂定之。

第 2 條 本辦法用詞，定義如下：

一、**第一類外國人：指受聘僱從事本法第四十六條第一項第一款至第六款規定工作之外國人。**

二、**第二類外國人：指受聘僱從事本法第四十六條第一項第八款至第十款規定工作之外國人。**

三、**第三類外國人：指下列受聘僱從事本法第四十六條第一項第十一款規定工作之外國人：**

(一) 外國人從事就業服務法第四十六條第一項第八款至第十一款工作資格及審查標準（以下簡稱審查

標準）規定之**雙語翻譯工作**、**廚師及其相關工作**。

(二)審查標準規定中階技術工作之海洋漁撈工作、機構看護工作、家庭看護工作、製造工作、營造工作、屠宰工作、外展農務工作、農業工作或其他經中央主管機關會商中央目的事業主管機關指定之工作（以下併稱**中階技術工作**）。

(三)審查標準規定取得我國大專校院副學士以上學位之外國留學生、僑生或其他華裔學生（以下簡稱畢業僑外生）從事**旅宿服務工作**。

(四)其他經中央主管機關**專案核定之工作**。

四、**第四類外國人：指依本法第五十條第一款或第二款規定從事工作之外國人。**

五、**第五類外國人：指依本法第五十一條第一項第一款至第四款規定從事工作之外國人。**

第3條 中央主管機關就國內經濟發展及就業市場情勢，評估勞動供需狀況，得公告雇主聘僱前條第一類外國人之數額、比例及辦理國內招募之工作類別。

第4條 非以入國工作為主要目的之國際書面協定，其內容載有同意外國人工作、人數、居（停）留期限等者，外國人據以辦理之入國簽證，視為工作許可。

前項視為工作許可之期限，最長為一年。

第5條 外國人有下列情形之一者，其停留期間在三十日以下之入國簽證或入國許可視為工作許可：

一、從事本法第五十一條第三項規定之工作。

二、為公益目的協助解決因緊急事故引發問題之需要，從事本法第四十六條第一項第一款規定之工作。

三、經各中央目的事業主管機關認定或受大專以上校院、各級政府機關及其所屬機構邀請之知名優秀專業人士，並從事本法第四十六條第一項第一款規定之演講或技術指導工作。

四、受各級政府機關、各國駐華使領館或駐華外國機構邀請，並從事非營利性質之表演或活動。

經入出國管理機關核發學術及商務旅行卡，並從事本法第四十六條第一項第一款規定之演講或技術指導工作之外國人，其停留期間在九十日以下之入國簽證或入國許可視為工作許可。

第6條 外國人受聘僱在我國境內從事工作，除本法或本辦法另有規定外，雇主應向中央主管機關申請許可。

中央主管機關為前項許可前，得會商中央目的事業主管機關研提審查意見。

雇主聘僱本法第四十八條第一項第二款規定之外國人從事工作前，應核對外國人之外僑居留證及依親戶籍資料正本。

第7條 雇主申請聘僱外國人或外國人申請工作許可，中央主管機關得公告採網路傳輸方式申請項目。

依前項規定公告之項目，雇主申請聘僱第一類外國人至第四類外國人申請工作許可，應採網路傳輸方式為之。但有正當理由，經中央主管機關同意者，不在此限。

雇主依前二項規定之方式申請者，申請文件書面原本，應自行保存至少五年。

第**8**條 雇主申請聘僱外國人之應備文件中，有經政府機關（構）或國營事業機構開具之證明文件，且得由中央主管機關自網路查知者，雇主得予免附。

前項免附之文件，由中央主管機關公告之。

第**8-1**條 中央主管機關得應中央目的事業主管機關之請求，於其執行法定職務必要範圍內，提供外國人名冊等相關資料。

第二章　第一類外國人聘僱許可之申請

第**9**條 雇主申請聘僱第一類外國人，應備下列文件：

一、申請書。

二、申請人或公司負責人之身分證、護照或外僑居留證；其公司登記、商業登記證明、工廠登記證明或特許事業許可證等影本。但依相關法令規定，免辦工廠登記證明或特許事業許可證者，免附。

三、聘僱契約書影本。

四、受聘僱外國人之名冊、護照影本或外僑居留證影本及畢業證書影本。但外國人入國從事本法第四十六條第一項第二款、第五款及第六款工作者，免附畢業證書影本。

五、審查費收據正本。

六、其他經中央主管機關規定之文件。

申請外國人入國從事本法第五十一條第三項規定之工作，除應備前項第一款、第五款及第六款規定之文件外，另應備下列文件：

一、承攬、買賣或技術合作等契約書影本。

二、訂約國內、國外法人登記證明文件。

三、外國法人出具指派履約工作之證明文件。

四、申請單位之登記或立案證明。特許事業應附特許證明文件影本及負責人身分證、護照或外僑居留證影本。

五、履約外國人之名冊、護照或外僑居留證影本及畢業證書影本。但自申請日起前一年內履約工作期間與當次申請工作期間累計未逾九十日者，免附畢業證書影本。

前二項檢附之文件係於國外作成者，中央主管機關得要求經我國駐外館處之驗證。

雇主為人民團體者，除檢附第一項第一款、第三款至第六款規定之文件外，另應檢附該團體立案證書及團體負責人之身分證、護照或外僑居留證影本。

第**10**條 依國際書面協定開放之行業項目，外國人依契約在我國境內從事本法第四十六條第一項第一款或第二款規定之工作，除本法或本辦法另有規定外，應由訂約之事業機構，依第一類外國人規定申請許可。

前項外國人之訂約事業機構屬自由經濟示範區內事業單位，且於區內從事本法第四十六條第一項第一款或第二款規定之工作者，得不受國際書面協定開放行業項目之限制。

前二項外國人入國後之管理適用第一類外國人規定。

申請第一項或第二項許可，除應檢附前條第一項第一款、第五款、第六款及第二項第四款規定文件外，另應備下列文件：

一、契約書影本。

二、外國人名冊、護照影本、畢業證書或相關證明文件影本。但外國人入國從事本法第四十六條第一項第二款工作者，免附畢業證書或相關證明文件。

外國人從事第一項或第二項之工作，應取得執業資格、符合一定執業方式及條件者，另應符合中央目的事業主管機關所定之法令規定。

第11條　聘僱許可有效期限屆滿日前四個月期間內，雇主如有繼續聘僱該第一類外國人之必要者，於該期限內應備第九條第一項第一款、第三款至第六款規定之文件，向中央主管機關申請展延聘僱許可。但聘僱許可期間不足六個月者，應於聘僱許可期間逾三分之二後，始得申請。

第12條　第五條之外國人，其停留期間在三十一日以上九十日以下者，得於該外國人入國後三十日內依第九條規定申請許可。

第13條　中央主管機關於核發第一類外國人之聘僱許可或展延聘僱許可時，應副知外交部。

第14條　雇主申請聘僱第一類外國人而有下列情形之一者，中央主管機關應不予聘僱許可或展延聘僱許可之全部或一部：
一、提供不實或失效資料。
二、依中央衛生福利主管機關訂定相關之受聘僱外國人健康檢查管理辦法規定，健康檢查不合格。
三、不符申請規定，經限期補正，屆期未補正。
四、不符本法第四十六條第二項所定之標準。

第15條　雇主聘僱第一類外國人，依法有留職停薪之情事，應於三日內以書面通知中央主管機關。

第16條　依本法第五十一條第三項規定入國工作之外國人，除本法另有規定者外，其申請及入國後之管理適用第二條第一款第一類外國人之規定。

第三章　第二類外國人招募及聘僱許可之申請

第17條　雇主申請聘僱第二類外國人應以合理勞動條件向工作場所所在地之公立就業服務機構辦理求才登記後次日起，在中央主管機關依本法第二十二條所建立全國性之就業資訊網登載求才廣告，並自登載之次日起至少七日辦理招募本國勞工。但同時於中央主管機關指定之國內新聞紙中選定一家連續刊登二日者，自刊登期滿之次日起至少三日辦理招募本國勞工。

前項求才廣告內容，應包括求才工作類別、人數、專長或資格、雇主名稱、工資、工時、工作地點、聘僱期間、供膳狀況與受理求才登記之公立就業服務機構名稱、地址及電話。

雇主為第一項之招募時，應通知其事業單位之工會或勞工，並於事業單位員工顯明易見之場所公告之。

雇主申請聘僱外國人從事家庭看護工作者，應依第十八條規定辦理國內招募。

第18條　雇主有聘僱外國籍家庭看護工意願者，應向中央主管機關公告之醫療機構申請被看護者之專業評估。

被看護者經專業評估認定具備中央主管機關規定聘僱外國人從事家庭看護工作之條件，由直轄市及縣（市）政府之長期照護管理中心推介本國籍照顧服務員，有正當理由無法滿足照顧需求而未能推介成功者，雇主得向中央主管機關申請聘僱外國籍家庭看護工。

被看護者具下列資格之一者，雇主得不經前二項評估手續，直接向直轄市及縣（市）政府之長期照護管理中心申請推介本國籍照顧服務員：
一、持特定身心障礙證明。
二、符合中央主管機關規定，免經醫療機構專業評估。

第19條　雇主依第十七條規定辦理國內招募所要求之專長或資格，其所聘僱之第二

類外國人亦應具備之。中央主管機關必要時，得複驗該第二類外國人之專長或資格。經複驗不合格者，應不予許可。

雇主於國內招募舉辦甄選測驗，應於辦理求才登記時，將甄試項目及錄用條件送受理求才登記之公立就業服務機構備查。公立就業服務機構對該專長測驗，得指定日期辦理測驗，並得邀請具該專長之專業人士到場見證。

前項甄試項目及錄用條件，得由中央主管機關依工作類別公告之。

第20條 雇主依第十七條第一項規定辦理招募本國勞工，有招募不足者，得於同條第一項所定招募期滿次日起十五日內，檢附刊登求才廣告資料、聘僱國內勞工名冊及中央主管機關規定之文件，向原受理求才登記之公立就業服務機構申請求才證明書。

原受理求才登記之公立就業服務機構，經審核雇主已依第十七條及第十九條規定辦理者，就招募本國勞工不足額之情形，應開具求才證明書。

第21條 雇主依規定辦理國內招募時，對於公立就業服務機構所推介之人員或自行應徵之求職者，不得有下列情事之一：

一、不實陳述工作困難性或危險性等情事。

二、求才登記之職類別屬非技術性工或體力工，以技術不合為理由拒絕僱用求職者。

三、其他無正當理由拒絕僱用本國勞工者。

第21-1條 雇主曾以下列方式之一招募本國勞工，於無法滿足其需要時，得自招募期滿次日起六十日內，向工作場所所在地之公立就業服務機構申請求才證明書，據以申請聘僱第二類外國人：

一、向工作場所所在地之公立就業服務機構辦理求才登記之次日起至少七日。

二、自行於本法第二十二條所建立全國性之就業資訊網登載求才廣告之次日起至少七日。

雇主依前項規定申請求才證明書，應檢附下列文件：

一、符合第十七條第一項至第三項有關合理勞動條件、求才廣告內容、通知工會或勞工及公告之資料。

二、聘僱國內勞工名冊。

三、其他經中央主管機關規定之文件。

公立就業服務機構審核雇主已依前二項規定辦理，且未違反前條規定，應就其招募本國勞工不足額之情形，開具求才證明書。

第22條 雇主申請第二類外國人之招募許可，應備下列文件：

一、申請書。

二、申請人或公司負責人之身分證、護照或外僑居留證；其公司登記、商業登記證明、工廠登記證明或特許事業許可證等影本。但有下列情形之一，免附特許事業許可證：

(一) 聘僱外國人從事營造工作者。

(二) 其他依相關法令規定，免辦特許事業許可證者。

三、求才證明書。但聘僱外國人從事家庭看護工作者，免附。

四、雇主於國內招募時，其聘僱國內勞工之名冊。但聘僱外國人從事家庭看護工作者，免附。

五、直轄市或縣（市）政府就下列事項開具之證明文件：

(一) 已依規定提撥勞工退休準備金及提繳勞工退休金。

(二) 已依規定繳納積欠工資墊償基金。

(三) 已依規定繳納勞工保險費及勞工

職業災害保險費。

(四) 已依規定繳納違反勞工法令所受之罰鍰。

(五) 已依規定舉辦勞資會議。

(六) 第二類外國人預定工作之場所，無具體事實足以認定有本法第十條規定之罷工或勞資爭議情事。

(七) 無具體事實可推斷有業務緊縮、停業、關廠或歇業之情形。

(八) 無因聘僱第二類外國人而降低本國勞工勞動條件之情事。

六、審查費收據正本。

七、其他經中央主管機關規定之文件。

前項第五款第六目至第八目規定情事，以申請之日前二年內發生者為限。

雇主申請聘僱外國人有下列情形之一者，免附第一項第五款規定之證明文件：

一、聘僱外國人從事家庭幫傭及家庭看護工作。

二、未聘僱本國勞工之自然人雇主與合夥人約定採比例分配盈餘，聘僱外國人從事海洋漁撈工作。

三、未聘僱本國勞工之自然人雇主，聘僱外國人從事農、林、牧或養殖漁業工作。

雇主為人民團體者，除檢附第一項第一款、第三款至第七款規定之文件外，另應檢附該團體立案證書及團體負責人之身分證、護照或外僑居留證影本。

第23條　雇主聘僱之第二類外國人因不可歸責於雇主之原因出國，而依本法第五十八條第一項規定申請遞補者，應備下列文件：

一、申請書。

二、外國人出國證明文件。

三、直轄市、縣（市）政府驗證雇主與第二類外國人終止聘僱關係證明書。但雇主與外國人聘僱關係終止而依第

六十八條規定公告無須驗證或外國人無新雇主接續聘僱而出國者，免附。

四、其他經中央主管機關規定之文件。

前項雇主因外國人死亡而申請遞補者，應備下列文件：

一、申請書。

二、外國人死亡證明書。

三、其他經中央主管機關規定之文件。

雇主因聘僱之第二類外國人行蹤不明，而依本法第五十八條第一項、第二項第一款或第二款規定申請遞補者，應備下列文件：

一、申請書。

二、其他經中央主管機關規定之文件。

雇主同意聘僱之家庭看護工轉換雇主或工作，而依本法第五十八條第二項第三款規定申請遞補者，應備下列文件：

一、申請書。

二、外國人由新雇主接續聘僱許可函影本。但經廢止聘僱許可逾一個月未由新雇主接續聘僱者，免附。

三、其他經中央主管機關規定之文件。

第24條　雇主依本法第五十八條第一項規定申請遞補第二類外國人者，應於外國人出國、死亡或行蹤不明依規定通知入出國管理機關及警察機關屆滿三個月之日起，六個月內申請遞補。

雇主依本法第五十八條第二項規定申請遞補家庭看護工者，應依下列規定期間申請：

一、依本法第五十八條第二項第一款規定申請者，於發生行蹤不明情事之日起六個月內。

二、依本法第五十八條第二項第二款規定申請者，於發生行蹤不明情事屆滿一個月之日起六個月內。

三、依本法第五十八條第二項第三款規定申請者：

(一) 於新雇主接續聘僱之日起六個月內。

(二) 於經廢止聘僱許可屆滿一個月未由新雇主接續聘僱之翌日起六個月內。

雇主逾前二項申請遞補期間，中央主管機關應不予許可。

第24-1條　本辦法中華民國一百十二年五月二十日修正生效前，雇主聘僱之外國人有下列情形之一者，其申請遞補應於本辦法修正生效之日起六個月內為之：

一、發生行蹤不明之情事，依規定通知入出國管理機關及警察機關滿三個月且未逾六個月。

二、從事家庭看護工作之外國人，於雇主處所發生行蹤不明之情事，依規定通知入出國管理機關及警察機關滿一個月且未逾三個月。

三、從事家庭看護工作之外國人，經雇主同意轉換雇主或工作，並經廢止聘僱許可逾一個月未由新雇主接續聘僱。

雇主逾前項申請遞補期間，中央主管機關應不予許可。

第25條　雇主申請聘僱第二類外國人，不得於辦理國內招募前六個月內撤回求才登記。但有正當理由者，不在此限。

第26條　雇主經中央主管機關核准重新申請第二類外國人，於原聘僱第二類外國人出國前，不得引進或聘僱第二類外國人。但有下列情形之一者，不在此限：

一、外國人於聘僱許可有效期間內經雇主同意轉換雇主或工作，並由新雇主接續聘僱。

二、外國人從事家庭看護工作，於聘僱許可有效期間內，經雇主同意轉換雇主或工作，並經廢止聘僱許可逾一個月尚未由新雇主接續聘僱。

三、外國人於聘僱許可有效期間屆滿，原雇主經許可繼續聘僱（以下簡稱期滿續聘）。

四、外國人於聘僱許可有效期間屆滿，由新雇主依外國人受聘僱從事就業服務法第四十六條第一項第八款至第十一款規定工作之轉換雇主或工作程序準則（以下簡稱轉換雇主準則）規定，許可接續聘僱（以下簡稱期滿轉換）。

五、外國人因受羈押、刑之執行、重大傷病或其他不可歸責於雇主之事由，致須延後出國，並經中央主管機關專案核定。

第27條　雇主申請聘僱第二類外國人時，於申請日前二年內，有資遣或解僱本國勞工達中央主管機關所定比例者，中央主管機關得不予許可。

第28條　雇主申請聘僱第二類外國人時，有下列情形之一，中央主管機關應不予許可：

一、雇主、被看護者或其他共同生活之親屬，對曾聘僱之第二類外國人，有刑法第二百二十一條至第二百二十九條規定情事之一者。

二、雇主之代表人、負責人或代表雇主處理有關勞工事務之人，對曾聘僱之第二類外國人，有刑法第二百二十一條至第二百二十九條規定情事之一者。

第29條　雇主申請聘僱第二類外國人時，有違反依本法第四十六條第二項所定之標準或依本法第五十九條第二項所定之準則者，中央主管機關應不予許可。

第30條　雇主申請招募第二類外國人，中央主管機關得規定各項申請文件之效期及申請程序。

雇主依前項規定申請招募第二類外國人經許可者，應於許可通知所定之日起六個月

內，自許可引進之國家，完成外國人入國手續。逾期者，招募許可失其效力。

前項許可逾期有不可抗力或其他不可歸責雇主之事由者，雇主應於許可引進屆滿之日前後三十日內，向中央主管機關申請延長，並以一次為限。

前項許可經核准延長者，應於核准通知所定之日起三個月內引進。

第31條　雇主不得聘僱已進入我國境內之第二類外國人。但有下列情形之一者，不在此限：

一、經中央主管機關許可期滿續聘或期滿轉換。

二、其他經中央主管機關專案核准。

第32條　第二類外國人依規定申請入國簽證，應備下列文件：

一、招募許可。

二、經我國中央衛生福利主管機關認可醫院或指定醫院核發之三個月內健康檢查合格報告。

三、專長證明。

四、行為良好之證明文件。但外國人出國後三十日內再入國者，免附。

五、經其本國主管部門驗證之外國人入國工作費用及工資切結書。

六、已簽妥之勞動契約。

七、外國人知悉本法相關工作規定之切結書。

八、其他經中央目的事業主管機關規定之簽證申請應備文件。

雇主原聘僱之第二類外國人，由雇主自行辦理重新招募，未委任私立就業服務機構，並經中央主管機關代轉申請文件者，免附前項第三款至第五款及第七款規定之文件。

第33條　雇主申請聘僱第二類外國人，應依外國人生活照顧服務計畫書確實執行。

前項外國人生活照顧服務計畫書，應規劃下列事項：

一、飲食及住宿之安全衛生。

二、人身安全及健康之保護。

三、文康設施及宗教活動資訊。

四、生活諮詢服務。

五、住宿地點及生活照顧服務人員。

六、其他經中央主管機關規定之事項。

雇主聘僱外國人從事家庭幫傭或家庭看護工之工作者，免規劃前項第三款及第四款規定事項。

雇主違反第一項規定，經當地主管機關認定情節輕微者，得先以書面通知限期改善。

雇主於第二項第五款規定事項有變更時，應於變更後七日內，通知外國人工作所在地或住宿地點之當地主管機關。

第34條　雇主申請聘僱第二類外國人者，應於外國人入國後三日內，檢附下列文件通知當地主管機關實施檢查：

一、外國人入國通報單。

二、外國人生活照顧服務計畫書。

三、外國人名冊。

四、經外國人本國主管部門驗證之外國人入國工作費用及工資切結書。但符合第三十二條第二項規定者，免附。

當地主管機關受理雇主檢附之文件符合前項規定者，應核發受理雇主聘僱外國人入國通報證明書，並辦理前條規定事項之檢查。但核發證明書之日前六個月內已檢查合格者，得免實施前項檢查。

期滿續聘之雇主，免依第一項規定辦理。

期滿轉換之雇主，應依轉換雇主準則之規定，檢附文件通知當地主管機關實施檢查。

外國人之住宿地點非雇主依前條第二項第五款規劃者，當地主管機關於接獲雇主依

第一項或前條第五項之通報後，應訪視外國人探求其真意。

第34-1條 雇主申請聘僱外國人從事家庭幫傭或家庭看護之工作者，應於外國人入國日五日前，向中央主管機關申請並同意辦理下列事項：

一、安排外國人於入國日起接受中央主管機關辦理之入國講習。

二、代轉文件通知當地主管機關實施第三十三條規定事項之檢查。

三、申請聘僱許可。

第34-2條 雇主同意代轉前條第二款所定文件如下：

一、外國人生活照顧服務通報單。

二、外國人生活照顧服務計畫書。

三、經外國人本國主管部門驗證之外國人入國工作費用及工資切結書。但符合第三十二條第二項規定者，免附。

中央主管機關應將前項文件轉送當地主管機關；經當地主管機關審查文件符合前項規定者，應辦理第三十三條規定事項之檢查。但外國人入國日前六個月內已檢查合格者，得免實施檢查。

第34-3條 雇主辦理第三十四條之一第三款所定申請聘僱許可事項，應備下列文件：

一、申請書。

二、審查費收據正本。

三、其他經中央主管機關規定之文件。

雇主已依第三十四條之一、第三十四條之二及前項規定辦理完成者，免依第三十四條第一項及第三十六條規定辦理。

第34-4條 外國人完成第三十四條之一第一款之入國講習後，由中央主管機關發給五年效期之完訓證明。

前項外國人因故未完成入國講習者，雇主應安排其於入國日起九十日內，至中央主管機關所建立之入國講習網站參加入國講習，以取得五年效期之完訓證明。

第35條 當地主管機關實施第二類外國人之入國工作費用或工資檢查時，應以第三十四條第一項第四款或第三十四條之二第一項第三款規定之外國人入國工作費用工資切結書記載內容為準。

當地主管機關對期滿續聘之雇主實施前項規定檢查時，應以外國人最近一次經其本國主管部門驗證之外國人入國工作費用及工資切結書記載內容為準。

當地主管機關對期滿轉換之雇主實施第一項規定檢查時，應以雇主依轉換雇主準則規定通知時所檢附之外國人入國工作費用及工資切結書記載內容為準。

前三項所定外國人入國工作費用及工資切結書之內容，不得為不利益於外國人之變更。

第36條 雇主於所招募之第二類外國人入國後十五日內，應備下列文件申請聘僱許可：

一、申請書。

二、審查費收據正本。

三、依前條規定，經當地主管機關核發受理通報之證明文件。

四、其他經中央主管機關規定之文件。

第37條 雇主應自引進第二類外國人入國日或期滿續聘之日起，依本法之規定負雇主責任。

雇主未依第三十四條之一第三款、第三十四條之三、前條或第三十九條規定申請、逾期申請或申請不符規定者，中央主管機關得核發下列期間之聘僱許可：

一、自外國人入國日起至不予核發聘僱許可之日。

二、自期滿續聘日起至不予核發聘僱許可之日。

第38條　雇主申請聘僱在我國境內工作期間屆滿十二年或將於一年內屆滿十二年之外國人,從事本法第四十六條第一項第九款規定家庭看護工作,應備下列文件申請外國人之工作期間得累計至十四年之許可:
一、申請書。
二、外國人具專業訓練或自力學習而有特殊表現之評點表及其證明文件。
前項第二款所定之特殊表現證明文件,依審查標準第二十條附表四規定。

第39條　第二類外國人之聘僱許可有效期間屆滿日前二個月至四個月內,雇主有繼續聘僱該外國人之必要者,於該期限內應備下列文件,向中央主管機關申請期滿續聘許可:
一、申請書。
二、勞雇雙方已合意期滿續聘之證明。
三、其他經中央主管機關規定之文件。

第40條　第二類外國人之聘僱許可有效期間屆滿日前二個月至四個月內,雇主無繼續聘僱該外國人之必要者,於該期限內應備申請書及其他經中央主管機關規定之文件,為該外國人向中央主管機關申請期滿轉換。
原雇主申請期滿轉換時,該外國人已與新雇主合意期滿接續聘僱者,新雇主得依轉換雇主準則規定,直接向中央主管機關申請接續聘僱外國人。

第41條　有本法第五十二條第二項重大特殊情形、重大工程之工作,其聘僱許可有效期限屆滿日前六十日期間內,雇主如有繼續聘僱該等外國人之必要者,於該期限內應備展延聘僱許可申請書及其他經中央主管機關規定之文件,向中央主管機關申請展延聘僱許可。

第四章　第三類外國人聘僱許可之申請

第42條　雇主申請聘僱第三類外國人,應先以合理勞動條件向工作場所所在地之公立就業服務機構辦理國內招募,有正當理由無法滿足需求者,得向中央主管機關申請聘僱外國人。但申請聘僱外國人從事中階技術家庭看護工作,應由直轄市及縣(市)政府之長期照護管理中心推介本國籍照顧服務員,無須辦理國內招募。
前項辦理國內招募及撤回求才登記,適用第十七條至第二十一條之一、第二十五條規定。

第43條　第二類外國人在我國境內受聘僱從事工作,符合下列情形之一,得受聘僱從事中階技術工作:
一、現受聘僱從事工作,且連續工作期間達六年以上者。
二、曾受聘僱從事工作期間累計達六年以上出國後,再次入國工作,其工作期間累計達十一年六個月以上者。
三、曾受聘僱從事工作,累計工作期間達十一年六個月以上,並已出國者。
雇主應依下列規定期間,申請聘僱前項第一款規定之外國人從事中階技術工作:
一、原雇主:於聘僱許可有效期間屆滿日前二個月申請。
二、新雇主:於前款聘僱許可有效期間屆滿日前二個月至四個月內申請,並自其聘僱許可期間屆滿之翌日起聘僱。
雇主應於聘僱許可有效期間屆滿日前二個月至四個月內,申請聘僱第一項第二款規定之外國人從事中階技術工作,並自其聘僱許可期間屆滿之翌日起聘僱。
第一項第三款規定之外國人,除從事中階技術家庭看護工作者外,應由曾受聘僱之雇主,申請聘僱從事中階技術工作。

第一項第三款規定之外國人從事中階技術家庭看護工作，雇主應符合下列情形之一：
一、曾聘僱該外國人從事家庭看護工作。
二、與曾聘僱該外國人之雇主，有審查標準第二十一條第一項親屬關係。
三、與曾受該外國人照顧之被看護者，有審查標準第二十一條第一項親屬關係。
四、為曾受該外國人照顧之被看護者本人，有審查標準第二十一條第三項規定情形。
五、與曾受該外國人照顧之被看護者無親屬關係，有審查標準第二十一條第三項規定情形。

第44條　雇主申請聘僱第三類外國人，應備下列文件：
一、申請書。
二、申請人或公司負責人之身分證明文件；其公司登記證明、有限合夥登記證明、商業登記證明、工廠登記證明、旅館業登記證、民宿登記證或特許事業許可證等影本。但依相關法令規定，免辦工廠登記證明或特許事業許可證者，免附。
三、求才證明書。但聘僱外國人從事中階技術家庭看護工作者，免附。
四、雇主依第四十二條規定辦理國內求才，所聘僱國內勞工之名冊。但聘僱外國人從事中階技術家庭看護工作者，免附。
五、直轄市或縣（市）政府就下列事項開具之證明文件：
　(一) 已依規定提撥勞工退休準備金及提繳勞工退休金。
　(二) 已依規定繳納積欠工資墊償基金。
　(三) 已依規定繳納勞工保險費及勞工職業災害保險費。
　(四) 已依規定繳納違反勞工法令所受之罰鍰。
　(五) 已依規定舉辦勞資會議。
　(六) 第三類外國人預定工作之場所，無具體事實足以認定有本法第十條規定之罷工或勞資爭議情事。
　(七) 無具體事實可推斷有業務緊縮、停業、關廠或歇業之情形。
　(八) 無因聘僱第三類外國人而降低本國勞工勞動條件之情事。
六、受聘僱外國人之名冊、護照影本或外僑居留證影本。
七、審查費收據正本。
八、其他經中央主管機關規定之文件。
前項第五款第六目至第八目規定情事，以申請之日前二年內發生者為限。
雇主申請聘僱外國人從事中階技術工作，有下列情形之一者，免附第一項第五款規定之證明文件：
一、從事中階技術家庭看護工作。
二、未聘僱本國勞工之自然人雇主與合夥人約定採比例分配盈餘，聘僱外國人從事中階技術海洋漁撈工作。
三、未聘僱本國勞工之自然人雇主，聘僱外國人從事中階技術外展農務工作或中階技術農業工作。
雇主為人民團體者，除檢附第一項第一款、第三款至第八款規定之文件外，另應檢附該團體立案證書及團體負責人之身分證明文件影本。
雇主申請聘僱第三類外國人，中央主管機關得規定各項申請文件之效期及申請程序。

第45條　雇主向中央主管機關申請自國外引進聘僱下列第三類外國人，外國人應依規定申請入國簽證：
一、從事雙語翻譯或廚師相關工作者。

二、曾在我國境內受其聘僱從事第二類外
　　國人工作，且累計工作期間達本法第
　　五十二條規定之上限者。

三、在我國大專校院畢業，取得副學士以
　　上學位之外國留學生、僑生或其他華
　　裔學生。

前項外國人依規定申請入國簽證，應檢附
下列文件：

一、聘僱許可。

二、經我國中央衛生福利主管機關認可醫
　　院或指定醫院核發之三個月內健康檢
　　查合格報告。但外國人居住國家，未
　　有經中央衛生福利主管機關認可醫院
　　或指定醫院者，得以該國合格設立之
　　醫療機構最近三個月內核發健康檢查
　　合格報告代之。

三、外國人知悉本法相關工作規定之切結
　　書。

四、其他經中央目的事業主管機關規定之
　　簽證申請應備文件。

第46條　雇主應自引進第三類外國人入國
日或聘僱許可生效日起，依本法之規定負
雇主責任。

第47條　雇主申請聘僱外國人從事中階技
術工作，應規劃並執行第三十三條規定之
外國人生活照顧服務計畫書，並依下列規
定期間，通知當地主管機關實施檢查：

一、由國外引進外國人從事中階技術工
　　作，於外國人入國後三日內。

二、於國內聘僱中階技術外國人，自申請
　　聘僱許可日起三日內。

前項通知，除免附經外國人本國主管部
門驗證之外國人入國工作費用及工資切
結書外，其餘應檢附之文件、當地主管機
關受理、核發證明書及實施檢查，適用第
三十三條及第三十四條規定。

已在我國境內工作之第二類外國人，由同一
雇主申請聘僱從事中階技術工作者，免依第
一項規定通知當地主管機關實施檢查。

第48條　雇主有繼續聘僱第三類外國人之
必要者，應備第四十四條規定之文件，於
聘僱許可有效期限屆滿日前四個月內，向
中央主管機關申請展延聘僱許可。

雇主無申請展延聘僱從事中階技術工作外
國人，或從事旅宿服務工作畢業僑外生之
必要者，應備申請書及其他經中央主管機
關規定之文件，於聘僱許可有效期間屆滿
日前二個月至四個月內，為該外國人依轉
換雇主準則規定，向中央主管機關申請期
滿轉換，或得由新雇主依轉換雇主準則規
定，申請接續聘僱為第二類或第三類外國
人。

從事中階技術工作之外國人，經雇主依轉
換雇主準則規定，接續聘僱為第二類外國
人，除從事中階技術工作期間外，其工作
期間合計不得逾本法第五十二條規定之工
作年限。

第49條　雇主申請聘僱第三類外國人，
申請及入國後管理，除第二十三條至第
二十四條之一及本章另有規定外，適用第
二類外國人之規定。

第五章　第四類外國人聘僱許可之申請

第50條　本法第五十條第一款之外國留學
生，應符合外國學生來臺就學辦法規定之
外國學生身分。

第51條　前條外國留學生從事工作，應符
合下列規定：

一、正式入學修習科、系、所課程，或學
　　習語言課程六個月以上。

二、經就讀學校認定具下列事實之一者：

　　(一) 其財力無法繼續維持其學業及生

活，並能提出具體證明。

(二) 就讀學校之教學研究單位須外國留學生協助參與工作。

外國留學生符合下列資格之一者，不受前項規定之限制：

一、具語文專長，且有下列情形之一，並經教育部專案核准：

(一) 入學後於各大專校院附設語文中心或外國在華文教機構附設之語文中心兼任外國語文教師。

(二) 入學後協助各級學校語文專長相關教學活動。

二、就讀研究所，並經就讀學校同意從事與修習課業有關之研究工作。

第52條 本法第五十條第二款之僑生，應符合僑生回國就學及輔導辦法規定之學生。

本法第五十條第二款之華裔學生，應具下列身分之一：

一、香港澳門居民來臺就學辦法規定之學生。

二、就讀僑務主管機關舉辦之技術訓練班學生。

第53條 第四類外國人申請工作許可，應備下列文件：

一、申請書。

二、審查費收據正本。

三、其他經中央主管機關規定之文件。

第54條 第四類外國人之工作許可有效期間，最長為一年。

前項許可工作之外國人，其工作時間除寒暑假外，每星期最長為二十小時。

第55條 第四類外國人申請工作許可有下列情形之一者，中央主管機關應不予許可：

一、提供不實資料。

二、不符申請規定，經限期補正，屆期未補正。

第六章 第五類外國人聘僱許可之申請

第56條 雇主申請聘僱第五類外國人，應備下列文件：

一、申請書。

二、申請人或公司負責人之身分證、護照或外僑居留證；其公司登記、商業登記證明、工廠登記證明或特許事業許可證等影本。但依相關法令規定，免辦工廠登記證明或特許事業許可證者，免附。

三、聘僱契約書或勞動契約書影本。

四、受聘僱外國人之護照影本。

五、受聘僱外國人之外僑居留證或永久居留證影本。

六、審查費收據正本。

七、其他經中央主管機關規定之文件。

雇主為人民團體者，除檢附前項第一款、第三款至第七款規定之文件外，另應檢附該團體立案證書及團體負責人之身分證、護照或外僑居留證影本。

第57條 聘僱許可有效期限屆滿日前六十日期間內，雇主如有繼續聘僱該第五類外國人之必要者，於該期限內應備前條第一項第一款、第三款至第七款規定之文件，向中央主管機關申請展延聘僱許可。

第58條 第五類外國人依本法第五十一條第二項規定，逕向中央主管機關申請者，應檢附第五十六條第一項第一款、第四款至第七款規定之文件申請許可。

第59條 雇主申請聘僱第五類外國人或外國人依本法第五十一條第二項規定逕向中央主管機關申請許可，其有下列情形之一者，中央主管機關應不予聘僱許可或展延聘僱許可：

一、提供不實資料。

二、不符申請規定，經限期補正，屆期未補正。

第七章 入國後之管理

第60條 雇主聘僱外國人，從事本法第四十六條第一項第九款之機構看護工作、第十款所定工作及第十一款所定中階技術工作達十人以上者，應依下列規定設置生活照顧服務人員：

一、聘僱人數達十人以上未滿五十人者，至少設置一人。

二、聘僱人數達五十人以上未滿一百人者，至少設置二人。

三、聘僱人數達一百人以上者，至少設置三人；每增加聘僱一百人者，至少增置一人。

前項生活照顧服務人員應具備下列條件之一：

一、取得就業服務專業人員證書者。

二、從事外國人生活照顧服務工作二年以上經驗者。

三、大專校院畢業，並具一年以上工作經驗者。

雇主違反前二項規定者，當地主管機關得通知限期改善。

第61條 私立就業服務機構接受前條雇主委任辦理外國人之生活照顧服務者，應依下列規定設置生活照顧服務人員：

一、外國人人數達十人以上未滿五十人者，至少設置一人。

二、外國人人數達五十人以上未滿一百人者，至少設置二人。

三、外國人人數達一百人以上者，至少設置三人；每增加一百人者，至少增置一人。

前項生活照顧服務人員應具備之條件，適用前條第二項規定。

私立就業服務機構違反前二項規定者，當地主管機關得通知委任之雇主及受任之私立就業服務機構限期改善。

第62條 雇主委任私立就業服務機構辦理外國人生活照顧服務計畫書所定事項者，應善盡選任監督之責。

第63條 外國人從事本法第四十六條第一項第八款至第十一款規定之工作，經地方主管機關認定有安置必要者，得依中央主管機關所定之安置對象、期間及程序予以安置。

第64條 雇主聘僱第六十條之外國人達三十人以上者；其所聘僱外國人中，應依下列規定配置具有雙語能力者：

一、聘僱人數達三十人以上未滿一百人者，至少配置一人。

二、聘僱人數達一百人以上未滿二百人者，至少配置二人。

三、聘僱人數達二百人以上者，至少配置三人；每增加聘僱一百人者，至少增置一人。

雇主違反前項規定者，當地主管機關得通知限期改善。

第65條 雇主依本法第四十六條第三項規定與外國人簽訂之定期書面勞動契約，應以中文為之，並應作成該外國人母國文字之譯本。

第66條 雇主依勞動契約給付第二類外國人或第三類外國人之工資，應檢附印有中文及該外國人本國文字之薪資明細表，並記載下列事項，交予該外國人收存，且自行保存五年：

一、實領工資、工資計算項目、工資總額及工資給付方式。

二、應負擔之全民健康保險費、勞工保險費、所得稅、膳宿費及職工福利金。

三、依法院或行政執行機關之扣押命令所扣押之金額。

四、依其他法律規定得自工資逕予扣除之項目及金額。

前項所定工資，包括雇主法定及約定應給付之工資。

雇主應備置及保存下列文件，供主管機關檢查：

一、勞動契約書。

二、經驗證之第二類外國人入國工作費用及工資切結書。

雇主依第三十二條第二項規定引進第二類外國人者，免備置及保存前項所定之切結書。

第一項工資，除外國人應負擔之項目及金額外，雇主應全額以現金直接給付第二類外國人或第三類外國人。但以其他方式給付者，應提供相關證明文件，交予外國人收存，並自行保存一份。

第一項工資，雇主未全額給付者，主管機關得限期令其給付。

第67條　第二類外國人，不得攜眷居留。但受聘僱期間在我國生產子女並有能力扶養者，不在此限。

第68條　雇主對聘僱之外國人有本法第五十六條規定之情事者，除依規定通知當地主管機關、入出國管理機關及警察機關外，並副知中央主管機關。

雇主對聘僱之第二類外國人或第三類外國人，於聘僱許可有效期間因聘僱關係終止出國，應於該外國人出國前通知當地主管機關，由當地主管機關探求外國人之真意，並驗證之；其驗證程序，由中央主管機關公告之。

第一項通知內容，應包括外國人之姓名、性別、年齡、國籍、入國日期、工作期限、招募許可或聘僱許可文號及外僑居留證影本等資料。

外國人未出國者，警察機關應彙報內政部警政署，並加強查緝。

第69條　雇主應於所聘僱之外國人聘僱許可期限屆滿前，為其辦理手續並使其出國。

聘僱外國人有下列情事之一經令其出國者，雇主應於限令出國期限前，為該外國人辦理手續並使其出國；其經入出國管理機關依法限令其出國者，不得逾該出國期限：

一、聘僱許可經廢止者。

二、健康檢查結果表有不合格項目者。

三、未依規定辦理聘僱許可或經不予許可者。

雇主應於前二項外國人出國後三十日內，檢具外國人名冊及出國證明文件，通知中央主管機關。但外國人聘僱許可期限屆滿出國，或聘僱關係終止並經當地主管機關驗證出國者，不在此限。

第70條　雇主因故不能於本辦法規定期限內通知或申請者，經中央主管機關認可後，得於核准所定期限內，補行通知或申請。

前項補行通知或申請，就同一通知或申請案別，以一次為限。

第71條　雇主依本法第五十五條第一項規定繳納就業安定費者，應自聘僱之外國人入國翌日或接續聘僱日起至聘僱許可屆滿日或廢止聘僱許可前一日止，按聘僱外國人從事之行業別、人數及本法第五十五條第二項所定就業安定費之數額，計算當季應繳之就業安定費。

雇主繳納就業安定費，應於次季第二個月二十五日前，向中央主管機關設置之就業安定基金專戶繳納；雇主得不計息提前繳納。

雇主聘僱外國人之當月日數未滿一個月者，其就業安定費依實際聘僱日數計算。

雇主繳納之就業安定費，超過應繳納之數額者，得檢具申請書及證明文件申請退還。

第八章　附則

第72條　本辦法所規定之書表格式，由中央主管機關定之。

第**73**條　本辦法自中華民國一百十一年四月三十日施行。

本辦法修正條文，除中華民國一百十一年十月十二日修正發布之條文，自一百十一年四月三十日施行；一百十一年十二月二十六日修正發布之條文，自一百十二年一月一日施行外，自發布日施行。

13.外國人從事就業服務法第46條第1項第1款至第6款工作資格及審查標準

中華民國113年8月1日修正發布

第一章　總則

第**1**條　本標準依就業服務法（以下簡稱本法）第四十六條第二項規定訂定之。

第**2**條　外國人受聘僱從事本法第四十六條第一項第一款、第二款、第四款至第六款規定之工作，其工作資格應符合本標準規定。

外國人受聘僱從事本法第四十六條第一項第三款規定之工作，其工作資格應符合教育部訂定之各級學校申請外國教師聘僱許可及管理辦法規定。

第**2-1**條　外國人從事前條所定工作，於申請日前三年內不得有下列情事之一：

一、未經許可從事工作。

二、為申請許可以外之雇主工作。

三、非依雇主指派即自行從事許可以外之工作。

四、連續曠職三日失去聯繫。

五、拒絕接受健康檢查或提供不實檢體。

六、違反本法第四十八條第二項、第三項、第四十九條所發布之命令，情節重大。

七、違反其他中華民國法令，情節重大。

八、依規定應提供資料，拒絕提供或提供不實。

第**3**條　為保障國民工作權，並基於國家之平等互惠原則，中央主管機關得會商相關中央目的事業主管機關，就國內就業市場情勢、雇主之業別、規模、用人計畫、營運績效及對國民經濟、社會發展之貢獻，核定其申請聘僱外國人之名額。

第二章　專門性或技術性工作

第**4**條　本法第四十六條第一項第一款所稱專門性或技術性工作，指外國人受聘僱從事下列具專門知識或特殊專長、技術之工作：

一、營繕工程或建築技術。

二、交通事業。

三、財稅金融服務。

四、不動產經紀。

五、移民服務。

六、律師、專利師。

七、技師。

八、社會工作師、醫療保健。

九、環境保護。

十、文化、運動及休閒服務。

十一、學術研究。

十二、獸醫師。

十三、製造業。

十四、批發業。

十五、其他經中央主管機關會商中央目的事業主管機關指定之工作。

第**5**條　外國人受聘僱從事前條工作，除符合本標準其他規定外，仍應符合下列資格之一：

一、依專門職業及技術人員考試法規定取得證書或執業資格者。

二、取得國內外大學相關系所之碩士以上學位者，或取得相關系所之學士學位而有二年以上相關工作經驗者。

三、服務跨國企業滿一年以上經指派來我國任職者。

四、經專業訓練，或自力學習，有五年以上相關經驗，而有創見及特殊表現者。

第 5-1 條 外國留學生、僑生或其他華裔學生具下列資格之一，除符合本標準其他規定外，依附表計算之累計點數滿七十點者，得受聘僱從事第四條之工作，不受前條規定之限制：

一、在我國大學畢業，取得學士以上學位。

二、在我國大專校院畢業，取得製造、營造、農業、長期照顧或電子商務等相關科系之副學士學位。

中央主管機關應就前項許可之申請文件及核發許可程序公告之。

第 6 條 為因應產業環境變動，協助企業延攬專門性、技術性工作人員，經中央主管機關會商中央目的事業主管機關專案同意者，其依第五條第二款聘僱之外國人，得不受二年以上相關工作經驗之限制。

經中央主管機關會商中央目的事業主管機關專案同意屬具創新能力之新創事業者，其依第五條第四款聘僱之外國人，得不受五年以上相關經驗之限制。

第 7 條 外國法人為履行承攬、買賣、技術合作等契約之需要，須指派所聘僱外國人在中華民國境內從事第四條範圍內之工作，其工作期間在九十日以下者，外國人資格不受第五條之限制。但自申請日起前一年內履約工作期間與當次申請工作期間累計已逾九十日者，外國人仍應符合第五條第一款、第二款及第四款之規定。

第 8 條 外國人受聘僱或依國際協定開放之行業項目所定契約，在中華民國境內從事第四條之工作，其薪資或所得報酬不得低於中央主管機關公告之數額。

第 8-1 條 外國人受聘僱從事營繕工程或建築技術工作，其內容應為營繕工程施工技術指導、品質管控或建築工程之規劃、設計、監造、技術諮詢。

第 9 條 聘僱前條外國人之雇主，應具備下列條件之一：

一、取得目的事業主管機關許可、登記之營造業者。

二、取得建築師開業證明及二年以上建築經驗者。

第 10 條 外國人受聘僱於下列**交通事業，其工作內容應為：**

一、**陸運事業：**

(一) 鐵公路或大眾捷運工程規劃、設計、施工監造、諮詢及營運、維修之工作。

(二) 由國外進口或外商於國內承製之鐵路、公路捷運等陸上客、貨運輸機具之安裝、維修、技術指導、測試、營運之工作。

(三) 國外採購之機具查驗、驗證及有助提升陸運技術研究發展之工作。

二、**航運事業：**

(一) 港埠、船塢、碼頭之規劃、設計、監造、施工評鑑之工作。

(二) 商港設施及打撈業經營管理、機具之建造與維修、安裝、技術指導、測試、營運、裝卸作業之指揮、調度與機具操作及協助提升港埠作業技術研究發展之工作。

(三) 船舶、貨櫃、車架之建造維修及協助提昇技術研究發展之工作。

(四) 從事海運事業業務人員之訓練、經營管理及其他有助提升海運事業業務發展之工作。

(五) 民航場站、助航設施之規劃建設之工作。

(六) 有助提升航運技術研究發展之航空器維修採購民航設施查驗及技術指導之工作。

(七) 航空事業之人才訓練、經營管理、航空器運渡、試飛、駕駛員、駕駛員訓練、營運飛航及其他有助提升航空事業業務發展之工作。

三、**郵政事業**：

(一) 郵政機械設備系統之規劃、設計審查及施工監造之工作。

(二) 有助提升郵政技術研究發展之國外採購郵用物品器材之查驗及生產技術指導之工作。

(三) 郵政機械設備之研究、設計、技術支援、維修及郵政人才訓練之工作。

四、**電信事業**：

(一) 電信工程技術之規劃、設計及施工監造之工作。

(二) 有助提升電信技術研究發展之國外採購電信器材查驗、生產、技術指導之工作。

(三) 電信設備之研究、設計、技術支援、技術指導及維修之工作。

(四) 電信人才訓練之工作。

(五) 電信加值網路之設計、技術支援之工作。

(六) 廣播電視之電波技術及其設備之規劃、設計、監造、指導之工作。

五、**觀光事業**：

(一) 觀光旅館業、旅館業、旅行業之經營管理、導遊、領隊及有助提升觀光技術研究發展之工作。

(二) 觀光旅館業、旅館業經營及餐飲烹調技術為國內所缺乏者之工作。

(三) 風景區或遊樂區之規劃開發、經營管理之工作。

六、**氣象事業**：

(一) 國際間氣象、地震、海象資料之蒐集、研判、處理、供應及交換之工作。

(二) 氣象、地震、海象、技術研究及指導之工作。

(三) 國外採購之氣象、地震、海象儀器設備校驗、維護技術指導等有助提升氣象、地震、海象、技術研究發展之工作。

(四) 氣象、地震、海象技術人才之培育與訓練及氣象、地震、海象、火山、海嘯等事實鑑定之工作。

七、從事第一款至第六款事業之相關規劃、管理工作。

第11條　聘僱前條外國人之雇主，應取得目的事業主管機關核發經營事業之證明。外國人受聘僱從事前條第五款規定之觀光事業導遊人員、領隊人員或旅行業經理人工作，應分別取得中央目的事業主管機關核發之導遊執業證照、領隊執業證照或旅行業經理人結業證書。

第12條　外國人受聘僱從事航空器運渡或試飛工作，應具備下列資格：

一、具有雇主所需機型之航空器運渡或試飛駕駛員資格。

二、持有雇主所需機型之有效檢定證明。

三、持有有效體格檢查合格證明。

第**13**條 外國人受聘僱從事航空器駕駛員
訓練工作，應具備下列資格：
一、具有航空器訓練教師資格。
二、持有雇主所需機型之有效檢定證明。
三、持有有效體格檢查合格證明。

第**14**條 外國人受聘僱從事航空器營運飛
航工作，應具備下列資格：
一、具有民航運輸駕駛員資格。
二、持有雇主所需機型之有效檢定證明。
三、持有民用航空醫務中心航空人員體格
檢查合格證明。
雇主聘僱國內外缺乏所需航空器機型之駕
駛員時，得聘僱未取得該機型有效檢定證
明之外國飛航駕駛員，經施予訓練，於取
得該機型之有效檢定證明後，始得從事本
條之工作。但本國合格飛航駕駛員應予優
先訓練。

第**15**條 聘僱前條外國籍駕駛員之雇主，
應培訓本國籍駕駛員，其所聘僱外國籍駕
駛員人數總和，不得超過自申請日起前七
年內所自訓之本國籍駕駛員人數及該年度
自訓本國籍駕駛員計畫人數總和之二點五
倍。

第**16**條 聘僱第十二條至第十四條外國人
之雇主，應取得中央目的事業主管機關核
發之民用航空運輸業許可證。

第**17**條 外國人受聘僱從事本國籍普通航
空業之駕駛員工作，應具備下列資格：
一、具有正駕駛員資格。
二、持有雇主所需機型之有效檢定證明。
三、持有有效體格檢查合格證明。

第**18**條 聘僱前條外國人之雇主，應具備
下列條件：
一、取得中央目的事業主管機關核發之中
華民國普通航空業許可證。

二、所聘僱之外國人執行航空器之作業與
訓練，限於未曾引進之機型。但曾引
進之機型而無該機型之本國籍教師駕
駛員或執行已具該機型執業資格之
國籍駕駛員複訓者，不在此限。

第**19**條 前條之雇主聘僱外國人，其申請
計畫應符合下列規定之一：
一、單、雙座駕駛員機種，雇主指派任一
飛航任務，第一年許可全由外籍駕駛
員擔任；第二年起雙座駕駛員機種至
少一人，應由本國籍駕駛員擔任。
二、單座駕駛員機種，自第二年起該機
種飛行總時數二分之一以上，應由
本國籍駕駛員擔任飛行操作。但工
作性質及技能特殊，經中央主管機
關會商中央目的事業主管機關核准
者，不在此限。

第**20**條 外國人受聘僱從事航空器發動
機、機體或通信電子相關簽證工作，應持
有有效檢定證明及具備航空器維修或相關
技術領域五年以上工作經驗。

第**21**條 **外國人受聘僱從事財稅金融服務
工作，其內容應為：**
一、**證券、期貨事業：**
(一) 有價證券與證券金融業務之企
劃、研究、分析、投資、管理、
交易，及財務、業務之稽核或引
進新技術之工作。
(二) 期貨交易、投資、分析及財務、
業務之稽核或引進新技術之工作。
二、**金融事業：**存款、授信、投資、信
託、外匯及其他中央主管機關會商中
央目的事業主管機關認定之相關金融
業務，以及上開業務之企劃、研究分
析、管理諮詢、業務之稽核、風險管
理或引進新技術之工作。

三、**保險事業**：人身、財產保險之理賠、核保、精算、投資、資訊、再保、代理、經紀、訓練、公證、工程、風險管理或引進新技術之工作。

四、**協助處理商業會計事務之工作。**

五、**協助處理會計師法所定業務之工作。**

聘僱前項第一款至第四款外國人之雇主，應取得中央目的事業主管機關核發經營證券、期貨事業、金融事業或保險事業之證明。

聘僱第一項第五款外國人之雇主，應取得會計師執業登記。

第22條　外國人受聘僱從事不動產經紀工作，其內容應為執行不動產仲介或代銷業務。

前項外國人應取得直轄市、縣（市）主管機關核發之不動產經紀人證書或中央目的事業主管機關指定之機構、團體發給之不動產經紀營業員證明。

第23條　外國人受聘僱於移民業務機構從事移民服務工作，其內容應為：

一、與投資移民有關之移民基金諮詢、仲介業務，並以保護移民者權益所必須者為限。

二、其他與移民有關之諮詢業務。

前項外國人應具備下列資格之一：

一、從事前項之移民業務二年以上。

二、曾任移民官員，負責移民簽證一年以上。

三、具備律師資格，從事移民相關業務一年以上。

第24條　外國人受聘僱從事律師工作，應具備下列資格之一：

一、中華民國律師。

二、外國法事務律師。

第25條　聘僱前條外國人之雇主，應具備下列條件之一：

一、中華民國律師。

二、外國法事務律師。

第25-1條　外國人受聘僱從事專利師工作，應具備中華民國專利師資格。

聘僱前項專利師之雇主應為經營辦理專利業務之事務所，並具備下列條件之一：

一、中華民國專利師。

二、中華民國律師。

三、中華民國專利代理人。

第26條　外國人受聘僱執行技師業務，應取得技師法所定中央主管機關核發之執業執照。

聘僱前項外國人之雇主，應取得下列證明之一：

一、工程技術顧問公司登記證。

二、目的事業主管機關核發經營該業務之證明。

第26-1條　外國人受聘僱從事社會工作師工作，應取得社會工作師法所定中央主管機關核發之社會工作師證書。

聘僱前項外國人之雇主，應聘有專職社會工作師或具社會工作專業背景之專職社會工作相關人員一名以上，並為具備實習制度之下列社會工作師法定執業登記處所之一：

一、公立社會福利、勞工、司法或衛生機關（構）。

二、經立案之民間社會福利、勞工、司法或衛生機關（構）。

三、經立案之團體，其章程內容以社會工作、社會福利為主要宗旨或任務。

四、公立及私立各大專校院、中學或小學。

五、經中央目的事業主管機關評鑑合格之機構。

六、其他社會工作師之法定執業登記處所。

第27條 外國人受聘僱於醫事機構從事醫療保健工作，應具備下列資格之一：

一、取得中央目的事業主管機關核發之醫事專門職業證書之醫師、中醫師、牙醫師、藥師、醫事檢驗師、醫事放射師、物理治療師、職能治療師、護理師、營養師、臨床心理師、諮商心理師、呼吸治療師、語言治療師、聽力師、牙體技術師、助產師或驗光師。

二、其他經中央主管機關會商中央目的事業主管機關認定醫療衛生業務上須聘僱之醫事專門性或技術性人員。

第28條 前條所稱醫事機構，以下列各款為限：

一、前條第一款所定人員之法定執業登記機構。

二、藥商。

三、衛生財團法人。

四、其他經中央主管機關會商中央目的事業主管機關認定得聘僱前條外國人之機構。

第29條 外國人受聘僱從事環境保護工作，其內容應為：

一、人才訓練。

二、技術研究發展。

三、污染防治機具安裝、操作、維修工作。

第30條 聘僱前條外國人之雇主，以下列各款為限：

一、環境檢驗測定機構。

二、廢水代處理業者。

三、建築物污水處理設施清理機構。

四、廢棄物清除處理機構。

五、其他經中央主管機關會商中央目的事業主管機關認定得聘僱前條外國人之事業。

第31條 外國人受聘僱從事文化、運動及休閒服務工作，其內容應為：

一、出版事業：新聞紙、雜誌、圖書之經營管理、外文撰稿、編輯、翻譯、編譯；有聲出版之經營管理、製作、編曲及引進新設備技術之工作。

二、電影業：電影片製作、編導、藝術、促銷、經營管理或引進新技術之工作。

三、無線、有線及衛星廣播電視業：節目策劃、製作、外文撰稿、編譯、播音、導播及主持、經營管理或引進新技術之工作。

四、藝文及運動服務業：文學創作、評論、藝文活動經營管理、藝人及模特兒經紀、運動場館經營管理、運動裁判、運動訓練指導或運動活動籌劃之工作。

五、圖書館及檔案保存業：各種資料之收藏及維護，資料製成照片、地圖、錄音帶、錄影帶及其他形式儲存或經營管理之工作。

六、博物館、歷史遺址及其他文化資產保存機構：對各類文化資產或其他具文化資產保存價值之保存、維護、陳列、展示（覽）、教育或經營管理之工作。

七、休閒服務業：遊樂園業經營及管理之工作。

聘僱前項第五款及第六款外國人之雇主，應取得目的事業主管機關核發從事圖館、檔案保存業、博物館或歷史遺址等機構之證明。

第32條 外國人受聘僱從事研究工作，其雇主應為專科以上學校、經中央目的事業主管機關依法核准立案之學術研究機構或教學醫院。

第33條 外國人受聘僱於獸醫師之執業機構或其他經中央主管機關會商中央目的事

業主管機關認定之機構從事獸醫師工作，應取得中央目的事業主管機關核發之獸醫師證書。

第34條　外國人受聘僱於製造業工作，其內容應為經營管理、調度、督導、營運、指揮、研究、研發、開發、分析、設計、規劃、測試、檢驗、稽核、培訓、策展、品質管控、維修、諮詢、機具安裝、技術指導或技術研發引進等。

第35條　外國人受聘僱從事批發業工作，其工作內容應為經營管理、設計、規劃、技術指導等。

第36條　聘僱第四條第十五款、第二十二條第一項、第二十三條第一項、第二十九條、第三十一條第一項第一款至第四款及第七款、第三十四條或前條外國人之雇主，應符合下列條件之一：
一、本國公司：
　　(一) 設立未滿一年者，實收資本額達新臺幣五百萬元以上、營業額達新臺幣一千萬元以上、進出口實績總額達美金一百萬元以上或代理佣金達美金四十萬元以上。
　　(二) 設立一年以上者，最近一年或前三年度平均營業額達新臺幣一千萬元以上、平均進出口實績總額達美金一百萬元以上或平均代理佣金達美金四十萬元以上。
二、外國公司在我國分公司或大陸地區公司在臺分公司：
　　(一) 設立未滿一年者，在臺營運資金達新臺幣五百萬元以上、營業額達新臺幣一千萬元以上、進出口實績總額達美金一百萬元以上或代理佣金達美金四十萬元以上。
　　(二) 設立一年以上者，最近一年或前

三年度在臺平均營業額達新臺幣一千萬元以上、平均進出口實績總額達美金一百萬元以上或平均代理佣金達美金四十萬元以上。
三、經中央目的事業主管機關專案許可之外國公司代表人辦事處或大陸地區公司在臺辦事處，且在臺有工作實績者。
四、經中央目的事業主管機關核准設立之研發中心、企業營運總部。
五、對國內經濟發展有實質貢獻，或因情況特殊，經中央主管機關會商中央目的事業主管機關專案認定者。

第37條　聘僱外國人從事第四條工作之雇主為財團法人、社團法人、政府機關（構）、行政法人或國際非政府組織者，應符合下列條件之一：
一、財團法人：設立未滿一年者，設立基金達新臺幣一千萬元以上；設立一年以上者，最近一年或前三年度平均業務支出費用達新臺幣五百萬元以上。
二、社團法人：社員人數應達五十人以上。
三、政府機關（構）：各級政府機關及其附屬機關（構）。
四、行政法人：依法設置之行政法人。
五、國際非政府組織：經中央目的事業主管機關許可設立之在臺辦事處、秘書處、總會或分會。
前項雇主為財團法人或社團法人，對國內經濟發展有實質貢獻，或因情況特殊，經中央主管機關會商中央目的事業主管機關專案認定者，得不受前項第一款或第二款所定條件之限制。

第37-1條　外國人受聘僱從事本法第四十六條第一項第一款至第六款規定之工作，其隨同居留之外國籍配偶，受聘僱從事第四條之部分工時工作，其時薪或所得

報酬，不得低於中央主管機關依第八條公告之數額。

雇主申請聘僱前項外國籍配偶從事工作，得不受下列規定之限制：

一、第三十六條第一款、第二款所定實收資本額、營業額、進出口實績總額、代理佣金及在臺營運資金。

二、前條第一款、第二款所定設立基金額度、平均業務支出費用額度及社員人數。

外國人之外國籍配偶，依第一項規定申請之許可工作期間，不得逾外國人之許可工作期間。

第三章　華僑或外國人投資或設立事業之主管工作

第38條 外國人受聘僱從事本法第四十六條第一項第二款規定，於華僑或外國人經政府核准投資或設立事業擔任主管，應具備下列資格之一：

一、依華僑回國投資條例或外國人投資條例核准投資之公司，其華僑或外國人持有所投資事業之股份或出資額，合計超過該事業之股份總數或資本總額三分之一之公司經理人。

二、外國分公司經理人。

三、經中央目的事業主管機關許可設立代表人辦事處之代表人。

四、符合第六條第二項專案同意之具創新能力之新創事業，其部門副主管以上或相當等級之人員。

雇主依前項第一款至第三款規定所聘僱之人數超過一人者，其外國人、雇主資格或其他資格，應符合第二章規定。

雇主依第一項第四款規定所聘僱之人數超過一人者，其外國人薪資或所得報酬不得低於中央主管機關依第八條公告之數額。

外國人受大陸地區公司在臺分公司或辦事處聘僱從事主管工作，準用前三項規定。

第39條 前條外國人之雇主，應具備下列條件之一：

一、公司設立未滿一年者，實收資本額或在臺營運資金達新臺幣五十萬元以上、營業額達新臺幣三百萬元以上、進出口實績總額達美金五十萬元以上或代理佣金達美金二十萬元以上。

二、公司設立一年以上者，最近一年或前三年在臺平均營業額達新臺幣三百萬元以上、平均進出口實績總額達美金五十萬元以上或平均代理佣金達美金二十萬元以上。

三、經中央目的事業主管機關許可設立之外國公司代表人辦事處且在臺有工作實績者。但設立未滿一年者，免工作實績。

四、對國內經濟發展有實質貢獻，或因情況特殊，經中央主管機關會商中央目的事業主管機關專案認定。

第39-1條 外國人受聘僱從事本法第四十六條第一項第一款至第六款規定之工作，其隨同居留之外國籍配偶，受聘僱從事第三十八條之部分工時工作，其時薪或所得報酬，不得低於中央主管機關依第八條公告之數額。

雇主申請聘僱前項外國籍配偶從事工作，得不受前條第一款、第二款所定實收資本額、營業額、進出口實績總額、代理佣金及在臺營運資金之條件限制。

外國人之外國籍配偶，依第一項規定申請之許可工作期間，不得逾外國人之許可工作期間。

第四章　（刪除）

第五章　運動、藝術及演藝工作

第43條　外國人受聘僱從事本法第四十六條第一項第五款規定之運動教練工作，應具備下列資格之一：

一、持有國家單項運動協會核發之國家運動教練證。

二、曾任運動教練實際工作經驗二年以上，並經國家（際）單項運動協（總）會推薦。

三、具有各該國際單項運動總會核發之教練講習會講師資格證書，並經該總會推薦者。

四、具有動作示範能力，並經各該國際（家）單項運動總（協）會推薦者。

五、具有運動專長，為促進國內體育發展，或因情況特殊，經中央主管機關會商中央目的事業主管機關專案認定者。

第44條　外國人受聘僱從事本法第四十六條第一項第五款規定運動員之工作，應具備下列資格之一：

一、曾代表參加國際或全國性運動競賽之運動員，持有證明文件。

二、曾任運動員實際工作經驗一年以上，並經國家（際）單項運動協（總）會推薦。

三、具有運動專長，為促進國內體育發展，或因情況特殊，經中央主管機關會商中央目的事業主管機關專案認定者。

第45條　聘僱前二條外國人之雇主，應具備下列條件之一：

一、學校。

二、政府機關（構）或行政法人。

三、公益體育團體。

四、營業項目包括體育運動等相關業務之公司。

五、參與國家單項運動總會或協會主辦之體育運動競賽，附有證明文件之機構或公司。

第46條　外國人受聘僱從事本法第四十六條第一項第六款規定之藝術及演藝工作，應出具從事藝術、演藝工作證明文件或其所屬國官方機構出具之推薦或證明文件。但因情況特殊，經中央主管機關會商中央目的事業主管機關專案認定者，不在此限。

第47條　聘僱前條外國人之雇主，應具備下列條件之一：

一、學校、公立社會教育文化機構。

二、觀光旅館。

三、觀光遊樂業者。

四、演藝活動業者。

五、文教財團法人。

六、演藝團體、學術文化或藝術團體。

七、出版事業者。

八、電影事業者。

九、無線、有線或衛星廣播電視業者。

十、藝文服務者。

十一、政府機關（構）或行政法人。

十二、各國駐華領使館、駐華外國機構、駐華國際組織。

第六章　附則

第48條　本標準自發布日施行。

本標準中華民國九十九年一月二十九日修正發布之第十五條，自一百零四年一月二十九日施行；一百十年十月二十五日修正發布之條文，自一百十年十月二十五日施行；一百十一年四月二十九日修正發布之條文，自一百十一年四月三十日施行。

14.外國人從事就業服務法第46條第1項第8款至第11款工作資格及審查標準

中華民國113年8月26日修正發布

第一章　總則

第 1 條 本標準依就業服務法（以下簡稱本法）第四十六條第二項及第五十二條第七項規定訂定之。

第 2 條 外國人受聘僱從事本法第四十六條第一項第八款至第十一款規定之工作，其資格應符合本標準規定。

第 3 條 外國人受聘僱從事本法第四十六條第一項第八款規定海洋漁撈工作，其工作內容，應為從事漁船船長、動力小船駕駛人以外之幹部船員及普通船員、箱網養殖或與其有關之體力工作。

第 4 條 外國人受聘僱從事本法第四十六條第一項第九款規定之工作，其工作內容如下：
一、家庭幫傭工作：在家庭，從事房舍清理、食物烹調、家庭成員起居照料或其他與家事服務有關工作。
二、機構看護工作：在第十五條所定之機構或醫院，從事被收容之身心障礙者或病患之日常生活照顧等相關事務工作。
三、家庭看護工作：在家庭，從事身心障礙者或病患之日常生活照顧相關事務工作。

第 5 條 中央主管機關依本法第四十六條第一項第十款規定指定之工作，其工作內容如下：
一、製造工作：直接從事製造業產品製造或與其有關之體力工作。
二、外展製造工作：受雇主指派至外展製造服務契約履行地，直接從事製造業產品製造或與其有關之體力工作。
三、營造工作：在營造工地或相關場所，直接從事營造工作或與其有關之體力工作。
四、屠宰工作：直接從事屠宰工作或與其有關之體力工作。
五、外展農務工作：受雇主指派至外展農務服務契約履行地，直接從事農、林、牧、養殖漁業工作或與其有關之體力工作。
六、農、林、牧或養殖漁業工作：在農、林、牧場域或養殖場，直接從事農、林、牧、養殖漁業工作或與其有關之體力工作。
七、其他經中央主管機關指定之工作。

第 6 條 中央主管機關依本法第四十六條第一項第十一款規定專案核定之工作，其工作內容如下：
一、雙語翻譯工作：從事本標準規定工作之外國人，擔任輔導管理之翻譯工作。
二、廚師及其相關工作：從事本標準規定工作之外國人，擔任食物烹調等相關之工作。
三、中階技術工作：符合第十四章所定工作年資、技術或薪資，從事下列工作：
(一) 中階技術海洋漁撈工作：在第十條所定漁船或箱網養殖漁業區，從事海洋漁撈工作。
(二) 中階技術機構看護工作：在第十五條所定機構或醫院，從事被收容之身心障礙者或病患之生活支持、協助及照顧相關工作。
(三) 中階技術家庭看護工作：在第十八條所定家庭，從事身心障礙者或病患之個人健康照顧工作。

(四) 中階技術製造工作：在第二十四條所定特定製程工廠，從事技藝、機械設備操作及組裝工作。

(五) 中階技術營造工作：
1. 在第四十二條或第四十三條所定工程，從事技藝、機械設備操作及組裝工作。
2. 在第四十七條之一所定工程，從事技藝、機械設備操作及組裝工作。

(六) 中階技術屠宰工作：在第四十八條所定場所，從事禽畜卸載、繫留、致昏、屠宰、解體及分裝工作。

(七) 中階技術外展農務工作：在第五十三條所定外展農務服務契約履行地，從事農業生產工作。

(八) 中階技術農業工作：在第五十六條第一項所定場所，從事農、林、牧或養殖漁業工作。

(九) 其他經中央主管機關會商中央目的事業主管機關指定工作場所之中階技術工作。

四、旅宿服務工作：取得我國大專校院副學士以上學位之外國留學生、僑生或其他華裔學生（以下簡稱畢業僑外生），在合法之觀光旅館、旅館及民宿內，從事房務、清潔、訂房、接待或其經營之所屬餐廳外場等工作。

五、其他經中央主管機關專案核定之工作。

第 7 條 外國人受聘僱從事本標準規定之工作，不得有下列情事：
一、曾違反本法第四十三條規定者。
二、曾違反本法第七十三條第一款、第二款、第三款之連續曠職三日失去聯繫、第五款至第七款規定之一者。

三、曾拒絕接受健康檢查或提供不實檢體者。

四、健康檢查結果不合格者。

五、在我國境內受聘僱從事第三條至第五條規定工作，累計工作期間逾本法第五十二條第四項或第六項規定期限者。但從事前條規定工作者，不在此限。

六、工作專長與原申請許可之工作不符者。

七、未持有行為良好證明者。

八、未滿十六歲者。

九、曾在我國境內受聘僱從事本標準規定工作，且於下列期間連續三日失去聯繫者：
(一) 外國人入國未滿三日尚未取得聘僱許可。
(二) 聘僱許可期間賸餘不足三日。
(三) 經地方主管機關安置、轉換雇主期間或依法令應出國而尚未出國期間。

十、違反其他經中央主管機關規定之工作資格者。

第 8 條 外國人受聘僱從事第四條之工作，其年齡須二十歲以上，並應具下列資格：
一、入國工作前，應經中央衛生福利主管機關認可之外國健康檢查醫院或其本國勞工部門指定之訓練單位訓練合格，或在我國境內從事相同工作滿六個月以上者。
二、從事家庭幫傭或家庭看護工作之外國人，入國時應於中央主管機關指定地點，接受八小時以上之講習，並取得完訓證明。但曾於五年內完成講習者，免予參加。

前項第二款之講習內容，包括下列事項：
一、外國人聘僱管理相關法令。
二、勞動權益保障相關法令。

三、衛生及防疫相關資訊。

四、外國人工作及生活適應相關資訊。

五、其他經中央主管機關規定事項。

第 9 條 雇主申請聘僱外國人從事下列工作，其所聘僱本法第四十六條第一項第一款及第八款至第十一款規定工作總人數，不得超過雇主申請當月前二個月之前一年僱用員工平均人數之百分之五十：

一、製造工作或中階技術製造工作。

二、屠宰工作或中階技術屠宰工作。

三、第四十七條之一規定營造工作，或第六條第三款第五目之2規定中階技術營造工作。

四、旅宿服務工作。

前項僱用員工平均人數，依雇主所屬同一勞工保險證號之參加勞工保險人數計算。但雇主依第六條第三款第五目之1、第四十二條及第四十三條申請之人數，不予列計。

雇主申請聘僱外國人從事第四十二條或第四十三條規定營造工作，或第六條第三款第五目之1規定中階技術營造工作，其所聘僱本法第四十六條第一項第一款及第八款至第十一款規定工作總人數，不得超過以工程經費法人力需求模式計算所得人數百分之五十。但經行政院核定增加外國人核配比率者，不在此限。

第一項及前項雇主聘僱本法第四十六條第一項第一款規定工作之人數，經中央主管機關會商中央目的事業主管機關專案同意者，不計入所聘僱外國人總人數。

第二章　海洋漁撈工作

第 10 條 外國人受聘僱從事第三條之海洋漁撈工作，其雇主應具下列條件之一：

一、總噸位二十以上之漁船漁業人，並領有目的事業主管機關核發之漁業執照。

二、總噸位未滿二十之動力漁船漁業人，並領有目的事業主管機關核發之漁業執照。

三、領有目的事業主管機關核發之箱網養殖漁業區劃漁業權執照，或專用漁業權人出具之箱網養殖入漁證明。

第 11 條 外國人受前條第一款及第二款雇主聘僱從事海洋漁撈工作總人數之認定，應包括下列人數，且不得超過該漁船漁業執照規定之船員人數：

一、申請初次招募外國人人數。

二、幹部船員出海最低員額或動力小船應配置員額人數，至少一人：

三、得申請招募許可人數、取得招募許可人數及已聘僱外國人人數。

四、申請日前二年內，因可歸責於雇主之原因，經廢止外國人招募許可及聘僱許可人數。

前項幹部船員出海最低員額，及動力小船應配置員額，依中央目的事業主管機關公告規定及小船管理規則有關規定認定之。同一漁船出海本國船員數高於前項出海最低員額者，應列計出海船員數。

外國人受前條第三款雇主聘僱從事海洋漁撈工作者，依漁業權執照或入漁證明所載之養殖面積，每二分之一公頃，得聘僱外國人一人。但不得超過雇主僱用國內勞工人數之三分之二。

前項僱用國內勞工人數，依雇主所屬同一勞工保險證號之申請當月前二個月之前一年參加勞工保險認定之。但雇主依勞工保險條例第六條規定，為非強制參加勞工保險且未成立投保單位者，得以經直轄市或縣（市）政府漁業主管機關驗章之證明文件認定之。

第四項聘僱外國人總人數之認定，應包括下列人數：

一、申請初次招募外國人人數。

二、得申請招募許可人數、取得招募許可人數及已聘僱外國人人數。

三、申請日前二年內,因可歸責於雇主之原因,經廢止外國人招募許可及聘僱許可人數。

前條第三款雇主與他人合夥從事第三條之箱網養殖工作,該合夥關係經公證,且合夥人名冊由直轄市或縣(市)政府漁業主管機關驗章者,其合夥人人數得計入前項僱用國內勞工人數。

第一項第三款及第六項第二款已聘僱外國人人數,應列計從事中階技術海洋漁撈工作之人數。

第三章　家庭幫傭工作

第12條　外國人受聘僱從事第四條第一款之家庭幫傭工作,雇主申請招募時,應具下列條件之一:

一、有三名以上之年齡六歲以下子女。

二、有四名以上之年齡十二歲以下子女,且其中二名為年齡六歲以下。

三、累計點數滿十六點者。

前項各款人員,與雇主不同戶籍、已申請家庭看護工、中階技術家庭看護工或已列計為申請家庭幫傭者,其人數或點數,不予列計。

第一項第三款累計點數之計算,以雇主未滿六歲之子女、年滿七十五歲以上之直系血親尊親屬或繼父母、配偶之父母或繼父母之年齡,依附表一計算。

第13條　外國人受聘僱從事第四條第一款之家庭幫傭工作,其雇主應符合下列條件之一:

一、受聘僱於外資金額在新臺幣一億元以上之公司,並任總經理級以上之外籍人員;或受聘僱於外資金額在新臺幣

二億元以上之公司,並任各部門主管級以上之外籍人員。

二、受聘僱於上年度營業額在新臺幣五億元以上之公司,並任總經理級以上之外籍人員;或受聘僱於上年度營業額在新臺幣十億元以上之公司,並任各部門主管級以上之外籍人員。

三、上年度在我國繳納綜合所得稅之薪資所得新臺幣三百萬元以上;或當年度月薪新臺幣二十五萬元以上,並任公司、財團法人、社團法人或國際非政府組織主管級以上之外籍人員。

四、經中央目的事業主管機關認定,曾任國外新創公司之高階主管或研發團隊核心技術人員,且有被其他公司併購交易金額達美金五百萬元以上實績之外籍人員。

五、經中央目的事業主管機關認定,曾任國外新創公司之高階主管或研發團隊核心技術人員,且有成功上市實績之外籍人員。

六、經中央目的事業主管機關認定,曾任創投公司或基金之高階主管,且投資國外新創或事業金額達美金五百萬元以上實績之外籍人員。

七、經中央目的事業主管機關認定,曾任創投公司或基金之高階主管,且投資國內新創或事業金額達美金一百萬元以上實績之外籍人員。

前項第三款之外籍人員,年薪新臺幣二百萬元以上或月薪新臺幣十五萬元以上,且於入國工作前於國外聘僱同一名外籍幫傭,得聘僱該名外國人從事家庭幫傭工作。

第一項第四款至第七款之雇主,申請重新招募外國人時,應檢附經中央目的事業主管機關認定之雇主在國內工作實績。

外國分公司之經理人或代表人辦事處之代表人，準用第一項外籍總經理之申請條件。

第14條 雇主依前二條聘僱家庭幫傭工作者，一戶以聘僱一人為限。

前項聘僱外國人總人數之認定，應包括下列人數：

一、申請初次招募外國人人數。

二、得申請招募許可人數、取得招募許可人數及已聘僱外國人人數。

三、經同意轉換雇主或工作，尚未由新雇主接續聘僱或出國之外國人人數。

四、申請日前二年內，因可歸責於雇主之原因，經廢止外國人招募許可及聘僱許可人數。

第四章　機構看護工作

第15條 外國人受聘僱從事第四條第二款之機構看護工作，其雇主應具下列條件之一：

一、收容養護中度以上身心障礙者、精神病患及失智症患者之長期照顧機構、養護機構、安養機構或財團法人社會福利機構。

二、護理之家機構、慢性醫院或設有慢性病床、呼吸照護病床之綜合醫院、醫院、專科醫院。

三、依長期照顧服務法設立之機構住宿式服務類長期照顧服務機構。

第16條 外國人受聘僱於前條雇主，從事機構看護工作總人數如下：

一、前條第一款之機構，以其依法登記之許可業務規模床數每三床聘僱一人。

二、前條第二款之護理之家機構，以其依法登記之許可床數每五床聘僱一人。

三、前條第二款之醫院，以其依法登記之床數每五床聘僱一人。

四、前條第三款之機構，以其依法登記之許可服務規模床數每五床聘僱一人。

前項外國人人數，除第三款醫院合計不得超過本國看護工人數外，不得超過本國看護工及護理人員之合計人數。

前項本國看護工及護理人員人數之計算，應以申請招募許可當日該機構參加勞工保險人數為準。

第17條 外國人受前條雇主聘僱從事機構看護工作總人數之認定，應包括下列人數：

一、申請初次招募外國人人數。

二、得申請招募許可人數、取得招募許可人數及已聘僱外國人人數。但有下列情形之一者，不予列計：

(一) 外國人聘僱許可期限屆滿日前四個月期間內，雇主有繼續聘僱外國人之需要，向中央主管機關申請重新招募之外國人人數。

(二) 原招募許可所依據之事實事後發生變更，致無法申請遞補招募、重新招募或聘僱之外國人人數。

三、申請日前二年內，因可歸責於雇主之原因，經廢止外國人招募許可及聘僱許可人數。

第五章　家庭看護工作

第18條 外國人受聘僱於家庭從事第四條第三款之家庭看護工作，其照顧之被看護者，應具下列條件之一：

一、特定身心障礙項目之一者。

二、年齡未滿八十歲，經醫療機構以團隊方式所作專業評估，認定有全日照護需要者。

三、年齡滿八十歲以上，經醫療機構以團隊方式所作專業評估，認定有嚴重依賴照護需要者。

四、年齡滿八十五歲以上，經醫療機構以團隊方式所作專業評估，認定有輕度依賴照護需要者。

五、符合長期照顧服務申請及給付辦法第七條及第九條附表四，且由各級政府補助使用居家照顧服務、日間照顧服務或家庭托顧服務連續達六個月以上者。

六、經神經科或精神科專科醫師開立失智症診斷證明書，並載明或檢附臨床失智評估量表（Clinical Dementia Rating，CDR）一分以上者。

已依第十二條列計點數申請家庭幫傭之人員者，不得為前項被看護者。

第一項第一款特定身心障礙項目如附表二，或中央主管機關公告之身心障礙類別鑑定向度。

第一項第二款至第四款所定之醫療機構，由中央主管機關會商中央衛生福利主管機關公告。

第一項第二款至第四款所定之專業評估方式，由中央衛生福利主管機關定之。

第19條 雇主曾經中央主管機關核准聘僱外國人，申請重新招募許可，被看護者符合下列規定之一者，得免經前條所定醫療機構之專業評估：

一、附表三適用情形之一。

二、年齡滿七十五歲以上。

第20條 從事本法第四十六條第一項第八款至第十款規定工作之外國人，除符合本標準其他規定外，其在我國境內工作期間累計屆滿十二年或將於一年內屆滿十二年，且依附表四計算之累計點數滿六十點者，經雇主申請聘僱從事家庭看護工作，該外國人在我國境內之工作期間得累計至十四年。

第21條 外國人受聘僱從事第四條第三款之家庭看護工作，雇主與被看護者間應有下列親屬關係之一：

一、配偶。

二、直系血親。

三、三親等內之旁系血親。

四、繼父母、繼子女、配偶之父母或繼父母、子女或繼子女之配偶。

五、祖父母與孫子女之配偶、繼祖父母與孫子女、繼祖父母與孫子女之配偶。

雇主或被看護者為外國人時，應經主管機關許可在我國居留。

被看護者在我國無親屬，或情況特殊經中央主管機關專案核定者，得由與被看護者無親屬關係之人擔任雇主或以被看護者為雇主申請聘僱外國人。但以被看護者為雇主者，應指定具行為能力人於其無法履行雇主責任時，代為履行。

第22條 外國人受聘僱於前條雇主，從事家庭看護工作或中階技術家庭看護工作者，同一被看護者以一人為限。但同一被看護者有下列情形之一者，得增加一人：

一、身心障礙手冊或證明記載為植物人。

二、經醫療專業診斷巴氏量表評為零分，且於六個月內病情無法改善。

前項聘僱外國人總人數之認定，應包括下列人數：

一、申請初次招募外國人人數。

二、得申請招募許可人數、取得招募許可人數及已聘僱外國人人數。

三、經廢止聘僱許可，同意轉換雇主或工作，尚未由新雇主接續聘僱或出國之外國人人數。但經廢止聘僱許可逾一個月尚未由新雇主接續聘僱者，不在此限。

四、申請日前二年內，因可歸責於雇主之原因，經廢止外國人招募許可及聘僱許可人數。

第 23 條 外國人受聘僱從事家庭看護工或中階技術家庭看護工作之聘僱許可期間，經主管機關認定雇主有違反本法第五十七條第三款或第四款規定情事，中央主管機關得限期令雇主安排受看護者至指定醫療機構重新依規定辦理專業評估。

雇主未依中央主管機關通知期限辦理，或被看護者經專業評估已不符第十八條第一項或前條資格者，中央主管機關應依本法第七十二條規定，廢止雇主招募許可及聘僱許可之一部或全部。

第六章　製造工作

第 24 條 外國人受聘僱從事第五條第一款之製造工作，其雇主之工廠屬異常溫度作業、粉塵作業、有毒氣體作業、有機溶劑作業、化學處理、非自動化作業及其他特定製程，且最主要產品之行業，經中央目的事業主管機關或自由貿易港區管理機關認定符合附表五規定，得申請聘僱外國人初次招募許可。

符合前項特定製程，而非附表五所定之行業者，得由中央主管機關會商中央目的事業主管機關專案核定之。

中央主管機關、中央目的事業主管機關或自由貿易港區管理機關，得就前二項規定條件實地查核。

第 25 條 外國人受前條所定雇主聘僱從事製造工作，其雇主向中央目的事業主管機關或自由貿易港區管理機關申請特定製程經認定者，申請初次招募人數之核配比率、僱用員工人數及所聘僱外國人總人數，應符合附表六規定。

前項所定僱用員工平均人數，不列計依第二十五條之一、第二十六條第一項各款及第二十八條第三項但書規定所聘僱之外國人人數。

第 25-1 條 雇主符合第二十四條資格，經中央主管機關核准接續聘僱其他製造業雇主所聘僱之外國人，得於第二十五條附表六核配比率予以提高百分之五。但合計第二十五條附表六核配比率、第二十六條比率不得超過雇主申請當月前二個月之前一年僱用員工平均人數之百分之四十。

第 26 條 雇主依第二十五條申請初次招募人數及所聘僱外國人總人數之比率，得依下列情形予以提高。但合計第二十五條附表六核配比率、第二十五條之一比率不得超過雇主申請當月前二個月之前一年僱用員工平均人數之百分之四十：

一、提高比率至百分之五者：雇主聘僱外國人每人每月額外繳納就業安定費新臺幣三千元。

二、提高比率超過百分之五至百分之十者：雇主聘僱外國人每人每月額外繳納就業安定費新臺幣五千元。

三、提高比率超過百分之十至百分之十五者：雇主聘僱外國人每人每月額外繳納就業安定費新臺幣七千元。

四、提高比率超過百分之十五至百分之二十者：雇主聘僱外國人每人每月額外繳納就業安定費新臺幣九千元。

雇主依前項各款提高比率引進外國人後，不得變更應額外繳納就業安定費之數額。

第 27 條 雇主符合下列資格之一，經向中央目的事業主管機關申請新增投資案之認定者，得申請聘僱外國人初次招募許可：

一、屬新設立廠場，取得工廠設立登記證明文件。

二、符合前款規定資格及下列條件之一：

(一) 高科技產業之製造業投資金額達新臺幣五億元以上，或其他產業之製造業投資金額達新臺幣一億元以上。

(二) 新增投資計畫書預估工廠設立登
記證明核發之日起，一年內聘僱
國內勞工人數達一百人以上。
前項申請認定之期間，自本標準中華民國
一百零二年三月十三日修正生效日起，至
一百零三年十二月三十一日止。
第一項經認定之雇主，應一次向中央主管
機關申請，且申請外國人及所聘僱外國人
總人數，合計不得超過中央目的事業主管
機關預估建議僱用員工人數乘以第二十五
條附表六核配比率、第二十五條之一比率
加前條所定之比率。
前項聘僱外國人之比率，符合下列規定
者，得免除前條所定應額外繳納就業安定
費之數額三年：
一、第一項第一款：百分之五以下。
二、第一項第二款：百分之十以下。

第28條　雇主符合下列資格，向中央目的
事業主管機關申請經認定後，得申請聘僱
外國人初次招募許可：
一、經中央目的事業主管機關核准或認定
赴海外地區投資二年以上，並認定符
合下列條件之一者：
(一) 自有品牌國際行銷最近二年海外
出貨占產量百分之五十以上。
(二) 國際供應鏈最近一年重要環節前
五大供應商或國際市場占有率達
百分之十以上。
(三) 屬高附加價值產品及關鍵零組件
相關產業。
(四) 經中央目的事業主管機關核准新
設立研發中心或企業營運總部。
二、經中央目的事業主管機關依前款規定
核發認定函之日起三年內完成新設立
廠場，並取得工廠設立登記證明文
件，且符合前條第一項第二款第一目
及第二目規定資格者。

前項申請認定之期間如下：
一、前項第一款：自中華民國一百零一年
十一月二十二日起，至一百零三年
十二月三十一日止。
二、前項第二款：中央目的事業主管機關
核發前項第一款之認定函之日起三年
內。
第一項經認定之雇主，應一次向中央主管
機關申請，且申請外國人及所聘僱外國人
人數，應依前條第三項規定計算。但雇主
申請外國人之比率未達百分之四十者，得
依第二十六條第一項第三款規定額外繳納
就業安定費之金額，提高聘僱外國人比率
至百分之四十。
前項聘僱外國人之比率，符合下列規定者，
得免除第二十六條第一項各款及前項但書
所定應額外繳納就業安定費之數額五年：
一、第一項第一款第一目至第三目：百分
之二十以下。
二、第一項第一款第四目：百分之十五以
下。

第29條　雇主依前二條規定申請聘僱外國
人，經中央主管機關核發初次招募許可
者，應於許可通知所定期間內，申請引進
外國人。
前項雇主申請引進外國人，不得逾初次招
募許可人數之二分之一。但雇主聘僱國內
勞工人數，已達其新增投資案預估聘僱國
內勞工人數之二分之一者，不在此限。

第30條　雇主符合行政院中華民國一百零
七年十二月七日核定之歡迎臺商回臺投資
行動方案，向中央目的事業主管機關申請
經認定後，得申請聘僱外國人初次招募許
可。
雇主符合行政院中華民國一百十年七月
二十六日核定之離岸風電產業人力補充

行動方案，向中央目的事業主管機關申請經認定後，得申請聘僱外國人初次招募許可。

雇主符合前二項規定者，應於認定函所定完成投資期限後一年內，一次向中央主管機關申請核發初次招募許可。

第31條　前條雇主申請外國人及所聘僱外國人總人數，合計不得超過中央目的事業主管機關預估僱用人數乘以第二十五條附表六核配比率、第二十五條之一比率加第二十六條所定之比率。

前項雇主申請外國人之比率未達百分之四十，經依第二十六條第一項第三款規定額外繳納就業安定費者，得依下列規定提高聘僱外國人之比率，但合計比率最高不得超過百分之四十：

一、前條第一項：百分之十五。

二、前條第二項：百分之十。

雇主依前二項比率計算聘僱外國人總人數，應符合第二十五條附表六規定。

第一項及前項所定僱用人數及所聘僱外國人總人數，依雇主所屬工廠之同一勞工保險證號之參加勞工保險人數計算之。但所屬工廠取得中央目的事業主管機關或自由貿易港區管理機關認定特定製程之行業，達二個級別以上者，應分別設立勞工保險證號。

第32條　雇主符合第三十條規定向中央目的事業主管機關申請認定之期間，應符合下列規定期間：

一、符合第三十條第一項規定者，自中華民國一百零八年一月一日至一百十三年十二月三十一日止。

二、符合第三十條第二項規定者，自中華民國一百十年七月一日至一百十三年六月三十日止。

雇主同一廠場申請第三十條第一項或第二項之認定，以一次為限，且中央主管機關及中央目的事業主管機關，得實地查核雇主相關資格。

第33條　雇主依第三十條規定申請聘僱外國人，經中央主管機關核發初次招募許可者，應於許可通知所定期間內，申請引進外國人。

雇主依前項規定申請引進之外國人人數，不得逾初次招募許可人數之二分之一。但所聘僱之國內勞工人數，已達預估聘僱國內勞工人數二分之一者，不在此限。

前項但書之國內勞工人數，於雇主未新設勞工保險證號時，應以雇主至公立就業服務機構登記辦理國內求才之日當月起，至其申請之日前新增聘僱國內勞工人數計算之。

第33-1條　雇主所聘僱外國人於聘僱許可期間內，至我國大專校院在職進修製造、營造、農業、長期照顧等副學士以上相關課程，或就讀相關課程推廣教育學分班，每學期達九學分以上，且雇主已依第二十六條第一項第三款規定聘僱外國人者，雇主得以外國人在職進修人數，申請聘僱外國人招募許可。

雇主依前項申請聘僱外國人之招募許可人數，經依第二十六條第一項第三款規定提高後，得再提高聘僱外國人比率百分之五。但合計比率最高不得超過百分之四十。

雇主依前二項申請聘僱外國人，應依第二十六條第一項第三款規定額外繳納就業安定費，並依第三十四條規定辦理查核。

第34條　雇主聘僱外國人人數，與其引進第二十四條、第二十五條及第三十七條所定外國人總人數，應符合下列規定：

一、屬自由貿易港區之製造業者：聘僱外
　　國人人數不得超過僱用員工人數之百
　　分之四十。
二、屬第二十四條附表五A+級行業：聘
　　僱外國人人數不得超過僱用員工人數
　　之百分之三十五。
三、屬第二十四條附表五A級行業：聘僱
　　外國人人數不得超過僱用員工人數之
　　百分之二十五。
四、屬第二十四條附表五B級行業：聘僱
　　外國人人數不得超過僱用員工人數之
　　百分之二十。
五、屬第二十四條附表五C級行業：聘僱
　　外國人人數不得超過僱用員工人數之
　　百分之十五。
六、屬第二十四條附表五D級行業：聘僱
　　外國人人數不得超過僱用員工人數之
　　百分之十。

前項聘僱外國人人數為一人者，每月至少
聘僱本國勞工一人以上。

中央主管機關自雇主聘僱外國人引進入國
或接續聘僱滿三個月起，每三個月依前二
項規定查核雇主聘僱外國人之比率或人
數，及聘僱本國勞工人數。

第一項及第二項聘僱外國人人數、本國勞
工人數及僱用員工人數，以中央主管機關
查核當月之前二個月為基準月份，自基準
月份起採計前三個月參加勞工保險人數之
平均數計算。

雇主聘僱外國人人數，與其引進第二十四
條、第二十五條、第二十六條至第二十八
條所定外國人總人數，及中央主管機關辦
理查核雇主聘僱外國人之方式，應符合附
表七規定。

雇主聘僱第三十條所定外國人，中央主管
機關除依前五項規定辦理查核外，並應依
附表八規定辦理下列查核：

一、雇主聘僱外國人人數及引進第二十四
　　條、第二十五條、第二十六條至第
　　二十八條、第三十一條所定外國人總
　　人數。
二、雇主同一勞工保險證號應新增聘僱國
　　內勞工，其勞工保險投保薪資及勞工
　　退休金提繳工資，應符合下列規定：
　　(一) 符合第三十條第一項規定者：均
　　　　達新臺幣三萬零三百元以上。
　　(二) 符合第三十條第二項規定者：均
　　　　達新臺幣三萬三千三百元以上。

雇主聘僱外國人有下列情形之一者，應依
本法第七十二條規定，廢止其未符合規定
人數之招募許可及聘僱許可，並計入第
二十五條附表六聘僱外國人總人數：

一、聘僱外國人超過第一項所定之比率或
　　人數，及聘僱本國勞工人數未符第二
　　項所定人數，經中央主管機關通知限
　　期改善，屆期未改善。
二、違反前項第二款規定。

第35條　雇主聘僱外國人超過前條附表七
規定之人數，經中央主管機關依本法第
七十二條規定廢止招募許可及聘僱許可，
應追繳第二十七條及第二十八條規定免除
額外繳納就業安定費之數額。

前項追繳就業安定費人數、數額及期間之
計算方式如下：

一、人數：當次中央主管機關廢止招募許
　　可及聘僱許可人數。但未免除額外繳
　　納之就業安定費者，不予列計。
二、數額：前款廢止許可人數，依第
　　二十六條第一項各款免除應額外繳納
　　就業安定費數額。
三、期間：
　　(一) 第一次查核：自外國人入國翌日
　　　　至廢止聘僱許可前一日止。
　　(二) 第二次以後查核：自中央主管機

關通知雇主限期改善翌日至廢止聘僱許可前一日止。但外國人入國日在通知雇主限期改善日後，自入國翌日至廢止聘僱許可前一日止。

第**36**條　雇主聘僱外國人人數，與其引進第二十四條及第三十七條所定外國人總人數，應符合下列規定：

一、屬自由貿易港區之製造業者：聘僱外國人人數不得超過僱用員工人數之百分之四十。

二、非屬自由貿易港區之製造業者：聘僱外國人人數不得超過僱用員工人數之百分之二十，且每月至少聘僱本國勞工一人以上。

中央主管機關應依第三十四條第三項及第四項規定，查核雇主聘僱外國人之比率及本國勞工人數。

雇主聘僱外國人超過第一項所定之比率或人數，及聘僱本國勞工人數未符第一項第二款所定人數，經中央主管機關通知限期改善，屆期未改善者，應依本法第七十二條規定，廢止雇主超過規定人數之招募許可及聘僱許可，並計入第二十五條附表六聘僱外國人總人數。

第**37**條　外國人聘僱許可期限屆滿日前四個月期間內，製造業雇主如有繼續聘僱外國人之需要，得向中央主管機關申請重新招募，並以一次為限。

前項申請重新招募人數，不得超過同一勞工保險證號之次次招募許可引進或接續聘僱許可人數。

第七章　外展製造工作

第**38**條　外國人受聘僱從事第五條第二款規定之外展製造工作，應由經中央目的事業主管機關會商中央主管機關指定試辦，依產業創新條例第五十條第一項成立之工業區管理機構，委由下列之一者擔任雇主：

一、財團法人。

二、非營利社團法人。

三、其他以公益為目的之非營利組織。

前項外國人受聘僱從事外展製造工作，其外展製造服務契約履行地，應經中央目的事業主管機關認定具第二十四條第一項、第二項特定製程之生產事實場域。

第**39**條　雇主經向中央目的事業主管機關提報外展製造服務計畫書且經核定者，得申請聘僱外國人初次招募許可。

前項外展製造服務計畫書，應包括下列事項：

一、雇主資格之證明文件。

二、服務提供、收費項目及金額、契約範本等相關規劃。

三、製造工作之人力配置、督導及教育訓練機制規劃。

四、外展製造服務契約履行地，使用外展製造服務之工作人數定期查核及管制規劃。

五、其他外展製造服務相關資料。

雇主應依據核定之外展製造服務計畫書內容辦理。

外國人受雇主聘僱從事外展製造工作人數，不得超過中央目的事業主管機關核定人數。

前項聘僱外國人總人數之認定，應包括下列人數：

一、申請初次招募外國人人數。

二、得申請招募許可人數、取得招募許可人數及已聘僱外國人人數。

三、申請日前二年內，因可歸責於雇主之原因，經廢止外國人招募許可及聘僱許可人數。

第40條　雇主指派外國人從事外展製造工作之服務契約履行地，其自行聘僱從事製造工作之外國人與使用從事外展製造工作之外國人，合計不得超過服務契約履行地參加勞工保險人數之百分之四十。

前項外國人人數，依服務契約履行地受查核當月之前二個月之參加勞工保險人數計算。

第三十八條第一項所定工業區管理機構，應自外國人至服務契約履行地提供服務之日起，每三個月依第一項規定查核服務契約履行地之外國人比率，並將查核結果通知中央主管機關。

服務契約履行地自行聘僱從事製造工作之外國人及使用從事外展製造工作之外國人，合計超過第一項規定之比率者，中央主管機關應通知雇主不得再指派外國人至服務契約履行地提供服務。

第41條　前條雇主有下列情事之一者，中央主管機關應依本法第七十二條規定，廢止其招募許可及聘僱許可之一部或全部：

一、指派外國人至未具第二十四條第一項或第二項規定之生產事實場域從事外展製造工作，經限期改善，屆期未改善。

二、違反外展製造服務計畫書內容，經中央目的事業主管機關廢止核定。

三、經中央主管機關依前條第四項規定通知應停止外展製造服務，未依通知辦理。

四、經營不善、違反相關法令或對公益有重大危害。

第八章　營造工作

第42條　外國人受聘僱從事第五條第三款之營造工作，其雇主應為承建公共工程，並與發包興建之政府機關（構）、行政法人或公營事業機構訂有工程契約之得標廠商，且符合下列條件之一，得申請聘僱外國人初次招募許可：

一、工程契約總金額達新臺幣一億元以上，且工程期限達一年六個月以上。

二、工程契約總金額達新臺幣五千萬元以上，未達新臺幣一億元，且工程期限達一年六個月以上，經累計同一雇主承建其他公共工程契約總金額達新臺幣一億元以上。但申請初次招募許可時，同一雇主承建其他公共工程已完工、工程契約總金額未達新臺幣五千萬元或工程期限未達一年六個月者，不予累計。

前項各款工程由公營事業機構發包興建者，得由公營事業機構申請聘僱外國人初次招募許可。

第一項得標廠商有下列情形之一，其與分包廠商簽訂之分包契約符合第一項規定者，經工程主辦機關同意後，分包廠商得就其分包部分申請聘僱外國人初次招募許可：

一、選定之分包廠商，屬政府採購法施行細則第三十六條規定者。

二、為非屬營造業之外國公司，並選定分包廠商者。

第一項公共工程，得由得標廠商或其分包廠商擇一申請聘僱外國人初次招募許可，以一家廠商為限；其經中央主管機關核發許可後，不得變更。

第43條　外國人受聘僱從事第五條第三款之營造工作，其雇主承建民間機構投資興建之重大經建工程（以下簡稱民間重大經建工程），並與民間機構訂有工程契約，且個別營造工程契約總金額達新臺幣二億元以上、契約工程期限達一年六個月以上，得申請聘僱外國人初次招募許可，並以下列工程為限：

一、經專案核准民間投資興建之公用事業
　　工程。

二、經核准獎勵民間投資興建之工程或核
　　定民間機構參與重大公共建設，或依
　　促進民間參與公共建設法興建之公共
　　工程。

三、私立之學校、社會福利機構、醫療機
　　構或社會住宅興建工程。

四、製造業重大投資案件廠房興建工程。

雇主承建符合前項各款資格之一之民間重
大經建工程，其契約總金額達新臺幣一億
元以上，未達新臺幣二億元，且工程期限
達一年六個月以上，經累計同一雇主承建
其他民間重大經建工程契約總金額達新臺
幣二億元以上者，亦得申請聘僱外國人初
次招募許可。

前項雇主承建其他民間重大經建工程，該
工程已完工、工程契約總金額未達新臺幣
一億元或工程期限未達一年六個月者，工
程契約總金額不予累計。

前三項雇主申請許可，應經目的事業主管
機關認定符合前三項條件。

第一項各款工程屬民間機構自行統籌規劃
營建或安裝設備者，得由該民間機構申請
聘僱外國人初次招募許可。

第44條 外國人受第四十二條之雇主聘僱
在同一公共工程從事營造工作總人數，依
個別營造工程契約所載工程金額及工期，
按附表九計算所得人數百分之二十為上
限。但個別工程有下列情事之一，分別依
各該款規定計算之：

一、經依附表九分級指標及公式計算總分
　　達八十分以上者，核配外國人之比率
　　得依其總分乘以千分之四核配之。

二、中央目的事業主管機關認有增加外國
　　人核配比率必要，報經行政院核定
　　者。

前項所定工程總金額、工期及分級指標，
應經公共工程之工程主辦機關（構）及其
上級機關認定。

第45條 外國人受第四十三條之雇主聘僱
在同一民間重大經建工程從事營造工作總
人數，依個別營造工程契約所載工程總金
額及工期，按前條附表九計算所得人數百
分之二十為上限。但由民間機構自行統籌
規劃營建或安裝設備，其個別營造工程契
約金額未達新臺幣一億元，契約工程期限
未達一年六個月者，不予列計。

前項所定工程總金額及工期，應經目的事
業主管機關認定。但其工程未簽訂個別營
造工程契約者，應由目的事業主管機關依
該計畫工程認定營造工程總金額及工期。

第46條 雇主承建之公共工程經工程主辦
機關（構）開立延長工期證明，且於延長
工期期間，有聘僱外國人之需要者，應於
外國人原聘僱許可期限屆滿日前十四日至
一百二十日期間內，向中央主管機關申請
延長聘僱許可。

民間機構自行或投資興建之民間重大經建
工程經目的事業主管機關開立延長工期證
明，且於延長工期期間，有聘僱外國人之
需要者，應於外國人原聘僱許可期限屆滿
日前十四日至一百二十日期間內，向中央
主管機關申請延長聘僱許可。

前二項所定延長聘僱許可之外國人人數，
由中央主管機關以原工期加計延長工期，
依第四十四條附表九重新計算，且不得逾
中央主管機關原核發初次招募許可人數。

第一項及第二項所定外國人之延長聘僱許
可期限，以延長工期期間為限，且其聘僱
許可期間加計延長聘僱許可期間，不得逾
三年。

第 **47** 條　雇主承建之公共工程於工程驗收期間仍有聘僱外國人之需要，經工程主辦機關（構）開立工程預定完成驗收日期證明者，應於外國人原聘僱許可期限屆滿日前十四日至一百二十日期間內，向中央主管機關申請延長聘僱許可。

前項所定延長聘僱許可之外國人人數，不得逾該工程曾經聘僱之外國人人數百分之五十。

經依規定通知主管機關有連續曠職三日失去聯繫之外國人，不列入前項曾經聘僱外國人人數。

第一項所定外國人之延長聘僱許可期限，以工程預定完成驗收期間為限，且其聘僱許可期間加計延長聘僱許可期間，不得逾三年。

第 **47-1** 條　外國人受聘僱從事第五條第三款之營造工作，其符合營造業法規定之雇主，經中央目的事業主管機關認定已承攬在建工程，且符合附表九之一規定，得申請聘僱外國人初次招募許可。

第 **47-2** 條　外國人受前條所定雇主聘僱從事營造工作，其雇主申請初次招募人數之核配比率、僱用員工人數及所聘僱外國人總人數，應符合附表九之二規定。

前項所定僱用員工平均人數，不列計依第四十七條之三第一項各款規定所聘僱之外國人人數。

第 **47-3** 條　雇主依前條申請初次招募人數及所聘僱外國人總人數之比率，得依下列情形予以提高。但合計不得超過雇主申請當月前二個月之前一年僱用員工平均人數之百分之四十：

一、提高比率至百分之五者：雇主聘僱外國人每人每月額外繳納就業安定費新臺幣三千元。

二、提高比率超過百分之五至百分之十者：雇主聘僱外國人每人每月額外繳納就業安定費新臺幣五千元。

雇主依前條及前項申請初次招募人數及所聘僱外國人總人數，不得超過中央目的事業主管機關核定人數。

雇主依第一項各款提高比率引進外國人後，不得變更應額外繳納就業安定費之數額。

第九章　屠宰工作

第 **48** 條　外國人受聘僱從事第五條第四款之屠宰工作，其雇主從事禽畜屠宰、解體、分裝及相關體力工作，經中央目的事業主管機關認定符合規定者，得申請聘僱外國人初次招募許可。

中央主管機關及中央目的事業主管機關得就前項規定條件實地查核。

第 **49** 條　外國人受前條所定雇主聘僱從事屠宰工作，其雇主經中央目的事業主管機關認定符合規定者，申請初次招募人數之核配比率、僱用員工人數及所聘僱外國人總人數，應符合附表十規定。

前項所定僱用員工平均人數，不列計依第五十條第一項各款規定所聘僱之外國人人數。

第 **50** 條　雇主依前條申請初次招募人數及所聘僱外國人總人數之比率，得依下列情形予以提高。但合計不得超過雇主申請當月前二個月之前一年僱用員工平均人數之百分之四十：

一、提高比率至百分之五者：雇主聘僱外國人每人每月額外繳納就業安定費新臺幣三千元。

二、提高比率超過百分之五至百分之十者：雇主聘僱外國人每人每月額外繳納就業安定費新臺幣五千元。

三、提高比率超過百分之十至百分之十五
　　者：雇主聘僱外國人每人每月額外繳
　　納就業安定費新臺幣七千元。
　雇主依前項各款提高比率引進外國人後，
不得變更應額外繳納就業安定費之數額。

第51條　雇主聘僱外國人人數，與其引進第
四十八條及第四十九條所定外國人總人數，
不得超過僱用員工人數之百分之二十五，且
每月至少聘僱本國勞工一人以上。
　雇主聘僱外國人人數與其引進第四十八條
至第五十條所定外國人總人數，及中央主
管機關辦理查核雇主聘僱外國人之方式，
應符合附表十一規定。
　中央主管機關自雇主所聘僱之外國人引進
入國或接續聘僱滿三個月起，每三個月應
查核雇主依前二項規定聘僱外國人之比率
或人數，及本國勞工人數。
　第一項及第二項聘僱外國人人數、本國勞
工人數及僱用員工人數，以中央主管機關
查核當月之前二個月為基準月份，自基準
月份起採計前三個月參加勞工保險人數之
平均數計算。
　雇主聘僱外國人超過第一項所定之比率或
人數，及聘僱本國勞工人數未符第一項所
定人數，經中央主管機關通知限期改善，
屆期未改善者，應依本法第七十二條規
定，廢止雇主超過規定人數之招募許可及
聘僱許可，並計入第四十九條附表十聘僱
外國人總人數。

第52條　外國人聘僱許可期限屆滿日前四
個月期間內，屠宰業雇主如有繼續聘僱外
國人之需要，得向中央主管機關申請重新
招募，並以一次為限。
　前項申請重新招募人數，不得超過同一勞
工保險證號之前次招募許可引進或接續聘
僱許可之外國人人數。

第十章　外展農務工作

第53條　外國人受聘僱從事第五條第五款
規定之外展農務工作，其雇主屬農會、漁
會、農林漁牧有關之合作社或非營利組織
者，得申請聘僱外國人初次招募許可。
　外國人從事外展農務工作，其服務契約履
行地應具有從事農、林、牧或養殖漁業工
作事實之場域。
　依本標準規定已申請聘僱外國人從事下列
工作之一者，不得申請使用外展農務服
務：
一、海洋漁撈工作或中階技術海洋漁撈工
　　作。
二、製造工作或中階技術製造工作。
三、屠宰工作。
四、農、林、牧或養殖漁業工作，或中階
　　技術農業工作。

第54條　前條第一項之雇主，應向中央目
的事業主管機關提報外展農務服務計畫
書。
　前項外展農務服務計畫書，應包括下列事
項：
一、雇主資格之證明文件。
二、服務提供、收費項目及金額、契約範
　　本等相關規劃。
三、農務工作人力配置、督導及教育訓練
　　機制規劃。
四、其他外展農務服務相關資料。
　外展農務服務計畫書經中央目的事業主管
機關核定者，雇主應依據核定計畫書內容
辦理。
　外國人受前條雇主聘僱從事外展農務工作
人數，不得超過雇主所屬同一勞工保險證
號申請當月前二個月之前一年參加勞工保
險之僱用員工平均人數。
　前項聘僱外國人總人數之認定，應包括下

列人數：

一、申請初次招募外國人人數。

二、得申請招募許可人數、取得招募許可人數及已聘僱外國人人數。

三、申請日前二年內，因可歸責於雇主之原因，經廢止外國人招募許可及聘僱許可人數。

第55條　中央主管機關及中央目的事業主管機關得就前二條規定條件實地查核。

雇主有下列情事之一者，中央主管機關應依本法第七十二條規定，廢止其招募許可及聘僱許可之一部或全部：

一、指派外國人至未具有從事農、林、牧或養殖漁業工作事實之場域從事外展農務工作，經限期改善，屆期未改善。

二、違反相關法令或核定之外展農務服務計畫書內容，經中央目的事業主管機關或中央主管機關認定情節重大。

三、經營不善或對公益有重大危害。

第十一章　農林牧或養殖漁業工作

第56條　外國人受聘僱於第五條第六款所定場所，從事農、林、牧或養殖漁業工作，其雇主應從事下列工作之一：

一、經營畜牧場從事畜禽飼養管理、繁殖、擠乳、集蛋、畜牧場環境整理、廢污處理與再利用、飼料調製、疾病防治及畜牧相關之體力工作。

二、經營蔬菜、花卉、種苗、果樹、雜糧、特用作物等栽培及設施農業農糧相關之體力工作。但不包括檳榔、荖藤及菸草等栽培相關之體力工作。

三、經營育苗、造林撫育及伐木林業相關之體力工作。

四、經營養殖漁業水產物之飼養管理、繁殖、收成、養殖場環境整理及養殖漁業相關之體力工作。

五、經營其他經中央主管機關會商中央目的事業主管機關指定之農、林、牧或養殖漁業產業相關之體力工作。

前項雇主經中央目的事業主管機關認定符合附表十二規定者，得申請聘僱外國人初次招募許可。

雇主依第一項規定聘僱外國人從事農、林、牧或養殖漁業工作，其核配比率、僱用員工人數及聘僱外國人總人數之認定，應符合附表十二規定。

第十二章　雙語翻譯工作

第57條　外國人受聘僱從事第六條第一款之雙語翻譯工作，應具備國內外高級中等以上學校畢業資格，且其雇主應為從事跨國人力仲介業務之私立就業服務機構。

第58條　外國人受前條雇主聘僱從事雙語翻譯工作總人數如下：

一、以前條之機構從業人員人數之五分之一為限。

二、以前條之機構受委託管理外國人人數計算，同一國籍每五十人聘僱一人。

前項第一款機構從業人員人數之計算，應以申請聘僱許可當日參加勞工保險人數為準。

第十三章　廚師及其相關工作

第59條　外國人受聘僱從事第六條第二款之廚師及其相關工作，其雇主為從事跨國人力仲介業務之私立就業服務機構，且受委託管理從事本標準規定工作之同一國籍外國人達一百人者。

第60條　外國人受前條雇主聘僱從事廚師及其相關工作總人數如下：

一、受委託管理外國人一百人以上未滿二百人者，得聘僱廚師二人及其相關

工作人員一人。

二、受委託管理外國人二百人以上未滿三百人，得聘僱廚師三人及其相關工作人員二人。

三、受委託管理外國人達三百人以上，每增加管理外國人一百人者，得聘僱廚師及其相關工作人員各一人。

前項受委託管理之外國人不同國籍者，應分別計算。

第十四章　中階技術工作及旅宿服務工作

第61條　外國人受聘僱從事第六條第三款之中階技術工作，其雇主申請資格應符合第十條、第十五條、第十八條、第二十一條、第二十四條、第四十二條、第四十三條、第四十六條至第四十七條之一、第四十八條、第五十三條或第五十六條第一項規定。

雇主申請聘僱外國人從事中階技術家庭看護工作，有下列情形之一者，被看護者得免經第十八條所定醫療機構專業評估：

一、雇主現有聘僱外國人從事第四條第三款規定家庭看護工作，照顧同一被看護者。

二、被看護者曾受前款外國人照顧，且有第十九條所列各款情形之一。

三、申請展延聘僱許可。

雇主依第四十六條規定，於延長工期期間，有申請聘僱中階技術營造工作外國人之需要者，延長聘僱許可之中階技術營造工作外國人人數，由中央主管機關以原工期加計延長工期，依第六十四條附表十四重新計算。

第61-1條　雇主聘僱畢業僑外生從事旅宿服務工作，應領有目的事業主管機關核發之觀光旅館業營業執照、旅館業或民宿登記證。

第62條　外國人受聘僱從事第六條第三款之中階技術工作，應符合附表十三所定專業證照、訓練課程或實作認定資格條件，並具備下列資格之一：

一、現受聘僱從事本法第四十六條第一項第八款至第十款工作，連續工作期間達六年以上，或受聘僱於同一雇主，累計工作期間達六年以上者。

二、曾受聘僱從事前款所定工作期間累計達六年以上出國後，再次入國工作者，其工作期間累計達十一年六個月以上者。

三、曾受聘僱從事第一款所定工作，累計工作期間達十一年六個月以上，並已出國者。

四、為畢業僑外生者。

畢業僑外生受聘僱從事旅宿服務工作，應符合附表十三所定專業證照、訓練課程或實作認定資格條件。

第63條　外國人受聘僱從事第六條第三款之中階技術工作，及畢業僑外生受聘僱從事第六條第四款旅宿服務工作，其在我國薪資應符合附表十三之一所定之基本數額。

前項外國人及畢業僑外生薪資達附表十三之一所定之一定數額以上者，不受前條附表十三所定專業證照、訓練課程或實作認定資格條件之限制。

第64條　雇主依第六十二條規定聘僱外國人從事中階技術工作，及聘僱畢業僑外生從事旅宿服務工作，其核配比率、僱用員工人數及聘僱外國人總人數之認定，應符合附表十四規定。

第十五章　附則

第65條　本標準自中華民國一百十一年四月三十日施行。

本標準修正條文，除中華民國一百十一年八月十五日修正發布之第八條自一百十二年一月一日施行；一百十一年十月十二日修正發布之條文，自一百十一年四月三十日施行外，自發布日施行。

15.外國人受聘僱從事就業服務法第46條第1項第8款至第11款規定工作之轉換雇主或工作程序準則

中華民國113年8月26日修正發布

第1條　本準則依就業服務法（以下簡稱本法）第五十九條第二項規定訂定之。

第2條　受聘僱之外國人有本法第五十九條第一項各款規定情事之一者，得由該外國人或原雇主檢附下列文件向中央主管機關申請轉換雇主或工作：

一、申請書。

二、下列事由證明文件之一：

(一) 原雇主或被看護者死亡證明書或移民相關證明文件。

(二) 漁船被扣押、沉沒或修繕而無法繼續作業之證明文件。

(三) 原雇主關廠、歇業或不依勞動契約給付工作報酬，經終止勞動契約之證明文件。

(四) 其他不可歸責受聘僱外國人事由之證明文件。

三、外國人同意轉換雇主或工作之證明文件。

外國人依前項規定申請轉換雇主或工作，未檢齊相關文件者，得由主管機關查證後免附。

第3條　雇主或外國人申請外國人轉換雇主或工作，依雇主聘僱外國人許可及管理辦法（以下簡稱聘僱許可辦法）第七條第一項規定所公告之項目，應採網路傳輸方式申請。但有正當理由，經中央主管機關同意者，不在此限。

雇主或外國人申請外國人轉換雇主或工作之應備文件，經中央主管機關由資訊網路查得中央目的事業主管機關、自由貿易港區管理機關、公立就業服務機構、直轄市、縣（市）政府或國營事業已開具證明文件者，得免附。

前項免附之文件，由中央主管機關公告之。

第4條　中央主管機關廢止原雇主之聘僱許可或不予核發聘僱許可，其所聘僱之外國人有本法第五十九條第一項各款規定情事之一時，中央主管機關應限期外國人轉換雇主或工作。

原雇主應於中央主管機關所定期限內，檢附第二條第一項第一款、第三款及廢止聘僱許可函或不予核發聘僱許可函影本等，向公立就業服務機構辦理轉換登記。但外國人依本法或人口販運防制法相關規定安置者，不在此限。

第5條　第二條第一項申請案件，中央主管機關經審核後，通知原勞動契約當事人。

原勞動契約當事人得於中央主管機關指定之資訊系統登錄必要資料，由公立就業服務機構辦理外國人轉換程序。

第6條　雇主申請接續聘僱外國人，應檢附下列文件：

一、申請書。

二、申請人或公司負責人之身分證明文
　　件；其公司登記證明、有限合夥登記
　　證明、商業登記證明、工廠登記證明
　　或特許事業許可證等影本。但依相關
　　法令規定，免辦工廠登記證明或特許
　　事業許可證者，免附。
三、申請月前二個月往前推算一年之僱用
　　勞工保險投保人數明細表正本。但依
　　**外國人從事就業服務法第四十六條第
　　一項第八款至第十一款工作資格及審
　　查標準（以下簡稱審查標準）申請聘
　　僱外國人，有下列情形之一者，免附：**
　　**(一) 在漁船從事海洋漁撈工作或中階
　　　　技術海洋漁撈工作。**
　　**(二) 從事家庭幫傭工作、家庭看護工
　　　　作或中階技術家庭看護工作。**
　　**(三) 從事機構看護工作或中階技術機
　　　　構看護工作。**
四、符合第七條接續聘僱外國人資格之證
　　明文件正本。
五、求才證明書正本。但申請接續聘僱外
　　國人從事家庭看護工作或中階技術家
　　庭看護工作者，免附。
六、外國人預定工作內容說明書。
七、直轄市或縣（市）政府依聘僱許可
　　辦法第二十二條第一項第五款或第
　　四十四條第一項第五款規定開具之證
　　明文件。
雇主申請接續聘僱取得我國大專校院副學
士以上學位之外國留學生、僑生或其他華
裔學生（以下簡稱畢業僑外生）從事旅宿
服務工作，應檢附前項規定文件及觀光旅
館業營業執照、旅館業或民宿登記證等影
本。
雇主持招募許可函申請接續聘僱外國人，
免附第一項第二款、第三款、第五款及第
七款文件。

第7條 雇主申請接續聘僱外國人，公立就
業服務機構應依下列順位辦理：
　　一、持外國人原從事同一工作類別之招募
　　　　許可函，在招募許可函有效期間，得
　　　　引進外國人而尚未足額引進者。
　　二、符合中央主管機關規定聘僱外國人資
　　　　格，且與外國人原從事同一工作類
　　　　別，於聘僱外國人人數未達審查標準
　　　　規定之比率或數額上限者。
　　三、在招募許可函有效期間，得引進外國
　　　　人而尚未足額引進者。
　　四、符合中央主管機關規定聘僱外國人資
　　　　格，且聘僱外國人人數未達審查標準
　　　　規定之比率或數額上限者。
　　五、屬製造業或營造業之事業單位未聘僱
　　　　外國人或聘僱外國人人數，未達中央
　　　　主管機關規定之比率或數額上限，並
　　　　依本法第四十七條規定辦理國內招
　　　　募，經招募無法滿足其需要者。
雇主申請接續聘僱外國人從事審查標準第
六條第三款所定中階技術工作（以下簡稱
中階技術外國人），及畢業僑外生從事第
六條第四款所定旅宿服務工作，公立就業
服務機構應依前項第二款及第四款規定順
位辦理。
製造業雇主依審查標準第二十五條之一規
定，申請接續聘僱外國人從事製造工作，
應符合第一項第二款規定。
公立就業服務機構經審查前三項申請接續
聘僱登記符合規定後，應於中央主管機關
指定之資訊系統登錄必要資料。
依第一項至第三項規定申請登記，自登記
日起六十日內有效。期滿後仍有接續聘僱
需要時，應重新辦理登記。

第8條 外國人辦理轉換登記，以原從事同
一工作類別為限。但有下列情事之一者，
不在此限：

一、由具有前條第一項第三款或第四款規定資格之雇主申請接續聘僱。

二、遭受性侵害、性騷擾、暴力毆打或經鑑別為人口販運被害人。

三、經中央主管機關核准。

看護工及家庭幫傭視為同一工作類別。

第9條　公立就業服務機構應依第七條第一項及第三項規定之順位、外國人期待工作地點、工作類別、賸餘工作期間及其他中央主管機關指定之條件,辦理轉換作業。不能區分優先順位時,由中央主管機關指定之資訊系統隨機決定。

公立就業服務機構辦理轉換作業,應依前項規定選定至少十名接續聘僱申請人,且其得接續聘僱外國人之人數應達辦理外國人轉換人數一點五倍。但得接續聘僱人數未達上開人數或比例時,不在此限。

第10條　公立就業服務機構應每週以公開協調會議方式,辦理接續聘僱外國人之作業。

前項協調會議應通知原雇主、接續聘僱申請人及外國人等相關人員參加。

原雇主、接續聘僱申請人未到場者,可出具委託書委託代理人出席。接續聘僱申請人或其代理人未出席者,視同放棄當次接續聘僱。

外國人應攜帶護照、居留證或其他相關證明文件,參加第一項之協調會議。但其護照及居留證遭非法留置者,不在此限。

外國人無正當理由不到場者,視同放棄轉換雇主或工作。

第一項之協調會議,接續聘僱申請人應說明外國人預定工作內容,並與外國人合意決定之。外國人人數超過雇主得接續聘僱外國人人數時,由公立就業服務機構協調之。

中央主管機關規定之期間內,外國人無符合第七條第一項第一款或第二款規定之申請人登記接續聘僱者,始得由符合第七條第一項第三款至第五款規定之申請人,依序合意接續聘僱。

第11條　公立就業服務機構應自原雇主依第四條第二項規定辦理轉換登記之翌日起六十日內,依前二條規定辦理外國人轉換作業。但外國人有特殊情形經中央主管機關核准者,得延長轉換作業期間六十日,並以一次為限。

外國人受雇主或其僱用員工、委託管理人、親屬或被看護者人身侵害,經中央主管機關廢止聘僱許可者,其申請延長轉換作業得不受前項次數限制。

經核准轉換雇主或工作之外國人,於轉換作業或延長轉換作業期間,無正當理由未依前條規定出席協調會議,或已逾前二項轉換作業期間仍無法轉換雇主或工作者,公立就業服務機構應通知原雇主於公立就業服務機構協調會議翌日起十四日內,負責為該外國人辦理出國手續並使其出國。但外國人有特殊情形經中央主管機關核准者,不在此限。

前項原雇主行蹤不明時,由直轄市、縣(市)主管機關洽請外國人工作所在地警察機關或移民主管機關,辦理外國人出國事宜。

符合第一項但書規定特殊情形之外國人,應於原轉換作業期間屆滿前十四日內,申請延長轉換作業期間。

第12條　公立就業服務機構完成外國人轉換作業後,應發給接續聘僱證明書予接續聘僱之雇主及原雇主。

第13條　接續聘僱之雇主應於取得接續聘僱證明書之翌日起十五日內,檢具下列文件向中央主管機關申請核發聘僱許可或展

延聘僱許可：

一、申請書。

二、申請人或公司負責人之身分證明文件、公司登記證明、有限合夥登記證明、商業登記證明、工廠登記證明、特許事業許可證等影本。但依相關法令規定，免辦工廠登記證明或特許事業許可證者，免附。

三、依第二十條規定，經當地主管機關核發受理通報之證明文件。

四、其他如附表一之文件。

雇主接續僱傭畢業僑外生從事旅宿服務工作，應檢附前項規定文件及觀光旅館業營業執照、旅館業或民宿登記證等影本。

雇主為人民團體者，除檢附第一項第一款、第三款及第四款規定之文件外，應另檢附該團體負責人之身分證明文件及團體立案證書影本。

第 14 條　接續僱傭之雇主聘僱許可期間最長為三年。但以遞補招募許可申請接續聘僱者，以補足所聘僱外國人原聘僱許可期間為限。

第 15 條　接續僱傭之雇主依本準則接續聘僱外國人之人數，與下列各款人數之合計，不得超過中央主管機關規定之比率或數額上限：

一、得申請招募許可人數、已取得招募許可人數及已聘僱外國人人數。但有下列情形之一者，不予列計：

　　(一) 已取得重新招募之外國人人數。

　　(二) 原招募許可所依據之事實事後發生變更，致無法申請遞補招募、重新招募或聘僱之外國人人數。

二、申請接續聘僱日前二年內，因可歸責雇主之原因，經廢止招募許可及聘僱許可之人數。

第 16 條　原雇主行蹤不明，外國人經工作所在地之直轄市或縣（市）主管機關認定有本法第五十九條第一項各款情事之一，且情況急迫需立即安置者，主管機關於徵詢外國人同意後，應逕行通知公立就業服務機構為其辦理登記。

第 17 條　有下列情形之一，申請人得直接向中央主管機關申請接續聘僱外國人，不適用第二條至第十三條規定：

一、原雇主有死亡、移民或其他無法繼續聘僱外國人之事由，申請人與原被看護者有第四項規定親屬關係或申請人為聘僱家庭幫傭之原雇主配偶者。

二、審查標準第三條、第四條第二款、第五條第一款、第四款、第六款及第六條第三款第一目、第二目、第四目、第八目、第四款所定工作之自然人雇主，因變更船主或負責人，且於事由發生日當月之前六個月起開始接續聘僱原雇主全部本國勞工者。

三、承購或承租原製造業雇主之機器設備或廠房，或承購或承租原雇主之屠宰場，且於事由發生日當月前六個月起開始接續聘僱原雇主全部本國勞工者。

四、原雇主因關廠、歇業等因素造成重大工程停工，接續承建原工程者。

五、經中央主管機關廢止或不予核發聘僱許可之外國人及符合第七條第一項第一款、第二款或第三項申請資格之雇主，於中央主管機關核准外國人轉換雇主作業期間，簽署雙方合意接續聘僱證明文件者（以下簡稱雙方合意接續聘僱）。

六、外國人、原雇主及符合第七條第一項第一款、第二款或第三項申請資格之雇主簽署三方合意接續聘僱證明文件者（以下簡稱三方合意接續聘僱）。

事業單位併購後存續、新設或受讓事業單位，於事由發生日當月前六個月內接續聘僱或留用原雇主全部或分割部分之本國勞工者，應直接向中央主管機關申請資料異動，不適用第二條至第十五條規定。

事業單位為法人者，其船主或負責人變更時，應向中央主管機關申請船主或負責人資料異動，不適用第二條至第十五條規定。

第一項第一款之親屬關係如下：

一、配偶。

二、直系血親。

三、三親等內之旁系血親。

四、繼父母、繼子女、配偶之父母或繼父母、子女或繼子女之配偶。

五、祖父母與孫子女之配偶、繼祖父母與孫子女、繼祖父母與孫子女之配偶。

第18條　雇主有前條第一項第三款情事，依第十五條規定接續聘僱第二類外國人總人數之比率，得依下列情形予以提高。但合計不得超過雇主申請當月前二個月之前一年僱用員工平均人數之百分之四十：

一、提高比率至百分之五者：雇主聘僱外國人每人每月額外繳納就業安定費新臺幣三千元。

二、提高比率超過百分之五至百分之十者：雇主聘僱外國人每人每月額外繳納就業安定費新臺幣五千元。

三、提高比率超過百分之十至百分之十五者：雇主聘僱外國人每人每月額外繳納就業安定費新臺幣七千元。

四、提高比率超過百分之十五至百分之二十者：雇主聘僱外國人每人每月額外繳納就業安定費新臺幣九千元。

雇主依前項各款提高比率接續聘僱外國人後，不得變更應額外繳納就業安定費之數額。

第19條　第十七條第一項各款所定情形，其申請期間如下：

一、第一款至第四款：應於事由發生日起六十日內提出。

二、第五款及第六款：應於雙方或三方合意接續聘僱之翌日起十五日內提出。

前項第一款事由發生日如下：

一、第十七條第一項第一款：原雇主死亡、移民或其他事由事實發生日。

二、第十七條第一項第二款及第三款：漁船、箱網養殖漁業、養護機構、工廠、屠宰場、農、林、牧場域、養殖場、旅館或民宿變更或註銷登記日。

三、第十七條第一項第四款：接續承建原工程日。

第十七條第二項所定情形，應於併購基準日起六十日內提出申請。

原雇主於取得招募許可後至外國人未入國前有第十七條第一項第一款規定之情事者，符合同條第四項親屬關係之申請人，得於外國人入國後十五日內，向中央主管機關申請接續聘僱許可。

第十七條第一項第二款、第三款及第二項之原雇主已取得招募許可，且於許可有效期間尚未足額申請或引進外國人之人數者，申請人應於第一項及第二項規定期間內一併提出申請。

第20條　**雇主接續聘僱第二類外國人及中階技術外國人者，應檢附下列文件，通知當地主管機關實施檢查：**

一、雇主接續聘僱外國人通報單。

二、外國人生活照顧服務計畫書。

三、外國人名冊。

四、外國人入國工作費用及工資切結書。但接續聘僱中階技術外國人者，免附。

五、中央主管機關規定之其他文件。

前項雇主應於下列所定之期間，通知當地主管機關：

一、依第七條規定申請者：於公立就業服務機構發給接續聘僱證明書之日起三日內。

二、依第十七條第一項第一款至第四款及第二項規定申請者：於前條第二項及第三項所定之事由發生日起六十日內。但原雇主於取得招募許可後至外國人未入國前有第十七條第一項第一款規定之情事者，符合同條第四項親屬關係之申請人，於外國人入國後三日內。

三、依第十七條第一項第五款及第六款規定申請者：於雙方或三方合意接續聘僱日起三日內。

雇主依前二項規定通知當地主管機關後，撤回者不生效力。

雇主檢附之文件符合第一項規定者，當地主管機關應核發受理雇主接續聘僱外國人通報證明書，並依聘僱許可辦法第三十三條及第三十四條規定辦理。但核發證明書之日前六個月內已檢查合格者，得免實施第一項檢查。

第21條　接續聘僱之雇主或原雇主依本準則接續聘僱或轉出外國人時，不得以同一外國人名額，同時或先後簽署雙方或三方合意接續聘僱證明文件，或至公立就業服務機構接續聘僱或轉出外國人。

第22條　雇主依第十七條第一項規定申請接續聘僱外國人，應檢附下列文件：

一、申請書。

二、事由證明文件。

三、依第二十條規定，經當地主管機關核發受理通報之證明文件。

四、其他如附表二之文件。

前項第二款事由證明如下：

一、依第十七條第一項第一款規定資格申請者：

　(一) 原雇主死亡、移民或其他無法繼續聘僱外國人相關證明文件。

　(二) 申請人及被看護者或受照顧人之戶口名簿影本。

二、依第十七條第一項第二款規定資格申請者：

　(一) 審查標準第三條、第四條第二款、第五條第一款、第四款、第六款及第六條第三款第一目、第二目、第四目、第八目、第四款所定工作之自然人雇主變更船主或負責人證明文件影本。

　(二) 原雇主聘僱本國勞工及申請人所接續聘僱本國勞工之勞工保險資料及名冊正本。

三、依第十七條第一項第三款規定資格申請者：

　(一) 工廠或屠宰場買賣發票或依公證法公證之租賃契約書影本。

　(二) 工廠、屠宰場或公司變更登記及註銷等證明文件影本。

　(三) 原雇主聘僱本國勞工及申請人所接續聘僱本國勞工之勞工保險資料及名冊影本。

四、依第十七條第一項第四款規定資格申請者：

　(一) 原雇主關廠歇業證明文件影本。

　(二) 申請人公司登記證明文件影本。

　(三) 申請人承接原工程之工程契約書影本。

五、依第十七條第一項第五款規定資格申請者：雙方合意接續聘僱之證明文件。

六、依第十七條第一項第六款規定資格申請者：

(一) 第二條第一項第二款證明文件之一。

(二) 三方合意接續聘僱之證明文件。

依第十七條第二項資格申請資料異動,應檢附下列文件:

一、申請書。

二、事由證明文件。

三、負責人之身分證明文件、申請人及原雇主公司登記證明、有限合夥登記證明、商業登記證明。

依第十七條第三項資格申請資料異動,應檢附下列文件:

一、申請書。

二、事業單位依法變更登記相關證明文件。

三、負責人身分證明文件。

第23條　受聘僱為第二類外國人、中階技術外國人或從事旅宿服務工作之畢業僑外生,於聘僱許可期間屆滿前二個月至四個月內,經與原雇主協議不續聘,且願意轉由新雇主接續聘僱者(以下簡稱期滿轉換之外國人),原雇主應檢附下列文件向中央主管機關申請轉換雇主或工作。但外國人已於前開期間由新雇主申請期滿轉換並經許可者,原雇主得免向中央主管機關申請外國人轉換雇主或工作:

一、申請書。

二、外國人同意轉換雇主或工作之證明文件。

中央主管機關應依前項外國人之意願,於指定之資訊系統登錄必要資料。

公立就業服務機構於前項資料登錄後,應依外國人期待工作地點、工作類別及其他中央主管機關指定之條件,辦理外國人期滿轉換作業;其程序依第九條第二項、第十條及第十二條規定。

第24條　雇主申請接續聘僱期滿轉換之第二類外國人,應以招募許可函有效期間,尚未足額引進者為限。

雇主申請接續聘僱期滿轉換之中階技術外國人及從事旅宿服務工作之畢業僑外生,應符合審查標準規定,其聘僱外國人人數,以尚未足額聘僱者為限。

第25條　期滿轉換之外國人辦理轉換雇主或工作,不以原從事之同一工作類別為限。

轉換工作類別之外國人,其資格應符合審查標準規定。

第26條　期滿轉換之外國人,應於中央主管機關核准轉換雇主或工作之日起至聘僱許可期間屆滿前十四日內,辦理轉換作業。

前項所定轉換作業期間,不得申請延長。

經中央主管機關核准轉換雇主或工作之期滿轉換外國人,逾第一項轉換作業期間仍無法轉換雇主或工作者,應由原雇主於聘僱許可期間屆滿前,負責為該外國人辦理出國手續並使其出國。

第27條　符合第二十四條申請資格之雇主,於外國人聘僱許可有效期間屆滿前,與期滿轉換之外國人簽署雙方合意接續聘僱證明文件者,應直接向中央主管機關申請接續聘僱外國人,不適用第二條至第十三條及第二十三條規定。

第28條　雇主接續聘僱期滿轉換之第二類外國人及中階技術外國人,應於下列所定之日起三日內,檢附第二十條第一項所定文件通知當地主管機關實施檢查:

一、公立就業服務機構發給期滿轉換接續聘僱證明書之日。

二、與外國人簽署雙方合意接續聘僱證明文件之日。

雇主依前項規定通知當地主管機關後,不得撤回。但有不可歸責於雇主之事由者,不在此限。

雇主檢附之文件符合第一項規定者，當地主管機關應核發受理雇主接續聘僱期滿轉換之外國人通報證明書，並依聘僱許可辦法第三十三條及第三十四條規定辦理。但核發證明書之日前一年內已檢查合格者，得免實施第一項檢查。

第29條　雇主接續聘僱期滿轉換之第二類外國人，應於簽署雙方合意接續聘僱證明文件之翌日起十五日內，檢具下列文件向中央主管機關申請核發接續聘僱許可：
一、申請書。
二、申請人或公司負責人之身分證明文件；其公司登記證明、有限合夥登記證明、商業登記證明、工廠登記證明或特許事業許可證等影本。但依相關法令規定，免辦工廠登記證明或特許事業許可證者，免附。
三、依前條規定，經當地主管機關核發受理通報之證明文件。
四、招募許可函正本。但接續聘僱中階技術外國人者，免附。
五、審查費收據正本。
六、外國人向入出國管理機關申請居留之證明文件。
前項第四款招募許可函未具引進效力者，應另檢附入國引進許可函及名冊正本。
雇主接續聘僱期滿轉換之中階技術外國人，應於簽署雙方合意接續聘僱證明文件之翌日起十五日內，檢具第一項第一款至第三款、第五款規定文件及下列文件，向中央主管機關申請核發接續聘僱許可：
一、求才證明書。但聘僱從事中階技術家庭看護工作者，免附。
二、雇主辦理國內招募時，其聘僱國內勞工之名冊。但聘僱從事中階技術家庭看護工作者，免附。
三、直轄市或縣（市）政府依聘僱許可辦

法第四十四條第一項第五款開具之證明文件。
四、受聘僱外國人之護照影本或外僑居留證影本。
五、其他應檢附文件如附表三。
雇主接續聘僱期滿轉換之畢業僑外生從事旅宿服務工作，應於簽署雙方合意接續聘僱證明文件之翌日起十五日內，檢附第一項第一款、第二款、第五款、前項規定文件及觀光旅館業營業執照、旅館業或民宿登記證等影本，向中央主管機關申請核發接續聘僱許可。
雇主為人民團體者，除檢附第一項第一款、第三款至第六款及第三項規定之文件外，應另檢附該團體負責人之身分證明文件及團體立案證書影本。
中央主管機關應自期滿轉換外國人之原聘僱許可期間屆滿之翌日起核發接續聘僱許可，許可期間最長為三年。但以遞補招募許可申請接續聘僱者，以補足所聘僱外國人原聘僱許可期間為限。

第30條　接續聘僱外國人之雇主，應於下列所定之日起依本法之規定負雇主責任，並繳交就業安定費：
一、依第七條規定申請者，自公立就業服務機構核發接續聘僱證明書之日。
二、依第十七條第一項第一款至第四款規定申請者，自第十九條第二項規定之事由發生日。
三、依第十七條第一項第五款及第六款規定申請者，自雙方合意接續聘僱或三方合意接續聘僱日。
四、依第十七條第二項規定申請者，自第十九條第三項規定之事由發生日。
五、依第二十七條及第二十九條規定申請者，自原聘僱許可期間屆滿翌日。
前項之雇主經中央主管機關不予核發聘僱

許可者，中央主管機關得核發外國人自前項所定之日起至不予核發聘僱許可日之期間之接續聘僱許可。

第一項之雇主，自第一項所定之日起對所接續聘僱外國人有本法第五十六條規定之情形者，應依規定通知當地主管機關、入出國管理機關及警察機關，並副知中央主管機關。但因聘僱關係終止而通知者，當地主管機關應依聘僱許可辦法第六十八條規定辦理。

第31條　接續聘僱之雇主得於聘僱許可期間屆滿前，依審查標準及相關規定辦理重新招募。

前項辦理重新招募外國人時，其重新招募外國人人數、已聘僱外國人人數及已取得招募許可人數，合計不得超過中央主管機關規定之比率或數額上限。

審查標準第五條第一款所定製造工作之雇主，申請前項重新招募許可人數，以同一勞工保險證號之前次招募許可引進或接續聘僱許可人數為限。

雇主依第十三條或第十七條規定辦妥聘僱許可或展延聘僱許可後，已逾重新招募辦理期間者，得於取得聘僱許可或展延聘僱許可四個月內辦理重新招募。

雇主接續聘僱中階技術外國人及從事旅宿服務工作之畢業僑外生，免辦理重新招募許可。

第32條　製造業雇主聘僱外國人人數與其依第七條第一項第一款至第五款及第十七條第一項第三款規定接續聘僱外國人人數、引進前條第一項外國人總人數，及中央主管機關辦理查核雇主聘僱外國人之比率及方式，應符合附表四規定。

前項雇主，未依審查標準第二十五條規定聘僱外國人者，每月至少應聘僱本國勞工一人，始得聘僱外國人一人。

中央主管機關自雇主接續聘僱第一項首名外國人滿三個月起，每三個月依前二項規定查核雇主聘僱外國人之比率或人數及本國勞工人數。

第一項及第二項聘僱外國人人數、本國勞工人數及僱用員工人數，以中央主管機關查核當月之前二個月為基準月份，自基準月份起採計前三個月參加勞工保險人數之平均數計算。

取得審查標準第三十條資格，依第七條第一項第一款至第四款及第十七條第一項第三款規定接續聘僱外國人之製造業雇主，中央主管機關除依前四項規定辦理查核外，並應依審查標準第三十四條附表八規定辦理下列查核：

一、雇主聘僱外國人人數及引進審查標準第二十四條、第二十五條、第二十六條至第二十八條、第三十一條所定外國人總人數。

二、雇主同一勞工保險證號應新增聘僱國內勞工，其勞工保險投保薪資及勞工退休金提繳工資，應符合下列規定：

(一) 符合審查標準第三十條第一項規定者：均達新臺幣三萬零三百元以上。

(二) 符合審查標準第三十條第二項規定者：均達新臺幣三萬三千三百元以上。

雇主聘僱外國人超過第一項及前項第一款所定之比率或人數，及聘僱本國勞工人數未符第二項所定人數，經中央主管機關通知限期改善，屆期未改善者，或違反前項第二款規定，應依本法第七十二條規定，廢止雇主超過規定人數之招募許可及聘僱許可，並計入第十五條與審查標準第二十五條附表六之聘僱外國人總人數。

第一項至第五項雇主聘僱外國人總人數，不計入中階技術外國人人數。

第33條 屠宰業雇主聘僱外國人人數與其依第七條第一項第一款至第四款及第十七條第一項第三款規定接續聘僱外國人人數、引進第三十一條第一項外國人總人數，及中央主管機關辦理查核雇主聘僱外國人之比率及方式，應符合附表五規定。

中央主管機關自雇主接續聘僱前項首名外國人滿三個月起，每三個月依前項規定查核雇主聘僱外國人之比率或人數。

第一項聘僱外國人人數及僱用員工人數，以中央主管機關查核當月之前二個月為基準月份，自基準月份起採計前三個月參加勞工保險人數之平均數計算。

雇主聘僱外國人超過第一項所定之比率或人數，經中央主管機關通知限期改善，屆期未改善者，應依本法第七十二條規定，廢止雇主超過規定人數之招募許可及聘僱許可，並分別計入第十五條與審查標準第四十九條附表十之聘僱外國人總人數。

第34條 雇主或外國人未依本準則所定期限通知或申請者，經中央主管機關認可後，得於所定期限屆滿後十五日內，補行通知或申請。

前項雇主補行通知或申請，就同一通知或申請案別，以一次為限。

第35條 本準則所規定之書表格式，由中央主管機關公告之。

第36條 本準則自發布日施行。

本準則中華民國一百零六年七月六日修正發布之條文，自一百零七年一月一日施行；一百十一年四月二十九日修正發布之條文，自一百十一年四月三十日施行；一百十一年十月十二日修正發布之第

十三條附表一、第二十九條附表三，自一百十一年八月十七日施行。

16.私立就業服務機構許可及管理辦法
中華民國113年1月30日修正發布

第一章 總則

第1條 本辦法依就業服務法（以下簡稱本法）第34條第3項及第40條第2項規定訂定之。

第2條 本法所稱**私立就業服務機構，依其設立目的分為營利就業服務機構及非營利就業服務機構**，其定義如下：
一、**營利就業服務機構**：謂依公司法所設立之公司或依商業登記法所設立之商業組織，從事就業服務業務者。
二、**非營利就業服務機構**：謂依法設立之財團、以公益為目的之社團或其他非以營利為目的之組織，從事就業服務業務者。

第3條 本法第35條第1項第4款所定其他經中央主管機關指定之就業服務事項如下：
一、接受雇主委任辦理聘僱外國人之招募、引進、接續聘僱及申請求才證明、招募許可、聘僱許可、展延聘僱許可、遞補、轉換雇主、轉換工作、變更聘僱許可事項、通知外國人連續曠職3日失去聯繫之核備。
二、接受雇主或外國人委任辦理在中華民國境內工作外國人之生活照顧服務、安排入出國、安排接受健康檢查、健康檢查結果函報衛生主管機關、諮詢、輔導及翻譯。

三、接受從事本法第46條第1項第8款至第11款規定工作之外國人委任，代其辦理居留業務。

第4條 私立就業服務機構收取費用時，應掣給收據，並保存收據存根。

介紹費之收取，應於聘僱契約生效後，始得為之。

聘僱契約生效後四十日內，因可歸責於求職人之事由，致聘僱契約終止者，雇主得請求私立就業服務機構免費重行推介一次，或退還百分之五十之介紹費。

聘僱契約生效後四十日內，因可歸責於雇主之事由，致聘僱契約終止者，求職人得請求私立就業服務機構免費重行推介一次，或退還百分之五十之介紹費。

求職人或雇主已繳付登記費者，得請求原私立就業服務機構於六個月內推介三次。但經推介於聘僱契約生效或求才期限屆滿者，不在此限。

第5條 本法第36條所稱**就業服務專業人員，應具備下列資格之一者：**

一、**經中央主管機關發給測驗合格證明，並取得就業服務專業人員證書。**

二、**就業服務職類技能檢定合格，經中央主管機關發給技術士證，並取得就業服務專業人員證書。**

參加就業服務職類技術士技能檢定者，應具備經教育部立案或認可之國內外高中職以上學校畢業或同等學力資格。

第5-1條 就業服務專業人員以取得一張就業服務專業人員證書為限。

就業服務專業人員經依本法第71條規定廢止證書者，自廢止之日起二年內不得再行申請核發證書。

本辦法中華民國93年1月13日修正發布後，取得就業服務專業人員效期證書者，由中央主管機關換發就業服務專業人員證書。

第6條 本法第36條所稱**就業服務專業人員之數額如下：**

一、**從業人員人數在五人以下者，應置就業服務專業人員至少一人。**

二、**從業人員人數在六人以上十人以下者，應置就業服務專業人員至少二人。**

三、**從業人員人數逾十人者，應置就業服務專業人員至少三人，並自第十一人起，每逾十人應另增置就業服務專業人員一人。**

私立就業服務機構或其分支機構依前項規定所置之就業服務專業人員，已為其他私立就業服務機構或分支機構之就業服務專業人員者，不計入前項所定之數額，且不得從事第7條第1項第4款所定之職責。

第7條 **就業服務專業人員之職責如下：**

一、**辦理暨分析職業性向。**

二、**協助釐定生涯發展計畫之就業諮詢。**

三、**查對所屬私立就業服務機構辦理就業服務業務之各項申請文件。**

四、**依規定於雇主相關申請書簽證。**

就業服務專業人員執行前項業務，應遵守誠實信用原則。

第8條 本法第39條所稱各項文件資料包括：

一、職員名冊應記載職員姓名、國民身分證統一編號、性別、地址、電話及到職、離職日期等事項。

二、各項收費之收據存根，含第4條第1項規定之收據存根。

三、會計帳冊。

四、求職登記及求才登記表應記載求職人或雇主名稱、地址、電話、登記日期及求職、求才條件等事項。

五、求職、求才狀況表。

六、與雇主、求職人簽訂之書面契約。

七、仲介外國人從事本法第46條第1項第8款至第11款工作之外國人報到紀錄表及外國人入國工作費用及工資切結書。

八、主管機關規定之其他文件資料。

前項文件資料應保存五年。

第9條　私立就業服務機構，受理求職登記或推介就業，不得有下列情形：

一、推介15歲以上未滿16歲之童工，及16歲以上未滿18歲之人，從事危險性或有害性之工作。

二、受理未滿15歲者之求職登記或為其推介就業。但國民中學畢業或經主管機關認定其工作性質及環境無礙其身心健康而許可者，不在此限。

三、推介未滿18歲且未具備法定代理人同意書及其年齡證明文件者就業。

第10條　私立就業服務機構除經許可外，不得以其他形式設立分支機構，從事就業服務業務。

第10-1條　私立就業服務機構及其分支機構申請許可，及就業服務專業人員申請證書，主管機關得公告採網路傳輸方式申請項目。

依前項規定公告之項目，私立就業服務機構及其分支機構申請許可，及就業服務專業人員申請證書，應採網路傳輸方式為之。但有正當理由，經主管機關同意者，不在此限。

第二章　私立就業服務機構之許可及變更

第11條　辦理仲介本國人在國內工作之營利就業服務機構最低實收資本總額為新臺幣50萬元，每增設一分支機構，應增資新臺幣20萬元。但原實收資本總額已達增設分支機構所須之實收資本總額者，不在此限。

仲介外國人至中華民國工作、或依規定仲介香港或澳門居民、大陸地區人民至臺灣地區工作、或仲介本國人至臺灣地區以外工作之營利就業服務機構，最低實收資本總額為新臺幣500萬元，每增設一分公司，應增資新臺幣200萬元。但原實收資本總額已達增設分支機構所須之實收資本總額者，不在此限。

仲介外國人至中華民國工作、或依規定仲介香港或澳門居民、大陸地區人民至臺灣地區工作、或仲介本國人至臺灣地區以外工作之非營利就業服務機構，應符合下列規定：

一、依法向主管機關登記設立2年以上之財團法人或公益社團法人；其為公益社團法人者，應為職業團體或社會團體。

二、申請之日前2年內，因促進社會公益、勞雇和諧或安定社會秩序等情事，受主管機關或目的事業主管機關獎勵或有具體事蹟者。

第12條　私立就業服務機構及其分支機構之設立，應向所在地之主管機關申請許可。但從事仲介外國人至中華民國工作、或依規定仲介香港或澳門居民、大陸地區人民至臺灣地區工作、或仲介本國人至臺灣地區以外工作者，應向中央主管機關申請許可。

申請設立私立就業服務機構及其分支機構者，應備下列文件申請籌設許可：

一、申請書。

二、法人組織章程或合夥契約書。

三、營業計畫書或執行業務計畫書。

四、收費項目及金額明細表。

五、實收資本額證明文件。但非營利就業服務機構免附。

六、主管機關規定之其他文件。

主管機關於必要時，得要求申請人繳驗前

項文件之正本。

經中央主管機關許可籌設之從事仲介外國人至中華民國工作、或依規定仲介香港或澳門居民、大陸地區人民至臺灣地區工作、或仲介本國人至臺灣地區以外工作者，應於申請設立許可前，通知當地主管機關檢查。

前項檢查項目由中央主管機關公告之。

第13條 前條經許可籌設者，應自核發籌設許可之日起三個月內，依法登記並應備下列文件向主管機關申請設立許可及核發許可證：
一、申請書。
二、從業人員名冊。
三、就業服務專業人員證書及其國民身分證正反面影本。
四、公司登記、商業登記證明文件或團體立案證書影本。
五、銀行保證金之保證書正本。但分支機構、非營利就業服務機構及辦理仲介本國人在國內工作之營利就業服務機構免附。
六、經當地主管機關依前條第4項規定檢查確有籌設事實之證明書。
七、主管機關規定之其他文件。
主管機關於必要時，得要求申請人繳驗前項文件之正本。

未能於第1項規定期限內檢具文件申請者，應附其理由向主管機關申請展延，申請展延期限最長不得逾二個月，並以一次為限。

經審核合格發給許可證者，本法第34條第1項及第2項之許可始為完成。

經中央主管機關許可之私立就業服務機構，並得從事仲介本國人在國內工作之就業服務業務。

第13-1條 主管機關得自行或委託相關機關（構）、團體辦理私立就業服務機構評鑑，評鑑成績分為A、B及C三級。
前項評鑑辦理方式、等級、基準及評鑑成績優良者之表揚方式，由主管機關公告之。

第14條 辦理仲介外國人至中華民國工作、或依規定仲介香港或澳門居民、大陸地區人民至臺灣地區工作、或仲介本國人至臺灣地區以外工作之營利就業服務機構，依第13條第1項第5款規定應繳交由銀行出具金額新臺幣三百萬元保證金之保證書，作為民事責任之擔保。

前項營利就業服務機構於許可證有效期間未發生擔保責任及最近一次經評鑑為A級者，每次許可證效期屆滿換發新證時，保證金依次遞減新臺幣一百萬元之額度。但保證金數額最低遞減至新臺幣一百萬元。

前二項營利就業服務機構發生擔保責任，經以保證金支付後，其餘額不足法定數額者，應由該機構於不足之日起一個月內補足，並於其許可證效期屆滿換發新證時，保證金數額調為新臺幣三百萬元。未補足者，由中央主管機關廢止其設立許可。

營利就業服務機構所繳交銀行保證金之保證書，於該機構終止營業繳銷許可證或註銷許可證或經主管機關廢止設立許可之日起一年後，解除保證責任。

第15條 私立就業服務機構及其分支機構申請籌設許可、設立許可或重新申請設立許可有下列情形之一，主管機關應不予許可：
一、不符本法或本辦法之申請規定者。
二、機構或機構負責人、經理人、董（理）事或代表人曾違反本法第34條第2項或第45條規定，受罰鍰處分、經檢察機關起訴或法院判決有罪者。

三、機構負責人、經理人、董（理）事或
代表人曾任職私立就業服務機構，因
其行為致使該機構有下列情事之一
者：
(一) 違反本法第40條第1項第4款至第
9款或第45條規定。
(二) 違反本法第40條第1項第2款或第
14款規定，經限期改善，屆期未
改善。
(三) 同一事由，受罰鍰處分三次，仍
未改善。
(四) 一年內受罰鍰處分四次以上。
(五) 一年內受停業處分二次以上。
四、機構負責人、經理人、董（理）事或
代表人從事就業服務業務或假借業務
上之權力、機會或方法對求職人、
雇主或外國人曾犯刑法第221條至第
229條、第231條至第233條、第296
條至第297條、第302條、第304條、
第305條、第335條、第336條、第
339條、第341條、第342條或第346
條規定之罪，經檢察機關起訴或法院
判決有罪者。
五、機構負責人、經理人、董（理）事或
代表人曾犯人口販運防制法所定人口
販運罪，經檢察機關起訴或法院判決
有罪者。
六、非營利就業服務機構曾因妨害公益，
受主管機關或目的事業主管機關處罰
鍰、停業或限期整理處分。
七、營利就業服務機構申請為營業處所之
公司登記地址或商業登記地址，已設
有私立就業服務機構者。
八、非營利就業服務機構申請之機構地
址，已設有私立就業服務機構者。
九、評鑑為C級，經限期令其改善，屆期
不改善或改善後仍未達B級者。

十、申請設立分支機構，未曾接受評鑑而
無評鑑成績或最近一次評鑑成績為C
級者。
十一、規避、妨礙或拒絕接受評鑑者。
十二、接受委任辦理聘僱許可，外國人於下
列期間發生行蹤不明情事達附表一規
定之人數及比率者：
(一) 入國第31日至第90日。
(二) 入國30日內，因私立就業服務機
構及其分支機構未善盡受任事務
所致。
前項第二款至第六款及第十二款規定情
事，以申請之日前二年內發生者為限。
直轄市或縣（市）主管機關核發許可證
者，不適用第一項第九款及第十二款規定。

第15-1條 本法第40條第1項第17款所稱
接受委任引進之外國人入國三個月內發生
行蹤不明之情事，並於一年內達一定之人
數及比率者，指接受委任引進之外國人於
下列期間發生行蹤不明情事達第15條附表
一規定之人數及比率者：
一、入國第31日至第90日。
二、入國30日內，因私立就業服務機構
及其分支機構未善盡受任事務所致。
中央主管機關應定期於每年3月、6月、9
月及12月，依第15條附表1規定查核私立
就業服務機構。
中央主管機關經依前項規定查核，發現私
立就業服務機構達第15條附表1規定之人
數及比率者，應移送直轄市或縣（市）主
管機關裁處罰鍰。

第16條 外國人力仲介公司辦理仲介其本
國人或其他國家人民至中華民國、或依規
定仲介香港或澳門居民、大陸地區人民至
臺灣地區，從事本法第46條第1項第8款至
第10款規定之工作者，應向中央主管機關
申請認可。

外國人力仲介公司取得前項認可後，非依第17條規定經主管機關許可，不得在中華民國境內從事任何就業服務業務。

第1項認可有效期間為二年；其申請應備文件如下：

一、申請書。

二、當地國政府許可從事就業服務業務之許可證或其他相關證明文件影本及其中譯本。

三、最近二年無違反當地國勞工法令證明文件及其中譯本。

四、中央主管機關規定之其他文件。

前項應備文件應於申請之日前三個月內，經當地國政府公證及中華民國駐當地國使館驗證。

外國人力仲介公司申請續予認可者，應於有效認可期限屆滿前三十日內提出申請。

中央主管機關為認可第1項規定之外國人力仲介公司，得規定其國家或地區別、家數及業務種類。

第17條　主管機關依國內經濟、就業市場狀況，得許可外國人或外國人力仲介公司在中華民國境內設立私立就業服務機構。

外國人或外國人力仲介公司在中華民國境內設立私立就業服務機構，應依本法及本辦法規定申請許可。

第18條　私立就業服務機構及其分支機構變更機構名稱、地址、資本額、負責人、經理人、董（理）事或代表人等許可證登記事項前，應備下列文件向原許可機關申請變更許可：

一、申請書。

二、股東同意書或會議決議紀錄；屬外國公司在臺分公司申請變更負責人時，應檢附改派在中華民國境內指定之負責人授權書。

三、許可證影本。

四、主管機關規定之其他文件。

前項經許可變更者，應自核發變更許可之日起3個月內依法辦理變更登記，並應備下列文件向主管機關申請換發許可證：

一、申請書。

二、公司登記、商業登記證明文件或團體立案證書影本。

三、許可證正本。

四、主管機關規定之其他文件。

未能於前項規定期限內檢具文件申請者，應附其理由向主管機關申請展延，申請展延期限最長不得逾2個月，並以一次為限。

第19條　私立就業服務機構及其分支機構申請變更許可，有下列情形之一，主管機關應不予許可：

一、申請變更後之機構負責人、經理人、董（理）事或代表人，曾違反本法第34條第2項或第45條規定，受罰鍰處分、經檢察機關起訴或法院判決有罪者。

二、申請變更後之機構負責人、經理人、董（理）事或代表人，曾任職私立就業服務機構，因執行業務致使該機構有下列情事之一者：

(一) 違反本法第40條第1項第4款至第9款或第45條規定。

(二) 違反本法第40條第1項第2款或第14款規定，經限期改善，屆期未改善。

(三) 同一事由，受罰鍰處分三次，仍未改善。

(四) 一年內受罰鍰處分四次以上。

(五) 一年內受停業處分二次以上。

三、申請變更後之機構負責人、經理人、董（理）事或代表人從事就業服務業務或假借業務上之權力、機會或方法對求職人、雇主或外國人曾犯刑法第221條至第229條、第231條至第233

條、第296條至第297條、第302條、第304條、第305條、第335條、第336條、第339條、第341條、第342條或第346條規定之罪，經檢察機關起訴或法院判決有罪者。

四、申請變更後之機構負責人、經理人、董（理）事或代表人曾犯人口販運防制法所定人口販運罪，經檢察機關起訴或法院判決有罪者。

五、營利就業服務機構申請變更後之營業處所之公司登記地址或商業登記地址，已設有私立就業服務機構者。

六、非營利就業服務機構申請變更後之機構地址，已設有私立就業服務機構者。

七、未依前條規定申請變更許可者。

前項第1款至第4款規定情事，以申請之日前二年內發生者為限。

第三章　私立就業服務機構之管理

第20條　私立就業服務機構為雇主辦理聘僱外國人或香港或澳門居民、大陸地區人民在臺灣地區工作之申請許可、招募、引進、接續聘僱或管理事項前，應與雇主簽訂書面契約。辦理重新招募或聘僱時亦同。

前項書面契約應載明下列事項：

一、費用項目及金額。

二、收費及退費方式。

三、外國人或香港或澳門居民、大陸地區人民未能向雇主報到之損害賠償事宜。

四、外國人或香港或澳門居民、大陸地區人民入國後之交接、安排接受健康檢查及健康檢查結果函報衛生主管機關事宜。

五、外國人或香港或澳門居民、大陸地區人民之遣返、遞補、展延及管理事宜。

六、違約之損害賠償事宜。

七、中央主管機關規定之其他事項。

雇主聘僱外國人從事本法第46條第1項第9款規定之家庭幫傭或看護工作，第1項之書面契約，應由雇主親自簽名。

第21條　私立就業服務機構為從事本法第46條第1項第8款至第11款規定工作之外國人，辦理其在中華民國境內工作之就業服務事項，應與外國人簽訂書面契約，並載明下列事項：

一、服務項目。

二、費用項目及金額。

三、收費及退費方式。

四、中央主管機關規定之其他事項。

外國人從事本法第46條第1項第九款規定之家庭幫傭或看護工作，前項之書面契約，應由外國人親自簽名。

第1項契約應作成外國人所瞭解之譯本。

第22條　主管機關依第17條規定許可外國人或外國人力仲介公司在中華民國境內設立之私立就業服務機構，其負責人離境前，應另指定代理人，並將其姓名、國籍、住所或居所及代理人之同意書，向原許可機關辦理登記。

第23條　私立就業服務機構之就業服務專業人員異動時，應自異動之日起三十日內，檢附下列文件報請原許可機關備查：

一、就業服務專業人員異動申請表。

二、異動後之從業人員名冊。

三、新聘就業服務專業人員證書及其國民身分證正反面影本。

四、主管機關規定之其他文件。

第24條　私立就業服務機構之許可證，不得租借或轉讓。

前項許可證或就業服務專業人員證書污損者，應繳還原證，申請換發新證；遺失者，應備具結書及申請書，並載明原證字號，申請補發遺失證明書。

第25條 私立就業服務機構許可證有效期限為二年,有效期限屆滿前三十日內,應備下列文件重新申請設立許可及換發許可證:
一、申請書。
二、從業人員名冊。
三、公司登記、商業登記證明文件或團體立案證書影本。
四、銀行保證金之保證書正本。但分支機構、非營利就業服務機構及辦理仲介本國人在國內工作之營利就業服務機構免附。
五、申請之日前二年內,曾違反本法規定受罰鍰處分者,檢附當地主管機關所開具已繳納罰鍰之證明文件。
六、許可證正本。
七、主管機關規定之其他文件。
未依前項規定申請許可者,應依第27條之規定辦理終止營業,並繳銷許可證。未辦理或經不予許可者,由主管機關註銷其許可證。

第26條 私立就業服務機構暫停營業一個月以上者,應於停止營業之日起十五日內,向原許可機關申報備查。
前項停業期間最長不得超過一年;復業時應於十五日內申報備查。

第27條 私立就業服務機構終止營業時,應於辦妥解散、變更營業項目或歇業登記之日起三十日內,向原許可機關繳銷許可證。未辦理者,由主管機關廢止其設立許可。

第28條 私立就業服務機構應將許可證、收費項目及金額明細表、就業服務專業人員證書,揭示於營業場所內之明顯位置。

第29條 私立就業服務機構於從事職業介紹、人才仲介及甄選服務時,應告知所推介工作之內容、薪資、工時、福利及其他有關勞動條件。
私立就業服務機構接受委任仲介從事本法第46條第1項第8款至第10款規定工作之外國人,應向雇主及外國人告知本法或依本法發布之命令所規定之事項。

第30條 私立就業服務機構應於每季終了十日內,填報求職、求才狀況表送直轄市或縣(市)主管機關。
直轄市及縣(市)主管機關應於每季終了二十日內彙整前項資料,層報中央主管機關備查。

第31條 第16條之外國人力仲介公司或其從業人員從事就業服務業務有下列情形之一,中央主管機關得不予認可、廢止或撤銷其認可:
一、不符申請規定經限期補正,屆期未補正者。
二、逾期申請續予認可者。
三、經其本國廢止或撤銷營業執照或從事就業服務之許可者。
四、違反第16條第2項規定者。
五、申請認可所載事項或所繳文件有虛偽情事者。
六、接受委任辦理就業服務業務,違反本法第45條規定,或有提供不實資料或外國人健康檢查檢體者。
七、辦理就業服務業務,未善盡受任事務,致雇主違反本法第44條或第57條規定者。
八、接受委任仲介其本國人或其他國家人民至中華民國工作、或依規定仲介香港或澳門居民、大陸地區人民至臺灣地區工作,未善盡受任事務,致外國人發生行蹤不明失去聯繫之情事者。
九、辦理就業服務業務,違反雇主之意思,留置許可文件或其他相關文件者。

十、辦理就業服務業務,有恐嚇、詐欺、侵占或背信情事,經第一審判決有罪者。

十一、辦理就業服務業務,要求、期約或收受外國人入國工作費用及工資切結書或規定標準以外之費用,或不正利益者。

十二、辦理就業服務業務,行求、期約或交付不正利益者。

十三、委任未經許可者或接受其委任辦理仲介外國人至中華民國境內工作事宜者。

十四、在其本國曾受與就業服務業務有關之處分者。

十五、於申請之日前二年內,曾接受委任仲介其本國人或其他國家人民至中華民國境內工作,其仲介之外國人入國後三個月內發生行蹤不明情事達附表二規定之人數及比率者。

十六、其他違法或妨礙公共利益之行為,情節重大者。

中央主管機關依前項規定不予認可、廢止或撤銷其認可者,應公告之。

第31-1條 中央主管機關應定期於每年三月、六月、九月及十二月,依第三十一條附表二規定查核外國人力仲介公司接受委任仲介其本國人或其他國家人民至中華民國境內工作,其所仲介之外國人入國後一個月內發生行蹤不明情事之人數及比率。

中央主管機關經依前項規定查核後發現,外國人力仲介公司達第三十一條附表二規定人數及比率之次數,應通知外交部及駐外館處,依下列規定日數,暫停其接受外國人委任辦理申請簽證:

一、第一次:暫停七日。

二、第二次以上:暫停日數按次增加七日,最長為二十八日。

第32條 (刪除)

第33條 本法第40條第1項第11款所定報表如下:

一、求職、求才狀況表。

二、從業人員名冊。

三、就業服務專業人員異動申請表。

四、外國人招募許可之申請表。

五、外國人聘僱許可之申請表。

六、外國人展延聘僱許可之申請表。

七、外國人轉換雇主或工作之申請表。

八、外國人行蹤不明失去聯繫之申報表。

九、主管機關規定之其他報表。

第34條 私立就業服務機構接受委任辦理就業服務業務,應依規定於雇主或求職人申請書(表)加蓋機構圖章,並經負責人簽章及所置就業服務專業人員簽名。

第35條 私立就業服務機構刊播或散發就業服務業務廣告,應載明機構名稱、許可證字號、機構地址及電話。

第36條 從業人員或就業服務專業人員離職,私立就業服務機構應妥善處理其負責之業務及通知其負責之委任人。

第37條 私立就業服務機構經委任人終止委任時,應將保管之許可文件及其他相關文件,歸還委任人。

私立就業服務機構終止營業或經註銷許可證、廢止設立許可者,應通知委任人,並將保管之許可文件及其他相關文件歸還委任人,或經委任人書面同意,轉由其他私立就業服務機構續辦。

第38條 第16條規定之外國人力仲介公司經廢止或撤銷認可者,於二年內重行申請認可,中央主管機關應不予認可。

第39條 主管機關對私立就業服務機構所為評鑑成績、罰鍰、停止全部或一部營業、撤銷或廢止其設立許可者,應公告之。

第40條　主管機關得隨時派員檢查私立就業服務機構業務狀況及有關文件資料；經檢查後，對應改善事項，應通知其限期改善。

主管機關依前項所取得之資料，應保守秘密，如令業者提出證明文件、表冊、單據及有關資料為正本者，應於收受後十五日內發還。

第41條　直轄市及縣（市）主管機關應於每季終了二十日內，統計所許可私立就業服務機構之設立、變更、停業、復業、終止營業及違規受罰等情形，層報中央主管機關備查。

第42條　依身心障礙者權益保障法規定向主管機關申請結合設立之身心障礙者就業服務機構，不得有下列行為：

一、未依主管機關核定設立計畫執行者。

二、規避、妨礙或拒絕會計帳目查察者。

第四章　附則

第43條　本辦法有關書表格式由中央主管機關定之。

第44條　本辦法自發布日施行。

本辦法中華民國一百十二年九月四日修正發布之第三十一條之一及第三十一條附表二，自一百十二年十二月十六日施行。

附表一

私立就業服務機構及其分支機構不予籌設許可、設立許可或重新申請設立許可及定期查核移送直轄市或縣（市）主管機關裁處罰鍰之行蹤不明比率及人數	
辦理聘僱許可之外國人人數	行蹤不明比率及人數
1人至30人	10%以上
31人至100人	5%及3人以上
101人至200人	4%及5人以上
201人至500人	3.22%及8人以上
501人以上	2.45%及17人以上

註1：辦理聘僱許可之外國人人數：
　　(1)第15條第1項第12款規定：指申請之日前2年內辦理聘僱許可之外國人總人數。
　　(2)第15條之1規定：指查核之日前1年內辦理聘僱許可之外國人總人數。
註2：行蹤不明比率＝行蹤不明人數÷辦理聘僱許可之外國人人數。
註3：行蹤不明人數：指外國人於下列期間，發生連續曠職3日失去聯繫之情事，經廢止或不予核發聘僱許可之總人數：
　　(1)入國第31至第90日。
　　(2)入國30日內，因私立就業服務機構及其分支機構未善盡受任事務所致。

附表二

外國人力仲介公司不予認可之行蹤不明比率及人數	
辦理入國引進之外國人人數	行蹤不明比率及人數
1人至50人	7.28%以上
51人至200人	6.35%及4人以上
201人至500人	4.3%及13人以上
501人至1000人	3.33%及22人以上
1001人以上	2.94%及34人以上

註1：辦理入國引進之外國人人數：
　　(1)第三十一條第一項第十五款規定：指申請之日前二年內辦理入國引進之外國人總人數。
　　(2)第三十一條之一規定：指查核之日前三個月內辦理入國引進之外國人總人數。
註2：行蹤不明比率＝行蹤不明人數÷辦理入國引進之外國人人數。
註3：行蹤不明人數：
　　(1)第三十一條第一項第十五款規定：指外國人入國後三個月內，發生連續曠職三日失去聯繫之情事，經廢止或不予核發聘僱許可之總人數。
　　(2)第三十一條之一規定：指外國人入國後一個月內，發生連續曠職三日失去聯繫之情事，經廢止或不予核發聘僱許可之總人數。

17.就業促進津貼實施辦法
中華民國111年4月29日修正發布

第一章　總則

第 1 條 本辦法依就業服務法（以下簡稱本法）第23條第2項及第24條第4項規定訂定之。

第 2 條 本辦法之**適用對象**如下：
一、**非自願離職者。**
二、**本法第24條第1項各款所列之失業者。**
前項所定人員須具有工作能力及工作意願。

第 3 條 前條第1項所定人員有下列情事之一者，不適用本辦法：
一、已領取公教人員保險養老給付或勞工保險老年給付。
二、已領取軍人退休俸或公營事業退休金。
前項人員符合社會救助法低收入戶或中低收入戶資格、領取中低收入老人生活津貼或身心障礙者生活補助費者，得適用本辦法。

第 4 條 中央主管機關得視國內經濟發展、國民失業及經費運用等情形，發給下列**就業促進津貼**：
一、**求職交通補助金。**
二、**臨時工作津貼。**
三、**職業訓練生活津貼。**
前項津貼發給業務，得委任、委託公立就業服務機構或職業訓練單位辦理。
第1項津貼之停止發給，應由中央主管機關公告之。

第 5 條 第2條第1項所定人員，領取前條第1項第1款至第3款津貼者，除檢具國民身分證正反面影本及同意代為查詢勞工保險資料委託書外，並應檢附下列文件：

一、獨力負擔家計者：本人及受扶養親屬戶口名簿等戶籍資料證明文件影本；其受撫養親屬為年滿15歲至65歲者，另檢具該等親屬之在學或無工作能力證明文件影本。
二、身心障礙者：身心障礙手冊或證明影本。
三、原住民：註記原住民身分之戶口名簿等戶籍資料證明文件影本。
四、低收入戶或中低收入戶：低收入戶或中低收入戶證明文件影本。
五、二度就業婦女：因家庭因素退出勞動市場之證明文件影本。
六、家庭暴力被害人：直轄市、縣（市）政府開立之家庭暴力被害人身分證明文件、保護令影本或判決書影本。
七、更生受保護人：出監證明或其他身分證明文件影本。
八、非自願離職者：原投保單位或直轄市、縣（市）主管機關開具之非自願離職證明文件影本或其他足資證明文件。
九、其他經中央主管機關規定之文件。

第二章　津貼申請及領取

第一節　求職交通補助金

第 6 條 第2條第1項所定人員親自向公立就業服務機構辦理求職登記後，經公立就業服務機構諮詢並開立介紹卡推介就業，而有下列情形之一者，得發給**求職交通補助金**：
一、**其推介地點與日常居住處所距離30公里以上。**
二、**為低收入戶、中低收入戶或家庭暴力被害人。**

第 7 條 申請前條補助金者，應備下列文件：

一、第5條規定之文件。

二、補助金領取收據。

三、其他經中央主管機關規定之文件。

第 8 條　第6條**補助金，每人每次得發給新臺幣**500元。但情形特殊者，得核實發給，**每次不得超過新臺幣**1250元。

前項補助金**每人每年度以發給4次為限。**

第 9 條　領取第6條補助金者，應於推介就業之次日起7日內，填具推介就業情形回覆卡通知公立就業服務機構，逾期未通知者，當年度不再發給。

第二節　臨時工作津貼

第 10 條　公立就業服務機構受理第2條第1項所定人員之求職登記後，經就業諮詢並推介就業，有下列情形之一者，公立就業服務機構得指派其至用人單位從事臨時性工作，並**發給臨時工作津貼：**

一、**於求職登記日起**14日內未能推介就業。

二、**有正當理由無法接受推介工作。**

前項所稱**正當理由，指工作報酬未達原投保薪資百分之六十，或工作地點距離日常居住處所30公里以上者。**

第1項所稱用人單位，指政府機關（構）或合法立案之非營利團體，並提出臨時工作計畫書，經公立就業服務機構審核通過者。但不包括政治團體及政黨。

用人單位應代發臨時工作津貼，並為扣繳義務人，於發給津貼時扣繳稅款。

第 11 條　用人單位申請前條津貼，應備下列文件：

一、執行臨時工作計畫之派工紀錄及領取津貼者之出勤紀錄表。

二、經費印領清冊。

三、臨時工作計畫執行報告。

四、領據。

五、其他經中央主管機關規定之文件。

第 12 條　第10條津貼發給標準，按中央主管機關公告之每小時基本工資核給，且1個月合計不超過月基本工資，最長6個月。

第 13 條　領取第10條津貼者，經公立就業服務機構推介就業時，應於推介就業之次日起7日內，填具推介就業情形回覆卡通知公立就業服務機構。期限內通知者，應徵當日給予4小時或8小時之有給求職假。

前項求職假，每週以8小時為限。

第1項人員之請假事宜，依用人單位規定辦理；用人單位未規定者，參照勞動基準法及勞工請假規則辦理。請假天數及第1項求職假應計入臨時工作期間。

第 14 條　公立就業服務機構得不定期派員實地查核臨時工作計畫執行情形。

用人單位有下列情形之一，得終止其計畫：

一、規避、妨礙或拒絕查核。

二、未依第10條第3項之臨時工作計畫書及相關規定執行，經書面限期改正，屆期未改正者。

三、違反勞工相關法令。

臨時工作計畫經終止者，公立就業服務機構應以書面限期命用人單位繳回終止後之津貼；屆期未繳回，依法移送行政執行。

第 15 條　臨時工作計畫經終止，致停止臨時工作之人員，公立就業服務機構得指派其至其他用人單位從事臨時性工作，並發給臨時工作津貼。

前項工作期間應與原從事之臨時工作合併計算。

第 16 條　申領第10條津貼者，有下列情形之一，應予撤銷、廢止、停止或不予給付臨時工作津貼：

一、於領取津貼期間已就業。

二、違反用人單位之指揮及規定，經用人單位通知公立就業服務機構停止其臨時性工作。

三、原從事之臨時性工作終止後，拒絕公立就業服務機構指派之其他臨時性工作。

四、拒絕公立就業服務機構推介就業。

第 17 條　用人單位應為從事臨時工作之人員辦理參加勞工保險、勞工職業災害保險及全民健康保險。

第三節　職業訓練生活津貼

第 18 條　第2條第1項第2款人員經公立就業服務機構就業諮詢並推介參訓，或經政府機關主辦或委託辦理之職業訓練單位甄選錄訓，其所參訓性質為各類全日制職業訓練，得發給職業訓練生活津貼。

前項所稱**全日制職業訓練，應符合下列條件：**

一、**訓練期間1個月以上。**

二、**每星期訓練4日以上。**

三、**每日訓練日間4小時以上。**

四、**每月總訓練時數100小時以上。**

第 19 條　申請前條津貼者，應備下列文件，於開訓後15日內向訓練單位提出：

一、第5條規定之文件。

二、津貼申請書。

三、其他經中央主管機關規定之文件。

第 20 條　第18條**津貼每月按基本工資百分之六十發給，最長以6個月為限。申請人為身心障礙者，最長發給1年。**

第十八條津貼依受訓學員參加訓練期間以三十日為一個月計算，一個月以上始發給；超過三十日之畸零日數，應達十日以上始發給，並依下列方式辦理：

一、10日以上且訓練時數達30小時者，發給半個月。

二、20日以上且訓練時數達60小時者，發給1個月。

第 21 條　申領第18條津貼，有下列情形之一者，應予撤銷、廢止、停止或不予核發職業訓練生活津貼：

一、於領取津貼期間已就業、中途離訓或遭訓練單位退訓。

二、同時具有第2條第1項第1款及第2款身分者，未依第26條第2項優先請領就業保險法職業訓練生活津貼。

第四節　（刪除）

第 22 條　（刪除）

第 23 條　（刪除）

第 24 條　（刪除）

第三章　津貼申請及領取之限制

第 25 條　第2條第1項所定人員，依本辦法、就業保險促進就業實施辦法領取之臨時工作津貼及政府機關其他同性質之津貼或補助，2年內合併領取期間以6個月為限。

第 26 條　第2條第1項第2款人員，依本辦法、就業保險法領取之職業訓練生活津貼及政府機關其他同性質之津貼或補助，2年內合併領取期間以6個月為限。但申請人為身心障礙者，以1年為限。

前項人員同時具有第2條第1項第1款身分者，應優先請領就業保險法所定之職業訓練生活津貼。

第1項人員領取就業保險法之失業給付或職業訓練生活津貼期間，不得同時請領第18條之津貼。

前項情形於扣除不得同時請領期間之津貼後，賸餘之職業訓練生活津貼依第20條第2項規定辦理。

第27條　（刪除）

第28條　不符合請領資格而領取津貼或有溢領情事者，發給津貼單位得撤銷或廢止，並以書面限期命其繳回已領取之津貼；屆期未繳回者，依法移送行政執行。因不實領取津貼經依前項規定撤銷者，自撤銷之日起2年內不得申領本辦法之津貼。

第29條　中央主管機關、公立就業服務機構或職業訓練單位為查核就業促進津貼執行情形，必要時得查對相關資料，領取津貼者不得規避、妨礙或拒絕。

領取津貼者違反前項規定時，發給津貼單位得予撤銷或廢止，並以書面限期命其繳回已領取之津貼；屆期未繳回者，依法移送行政執行。

第四章　附則

第30條　本辦法所規定之書表、文件，由中央主管機關另定之。

第31條　本辦法之經費，由就業安定基金支應。

第32條　本辦法自發布日施行。

本辦法中華民國111年4月29日修正發布之條文，自111年5月1日施行。

18.青年跨域就業促進補助實施辦法
中華民國111年5月3日修正發布

第1條　本辦法依就業服務法第24條第4項規定訂定之。

第2條　本辦法適用對象為年滿十八歲至二十九歲，未在學而有就業意願且初次跨域尋職之本國籍青年（以下簡稱未就業青年）。但畢業於高級中等學校者，不受年齡十八歲之限制。

前項所稱**初次跨域尋職，指於開立介紹卡推介就業前未曾參加勞工保險或勞工職業災害保險，且推介或就業地點與日常居住處所距離三十公里以上者。**

未就業青年在學期間曾參加前項保險，且於開立介紹卡推介就業前未曾再參加者，視為未曾參加勞工保險。

第3條　本辦法所定雇主，為就業保險投保單位之民營事業單位、團體或私立學校。

前項所稱團體，指依人民團體法或其他法令設立者。但不包括政治團體及政黨。

第4條　本辦法所定<u>跨域就業補助，分下列四種：</u>
一、<u>求職交通補助金。</u>
二、<u>異地就業交通補助金。</u>
三、<u>搬遷補助金。</u>
四、<u>租屋補助金。</u>

第5條　未就業青年親自向公立就業服務機構辦理求職登記，經諮詢及開立介紹卡推介就業，**推介地點與其日常居住處所距離三十公里以上者，公立就業服務機構得發給求職交通補助金。**

第6條　前條之未就業青年申請求職交通補助金，應檢附下列文件：
一、補助金領取收據。
二、其他中央主管機關規定之文件。

第7條　<u>求職交通補助金，每人每次得發給新臺幣五百元。</u>但情形特殊者，得於新臺幣一千二百五十元內核實發給。

每人每年度合併領取前項補助金及依就業促進津貼實施辦法領取之求職交通補助金，以四次為限。

第 8 條　領取求職交通補助金者，應於推介就業之次日起七日內，填具推介就業情形回覆卡通知公立就業服務機構，逾期未通知者，當年度不再發給。

第 9 條　未就業青年親自向公立就業服務機構辦理求職登記，經諮詢及開立介紹卡推介就業，並符合下列情形者，得向就業當地轄區之公立就業服務機構申請核發**異地就業交通補助金：**

一、就業地點與原日常居住處所距離三十公里以上。

二、因就業有交通往返之事實。

三、連續三十日受僱於同一雇主。

前項第3款受僱之認定，自未就業青年到職投保就業保險生效之日起算。

第 10 條　前條之未就業青年於連續受僱滿三十日之日起九十日內，得向就業當地轄區公立就業服務機構申請異地就業交通補助令，並應檢附下列文件：

一、異地就業交通補助金申請書。

二、補助金領取收據。

三、本人名義之國內金融機構存摺封面影本。

四、本人之身分證影本。

五、同意代為查詢勞工保險資料委託書。

六、居住處所查詢同意書。

七、其他中央主管機關規定之文件。

前項之未就業青年，得於每滿三個月之日起九十日內，向就業當地轄區之公立就業服務機構申請補助金。

第 11 條　異地就業交通補助金，依下列規定核發：

一、未就業青年就業地點與原日常居住處所距離三十公里以上未滿五十公里者，每月發給新臺幣一千元。

二、未就業青年就業地點與原日常居住處所距離五十公里以上未滿七十公里者，每月發給新臺幣二千元。

三、未就業青年就業地點與原日常居住處所距離七十公里以上者，每月發給新臺幣三千元。

前項補助金最長發給十二個月。

補助期間一個月以三十日計算，其末月期間逾二十日而未滿三十日者，以一個月計算，未滿二十日者不予發給補助。

第 12 條　未就業青年親自向公立就業服務機構辦理求職登記，經諮詢及開立介紹卡推介就業，並符合下列情形者，得向就業當地轄區之公立就業服務機構申請**核發搬遷補助金：**

一、就業地點與原日常居住處所距離三十公里以上。

二、因就業而需搬離原日常居住處所，搬遷後有居住事實。

三、就業地點與搬遷後居住處所距離三十公里以內。

四、連續三十日受僱於同一雇主。

前項第四款受僱之認定，自未就業青年到職投保就業保險生效之日起算。

第 13 條　前條之未就業青年向就業當地轄區公立就業服務機構申請搬遷補助金者，應檢附下列文件於搬遷之日起九十日內為之：

一、搬遷補助金申請書。

二、補助金領取收據。

三、本人名義之國內金融機構存摺封面影本。

四、搬遷費用收據。

五、搬遷後居住處所之居住證明文件。

六、本人之身分證影本。

七、同意代為查詢勞工保險資料委託書。

八、居住處所查詢同意書。

九、其他中央主管機關規定之必要文件。

前項第四款所稱搬遷費用，指搬運或寄送傢俱與生活所需用品之合理必要費用。但不含包裝人工費及包裝材料費用。

第14條　搬遷補助金，以搬遷費用收據所列總額核實發給，最高發給新臺幣三萬元。

第15條　未就業青年親自向公立就業服務機構辦理求職登記，經諮詢及開立介紹卡推介就業，並符合下列情形者，得向就業當地轄區之公立就業服務機構申請**核發租屋補助金**：

一、**就業地點與原日常居住處所距離三十公里以上。**

二、**因就業而需租屋，並有居住事實。**

三、**就業地點與租屋處所距離三十公里以內。**

四、**連續三十日受僱於同一雇主。**

前項第四款受僱之認定，自未就業青年到職投保就業保險生效之日起算。

第16條　前條之未就業青年於受僱且租屋之日起九十日內，得向就業當地轄區公立就業服務機構申請租屋補助金，並應檢附下列文件：

一、租屋補助金申請書。

二、補助金領取收據。

三、本人名義之國內金融機構存摺封面影本。

四、房租繳納證明文件。

五、房屋租賃契約影本。

六、租賃房屋之建物登記第二類謄本。

七、本人之身分證影本。

八、同意代為查詢勞工保險資料委託書。

九、居住處所及租賃事實查詢同意書。

十、其他中央主管機關規定之必要文件。

前項之未就業青年，得於受僱且租屋每滿三個月之日起九十日內，向就業當地轄區之公立就業服務機構申請補助金。

第17條　**租屋補助金，自受僱且租賃契約所記載之租賃日起，以房屋租賃契約所列租金總額之百分之六十核實發給，每月最高發給新臺幣五千元，最長十二個月。**

前項補助期間一個月以三十日計算，其末月期間逾二十日而未滿三十日者，以一個月計算，未滿二十日者不予發給補助。

第18條　未就業青年申領租屋補助金或異地就業交通補助金，於補助期間得互相變更申領，其合併領取期間以十二個月為限。

第19條　未就業青年申請本辦法之補助不符申請規定之文件，經公立就業服務機構通知限期補正，屆期未補正者，不予受理。

第20條　中央主管機關及公立就業服務機構為查核本辦法執行情形，得查對相關資料，申請或領取補助金者不得規避、妨礙或拒絕。

第21條　申領異地就業交通補助金、搬遷補助金或租屋補助金者，有下列情形之一，公立就業服務機構應不予發給補助；已發給者，經撤銷後，應追還之：

一、未於公立就業服務機構推介就業之次日起七日內，填具推介就業情形回覆卡通知公立就業服務機構。

二、為雇主、事業單位負責人或房屋出租人之配偶、直系血親或三親等內之旁系血親。

三、於同一事業單位或同一負責人之事業單位離職未滿一年再受僱者。

四、搬遷後居住處所為其戶籍所在地。

五、規避、妨礙或拒絕中央主管機關或公立就業服務機構查核。

六、不實申領。

七、其他違反本辦法之規定。

領取補助金者，有前項情形之一，經公立就業服務機構書面通知限期繳回，屆期未繳回者，依法移送強制執行。

第22條 本辦法所規定之書表及文件，由中央主管機關定之。

第23條 本辦法所需經費，由就業安定基金項下支應。

中央主管機關得視預算額度之調整，發給或停止本辦法之津貼，並公告之。

第24條 本辦法自發布日施行。

本辦法中華民國111年5月3日修正發布之條文，自111年5月1日施行。

19.公立就業服務機構就業諮詢及職業輔導實施辦法
中華民國105年5月3日發布施行

第1條 本辦法依就業服務法第17條第3項規定訂定之。

第2條 本辦法所稱主管機關：在中央為勞動部；在直轄市為直轄市政府；在縣（市）為縣（市）政府。

第3條 公立就業服務機構（以下簡稱就服機構）對求職人應先提供就業諮詢，再依就業諮詢結果或職業輔導評量，提供以下服務：

一、推介就業。
二、職業訓練。
三、技能檢定。
四、創業輔導。
五、轉介相關單位。
六、失業認定及轉請核發失業給付。

第4條 前條所稱就業諮詢，指提供求職人選擇職業、轉業或職業訓練之資訊與服務、安排就業促進研習活動或協助工作適應之專業服務。

第5條 辦理求職登記之求職人，或經社政、衛政或相關機關（構）轉介認定有就業需求者，由就服機構提供就業諮詢或職業輔導。

第6條 就服機構提供求職人就業諮詢之實施方式如下：

一、依求職登記之相關資料，諮詢求職人離職原因、工作經驗、失業週數、轉換工作次數及失業給付認定次數等相關資訊，檢視求職人就業歷程。
二、針對求職人進行工作意願、工作能力、經濟需求、心理狀況、職涯發展、職業訓練及其他相關項目之就業需求評估。
三、依求職人就業歷程及就業需求評估結果，推介就業、職業訓練、安排就業促進研習活動、技能檢定、創業輔導、進行轉介或失業認定及轉請核發失業給付。

第7條 就服機構對經就業諮詢，評估為就業目標或職涯不清楚之求職人，得提供下列**職業輔導：**

一、**運用職業輔導相關測評工具，評量求職人人格特質。**
二、**評估個案潛能及分析適性評量結果，提供職涯發展建議。**
三、**協助求職人探索職業興趣、釐清職涯發展方向及評估適合之工作機會。**

就服機構對於適用其他法令所定職業輔導評量之求職人，得視需求及依其他法令規定，轉介相關機關（構）辦理。

第 8 條 就服機構對求職人經就業諮詢，評估為具有就業需求及就業能力者，得依求才職缺與工作機會，開立介紹卡推介就業。

就服機構於前項推介就業時，得運用就業促進相關津貼或補助予以協助。

第 9 條 就服機構對經就業諮詢，評估為缺乏工作知能之求職人，得提供職業訓練諮詢，推介其參加職業訓練；對職業訓練結訓者，應協助推介就業或提供技能檢定相關資訊。

第 10 條 就服機構對經就業諮詢，評估為具有自行創業意願之求職人，得提供創業諮詢輔導資訊。

第 11 條 就服機構對經就業諮詢，評估為無就業需求或暫不適合就業之求職人，得視需要轉介醫療、教育、福利等社會資源機關（構）。

第 12 條 就服機構對經就業諮詢，符合就業保險法之失業給付請領條件，且無法推介就業或安排職業訓練之求職人，依就業保險法規定辦理失業認定，並轉請核發失業給付。

第 13 條 就服機構對求職人提供之相關服務及內容，應作成紀錄。

第 14 條 就服機構對求職人之基本資料、就業諮詢、職業輔導評量結果等紀錄及相關文件，應予以保密。

第 15 條 本辦法所需經費來源如下：
一、主管機關編列預算。
二、就業安定基金。
三、就業保險基金。

第 16 條 本辦法自發布日施行。

20.因應貿易自由化勞工就業調整支援措施實施辦法

中華民國105年12月20日修正發布

第一章 總則

第 1 條 本辦法依因應貿易自由化調整支援條例（以下簡稱本條例）第十二條第三項規定訂定之。

第 2 條 本辦法主管機關為勞動部（以下簡稱本部）。

第 3 條 本辦法之**適用對象為年滿十五歲或國民中學畢業之本國籍國民，及與我國境內設有戶籍之國民結婚且獲准居留在臺灣地區工作之外國人、大陸地區人民，並符合下列情形之一者：**
一、**經依本條例第7條指定為可能受市場開放影響，而須預為輔導產業之企業所屬勞工。**
二、**經依本條例第7條指定為已實際受市場開放影響，而須加強輔導產業之企業所屬勞工。**
三、**經依本條例第9條認定之受損企業所屬勞工。**
四、**經依第9條認定之受損勞工。**
前項第1款至第3款所定之勞工，應為企業之在職勞工或離職二年內未再就業之勞工。

第二章 受損勞工之認定

第 4 條 勞工依本條例第12條第2項申請受損認定，應符合下列條件：
一、所屬企業登記設立滿二年。
二、所屬企業經營與市場開放項目相同或直接競爭產品或服務，且未經認定為受損企業者。

三、勞工於申請日前六個月內,有下列情事之一者:

(一) 其所屬企業有減少勞工薪資,致其月投保薪資連續縮減二個月以上,縮減後之月投保薪資較縮減前三個月之平均月投保薪資減少百分之二十以上。

(二) 其所屬企業有關廠、歇業、解散、破產宣告致勞工失業,或依勞動基準法第11條第1款至第4款規定終止勞動契約。

(三) 申請人依勞動基準法第14條第1項第5款或第6款規定終止勞動契約。

第5條 符合前條規定之勞工,得於本條例第9條第1項所定期間內,**向公立就業服務機構或經濟部設置之單一服務窗口**(以下簡稱受理單位)**提出申請。**

第6條 勞工申請受損認定,應備文件如下:
一、申請表。
二、身分證明文件。
三、勞工保險被保險人投保資料表,或同意受理單位代查之聲明文件。
四、在職或離職證明文件正本。

第7條 勞工提出受損認定申請後,受理單位應於收件後五日內將申請案件轉送本部勞動力發展署所屬各分署(以下簡稱各分署)。

各分署收受前項申請案後,應於申請人所送文件齊備後三十日內完成初審及資料蒐集,並陳報本部依第9條規定審議。

第8條 受損勞工之認定基準如下:
一、所屬企業於申請日前六個月之每月國內營業額與上一年度同期之營業額相較出現絕對衰退,且申請日前六個月之平均營業額較過去十八個月之平均營業額相對衰退達百分之十以上。

二、前款所屬企業營業額之衰退與市場開放間具有下列情形之一:

(一) 所屬企業為製造業者,因締約國進口產品增加或單價下降,造成其在國內營業額下降。

(二) 所屬企業為服務業者,因締約國企業在我國提供服務量增加或服務價格下降,造成其在國內營業額下降。

三、其他因市場開放致所屬企業營業額衰退,而使勞工受損之情事。

第9條 受損勞工之認定,由本部邀集經濟部、財政部及勞工所屬企業之中央目的事業主管機關、相關雇主團體及勞工團體、專家學者等代表組成審查會審議。

前項認定,應於二個月內作成決定,並核發勞工受損認定結果通知書。

勞工受損認定結果通知書之有效期間為二年;受損勞工離職後再就業時,即失其效力。

第10條 經前條認定為受損勞工者,由公立就業服務機構依個案需求協助申請各項調整支援措施。

第11條 第3條第1項第2款及第3款之勞工申請受損認定者,依第12條及第17條處理。

第三章　預為輔導調整支援措施

第12條 勞工得申請**預為輔導調整支援措施如下:**
一、**補助參加職業訓練。**
二、**補助參加技術士技能檢定費用。**
三、**參加心理健康講座等勞工支持服務。**
四、**參加創業技能及經營管理培訓。**
五、**協助建立勞資自治協商機制。**
六、**其他經本部公告之調整支援措施。**

第13條　企業得申請預為輔導調整支援措施如下：

一、第3條第1項第1款至第3款之勞工所屬企業，得申請協助辦理勞工進修訓練、職務再設計補助及協助建立勞資自治協商機制。

二、第3條第1項第4款之勞工所屬企業，得為勞工申請職務再設計補助。

三、其他經本部公告之調整支援措施。

第14條　本部為提升勞工技能，得辦理之事項如下：

一、補助在職勞工參加職業訓練，申請作業規定如附表一。

二、補助企業辦理勞工進修訓練，申請作業規定如附表二。

三、補助失業者參加職業訓練，申請作業規定如附表三。

第15條　勞工參加技術士技能檢定，得申請檢定費用補助，申請作業規定如附表四。

第16條　企業申請職務再設計補助，申請作業規定如附表五。

第四章　加強輔導及受損調整支援措施

第17條　第3條第1項第2款至第4款所定之**勞工，得申請加強輔導及受損調整支援措施如下：**

一、**就業協助：**

(一) 職場學習及再適應津貼。

(二) 臨時工作津貼。

(三) 多元就業開發方案工作津貼。

(四) 求職交通補助金、異地就業交通補助金、搬遷補助金及租屋補助金。

二、**待業協助：**

(一) 待業生活津貼。

(二) 就業獎助津貼。

三、**創業貸款利息補助。**

四、**職業訓練生活津貼。**

五、**其他經本部公告之調整支援措施。**

第18條　企業得申請之加強輔導及受損調整支援措施如下：

一、第3條第1項第2款至第4款之在職勞工所屬企業，得為勞工申請在職勞工薪資補貼。

二、僱用第3條第1項第2款至第4款失業勞工之企業，得申請僱用失業勞工獎助。

三、其他經本部公告之調整支援措施。

第19條　公立就業服務機構得運用下列促進就業工具，提供失業勞工就業協助：

一、推介勞工參加職場學習，並提供職場學習及再適應津貼，申請作業規定如附表六。

二、推介勞工從事臨時工作，並提供臨時工作津貼，申請作業規定如附表七。

三、推介勞工參加多元就業開發方案，並提供多元就業開發方案工作津貼，申請作業規定如附表八。

四、推介勞工跨域求職及就業，並提供求職交通補助金、異地就業交通補助金、搬遷補助金及租屋補助金，申請作業規定如附表九。

五、協助勞工申請待業生活津貼，申請作業規定如附表十。

六、勞工於前款津貼請領期限屆滿前再就業者，協助勞工申請就業獎助津貼，申請作業規定如附表十一。

第20條　勞工申請創業貸款利息補貼，申請作業規定如附表十二。

第21條　勞工申請職業訓練生活津貼，申請作業規定如附表十三。

第22條　企業申請在職勞工薪資補貼，申請作業規定如附表十四。

第 **23** 條　企業申請僱用失業勞工獎助，申請作業規定如附表十五。

第五章　附則

第 **24** 條　本部辦理受損勞工之認定業務及提供各項調整支援措施，得委任所屬機關（構）、委辦直轄市、縣（市）政府或委託相關機關（構）、團體辦理。

第 **25** 條　申請本辦法之受損勞工認定、各項津貼或補助事項，不符申請規定，其情形得補正，經通知限期補正，屆期未補正者，視為未申請。

第 **26** 條　本部或所屬機關（構）發現申請人有下列情形之一者，應不予核發津貼或補助；已發給者，經撤銷或廢止後，應追還之：
一、不實申領經查證屬實。
二、無正當理由規避、妨礙或拒絕查核調整支援措施執行情形。
三、其他違反本辦法之情事。
本部或所屬機關（構）依前項規定追還時，應以書面行政處分確認返還範圍，並限期命申請人返還之。

第 **27** 條　本辦法所規定之書表格式，由本部定之。

第 **28** 條　本辦法所需經費，由本部及所屬機關（構）編列預算支應。

第 **29** 條　本辦法施行日期，由本部定之。

21.職業訓練法
中華民國104年7月1日修正發布

第一章　總則

第 **1** 條　為實施**職業訓練，以培養國家建設技術人力，提高工作技能，促進國民就業，特制定本法。**

第 **2** 條　本法所稱主管機關：在中央為勞動部；在直轄市為直轄市政府；在縣（市）為縣（市）政府。

第 **3** 條　本法所稱職業訓練，指為培養及增進工作技能而依本法實施之訓練。
職業訓練之實施，分為養成訓練、技術生訓練、進修訓練及轉業訓練。
主管機關得將前項所定養成訓練及轉業訓練之職業訓練事項，委任所屬機關（構）或委託職業訓練機構、相關機關（構）、學校、團體或事業機構辦理。
接受前項委任或委託辦理職業訓練之資格條件、方式及其他應遵行事項之辦法，由中央主管機關定之。

第 **4** 條　職業訓練應與職業教育、補習教育及就業服務，配合實施。

第 **4 - 1** 條　中央主管機關應協調、整合各中央目的事業主管機關所定之職能基準、訓練課程、能力鑑定規範與辦理職業訓練等服務資訊，以推動國民就業所需之職業訓練及技能檢定。

第二章　職業訓練機構

第 **5** 條　**職業訓練機構包括下列三類：**
一、**政府機關設立者。**
二、**事業機構、學校或社團法人等團體附設者。**
三、**以財團法人設立者。**

第 **6** 條 職業訓練機構之設立，應經中央主管機關登記或許可；停辦或解散時，應報中央主管機關核備。

職業訓練機構，依其設立目的，辦理訓練；並得接受委託，辦理訓練。

職業訓練機構之設立及管理辦法，由中央主管機關定之。

第三章　職業訓練之實施

第一節　養成訓練

第 **7** 條 **養成訓練，係對十五歲以上或國民中學畢業之國民，所實施有系統之職前訓練。**

第 **8** 條 養成訓練，除本法另有規定外，由職業訓練機構辦理。

第 **9** 條 經中央主管機關公告職類之養成訓練，應依中央主管機關規定之訓練課程、時數及應具設備辦理。

第 **10** 條 養成訓練期滿，經測驗成績及格者，由辦理職業訓練之機關（構）、學校、團體或事業機構發給結訓證書。

第二節　技術生訓練

第 **11** 條 **技術生訓練，係事業機構為培養其基層技術人力，招收十五歲以上或國民中學畢業之國民，所實施之訓練。**

技術生訓練之職類及標準，由中央主管機關訂定公告之。

第 **12** 條 事業機構辦理技術生訓練，應先擬訂訓練計畫，並依有關法令規定，與技術生簽訂書面訓練契約。

第 **13** 條 主管機關對事業機構辦理技術生訓練，應予輔導及提供技術協助。

第 **14** 條 技術生訓練期滿，經測驗成績及格者，由事業機構發給結訓證書。

第三節　進修訓練

第 **15** 條 **進修訓練，係為增進在職技術員工專業技能與知識，以提高勞動生產力所實施之訓練。**

第 **16** 條 進修訓練，由事業機構自行辦理、委託辦理或指派其參加國內外相關之專業訓練。

第 **17** 條 事業機構辦理進修訓練，應於年度終了後二個月內將辦理情形，報主管機關備查。

第四節　轉業訓練

第 **18** 條 **轉業訓練，係為職業轉換者獲得轉業所需之工作技能與知識，所實施之訓練。**

第 **19** 條 主管機關為因應社會經濟變遷，得辦理轉業訓練需要之調查及受理登記，配合社會福利措施，訂定訓練計畫。

主管機關擬定前項訓練計畫時，關於農民志願轉業訓練，應會商農業主管機關訂定。

第 **20** 條 轉業訓練，除本法另有規定外，由職業訓練機構辦理。

第五節　（刪除）

第 **21** 條 （刪除）

第 **22** 條 （刪除）

第 **23** 條 （刪除）

第四章　職業訓練師

第 **24** 條 職業訓練師，係指直接擔任職業技能與相關知識教學之人員。

職業訓練師之名稱、等級、資格、甄審及遴聘辦法，由中央主管機關定之。

第 **25** 條 職業訓練師經甄審合格者，其在

職業訓練機構之教學年資,得與同等學校教師年資相互採計。其待遇並得比照同等學校教師。

前項採計及比照辦法,由中央主管機關會同教育主管機關定之。

第26條 中央主管機關,得指定職業訓練機構,辦理職業訓練師之養成訓練、補充訓練及進修訓練。

前項職業訓練師培訓辦法,由中央主管機關定之。

第五章　事業機構辦理訓練之費用

第27條 應辦職業訓練之事業機構,其每年實支之職業訓練費用,不得低於當年度營業額之規定比率。其低於規定比率者,應於規定期限內,將差額繳交中央主管機關設置之職業訓練基金,以供統籌辦理職業訓練之用。

前項事業機構之業別、規模、職業訓練費用比率、差額繳納期限及職業訓練基金之設置、管理、運用辦法,由行政院定之。

第28條 前條事業機構,支付職業訓練費用之項目如下:

一、自行辦理或聯合辦理訓練費用。

二、委託辦理訓練費用。

三、指派參加訓練費用。

前項費用之審核辦法,由中央主管機關定之。

第29條 依第27條規定,提列之職業訓練費用,應有獨立之會計科目,專款專用,並以業務費用列支。

第30條 應辦職業訓練之事業機構,須於年度終了後二個月內將職業訓練費用動支情形,報主管機關審核。

第六章　技能檢定、發證及認證

第31條 為提高技能水準,建立證照制度,應由中央主管機關辦理技能檢定。

前項技能檢定,必要時中央主管機關得委託或委辦有關機關(構)、團體辦理。

第31-1條 中央目的事業主管機關或依法設立非以營利為目的之全國性專業團體,得向中央主管機關申請技能職類測驗能力之認證。

前項認證業務,中央主管機關得委託非以營利為目的之專業認證機構辦理。

前二項機關、團體、機構之資格條件、審查程序、審查數額、認證職類、等級與期間、終止委託及其他管理事項之辦法,由中央主管機關定之。

第31-2條 依前條規定經認證之機關、團體(以下簡稱經認證單位),得辦理技能職類測驗,並對測驗合格者,核發技能職類證書。

前項證書之效力比照技術士證,其等級比照第32條規定;發證及管理之辦法,由中央主管機關定之。

第32條 辦理技能檢定之職類,依其技能範圍及專精程度,分甲、乙、丙三級;不宜分三級者,由中央主管機關定之。

第33條 技能檢定合格者稱技術士,由中央主管機關統一發給技術士證。

技能檢定題庫之設置與管理、監評人員之甄審訓練與考核、申請檢定資格、學、術科測試委託辦理、術科測試場地機具、設備評鑑與補助、技術士證發證、管理及對推動技術士證照制度獎勵等事項,由中央主管機關另以辦法定之。

技能檢定之職類開發、規範製訂、試題命製與閱卷、測試作業程序、學科監場、術

科監評及試場須知等事項，由中央主管機關另以規則定之。

第34條 進用技術性職位人員，取得乙級技術士證者，得比照專科學校畢業程度遴用；取得甲級技術士證者，得比照大學校院以上畢業程度遴用。

第35條 技術上與公共安全有關業別之事業機構，應僱用一定比率之技術士；其業別及比率由行政院定之。

第七章　輔導及獎勵

第36條 主管機關得隨時派員查察職業訓練機構及事業機構辦理職業訓練情形。

職業訓練機構或事業機構，對前項之查察不得拒絕，並應提供相關資料。

第37條 主管機關對職業訓練機構或事業機構辦理職業訓練情形，得就考核結果依下列規定辦理：

一、著有成效者，予以獎勵。
二、技術不足者，予以指導。
三、經費困難者，酌以補助。

第38條 私人、團體或事業機構，捐贈財產辦理職業訓練，或對職業訓練有其他特殊貢獻者，應予獎勵。

第38-1條 中央主管機關為鼓勵國民學習職業技能，提高國家職業技能水準，應舉辦技能競賽。

前項技能競賽之實施、委任所屬機關（構）或委託有關機關（構）、團體辦理、裁判人員遴聘、選手資格與限制、競賽規則、爭議處理及獎勵等事項之辦法，由中央主管機關定之。

第八章　罰則

第39條 職業訓練機構辦理不善或有違反法令或設立許可條件者，主管機關得視其情節，分別為下列處理：

一、警告。
二、限期改善。
三、停訓整頓。
四、撤銷或廢止許可。

第39-1條 依第31-1條規定經認證單位，不得有下列情形：

一、辦理技能職類測驗，為不實之廣告或揭示。
二、收取技能職類測驗規定數額以外之費用。
三、謀取不正利益、圖利自己或他人。
四、會務或財務運作發生困難。
五、依規定應提供資料，拒絕提供、提供不實或失效之資料。
六、違反中央主管機關依第31條之1第3項所定辦法關於資格條件、審查程序或其他管理事項規定。

違反前項各款規定者，處新臺幣三萬元以上三十萬元以下罰鍰，中央主管機關並得視其情節，分別為下列處理：

一、警告。
二、限期改善。
三、停止辦理測驗。
四、撤銷或廢止認證。

經認證單位依前項第四款規定受撤銷或廢止認證者，自生效日起，不得再核發技能職類證書。

經認證單位違反前項規定或未經認證單位，核發第31-2條規定之技能職類證書者，處新臺幣十萬元以上一百萬元以下罰鍰。

第**39-2**條 取得技能職類證書者，有下列情形之一時，中央主管機關應撤銷或廢止其證書：

一、以詐欺、脅迫、賄賂或其他不正方法取得證書。

二、證書租借他人使用。

三、違反第31-2條第2項所定辦法關於證書效力等級、發證或其他管理事項規定，情節重大。

經認證單位依前條規定受撤銷或廢止認證者，其參加技能職類測驗人員於生效日前合法取得之證書，除有前項行為外，效力不受影響。

第**40**條 依第27條規定，應繳交職業訓練費用差額而未依規定繳交者，自規定期限屆滿之次日起，至差額繳清日止，每逾一日加繳欠繳差額百分之零點二滯納金。但以不超過欠繳差額一倍為限。

第**41**條 本法所定應繳交之職業訓練費用差額及滯納金，經通知限期繳納而逾期仍未繳納者，得移送法院強制執行。

第九章　附則

第**42**條 （刪除）

第**43**條 本法施行細則，由中央主管機關定之。

第**44**條 本法自公布日施行。

本法修正條文，除中華民國100年10月25日修正之第31-1條、第31-2條、第39-1條及第39-2條自公布後一年施行外，自公布日施行。

22.就業保險法

中華民國111年1月12日修正發布

第一章　總則

第**1**條 為提昇勞工就業技能，促進就業，保障勞工職業訓練及失業一定期間之基本生活，特制定本法；本法未規定者，適用其他法律之規定。

第**2**條 就業保險（以下簡稱本保險）之主管機關：在中央為勞動部；在直轄市為直轄市政府；在縣（市）為縣（市）政府。

第**3**條 本保險業務，由勞工保險監理委員會監理。

被保險人及投保單位對保險人核定之案件發生爭議時，應先向勞工保險監理委員會申請審議；對於爭議審議結果不服時，得依法提起訴願及行政訴訟。

第二章　保險人、投保對象及投保單位

第**4**條 本保險由中央主管機關委任勞工保險局辦理，並為保險人。

第**5**條 年滿十五歲以上，六十五歲以下之下列受僱勞工，應以其雇主或所屬機構為投保單位，參加本保險為被保險人：

一、具中華民國國籍者。

二、與在中華民國境內設有戶籍之國民結婚，且獲准居留依法在臺灣地區工作之外國人、大陸地區人民、香港居民或澳門居民。

前項所列人員有下列情形之一者，不得參加本保險：

一、依法應參加公教人員保險或軍人保險。

二、已領取勞工保險老年給付或公教人員保險養老給付。

三、受僱於依法免辦登記且無核定課稅或依法免辦登記且無統一發票購票證之雇主或機構。

受僱於二個以上雇主者，得擇一參加本保險。

第6條 本法施行後，依前條規定應參加本保險為被保險人之勞工，自投保單位申報參加勞工保險生效之日起，取得本保險被保險人身分；自投保單位申報勞工保險退保效力停止之日起，其保險效力即行終止。

本法施行前，已參加勞工保險之勞工，自本法施行之日起，取得被保險人身分；其依勞工保險條例及勞工保險失業給付實施辦法之規定，繳納失業給付保險費之有效年資，應合併計算本保險之保險年資。

依前條規定應參加本保險為被保險人之勞工，其雇主或所屬團體或所屬機構未為其申報參加勞工保險者，各投保單位應於本法施行之當日或勞工到職之當日，為所屬勞工申報參加本保險；於所屬勞工離職之當日，列表通知保險人。其保險效力之開始或停止，均自應為申報或通知之當日起算。但投保單位非於本法施行之當日或勞工到職之當日為其申報參加本保險者，除依本法第38條規定處罰外，其保險效力之開始，均自申報或通知之翌日起算。

第7條 主管機關、保險人及公立就業服務機構為查核投保單位勞工工作情況、薪資或離職原因，必要時，得查對其員工名冊、出勤工作紀錄及薪資帳冊等相關資料，投保單位不得規避、妨礙或拒絕。

第三章　保險財務

第8條 本保險之**保險費率，由中央主管機關按被保險人當月之月投保薪資百分之一至百分之二擬訂**，報請行政院核定之。

第9條 本保險之保險費率，保險人每三年應至少精算一次，並由中央主管機關聘請精算師、保險財務專家、相關學者及社會公正人士九人至十五人組成精算小組審查之。

有下列情形之一者，中央主管機關應於前條規定之保險費率範圍內調整保險費率：

一、精算之保險費率，其前三年度之平均值與當年度保險費率相差幅度超過正負百分之五。

二、本保險累存之基金餘額低於前一年度保險給付平均月給付金額之六倍或高於前一年度保險給付平均月給付金額之九倍。

三、本保險增減給付項目、給付內容、給付標準或給付期限，致影響保險財務。

第四章　保險給付

第10條 本保險之給付，分下列五種：

一、**失業給付。**

二、**提早就業獎助津貼。**

三、**職業訓練生活津貼。**

四、**育嬰留職停薪津貼。**

五、**失業之被保險人及隨同被保險人辦理加保之眷屬全民健康保險保險費補助。**

前項第5款之補助對象、補助條件、補助標準、補助期間之辦法，由中央主管機關定之。

第11條 本保險各種保險給付之請領條件如下：

一、**失業給付**：被保險人於非自願離職辦理退保當日前三年內，保險年資合計滿一年以上，具有工作能力及繼續工作意願，向公立就業服務機構辦理求職登記，自求職登記之日起十四日內仍無法推介就業或安排職業訓練。

二、**提早就業獎助津貼**：符合失業給付請領條件，於失業給付請領期間屆滿前受雇工作，並參加本保險三個月以上。

三、**職業訓練生活津貼**：被保險人非自願離職，向公立就業服務機構辦理求職登記，經公立就業服務機構安排參加全日制職業訓練。

四、**育嬰留職停薪津貼**：被保險人之保險年資合計滿一年以上，子女滿三歲前，依性別工作平等法之規定，辦理育嬰留職停薪。

被保險人因定期契約屆滿離職，逾一個月未能就業，且離職前一年內，契約期間合計滿六個月以上者，視為非自願離職，並準用前項之規定。

本法所稱非自願離職，指被保險人因投保單位關廠、遷廠、休業、解散、破產宣告離職；或因勞動基準法第11條、第13條但書、第14條及第20條規定各款情事之一離職。

第12條 公立就業服務機構為促進失業之被保險人再就業，得提供就業諮詢、推介就業或參加職業訓練。

前項業務得由主管機關或公立就業服務機構委任或委託其他機關（構）、學校、團體或法人辦理。

中央主管機關得於就業保險年度應收保險費百分之十及歷年經費執行賸餘額度之範圍內提撥經費，辦理下列事項：

一、被保險人之在職訓練。

二、被保險人失業後之職業訓練、創業協助及其他促進就業措施。

三、被保險人之雇用安定措施。

四、雇主僱用失業勞工之獎助。

辦理前項各款所定事項之對象、職類、資格條件、項目、方式、期間、給付標準、給付限制、經費管理、運用及其他應遵行事項之辦法，由中央主管機關定之。

第1項所稱就業諮詢，指提供選擇職業、轉業或職業訓練之資訊與服務、就業促進研習活動或協助工作適應之專業服務。

第13條 申請人對公立就業服務機構推介之工作，有下列各款情事之一而不接受者，仍得請領失業給付：

一、工資低於其每月得請領之失業給付數額。

二、工作地點距離申請人日常居住處所三十公里以上。

第14條 申請人對公立就業服務機構安排之就業諮詢或職業訓練，有下列情事之一而不接受者，仍得請領失業給付：

一、因傷病診療，持有證明而無法參加者。

二、為參加職業訓練，需要變更現在住所，經公立就業服務機構認定顯有困難者。

申請人因前項各款規定情事之一，未參加公立就業服務機構安排之就業諮詢或職業訓練，公立就業服務機構在其請領失業給付期間仍得擇期安排。

第15條 被保險人有下列情形之一者，公立就業服務機構應拒絕受理失業給付之申請：

一、無第13條規定情事之一不接受公立就業服務機構推介之工作。

二、無前條規定情事之一不接受公立就業服務機構之安排，參加就業諮詢或職業訓練。

第16條 失業給付按申請人離職辦理本保險退保之當月起前六個月平均月投保薪資百分之六十按月發給，最長發給六個月。 但申請人離職辦理本保險退保時已年滿四十五歲或領有社政主管機關核發之身心障礙證明者，最長發給九個月。

中央主管機關於經濟不景氣致大量失業或

其他緊急情事時，於審酌失業率及其他情形後，得延長前項之給付期間最長至九個月，必要時得再延長之，但最長不得超過十二個月。但延長給付期間不適用第13條及第18條之規定。

前項延長失業給付期間之認定標準、請領對象、請領條件、實施期間、延長時間及其他相關事項之辦法，由中央主管機關擬訂，報請行政院核定之。

受領失業給付未滿前三項給付期間再參加本保險後非自願離職者，得依規定申領失業給付。但合併原已領取之失業給付月數及依第18條規定領取之提早就業獎助津貼，以發給前三項所定給付期間為限。

依前四項規定領滿給付期間者，自領滿之日起二年內再次請領失業給付，其失業給付以發給原給付期間之二分之一為限。

依前五項規定領滿失業給付之給付期間者，本保險年資應重行起算。

第17條　被保險人於失業期間另有工作，其每月工作收入超過基本工資者，不得請領失業給付；其每月工作收入未超過基本工資者，其該月工作收入加上失業給付之總額，超過其平均月投保薪資百分之八十部分，應自失業給付中扣除。但總額低於基本工資者，不予扣除。

領取勞工保險傷病給付、職業訓練生活津貼、臨時工作津貼、創業貸款利息補貼或其他促進就業相關津貼者，領取相關津貼期間，不得同時請領失業給付。

第18條　**符合失業給付請領條件，於失業給付請領期限屆滿前受僱工作，並依規定參加本保險為被保險人滿三個月以上者，得向保險人申請，按其尚未請領之失業給付金額之百分之五十，一次發給提早就業獎助津貼。**

第19條　被保險人非自願離職，向公立就業服務機構辦理求職登記，經公立就業服務機構安排**參加全日制職業訓練，於受訓期間，每月按申請人離職辦理本保險退保之當月起前六個月平均月投保薪資百分之六十發給職業訓練生活津貼，最長發給六個月。**

職業訓練單位應於申請人受訓之日，通知保險人發放職業訓練生活津貼。

中途離訓或經訓練單位退訓者，訓練單位應即通知保險人停止發放職業訓練生活津貼。

第19-1條　被保險人非自願離職退保後，於請領失業給付或職業訓練生活津貼期間，有受其扶養之眷屬者，每一人按申請人離職辦理本保險退保之當月起前六個月平均月投保薪資百分之十加給給付或津貼，最多計至百分之二十。

前項所稱受扶養眷屬，指受被保險人扶養之無工作收入之父母、配偶、未成年子女或身心障礙子女。

第19-2條　育嬰留職停薪津貼，以被保險人育嬰留職停薪之當月起前六個月平均月投保薪資百分之六十計算，於被保險人育嬰留職停薪期間，按月發給津貼，每一子女合計最長發給六個月。

前項津貼，於同時撫育子女二人以上之情形，以發給一人為限。

依家事事件法、兒童及少年福利與權益保障法相關規定與收養兒童先行共同生活之被保險人，其共同生活期間得依第十一條第一項第四款及前二項規定請領育嬰留職停薪津貼。但因可歸責於被保險人之事由，致未經法院裁定認可收養者，保險人應通知限期返還其所受領之津貼，屆期未返還者，依法移送強制執行。

第**20**條 失業給付自向公立就業服務機構辦理求職登記之第十五日起算。
職業訓練生活津貼自受訓之日起算。

第**21**條 投保單位故意為不合本法規定之人員辦理參加保險手續，領取保險給付者，保險人應通知限期返還，屆期未返還者，依法移送強制執行。

第**22**條 保險人領取各種保險給付之權利，不得讓與、抵銷、扣押或供擔保。
被保險人依本法規定請領保險給付者，得檢具保險人出具之證明文件，於金融機構開立專戶，專供存入保險給付之用。
前項專戶內之存款，不得作為抵押、扣押、供擔保或強制執行之標的。

第**22-1**條 依本法發給之保險給付，經保險人核定後，應在十五日內給付之。如逾期給付可歸責於保險人者，其逾期部分應加給利息。

第**23**條 申請人與原雇主間因離職事由發生勞資爭議者，仍得請領失業給付。
前項爭議結果，確定申請人不符失業給付請領規定時，應於確定之日起十五日內，將已領之失業給付返還。屆期未返還者，依法移送強制執行。

第**24**條 領取保險給付之請求權，自得請領之日起，因二年間不行使而消滅。

第五章　申請及審核

第**25**條 被保險人於離職退保後二年內，應檢附離職或定期契約證明文件及國民身分證或其他足資證明身分之證件，親自向公立就業服務機構辦理求職登記、申請失業認定及接受就業諮詢，並填寫失業認定、失業給付申請書及給付收據。
公立就業服務機構受理求職登記後，應辦理就業諮詢，並自求職登記之日起十四日內推介就業或安排職業訓練。未能於該十四日內推介就業或安排職業訓練時，公立就業服務機構應於翌日完成失業認定，並轉請保險人核發失業給付。
第1項離職證明文件，指由投保單位或直轄市、縣（市）主管機關發給之證明；其取得有困難者，得經公立就業服務機構之同意，以書面釋明理由代替之。
前項文件或書面，應載明申請人姓名、投保單位名稱及離職原因。
申請人未檢齊第1項規定文件者，應於七日內補正；屆期未補正者，視為未申請。

第**26**條 公立就業服務機構為辦理推介就業及安排職業訓練所需，得要求申請人提供下列文件：
一、最高學歷及經歷證書影本。
二、專門職業及技術人員證照或執業執照影本。
三、曾接受職業訓練之結訓證書影本。

第**27**條 申請人應於公立就業服務機構推介就業之日起七日內，將就業與否回覆卡檢送公立就業服務機構。
申請人未依前項規定辦理者，公立就業服務機構應停止辦理當次失業認定或再認定。已辦理認定者，應撤銷其認定。

第**28**條 職業訓練期滿未能推介就業者，職業訓練單位應轉請公立就業服務機構完成失業認定；其未領取或尚未領滿失業給付者，並應轉請保險人核發失業給付，合併原已領取之失業給付，仍以第16條規定之給付期間為限。

第**29**條 繼續請領失業給付者，應於前次領取失業給付期間末日之翌日起二年內，每個月親自前往公立就業服務機構申請失

業再認定。但因傷病診療期間無法親自辦理者，得提出醫療機構出具之相關證明文件，以書面陳述理由委託他人辦理之。

未經公立就業服務機構為失業再認定者，應停止發給失業給付。

第30條　領取失業給付者，應於辦理失業再認定時，至少提供二次以上之求職紀錄，始得繼續請領。未檢附求職紀錄者，應於七日內補正；屆期未補正者，停止發給失業給付。

第31條　失業期間或受領失業給付期間另有其他工作收入者，應於申請失業認定或辦理失業再認定時，告知公立就業服務機構。

第32條　領取失業給付者，應自再就業之日起三日內，通知公立就業服務機構。

第六章　基金及行政經費

第33條　就業保險基金之來源如下：

一、本保險開辦時，中央主管機關自勞工保險基金提撥之專款。

二、保險費與其孳息收入及保險給付支出之結餘。

三、保險費滯納金。

四、基金運用之收益。

五、其他有關收入。

前項第1款所提撥之專款，應一次全數撥還勞工保險基金。

第34條　就業保險基金，經勞工保險監理委員會之通過，得為下列之運用：

一、對於公債、庫券及公司債之投資。

二、存放於公營銀行或中央主管機關指定之金融機構及買賣短期票券。

三、其他經中央主管機關核准有利於本基金收益之投資。

前項第3款所稱其他有利於本基金收益之投資，不得為權益證券及衍生性金融商品之投資。

就業保險基金除作為第1項運用、保險給付支出、第12條第3項規定之提撥外，不得移作他用或轉移處分。基金之收支、運用情形及其積存數額，應由保險人報請中央主管機關按年公告之。

第35條　辦理本保險所需之經費，由保險人以當年度保險費收入預算總額百分之三點五為上限編列，由中央主管機關編列預算撥付之。

第七章　罰則

第36條　以詐欺或其他不正當行為領取保險給付或為虛偽之證明、報告、陳述者，除按其領取之保險給付處以二倍罰鍰外，並應依民法請求損害賠償；其涉及刑責者，移送司法機關辦理。

第37條　勞工違反本法規定不參加就業保險及辦理就業保險手續者，處新臺幣一千五百元以上七千五百元以下罰鍰。

第38條　投保單位違反本法規定，未為其所屬勞工辦理投保手續者，按自僱用之日起，至參加保險之前一日或勞工離職日止應負擔之保險費金額，處十倍罰鍰。勞工因此所受之損失，並應由投保單位依本法規定之給付標準賠償之。

投保單位未依本法之規定負擔被保險人之保險費，而由被保險人負擔者，按應負擔之保險費金額，處二倍罰鍰。投保單位並應退還該保險費與被保險人。

投保單位違反本法規定，將投保薪資金額以多報少或以少報多者，自事實發生之日起，按其短報或多報之保險費金額，處四倍罰鍰，其溢領之給付金額，經保險人通

知限期返還，屆期未返還者，依法移送強制執行，並追繳其溢領之給付金額。勞工因此所受損失，應由投保單位賠償之。

投保單位違反第7條規定者，處新臺幣一萬元以上五萬元以下罰鍰。

本法中華民國98年3月31日修正之條文施行前，投保單位經依規定加徵滯納金至應納費額上限，其應繳之保險費仍未向保險人繳納，且未經保險人處以罰鍰或處以罰鍰而未執行者，不再裁處或執行。

第39條 依本法所處之罰鍰，經保險人通知限期繳納，屆期未繳納者，依法移送強制執行。

第八章　附則

第40條 本保險保險效力之開始及停止、月投保薪資、投保薪資調整、保險費負擔、保險費繳納、保險費寬限期與滯納金之徵收及處理、基金之運用與管理，除本法另有規定外，準用勞工保險條例及其相關規定辦理。

第41條 勞工保險條例第2條第1款有關普通事故保險失業給付部分及第74條規定，自本法施行之日起，不再適用。

自本法施行之日起，本法被保險人之勞工保險普通事故保險費率應按被保險人當月之月投保薪資百分之一調降之，不受勞工保險條例第13條第2項規定之限制。

第42條 本保險之一切帳冊、單據及業務收支，均免課稅捐。

第43條 本法施行細則，由中央主管機關定之。

第44條 本法之施行日期，由行政院定之。

本法中華民國98年4月21日修正之第35條條文，自中華民國99年1月1日施行。

本法中華民國101年12月4日修正之條文，自公布日施行。

23.就業保險促進就業實施辦法
中華民國112年6月29日修正發布

第一章　總則

第1條 本辦法依就業保險法（以下簡稱本法）第十二條第四項規定訂定之。

第2條 本辦法所定雇主，為就業保險投保單位之民營事業單位、團體或私立學校。

前項所稱團體，指依人民團體法或其他法令設立者。但不包括政治團體及政黨。

第3條 本辦法促進就業措施之範圍如下：
一、僱用安定措施。
二、僱用獎助措施。
三、其他促進就業措施：
　　(一) 補助求職交通、異地就業之交通、搬遷及租屋費用。
　　(二) 推介從事臨時工作。
　　(三) 辦理適性就業輔導。
　　(四) 協助雇主改善工作環境及勞動條件。
　　(五) 促進職場勞工身心健康、工作與生活平衡。
　　(六) 促進職業災害勞工穩定就業。
　　(七) 提升工會保障勞工就業權益之能力。
　　(八) 促進中高齡者及高齡者就業。
　　(九) 協助受天災、事變或其他重大情事影響之勞工就業。

第4條 中央主管機關得將本辦法所定之促進就業事項，委任所屬機關（構）、委辦

直轄市、縣（市）主管機關或委託相關機關（構）、團體辦理之。

第二章　僱用安定措施

第 5 條 中央主管機關因景氣因素影響，致勞雇雙方協商減少工時（以下簡稱減班休息），經評估有必要時，得召開僱用安定措施諮詢會議（以下簡稱諮詢會議），辦理僱用安定措施。

第 5-1 條 諮詢會議置委員十五人至二十一人，任期三年，其中一人為召集人，由中央主管機關指派人員兼任之；其餘委員，由中央主管機關就下列人員聘（派）兼之：

一、中央主管機關代表一人。

二、行業目的事業主管機關代表三人至五人。

三、行政院主計總處代表一人。

四、國家發展委員會代表一人。

五、勞方代表二人至三人。

六、資方代表二人至三人。

七、學者專家四人至六人。

諮詢會議委員任一性別比例，不得低於全體委員人數之三分之一。

諮詢會議由召集人召集，並為主席；召集人未能出席時，由其指定委員其中一人代理之。必要時，得邀請有關單位、勞工、雇主或學者專家參加，聽取其意見

第 5-2 條 諮詢會議得參採下列資料，就僱用安定措施啟動時機、辦理期間、被保險人薪資補貼期間、適用對象及其他相關事項提出諮詢意見：

一、事業單位受景氣因素影響情形。

二、各行業發展情形及就業狀況。

三、實施減班休息事業單位家數及人數。

四、失業率。

五、**資遣通報人數**。

六、**其他辦理僱用安定措施之資料**。

第 6 條 中央主管機關辦理**僱用安定措施，應公告啟動時機、辦理期間、被保險人薪資補貼期間、適用對象及其他相關事項。**前項辦理期間，最長為十二個月。但中央主管機關於評估無辦理必要時，得於前項辦理期間屆滿前，公告終止。

第 7 條 （刪除）

第 8 條 （刪除）

第 9 條 被保險人領取薪資補貼，應符合下列規定：

一、**於辦理僱用安定措施期間內，經被保險人與雇主協商同意實施減班休息期間達三十日以上，並依因應事業單位實施勞雇雙方協商減少工時相關規定辦理。**

二、**實施減班休息前，以現職雇主為投保單位參加就業保險達三個月以上。**

三、**屬全時勞工，或有固定工作日（時）數或時間之部分時間工作勞工（以下簡稱部分工時勞工）。**

四、未具請領薪資補貼之事業單位代表人、負責人、合夥人、董事或監察人身分。

中央主管機關應依前項第一款規定報送之勞雇雙方協商減班休息案件認定之。

被保險人於僱用安定措施啟動前，已受僱現職雇主，且領取薪資補貼前受僱一個月以上者，不受第一項第二款參加就業保險期間限制。

第 10 條 （刪除）

第 11 條 （刪除）

第 12 條 公立就業服務機構應依下列規定，發給被保險人薪資補貼：

一、按被保險人於實施減班休息日前一個月至前三個月之平均月投保薪資，與實施減班休息後實際協議薪資差額之百分之五十發給。但被保險人於現職單位受僱未滿三個月者，依其於現職單位實際參加就業保險期間之平均月投保薪資計算。

二、前款實施減班休息後實際協議薪資，最低以中央主管機關公告之每月基本工資數額核算。但庇護性就業之身心障礙者及部分工時勞工，不在此限。

三、每月不得超過勞工保險投保薪資分級表所定最高月投保薪資，與中央主管機關公告每月基本工資差額之百分之五十。

四、薪資補貼金額採無條件進位方式計算至百位數。

同一被保險人同時受僱於二個以上雇主，得依規定分別申請薪資補貼。

同一被保險人受僱於同一雇主，不得於同一減班休息期間，重複申請薪資補貼。

受僱於同一雇主之被保險人於領取第一項薪資補貼期間，不得重複領取政府機關其他相同性質之補助或津貼。

第13條　薪資補貼於減班休息實施日起算，公立就業服務機構依下列規定計算發給被保險人薪資補貼之期間：

一、一個月以三十日計算，發給一個月。

二、最末次申請之日數為二十日以上，未滿三十日者，發給一個月；十日以上，未滿二十日者，發給半個月。

薪資補貼發給期間，應於中央主管機關公告辦理僱用安定措施期間內。

中央主管機關公告辦理僱用安定措施之期間未中斷者，被保險人領取薪資補貼，其合併領取期間以二十四個月為限；該公告辦理期間中斷者，其領取補貼期間重新計算。

第14條　被保險人申請薪資補貼，應檢附下列文件，於實施減班休息每滿三十日之次日起九十日內，向工作所在地之公立就業服務機構提出：

一、薪資補貼申請書。

二、本人之身分證明或居留證明文件之影本。

三、被保險人當次申請補貼期間之薪資清冊或證明。

四、同意代為查詢勞工保險資料委託書。

五、本人名義之國內金融機構存摺封面影本。

六、其他中央主管機關規定之文件。

中央主管機關公告辦理僱用安定措施期間內，被保險人與雇主已於公告日前，實施減班休息期間達三十日以上者，應於公告日之次日起九十日內提出申請。

雇主得於前二項所定申請期間內，檢附第一項文件及委託書，代減班休息被保險人提出申請。

被保險人於第二次起之申請案，得免附第一項第二款及第四款規定文件；第一項第五款規定匯款帳戶未有變更者，亦得免附。

第15條　雇主與被保險人另為約定，致變更減班休息期間時，申請薪資補貼之雇主或被保險人，應於變更日之次日起七日內，通知工作所在地之公立就業服務機構。

第16條　雇主或被保險人有下列情形之一者，公立就業服務機構應不予發給薪資補貼；已發給者，經撤銷或廢止原核定之補貼後，應追還之：

一、未於規定期間內提出申請。

二、雇主與被保險人協商縮短減班休息期間，未依前條規定通知工作所在地之公立就業服務機構。

三、被保險人於請領薪資補貼之事業單位具有代表人、負責人、合夥人、董事或監察人身分。

第17條　（刪除）

第17-1條　逾六十五歲或屬本法第五條第二項第二款不得參加就業保險人員，經其雇主投保勞工職業災害保險者，得依第九條、第十二條至第十四條規定領取薪資補貼，並依第六條、第十五條、第十六條、第五十三條至第五十五條規定辦理。

第三章　僱用獎助措施

第18條　公立就業服務機構或第四條受託單位受理下列各款失業勞工之求職登記，經就業諮詢無法推介就業者，得發給僱用獎助推介卡：
一、失業期間連續達三十日以上之特定對象。
二、失業期間連續達三個月以上。
前項失業期間之計算，以勞工未有參加就業保險、勞工保險或勞工職業災害保險紀錄之日起算。
第一項第一款之特定對象如下：
一、年滿四十五歲至六十五歲失業者。
二、身心障礙者。
三、長期失業者。
四、獨力負擔家計者。
五、原住民。
六、低收入戶或中低收入戶中有工作能力者。
七、更生受保護人。
八、家庭暴力及性侵害被害人。
九、二度就業婦女。
十、其他中央主管機關認為有必要者。

第19條　雇主以不定期契約或一年以上之定期契約，僱用前條由公立就業服務機構或受託單位發給僱用獎助推介卡之失業勞工，連續滿三十日，由公立就業服務機構發給僱用獎助。
雇主有下列情形之一者，公立就業服務機構應不予發給僱用獎助；已發給者，經撤銷原核定之獎助後，應追還之：
一、申請僱用獎助前，未依身心障礙者權益保障法及原住民族工作權保障法比例進用規定，足額進用身心障礙者及原住民或繳納差額補助費、代金；或申請僱用獎助期間，所僱用之身心障礙者或原住民經列計為雇主應依法定比率進用之對象。
二、未為應參加就業保險、勞工職業災害保險之受僱勞工，申報參加就業保險或勞工職業災害保險。
三、僱用雇主或事業單位負責人之配偶、直系血親或三親等內之旁系血親。
四、同一雇主再僱用離職未滿一年之勞工。
五、僱用同一勞工，於同一時期已領取政府機關其他就業促進相關補助或津貼。
六、同一勞工之其他雇主於相同期間已領取政府機關其他就業促進相關補助或津貼。
七、第四條受委託之單位僱用自行推介之勞工。
八、庇護工場僱用庇護性就業之身心障礙者。

第20條　雇主於連續僱用同一受領僱用獎助推介卡之勞工滿三十日之日起九十日內，得向原推介轄區之公立就業服務機構申請僱用獎助，並應檢附下列證明文件：
一、僱用獎助申請書。
二、僱用名冊、載明受僱者工作時數之薪資清冊、出勤紀錄。

三、受僱勞工之身分證影本或有效期間居留證明文件。

四、請領僱用獎助之勞工保險、就業保險、勞工職業災害保險投保資料表或其他足資證明投保之文件。

五、其他中央主管機關規定之必要文件。

前項僱主，得於每滿三個月之日起九十日內，向原推介轄區之公立就業服務機構提出僱用獎助之申請。

第一項僱用期間之認定，自勞工到職投保就業保險生效之日起算。但依法不得辦理參加就業保險者，自其勞工職業災害保險生效之日起算。

前項僱用期間，一個月以三十日計算，其末月僱用時間逾二十日而未滿三十日者，以一個月計算。

第21條 僱主依前二條規定申請僱用獎助，依下列規定核發：

一、勞僱雙方約定按月計酬方式給付工資者，依下列標準核發：

(一) 僱用第十八條第三項第一款至第三款人員，依受僱人數每人每月發給新臺幣一萬三千元。

(二) 僱用第十八條第三項第四款至第十款人員，依受僱人數每人每月發給新臺幣一萬一千元。

(三) 僱用第十八條第一項第二款人員，依受僱人數每人每月發給新臺幣九千元。

二、勞僱雙方約定按前款以外方式給付工資者，依下列標準核發：

(一) 僱用第十八條第三項第一款至第三款人員，依受僱人數每人每小時發給新臺幣七十元，每月最高發給新臺幣一萬三千元。

(二) 僱用第十八條第三項第四款至第十款人員，依受僱人數每人每小時發給新臺幣六十元，每月最高發給新臺幣一萬一千元。

(三) 僱用第十八條第一項第二款人員，依受僱人數每人每小時發給新臺幣五十元，每月最高發給新臺幣九千元。

同一僱主僱用同一勞工，合併領取本僱用獎助及政府機關其他之就業促進相關補助或津貼，最長以十二個月為限。

同一勞工於同一時期受僱於二以上僱主，並符合第一項第二款規定者，各僱主均得依規定申請獎助；公立就業服務機構應按僱主申請送達受理之時間，依序核發。但獎助金額每月合計不得超過第一項第二款各目規定之最高金額。

第四章　其他促進就業措施

第一節　補助交通與搬遷及租屋費用

第22條 失業被保險人親自向公立就業服務機構辦理求職登記，經公立就業服務機構諮詢及開立介紹卡推介就業，有下列情形之一者，得發給求職交通補助金：

一、其推介地點與日常居住處所距離三十公里以上。

二、為低收入戶或中低收入戶。

第23條 前條之勞工申請求職交通補助金，應檢附下列文件：

一、補助金領取收據。

二、其他中央主管機關規定之文件。

以低收入戶或中低收入戶身分申請者，除檢附前項規定文件外，並應檢附低收入戶或中低收入戶證明文件影本。

第24條 第二十二條補助金，每人每次得發給新臺幣五百元。但情形特殊者，得於新臺幣一千二百五十元內核實發給。

每人每年度合併領取前項補助金及依就業

促進津貼實施辦法領取之求職交通補助
金，以四次為限。

第25條　領取第二十二條補助金者，應於
推介就業之次日起七日內，填具推介就業
情形回覆卡通知公立就業服務機構，逾期
未通知者，當年度不再發給。

第26條　失業被保險人親自向公立就業服
務機構辦理求職登記，經諮詢及開立介紹
卡推介就業，並符合下列情形者，得向就
業當地轄區之公立就業服務機構申請核發
異地就業交通補助金：
一、失業期間連續達三個月以上或非自願
　　性離職。
二、就業地點與原日常居住處所距離三十
　　公里以上。
三、因就業有交通往返之事實。
四、連續三十日受僱於同一雇主。

第27條　前條之勞工於連續受僱滿三十日
之日起九十日內，得向就業當地轄區公立
就業服務機構申請異地就業交通補助金，
並應檢附下列證明文件：
一、異地就業交通補助金申請書。
二、補助金領取收據。
三、本人名義之國內金融機構存摺封面影本。
四、本人之身分證影本或有效期間居留證
　　明文件。
五、同意代為查詢勞工保險資料委託書。
六、居住處所查詢同意書。
七、其他中央主管機關規定之文件。
前項之勞工，得於每滿三個月之日起九十
日內，向當地轄區之公立就業服務機構申
請補助金。
第一項受僱期間之認定，自勞工到職投保
就業保險生效之日起算。但依法不得辦理
參加就業保險者，自其勞工職業災害保險
生效之日起算。

第28條　異地就業交通補助金，依下列規
定核發：
一、勞工就業地點與原日常居住處所距離
　　三十公里以上未滿五十公里者，每月
　　發給新臺幣一千元。
二、勞工就業地點與原日常居住處所距離
　　五十公里以上未滿七十公里者，每月
　　發給新臺幣二千元。
三、勞工就業地點與原日常居住處所距離
　　七十公里以上者，每月發給新臺幣
　　三千元。
前項補助金最長發給十二個月。
補助期間一個月以三十日計算，其末月期
間逾二十日而未滿三十者，以一個月計
算。

第29條　失業被保險人親自向公立就業服
務機構辦理求職登記，經諮詢及開立介紹
卡推介就業，並符合下列情形者，得向就
業當地轄區之公立就業服務機構申請核發
搬遷補助金：
一、失業期間連續達三個月以上或非自願
　　性離職。
二、就業地點與原日常居住處所距離三十
　　公里以上。
三、因就業而需搬離原日常居住處所，搬
　　遷後有居住事實。
四、就業地點與搬遷後居住處所距離三十
　　公里以內。
五、連續三十日受僱於同一雇主。

第30條　前條之勞工向就業當地轄區公立
就業服務機構申請搬遷補助金者，應檢附
下列證明文件於搬遷之日起九十日內為之：
一、搬遷補助金申請書。
二、補助金領取收據。
三、本人名義之國內金融機構存摺封面影
　　本。

四、搬遷費用收據。

五、搬遷後居住處所之居住證明文件。

六、本人之身分證影本或有效期間居留證明文件。

七、同意代為查詢勞工保險資料委託書。

八、居住處所查詢同意書。

九、其他中央主管機關規定之必要文件。

前項第四款所稱搬遷費用，指搬運、寄送傢俱或生活所需用品之合理必要費用。但不含包裝人工費及包裝材料費用。

第31條 搬遷補助金，以搬遷費用收據所列總額核實發給，最高發給新臺幣三萬元。

第32條 失業被保險人親自向公立就業服務機構辦理求職登記，經諮詢及開立介紹卡推介就業，並符合下列情形者，得向就業當地轄區之公立就業服務機構申請核發租屋補助金：

一、失業期間連續達三個月以上或非自願性離職。

二、就業地點與原日常居住處所距離三十公里以上。

三、因就業而需租屋，並有居住事實。

四、就業地點與租屋處所距離三十公里以內。

五、連續三十日受僱於同一雇主。

第33條 前條之勞工於受僱且租屋之日起九十日內，得向就業當地轄區公立就業服務機構申請租屋補助金，並應檢附下列證明文件：

一、租屋補助金申請書。

二、補助金領取收據。

三、本人名義之國內金融機構存摺封面影本。

四、房租繳納證明文件。

五、房屋租賃契約影本。

六、租賃房屋之建物登記第二類謄本。

七、本人之身分證影本或有效期間居留證明文件。

八、同意代為查詢勞工保險資料委託書。

九、居住處所及租賃事實查詢同意書。

十、其他中央主管機關規定之必要文件。

前項之勞工，得於受僱且租屋每滿三個月之日起九十日內，向當地轄區之公立就業服務機構申請補助金。

第一項受僱之認定，自勞工到職投保就業保險生效之日起算。但依法不得辦理參加就業保險者，自其勞工職業災害保險生效之日起算。

第34條 租屋補助金，自就業且租賃契約所記載之租賃日起，以房屋租賃契約所列租金總額之百分之六十核實發給，每月最高發給新臺幣五千元，最長十二個月。

前項補助期間一個月以三十日計算，其末月期間逾二十日而未滿三十日者，以一個月計算。

第35條 勞工申領租屋補助金或異地就業交通補助金，於補助期間得互相變更申領，其合併領取期間以十二個月為限。

第36條 申領搬遷補助金、租屋補助金或異地就業交通補助金者，有下列情形之一，公立就業服務機構應不予發給；已發給者，經撤銷後，應追還之：

一、未於公立就業服務機構推介就業之次日起七日內，填具推介就業情形回覆卡通知公立就業服務機構。

二、為雇主、事業單位負責人或房屋出租人之配偶、直系血親或三親等內之旁系血親。

三、於同一事業單位或同一負責人之事業單位離職未滿一年再受僱者。

四、不符申請規定，經勞工就業當地轄區公立就業服務機構撤銷資格認定。

第二節　推介從事臨時工作

第37條 公立就業服務機構受理失業被保險人之求職登記，經就業諮詢及推介就業，有下列情形之一，公立就業服務機構得指派其至政府機關（構）或合法立案之非營利團體（以下合稱用人單位）從事臨時工作：

一、於求職登記日起十四日內未能推介就業。

二、有正當理由無法接受推介工作。

前項所稱正當理由，指工作報酬未達原投保薪資百分之六十，或工作地點距離日常居住處所三十公里以上者。

第38條 公立就業服務機構受理用人單位所提之臨時工作計畫申請，經審查核定後，用人單位始得接受推介執行計畫。

第39條 失業被保險人依第三十七條規定從事臨時工作期間，用人單位應為失業被保險人向公立就業服務機構申請臨時工作津貼。

用人單位申請前項津貼，應備下列文件：

一、執行臨時工作計畫之派工紀錄及領取津貼者之出勤紀錄表。

二、經費印領清冊。

三、臨時工作計畫執行報告。

四、領據。

五、其他中央主管機關規定之文件。

用人單位應代公立就業服務機構轉發臨時工作津貼，並為扣繳義務人，於發給失業被保險人津貼時扣繳稅款。

第40條 前條津貼發給標準，按中央主管機關公告之每小時基本工資核給，且一個月合計不超過月基本工資，最長六個月。

失業被保險人二年內合併領取前項津貼、依就業促進津貼實施辦法領取之臨時工作津貼或政府機關其他同性質津貼，最長六個月。

第41條 領取臨時工作津貼者，經公立就業服務機構推介就業時，應於推介就業之次日起七日內，填具推介就業情形回覆卡通知公立就業服務機構。期限內通知者，應徵當日給予四小時或八小時之求職假。

前項求職假，每星期以八小時為限，請假期間，津貼照給。

第一項人員之請假事宜，依用人單位規定辦理；用人單位未規定者，參照勞動基準法及勞工請假規則辦理。請假日數及第一項求職假，應計入臨時工作期間。

第42條 公立就業服務機構應定期或不定期派員，實地查核臨時工作計畫執行情形。

用人單位有下列情形之一，公立就業服務機構得終止其計畫：

一、規避、妨礙或拒絕查核者。

二、未依第三十八條臨時工作計畫書及相關規定執行，經書面限期改善，屆期未改善者。

第43條 臨時工作計畫終止後，公立就業服務機構得指派該人員至其他用人單位從事臨時工作，並發給臨時工作津貼。

前項工作期間，應與原從事之臨時工作期間合併計算。

第44條 領取臨時工作津貼者，有下列情形之一，公立就業服務機構應不予發給臨時工作津貼；已發給者，經撤銷或廢止後，應追還之：

一、同時領取本法之失業給付。

二、於領取津貼期間已就業。

三、違反用人單位之指揮及規定，經用人單位通知公立就業服務機構停止其臨時工作。

四、原從事之臨時工作終止後，拒絕公立就業服務機構指派之其他臨時工作。

五、拒絕公立就業服務機構推介就業。

第**45**條 用人單位應為從事臨時工作之人員辦理參加勞工保險、勞工職業災害保險及全民健康保險。但臨時工作之人員依法不能參加勞工保險者，應為其辦理參加勞工職業災害保險。

第三節 辦理適性就業輔導

第**46**條 公立就業服務機構受理失業被保險人之求職登記，辦理下列適性就業輔導事項：

一、職涯規劃。

二、職業心理測驗。

三、團體諮商。

四、就業觀摩。

第四節 協助雇主改善工作環境及勞動條件

第**47**條 中央主管機關為協助雇主改善工作環境，促進勞工就業，得辦理下列事項：

一、工作環境、製程及設施之改善。

二、人因工程之改善及工作適性安排。

三、工作環境改善之專業人才培訓。

四、強化勞動關係與提升勞動品質之研究及發展。

五、其他工作環境改善事項。

第**48**條 中央主管機關為協助雇主改善工作環境及勞動條件，促進勞工就業，得訂定計畫，補助直轄市、縣（市）主管機關或有關機關辦理之。

第**49**條 中央主管機關為協助雇主辦理工作環境改善，得訂定補助計畫。

前項補助之申請，雇主得擬定工作環境改善計畫書，於公告受理申請期間內，送中央主管機關審核。

第五節 職場勞工身心健康及生活平衡

第**50**條 中央主管機關為促進職場勞工身心健康，得協助並促進雇主辦理下列事項：

一、工作相關疾病預防。

二、健康管理及促進。

三、勞工健康服務專業人才培訓。

四、其他促進職場勞工身心健康事項。

第**51**條 中央主管機關為協助雇主促進職場勞工身心健康，得訂定補助計畫。

前項補助之申請，雇主得擬定促進職場勞工身心健康計畫書，於公告受理申請期間內，送中央主管機關審核。

第**52**條 中央主管機關為推動勞工之工作與生活平衡，得辦理下列事項：

一、推動合理工作時間規範及促進縮減工作時間。

二、促進職場工作平等及育嬰留職停薪權益之保護。

三、補助與辦理教育訓練、活動、措施、設施及宣導。

中央主管機關為辦理前項事項，得訂定實施或補助計畫。

前項補助之申請，直轄市、縣（市）主管機關、有關機關或雇主得擬定計畫書，於公告受理申請期間內，送中央主管機關審核。

第六節 促進職業災害勞工穩定就業

第**52-1**條 中央主管機關為促進職業災害勞工穩定就業，得辦理下列事項：

一、職業災害勞工重返職場之補助。

二、雇主僱用或協助職業災害勞工復工之獎助。

三、其他促進職業災害勞工穩定就業措施。

中央主管機關為辦理前項事項，得訂定實施或補助計畫。

第七節 提升工會保障勞工就業權益能力

第**52-2**條 中央主管機關為提升工會保障勞工就業權益之能力，得辦理下列事項：

一、工會簽訂團體協約及進行勞雇對話之獎補助。

二、工會參與事業單位經營管理之補助。

三、工會協助勞工組織結社之補助。

四、工會辦理就業權益教育訓練之補助。

五、其他提升工會保障勞工就業權益能力之措施。

中央主管機關為辦理前項事項，得訂定實施或補助計畫。

第八節　促進中高齡者及高齡者就業

第52-3條 中央主管機關為協助中高齡者及高齡者就業，得辦理下列事項：

一、職務再設計。

二、繼續僱用補助。

三、其他有關就業協助事項。

中央主管機關為辦理前項事項，得訂定實施或補助計畫。

第九節　協助受影響勞工就業

第52-4條 中央主管機關對受天災、事變或其他重大情事影響之勞工，得辦理下列事項：

一、穩定就業協助。

二、重返職場協助。

三、其他有關就業協助事項。

中央主管機關為辦理前項事項，得訂定實施或補助計畫。

第五章　附則

第53條 雇主或勞工申請本辦法之津貼或補助不符申請規定之文件，經中央主管機關或公立就業服務機構通知限期補正，屆期未補正者，不予受理。

第54條 中央主管機關及公立就業服務機構為查核本辦法執行情形，得查對相關資料，雇主、用人單位、領取津貼或接受補助者，不得規避、妨礙或拒絕。

第55條 中央主管機關或公立就業服務機構發現雇主、用人單位、領取津貼或接受補助者，有下列情形之一，應不予核發津貼或補助；已發給者，經撤銷或廢止後，應追還之：

一、不實申領。

二、規避、妨礙或拒絕中央主管機關或公立就業服務機構查核。

三、其他違反本辦法之規定。

四、違反保護勞工法令，情節重大。

前項領取津貼或接受補助者，經中央主管機關或公立就業服務機構書面通知限期繳回，屆期未繳回者，依法移送強制執行。

第56條 本辦法所規定之書表及文件，由中央主管機關定之。

第57條 本辦法所需經費，依本法第十二條第三項提撥之經費額度中支應。

中央主管機關得視預算額度之調整，發給或停止本辦法之津貼或補助，並公告之。

第58條 本辦法自發布日施行。

24.大量解僱勞工保護法
中華民國104年7月1日修正發布

第1條 為保障勞工工作權及調和雇主經營權，避免因事業單位大量解僱勞工，致勞工權益受損害或有受損害之虞，並維護社會安定，特制定本法；本法未規定者，適用其他法律之規定。

第2條 本法所稱大量解僱勞工，指事業單位有勞動基準法第11條所定各款情形之一、或因併購、改組而解僱勞工，且有下列情形之一：

一、同一事業單位之同一廠場僱用勞工人數未滿三十人者，於六十日內解僱勞工逾十人。

二、同一事業單位之同一廠場僱用勞工人數在三十人以上未滿二百人者，於六十日內解僱勞工逾所僱用勞工人數三分之一或單日逾二十人。

三、同一事業單位之同一廠場僱用勞工人數在二百人以上未滿五百人者，於六十日內解僱勞工逾所僱用勞工人數四分之一或單日逾五十人。

四、同一事業單位僱用勞工人數在五百人以上者，於六十日內解僱勞工逾所僱用勞工人數五分之一。

五、同一事業單位於60日內解僱勞工逾二百人或單日逾一百人。

前項各款僱用及解僱勞工人數之計算，不包含就業服務法第46條所定之定期契約勞工。

第3條 本法所稱主管機關：在中央為勞動部；在直轄市為直轄市政府；在縣（市）為縣（市）政府。

同一事業單位大量解僱勞工事件，跨越直轄市、縣（市）行政區域時，直轄市或縣（市）主管機關應報請中央主管機關處理，或由中央主管機關指定直轄市或縣（市）主管機關處理。

第4條 事業單位大量解僱勞工時，應於符合第2條規定情形之日起六十日前，將解僱計畫書通知主管機關及相關單位或人員，並公告揭示。但因天災、事變或突發事件，不受六十日之限制。

依前項規定通知相關單位或人員之順序如下：

一、事業單位內涉及大量解僱部門勞工所屬之工會。

二、事業單位勞資會議之勞方代表。

三、事業單位內涉及大量解僱部門之勞工。但不包含就業服務法第46條所定之定期契約勞工。

事業單位依第1項規定提出之解僱計畫書內容，應記載下列事項：

一、解僱理由。
二、解僱部門。
三、解僱日期。
四、解僱人數。
五、解僱對象之選定標準。
六、資遣費計算方式及輔導轉業方案等。

第5條 事業單位依前條規定提出解僱計畫書之日起十日內，勞雇雙方應即本於勞資自治精神進行協商。

勞雇雙方拒絕協商或無法達成協議時，主管機關應於十日內召集勞雇雙方組成協商委員會，就解僱計畫書內容進行協商，並適時提出替代方案。

第6條 協商委員會置委員五人至十一人，由主管機關指派代表一人及勞雇雙方同數代表組成之，並由主管機關所指派之代表為主席。資方代表由雇主指派之；勞方代表，有工會組織者，由工會推派；無工會組織而有勞資會議者，由勞資會議之勞方代表推選之；無工會組織且無勞資會議者，由事業單位通知第4條第2項第3款規定之事業單位內涉及大量解僱部門之勞工推選之。

勞雇雙方無法依前項規定於十日期限內指派、推派或推選協商代表者，主管機關得依職權於期限屆滿之次日起五日內代為指定之。

協商委員會應由主席至少每二週召開一次。

第7條 協商委員會協商達成之協議，其效力及於個別勞工。

協商委員會協議成立時，應作成協議書，並由協商委員簽名或蓋章。

主管機關得於協議成立之日起七日內，將協議書送請管轄法院審核。

前項協議書，法院應儘速審核，發還主管機關；不予核定者，應敘明理由。

經法院核定之協議書，以給付金錢或其他代替物或有價證券之一定數量為標的者，其協議書得為執行名義。

第8條 主管機關於協商委員會成立後，應指派就業服務人員協助勞資雙方，提供就業服務與職業訓練之相關諮詢。

雇主不得拒絕前項就業服務人員進駐，並應排定時間供勞工接受就業服務人員個別協助。

第9條 事業單位大量解僱勞工後再僱用工作性質相近之勞工時，除法令另有規定外，應優先僱用經其大量解僱之勞工。

前項規定，於事業單位歇業後，有重行復工或其主要股東重新組織營業性質相同之公司，而有招募員工之事實時，亦同。

前項主要股東係指佔原事業單位一半以上股權之股東持有新公司百分之五十以上股權。

政府應訂定辦法，獎勵雇主優先僱用第1項、第2項被解僱之勞工。

第10條 經預告解僱之勞工於協商期間就任他職，原雇主仍應依法發給資遣費或退休金。但依本法規定協商之結果條件較優者，從其規定。

協商期間，雇主不得任意將經預告解僱勞工調職或解僱。

第11條 僱用勞工三十人以上之事業單位，有下列情形之一者，由相關單位或人員向主管機關通報：

一、僱用勞工人數在二百人以下者，積欠勞工工資達二個月；僱用勞工人數逾二百人者，積欠勞工工資達一個月。

二、積欠勞工保險保險費、工資墊償基金、全民健康保險保險費或未依法提繳勞工退休金達二個月，且金額分別在新臺幣二十萬元以上。

三、全部或主要之營業部分停工。

四、決議併購。

五、最近二年曾發生重大勞資爭議。

前項規定所稱相關單位或人員如下：

一、第1款、第3款、第4款及第5款為工會或該事業單位之勞工；第4款為事業單位。

二、第2款為勞動部勞工保險局、衛生福利部中央健康保險局。

主管機關應於接獲前項通報後七日內查訪事業單位，並得限期令其提出說明或提供財務報表及相關資料。

主管機關依前項規定派員查訪時，得視需要由會計師、律師或其他專業人員協助辦理。

主管機關承辦人員及協助辦理人員，對於事業單位提供之財務報表及相關資料，應保守秘密。

第12條 事業單位於大量解僱勞工時，積欠勞工退休金、資遣費或工資，有下列情形之一，經主管機關限期令其清償；屆期未清償者，中央主管機關得函請入出國管理機關禁止其代表人及實際負責人出國：

一、僱用勞工人數在十人以上未滿三十人者，積欠全體被解僱勞工之總金額達新臺幣三百萬元。

二、僱用勞工人數在三十人以上未滿一百人者，積欠全體被解僱勞工之總金額達新臺幣五百萬元。

三、僱用勞工人數在一百人以上未滿二百人者，積欠全體被解僱勞工之總金額達新臺幣一千萬元。

四、僱用勞工人數在二百人以上者，積欠全體被解僱勞工之總金額達新臺幣二千萬元。

事業單位歇業而勞工依勞動基準法第14條第1項第5款或第6款規定終止勞動契約，其僱用勞工人數、勞工終止契約人數及積欠勞工退休金、資遣費或工資總金額符合第2條及前項各款規定時，經主管機關限期令其清償，屆期未清償者，中央主管機關得函請入出國管理機關禁止其代表人及實際負責人出國。

前二項規定處理程序及其他應遵行事項之辦法，由中央主管機關定之。

第13條　事業單位大量解僱勞工時，不得以種族、語言、階級、思想、宗教、黨派、籍貫、性別、容貌、身心障礙、年齡及擔任工會職務為由解僱勞工。

違反前項規定或勞動基準法第11條規定者，其勞動契約之終止不生效力。

主管機關發現事業單位違反第1項規定時，應即限期令事業單位回復被解僱勞工之職務，逾期仍不回復者，主管機關應協助被解僱勞工進行訴訟。

第14條　中央主管機關應編列專款預算，作為因違法大量解僱勞工所需訴訟及必要生活費用。其補助對象、標準、申請程序等應遵行事項之辦法，由中央主管機關定之。

第15條　為掌握勞動市場變動趨勢，中央主管機關應設置評估委員會，就事業單位大量解僱勞工原因進行資訊蒐集與評估，以作為產業及就業政策制訂之依據。

前項評估委員會之組織及應遵行事項之辦法，由中央主管機關定之。

第16條　依第12條規定禁止出國者，有下列情形之一時，中央主管機關應函請入出國管理機關廢止禁止其出國之處分：

一、已清償依第12條規定禁止出國時之全部積欠金額。

二、提供依第12條規定禁止出國時之全部積欠金額之相當擔保。但以勞工得向法院聲請強制執行者為限。

三、已依法解散清算，且無賸餘財產可資清償。

四、全部積欠金額已依破產程序分配完結。

第17條　事業單位違反第4條第1項規定，未於期限前將解僱計畫書通知主管機關及相關單位或人員，並公告揭示者，處新臺幣十萬元以上五十萬元以下罰鍰，並限期令其通知或公告揭示；屆期未通知或公告揭示者，按日連續處罰至通知或公告揭示為止。

第18條　事業單位有下列情形之一者，處新臺幣十萬元以上五十萬元以下罰鍰：

一、未依第5條第2項規定，就解僱計畫書內容進行協商。

二、違反第6條第1項規定，拒絕指派協商代表或未通知事業單位內涉及大量解僱部門之勞工推選勞方代表。

三、違反第8條第2項規定，拒絕就業服務人員進駐。

四、違反第10條第2項規定，在協商期間任意將經預告解僱勞工調職或解僱。

第19條　事業單位違反第11條第3項規定拒絕提出說明或未提供財務報表及相關資料者，處新臺幣三萬元以上十五萬元以下罰鍰；並限期令其提供，屆期未提供者，按次連續處罰至提供為止。

第**20**條　依本法所處之罰鍰，經限期繳納，屆期不繳納者，依法移送強制執行。

第**21**條　本法自公布日後三個月施行。本法修正條文自公布日施行。

25.企業人力資源提升計畫（企業端）

一、緣起：勞動部為協助事業單位辦理在職員工進修訓練，擴展訓練效益，持續提升人力素質，累積國家人力資本，提升競爭力，並落實就業保險之職業訓練及訓練經費管理運用辦法之規定，特訂定本計畫。

二、申請資格

事業單位為民營事業機構、非營利法人或團體，且參加**受僱勞工參加就業保險之人數在51人以上者。**受僱勞工參加就業保險之人數未滿51人者，須具備下列條件之一：

(一) 具有TTQS企業機構版評核結果為通過以上或辦訓能力檢核表為合格者，且於申請書面資料交寄日仍有效。

(二) 曾獲得「國家人力創新獎」、「國家訓練品質獎」或「國家人才發展獎」。

(三) 申請小型企業人力提升計畫，經分署認定已具有辦訓能力而不予提供後續訓練課程辦理事宜。

(四) 接受小型企業人力提升計畫輔導服務及訓練課程達三年以上，且未繼續申請該計畫。

三、補助類型

(一) **個別型訓練計畫**：由1家事業單位申請規劃辦理訓練課程。

(二) 聯合型訓練計畫：由1家具備訓練規劃執行經驗之事業單位提出申請，應結合1家以上相關事業單位。

(三) 產業推升型訓練計畫：以經濟部「推動中堅企業躍升計畫」遴選之「潛力中堅企業」與「卓越中堅企業獎」獲獎單位及本部遴選之「國家人才發展獎」、「促進中高齡及高齡者就業獎勵辦法」等獲獎單位為申請對象。

四、本計畫事業單位辦理之訓練課程範圍如下

(一) 研發及創新能力。

(二) 資訊運用及技術提升能力。

(三) 提升作業系統及生產專業技能、證照認證。

(四) 經營管理、專業語文。

(五) 企業內部講師訓練課程或數位教材製作訓練課程。

(六) 共通核心職能課程。

外部訓練課程屬企業內部講師訓練課程、數位教材製作訓練課程、政府推動之政策性相關訓練課程或派訓對象為29歲以下青年者或派訓中高齡者，提高補助至70%為限，其他課程補助50%為限。

數位學習屬數位轉型之課程者，補助該單門課收費標準之70%。

五、**補助額度**

(一) **個別型訓練計畫之事業單位，最高補助95萬元。**

(二) **聯合型訓練計畫之事業單位，最高補助190萬元。**

(三) **產業推升型訓練計畫之事業單位，最高補助200萬元。**

26.小型企業人力提升計畫（企業端）

一、計畫目的：為協助小型企業強化健全人才培訓發展，透過輔導諮詢及訓練執行等措施，有效投資人力資本，促進就業穩定。

二、計畫說明：臺灣中小企業占全體企業家數98.93%，因規模較小，對於人力資本投資，需針對性的措施予以加強輔導及協助，以強化健全人才培訓發展。透過本計畫提供人才培訓之輔導諮詢及訓練執行的服務，可協助減輕小型企業投資人力資本之成本，達到鼓勵企業辦理訓練之意願，及提升訓練品質之效益。

三、適用對象
　(一) 國內依法辦理設立登記或營業（稅籍）登記，且**受僱勞工參加就業保險之人數50人以下之民間投保單位（以下簡稱企業）**。
　(二) 訓練對象為本計畫提供服務期間，受僱於企業且具就業保險被保險人身分者。

四、申請期間與方式
　(一) 當年度受理企業申請期間自前一年度12月16日起至當年度10月31日止。
　(二) 提供輔導服務及訓練課程辦理期間自前一年度12月16日起至當年度11月15日止。
　(三) 企業應於計畫受理期間內，透過勞動部勞動力發展署建置之計畫資訊系統提出申請，並於完成上傳程序之次日起5個工作日內，檢具相關文件向主要辦理訓練地點所在地之分署提出申請。

五、補助經費：輔導服務及訓練課程費用由政府全額負擔。

六、其他
　(一) 企業接受本計畫提供訓練服務，自第4年起，每年訓練費用核定額度上限，依前3年核定平均訓練費用之比率核算：
　　1. 第4年至第5年：80%。
　　2. 第6年至第8年：60%。
　　3. 第9年以上：50%。
　(二) 企業接受本計畫所提供之輔導服務及訓練課程達第3年時，當年度與前一年度相比，增僱具就業保險加保員工人數達30%以上，或企業整體薪資給付總額之每人平均薪資額度提高達5%以上者，第4年至第5年之每年訓練費用核定額度上限不受制。

27.充電起飛計畫（企業端）

一、目的：為因應貿易自由化，加強輔導各產業從業人員參訓，提升工作知識技能與就業能力，並協助事業單位發展人力資本，持續提升勞工職場能力，穩定就業及促進再就業。

二、計畫說明：補助受貿易自由化影響之在職勞工參加產業人才投資方案訓練課程，或補助受貿易自由化影響之事業單位辦理員工訓練課程。

三、**適用對象：勞工為符合原因應貿易自由化產業調整支援方案適用對象且年滿15歲以上具就業保險、勞工保險、勞工職業災害保險或農民健康保險被保險人身分之在職勞工。事業單位為領有設立登記證明且為原因應貿易自由化**

產業調整支援方案適用對象之就業保
險民間投保單位。

四、申請方式

(一) 勞工：請先至臺灣就業通網站
（http://www.taiwanjobs.gov.tw）
加入會員，成為臺灣就業通網站會
員後，再至在職訓練網（https://
ojt.wda.gov.tw/）線上報名產業
人才投資方案訓練課程。

(二) 事業單位：申請單位於受理期
間內，於勞動部勞動力發展署
建置之計畫資訊系統（https://
onjobtraining.wda.gov.tw/
WDATraining）提出年度訓練計
畫，並於完成上傳程序之次日起
5個工作日內函送相關文件至主
要辦理訓練地點所在地之勞動部
勞動力發展署所屬各分署申請。

五、**補助標準**

(一) **勞工**：參加產業人才投資方案課
程，依訓練單位辦理訓練收費標
準，**每一學員補助100%訓練費
用，每名勞工3年內最高補助金
額為新臺幣**（以下同）**7萬元。**

(二) **事業單位**

1. **個別型訓練計畫**：由一家事業單
位申請規劃辦理訓練課程，補助
金額**最高以200萬元為上限。**

2. **聯合型訓練計畫**：由一家具備訓
練規劃執行經驗之事業單位申請
辦理聯合訓練，並結合一家以上
具產業或區域發展關聯性事業單
位參加，補助金額**最高以300萬
元為上限。**

3. 屬行政院因應貿易自由化產業
調整支援方案「**加強輔導型產
業**」、「**受衝擊產業**」或「**受損**

產業」者，事業單位金額**最高以
350萬元為上限。**

28.充電再出發訓練計畫（企業端）

一、 目的：協助在職勞工因應重大災害、
景氣情勢，或傳染病防治法所定之傳
染病對就業穩定性之影響，鼓勵利用
暫時減少正常工時時段，參加訓練課
程，持續發展個人所需技能，維持生
計，並穩定就業。

二、 **適用對象：勞雇協商減少正常工時並
經通報事業單位所在地所屬地方勞工
主管機關之事業單位及受僱勞工。**

三、 **補助標準**

(一) **勞工**

1. **免費參加**事業單位辦理、勞動部勞
動力發展署各分署自辦或委辦之職
業訓練課程。

2. **勞工參加訓練課程，得依實際參
訓時數補助訓練津貼，補助標準
比照每小時基本工資（112年為
176元）發給。補助時數不得超
過每月與受僱事業單位約定減少
之工時數，且每月最高為100小
時，另訓練津貼補助數額與勞工
參訓期間之勞工保險月投保薪
資，合計不得超過前一年現職之
事業單位投保期間最高6個月平
均月投保薪資。（以下簡稱勞保
投保薪資差額）。**

3. 符合特殊情形者，訓練津貼補助
額度可提高至勞保投保薪資差額。

(二) **事業單位：**

1. 辦理之職業訓練課程**補助最高
190萬元**。補助項目包括講師鐘

點費、外聘講師交通費、教材及文具用品費、工作人員費、場地費等。

2. 符合特殊情形者，訓練費用補助額度比照疫情期間提高**至350萬元**。

四、參訓課程

勞動部勞動力發展署所屬各分署亦將依事業單位及勞工需求提供辦訓及參訓協助。

29.在職中高齡者及高齡者穩定就業訓練補助實施計畫（企業端）

一、計畫目的：支持中高齡者及高齡者穩定就業，落實在職中高齡者及高齡者穩定就業辦法第2章及第25條之規定。

二、計畫內容：鼓勵雇主指派其所僱用之中高齡者及高齡者勞工參訓，並補助其70%的訓練費用，以保障中高齡者及高齡者勞工受訓權益。

三、適用對象：**就業保險投保單位之民營事業單位、私立學校及依人民團體法或其他法令設立之團體（但不包括政治團體及政黨）。**

四、申請期間與方式

(一) 每一年度12月1日起至12月31日止，本計畫即可受理下一年度申請，各勞動部勞動力發展署各分署並得依實際需求另行公告受理期間。

(二) 申請單位應於計畫受理期間內，透過勞動部勞動力發展署建置補助企業辦理員工訓練計畫網（https://onjobtraining.wda.gov.tw/WDATraining）提出年度訓練計畫，並於完成上傳程序之次日

起5個工作日內，檢具相關文件向雇主所在地之分署提出申請。

五、補助課程範圍：以國內訓練單位公開招訓之訓練課程為限，且須依雇主經營發展及所僱用之中高齡者及高齡者穩定留任之需要規劃。

六、**補助標準及額度**

(一) **補助標準：訓練課程費用之70%。**

(二) **補助額度：每一雇主每年最高以30萬元為限。**

30.中高齡者退休後再就業準備訓練補助實施計畫（企業端）

一、計畫目的：支持中高齡者退休後再就業，落實退休中高齡者及高齡者再就業補助辦法第3條及第9條有關職業訓練之協助措施。

二、計畫說明：鼓勵雇主指派其所僱用年滿64歲之中高齡者勞工參訓，並補助其70%的訓練費用，以支持中高齡者勞工退休再就業。

三、**適用對象**：本計畫補助之雇主，為**就業保險投保單位之民營事業單位、私立學校及依人民團體法或其他法令設立之團體（但不包括政治團體及政黨）。**

四、申請期間與方式

(一) 申請期間：每一年度12月1日起至12月31日止，前開期間內受理次一年度計畫申請。另勞動部勞動力發展署所屬各分署並得依實際需求接續公告受理期間。

(二) 申請單位應於計畫受理期間內，透過勞動部勞動力發展署建置補助企業辦理員工訓練計畫網（https://onjobtraining.wda.gov.

tw/WDATraining）提出年度訓練計畫，並於完成上傳程序之次日起5個工作日內，檢具相關文件向雇主所在地之本署所屬分署提出申請。

五、補助課程範圍：以國內訓練單位公開招訓之訓練課程為限，且須依雇主所僱用中高齡者退休後再就業準備的需求規劃課程。

六、補助標準及額度

(一) 補助標準：訓練課程費用之70%。

(二) 補助額度：**每一雇主每年與「中高齡者退休後再就業準備協助補助措施計畫」提供的其他協助措施，合計最高以50萬元為限。**

31.青年職前訓練學習獎勵金（勞工端）

一、目的：強化失業青年知識及就業技能，培育國家重點創新產業及跨領域人才。

二、**適用對象：15歲至29歲之本國籍失業青年。**（以課程開訓日計算）

三、適用課程

(一) 勞動部勞動力發展署與各分署自辦、委辦或補助辦理之失業者職前訓練。

(二) 產業新尖兵試辦計畫

上開規定課程，每月訓練總時數需達100小時以上，且訓練期間應至少30日。

四、青年參加步驟

報名參加職前訓練課程（https://ttms.etraining.gov.tw/eYVTR/Covid/LRE/Search.html）

↓

提供個人金融帳戶資料（開訓後10個工作日內）

↓

各分署於開訓後每30日將當期獎勵金撥入青年帳戶。

五、**獎勵額度**

(一) 學習獎勵金的**發放額度**如下

1. 參加勞動部公告之政策性產業課程：**每月發給新臺幣8千元，合計不得超過新臺幣9萬6千元。**

2. 參加**前款以外之其他課程：每月發給新臺幣3千元，合計不得超過新臺幣3萬6千元。**（限112年6月30日前開訓之課程）

(二) 每月以30日計算，訓練期間1個月以上始發給學習獎勵金，超過30日之畸零日數，依下列方式辦理：

1. 訓練時數未達50小時者，發給半個月。

2. 訓練時數達50小時以上者，發給1個月。

六、獎勵發放方式：符合資格之青年，分署將於開訓後每30日將當期獎勵金撥入帳戶內。

七、備註

(一) 青年因參加訓練課程而領取學習獎勵金，以1次為限。

(二) 依法領取失業給付或職業訓練生活津貼期間，不得領取學習獎勵金。

32.產業新尖兵計畫（勞工端）

一、目的：協助青年掌握國家產業發展契機，引領取得5+2產業及具發展前景之製造產業之關鍵技術能力，以協助青年就業。

二、**對象：15歲至29歲之本國籍失業或待業青年。**（以課程開訓日計算）

三、訓練單位

  (一) 中央目的事業主管機關及其委辦單位。

  (二) 中央目的事業主管機關捐助之財團法人。

  (三) 依法立案之工業團體、商業團體及大專院校。

  訓練職類應符合促進五加二產業創新計畫之發展，可分為電子電機、工業機械、數位資訊、綠能科技及國際行銷企劃等五大領域領域。

四、訓練職類應符合促進五加二產業創新計畫之發展，可分為電子電機、工業機械、數位資訊、綠能科技及國際行銷企劃等五大領域領域。

五、青年參加步驟

  (一) 登錄資料：青年申請本計畫前，應登錄為「台灣就業通」會員（電子郵件將作為後續訊息發布通知重要管道，請務必確實填寫），並完成「我喜歡做的事」職涯興趣探索測（https://exam.taiwanjobs.gov.tw/jobexam/L03/L0301）。

  (二) 確認資格：於本計畫專區下載或列印「報名及參訓資格切結書」，閱覽切結書及相關須知後加以簽名或蓋章，並交予訓練單位（https://elite.taiwanjobs.gov.tw/）。

  (三) 先行繳交1萬元訓練費用（以下簡稱自付額）予訓練單位。

  (四) 參訓回報：由訓練單位依錄訓名單進行線上回報作業。

六、補助額度：最高補助訓練費用10萬元。（包含學員自付額）

七、補助方式

  (一) 訓練費用10萬元內扣除自付額後之其他訓練費用由勞動部先行墊付。

  (二) 青年取得課程結訓證書及出席時數達總訓練時數2/3以上，且於結訓日次日起90日內依法投保就業保險者，則可向分署申請自付額1萬元補助。

八、其他重要注意事項

  (一) 青年以參加本計畫一次為限，曾中途離訓、退訓或曾參加產業新尖兵試辦計畫者，不得再參加本計畫。

  (二) 青年出席時數應達總課程訓練時數2/3以上。

  (三) 青年參加本署與所屬各分署及各直轄市、縣（市）政府依失業者職業訓練實施基準辦理之職前訓練，於結訓後180日內者，不得參加本計畫。

  (四) 參加本署其他職業訓練期間，不得參加本計畫。

  (五) 續分署經審核資格不符者，應自行繳交訓練費用。

33.青年就業旗艦計畫（勞工端）

一、目的：提升事業單位僱用青年之意願，提供青年務實致用之職場訓練，以增加15至29歲青年之就業機會。

二、說明：針對15至29缺乏工作經驗或專業技能之青年，結合產業資源，由訓練單位依據用人需求，辦理先僱後訓的「工作崗位訓練」，提供青年務實致用之職業訓練，以促進青年就業。

三、參加對象

(一) 訓練單位

為就業保險投保單位並具備下列資格之一者,可提出申請:

1. 民營事業單位。

2. 民間團體:指依人民團體法或其他法令取得設立許可者。但不包括政治團體及政黨

3. 公私立高中(職)或大專校院。

(二) **青年:本國籍15-29歲青年。**

四、申請方式

(一) 訓練單位:本計畫全年度開放受理,訓練單位應向所在地之勞動力發展署所屬分署提出各項訓練計畫之申請。

(二) 青年:符合適用對象資格之青年應加入本計畫網站會員,並以網路報名參訓。參訓者有下列情事之一者,不得參加本計畫

1. 日間部在學學生。

2. 曾經參加本計畫且中途自行離訓達2次。

3. 參訓前於同一訓練單位離職未滿1年。

4. 同一時間已參加本署僱用獎助。

5. 參加本署自行辦理、委託辦理及補助之職前訓練,結訓後180日內。

五、補助方式

(一) 補助額度:**前3個月補助訓練單位每人每月以新臺幣1萬2千元為上限;第4個月起至第6個月每人每月以新臺幣6千元為上限。**

(二) 計算方式:

1. **每月給付學員薪資未達新臺幣3萬4千元者,訓練期間以3個月為限,補助最高3萬6千元。**

2. **每月給付學員薪資達新臺幣3萬4千元以上者,訓練期間以6個月為限,補助最高5萬4千元。**

34. 雙軌訓練旗艦計畫(企業端、學校端)

一、計畫目的:為提升青少年之就業能力,並配合教育部產學攜手合作計畫已整合產、學、訓之資源,提供青少年務實致用之就業訓練,協助企業培育符合所需之專業技術人才,特訂定雙軌訓練旗艦計畫。

二、計畫說明:由事業單位或合作企業負責工作崗位訓練,同時由學校進行學科教育,訓練期間1~4年,以培訓契合企業需求之專業技術人力。

三、適用對象:15至29歲以下之青年及產攜2.0專班合作企業。

四、申請(報名)方式:本計畫已整合至教育部產學攜手合作計畫,由教育部辦理學校申請及核定,並由合作學校辦理獨立招生。

五、產攜2.0合作企業申請方式:請逕洽教育部產學攜手合作計畫網站進行計畫申請https://iacp.me.ntnu.edu.tw/iacp/。

35. 產學訓合作訓練(勞工端)

一、計畫目的:結合學校學制、職業訓練與企業資源辦理產學訓合作訓練,規劃符合產業需求之專班課程,以強化青年就業技能,培育產業所需人才。

二、計畫說明:運用學校學制,彈性實施教育及訓練。訓練期間由學校提供學

校教育，勞動力發展署所屬分署提供專業技術養成訓練，並安排至事業單位受僱進行工作崗位訓練。

三、**適用對象：15歲至29歲以下之國中、高中（職）及大專畢業生。**

四、報名方式：本計畫採各校獨立招生，報名期程及考試科目由各校自定，可向各分署查詢合作學校，再逕洽各招生學校報名。相關資訊向各分署查詢。

36.補助大專校院辦理就業學程計畫（學校端）

一、**計畫目的：為提升大專青年之就業知識、技能及態度，爰補助大專校院辦理實務導向之訓練課程，以協助大專生提高職涯規劃能力，增加職場競爭力及順利與職場接軌。**

二、計畫說明：包含實務學程模式及訓練學程模式二種訓練模式：

(一) **實務學程模式**：引進業界專業師資及企業職場等資源，開設488小時的產學合作課程（包含實務課程162小時、勞動法令6小時及工作崗位訓練320小時等內容），協助青年畢業後順利銜接職場，補助學校經費額度為80萬元。

(二) **訓練學程模式**：強化青年軟實力，增進職場溝通力及培養工作態度，並安排至企業實習等374小時的課程（包含關鍵就業力課程及就業準備48小時、勞動法令6小時及工作崗位訓練320小時等內容），補助學校經費額度為30萬元。

三、參訓對象

畢業前2年之本國籍在校生，但不含碩士生、博士生。

四、報名方式

(一) 參訓學員：大專青年洽各校系所選課時間，由申請補助單位辦理參訓學員甄選。

(二) 訓練單位：申請補助單位應以校為單位研提訓練計畫，並檢附相關應備文件，行文向申請補助單位所在地之勞動力發展署所屬分署申請，得跨科系招生。

37.產業人才投資計畫（勞工端）

計畫簡介：（含「產業人才投資計畫」及「提升勞工自主學習計畫」）

一、計畫目的：為**提升在職勞工知識、技能及態度，爰結合優質訓練單位提供多元化實務導向訓練課程，並補助其訓練費用，以激發在職勞工自主學習，累積個人人力資本，提升國家整體人力資本目標。**

二、計畫說明：結合優質訓練單位辦理多元化實務導向訓練課程，並補助參訓勞工80%或100%訓練費用，每人3年內最高補助7萬元，以激發勞工自主學習，加強專業知識或技能，提高職場競爭力。

三、**適用對象：年滿15歲以上，具就業保險、勞工保險、勞工職業災害保險或農民健康保險被保險人身分之在職勞工**，且符合下列資格之一者：

(一) 具本國籍。

(二) 與中華民國境內設有戶籍之國民結婚，且獲准居留在臺灣地區工

作之外國人、大陸地區人民、香港居民或澳門居民。

(三) 符合入出國及移民法第十六條第三項、第四項規定取得居留身分之下列對象之一：1.泰國、緬甸地區單一中華民國國籍之無戶籍國民。2.泰國、緬甸、印度或尼泊爾地區無國籍人民，且已依就業服務法第五十一條第一項第一款規定取得工作許可。

(四) 跨國（境）人口販運被害人，並取得工作許可。前項年齡及補助資格以開訓日為基準日。

四、報名方式：本方案課程報名方式係採線上報名機制，遴選方式係以本方案報名網線上報名時間順序依序審核學員參訓資格，以維公開公平原則。產業人才投資方案線上報名，需請先至台灣就業通網站（https://www.taiwanjobs.gov.tw/home109/index.aspx）加入會員，成為台灣就業通網站會員後，再至在職訓練網（https://ojt.wda.gov.tw/）報名。

五、**經費補助**：參訓學員需先繳交訓練費用，於結訓合格後，再由訓練單位協助申領訓練補助。

(一) **一般身分參訓學員補助**80%**訓練費用**：
　1. 產業人才投資計畫－依據各訓練單位所訂定訓練課程收費標準，參訓學員須先繳付100%訓練費。
　2. 提升勞工自主學習計畫－依據各訓練單位所訂定訓練課程收費標準，參訓學員先行繳付100%或50%訓練費。

(二) **全額補助對象之參訓學員補助**100%**訓練費用**：學員屬獨力負擔家計

者、中高齡者、身心障礙者、原住民、低收入戶或中低收入戶中有工作能力者、家庭暴力被害人、更生受保護人、其他依就業服務法第二十四條規定經中央主管機關認為有必要者、逾六十五歲之高齡者、因犯罪行為被害死亡者之配偶、直系親屬或其未成年子女之監護人、因犯罪行為被害受重傷者之本人、配偶、直系親屬或其未成年子女之監護人。

38.培力就業計畫（民間團體）

一、政策起源：於88年莫拉克風災之後，為能貼近家園、產業、生活及文化重建等之需求，勞動部於災區推出培力就業計畫，由政府與民間團體合作創造災區就業機會，適切地協助災區重建工作，透過充分對話，激發災區社會力展現，建立政府及民間合作夥伴關係，協助災區重建。

101年因應民間社會企業的發展，為結合社會之參與，並促成創新性質之計畫產生，培育相關人才，建構國內社會經濟發展之基礎，故規劃以培力就業計畫此一較彈性之補助模式來推動，爰於101年5月10日修正發布本計畫，擴大實施區域與計畫範疇，新增納入產業整合轉型或創新之計畫，並以培力就業計畫作為鼓勵民間團體發展社會性事業或朝向社會企業發展之基礎。

二、計畫目的：結合民間團體及政府部門之人力與資源，協助天災、事變或突發事件之重建、區域再生發展、社會性創業或就業支持系統等創新計畫。

三、計畫執行
　　(一) 補助對象（提案單位）：民間團體。
　　(二) 協助對象：失業者。
　　(三) 補助費用
　　　1. 用人費用：人員工作津貼及勞健保費。
　　　2. 其他費用：用人費用的15%計算。
　　　3. 進用人員培訓費用：與當地公立職業訓練機構合作或自行辦理訓練計畫。
　　　4. 陪伴輔導費：建立專家學者陪伴輔導機制，依計畫需求編列。
四、申請方式：逐案審查，隨案隨審。

39. 身心障礙者支持性就業服務實施計畫

一、緣起：身心障礙者支持性就業服務（以下簡稱支持性就業服務），係指依身心障礙者權益保障法第34條第1項，對年滿15歲、有就業意願及就業能力，而不足以獨立在競爭性就業市場工作之身心障礙者，提供深入且持續之職場支持等專業服務，協助其在一般職場中就業。

二、**支持性就業服務型態分為下列二種：**
　　(一) **個別服務模式：就業服務員以一對一之個別服務方式，協助身心障礙者在競爭性職場就業。**
　　(二) **群組服務模式：就業服務員以每組至少二人之服務方式，於同一場域協助身心障礙者在競爭性職場就業。**

三、支持性就業服務方法與內容包括：
　　(一) 接受身心障礙者職業重建個案管理服務單位派案，並與職業重建個案管理員進行後續個案服務相關討論。
　　(二) 運用社會個案工作、職涯輔導及職務再設計之專業方法，提供身心障礙者個別化與專業化之就業服務，輔導其適性就業。
　　(三) 依擬定之身心障礙者就業服務計畫，提供已就業之身心障礙者就業後相關協助與輔導，及早主動介入，協助職場適應，以持續穩定就業。
　　(四) 運用「全國身心障礙者職業重建個案服務資訊管理系統」，詳實填列支持性就業服務表格，作完整個案服務紀錄，並遵守個人資料保護法相關規定；辦理個案移轉時，亦同。

四、**支持性就業服務項目**包括：
　　(一) **就業機會開發。**
　　(二) **開案晤談。**
　　(三) **推介就業。**
　　(四) **支持性輔導。**
　　(五) **就業前準備服務。**
　　(六) **穩定就業輔導，推介成功後，至少三個月之追蹤服務。**

40. 推動職務再設計服務計畫

一、目的：營造友善工作環境，協助員工減緩因身心障礙、年齡增長或產業變動等因素所致工作障礙，增進其工作效能，促進其穩定就業。

二、定義：**職務再設計指以排除員工工作障礙，提升其工作效能，所進行之改善工作設備、工作條件、工作環境、提供就業輔具及調整工作方法之措施。**

三、專案單位

 1. 受理公立就業服務機構及地方政府之個案轉介。

 2. 實地訪視員工工作現場,評估員工因障礙造成工作之影響,並提出改善內容、方式、製作期程及所需費用等,報請公立就業服務機構或地方政府核定。

 3. 依個案在職場所遭遇問題,進行職務再設計改善、輔具使用訓練及後續追蹤輔導。

 4. 統籌辦理受委託轄區輔具回收、改良及再運用。

 5. 協助辦理職務再設計之推廣及教育訓練。

 6. 統計分析申請案相關數據資料。

 7. 於全國職務再設計資訊管理應用系統登錄相關資料。

四、專案單位:應具職務再設計評估、研發、設計、改良、改裝及製作能力,並具備下列資格之一:

 (一) 核准立案之非營利財團、社團法人機構或團體,其捐助章程或組織章程明列有就業促進相關事項。

 (二) 公私立學校、政府機關或醫療機構。

 專案單位應配置職務再設計業務執行人員至少2人,其資格應為大專校院人因工程、醫學工程、機械工程、電機工程、電子工程、工業工程、工(商)業設計、職能治療、物理治療、語言治療、復健諮商、社會工作、心理學系、諮商輔導、特殊教育、職業安全衛生、勞工等相關系所畢業,並具備3年以上職務再設計或輔具相關服務經驗者。

五、**適用對象**

 (一) **身心障礙者。**

 (二) **年滿45歲至65歲之中高齡者。**

 (三) **逾65歲之高齡者。**

 (四) **經醫療院所診斷為失智症,且尚未取得身心障礙證明者。**

 (五) **原因應貿易自由化產業調整支援方案指定產業所屬事業單位之勞工。**

 前項各款所定人員,應具下列資格之一

 (一) 本國國民。

 (二) 與在本國境內設有戶籍之國民結婚,且獲准在臺灣地區居留之外國人、大陸地區人民、香港或澳門居民。

 (三) 前款之外國人、大陸地區人民、香港或澳門居民,與其配偶離婚或其配偶死亡,而依法規規定得在臺灣地區繼續居留工作。

六、申請單位及流程:下列人員或單位有上述情形,得向公立就業服務機構或地方政府申請職務再設計服務

 (一) 前述受僱者。

 (二) 僱用前點所定對象之公民營事業機構、政府機關、學校或團體。

 (三) 自營作業者。

 (四) 公私立職業訓練機構。

 (五) 接受政府委託辦理職業訓練之單位。

 (六) 接受政府委託或補助辦理居家就業服務之單位。

七、補助範圍:包括**下列各項改善項目或方法所需費用**

 (一) **改善工作設備或機具**:為提高個案工作效能,增進其生產力,所進行工作設備或機具之改善。

(二) **提供就業輔具**：為排除個案工作障礙，增加、維持或改善個案就業能力之輔助器具。

(三) **改善工作條件**

1. 為改善個案工作狀況，提供必要之工作協助，如職場適應輔導、彈性工作安排等。

2. 為身心障礙者就業提供所需手語翻譯、聽打服務、視力協助或其他與工作職務相關之職場人力協助。

(四) **調整工作方法**：透過評量分析及訓練，按個案特性，分派適當工作，如工作重組、調派其他員工共同合作、簡化工作流程、調整工作場所等。

(五) **改善職場工作環境**：為穩定個案就業，所進行與工作場所環境有關之改善。

(六) 為協助身心障礙者就業有關之評量、訓練所需之職務再設計服務。

八、補助金額：每一申請個案每人每年補助金額以新臺幣10萬元為限。但另有特殊需求，經公立就業服務機構或地方政府專案評估核准者，不在此限。

（上述各計畫詳細資料可上勞動部勞動力發展署https://www.wda.gov.tw/網站查詢）

41.身心障礙者庇護工場設立管理及補助準則

中華民國105年3月30日訂定發布

第1條 本準則依身心障礙者權益保障法（以下簡稱本法）第35條第5項規定訂定之。

第2條 本準則所稱主管機關：在中央為勞動部；在直轄市為直轄市政府；在縣（市）為縣（市）政府。

第3條 本準則所稱**庇護工場，指依本準則設立，提供年滿十五歲，符合本法第34條第2項之身心障礙者庇護性就業之機構。**

第4條 庇護工場得由法人或事業機構申請設立。

第5條 申請庇護工場設立許可，應檢具下列文件，向當地主管機關提出申請：

一、法人登記、商業登記或工廠登記等證明文件影本擇一。

二、產權或使用證明文件。

三、設立計畫書。

四、其他經當地主管機關指定者。

第6條 前條第3款之設立計畫書內容應包括下列事項：

一、設立後六個月內進用庇護性就業之身心障礙者障別及人數。

二、營運規劃及人員配置。

三、薪資發放制度。

四、財務規劃。

五、期程規劃。

六、無障礙措施規劃。

七、其他經當地主管機關指定者。

前項第1款庇護性就業之身心障礙者人數，至少應占員工總人數百分之五十，且不得少於四人。

第7條 經許可之庇護工場，應由當地主管機關發給許可證，並記載下列事項：

一、機構名稱。

二、地址。

三、法人代表人或事業機構負責人姓名。

四、營業項目。

五、許可機關、日期、文號。

前項許可證，應懸掛於庇護工場內足資辨識之明顯處。

第8條 庇護工場應提供庇護性就業之身心障礙者就業支持、就業轉銜及相關服務。

第9條 庇護工場之設施，應依庇護性就業之身心障礙者特殊需要，提供無障礙環境。

第10條 庇護工場應置主管人員一人，綜理業務。

庇護工場依設立計畫書置下列專業人員及營運人員：

一、**職業重建個案管理員**：提供個案管理及轉銜服務相關事項。

二、**就業服務員**：提供就業適應輔導及支持相關事項。

三、**技術輔導員**：提供技術指導相關事項。

四、**業務行銷員**：提供業務拓展及產品行銷相關事項。

前二項人員得為兼任。

第11條 依本法第35條第2項及第62條第5項規定綜合設立之機構，其人員及設施標準，應依各相關設立法規辦理。

前項機構辦理庇護工場之場地，應與提供其他服務之場地區隔。

第12條 庇護工場應於年度開始前二個月及年度結束後五個月內，分別將業務計畫書、預算書及業務報告、年度決算等資料，報當地主管機關備查。

第13條 主管機關為瞭解庇護工場經營管理之狀況，得要求其提出業務及財務報告，並得派員查核之。

庇護工場有下列情形之一者，當地主管機關應通知限期改善，屆期未改善者，得廢止其設立許可，並公告之：

一、業務經營與設立目的不符。

二、財務收支未取得合法憑證或會計紀錄未完備。

三、拒絕、規避或妨礙主管機關查核。

四、對於業務或財務為不實之陳報。

五、暫停營業一個月以上，未向當地主管機關申報備查。

六、未依設立計畫書進用庇護性就業之身心障礙者人數。

七、違反保護勞工法令，情節重大。

第14條 庇護工場之設立許可證記載事項或主管人員變動前後三十日內，應通報當地主管機關辦理變更登記，並換發許可證。

庇護工場場址變動，得免重新申請設立許可。但應依第5條、第6條規定檢送變動後相關文件，經變更後之當地主管機關核定，並換發許可證後，始得提供庇護性就業服務。

第15條 直轄市、縣（市）主管機關對設立之庇護工場得補助下列項目：

一、設立開辦之設施設備費。

二、設施設備汰換費。

三、房屋租金。

四、專業人員及營運人員人事費。

五、行政費。

六、其他與庇護工場營運相關之必要支出費用。

直轄市、縣（市）主管機關應考量轄區需求狀況及庇護工場營運績效，每年公告補助範圍及額度。

第16條 庇護工場依前條規定申請補助者，應檢具下列文件向當地主管機關提出：

一、申請書。

二、營運計畫書。

三、其他經當地主管機關指定者。

前項第2款營運計畫書內容，準用第6條規定。

第17條 庇護工場有下列情形之一者，不予補助：

一、不符申請規定，經限期補正，屆期不補正。

二、提供不實或失效文件。

三、未依營運計畫書或本準則第12條執行，經限期改善，屆期未改善。

第18條 庇護工場有前條各款情形之一者，主管機關得追回已補助之費用。

第19條 庇護工場接受補助所購置之設備超過新臺幣一萬元以上者，應列入財產，並列冊保管。

第20條 直轄市、縣（市）主管機關對庇護工場應定期辦理業務評鑑，績效優良者，主管機關得予公開表揚或獎勵。

第21條 本準則補助所需經費來源如下：

一、身心障礙者就業基金。

二、直轄市、縣（市）政府編列預算。

三、其他收入。

中央主管機關得視直轄市、縣（市）政府財務狀況予以補助。

第22條 本準則施行前已設立之庇護工場，應於本準則施行後一年內，依本準則規定換發許可證。

第23條 本準則自發布日施行。

42.婦女再就業計畫（雇主端及勞工端）

一、計畫緣起：近年面臨少子化、高齡化衝擊，及零工經濟等多元就業型態發展，產業出現人力缺口，配合國內疫後產業復甦需求，亟需開發勞動力供給，規劃整合跨部會資源營造友善職場，建構就業服務網絡，並運用獎勵措施，協助婦女及早規劃重返就業，提升女性勞動參與，紓解缺工情形，爰訂定本計畫。

二、計畫目標

（一）深化就業服務，善用就業促進措施，促進就業。

（二）精進職業技能，運用就業獎勵，穩定就業。

（三）跨部會合作營造友善職場，鼓勵工時調整，提升勞動參與。

三、計畫執行

（一）實施期程：112年9月1日至115年8月31日。

（二）適用對象

1. 婦女：因家庭因素退出勞動市場180日以上之婦女。

2. 雇主：請領雇主工時調整及期間，為就業保險投保單位之民營事業單位、團體或私立學校，並向公立就業服務機構辦理求才登記者。

（三）獎勵項目及標準

1. 自主訓練獎勵：鼓勵婦女規劃自主訓練以精進原有職能，完成審核通過之自主訓練後，應檢附結訓證書或證明、自主訓練心得報告、就業規劃及辦理求職登記，並於訓練期滿之次日起30日內，向原審核通過之發展署所屬公立就業服務機構申請第1次自主訓練獎勵2萬元。完成訓練180日內經推介就業或自行就業者，再發給1萬元，最高發給3萬元。

2. 再就業獎勵：鼓勵重返職場並穩定就業，婦女向公立就業服務機構辦理求職登記並經推介，按月計酬全時工作且連續受僱同一雇主90日，發給3萬元；部分工時受僱期間滿90日，且每月薪資達月基本工資二分之一以上者，發給1萬5千元。

3. 雇主工時調整獎勵：鼓勵雇主提供有照顧家庭需求之婦女工時調整工作或部分工時工作，雇主向公立就業服務機構辦理求才登記並僱用經推介之婦女，僱用滿30日，每一職缺每月發給3千元獎勵，最長12個月。

43.壯世代就業促進獎勵計畫（雇主端及勞工端）

一、計畫緣起：為活化及開發中高齡及高齡勞動力，促進中高齡者及高齡者重返職場繼續工作，並鼓勵事業單位積極進用，訂定「壯世代就業促進獎勵實施要點」，提供勞工獎勵最高6萬元及雇主職場支持輔導費30萬元。

二、適用對象
  (一) 年滿55歲以上或年滿45歲以上依法退休者（以下稱壯世代勞工）。
  (二) 僱用壯世代勞工之雇主。

  (三) 前項所稱依法退休，指已領取公教人員保險養老給付、公務人員退休金、教職員退休金、勞工退休金、勞工保險老年給付、軍人退休俸（退伍金）或公營事業退休金。

三、資格及補助經費
  (一) 壯世代就業獎勵
    1. 離開職場連續達3個月以上之壯世代勞工，應向公立就業服務機構辦理求職登記，經推介並穩定就業滿90日。
    2. 全時工作者，每次3萬元，最高6萬元；部分工時工作者（每月薪資達月基本工資1/2以上），每次1.5萬元，最高3萬元。
  (二) 職場支持輔導費
    1. 就業保險投保單位之民營事業單位、團體或私立學校，並向公立就服務機構辦理求才登記者。
    2. 僱用每滿30日，補助雇主每人3千元，最高3.6萬元，同一雇主每年最高補助30萬元。

110年 高考三級

一、針對高齡者（逾65歲）之就業，請回答下列問題：
(一) 雇主如以勞工年滿65歲而依據勞動基準法第54條第1項要求其退休，有無違反禁止年齡歧視之規定？勞工退休金條例有無強制退休的規定？
(二) 年滿65歲的勞工辦理退休後，與原雇主訂立一定期的勞動契約，在退休後的隔天又回原雇主處做原來的工作，則其得否主張原來的勞動關係並未因退休而結束？中高齡者及高齡者就業促進法的規定為何？
(三) 年滿65歲辦理退休的勞工，再度受僱後，應否或得否參加勞工保險及就業保險？

答題索引：中高齡者及高齡者就業促進法在109年12月4日上路，新法施行一定在命題範圍，掌握新法令及其相關勞動權益問題，定能獲得滿意分數。

答 (一) 雇主依據勞動準法第54條第1項第1款：「勞工非有下列情形之一，雇主不得強制其退休：一、年滿65歲者。……」強制員工退休是合法的，並無年齡歧視的違反。又，勞工退休金條例並無強制退休的規定。

(二) 依據中高齡者及高齡者就業促進法第28條規定：65歲以上勞工，雇主得以定期勞動契約僱用之。前段已辦理退休，僱傭關係已終止，後面再僱用是另一段新的定期勞動契約的開始。

(三) 依據勞工保險條例第9條規定：被保險人有下列情形之一者，得繼續參加勞工保險：……四、在職勞工年逾65歲繼續工作者。準此，年滿65歲退休再受僱之勞工仍應參加勞工保險，不論是否已領取勞保老年給付的退休勞工，再重回職場工作，可單獨加保職業災害保險。（自111年5月1日起改為勞工職業災害保險及保護法）至於，參加就業保險與否，依據就業保險法第5條規定：「年滿15歲以上，65歲以下之下列受僱勞工，應以其雇主或所屬機構為投保單位，參加本保險為被保險人：……」，年滿65歲退休勞工不具備參加就業保險資格。

二、針對發生在2020年及2021年的「嚴重特殊傳染性肺炎」疫情，請回答下列問題：

(一) 事業單位因為疫情影響不能繼續營業，得否與勞工約定無薪休假（減班休息）的工作方式？勞工得否拒絕雇主的要求，而主張雇主應先採行調動／職行為？

(二) 對於因受到「嚴重特殊傳染性肺炎」疫情而工資減少之勞工，中央勞工主管機關有無協助措施？

(三) 請說明就業保險促進就業實施辦法中僱用安定措施有關薪資補貼的規定。

答題索引：本題屬時事題，疫情影響的停業無薪假或資遣（經濟性解僱）等狀況很多，政府亦採取相關補助措施，若應試者關注時事，定能獲取高分。

答 (一) 因應疫情事業單位因而停業者，停業不可歸責於勞雇任一方，停業期間之工資由勞雇雙方協商約定。惟雇主如請勞工協助做消毒或內部整理工作，仍應照給工資。至於原約定之例假及休息日，工資應由雇主照給。亦可依「因應景氣影響勞雇雙方協商減少工時應行注意事項」與員工協商實施「減班休息」，並進行通報。至於勞工能否拒絕雇主要求，要求雇主採取調職（動）行為，法未明訂，由勞資雙方自行協商。若事業單位未受政府停業要求，而自主停業者，停業期間工資仍需依原約定給付。

(二) 因應嚴重特殊傳染性肺炎（COVID-19）對國內就業市場影響，勞動部運用僱用獎助與就業獎勵措施，鼓勵雇主僱用失業者，以協助及穩定國民就業。事業單位與勞工協議減少工時，除應通報勞工工作地之勞動行政主管機關，通報完成後，得向勞動部勞動力發展署申請安穩僱用計畫薪資差額補貼或充電再出發訓練計畫，兩者僅能擇一申請。只要在111年6月30日前僱用由公立就業服務機構推介的失業勞工，並持續僱用滿30日以上，即可獎助僱用，必須符合：在台灣就業通網站申請參加，同時給予全時工作勞工每月薪資不低於政府公告基本工資，部分工時勞工每月薪資不得低於12,800元，且依法為受僱勞工投保就業保險或職業災害保險。至於，勞工朋友受僱於連續受僱每滿2個月之次日起90日內，得向原推介轄區之公立就業服務機構申請就業獎勵津貼，全時工作者最高領取2萬元，部分工時工作者最高領取1萬元。

(三) 符合就業保險促進就業實施辦法中,勞動部公告辦理僱用安定措施期間之企業,並依法提出僱用安定計畫之該公司被保險人可領取薪資補貼,最長6個月。薪資補貼按約定縮減工時前3個月平均月投保薪資及約定縮減工時後月投保薪資差額之50%發給。

三、針對外國人在我國工作,發生如下之問題,請回答之:

(一) 外國人得否依據就業服務法規定,要求雇主給予與本國勞工相同的勞動關係與工作條件的保障?白領外勞得否要求與雇主簽訂不定期勞動契約?

(二) 就業服務法第44條規定:「任何人不得非法容留外國人從事工作。」何謂「容留」?是否包括無償的行為?請舉出例子說明之。

(三) 針對非法的外籍勞工,我國雇主與之簽訂的勞動契約效力為何?非法外籍勞工得否主張基本工資的保障?

答題索引:每年逃逸外勞近萬人,逃跑後的去處成為雇主非法容留外國人工作,相互間的勞動契約關係與勞動法的保障移工範圍等疑義為本題的重點內容,本問題在於移工身份的合法性,由此切入,即可了解題意及掌握答題重點。

答 (一) 依據就業服務法第46條第3項規定:雇主依第1項第8款至第10款規定聘僱外國人(藍領勞工),須訂立書面勞動契約,並以定期契約為限;其未定期限者,以聘僱許可之期限為勞動契約之期限。續約時,亦同。至於,白領勞工係指從事同條文第1項第1款至第7款及第11款規定之工作,許可期間最長3年,期滿有繼續聘僱之需要者,雇主得申請展延。亦即,可無限次數展延,勞資雙方可與雇主簽訂不定期勞動契約。

(二) 依據就業服務法第43條規定,外國人未經雇主申請許可,不得在中華民國境內工作。因此,非由雇主申請許可而僱用外國人從事工作者,即屬非法容留。也就是說,指自然人或法人與外國人間雖無聘僱關係,但有未依就業服務法及相關法令規定申請許可,即容許外國人停留於某處所為其從事勞務提供或工作事實之行為。即使是無償(不支給勞務報酬)行為,已有工作事實(例如:洗衣、燒飯、整理花園或照顧老人等),仍屬違法。

(三) 雇主未依據就業服務法第43條規定,經申請許可聘僱外國人工作,即使與該移工簽訂勞動契約,不屬於勞動基準法或就業服務等相關法令保障範圍,非法移工自不得主張基本工資的保障。

四、針對職業訓練，發生如下之問題，請回答之：
(一) 何謂「繼續訓練」？職業訓練法中的職業訓練種類有那些？
(二) 職業訓練法中的辦訓機構有那些？勞工有無請求於工作崗位上接受訓練的權利？
(三) 面對「嚴重特殊傳染性肺炎」，中央勞工主管機關得採行那些職業訓練措施？

答題索引：好幾年未見有關職業訓練的考題，前段答案在職業訓練法中可見，後段有關新冠疫情影響，若高度關注時事，亦可掌握政府在防疫的相關措施和補助方案，有企業端和勞工端兩大類，甚至經濟部亦有補助企業的相關辦法，隨時關注就可輕鬆得分。

答 (一) 依據職業訓練法第1條所指，職業訓練是培養國家建設技術人力，提高工作技能，促進國民就業的措施。依同法第2條第2項規定，職業訓練實施分為養成訓練、技術生訓練、進修訓練及轉業訓練等四類。

(二) 辦訓機構依職業訓練法第5條，職業訓練機構包括下列三類：
　1. 政府機關設立者。
　2. 事業機構、學校或社團法人等團體附設者。
　3. 以財團法人設立者。
　　勞工並無請求於工作崗位上接受訓練的權利，而是看勞資雙方所訂定的勞動契約或工會與企業所訂定的團體協約內容有無具體規定。政府目前補助勞工參加的「產業人才投資計畫」，就是針對在職勞工依個人需要選修在職訓練課程而辦理的。

(三) 勞動部勞動力發展署配合防疫措施推動，所有職前訓練班級，採視訊上課或延期上課，又符合職訓生活津貼請領資格的學員亦不受影響。同時各分署所有自辦、委外及補助（含補助地方政府）辦理之職前訓練班級，一律採視訊上課，若因故無法視訊上課者，則可選擇延期上課，以保障參訓學員安全。同時針對具就業保險被保險人非自願離職及特定對象身分且參加全日制職業訓練者，提供職業訓練生活津貼補助。訓練單位如因疫情延課且已規劃補課做法，勞動部仍按原核定月份，於停課期間持續發給職訓生活津貼。

110年 普考

一、就業促進與就業歧視有時界線難分，請回答下列問題：

（一）就業服務法第24條的促進就業對象有那些？如果雇主在徵人廣告中表示「歡迎二度就業婦女應徵」，請問這是否涉及歧視其他族群？

（二）雇主以勞工年滿65歲而依據勞動基準法第54條予以強制退休，這有無涉及年齡歧視？法院的多數見解為何？

（三）雇主按照勞動基準法第49條第1項限制女工夜間工作，這有無涉及性別歧視？請說明之。

答題索引：平等權是近年來特別關注的議題，侵犯平等權的歧視案件屢見不鮮，在徵才廣告上不論直接或間接指出，針對某特定對象開放求才，都是違反禁止歧視規定的。不論在就業歧視評議案件或性別工作平等案件，甚或行政法院都有類此案件出現。

答　國民工作權最高指導原則為憲法第15條：「人民之生存權、工作權及財產權，應予保障」，即指具工作能力及意願國民，不分性別，憲法均保障工作機會。又，就業服務法第5條第1項規定：「為保障國民就業機會平等，雇主對求職人或所僱用員工，不得以種族、階級、語言、思想、宗教、黨派、籍貫、出生地、性別、性傾向、年齡、婚姻、容貌、五官、身心障礙、星座、血型或以往工會會員身分為由，予以歧視；其他法律有明文規定者，從其規定」，也是以保障國民就業機會平等，禁止僱用者對求職人或已僱用員工以與從事特定工作無關之個人特質決定其僱用機會或勞動條件。

復依據勞動部行政函釋：「就業歧視」是指當雇主以求職人或所僱用員工「與執行該項特定工作無關之性質」決定受僱與否或其勞動條件，且雇主在該項特質上的要求有不公平不合理情事，可認定為雇主對求職人或所受僱員工歧視。一般來說：就業歧視可分成下列兩類：

（一）直接歧視：可清楚透過雇主決定或措施判斷，例如員工懷孕遭解僱或直接指定聘用男性，顯然上開限制與工作無任何關聯。

（二）間接歧視：雇主決定或措施表面上雖然中立或友善，實質上卻對於特定或不特定族群造成不利影響。

準此，題意所指的徵才廣告內容登載「歡迎二度就業婦女」，造成求職人因自身非「二度就業婦女」而無法或不能前往應徵時，衍生影響求職者就業機會之結果，已悖離前項就業平等原則，雇主亦構成違反就業服務法第5條第1項規定要件。

另，以達到強制退休（65歲）年齡作為強制勞工退休要件，由於並非個人生理方面的實際評估結果，加上個人身心狀況發展差異，並非每一個人達到同樣的退休年齡都無法繼續從事工作，其本身具有某種程度獨裁性質，某些國家認為屬於年齡歧視的一種形式。例如美國於1967年制定「職場年齡歧視法」排除年齡歧視，在該法規範下，以達一定年齡為理由之強制退休規定不被容許。準此，法院的判決上可見，強制65歲退休規定在主觀上有年齡歧視之意思，客觀上也以年齡因素而終止勞動契約。依照行政法院的說法，歧視概念本質上包含「事實比較」意涵，亦即主張雇主從事歧視行為時，必須先指出一項可供參考比較之「事實指標」，藉以說明被歧視者與該參考之事實指標，二者職業條件相同，卻因某項與工作能力不相關之因素（「事實指標」）而受不平等之處遇，或者職業條件不同，卻因某項與工作能力不相關因素而受相同之對待，不能僅以勞工具有某種歧視指標所彰顯之身分，即指雇主對之所為措施，例如強制退休等，必然構成就業歧視。

又，依據110年8月20日大法官釋字第807號函示：勞動基準法第49條第1項規定：「雇主不得使女工於午後10時至翌晨6時之時間內工作。但雇主經工會同意，如事業單位無工會者，經勞資會議同意後，且符合下列各款規定者，不在此限：一、提供必要之安全衛生設施。二、無大眾運輸工具可資運用時，提供交通工具或安排女工宿舍。」違反憲法第7條保障性別平等之意旨，應自本解釋公布之日起失其效力。顯然，限制女性夜間工作已涉及性別歧視。

二、 就業安全制度的完善係現代社會福利國家的表徵，請回答下列問題：
  (一) 國際上有關就業安全制度的規定主要在那裡？其具體的內容為何？我國憲法的規定在那裡？
  (二) 何謂狹義的就業安全制度？何謂廣義的就業安全制度？憲法係採廣義的或狹義的定義？
  (三) 又我國就業安全制度主要在那些法律規定？

  答題索引：對就業安全制度的定義以保障國民在就業期間的安全，與就業相關的是找工作的就業服務；提升工作技能的職業訓練及確保失（待）業期間的經濟收入安全的就業保險，本題屬簡易題型。

答 題目(一)、(二)內容見本書第四章，我國憲法屬狹義的定義。
  (三) 我國就業安全制度主要的法令規定為：
    1. 就業服務法
    2. 職業訓練法
    3. 就業保險法

三、 針對外籍勞工之僱用，請回答下列問題：
  (一) 目前我國就業服務相關法規是否容許由外國的派遣機構，將外籍勞工派遣至設於我國境內的要派機構的做法？勞動派遣與職業仲介有何不同？
  (二) 雇主以勞動基準法第11條規定之事由解僱勞工時，或有認為應遵守「本勞優先留用原則」。請評析之。
  (三) 外籍勞工與其雇主所發生勞資爭議，如由勞動法庭進行管轄，勞動事件法有何特別規定？

  答題索引：勞動派遣於108年6月納入勞基法保障範疇，與人力仲介常生混淆，事實上兩者大不相同，台灣地區對外籍移工聘用嚴格規定由雇主申請及聘僱，勞資爭議發生時亦適用勞動事件法的調解對象，本題屬簡易題型。

答 (一) 依據就業服務法第43條規定：除本法另有規定外，外國人未經雇主申請許可，不得在中華民國境內工作。亦即，外國的派遣機構不得將外籍移工派遣至設於我國境內的要派機構，必須由雇主（要派機構）依前述規定，提出許可的申請。仲介機構依就業服務法第35條

規定可從事：1.職業介紹或人力仲介業務。2.接受委任招募員工。3.協助國民釐定生涯發展計畫之就業諮詢或職業心理測驗。與勞動派遣是指派遣事業單位指派所僱用勞工至要派單位，接受該要派單位指揮監督管理，提供勞務之行為是不同的。

(二) 雇主依勞動基準法第11條進行經濟性解僱勞工時，是否優先留用本勞，法令未明確規範，惟大量解僱勞工保護法第9條規定：「事業單位大量解僱勞工後再僱用工作性質相近之勞工時，除法令另有規定外，應優先僱用經其大量解僱之勞工。前項規定，於事業單位歇業後，有重行復工或其主要股東重新組織營業性質相同之公司，而有招募員工之事實時，亦同」。

(三) 勞動事件法第3條規定：「本法所稱勞工，係指下列之人：一、受僱人及其他基於從屬關係提供其勞動力而獲致報酬之人。……」含外籍移工在內。同法第10條規定：「受聘僱從事就業服務法第46條第1項第8款至第10款所定工作之外國人，經審判長許可，委任私立就業服務機構之負責人、職員、受僱人或從業人員為其勞動事件之訴訟代理人者，有害於委任人之權益時，審判長得以裁定撤銷其許可。」由此可見外籍移工若與雇主發生勞資爭議，可委任進行調解。

四、 請試述下列名詞之意涵：
(一) 僱用安定津貼　　　　(二) 優惠性措施
(三) 真實職業資格　　　　(四) 休止期
(五) 適應期

答 名詞解釋：

(一) 僱用安定津貼：符合勞動部公告辦理僱用安定措施期間之企業，並依法提出僱用安定計畫之該公司被保險人可領取薪資補貼，最長6個月。薪資補貼按約定縮減工時前3個月平均月投保薪資及約定縮減工時後月投保薪資差額之50%發給。

(二) 優惠性措施：為促進原住民就業、改善其經濟與社會狀況，透過得標廠商比例進用一定比例之原住民；為促進身障者就業，身心障礙者權益保障法的定額僱用規定，都屬於優惠性措施。

(三) 真實職業資格：bona fide occupational qualification，簡稱BFOQ，指求職人或受僱人之宗教信仰、性別或原國籍等就業條件為該職務所必須具備，且為事業單位正常營運之合理需要時，雇主以其為招募條件，即不構成歧視行為，為性別工作平等法第7條後段所規範。

(四) 休止期：指被保險人在事故發生後的一段時間是無法領取給付的，主要用以避免重複領取給付，待事故消失後才可繼續領取，例如：領取失業給付期間若推介參加失業者職前訓練課程，改領職業訓練生活津貼，原領失業給付必須停止，若結訓後仍無法就業，方可續領失業給付。

(五) 適應期：轉進一份新的工作之前3個月，是決定工作適應的重要關鍵期，除了必須熟悉新的工作內容，建立新的工作關係，更要適應新主管與同事的期待與互動。

110年　地特三等

一、新冠肺炎（COVID-19）疫情期間平台配送的業務需求增加，配送員的勞動保障成為熱議。世界各主要國家對於配送員的僱傭或承攬關係認定猶在未定。我國對有一定雇主及無一定雇主的勞動者在勞工保險及就業保險的對待上有何不同？弱勢的配送勞動者應當被重視的就業保障作法可以有那些？試申論之。

答題索引：本題屬疫情期間的時事題，外送員暴增，但意外事故頻傳，平台業者與外送員的關係多屬承攬契約，因此勞健保都以職業工會的會員身分加入，但平台業者為保障外送員身心健康並降低工作風險，背負社會大眾行的便利性，必須幫外送員保第三人責任險（含財產保險及人身保險）並建立積極的風險管理機制。

答 2020年因COVID-19疫情關係，讓全台的「宅經濟」相當熱絡，其中外送平台更是成長快速，促使外送員數量快速成長，根據勞動部職業安全衛生署統計，目前國內約有12萬名外送員，foodpanda、Uber Eats等外送平台和外送員的關係可分為兩種，勞工保險與就業保險也有所不同：

(一) 若屬僱傭關係：平台業者依法必須幫外送員加入勞保、就保及提繳勞工退休金等。

(二) 若屬承攬關係：平台業者就無上述的法定義務為外送員加保，外送員可加入當地的職業工會，以無一定雇主之工會會員身分加入勞保及健保，就無參加就保及提繳勞工退休金等內容。

另外，為弱勢配送員的權益及作業安全，勞動部職業安全衛生署修正食品外送作業指引，除要求平台業者進行事前危害告知，不論機車或自行車，平台業者必須幫外送員保第三人責任險（含財產保險及人身保險）。

由於食品外送為新興經濟型態產業，平台業者也應建立風險管理機制，除提供交通事故災害防止等必要之安全衛生保護措施，以維護外送員之生命安全外，也應建立適當風險評估及合理工作分派機制，並提供足夠相關保險，以保障工作者身心健康及基本權益。

為加強平台業者的合理派單機制，增加雇主應評估行駛里程、交通情形與交通法令規定等事項，合理分派工作，以避免造成外送員身心健康危害。另必須事前具體告知外送員作業可能存在的危險及有害狀況，並進行事前危害告知。

二、在機器人與人工智慧等自動化的浪潮下，人們的工作機會正持續被取代，貧窮與零工經濟竟成為難以擺脫的兩難境況，我國對於失業給付與職業訓練生活津貼規定的主要內容有那些？

答題索引：疫情影響，失業人數激增，部分失業者為提升就業技能或培養第二專長，依就業諮詢結果選擇參加短期職業訓練，失業給付及職訓期間生活津貼規範於就業保險法，本題屬容易獲得分數的簡易題型。

答 （參見本書第七章就業保險的重點分析）

三、社會必須嚴肅面對中年失業問題，面對少子化的衝擊，中高齡勞動者更需要奮起再投入勞動市場，在中高齡者及高齡者就業促進法中有關穩定就業、促進就業及支持退休後再就業的法規主要內容及法意為何？請說明之。

答題索引：本題亦屬時事題，中高齡者及高齡者就業促進法於109年12月4日上路，相關促進中高齡及高齡的就業促進措施或補助項目在該法中明確規定，本題屬容易拿到高分的簡易題型。

答 （參見本書第八章特定對象的中高齡及高齡者就業促進法重點內容）

四、我國15～24歲青年的勞動力參與率較歐美國家為低，為期許青年先做好職涯探索，日後選擇志趣所在的系所，適性揚才，解決學用落差，建立正確之職業價值觀。請說明「青年就業領航計畫」的主要內容有那些？並請就計畫執行檢討提出您的建議。

答題索引：青年就業一直是就業促進的重點對象，政府推動15~29歲青年就業方案內容眾多，橫跨好幾個中央部會，其中，青年領航計畫既是勞動部和教育部雙雙合作的促進就業計畫，又稱教育與就業儲蓄方案，屬簡易題型。

答 （參見本書第八章特定對象的青年就業促進重點）

111年　高考三級

一、民國110年5月，勞動部基於疫情因素，暫停引進移工，致使許多製造業的工廠出現缺工問題，吸引了部分原本從事家庭看護工作的移工，轉換雇主，從事工廠的工作，但是卻導致一些家庭雇主也面臨缺工問題。勞動部為了解決上述問題，於民國110年8月時，公告修正「外國人受聘僱從事就業服務法第46條第1項第8款至第11款規定工作之轉換雇主或工作程序準則」的規定。

(一) 請說明原本從事看護工作的移工，會轉換從事工廠工作的薪資制度因素為何？

(二) 請說明勞動部此次修正「外國人受聘僱從事就業服務法第46條第1項第8款至第11款規定工作之轉換雇主或工作程序準則」後的新規定為何？

答題索引：移工在COVID-19疫情期間成為熱門的搶手貨，加上國境未開放，現有在臺灣的移工產生大挪移，尤其是薪資偏高的工廠移工成為社福移工的首選，加上目前移工轉換雇主或工作相對容易，只要移工提出申請即可，高薪資的吸引力才是造成移工在國內流動的主因，屬易答題型。

答 (一) 原本從事看護工作的社福移工轉換從事工廠工作的產業移工，其薪資制度差很大，看護和家事移工每月薪資約1.7萬元，雖然從111年8月1日調高至2萬元，顯然家庭看護移工及家庭幫傭移工的工資，明顯低於製造業的廠工的基本工資。亦即兩者的薪資差距很大，另廠工多半每月尚可領取延長工時工資，是吸引看護工轉換至工廠工作的薪資主因。

(二) 參見本書第九章移工與外國人才管理內容。

二、依據「中高齡者及高齡者就業促進法」第12條的規定，「雇主對求職或受僱之中高齡者及高齡者，不得以年齡為由予以差別待遇。前項所稱差別待遇，指雇主因年齡因素對求職者或受僱者為招募、甄試、進用、分發、配置、考績或陞遷；教育、訓練或其他類似活動；薪資之給付或各項福利措施；退休、資遣、離職及解僱相關事項之直接或間接不利對待」。

(一) 請說明「直接不利對待」的涵義為何？

(二) 請說明「間接不利對待」的涵義為何？

答題索引：就業歧視一直是職場面對的不平等問題，尤其在中高齡及高齡者就業促進法上路後，年齡歧視成為職場的問題，和以往常見的性別歧視所遭遇的問題相近，屬相對容易的題型。

答 直接不利對待又稱直接歧視，間接不利對待又稱間接歧視或差別待遇，
屬就業歧視內容，參見本書第五章就業服務政策與法令內容。

三、依照「就業保險法」第11條第1項第1款的規定，失業勞工申請失業給付
時，應該具備四項請領條件，其中一項是「自求職登記之日起14日內仍無
法推介就業或安排職業訓練」，此即所謂「等待期」制度。
(一) 請從「等待期」制度的立法目的來說明，「等待期」制度想要達到公
立就業服務機構在行政作業上的二項目的為何？
(二) 請從制度比較的角度，說明我國「就業保險法」規定的「14日等待
期」制度，與美國、日本、德國、韓國等「經濟合作暨發展組織」之
多數會員國的「等待期」制度相比較時，有何差異？
答題索引：等待期屬於保險制度設計時，為利於觀察風險的存在時間長短以
及避免被保險人出現道德危害心理，同時給予就業服務人員有足夠時間協助
媒合新的工作機會，也產生積極的促進失業者盡速就業的效果。

答 就業保險的等待期14天是屬於不支給失業給付的期間，兩項目的分別是：
(一)強化就業服務功能，藉由推介被保險人就業或安排職業訓練，使失
業者迅速再就業。
(二)於14天等待期過後再給予失業給付，排除短期性失業給付案件，減
少失業給付支出。
至於日本及韓國等多數國家就業保險法規定等待期都是7天，相較之
下，臺灣的等待期較長，對於失業者的經濟考量顯然較少，另外，給予
政府輔導就業或參加職訓的期程較長。

四、在2011年以後，陸續有奧地利、義大利、德國、瑞典、丹麥、芬蘭、荷蘭
等13個歐洲國家制定「薪酬透明法」，或是實施「薪酬透明政策」的相關
計畫，2021年時，歐洲聯盟執行委員會向歐洲議會提交「薪資透明法草
案」，其重要規定是250人以上企業的雇主必須履行的義務包括：在面試前
就向求職者告知薪酬資訊、每年公布依照性別區分的薪資差距資訊、雇主
應與員工代表合作執行「聯合薪酬評估」，以確認雇主是否基於客觀、性
別中立的因素支付薪資。我國也已經於民國107年11月公布施行「就業服務
法」第5條的「薪資透明條款」。

(一) 請說明依據我國「就業服務法」第5條第2項第6款的「薪資透明條款」的規定，要求雇主必須遵守的義務為何？

(二) 我國「就業服務法」的「薪資透明條款」規定，與上述歐洲聯盟執行委員會的「薪資透明法草案」的重要條款相比較時，有何不同之處？

答題索引：員工薪資不得公開，辦理員工招募時常以面議或依照公司規定帶過，讓員工和公司常因薪資產生不信任或勞資爭議，就業服務法在107年修正時即指出，雇主招募或僱用員工，提供職缺之經常性薪資未達新臺幣4萬元應公開揭示或告知求職者薪資範圍，但實施幾年以來，未見實質成效，歐盟近年來大力推動男女薪資透明公開以縮短差距，但成效仍不彰。

答　就業服務法第5條第2項第6款：雇主招募或僱用員工，不得有下列情事：六、提供職缺之經常性薪資未達新臺幣4萬元而未公開揭示或告知其薪資範圍；另，勞動部111年6月6日修正公布「雇主招募員工公開揭示或告知職缺薪資範圍指導原則」，明示雇主招募員工符合下列各款情事者，依本指導原則辦理：

(一) 進用後雙方具有僱傭關係。

(二) 提供職缺之經常性薪資未達新臺幣4萬元。

雇主宜參照已僱用從事相同或類似職務之員工之經常性薪資，以訂定合理之薪資範圍，雇主公開揭示或告知職缺薪資範圍，應以區間、定額或最低數額之方式為之，以區間方式呈現薪資範圍者，以不超過新臺幣5千元為宜。公開揭示或告知職缺薪資範圍，應使求職人於應徵前知悉該職缺之最低經常性薪資。

違反者依《就業服務法》第67條第1項規定，可處新臺幣6萬元以上30萬元以下罰鍰。

平等是歐盟的基本價值觀之一，是獨立和自由的基石。不僅女性和男性應得到同等報酬，薪資透明更是落實平等權的重要基石。歐盟委員會就薪資透明度提出具約束力的措施。歐盟委員會認為，充足的最低工資可能會對平衡結構性的性別不平等有所幫助，因為賺取最低薪資的女性，在勞動市場遠多於男性。歐盟委員會已提議，針對歐洲最低薪資制定共同的歐盟規則，亦即訂定薪資透明相關條款。

111年 普考

一、在民國110年的疫情期間，由於疫情持續影響國內就業市場，特別是應屆畢業青年面臨就業機會減少的就業困難，因此，勞動部為了協助應屆畢業生加強就業準備，鼓勵青年積極尋職，於110年8月推動實施「110年應屆畢業青年尋職津貼計畫」。請說明「110年應屆畢業青年尋職津貼計畫」的青年適用資格條件為何？

答題索引：青年就業向來成為就業促進的命題重點，針對應屆畢業青年除了可參加產業新尖兵計畫以提升專業工作技能之外，在結訓或畢業後的尋職過程提供經濟上的協助，減輕青年的尋職障礙，屬簡易題型。

答 因應COVID-19持續影響國內就業市場，勞動部為協助111年畢業青年強化求職準備，並鼓勵青年積極尋職，提供青年尋職期間之就業服務協助及經濟支持，減輕青年尋職壓力，使青年安心求職並能順利就業。

適用對象為本國籍年滿20歲至29歲「未就業」青年，符合下列身分之一：

(一) 110年10月1日至111年9月30日期間畢業。

(二) 持教育部、就讀之國內學校認定為110學年度畢業相關證明文件。

(三) 109年9月1日至110年9月30日畢業後，依兵役法規徵集服義務役，並於110年8月16日後退伍（含免役）。

「未就業」認定是指青年申請參加計畫當日，符合下列情形：

(一) 未有參加就業保險或勞工保險紀錄者。但已參加就業保險或勞工保險且月投保薪資於新臺幣24,000元以下者，不受此限制。

(二) 未有參加軍人保險、公教保險或農民保險紀錄者。

二、勞動部為了協助失業勞工解決在創業階段面臨的各種問題，提高失業勞工的創業成功機會，於民國103年12月公布實施「就業保險失業者創業協助辦法」。請說明「就業保險失業者創業協助辦法」明訂的創業協助措施為何？

答題索引：本題屬就業服務與就業保險的命題範圍，除了受僱之外，自行創業也是選項之一，創業協助推動已久，過往在女性創業協助著墨較多，目前針對一般的失業勞工，也提供類似的協助措施。

答 勞動部為協助就業保險失業者失業後以創業促進就業，並減輕符合資格之失業勞工創業資金壓力，辦理就業保險失業者創業貸款及提供利息補貼。就業保險被保險人失業而有意自行創業者，得向勞動部申請創業協助，相關規定如下：

(一) 資格條件

貸款人為就業保險被保險人失業者，且具備下列資格：

1. 接受勞動部創業諮詢輔導及適性分析。

2. 3年內參加勞動部或政府機關（構）創業研習課程至少18小時。

3. 登記為所營事業之負責人，且登記日前14日內無就業保險投保紀錄及未擔任其他事業負責人。

(二) 協助項目內容

項目如下：

1. 創業諮詢輔導及適性分析：聘請專業顧問提供有意創業之失業者進行深度諮詢，針對個人的人格特質及過往經歷適合創業與否的分析，再提供後續的課程研習。

2. 創業研習課程：提供創業者學習經營、財務、行銷等相關創業知識，必要時得安排企業見習。

3. 創業貸款及利息補貼：貸款額度依申請人創業計畫所需資金核給，最高新臺幣200萬元。按郵政儲金2年期定期儲金機動利率加0.575%機動計息。期間最長7年，貸款人應按月平均攤還本息。貸款期間前3年之利息由勞動部全額補貼；第4年起，利率超過1.5%時，勞動部補貼超過年息1.5%之利息。

三、「就業保險法」第11條明訂有4種法定保險給付的請領條件，請說明職訓生活津貼的請領條件為何？根據勞動部勞工保險局的就業保險統計，在民國109年時，只有30,984人領取職訓生活津貼，明顯少於當年度領取失業給付的107,553人，請說明失業勞工領取職訓生活津貼的人數明顯較少的原因為何？

答題索引：就業保險法的給付含四大項：失業給付、提早就業獎助津貼、職業訓練生活津貼及育嬰留職停薪津貼，以領取失業給付為大宗，其次為職業訓練生活津貼，領取最少的是提早就業獎助津貼。由此可見，失業勞工對於失業期間的生活津貼補助需求較高，對於培養第二專長的職業訓練較不注重。

答 職業訓練津貼的請領資格條件參見第七章，至於領取職訓津貼的人數明顯少於領取失業給付人數的原因來自：

(一) 領取失業給付期間或期滿立即就業，未參加職業訓練。

(二) 少數失業者無轉業的規劃，未選擇參加新職類的職業訓練，已培養新的工作技能。

(三) 少數失業者期待立即就業領取工資，有經濟壓力，不選擇參加職訓。

(四) 部分失業者對於參加職業訓練取得新工作技能不具信心。

四、 勞動部為了促進中高齡勞工與高齡勞工就業，已經於民國108年12月公布施行「中高齡與高齡者就業促進法」，在這項法律中，訂有「穩定就業專章」。請說明「穩定就業專章」明訂的穩定就業措施為何？

答題索引：本題屬時事題，中高齡者及高齡者就業促進法於109年12月4日上路，促進中高齡及高齡的就業促進措施或補助項目在該法中明確規定，本題屬容易拿到高分的簡易題型。

答 （參見本書第八章特定對象的中高齡及高齡者就業促進法重點內容）

111年　地特三等

一、勞動部為解決產業長期存在的中階技術人力短缺問題，宣布從民國111年4月30日起，施行「移工留才久用方案」。但是實施以來，只有少數雇主申請移工成為中階技術人士，引發社會輿論的討論，有民間輿論認為主因與「移工留才久用方案」規定的移工資格條件有關。請說明「移工留才久用方案」要求移工資格條件為何？

答題索引：為留住表現優秀的藍領外籍移工，以補充台灣企業的缺工問題，勞動部自111年2月17日通過「移工留才久用方案」，本題屬時事題，易拿高分題型。

答 參見第九章「十三、移工留才久用方案」整理重點。

二、長期以來，就業保險制度的涵蓋率，始終低於勞工保險制度的涵蓋率，致使就業保險制度難以提供更多失業勞工獲得就業保護。有民間輿論認為，就業保險制度涵蓋率較低的主要原因之一是：就業保險法與勞工保險條例對於「被保險人資格」的規定有所不同。請說明為何就業保險法與勞工保險條例對於「被保險人資格」的規定不同，會導致就業保險制度的涵蓋率較低？

答題索引：勞保與就保都由勞保局承辦，兩者的立法宗旨不同，以致被保險人規定也不同，就業保險以保障受僱者遭遇非自願性失業的風險為主，勞工保險則保障所有從事勞動之勞工朋友，兩者保障範圍及目的不同，因此就保的涵蓋率較勞保來的低。

答 就業保險法與勞工保險條例有規被保險人的資格規定不同：

(一) 就業保險法第5條第1項

年滿15歲以上，65歲以下之下列受僱勞工，應以其雇主或所屬機構為投保單位，參加本保險為被保險人：

一、具中華民國國籍者。

二、與在中華民國境內設有戶籍之國民結婚，且獲准居留依法在臺灣地區工作之外國人、大陸地區人民、香港居民或澳門居民。

(二) 勞工保險條例第6條

年滿15歲以上，65歲以下之下列勞工，應以其雇主或所屬團體或所屬機構為投保單位，全部參加勞工保險為被保險人：

一、受僱於僱用勞工5人以上之公、民營工廠、礦場、鹽場、農場、牧場、林場、茶場之產業勞工及交通、公用事業之員工。

二、受僱於僱用5人以上公司、行號之員工。

三、受僱於僱用5人以上之新聞、文化、公益及合作事業之員工。

四、依法不得參加公務人員保險或私立學校教職員保險之政府機關及公、私立學校之員工。

五、受僱從事漁業生產之勞動者。

六、在政府登記有案之職業訓練機構接受訓練者。

七、無一定雇主或自營作業而參加職業工會者。

八、無一定雇主或自營作業而參加漁會之甲類會員。

由上可見，就業保險以受僱者為主要對象，而勞工保險除了1至5項為受僱者之外，尚包含接受職業訓練的學員及職業工會與漁會的甲類會員，因此，就業保險的制度的涵蓋率相較勞工保險來的低。

三、身心障礙者權益保障法第38-1條訂有「特例子公司條款」，以達成鼓勵事業機構願意僱用身心障礙者就業的政策目標。但是「特例子公司條款」施行多年以來，實際上僅有少數的事業機構成立特例子公司。請說明多數之事業機構並未成立特例子公司的主要原因以及改善政策為何？

答題索引：保障身障者的就業機會，身心障礙者權益保障法的定額僱用已實施多年，僱用未達比例必須繳納差額補助費的企業或機構逐年減少，其中勞動部考量台灣中小企業為大宗，參考日本的做法，以成立特例子公司的方式僱用身障者，但實施多年申請者寡，本題屬相對冷門題型。

答 身心障礙者權益保障法第38條第1項規定：各級政府機關、公立學校及公營事業機構員工總人數34人以上者，進用具有就業能力之身心障礙者人數，不得低於員工總人數3%。同法第38條第2項規定：私立學校、團體及民營事業機構員工總人數67人以上者，進用具有就業能力之身心障礙者人數，不得低於員工總人數1%，且不得少於1人。

同法第38-1條，事業機構依公司法成立關係企業之進用身心障礙者人數達員工總人數20%以上者，得與該事業機構合併計算前條之定額進用人數。事業機構依前項規定投資關係企業達一定金額或僱用一定人數之身心障礙者應予獎勵與輔導。前項投資額、僱用身心障礙者人數、獎勵與輔導及第一項合併計算適用條件等辦法，由中央各目的事業主管機關會同中央勞工主管機關定之。

前述「特例子公司」（special subsidiary for disabled）制度，係鼓勵企業將適合身障者執行的工作切割出來，另外成立子公司，專門僱用身障員工來執行，是日本為企業僱用身心障礙者特別設計的制度，我國在2011年引進明定於身心障礙者權益保障法，是指代替母公司僱用身心障礙者的專門子公司，子公司可以經營與母公司相關的事業，例如：母公司本來要委外經營的工作，可由特例子公司負責。

勞動部考量我國以中小企業為主的經濟型態，與日本以大型企業為主不同；而身心障礙者定額進用制度實施常見中小企業不足額進用身心障礙者，因此推動群組就業模式，協助事業機構以群組模式進用身心障礙者，減少因人員流動未及足額進用而發生需繳納差額補助費的風險，更有利於企業管理，且更能統籌運用政府相關協助資源，降低企業對於進用身心障礙者可能增加經營成本的疑慮。

但實施成效未如預期，主要原因來自企業對於切割工作另行成立子公司以僱用身障者的認知不足，在操作上有所顧慮，亦即特例子公司概念尚未在企業間普及，從政府的宣導上亦不見大力推展的企圖心，法規雖已就位，但整體的社會氛圍及態度都未到位，是背後的主要原因。

四、自從中高齡者及高齡者就業促進法於民國109年施行以來,中高齡者的勞動力參與率,已從民國109年10月的64.2%上升為民國110年11月的65%,高齡者的勞動力參與率,也從民國109年的8.7%上升為民國110年的9.18%,但是相較於日本、韓國、美國等國家的中高齡者及高齡者的勞動力參與率,仍然較低。有民間輿論主張,雖然中高齡者及高齡者就業促進法已經將65歲以上的高齡者明訂為就業促進對象,但是勞動基準法第54條卻仍然有雇主得強制要求65歲以上勞工退休的規定,致使高齡者的勞動力參與率偏低,因此應該修改勞動基準法第54條,延長雇主得強制要求勞工退休的年齡。請說明未來如果實施這項主張,可能在勞工保險制度方面,引發的問題為何?

答題索引:中高齡或高齡勞動力確實為台灣的缺工問題,解決一部分的燃眉之急人力短缺問題,尤其是65歲以上高齡的人力再運用,確實成為當前必須修改法令的優先問題,本題屬時事題型。

答　第54條:勞工非有下列情形之一,雇主不得強制其退休:

一、年滿65歲者。

二、身心障礙不堪勝任工作者。

修正退休金請領年齡的門檻、延後《勞動基準法》的強制退休年齡等改革宣導展延年金的誘因制度,提升企業對勞動力老化的認知與聘用意願,長期則隨著我國人口老化問題惡化,配合延後強制退休年齡的修法,來增進此族群的勞動參與及就業。

勞工保險條例第58條規定:年滿60歲(112年需滿63歲)有保險年資者,得依下列規定請領老年給付:

一、保險年資合計滿15年者,請領老年年金給付。

二、保險年資合計未滿15年者,請領老年一次金給付。

給付標準依據同條例第58-1條規定:老年年金給付,依下列方式擇優發給:

一、保險年資合計每滿1年,按其平均月投保薪資之0.775%計算,並加計新臺幣3000元。

二、保險年資合計每滿1年,按其平均月投保薪資之1.55%計算。

111年　地特四等

一、依照就業保險法第11條第1項第1款的規定，被保險人請領失業給付的要件之一是：「被保險人於非自願離職辦理退保當日前三年內，保險年資合計滿一年以上」。但是就業保險法第11條第2項卻又規定：「被保險人因定期契約屆滿離職，逾一個月未能就業，且離職前一年內，契約期間合計滿六個月以上者，視為非自願離職，並準用前項之規定」。請說明就業保險法第11條第2項規定「定期契約期間合計滿六個月以上」，就可以「視為非自願離職，並準用前項之請領失業給付規定」的立法目的為何？

答題索引：本題就業保險法在近期內備受爭議的問題，加上勞動部選在農曆年前發布此等資格領取失業給付的解釋令，引起眾多的討論與爭辯，只能說是站在保障勞工立場的擴大解釋，因為，定期契約的終止早在雙方約定的勞務提供期間內，認定為非自願性離職，很難不落人口實的偏重勞工之嫌。

答 因定期契約屆滿而離職者，依據《就業保險法》第11條規定，被保險人得申請失業給付、職業訓練生活津貼等補助，其目的在於保障勞工失業一定期間的基本生活。立法宗旨在於因應工作型態多元化，勞工從事非典型勞動的頻率與日俱增，於計算各項定期契約是否符合就業保險法所指的非自願離職條件時，其定期契約期間係採合併計算。例如：甲君於112年1至4月從事定期契約工作，同年5至6月從事不定期契約工作後自行離職，同年8至10月又再受僱從事定期契約工作屆滿離職，逾1個月未能就業，因其離職前1年內定期契約前後已合計滿6個月以上，即可視為非自願離職。最終目的在於面對勞工無法自由選擇的非典型勞動型態，不定期或定期勞動契約都得依據僱用雇主的意願簽訂，且雇主及勞工本人都已依法令規定繳納保險費在案，自然可向公立就業服務機構辦理求職登記，若14日內仍無法推介就業或安排職業訓練，即可認定為非自願離職並領取失業給付。

二、根據就業保險法第19條之2第1項的規定：「被保險人育嬰留職停薪期間，按月發給津貼，每一子女合計最長發給六個月。」根據這項條款，原本勞動部公布施行育嬰留職停薪實施辦法第2條的規定是：「每次育嬰留職停薪期間，以不少於六個月為原則。」但是在民國110年6月時，為了更符合勞工的育嬰需要，勞動部公布修正育嬰留職停薪實施辦法第2條的規定，並且從民國110年7月1日起開始實施新規定。請說明勞動部修正育嬰留職停薪實施辦法第2條的政策目標為何？

答題索引：少子化造成台灣的勞動力來源持續減少，加上高齡社會的負面影響，各企業面臨人力短缺的嚴重缺工問題，鼓勵生育以增加自然人口成長，屬當前國家重要的政策之一，祭出大利多，以吸引年輕勞工朋友們降低育嬰假期間的經濟壓力，屬良策美意的時事題型。

答 為提升育嬰留職停薪期間勞工的經濟性支持，勞動部於110年7月1日發布修正「育嬰留職停薪實施辦法」，凡依《就業保險法》規定請領育嬰留職停薪津貼之被保險人，可享有育嬰留職停薪薪資補助，依平均月投保薪資發給20%，補助金額由勞保局按育嬰津貼依據之平均月投保薪資20%計算後，與育嬰津貼合併發給，合計可達80%的薪資替代率。其目的在於，讓為人父母的勞工朋友，可獲得更多的經濟支持。簡言之，最大的變革在於申請育嬰留職停薪的津貼由補助六成月投保薪資提升至八成，增加的二成由政府補助，雖未達到婦女團體所訴求的九成薪，但已較原六成提高至八成月投保薪資。

三、「解僱保護制度」是構成就業安全體制的重要制度之一，而「解僱保護制度」的政策目標是「避免專斷式解僱與無預警式解僱」。現行達成「避免無預警式解僱」的相關制度規範，明訂於勞動基準法第16條的「解僱預告條款」，以及就業服務法第33條的「資遣通報條款」，但是在實務上，相對多數的雇主並不瞭解「資遣通報條款」。請說明就業服務法第33條的「資遣通報條款」，在「立法目的」及「通知時間」二方面的規定為何？

答題索引：勞動基準法的經濟性解僱之預告期間，與就業服務法的資遣通報，讓各企業及勞工造成很多誤用與混淆，兩者的目的與規定是不同的，勞動基準法的預告是針對勞雇雙方契約提前終止告知勞工以利預做準備，而就業服務法的通報是通報當地政府機構及公立就業機構以利盡速協助勞工再就業，屬易拿高分題型。

答　勞動基準法的終止勞動契約預告：

(一) 勞動基準法第11條規定：非有下列情事之一者，雇主不得預告勞工
　　 終止勞動契約：

　　 一、歇業或轉讓時。

　　 二、虧損或業務緊縮時。

　　 三、不可抗力暫停工作在一個月以上時。

　　 四、業務性質變更，有減少勞工之必要，又無適當工作可供安置
　　　　 時。

　　 五、勞工對於所擔任之工作確不能勝任時。

(二) 勞動基準法第16條，根據前5項事由解僱勞工時，應事先預告，其
　　 預告期間依下列各款之規定：

　　 1. 繼續工作三個月以上一年未滿者，於十日前預告之。

　　 2. 繼續工作一年以上三年未滿者，於二十日前預告之。

　　 3. 繼續工作三年以上者，於三十日前預告之。

　　　 預告期間的工作時間勞工可請假外出謀職，每星期不超過2日之工
　　　 作時間，請假期間之工資照給；若雇主未按規定期間預告而終止勞
　　　 動契約，應給付預告期間工資。

就業服務法的資遣通報：

就業服務法第33條：雇主依勞動基準法第11條（經濟性解僱）、第13條
但書（產假或職災）、第20條（改組或轉讓）規定資遣員工時，應於員
工離職之10日前，將被資遣員工之姓名、性別、年齡、住址、電話、擔
任工作、資遣事由及需否就業輔導等事項，列冊通報實際勞務提供地之
主管機關及公立就業服務機構。但若資遣係因天災、事變或其他不可抗
力之情事所致者，應自被資遣員工離職之日起3日內為之，違者將依同
法第68條處新台幣3萬元以上15萬以下罰鍰。

參見下列整理的差異比較：

勞基法資遣預告／就服法資遣通報差異比較分析表

項目別	勞基法資遣預告	就服法資遣通報
法源	勞基法第16條	就服法第33條
對象	被資遣勞工	地方政府機關及公立就業服務機構
通知期間	預告期間視勞工已受僱時間長短而定，10、20、30天三種	一般資遣於員工離職之10日前通報，緊急資遣在被資遣員工離職之日起3日內補通報
目的	讓勞工有所準備	讓政府協助被資遣勞工迅速再就業
罰則	新台幣2-30萬元	新台幣3-15萬元

四、民國111年8月17日，勞動部宣布，從民國112年1月1日起，將在高雄、桃園兩地的國際機場附近，各選一處地點，設立講習處所，並辦理一站式服務。屆時新入境的全部家事類移工，將會先進入講習處所，停留3天2夜，讓家事類移工可以在這段時間內，接受至少8小時的講習課程。請說明勞動部實施這項新措施的政策目標為何？

答題索引：家事移工來台後因照顧技術不佳，造成被照顧者的健康或生命產生威脅，甚至和被照顧者家屬之間出現嫌隙與衝突，主要來自移工在輸出國的招募不嚴及訓練不實所致，因此勞動部加強移工入台後的專業技術訓練，屬簡易題型。

答 勞動部將自111年12月20日起，不僅開放「移工一站式服務網」，以提供雇主及仲介公司登錄申請112年1月1日以後入國的新聘家事移工，規定雇主最遲在家事移工預定入國日5日前，必須申請入國講習並登錄移工基本資料，同時線上申辦聘僱許可、居留許可、加入職災保險、全民健保及辦理入國通報生活照顧檢查等法定事項，並檢附法定應附文件，雇主若未完成登錄及申請作業，家事移工即無法入國工作。

此外，完成登錄申請後，家事移工必依在預定入國日入境，並在「移工一站式服務中心」完成8小時3天2夜入國講習後，於第3日上午交由雇主或仲介公司接回，當日即可取得聘僱許可、外僑居留證，並完成職災保險、全民健康保險及生活照顧入國通報等作業。

移工一站式服務經勞動部、內政部、衛福部跨部門及單位合作，歷經一年多整合家事移工入國後法定應辦理事項的法令規定、作業流程及資訊系統，透過一站式服務申辦。相較過去作業流程，將雇主原需於1至1.5個月完成的申請事項，縮短為移工3日完訓時即可完成，目的在於滿足雇主的人力需求又能確保移工在上工前，能加強專業照顧之能及技術訓練，除了可促進勞雇關係和諧外，更可確保被照顧者的身心安全。

112年　高考三級

一、俗語說：「滾石不生苔。」是在提醒一個人如果常轉換工作，就不會有好的職業生涯與薪資待遇。請論述一般就業市場（勞動）資訊調查分析報告，及勞動力發展與變遷的議題中，常採用的「就業型態（或類型）」內涵及其間的關連性為何？

答題索引：3年多的疫情影響，台灣勞工的就業型態大幅快速轉變，各企業的僱用型態亦有所不同，因此，政府辦理的各項就業調查上的名詞定義與調查結果，產生微服變化，本題屬基本題型。

答　依據勞動部勞動統計所指，各項調查上所採用的就業型態與內容定義分別為：

(一) 雇主：指自己經營或合夥經營事業而僱有他人幫助工作之就業者。

(二) 自營作業者：指自己經營或合夥經營事業而未僱有他人之就業者。

(三) 無酬家屬工作者：指幫同戶長或其他家屬從事營利工作而不支領薪資之就業者。

(四) 受僱者：指為薪資或其他經濟報酬而受僱者，並分為受私人僱用及受政府僱用二類。

(五) 受政府僱用者：指受僱於本國各級政府機關、公立學校、公營事業、公立醫院等，包括由選舉產生之公職人員。

(六) 受私人僱用者：指受私人、私人機構、政黨、民間團體或外國機關團體僱用者。

(七) 全時工作者：指在資料標準週內，每週應工作時數已達場所規定正常工作時數之就業者。

(八) 部分時間工作者：指在資料標準週內，每週應工作時數未達場所規定正常工作時數之就業者。

(九) 非典型就業者：指部分時間、臨時性或人力派遣工作就業者。

由近年來的相關調查發現可見，部分工時或非典型就業者的比率逐年提升，受私人僱用的比率微幅下降。

（亦可參考本書第一章「(七)就業（勞動）市場資訊」及第十章名詞解釋內容）

二、許多國家為解決產業勞動力不足情形，都會訂定引進外國人進入該國工作之相關法令。請依據我國現行「就業服務法」與「外國人聘僱許可及管理辦法」之規定，評析我國在不同時空與產業變化過程中，針對開放引進外籍移工工作類型屬性之政策發展變化與差異性，及產業競爭力提升影響為何？

答題索引：勞動部不斷開放部分行業的移工來台工作，但政策異動速度緩慢，永遠不及各企業的用人需求，本題屬容易發揮拿高分的題型。

答　目前政府開放移工來臺從事的工作計有：海洋漁撈工作、家庭幫傭工作、機構看護工作、家庭看護工作、製造工作、外展製造工作、營造工作、屠宰工作、外展農務工作、農、林、牧或養殖漁業工作。截至112年7月底止，在臺移工總計73萬餘人，產業移工51萬餘人（占整體就業人數比率4.15%），其中製造業移工47萬餘人（占製造業整體就業人數比率13.67%），營造業移工1.1萬人（占營造業整體就業人數比率2.03%），農業移工（含海洋漁撈）1萬4,830人（占農、林、漁、牧業整體就業人數比率2.83%）。社福移工計22萬餘人（占整體就業人數比率1.85%），其中外籍看護工22萬餘人（機構看護工占醫療保健社會工作服務業整體就業人數比率3.14%，家庭外籍看護工占其他服務業整體就業人數比率26.70%），外籍幫傭1,630人（占其他服務業整體就業人數比率0.28%）。

由於少子女化及高齡化益加明顯，及工作年齡人口數量與占比持續下降，造成台灣業者人力短缺日趨嚴重。112年7月底，人力需求中以製造業淨增加較多，需求職類別以技藝機械設備操作及組裝人員最多，例如黏土建築材料、複合材料、車體、玻璃纖維船體、瀝青混凝土及眼鏡等製造業製程多屬高溫作業，且辛苦程度高，部分行業有輪班需求，國人就業意願低，導致業者缺工情形嚴重。由此可見，開放的移工之工作類型屬性與目前各企業的人力需求差異是存在的，由於職缺無法填補，直接影響生產作業受阻，產品無法迎合訂單需求，以致降低部分企業的競爭力，擴大移工進口的聲浪不斷，如何兼顧雙方需求，自始是台灣移工政策的棘手之處。

三、各國政府設立就業服務機構以協助民眾尋職及就業,其機構類型與屬性各有不同與優缺點。請依據學理與經驗,論述我國現行公立就業服務機構公辦民營,或行政法人化之可行性觀點及優缺點影響為何?
答題索引:公立就業服務機構與民間人力銀行的定位和功能比較,一直成為政府就業服務的探討主題,多年來僅見民間人力銀行異常熱絡,公立就業中心向來以就業能力薄弱之特定對象及各項法定津貼或補助的功能為主,相較之下,如何兼採公私部門的優勢,調整台灣的就業服務模式,是熱門的議題焦點。

答 依據公立就業服務機構設置準則第2條所規定公立就業服務機構掌理事項,以及就業服務法第35條規範的私立就業服務機構得經營業務項目,可發現兩者有多項雷同之處,難以避免雙方在推動相同業務項目過程中出現競合關係。在實務運作上,現階段公立就業服務機構與民間人力銀行雖尚未因此衍生競合問題,但業務重疊、資源浪費現象可見。公私就業服務機構顯然在主要目標服務族群不同、重點服務項目不同及服務輸送通路不同都有明顯差異性存在。公立就業服務扮演調節勞動市場供需、促進國人就業及擔負私立就業服務機構之目的事業主管機關等多重角色,多數就業服務或媒合工作仍以人與人的互動為基礎。面對資訊社會普及,如何在數位化高度發展趨勢及推動下,運用豐盛的行政資源與民間人力銀行的網路化就業服務充分結合,亦即採公辦民營方式辦理,是整合公私資源非常好的合作模式,可兼採雙方的優劣點及目的對象群的差異化需求。

至於,行政法人是為了執行特定公共事務,依法律所設立的公法人,其中所指的特定公共事務,必須包含具專業需求或需強化成本效益及經營效能、不適合由政府機關推動,也不適合交由民間辦理、公權力行使程度較低等條件,以全新的公部門組織型態執行公共事務,在不增加政府支出的條件下,可有效提升營運績效與服務品質,是可考慮的新模式。其優缺點分別是:

優點:

(一)不增加政府支出,以較具彈性及企業經營的管理方式提供更高品質及更大效率的就業服務,具備高彈性及效能性。

(二) 具有人事及財務自主性。

(三) 可強化經營責任及成本效益。

(四) 賦予一定監督機制。

缺點：

(一) 原機關意願不高。

(二) 監督不易。

(三) 辦理對象的條件不足。

(四) 具備公務人員身分之員工反彈。

四、論述我國政府為因應不同時空變革，針對「就業歧視」議題之法令政策發展的規範脈絡，以及發生「就業歧視」行為時，對雙方當事人的處罰與保護的規定內涵為何？

答題索引：近年來歧視問題成為熱門人權主題，其中就業歧視問題不論性別或年齡都是常見的申訴或調解重點之一，法令規定嚴苛，申訴管道及處置也周全，就業服務法有明確規範，易拿高分。

答　參見第八章「七、婦女就業促進」詳細內容。

112年 普考

一、請依據目前就業服務法及私立就業服務機構許可及管理辦法規定,說明就業服務專業人員應具備資格與專業人員證書,以及私立就業服務機構所置從業人員等事項規定情形為何?

答題索引:就業服務專業人員的資格條件以及私立就業服務機構必須聘僱足額的就業服務從業人員,屬於就業服務法及私立就業服務機構許可及管理辦法的基本內容,本題屬易拿高分題型。

答 參見第五章「十、就業服務法重點」詳細內容。

二、請說明勞動部於嚴重特殊傳染性肺炎防治及紓困振興特別條例施行期間,訂定「安穩僱用計畫」目的,以及其對雇主與受僱者之獎助情形為何?

答題索引:因為疫情的嚴重影響,保障廣大勞工的工作及經濟權,勞動部在疫情期間推出多項有助於勞工的就業機會計畫,本項安穩僱用計畫屬當紅的時事題型,易拿滿意分數。

答 安穩僱用計畫的各項規定如下:
(一) 目的:協助失業勞工儘速投入就業市場。
(二) 實施時間:自110年7月12日起至112年12月31日止(112年6月30日前推介媒合就業)。
(三) 適用資格
　　1.雇主資格:就業保險投保之下列單位(但不包括實施減班休息或大量解僱之單位):
　　(1)民營事業單位。
　　(2)私立學校。
　　(3)依人民團體法或其他法令設立之團體。但不包括政治團體及政黨。
　　2.勞工資格:於公立就業服務機構開立僱用獎助及就業獎勵推介卡之日時,未參加就業保險、勞工保險或勞工職業災害保險。

(四) 雇主與受僱者的獎助如下表所列

單位：元

對象		雇主-僱用獎勵		勞工-就業獎勵津貼	
標準		全時工作	部分工時	全時工作	部分工時
期程	滿2個月	15,000	7,500	10,000	5,000
	滿4個月	15,000	7,500	10,000	5,000
	最高金額	30,000	15,000	20,000	10,000

三、請說明我國政府針對「更生受保護人就業促進」之法令與政策規定內涵，以及其成效與影響為何？

答題索引：就業服務法第24條所保障的特定對象，包含更生保護人，政府為協助渠等重返職場，推出各項獎助僱用或推介就業促進就業的計畫或措施，各地方政府的勞工行政單位也提供在地差異化的多元就業服務，大部分與特定對象的就業服務方案相近。

答 為提供具備就業意願及能力的更生受保護人就業，並協助其自立，解決生活困難，政府在各地結合轄區內社政、衛政、警政、司法等相關單位及民間單位資源，提供支持性就業服務，幫助其確認就業目標，排除就業障礙，以順利投入職場。針對更生保護人求職的不同階段提供各項服務如下：

(一) 就業前的身心輔導與準備：針對甫出獄或受轉介之個案，提供就業前身心輔導與準備，例如：情緒支持與輔導、職涯規劃等。

(二) 就業服務與就業媒合：由專業個案管理員協助訂定就業計畫、釐清就業問題，並以模擬面試或陪同面試方式，運用職業心理測驗工具、提供深度就業諮詢服務，或安排職業訓練諮詢評估，就業促進研習活動等，以提振其就業信心，協助其儘早就業。

(三) 就業後的職場追蹤關懷：順利進入職場後的就業適應協助與人身安全維護等服務。

(四) 若有創業意願者，安排接受創業的專業諮詢，並協助後續創業貸款的利息補貼等多項協助。

四、請闡述我國現行公立就業服務機構設置準則規定事項,對一般求職者與原住民族在就業促進之角色功能,以及未來可能的發展方向為何?

答題索引:原住民就業服務由中央原住民族委員會與各地方政府成立的原民局或原住民族服務中心負責,與一般的勞工或失業者之公立就業服務有所區隔,多由具備原住民族身分之就業服務員或社會工作員提供協助,相關就業促進的工具或計畫經費補助,亦由原民會全權負責,未來仍循相同模式辦理。

答 參見第八章「四、原住民就業促進」詳細內容。

112年 地特三等

一、 為促進銀髮勞工繼續就業，政府規定對求職或受僱之中高齡者及高齡者，不得以年齡為由予以差別待遇，惟在特定狀況下得不受限制。請問這些特定狀況有那些？雇主如果給予差別待遇，應該負擔什麼責任？

答題索引：本題屬熱門時事題型，面對企業缺工浪潮與戰後嬰兒潮的龐大中高齡及高齡閒置人力，有效開發中高齡及高齡勞工留在職場或再度進入職場，是近幾年來就業安全制度的重點工作，易拿到滿意分數。

答 參見第八章「三、中高齡及高齡者勞動狀況」之就業促進內容。

二、 為保障弱勢群體的就業權利，國家會以定額進用制度促進弱勢群體的就業。請說明何謂定額進用制度？並說明我國原住民在原住民地區各級政府機關、公立學校及公營事業機構定額進用的規定為何？

答題索引：雇用一定數額的勞工必須進用一定比例的身障者或原住民等就業能力薄弱者，為政府保障特定對象的就業機會之定額雇用之基本目的，本題屬容易發揮拿高分的題型。

答 參見第八章「四、原住民就業促進」內容。

三、 職業訓練法規定職業訓練應該與那些相關制度配合實施？並請說明職業訓練機構應該如何配合就業服務實施？

答題索引：職業訓練屬就業安全制度的三大支柱之一，目的在提升或培養勞工的就業技能，應與就業服務制度充分配合，訓後立即就業與訓用合一是職業訓練法規範的基本精神，尤其是職業訓練品質配合職能基準訂定辦理，可提高訓練品質，對結訓者順利並穩定就業有很大幫助。

答 參見第四章「就業安全制度」與第六章「職業訓練政策與法令」內容。

四、中央主管機關於經濟不景氣致大量失業或其他緊急情事時，於審酌失業率
　　及其他情形後，得延長失業給付期間。請說明失業給付期間可延長多久？
　　延長失業給付期間的標準為何？

答題索引：就業保險的失業給付備受失業者關注，請領標準有其限制，給付
期間易有所不同，本題易拿高分。本題屬就業保險法的簡易題型，法令中明
確規範一般失業者給付期限及特定對象，甚或景氣不佳時可延長期限的相關
規定。

答 參見第七章「五、就業保險法重點分析」內容。

112年　地特四等

一、國際針對國內移工勞動權益保障的部分，始終都存在相當大的疑慮。究其根源問題多源自於國內家事看護工及幫傭，以及遠洋漁工之問題叢生。請問目前國內在外籍家事移工及漁工存在那些相關的問題？其解決方向為何？

答題索引：台灣目前總計有76萬名的移工，且持續增加中，但家事移工及漁業漁工由於長時間在家中或船上工作，休息及休假無法明確劃分，加以居住環境不佳，是相較於其他業別移工來說，問題較多且衍生的爭議與關注也多，民間福利團體不斷大力呼籲如何有效確保渠等權益，政府也不停地修改相關計畫內容，但仍趕不上衍生的問題，本題屬舊題型，當能拿到滿意分數。

答　參見第九章「移工與外國人才管理」內容。

二、我國在外籍移工的人力運用政策上，過往以來皆採取嚴格的「客工系統」，在各層面對外籍移工採取嚴格的管制策略。隨著時間的推移，請問最近國內移工政策產生那些相關改變？

答題索引：本題屬時事題型，由於國人工作型態改變加以勞動力來源遞減，對於移工的依賴度增加，不僅增加開放印度移工來台，且對於在台工作滿6年以上且表現優異（未違法且薪資高或已取得專業證照）的移工，可由雇主申請在台繼續工作並申請永久居留證，留才久任，不僅增加引進數量且留住表現優異移工，更有延攬專業人才來台及新經濟移民等擴大外國人才來台工作的各項政策，本題屬容易發揮拿高分的題型。

答　參見第九章「十三、移工留才久用方案」內容。

三、國內面臨身心障礙者失業率偏高之狀況，有關身障就業之推動，許多國家進行「非典型就業連結」之推動及導入，其意在透過橋接機制，將身障者完成職場無縫接軌之勞動參與。就目前之就業安全角度檢視，此思維與計畫可能存在那些需要改善之處？

答題索引：身障者就業的職業重建制度與體系實屬健全，不論先天或後天身障，均可透過身權法經過鑑定取得證明後，在就業權益部分給予高度保障，仍有少數身障就業問題在運作上出現落差問題，本題可從此部分發揮。

答 參見第八章「五、身心障礙者就業促進」內容。

四、 為協助青年在職涯歷程中兼具彈性、創新與職能轉換能力，以因應瞬息萬變之勞動環境。目前各區域分署，成立有關「青年職涯中心（YS）」的建立，協助青年就業之推展。該政策推展之「青年職涯中心」存在那些相關的執行與功能？

答題索引：面對青年就業嚴重問題，各縣市政府紛紛成立青年發展處或青年職涯發展中心，本題屬容易發揮的高分題型。

答 參見第八章「二、投資青年就業方案」內容。

補充青年職涯發展中心基本任務如下：

八大核心業務：

(一) 職業適性測驗：透過職涯測評工具施測及解釋，協助青年探索個人的職涯價值觀、興趣能力和職業適性。

(二) 職涯諮詢：由專業顧問提供一對一諮詢，針對個人職涯發展進行釐清及討論。

(三) 履歷健診：透過客製化履歷健診或技巧指導提點，讓履歷被看見，提升面試機會。

(四) 職涯講座：辦理職涯及求職議題講座或邀請產業知名人士分享職涯規劃，協助青年釐清職涯方向及瞭解就業市場趨勢。

(五) 團體課程：依特定議題及對象，辦理職涯成長團體或工作坊等互動課程，協助青年探索自我優勢及職涯定位。

(六) 企業參訪體驗：辦理職業訓練工場及企業參訪、職場體驗等活動，協助青年認識產業發展、職場環境以及工作內容。

(七) 模擬面試：模擬職場面試實際過程與技巧（服裝儀容、口語表達等），協助青年掌握求職面試訣竅。

(八) 鏈結公立就業服務機構服務：依服務個案職業訓練、就業及創業等需求，協助提供所需資訊並轉介公立就業服務機構提供後續服務。

113年　高考

答 (一) 就業服務法第5條第2項第2款：「雇主招募或僱用員工，不得有下
　　　　列情事：
　　　　二、違反求職人或員工之意思，留置其國民身分證、工作憑證或其
　　　　　　他證明文件，或要求提供非屬就業所需之隱私資料。」
　　　　就業服務法施行細則第1-1條：「本（就業服務）法第5條第2項第2
　　　　款所定隱私資料，包括下列類別：
　　　　一、生理資訊：基因檢測、藥物測試、醫療測試、HIV 檢測、智力
　　　　　　測驗或指紋等。
　　　　二、心理資訊：心理測驗、誠實測試或測謊等。
　　　　三、個人生活資訊：信用紀錄、犯罪紀錄、懷孕計畫或背景調查等。
　　　　雇主要求求職人或員工提供隱私資料，應尊重當事人之權益，不得
　　　　逾越基於經濟上需求或維護公共利益等特定目的之必要範圍，並應
　　　　與目的間具有正當合理之關聯。」

　　(二) 就業服務法第5條第1項：為保障國民就業機會平等，雇主對求職
　　　　人或所僱用員工，不得以種族、階級、語言、思想、宗教、黨派、
　　　　籍貫、出生地、性別、性傾向、年齡、婚姻、容貌、五官、身心障
　　　　礙、星座、血型或以往工會會員身分為由，予以歧視；其他法律有
　　　　明文規定者，從其規定。前段其他法律有明文規定者，從其規定是
　　　　指性別平等工作法第7條：雇主對求職者或受僱者之招募、甄試、
　　　　進用、分發、配置、考績或陞遷等，不得因性別或性傾向而有差別
　　　　待遇。但工作性質僅適合特定性別者，不在此限。

(三) 勞動事件法第2條:「本法所稱勞動事件,係指下列事件:

一、基於勞工法令、團體協約、工作規則、勞資會議決議、勞動契約、勞動習慣及其他勞動關係所生民事上權利義務之爭議。

二、建教生與建教合作機構基於高級中等學校建教合作實施及建教生權益保障法、建教訓練契約及其他建教合作關係所生民事上權利義務之爭議。

三、因性別平等工作之違反、就業歧視、職業災害、工會活動與爭議行為、競業禁止及其他因勞動關係所生之侵權行為爭議。」

二、針對外國中階技術人力留在我國工作,請回答下列問題:

其所依據的法律規定為何?從就業服務法規定的角度來看,該作法是否有合法性的疑慮?如果外國中階技術人力留在我國工作,其是否仍應受到定期契約的限制?理由?

答題索引:勞動部針對在台工作移工滿6年以上,且表現優異(未違法且薪資高或已取得專業證照),可由雇主申請在台繼續工作並申請永久居留證,本題屬容易發揮拿高分的題型。

答 參見第九章「十三、移工留才久用方案」內容。

三、針對勞工因性別因素所受到的差別對待,請回答下列問題:

請列出就業服務法有關就業歧視的各種特徵。又,其所規定的各種歧視特徵,性質為列舉規定或例示規定?雇主因為勞工性別上因素而予以歧視,涉及到性別平等工作法及就業服務法中行政制裁,勞工主管機關應依據何者為準予以處罰?理由?求職者或勞工因性別因素受到差別對待,勞動事件法有何特別的救濟規定?

答題索引:就業歧視屬於保障求職人或受僱員工的基本就業權益,不論個人的先天或是後天特質,都不能予以歧視,疑似受害人除可依就業服務法申請就業歧視案件評議之外,亦可依勞動事件法聲請勞動調解。

答 參見本書第五章「十一、就業歧視」詳細內容；另，勞工亦可依勞動事件法第2條：本法所稱勞動事件，係指下列事件：……三、因性別平等工作之違反、就業歧視、職業災害、工會活動與爭議行為、競業禁止及其他因勞動關係所生之侵權行為爭議，聲請勞動調解。

四、針對建教生之勞動權益，請回答下列問題：
其為接受建教合作機構的訓練，雙方間應訂定何種契約？其是否具有勞動契約中「勞工」的身分？其由建教合作機構受領的對待給付，名稱為何？其是否為工資的性質？建教生如與建教合作機構發生契約上的爭議，是否應至民事法院提起訴訟？目前法令規定為何？

答題索引：本題較偏向勞工立法範圍，在勞動基準法技術生專章有詳細規範，發生爭議亦可依據勞動事件法規定，聲請勞動調解，本題易拿高分。

答 參見千華出版「勞工行政與立法」一書的勞動基準法及勞動事件法。
勞動基準法第八章技術生中的第64條：雇主不得招收未滿15歲之人為技術生。但國民中學畢業者，不在此限。稱技術生者，指依中央主管機關規定之技術生訓練職類中以學習技能為目的，依本章之規定而接受雇主訓練之人。本章規定，於事業單位之養成工、見習生、建教合作班之學生及其他與技術生性質相類之人，準用之。
又，勞動事件法第2條：「本法所稱勞動事件，係指下列事件：
一、基於勞工法令、團體協約、工作規則、勞資會議決議、勞動契約、勞動習慣及其他勞動關係所生民事上權利義務之爭議。
二、建教生與建教合作機構基於高級中等學校建教合作實施及建教生權益保障法、建教訓練契約及其他建教合作關係所生民事上權利義務之爭議。
三、因性別平等工作之違反、就業歧視、職業災害、工會活動與爭議行為、競業禁止及其他因勞動關係所生之侵權行為爭議。」
因此，建教生與建教合作機構發生契約上爭議，亦可聲請勞動調解。

高普│地方│各類特考
共同科目

名師精編‧題題精采‧上榜高分必備寶典

編號	書名	作者	定價
1A011141	法學知識－法學緒論勝經	敦弘、羅格思、章庠	650元
1A021141	國文--多元型式作文攻略(高普版) 👑榮登博客來暢銷榜	廖筱雯	450元
1A031131	法學緒論頻出題庫 👑榮登金石堂暢銷榜	穆儀、羅格思、章庠	570元
1A041101	最新國文多元型式作文勝經	楊仁志	490元
1A961101	最新國文－測驗勝經	楊仁志	630元
1A971081	國文－作文完勝秘笈18招	黃淑真、陳麗玲	390元
1A851141	超級犯規！國文測驗高分關鍵的七堂課	李宜藍	690元
1A421131	法學知識與英文(含中華民國憲法、法學緒論、英文) 👑榮登博客來、金石堂暢銷榜	龍宜辰、劉似蓉等	690元
1A831122	搶救高普考國文特訓 👑榮登博客來暢銷榜	徐弘縉	630元
1A681131	法學知識－中華民國憲法(含概要)	林志忠	590元
1A801131	中華民國憲法頻出題庫	羅格思	530元
1A811141	超好用大法官釋字+憲法訴訟裁判(含精選題庫)	林俐	近期出版
1A051141	捷徑公職英文：沒有基礎也能快速奪高分	德芬	590元
1A711141	英文頻出題庫	凱旋	470元

以上定價，以正式出版書籍封底之標價為準

千華數位文化股份有限公司

■新北市中和區中山路三段136巷10弄17號　■千華公職資訊網 http://www.chienhua.com.tw
■TEL: 02-22289070　FAX: 02-22289076　■服務專線：(02)2392-3558‧2392-3559

高普 | 地方 | 各類特考

名師精編課本・題題精采・上榜高分必備寶典

教育行政

1N021121	心理學概要(包括諮商與輔導)嚴選題庫	李振濤、陳培林	550元
1N321131	國考類教育行政類專業科目重點精析 (含教概、教哲、教行、比較教育、教測統)	艾育	690元
1N381131	名師壓箱秘笈－教育心理學 ♛榮登金石堂暢銷榜	舒懷	590元
1N401131	名師壓箱秘笈－教育測驗與統計(含概要)	舒懷	550元
1N411131	名師壓箱秘笈－教育行政學精析	舒懷	720元
1N421121	名師壓箱秘笈－教育哲學與比較教育 ♛榮登金石堂暢銷榜	舒懷	790元

勞工行政

1E251101	行政法(含概要)獨家高分秘方版	林志忠	590元
2B031131	經濟學	王志成	620元
1F091141	勞工行政與勞工立法(含概要)	陳月娥	近期出版
1F101141	勞資關係(含概要)	陳月娥	700元
1F111141	就業安全制度(含概要)	陳月娥	750元
1N251101	社會學	陳月娥	750元

以上定價，以正式出版書籍封底之標價為準

千華數位文化股份有限公司

■新北市中和區中山路三段136巷10弄17號　■千華公職資訊網 http://www.chienhua.com.tw
■TEL: 02-22289070　FAX: 02-22289076　　■服 務 專 線：(02)2392-3558・2392-3559

學習方法 系列

如何有效率地準備並順利上榜，學習方法正是關鍵！

作者在投入國考的初期也曾遭遇過書中所提到類似的問題，因此在第一次上榜後積極投入記憶術的研究，並自創一套完整且適用於國考的記憶術架構，此後憑藉這套記憶術架構，在不被看好的情況下先後考取司法特考監所管理員及移民特考三等，印證這套記憶術的實用性。期待透過此書，能幫助同樣面臨記憶困擾的國考生早日金榜題名。

榮登金石堂暢銷排行榜

—— 連三金榜 黃禕 ——

翻轉思考	適合的最好	一定學得會
破解道聽塗說	調整習慣來應考	萬用邏輯訓練

三次上榜的國考達人經驗分享！
運用邏輯記憶訓練，教你背得有效率！
記得快也記得牢，從方法變成心法！

作者線上分享

網 路 書 店

最強校長 謝龍卿

榮登博客來暢銷榜

作者線上分享

—————●━

經驗分享＋考題破解
帶你讀懂考題的know-how！

open your mind！
讓大腦全面啟動，做你的防彈少年！

108課綱是什麼？考題怎麼出？試要怎麼考？書中針對學測、統測、分科測驗做統整與歸納。並包括大學入學管道介紹、課內外學習資源應用、專題研究技巧、自主學習方法，以及學習歷程檔案製作等。書籍內容編寫的目的主要是幫助中學階段後期的學生與家長，涵蓋普高、技高、綜高與單高。也非常適合國中學生超前學習、五專學生自修之用，或是學校老師與社會賢達了解中學階段學習內容與政策變化的參考。

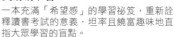

千華影音函授

打破傳統學習模式，結合多元媒體元素，利用影片、聲音、動畫及文字，達到更有效的影音學習模式。

- 自我安排學習時段
- 循序漸進厚植實力
- 節省通勤時間
- 提升準備效率

課程品質 **業界No.1**

2014、2017 獲頒學習科技金質獎

自主學習彈性佳
- 時間、地點可依個人需求好選擇
- 個人化需求選取進修課程

補強教學效果好
- 獨立學習主題　・區塊化補強學習
- 一對一教師親臨教學

嶄新的影片設計
- 名師講解重點　　・簡單操作模式
- 趣味生動教學動畫　・圖像式重點學習

優質的售後服務
- FB粉絲團、 Line@生活圈
- 專業客服專線

系統化 學習流程

四大關鍵階段 學習安排， 突破國考重重難關！

- 01 STEP 實力養成期
- 02 STEP 專業強化期
- 03 STEP 能力檢驗期
- 04 STEP 考前衝刺期

超越傳統教材限制， 系統化學習進度安排。

推薦課程

- ■ 公職考試
- ■ 國民營考試
- ■ 證照考試
- ■ 學習方法
- ■ 特種考試
- ■ 教甄考試
- ■ 金融證照
- ■ 升學考試

影音函授包含：
- ・名師指定用書+板書筆記
- ・授課光碟・學習診斷測驗

頂尖名師精編紙本教材

超強編審團隊特邀頂尖名師編撰，
最適合學生自修、教師教學選用！

千華影音課程

超高畫質，清晰音效環
繞猶如教師親臨！

TTQS 銅牌獎

多元教育培訓
數位創新

現在考生們可以在「Line」、「Facebook」
粉絲團、「YouTube」三大平台上，搜尋【千
華數位文化】。即可獲得最新考訊、書
籍、電子書及線上線下課程。千華數位
文化精心打造數位學習生活圈，與考生
一同為備考加油！

實戰面授課程

不定期規劃辦理各類超完美
考前衝刺班、密集班與猜題
班，完整的培訓系統，提供
多種好康講座陪您應戰！

遍布全國的經銷網絡

實體書店：全國各大書店通路

電子書城：
Google play、Hami 書城 …
Pube 電子書城

網路書店：
千華網路書店、博客來
MOMO 網路書店…

書籍及數位內容委製
服務方案

課程製作顧問服務、局部委外製
作、全課程委外製作，為單位與教
師打造最適切的課程樣貌，共創
1+1＝無限大的合作曝光機會！

多元服務專屬社群 @ f You Tube

千華官方網站、FB 公職證照粉絲團、Line@ 專屬服務、YouTube、
考情資訊、新書簡介、課程預覽，隨觸可及！

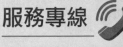

國家圖書館出版品預行編目(CIP)資料

就業安全制度(含概要) / 陳月娥編著. -- 第十四版. --
　　新北市：千華數位文化股份有限公司, 2024.10
　　　面；　公分
　　高普考
　　ISBN 978-626-380-756-3 (平裝)

　　1.CST: 就業　2.CST: 職業訓練　3.CST: 失業保險

　　542.7　　　　　　　　　　　113015741

[高普考] 就業安全制度(含概要)

編 著 者:陳 月 娥

發 行 人:廖 雪 鳳
登 記 證:行政院新聞局局版台業字第 3388 號
出 版 者:千華數位文化股份有限公司
　　　　　地址:新北市中和區中山路三段 136 巷 10 弄 17 號
　　　　　電話:(02)2228-9070　傳真:(02)2228-9076
　　　　　客服信箱:chienhua@chienhua.com.tw

法律顧問:永然聯合法律事務所
編輯經理:甯開遠
主　　編:甯開遠
執行編輯:蘇依琪
校　　對:千華資深編輯群
設計主任:陳春花
編排設計:林婕瀅

千華官網
／購書　　千華蝦皮

出版日期:2024 年 10 月 30 日　　第十四版／第一刷

本書如有勘誤或其他補充資料,
將刊於千華官網,歡迎前往下載。